economía de la empresa

2 bachillerato

Savia

sm

Entrar en Saviadigital es fácil:

1. Escribe en internet la siguiente dirección: **smsaviadigital.com**
2. Regístrate e introduce el número de licencia que encontrarás en la página anterior.
3. Como solo debes registrarte una vez, anota tu **identificador** y **contraseña**.

CONOCE TU LIBRO

Entrada

Una imagen y un documento, muchas veces de economistas o escritores reconocidos, presentan el tema que se va a desarrollar. Además, un breve texto introductorio explica la importancia de los contenidos que vas a aprender.

Preguntas relacionadas con la imagen y el documento. Te proponen una reflexión para entender la relevancia de los contenidos de la unidad y para buscar tus propias respuestas.

Índice con los epígrafes de la unidad didáctica.

Epígrafes

Las páginas de desarrollo de contenidos se estructuran en epígrafes y subepígrafes para facilitarte el aprendizaje. En el texto encontrarás las ideas centrales destacadas en color y los principales conceptos resaltados en negrita.

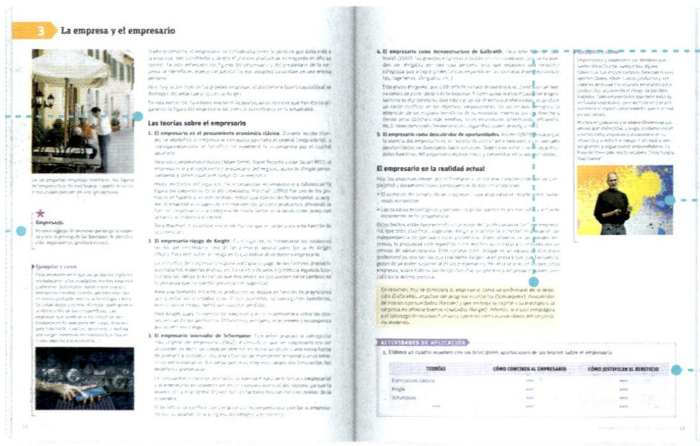

Textos organizados en epígrafes y subepígrafes.

Definiciones que te aclaran el significado de algunos términos económicos importantes.

Ideas principales destacadas para que las encuentres rápidamente.

Ejemplos y casos. Ilustran los contenidos estudiados.

Actividades de aplicación. Para que afiances los contenidos estudiados.

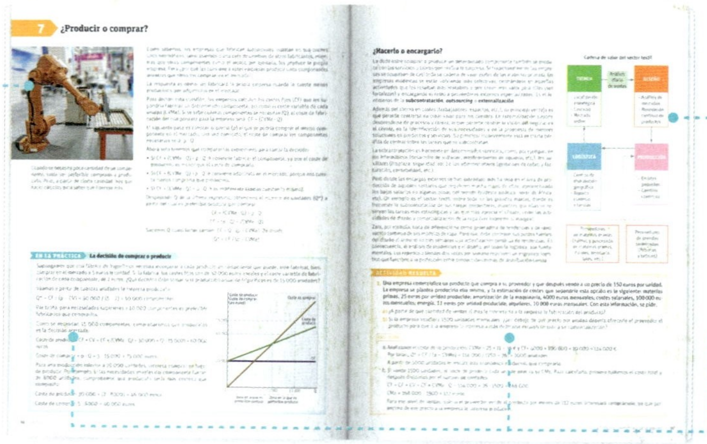

Fotografías con breves textos explicativos que te ayudan a comprender mejor las ideas aprendidas.

Esquemas para facilitarte la comprensión de los textos.

En la práctica y *Actividades resueltas*. Te ofrecen ejercicios resueltos y modelos prácticos sobre conceptos económicos claves.

Actividades

Se dividen en tres apartados en función de su tipología.

Actividades de síntesis. Para que recapitules, ordenes y compruebes lo aprendido en la unidad.

En la autoevaluación de **Savia**digital.com encontrarás actividades interactivas con preguntas sobre toda la unidad.

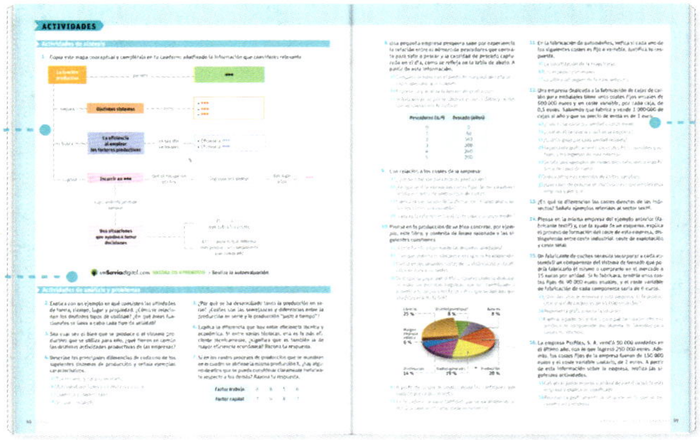

Actividades de análisis y problemas. Para que repases la unidad y afiances conceptos, fórmulas e ideas. En algunas unidades encontrarás más ejercicios en **Savia**digital.com.

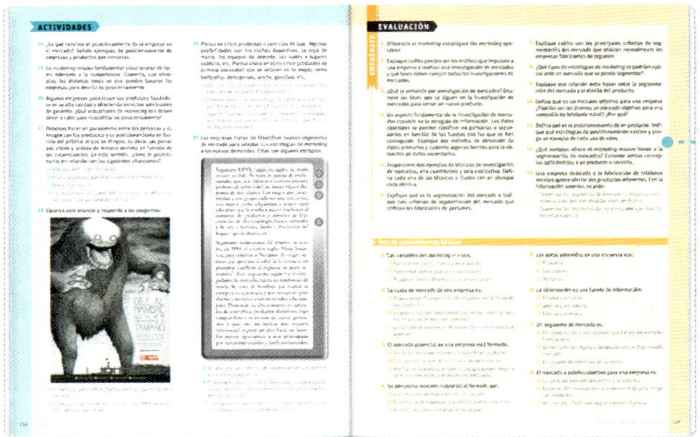

Actividades de evaluación. En este apartado te ofrecemos actividades específicas para que prepares el acceso a la universidad.

Análisis y debate

En esta sección se analizan temas relacionados con la educación en valores en el ámbito de la economía. Queremos ofrecerte instrumentos que te ayuden a comprender la realidad económica y a tomar decisiones de forma razonada, documentada y consciente.

Incluimos una actividad de **Savia**digital.com en la que te proponemos un ejercicio y te facilitamos diversas herramientas y enlaces para que puedas crear tu propia carpeta de direcciones web.

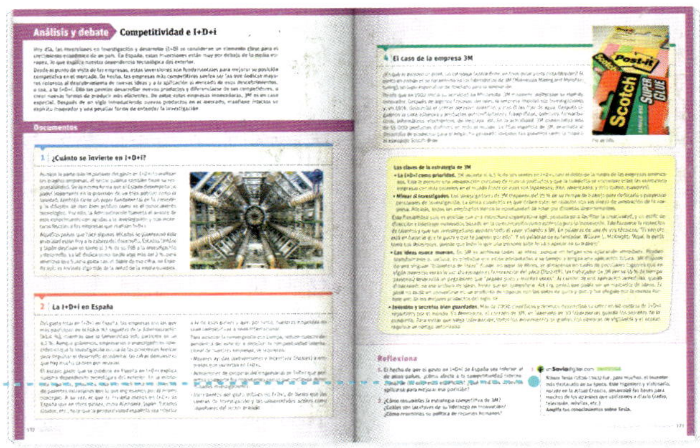

CONOCE Saviadigital

www.sm**Savia**digital.com

Saviadigital te ofrece más recursos y actividades para aprender y profundizar en los contenidos.

PRACTICA	Actividades para repasar y profundizar en algunos contenidos.
VALORA LO APRENDIDO	Actividades interactivas sobre los epígrafes de la unidad.
INVESTIGA	Actividades con enlaces web.

Para acceder a **Savia**digital sigue los pasos que encontrarás nada más abrir este libro.

En tu libro aparecen llamadas para que sepas qué recursos hay en **Savia**digital.

sm**Savia**digital.com
INVESTIGA
En este reportaje se aborda **cómo desarrollan las empresas sus estrategias de marca** para activar en los consumidores el llamado "botón de compra".

Índice

1 El papel de la empresa en la economía

La satisfacción de nuestras necesidades depende de las múltiples empresas que producen los diversos bienes y servicios que consumimos a diario. Pero además de la relación que mantenemos con ellas como consumidores, las empresas son las instituciones en las que nos desarrollaremos profesionalmente, ya sea como trabajadores, como directivos o como emprendedores. Por ello, comprender qué hacen las empresas, cómo funcionan y qué objetivos persiguen resulta fundamental para entender mejor cómo es nuestra sociedad. Y también nos ayudará a conocer cómo son esas instituciones en las que pasaremos una parte importante de nuestras vidas.

Emprender para crecer

La RAE define emprender como acometer y comenzar una obra, un negocio, un empeño, especialmente si encierra dificultad o peligro. Según esta definición, todos somos emprendedores, en mayor o menor medida.

Y es que, en el fondo, emprender está en la raíz misma de nuestra evolución. Sin la capacidad de emprender, iniciar cosas nuevas, asumir riesgos, enfrentarse a la incertidumbre, perseverar en conseguir metas, etc., nuestra especie no estaría donde está. Emprender, por tanto, es una necesidad humana y social. Nos mantiene vivos y nos asegura la adaptación a las nuevas circunstancias.

De hecho, todos tenemos objetivos y sueños en la vida, y muchos de ellos se iniciaron en una pequeña idea o una ilusión. Tener ideas creativas o proyectos ilusionantes solo es el primer paso, y está al alcance de todos. El problema está en que no todos ponemos la pasión, el esfuerzo y la perseverancia para conseguirlos. Para este segundo paso, quizás deberíamos reflexionar sobre dos cualidades de los emprendedores para superar los obstáculos más frecuentes:

1. Nos cuesta salir de nuestra zona de confort. Nos da seguridad y confianza tener todo controlado, y por eso cuesta tanto dar un paso fuera de esa zona confortable, porque no es un paso en suelo firme. Sin embargo, un emprendedor asume que es incompatible querer crecer y superarse sin salir de ese recinto seguro y tranquilo. Sabe que sus enemigos son la inercia y la comodidad, y tiene conciencia de que hay algo importante por lo que merece la pena arriesgarse.

2. Tenemos miedo al fracaso. Emprender es iniciar algo nuevo, asumir riesgos, equivocarse y no hundirse, volverse a levantar y seguir adelante, adaptando el proyecto conforme se manifiestan las dificultades. Supone asumir que el fracaso es una posibilidad que forma parte del proceso de aprendizaje, no algo negativo.

Cuando a Thomas Alva Edison le hablaban de fracaso, mientras investigaba, sin éxito, sobre la bombilla incandescente, respondía: "¿Fracasos? No sé de qué me hablan. En cada descubrimiento me enteré de un motivo por el cual una bombilla no funcionaba. Ahora ya sé mil maneras de cómo no hacer una bombilla". Edison y su equipo crearon cientos de inventos que mejoraron nuestra calidad de vida.

Es la misma receta que está detrás de las innovaciones que se producen en lugares como Silicon Valley (California), en los que el talento y la iniciativa emprendedora se unen, originando empresas como Google, Apple, Facebook, etc.

ANALIZA LA IMAGEN

1. El paisaje urbano de San Francisco refleja una intensa actividad económica. ¿Qué ejemplos de esa actividad observas en la imagen?
2. La producción de bienes y servicios es la función principal de las empresas. ¿Qué objetivos persiguen las empresas produciendo esa riqueza?
3. ¿Qué otras funciones cumplen las empresas?

ANALIZA EL TEXTO

- ¿Cómo crees que se consiguen los objetivos importantes y que merecen la pena?
- Aplica a alguna experiencia personal la afirmación "El fracaso es aprendizaje".
- Comenta esta frase de Mark Twain relacionándola con el texto: "Un hombre con una idea es un loco hasta que triunfa".

1 Actividad económica y empresa

Si bien el capital físico (edificios, infraestructuras, maquinaria, fábricas, etc.) es importante para un país, en una economía moderna, el capital humano (formación, experiencia, talento) es, sin duda, la forma más importante de capital creador de bienestar y crecimiento.

La actividad económica surge con el fin de superar el problema de la **escasez** de recursos necesarios para satisfacer las necesidades crecientes de la sociedad. Mediante la actividad económica, las personas actúan de forma consciente y continuada sobre la naturaleza, obteniendo así los bienes y servicios que necesitan. Pero la imposibilidad de obtener todo lo que necesitamos nos obliga a elegir.

Este problema de elección es clave en economía, porque cuando elegimos producir una cosa decidimos, al mismo tiempo, no producir otra. Por ejemplo, el acero disponible se puede emplear o en la fabricación de automóviles o en la producción de frigoríficos, dos tipos de bienes que satisfacen muy distintas necesidades. Aquello a lo que se renuncia constituye el **coste de oportunidad** de nuestra decisión.

Una visión panorámica de la economía

El conflicto entre necesidades crecientes y recursos escasos obliga a la sociedad a tomar decisiones para resolver los tres problemas básicos de todo sistema económico:

1. **Qué bienes producir y en qué cantidades.** Habrá que decidir a qué necesidades vamos a dedicar nuestros recursos y cuáles quedarán insatisfechas.
2. **Cómo producir.** Puesto que existen distintos procedimientos, será necesario elegir con qué recursos y con qué técnicas se producirán los bienes y servicios (por ejemplo, utilizando más maquinaria y menos trabajadores, o al revés), de forma que los recursos se empleen de la manera más eficiente.
3. **Para quién producir.** Finalmente, se deberá decidir cómo distribuir esos bienes entre aquellos que han contribuido a producirlos.

Para responder a las cuestiones, cada país cuenta con un conjunto de recursos o **factores de producción**:

- El **trabajo** o aportación física e intelectual del ser humano al proceso productivo, que constituye el capital humano del país.
- La **tierra**, que son los recursos naturales necesarios para producir: suelo (rústico o urbano), agua, árboles, petróleo, minerales, etc.
- El **capital**, que son los bienes de producción o de capital necesarios para producir otros bienes: edificios, maquinaria y herramientas, elementos de transporte, etc.

Con el fin de satisfacer las necesidades de las personas y a partir de los recursos disponibles, la sociedad se organiza en **agentes económicos**, que realizan distintas funciones:

- **Las familias.** Tienen una doble función: por un lado, son las unidades básicas de consumo y, por otro, aportan su trabajo a las empresas.
- **Las empresas.** Como unidades básicas de producción, deciden qué y cómo producir.
- **El sector público.** Establece el marco legal en el que se desarrolla la actividad económica, provee a la sociedad de ciertos bienes y servicios públicos (sanidad, educación, etc.) y decide la política económica del país.

Finalmente, los agentes económicos se relacionan a través de los **mercados**, en los que se realizan los innumerables intercambios económicos diarios. Según sea el tipo de intercambio, se distinguen dos tipos de mercados:

- El **mercado de productos**, a través del que las familias adquieren los bienes y servicios que ofrecen las empresas.
- El **mercado de factores**, en el que los agentes compran o venden tierra, trabajo o capital. Así, el **mercado de trabajo** pone en contacto a las empresas que demandan trabajo y a las familias que lo ofrecen; o el **mercado financiero**, que pone en contacto a los que ofrecen y a los que necesitan financiación.

*

Sistema económico

Es la forma en que una sociedad se organiza para resolver sus problemas económicos básicos: qué, cómo y para quién producir. Para responder a estas cuestiones existen principalmente tres mecanismos o sistemas económicos: el mercado, la planificación central y los sistemas mixtos.

La empresa y los problemas económicos básicos

Una gran parte de las respuestas que da una sociedad a los tres problemas básicos se genera en las empresas:

- **Qué producir.** Las empresas responden a esta pregunta tratando de producir los bienes y servicios que el mercado demanda.
- **Cómo producir.** Las empresas organizan su proceso de producción y deciden la forma de producir en función de sus posibilidades tecnológicas.
- **Para quién producir.** Una vez producidos los bienes, se distribuyen entre los miembros de la sociedad. Para ver el papel que juegan las empresas en este proceso, necesitamos recordar el flujo circular de la renta que se produce en toda economía.

Flujo circular de la renta

Está constituido, por un lado, por la corriente de bienes, servicios y factores entre las familias y las empresas; y, por otro, por sus correspondientes pagos en dinero.

El flujo circular de la renta

Como se observa en el gráfico, el dinero que pagan las familias a las empresas por comprar bienes y servicios, luego va de las empresas a las familias cuando los trabajadores cobran su salario.

El salario, a su vez, volverá a las empresas por las nuevas compras que realicen las familias. Como vemos, se produce un flujo circular de la renta y de la actividad económica.

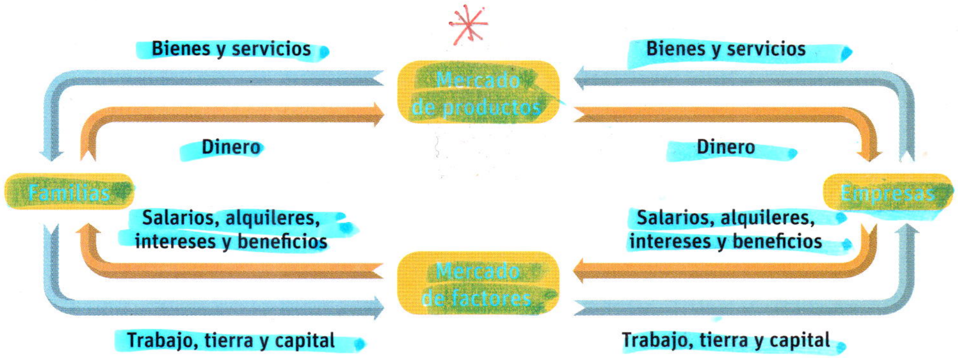

En este esquema simplificado de una economía sin sector público y sin sector exterior, el flujo circular está integrado por dos circuitos: uno monetario (en naranja) o corriente de dinero entre las familias y las empresas; y otro real (en azul), con los movimientos de bienes y servicios, y factores de producción entre las empresas y las familias.

En estos intercambios, las empresas juegan un doble papel: por una parte, ofrecen bienes y servicios en el mercado de productos, y, por otra, demandan los factores de producción que necesitan en el mercado de factores. En respuesta a esta demanda, las familias ofrecen su trabajo a las empresas a cambio de un **salario**.

Asimismo, las familias poseen dinero ahorrado, terrenos, inmuebles, etc., que ponen a disposición de las empresas a cambio de una remuneración o renta: **alquileres** a cambio de la tierra, **beneficios e intereses** a cambio del capital.

De esta forma, la actividad empresarial no solo produce los bienes y servicios necesarios, sino que genera las rentas que se pagan a los propietarios de los factores productivos.

Estas rentas (salarios, beneficios, intereses y alquileres) representan la retribución que reciben las familias de un país por su colaboración a la producción, y ello determina la capacidad de compra de cada familia. De este modo, el reparto de rentas que efectúan las empresas explica en buena medida la respuesta a la pregunta de para quién producir. Es decir, los bienes y servicios producidos se distribuyen entre quienes tienen la capacidad de compra para adquirirlos en función de las rentas que reciben.

smSaviadigital.com PRACTICA

Realiza un esquema sobre cómo se resuelven los **problemas económicos básicos** en los distintos sistemas económicos.

ACTIVIDADES DE APLICACIÓN

1. Identifica los agentes económicos que intervienen en estos ejemplos y el mercado en el que actúan. Representa después, gráficamente, el flujo circular que se establece entre los agentes, distinguiendo el flujo real del monetario:
   - Jesús compra un nuevo ordenador en una tienda de informática.
   - Unos grandes almacenes contratan nuevos trabajadores.
   - María deposita sus ahorros en el banco y recibe intereses por ello.
   - Carmen recibe un préstamo del banco.
   - Una cadena de alimentación paga la nómina a sus trabajadores.

2 Las funciones de la empresa en la economía

La coordinación de la producción

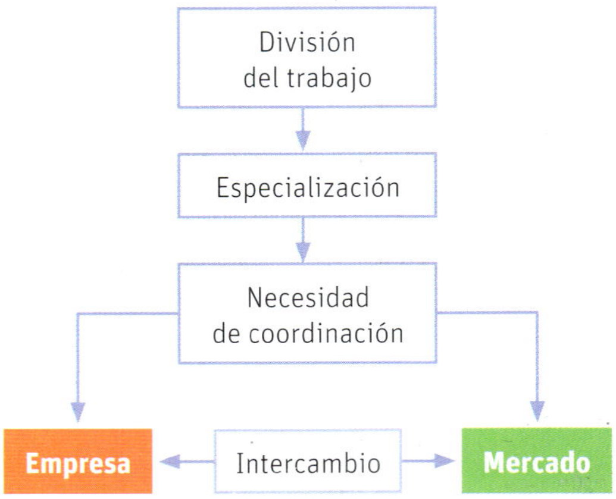

La **empresa** es la unidad básica de producción cuya función es crear o incrementar la utilidad de los bienes, utilizando para ello un conjunto de factores productivos que son coordinados por el empresario.

De los componentes de esta definición se desprenden las cuatro funciones que las empresas desarrollan en nuestra sociedad.

1. **Las empresas coordinan los factores de producción.** La búsqueda de formas más eficientes de utilizar los recursos escasos ha propiciado un incremento continuo de la división del trabajo y de la especialización, con el consiguiente aumento de la productividad.

   Un rasgo fundamental de la actividad económica actual es la fuerte especialización de las personas en diferentes oficios (agricultores, transportistas, comerciantes, electricistas, ingenieros, administrativos, etc.) con objeto de producir los distintos bienes que, mediante el intercambio, satisfacen las necesidades de los miembros de la comunidad.

   Este proceso de especialización, si bien tiene la clara ventaja de aumentar la productividad, requiere, a su vez, lograr la coordinación de las diferentes tareas y aportaciones de los distintos especialistas.

   En la producción de un automóvil, por ejemplo, habrá que asegurar que los diversos componentes y las tareas realizadas por los distintos profesionales sean los adecuados para que, una vez ensamblados, obtengamos un automóvil completo que, además, esté terminado en el tiempo y en el lugar precisos. Es decir, para cubrir nuestras necesidades, sean estas un automóvil o un libro, es necesario poner de acuerdo y coordinar a múltiples especialistas con sus respectivas tareas.

   Esta es una de las funciones de la empresa: dirigir y coordinar los factores de producción de manera que su contribución se haga de la forma más eficiente posible.

2. **Las empresas crean o aumentan la utilidad de los bienes.** Al transformar materias primas en productos, las empresas crean o aumentan la utilidad de los bienes, es decir, incrementan su capacidad para satisfacer las necesidades humanas. Como sabemos, los bienes no existen en la naturaleza en la forma idónea para satisfacer las necesidades, es decir, hay que realizar sucesivas transformaciones hasta convertirlos en bienes capaces de satisfacerlas. Así, el fabricante de neumáticos transforma el caucho y otros materiales, mediante el capital productivo y el trabajo, en neumáticos que vende al fabricante de automóviles; este, además de los neumáticos, adquiere acero y otros componentes para fabricar coches que, una vez vendidos, satisfacen necesidades.

   Las empresas, al crear utilidad, añaden valor a los bienes. Y a medida que los bienes son más útiles para las personas se incrementa su valor y, en consecuencia, aumenta el precio que se está dispuesto a pagar por ellos.

   Si sumamos el valor añadido (diferencia entre el valor de lo producido y el de las materias primas empleadas) de todas las empresas de un país durante un periodo, obtendremos el **producto nacional** de ese país.

*

Valor añadido de una empresa

Es la diferencia entre el valor de los bienes producidos y el coste de las materias primas utilizadas para su producción.

Utilidad de un bien

Es la capacidad que tiene para satisfacer necesidades humanas.

3. **Las empresas asumen riesgos.** Al retribuir a los factores de producción, la empresa paga rentas por anticipado: facturas de sus proveedores de materias primas, intereses de préstamos, salarios a sus trabajadores, etc. Y todo ello lo paga antes de elaborar los productos y venderlos. Es decir, asume el riesgo de pagar por adelantado los recursos que necesita para realizar su actividad.

4. **Las empresas crean riqueza y generan empleo.** Las empresas cumplen con una importante función social al contribuir al desarrollo económico de la sociedad: crean empleo y generan rentas, desarrollan investigaciones e innovaciones que aumentan la calidad de los bienes y servicios, mejorando con ello la calidad de vida de los ciudadanos.

Las primeras empresas capitalistas fueron sociedades para el comercio de ultramar, como la Compañía de las Indias Orientales. Estas sociedades asumían el riesgo de fletar barcos esperando obtener futuros beneficios. Para poder llevar a cabo tales empresas, era necesario reunir grandes capitales y estar en condiciones de esperar varios meses, incluso varios años, hasta llegar a recuperar y ver aumentado el capital invertido.

El proceso de creación de valor: la cadena de valor

Para entender el proceso de creación de valor, conviene aclarar algunos términos:

- **Producir, en sentido restringido**, consiste en transformar materias primas en un producto terminado con la ayuda de capital y trabajo (convertir madera en un mueble, trigo en harina, etc.).
- **Comercializar** supone acercar un bien ya producido hasta donde se necesita. Con la comercialización el producto no cambia de forma (el comerciante compra la ropa al fabricante y la transporta hasta su establecimiento, donde la adquirimos).
- **Prestar un servicio** es satisfacer alguna necesidad proporcionando, en general, conocimientos, ayuda o facilidades a alguien que los necesita (el profesor nos ayuda a aprender, los bancos nos proporcionan financiación, etc.).

Producir, comercializar o prestar un servicio son actividades complementarias que contribuyen a incrementar la utilidad o el valor de los bienes. El valor que añade cada empresa es un eslabón de una cadena en la que intervienen otras empresas y que va desde la extracción de materias primas hasta el consumidor. Como se ilustra en este esquema de la cadena de valor de la industria agroalimentaria, el proceso de elaboración de cualquier bien comprende varias fases:

Cultivo, riego, abonado, etc. → Recolección y almacenamiento → Clasificación, envasado y control de calidad → Transporte → Distribución mayorista → Distribución minorista (comercio) → **Consumidor**

Producir, por tanto, es añadir valor a los bienes para que puedan satisfacer nuestras necesidades. Por ello, la empresa se considera como la **unidad básica de producción**, sea cual sea la actividad que desarrolle: transformación en cualquiera de sus fases, comercialización o prestación de servicios.

EN LA PRÁCTICA **La cadena de valor**

Una fruta en el árbol de una región agrícola alejada de nuestra ciudad tiene mucho menos valor que esa misma fruta bien presentada en el escaparate de una tienda cerca de casa. Para llegar hasta donde yo la necesito, ha sido necesario cultivarla, recolectarla, lavarla e inspeccionarla, clasificarla por su tamaño y calidad, transportarla y almacenarla en grandes almacenes y, finalmente, ofrecerla en nuestra frutería.

En todo ese proceso, el mismo bien ha ido aumentando su valor, es decir, su capacidad para satisfacer necesidades. Desde este punto de vista, crean utilidad tanto la empresa agrícola, como la empresa de transporte y almacenamiento, así como el almacén mayorista y el establecimiento comercial que nos lo sirve en el tiempo y lugar adecuados.

- Utilizando el concepto de cadena de valor, señala las fases por las que pasa un bien concreto como la mesa en la que escribes.

3 La empresa y el empresario

En las pequeñas empresas familiares, las figuras del empresario y del propietario o dueño de la empresa suelen coincidir en una sola persona.

Empresario

Persona o grupo de personas que dirige la empresa y que se encarga de las funciones de planificación, organización, gestión y control.

Ejemplos y casos

En el momento en el que los productos digitales reemplazaron a los analógicos muchas empresas quebraron. Schumpeter llamó a este proceso *destrucción creativa*: cuando una empresa crea un nuevo producto, mejora la tecnología o hace las cosas mejor y es más eficiente, suele generar la destrucción de sus competidores. Las empresas que quiebran y las industrias que desaparecen forman parte del juego, doloroso pero inevitable, e incluso necesario, a medida que surgen empresas innovadoras que dan un nuevo impulso a la economía.

Tradicionalmente, el empresario se consideraba como la persona que daba vida a la empresa, que coordinaba y dirigía el proceso productivo arriesgando en ello su capital. En esta definición, las figuras del empresario y del propietario de la empresa se identifican, pues en el pasado los dos aspectos coincidían en una misma persona.

Pero hoy, sobre todo en las grandes empresas, el propietario (socio capitalista) se distingue del empresario (quien la dirige).

En esta evolución, ha habido una serie de aportaciones teóricas que han ido configurando la figura del empresario tal como la entendemos en la actualidad.

Las teorías sobre el empresario

1. **El empresario en el pensamiento económico clásico.** Durante mucho tiempo, se identificó al empresario con quien aportaba el capital (propietario), y consiguientemente, el beneficio se consideró la recompensa por el capital aportado.

   Para los economistas clásicos (Adam Smith, David Ricardo y John Stuart Mill), el empresario era el capitalista o propietario del negocio, quien lo dirigía personalmente y quien asumía el riesgo de su inversión.

   Hasta mediados del siglo XIX, los economistas no empezaron a diferenciar la figura del empresario de la del capitalista. Marshall (1890) fue uno de los primeros en hacerlo y, en este sentido, realizó una aportación fundamental, al asignar al empresario el papel de coordinador del proceso productivo, elevando la función empresarial a la categoría de cuarto factor de la producción, junto con la tierra, el trabajo y el capital.

   Para Marshall, el beneficio era la retribución que se obtenía por esta función de coordinación.

2. **El empresario-riesgo de Knight.** En el siglo XX, se formularon las modernas teorías del empresario. Una de las primeras aportaciones fue la de Knight (1921). Para este autor, el riesgo es lo que define al verdadero empresario.

   La actividad del empresario supone anticipar el pago de los factores productivos (salarios, materias primas, etc.) a cambio de unos hipotéticos ingresos futuros (por las ventas que realice) que desconoce, ya que pueden darse cambios en la demanda que no pueden preverse con seguridad.

   Ante una demanda incierta, la producción se realiza en función de previsiones que pueden ser acertadas o no. Si son acertadas, se conseguirán beneficios, pero si son erróneas, habrá que soportar pérdidas.

   Para Knight, pues, la esencia del empresario es la incertidumbre sobre las consecuencias de sus decisiones. El beneficio, por tanto, es el premio o recompensa por asumir ese riesgo.

3. **El empresario innovador de Schumpeter.** Este autor propuso la concepción más original del empresario (1942), al considerar que ser empresario era ser innovador, es decir, ser capaz de inventar un nuevo producto o una nueva forma de producir y conseguir, así, una situación de monopolio temporal y unos beneficios extraordinarios. A medida que otras empresas imiten esa innovación, los beneficios disminuirán.

   La innovación constituye, por tanto, la esencia misma de la función empresarial y el empresario se convierte de este modo en un elemento esencial del sistema, ya que la innovación y el progreso técnico son los factores básicos del crecimiento de la economía.

   El beneficio se justifica como el premio o recompensa que percibe el empresario por su aportación al progreso tecnológico y económico.

4. **El empresario como *tecnoestructura* de Galbraith.** Para John Kenneth Galbraith (1967), las grandes empresas actuales son tan complejas que ya no pueden ser dirigidas por una sola persona, sino que requieren una dirección colegiada que integre profesionales expertos en las distintas áreas (economistas, ingenieros, abogados, etc.).

   Este grupo dirigente, que Galbraith denomina *tecnoestructura*, constituye un nuevo centro de poder dentro de la empresa. Y como quien realiza el papel del empresario no es el propietario, sino este equipo de directivos profesionales, se produce un cierto conflicto en los objetivos empresariales: los accionistas persiguen la obtención de los mayores beneficios de su inversión, mientras que los directivos tienen unos objetivos más amplios, tanto económicos (crecimiento, eficiencia, etc.), como personales (remuneración, seguridad, poder, prestigio, etc.).

5. **El empresario como descubridor de oportunidades.** Kirzner (1973) destaca que la esencia del empresario es su "estado de alerta" para descubrir en el mercado oportunidades no detectadas hasta entonces. Según este autor, una de las principales funciones del empresario está en intuir y aprovechar estas oportunidades.

El empresario en la realidad actual

Hoy, las empresas tienen que enfrentarse a un entorno caracterizado por su complejidad y dinamismo como consecuencia de dos circunstancias:

- El aumento del tamaño de las empresas, cuya propiedad se reparte entre numerosos accionistas.
- Los cambios tecnológicos y sociales, la globalización de los mercados y el fuerte incremento de la competencia.

Estos hechos están favoreciendo un proceso de "profesionalización" del empresario, que debe planificar, organizar, dirigir y controlar la actividad empresarial con independencia de que sea o no el propietario. Especialmente en las grandes empresas, la propiedad está repartida entre muchos accionistas y controlada por un consejo de administración. Este consejo suele delegar en un equipo de directivos profesionales, que son los que realmente dirigen la empresa y que, con frecuencia, gozan de un poder superior al de los propietarios. Por el contrario, en las pequeñas empresas, sobre todo en las de tipo familiar, propietario y empresario suelen coincidir en la misma persona.

En resumen, hoy se considera al empresario como un profesional de la dirección (Galbraith), impulsor del progreso económico (Schumpeter), descubridor de nuevas oportunidades (Kirzner) y que arriesga su capital o su prestigio si la empresa no obtiene buenos resultados (Knight). Además, la visión estratégica y el liderazgo de recursos humanos aparecen como nuevas claves del empresario moderno.

Ejemplos y casos

Emprendedor y *empresario* son términos que suelen identificarse, aunque hay alguna diferencia. Los emprendedores detectan nuevas oportunidades, idean nuevos productos y son capaces de reunir los recursos necesarios para producirlos, asumiendo el riesgo de posibles fracasos. Todo emprendedor que tiene éxito es un futuro empresario, pero no todo empresario mantiene el espíritu emprendedor que le animó en sus inicios.

Muchos empresarios son emprendedores en sus inicios (por definición), y luego, conforme crecen y tienen éxito, empiezan a acomodarse en su situación y a reducir el riesgo. Y ahí está el reto: ser grandes y seguir siendo emprendedores. La frase de Steve Jobs nos lo recuerda: "Stay hungry. Stay foolish".

ACTIVIDADES DE APLICACIÓN

1. Elabora un cuadro resumen con las principales aportaciones de las teorías sobre el empresario.

TEORÍAS	CÓMO CONCIBEN AL EMPRESARIO	CÓMO JUSTIFICAN EL BENEFICIO
Economistas clásicos	•••	•••
Knight	•••	•••
Schumpeter	•••	•••
•••	•••	•••

4 Funcionamiento económico de las empresas

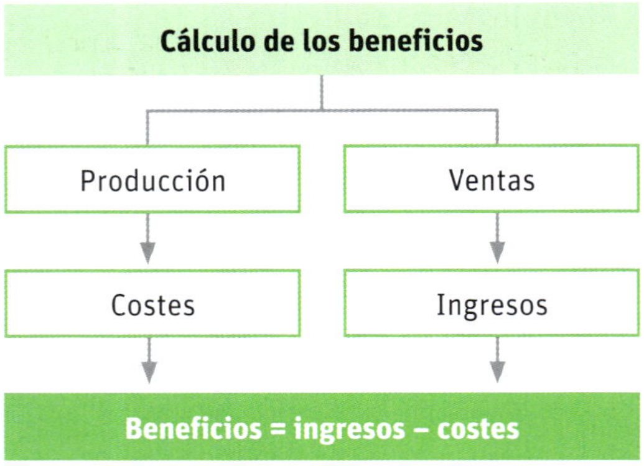

El punto de partida para crear una empresa es tener una idea que cubra una necesidad que el mercado no satisface. Después, es preciso proveerse de los medios necesarios para llevarla a la práctica. Las empresas, para poder producir, compran materias primas, contratan trabajadores, adquieren maquinaria y herramientas, utilizan agua, energía, etc. Es decir, tienen que soportar ciertos **costes**: salarios, valor de las materias primas empleadas, etc. La suma de todos estos costes da lugar al coste de producción de la empresa.

De la venta de los bienes y servicios que produce, la empresa obtiene sus **ingresos**. La diferencia entre los ingresos y los costes de producción de un período es el **beneficio de la empresa**. Así:

Beneficio = ingresos por ventas – costes de producción

El ciclo de producción

Si se observa el funcionamiento típico de una empresa, comprobamos que una y otra vez se repite el mismo ciclo, como se ve en el esquema.

Ciclo de producción de una empresa industrial

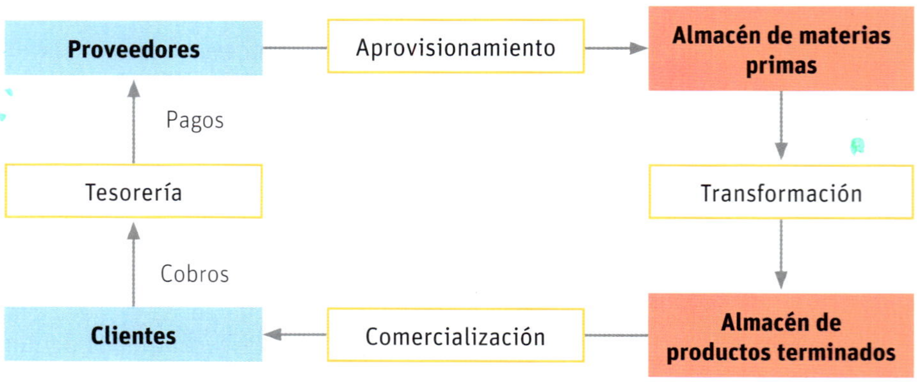

smSaviadigital.com PRACTICA
Trabaja con un **esquema del ciclo de producción** de una empresa comercial.

La empresa adquiere materias primas de sus proveedores, que se almacenan y después pasan a fabricación. Una vez transformadas, se convierten en productos terminados que se almacenan hasta que se venden a los clientes. Con el dinero de la venta, las empresas pagan a sus proveedores y comienza de nuevo el ciclo. Los ingresos obtenidos por la venta de los productos deben ser superiores a los costes si la empresa pretende sobrevivir.

En una empresa comercial, el ciclo de producción se simplifica: solo existe almacén de productos terminados, ya que no existe transformación.

Áreas funcionales de la empresa

Las empresas se organizan en **cuatro grandes áreas funcionales** (de producción, de *marketing*, financiera y de recursos humanos), que permiten agrupar sus distintas actividades y personas según las diferentes funciones que realizan.

ÁREAS	FUNCIONES QUE REALIZAN
Producción	Aprovisionamiento de materias primas para su posterior transformación en productos elaborados.
Comercial o *marketing*	Comercialización y venta de los productos. Para ello se estudian las necesidades de los consumidores con objeto de que los productos se adapten a ellas.
Financiera	Obtención y gestión de los recursos financieros necesarios y estudio de las posibles inversiones de esos recursos.
Recursos humanos	Selección, formación y motivación de los trabajadores para que se integren en la empresa y contribuyan al logro de sus objetivos.

5 Componentes de la empresa

En toda empresa se pueden observar los siguientes elementos comunes:

1. **El grupo humano.** Se incluyen en él los trabajadores o empleados, los propietarios o accionistas de la empresa y los administradores o directivos. En las pequeñas empresas no se distingue entre estas dos últimas figuras, ya que el propietario es, al mismo tiempo, quien dirige la empresa. Además de estos participantes principales, existen otros colectivos que también intervienen en la vida de la empresa (consumidores, proveedores, etc.).
2. **El patrimonio o conjunto de bienes económicos de la empresa.** En este conjunto podemos distinguir entre aquellos bienes que están ligados a la empresa de forma duradera y que representan sus **activos permanentes** (edificios, maquinaria, herramientas, etc.), y aquellos otros bienes que están ligados al ciclo de producción de la empresa y que están continuamente cambiando, y que, por ello, constituyen sus **activos temporales o funcionales** (materias primas, productos terminados, dinero en bancos o en caja, etc.).
3. **La organización.** Toda empresa requiere de una organización que permita alcanzar los objetivos de la forma más eficaz. Para lograrlos, es necesario establecer con claridad cuáles son las tareas que hay que desarrollar, cómo se divide y se distribuye el trabajo entre las personas que lo van a realizar, qué relaciones deben existir entre ellas y cuáles son sus responsabilidades.
4. **El entorno o marco externo que rodea a la empresa.** Las empresas se ven influidas por las circunstancias legales, económicas, sociales, culturales y tecnológicas del medio en el que se desenvuelven. Pero también la empresa influye en el entorno, y debe cuidar los efectos que su actividad produce sobre la sociedad y el medio ambiente.

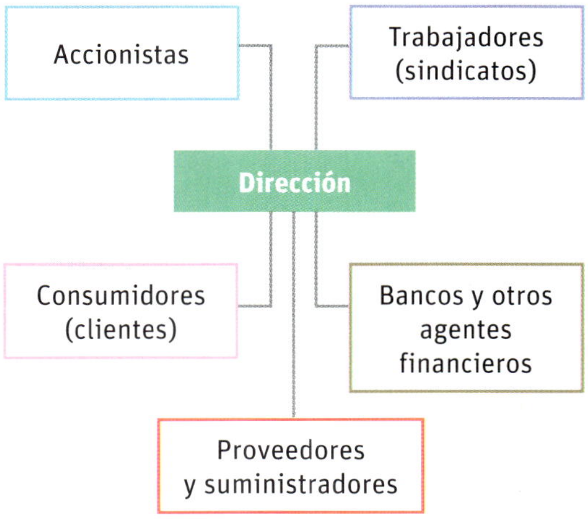

smSaviadigital.com PRACTICA

Analiza los componentes de una empresa a partir de un caso concreto.

La empresa como institución social: ¿qué esperan de ella los distintos grupos de intereses?

GRUPOS DE INTERESES	**GRUPOS INTERNOS**	**Socios y accionistas**	• Rentabilidad del capital invertido e incremento del valor de la empresa. • Participación y control de la gestión.
		Directivos	• Poder de decisión, control e influencia. Prestigio e ingresos. • Incremento del valor de la empresa.
		Trabajadores	• Salario, prestaciones sociales, seguridad y salud laboral. • Promoción profesional y personal. • Participación en las decisiones y buenas relaciones humanas.
	GRUPOS EXTERNOS	**Clientes**	• Calidad y justa relación calidad-precio. • Información veraz y clara sobre los productos. • Garantías de seguridad y salubridad de los productos. • Buen servicio posventa.
		Proveedores	• Capacidad de pago. • Información clara de las posibilidades comerciales. • Respeto de las marcas y de la propiedad industrial.
		Competidores	• Respeto a las reglas de la libre competencia • Reciprocidad de las relaciones y cumplimiento de los compromisos.
		Estado	• Cumplimiento de sus obligaciones fiscales, laborales, medioambientales, etc.
		Sociedad	• Contribución positiva al desarrollo económico y al empleo. • Colaboración con las instituciones sociales, culturales y científicas. • Respeto y mejora del medioambiente y compromiso con la comunidad local.

6 ¿Qué objetivos persigue la empresa?

Las empresas actuales persiguen unos objetivos de equilibrio entre los intereses de los distintos grupos implicados en ella, de tal forma que todos se muestren satisfechos. De ello, sin duda, depende su futuro.

Tradicionalmente se ha considerado que el objetivo de la empresa es la obtención del máximo beneficio (o máximos ingresos con el mínimo coste). Pero en la actualidad, una serie de hechos cuestionan este objetivo clásico:

- En las grandes empresas, la **separación entre directivos y propietarios** puede originar, como hemos visto, un conflicto de objetivos entre ambos colectivos. Mientras los accionistas buscan obtener el mayor beneficio de sus inversiones, los directivos persiguen objetivos más amplios (eficiencia, poder, influencia, prestigio, etc.).
- **No todas las empresas son iguales ni tienen los mismos objetivos**: una empresa privada no tiene las mismas finalidades que una pública, ni una pequeña empresa familiar que una gran multinacional, lo que hace difícil plantear unos objetivos comunes válidos para todas las empresas.
- Cada vez más, la empresa está adquiriendo un mayor sentido de la **responsabilidad social** hacia los colectivos que participan en ella y hacia la sociedad en general. Estos colectivos plantean sus propias exigencias que deben ser recogidas en los objetivos de la empresa.

Los objetivos de la empresa

Hoy se plantean diversos objetivos que responden a las nuevas circunstancias:

1. Objetivo clásico de maximizar el beneficio, pero entendido como la búsqueda de la **máxima rentabilidad** del capital invertido. El concepto de rentabilidad es más preciso que el de beneficios, ya que relaciona el beneficio obtenido en un período con el capital invertido en la empresa.

$$\textbf{Rentabilidad} = \frac{\text{beneficio obtenido}}{\text{capital invertido}} \cdot 100$$

2. Objetivos de **crecimiento y de creación de valor** para la empresa. En la medida en que crece la empresa, adquiere más valor de mercado, y este mayor valor empresarial es un objetivo que satisface tanto a los accionistas, que verán aumentado el valor de sus acciones, como a los directivos, que podrán incrementar su poder, prestigio y remuneraciones.

3. Objetivos de **responsabilidad social**. Cada vez más, las empresas están incorporando objetivos de responsabilidad social y ética hacia los colectivos que la integran (empleados, clientes, proveedores, etc.) y hacia la sociedad y el medio ambiente en el que desarrollan su actividad.

*****
Rentabilidad

Relación entre los beneficios obtenidos en un período y el capital invertido, expresada en tanto por ciento.

EN LA PRÁCTICA **La medida de la rentabilidad**

Para comparar los resultados de dos empresas, no nos basta con conocer su cifra de beneficios. Por ejemplo, si nos dicen que la empresa A obtiene 10 millones de euros de beneficios y la empresa B obtiene 100 millones en el mismo período, ¿cuál tiene mejores resultados?

Para saberlo, un economista nos diría que no tiene información suficiente. Aunque el beneficio sea 10 veces superior en la segunda que en la primera, para poder comparar ambas empresas necesitamos conocer cuánto se ha invertido en cada una de ellas. Si el capital invertido en A fuera, por ejemplo, de 50 millones y en B de 1000, su rentabilidad sería:

$$R_A = (10 / 50) \cdot 100 = 20\ \% \qquad R_B = (100 / 1000) \cdot 100 = 10\ \%$$

Una rentabilidad o rendimiento del 20 % significaría que, de cada 100 euros invertidos en la empresa A, se han obtenido 20 euros de beneficios en ese año, mientras que en B, por cada 100 euros invertidos se han obtenido 10 euros. Es decir, la rentabilidad es el doble en A que en B.

- Compara los resultados de la empresa A con otra empresa C, que ha obtenido en ese mismo período unos beneficios de 5 millones con un capital invertido de 25.

7 Teorías sobre la empresa

Entre las teorías que explican el funcionamiento de la empresa, destacan:

1. **Teoría neoclásica.** Sus seguidores afirman que el mercado y su "mano invisible" fijan los precios de los factores y de los productos, por lo que la función de la empresa se limita a **combinar los factores** para obtener los productos que le permitan lograr el máximo beneficio.

2. **Teoría social.** Según esta visión, la empresa debe justificar su existencia en la sociedad. Además de la búsqueda del beneficio económico, es necesario que asuma una **responsabilidad social** en respuesta al papel que la sociedad le otorga y a todo lo que recibe de ella.

3. **Teoría de los costes de transacción.** Esta teoría trata de explicar las posibilidades que tienen las empresas de ser más eficientes en cada decisión. Cuando una empresa necesita, por ejemplo, materias primas o componentes de sus productos, puede comprarlos en el mercado o producirlos ella misma.

   Si los compra en el mercado aparecerán los llamados costes de transacción, es decir, los **costes adicionales** (además del precio) como:

   - Costes de **búsqueda** derivados del tiempo y la incomodidad que supone localizar los distintos proveedores y valorar los bienes que ofrecen.
   - Costes de **contratación** que surgen de negociar el precio y contratar las condiciones.
   - Costes de **inseguridad** originados por cómo garantizar plazos y condiciones de entrega.

   La empresa puede evitar estos costes de transacción si en lugar de acudir al mercado, produce ella misma lo que necesita. Así, si una empresa constructora necesita los servicios de abogados para sus trámites jurídicos, puede o bien contratar a diferentes abogados cada vez que lo necesite, o crear un gabinete jurídico interno. Si la empresa crea su propio gabinete, desaparecen los costes de transacción y consigue mayor garantía en el servicio, pero aumentarán sus **costes de gestión**, por dirigir estas nuevas actividades. Una vez valorados ambos costes (de transacción y de gestión), la empresa deberá optar entre recurrir al mercado o integrar la actividad en su organización.

4. **La empresa como sistema.** Esta teoría define la empresa como:

   - Un sistema **abierto** a su entorno (sistema económico, social, etc.), en el que influye y del que recibe influencias.
   - Una organización en la que el funcionamiento del conjunto es superior a la suma del funcionamiento independiente de las partes (el todo es superior a la suma de las partes). Ello se debe a las **sinergias** que se producen en la empresa.
   - Un sistema **global** en el que cualquier influencia sobre uno de sus elementos repercute sobre los demás y sobre el conjunto del sistema.
   - Un sistema **autorregulable**. Si la empresa se desvía de sus objetivos, se inicia un proceso de retroalimentación para adaptarse y mantener un equilibrio dinámico con su entorno.

   En la empresa como sistema se distinguen distintos subsistemas, como se refleja en el gráfico.

Los subsistemas de la empresa

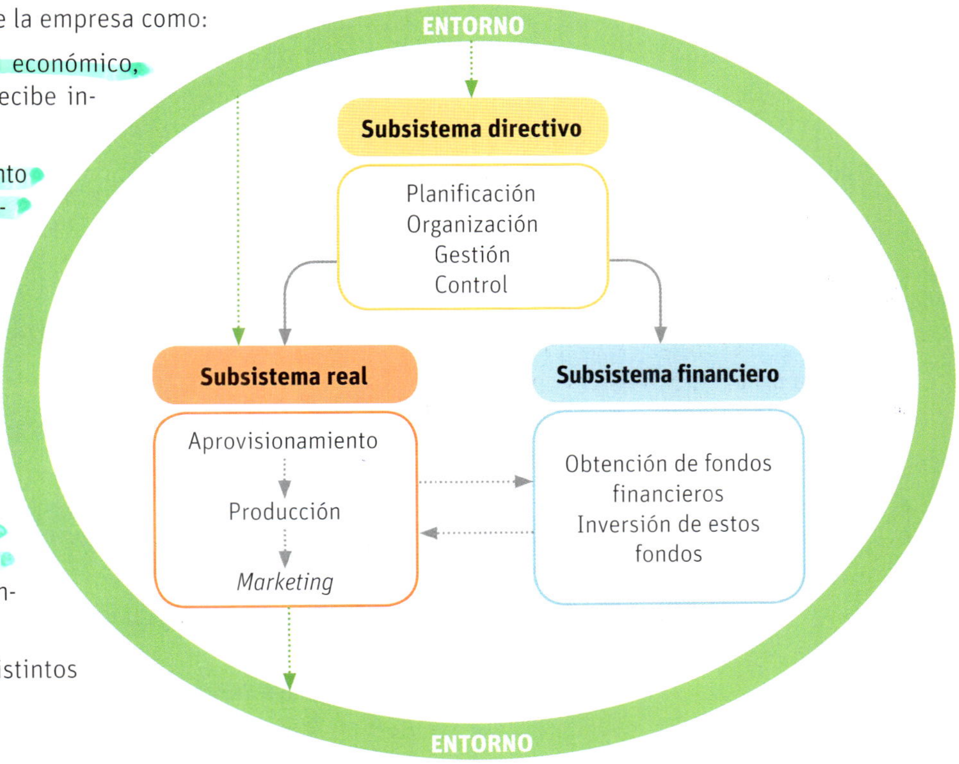

Ejemplos y casos

Muchas empresas contratan los servicios de otras empresas externas para realizar el mantenimiento informático, mientras que los servicios financieros o de contabilidad se llevan a cabo en la propia empresa. Según la teoría de los costes de transacción, la empresa comparará en cada caso los costes de contratar el servicio externo con los que tendría si los gestionara ella misma.

8 La empresa y los tipos de mercado

S 1

Barreras de entrada

Obstáculos que impiden o dificultan la entrada al mercado de nuevos competidores. Pueden ser: económicas, cuando la actividad precisa de una inversión inicial muy elevada; o legales, cuando se exigen unos requisitos normativos especiales o cuando el Estado limita el número de empresas en el mercado.

La realidad de los mercados es muy diversa. En unos las empresas tienen que adaptarse a las condiciones del mercado, mientras que en otros son las empresas las que establecen las reglas del juego. En unos existe una fuerte competencia entre las empresas mediante reducciones de precios, publicidad intensiva, mayor calidad, innovación, etc., mientras que en otros, por el contrario, las empresas se ponen de acuerdo para no competir en precios, o repartirse el mercado, etc. Entender cómo funcionan los mercados, por tanto, supone observar cómo se comportan las empresas y el grado de competencia existente entre ellas.

Funcionamiento del mercado

Recordemos que el modelo de mercado nos permite ilustrar de una manera sencilla el juego de la oferta y la demanda y cómo se establecen los precios.

- El **mercado** es el medio a través del cual los compradores y vendedores de un bien o servicio se ponen en contacto y acuerdan los precios y las cantidades que se intercambian.
- La **demanda de un bien** se define como la cantidad de ese bien que los consumidores están dispuestos a comprar a cada nivel de precios. La relación entre la cantidad demandada y el precio es inversa. Así, al aumentar el precio disminuye la cantidad demandada y viceversa. Otros factores que influyen en la demanda de un bien son la renta de los consumidores, el precio de los productos sustitutivos y complementarios, las modas y gustos de los consumidores, etc.
- La **oferta de un bien** es la cantidad de ese bien que los productores desean ofrecer a cada nivel de precios. La relación entre la cantidad ofertada y el precio es directa, es decir, cuanto más suben los precios de un bien, más cantidad querrán ofrecer los productores de ese bien, ya que aumentarán sus beneficios. Lo contrario ocurre si bajan los precios. Los costes, así como las expectativas empresariales o el nivel tecnológico, son otros factores que influyen en la oferta.
- El **precio** viene fijado por el juego de la oferta y la demanda a través del equilibrio de mercado.
- El **equilibrio de mercado** se produce cuando consumidores y productores están de acuerdo en intercambiar una misma cantidad (Q_e) a un determinado precio (P_e). Gráficamente se corresponde con el punto de corte de las curvas de oferta y demanda. Si el precio está por encima del de equilibrio, la cantidad que ofrecen los productores es mayor que la que demandan los consumidores (**exceso de oferta**). Si el precio está por debajo, la cantidad que demandan los consumidores es mayor que la que ofrecen los productores (**exceso de demanda**). Ambas situaciones son insatisfactorias y provocan un movimiento tendente al equilibrio en P_e y Q_e.

El equilibrio de mercado

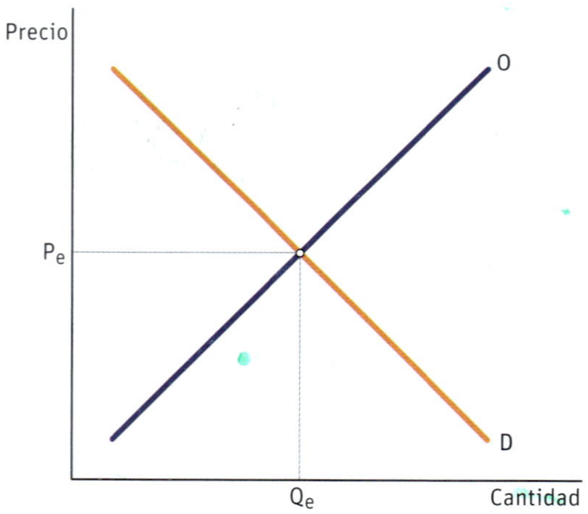

El mercado de competencia perfecta

Se trata de un mercado en el que concurren los siguientes supuestos:

1. Los productos son homogéneos, de forma que el consumidor no diferencia entre unos y otros.
2. Existen muchos oferentes y demandantes, lo que hace que ninguno tenga el suficiente poder de mercado como para alterar los precios: todos son precio-aceptantes.
3. Todos los agentes tienen plena información sobre precios y características del producto.
4. Existe libertad de entrada y salida del mercado, es decir, no existen barreras que impidan a las empresas acceder o salir libremente del mercado.

Los mercados de competencia imperfecta

Estos mercados se caracterizan porque las empresas sí tienen poder para influir en los precios. Según sea su número, se distinguen tres tipos:

1. **Monopolio.** En este mercado no hay competencia, ya que existe una **única empresa** frente a muchos demandantes de un bien o servicio, por lo que el monopolista puede fijar libremente precios o cantidades. El monopolio se justifica en el suministro de servicios que requieren de importantes infraestructuras (electricidad, agua, ferrocarriles, etc.), que hacen aconsejable económicamente que sea una única empresa la que los ofrezca (monopolio natural). También existen monopolios legales para el control estatal de determinados servicios (correos), o por la concesión temporal de patentes a las empresas.
2. El **oligopolio** se produce cuando unas **pocas empresas** se reparten la totalidad del mercado y tienen cada una de ellas poder suficiente para actuar sobre los precios o las cantidades ofertadas. Sectores típicos de oligopolio son el de automóviles, el de productos farmacéuticos, el del petróleo, etc.

   En estos mercados cada empresa debe estar pendiente de la reacción de sus rivales ante cualquier acción que emprenda. Si en la industria automovilística, Renault rebaja sus precios, las demás empresas (Citroën, Seat, Nissan, etc.) se verán obligadas a hacer una nueva oferta. Por ello, antes de tomar esta decisión la empresa deberá considerar las posibles reacciones de sus competidores. Esto hace que cada empresa dude entre competir o cooperar con las demás. Si cooperan, podrían conseguir las ventajas del monopolio. Por ello, las relaciones entre las empresas oligopolistas son, o **colusorias**, si establecen acuerdos para actuar conjuntamente, o **de rivalidad** y competencia.
3. En la **competencia monopolística**, existen **muchas empresas** que satisfacen una misma necesidad, pero tratan de diferenciar sus productos para que sean percibidos como exclusivos por los consumidores. Esta diferenciación (marca, calidad, diseño, etc.) se resalta a través de la publicidad para que el consumidor demande, por ejemplo, no unas deportivas cualquiera, sino una marca concreta.

Es difícil encontrar mercados reales que se correspondan fielmente con alguno de los modelos presentados. Según qué rasgo se observe, un mercado puede parecerse más a un modelo o a otro. Por ejemplo, en la distribución alimentaria existen muchas empresas (competencia monopolística), pero solo unas pocas (Carrefour, Mercadona, Alcampo, etc.) acaparan la mayoría de las ventas, y están muy atentas ante la reacción de sus grandes rivales (rasgos de un oligopolio).

TIPOS DE MERCADO

	COMPETENCIA PERFECTA	COMPETENCIA MONOPOLÍSTICA	OLIGOPOLIO	MONOPOLIO
Número de oferentes	Muchas pequeñas empresas.	Muchas empresas.	Pocas empresas, que pueden actuar de dos formas: rivalidad o cooperación.	Una única empresa.
Barreras	Libertad de entrada y salida al mercado.	Libertad de entrada y salida al mercado.	Fuertes barreras de entrada al mercado.	Fuertes barreras de entrada al mercado.
Producto	El producto es homogéneo, sin diferenciar.	Los productos son semejantes, pero se diferencian mediante publicidad, marcas, etc.	Si existe rivalidad, los productos se diferencian mediante publicidad, marcas, etc.	Hay un único bien o servicio.
Grado de competencia	La competencia es total.	Existe una fuerte competencia.	Mucha competencia (rivalidad) o ninguna (cooperación).	No existe competencia.
Influencia sobre precios	Las empresas no influyen en el precio.	Cierta influencia sobre precios.	Las empresas tienen poder para influir en el precio.	La empresa tiene el control absoluto de los precios.
Ejemplos	Productos agrícolas, lonjas de pescado, materias primas.	Electrodomésticos, ropa, hostelería, servicios personales.	Banca, petróleo, automóviles, telefonía.	Correos, agua, gas, transporte público.

ACTIVIDADES

Actividades de síntesis

1. Completa en tu cuaderno este mapa conceptual. Incluye nuevas ideas que consideres importantes en el lugar que les corresponda y con sus enlaces correspondientes.

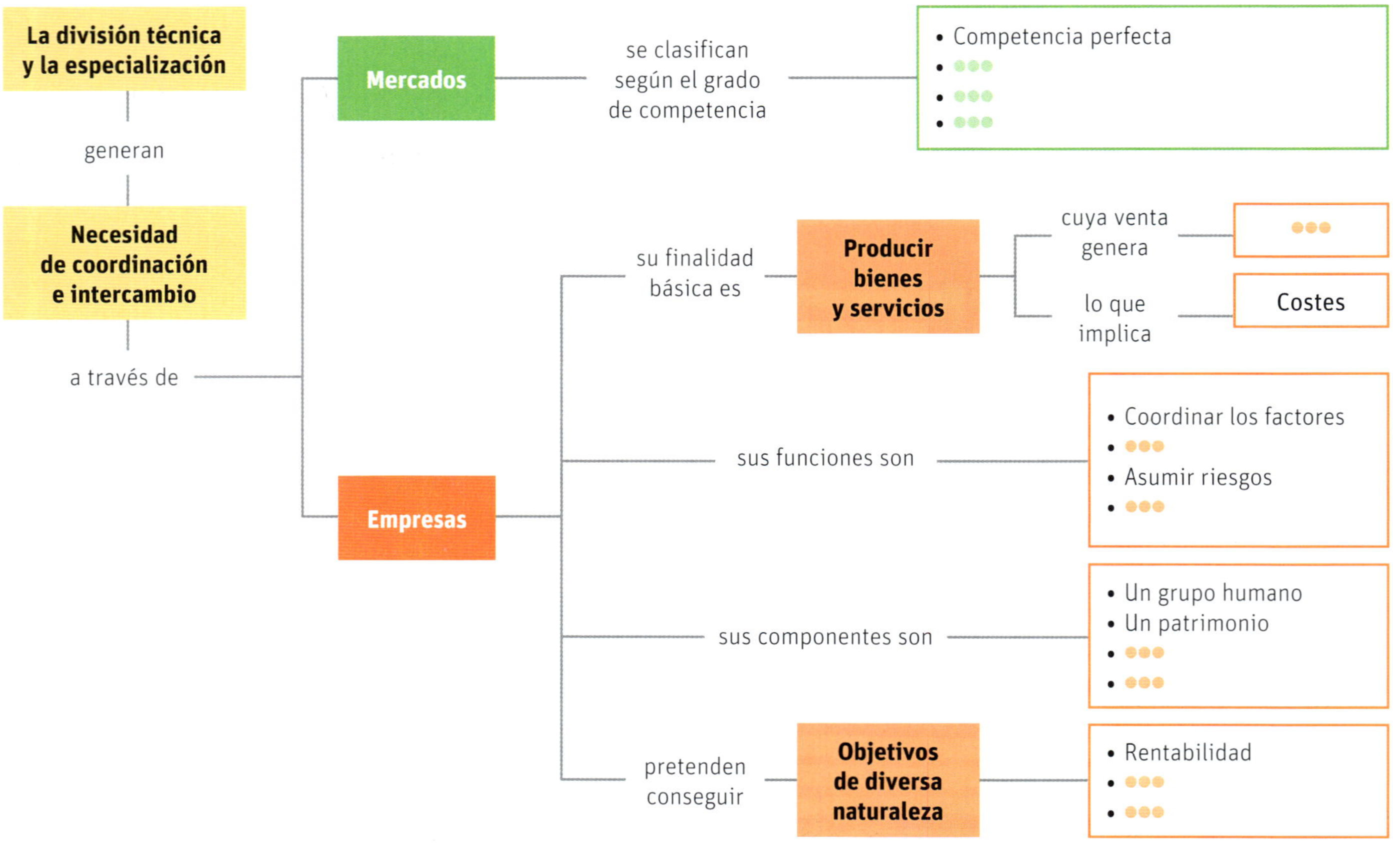

smSaviadigital.com VALORA LO APRENDIDO > Realiza la **autoevaluación**.

Actividades de análisis y problemas

2. Describe, mediante un esquema de flujo circular, las relaciones existentes entre los agentes económicos en los mercados de productos y de factores. A partir del esquema, explica qué papel cumple la empresa en las respuestas a qué, cómo y para quién producir.

3. Lee los siguientes supuestos e identifica los agentes económicos que intervienen en cada caso y el mercado en el que actúan. Representa gráficamente el flujo circular que se establece entre los agentes, distinguiendo el flujo real del monetario.
   a) Carmen se compra un coche nuevo.
   b) Un supermercado contrata más personal.
   c) Un banco paga la nómina de sus trabajadores.
   d) Una empresa reparte beneficios entre sus socios.
   e) Juan trabaja de voluntario en una ONG.

4. Trata de enumerar los distintos tipos de actividades, materiales y especialistas que han sido necesarios para producir un bien, por ejemplo, este libro.
   a) ¿Cómo se consigue que el libro llegue hasta ti en el momento y lugar en que lo necesitas?
   b) Identifica empresas de distintos sectores de actividad económica que han participado en su elaboración.

5. Piensa en una empresa industrial, otra comercial y otra de prestación de servicios y explica, sirviéndote de ejemplos, en qué se diferencian y qué tienen en común. A partir de sus características comunes define qué es una empresa.

6. Con relación a las cuatro funciones de la empresa:
   a) ¿Crees que son válidas para todo tipo de empresas?
   b) ¿Son las mismas para una cooperativa que para una multinacional o para una pequeña empresa familiar? ¿Son válidas también para un emprendedor?
   c) Si un grupo de estudiantes decide vender objetos navideños para financiar su viaje de fin de curso y alquilan un local para realizar la venta, ¿qué funciones empresariales tendrían que desarrollar?

7. **Observa la imagen y contesta a las cuestiones.**

a) ¿Qué se entiende por cadena de valor?

b) De los distintos eslabones de la cadena de valor, ¿son todos igualmente importantes? ¿Cómo los percibe el consumidor final?

Fuente: FORGES. *El País*, 9-VI-2008

8. **Piensa en estos ejemplos de empresa e identifica y diferencia los conceptos de propietario y empresario.**

a) El BBVA.

b) Una farmacia.

c) El centro educativo en el que estudias.

d) Una pequeña empresa que conozcas de tu entorno.

9. **Explica cuáles son las aportaciones sobre el empresario que formulan Knight y Schumpeter. ¿Cómo se define el empresario en la actualidad?**

10. **Cada vez se habla más de la profesionalización del empresario. ¿Qué se quiere decir con ello? ¿Ocurre en todas las empresas o solo para un cierto tipo de ellas?**

11. **Elige una empresa que conozcas directamente o que haya sido comentada en la unidad:**

a) Identifica sus áreas funcionales y explica con la ayuda de un esquema, el funcionamiento típico de su ciclo de producción.

b) ¿En qué se diferencia el ciclo de producción de una empresa industrial del ciclo de producción de una empresa comercial?

c) Elabora un esquema con las fases de la cadena de valor en la que se encuadra la empresa elegida.

12. **Observa la empresa en la que pasas muchas horas al día, es decir, tu centro escolar, y responde a las siguientes cuestiones:**

a) ¿Cuáles son sus objetivos?

b) En relación a sus componentes, identifica los colectivos que componen el grupo humano.

c) Señala ejemplos de su patrimonio.

d) ¿Cómo se organiza y cómo se distribuyen las distintas tareas?

13. **Piensa en un restaurante en el que el propietario es al mismo tiempo quien lo dirige.**

a) Identifica los distintos colectivos que forman el grupo humano, tanto interno como externo.

b) Señala elementos de su patrimonio distinguiendo aquellos que son permanentes de otros más temporales.

14. **Averigua si los fundadores de grandes empresas como Microsoft, Facebook, Google, Zara, etc., son propietarios, empresarios o emprendedores. Puedes elegir una, dos o las tres opciones. Razona tu respuesta.**

15. **Piensa en los intereses de los distintos grupos que participan en una gran empresa multinacional.**

a) Pon ejemplos de posibles conflictos de intereses entre los accionistas (o propietarios) y los directivos de empresa.

b) Haz lo mismo respecto a los objetivos coincidentes.

16. **Según un famoso economista, Milton Friedman, el objetivo último de toda empresa es proporcionar a los accionistas los mayores dividendos posibles.**

a) ¿Estás de acuerdo con esta afirmación?

b) ¿Qué circunstancias y cambios han hecho variar la forma de entender los objetivos de la empresa?

c) Según estos cambios, ¿qué tipos de objetivos se plantean las empresas en la actualidad?

17. **A partir de los datos que se detallan:**

EMPRESAS	BENEFICIO ANUAL	CAPITAL INVERTIDO EN LA EMPRESA
Iniciativas S. L.	20 000 €	200 000 €
Emprendedores S. A.	50 000 €	500 000 €
Talleres García	5000 €	20 000 €

a) ¿Cuál es la empresa que obtiene mejores resultados?

b) Una vez calculada la rentabilidad de cada una de las empresas, ¿cuál es el significado de los datos obtenidos?

18. **Una persona compró acciones por 2000 euros y pasado un año logró venderlas por 2400 euros. ¿Qué rentabilidad obtuvo de esta operación?**

19. **Lee la siguiente frase y contesta a las cuestiones.**

> Una acción o decisión empresarial, al igual que la empresa como institución, solo podrá considerarse ética cuando encuentre el acuerdo o consenso de todos los grupos afectados por sus consecuencias (P. ULRICH).

a) ¿Qué grupos que pueden verse afectados por las decisiones empresariales?

b) ¿Qué intereses tienen los trabajadores, los clientes y los ciudadanos?

ACTIVIDADES

20. Basándote en la teoría de sistemas, elabora un esquema gráfico con los distintos subsistemas que forman la empresa y sus relaciones entre sí y con el entorno.

21. Según la teoría de empresa como sistema:

a) ¿Qué se quiere decir cuando se afirma que la empresa es un sistema abierto?

b) Cuando en un equipo de fútbol se dice que el conjunto es más importante que la suma de las individualidades, ¿a qué principio de la teoría de sistemas se refiere?

c) ¿Qué razones crees que influyen para que el todo sea superior a la suma de las partes?

22. Como sabemos, los fabricantes de automóviles instalan en sus coches unos neumáticos o una caja de cambios que adquieren en el mercado, mientras que otros componentes, como el motor, por ejemplo, los produce la propia empresa. Basándote en la teoría de los costes de transacción, ¿por qué conviene a estas empresas producir unos componentes mientras que otros los compran en el mercado?

23. Aunque tradicionalmente el mercado de los productos agrícolas se ha considerado de competencia perfecta, en la actualidad los procesos de diferenciación de productos (denominaciones de origen, productos ecológicos, etc.) y de concentración de cooperativas agrarias están transformando el sector.

a) ¿Qué supuestos de la competencia perfecta ya no se dan?

b) ¿Qué se quiere decir cuando se afirma que "los supuestos de la competencia perfecta no se dan en la realidad"?

24. Señala algunos ejemplos de mercados de competencia monopolística. ¿Cuáles son sus rasgos característicos?

25. El mercado de comida rápida (pizzas, hamburguesas, bocadillos y otros) nos puede parecer, en principio, de competencia monopolística porque en él participan muchas empresas con productos diferenciados. Pero si se observa con más detenimiento, se comprueba que entre unas pocas (las grandes cadenas, Burger King y Mc Donald´s) se reparten la mayor parte del mercado. A estas grandes empresas les preocupa sobre todo las reacciones de las cadenas rivales.

a) ¿Cómo clasificarías este mercado?

b) ¿Qué otros mercados reales están en esta situación?

26. ¿Qué rasgos tiene el mercado de servicios bancarios y cómo lo catalogarías?

27. Respecto a las empresas de telefonía móvil:

a) ¿En qué tipo de mercado actúan?

b) ¿Mantienen relaciones de cooperación o de rivalidad?

c) Ante la noticia de una nueva oferta de precios de una de estas empresas, ¿cómo responderán las demás?

d) Si todas acordaran subir sus precios, ¿quiénes saldrían perjudicados y quiénes se beneficiarían?

28. En relación con el monopolio:

a) ¿Cuáles son sus principales características?

b) ¿Bajo qué supuestos se justifica este tipo de mercado?

29. Reflexiona sobre esta cita y comenta su carácter verdadero o falso.

> Muchas cosas no nos atrevemos a emprenderlas no porque sean difíciles en sí, sino que son difíciles porque no nos atrevemos a emprenderlas.
>
> (SÉNECA).

30. Lee la frase de Adam Smith, observa la viñeta y contesta a las siguientes cuestiones.

a) ¿En qué tipo de mercado suelen producirse las prácticas reflejadas en el texto y en la imagen?

b) ¿Por qué crees que es así?

c) ¿Están permitidas en la Unión Europea?

d) ¿Quiénes son los perjudicados y los beneficiados? Razona tu respuesta.

> Raras veces se reúnen las gentes que ejercen el mismo negocio, ni siquiera por diversión o entretenimiento, pero cuando lo hacen, la conversación suele terminar en una maquinación para subir los precios.
>
> (A. SMITH).

EVALUACIÓN

ENTRÉNATE

1. Defina qué se entiende por factor de producción y señale qué tipos de factores existen. Identifique los factores de producción que intervienen en una empresa que fabrica muebles y en un gimnasio.

2. Explique la relación de intercambio económico que se produce entre empresas y familias o economías domésticas.

3. Basándose en el ejemplo del sector del automóvil y a partir de un esquema, identifique las principales fases de la cadena de valor de este sector.

4. Explique el proceso de creación de valor en la empresa y ponga un ejemplo

5. Explique, al menos, tres funciones que llevan a cabo las empresas en la economía actual.

6. Explique las diferencias entre las teorías empresario-riesgo y empresario-innovador. ¿Cómo justifican el concepto de beneficio que obtiene el empresario?

7. Enumere y explique los objetivos que persiguen las empresas en la actualidad. ¿Han sido siempre los mismos?

8. Imagine una panadería y una fábrica de automóviles, y reflexione sobre las áreas básicas de actividad de ambas empresas. ¿En qué se diferencian sus ciclos de producción?

9. Defina las principales áreas funcionales de la empresa.

10. Defina la empresa como sistema, represéntela gráficamente y explique tres de sus características.

11. Determine la veracidad o falsedad de cada una de las siguientes afirmaciones, justificando la respuesta.
    a) En un mercado en competencia perfecta, la política comercial de las empresas estaría orientada a la diferenciación del producto con respecto a la de sus competidores.
    b) La competencia monopolística se caracteriza por la existencia de un solo vendedor y muchos compradores.
    c) En un oligopolio, la política comercial adoptada por una empresa influye en la del resto de sus competidores.

12. Defina las características de una empresa que opera en régimen de monopolio y ponga un ejemplo.

13. Defina las clases de mercado que se pueden identificar en función del número de oferentes.

14. Explique brevemente el mercado de competencia perfecta: características y funcionamiento.

15. ¿Cuáles son las características de los mercados de competencia imperfecta y cuáles son sus tipos principales?

16. ¿En qué tipo de mercado actúan y cuáles son las relaciones entre las empresas del sector de la telefonía móvil en España (Movistar, Vodafone, Orange, etc.)?

Test de conocimientos básicos

1. ¿Cuál no es una función principal de la empresa?
   a) Coordinar los factores de producción.
   b) Lograr que los ingresos superen los costes.
   c) Incrementar la utilidad de los bienes.

2. ¿Cuáles son las áreas funcionales de la empresa?
   a) Producción, recursos humanos, financiera y análisis del entorno.
   b) Producción, comercial, recursos humanos y financiera.
   c) Producción, gestión, financiera y recursos humanos.

3. Los componentes de la empresa son:
   a) El grupo humano, la organización, el patrimonio y el entorno.
   b) La dirección, los accionistas y los trabajadores.
   c) La dirección, los accionistas, los trabajadores y los clientes.

4. ¿Cuál es un objetivo fundamental de la empresa?
   a) Tener la máxima cantidad de ventas.
   b) Tener la máxima rentabilidad.
   c) Tener los máximos ingresos.

5. En una empresa con un capital invertido de 1 000 000 euros y unos beneficios de 7000 euros, su rentabilidad es del:
   a) 700 %. b) 70 %. c) 0,7 %.

6. La innovación como el factor esencial del empresario es una aportación de:
   a) Galbraith. b) Knight. c) Schumpeter.

7. ¿Qué condición no se cumple en un mercado de competencia perfecta?
   a) Libertad de entrada y salida en el mercado.
   b) Existencia de pocos oferentes.
   c) Oferentes y demandantes son precio-aceptantes.

8. Un mercado es de competencia imperfecta si:
   a) Existen barreras de entrada y salida.
   b) Existen pocos o solo un oferente.
   c) Los oferentes pueden influir en los precios.

9. En un mercado de competencia monopolística:
   a) Existen pocos oferentes frente a muchos demandantes.
   b) El producto está diferenciado.
   c) Existen barreas de entrada y salida.

10. Un oligopolio se caracteriza porque existen:
    a) Muchos compradores y pocos vendedores.
    b) Pocos compradores y pocos vendedores.
    c) Pocos compradores y muchos vendedores.

Análisis y debate — El éxito en los negocios, ¿suerte o buena suerte?

En España cada año miles de personas emprendedoras depositan su ilusión, su talento y sus recursos iniciando un proyecto empresarial. Comienzan un camino de riesgo e incertidumbre, pero también de aprendizaje, experiencia y desarrollo personal y profesional.

De estos emprendedores, unos tienen éxito y otros no. ¿Pero de qué depende? Algunos interpretan que la suerte o una buena idea de negocio son los factores determinantes. Otros entienden que no es suficiente con tener una buena idea o simplemente suerte para triunfar; se requiere, además, aprender de los errores, tener una actitud positiva y constructiva para mejorar, crear equipos de trabajo, innovar, trabajar de forma perseverante, etc.

Documentos

1 Los creadores de buena suerte

¿Por qué alguien tiene buena suerte en los negocios? Álex Rovira y Fernando Trías, dos profesores y divulgadores de la economía, decidieron hace algunos años investigar qué caracteriza a la gente que tiene buena suerte y observaron que, en la mayoría de casos, esta es más el resultado del trabajo de la persona y de sus actitudes que de los caprichos del azar. Fruto de esta investigación escribieron el libro *La buena suerte* y numerosos artículos sobre los rasgos de los creadores de buena suerte. Estos rasgos, en resumen, son:

1. Tienen una **actitud positiva** ante las circunstancias, incluso cuando estas aparecen como una dificultad. Su optimismo se basa no en la ingenuidad, sino en la lucidez y en el compromiso con su trabajo. Cuando se presentan dificultades, actúan para resolverlas **creando nuevas circunstancias**. Cuentan que en Hewlett Packard, ante una propuesta de sus directivos de bajar un 50 % el precio de su nueva impresora y, además, fabricarla en menos tiempo, el resto del comité directivo dijo que eso era imposible. Ante ello, la respuesta fue: "Bueno, eso es imposible bajo las circunstancias actuales, porque la empresa está pensada para que eso sea imposible, por lo que pónganse ustedes a pensar cómo debería cambiar esta empresa para que eso sea posible". Pues bien, se pusieron a trabajar en cambiar la empresa y al cabo de un año contaron con la nueva impresora, y un 50 % más barata.

2. Son **responsables de sus actos**. Ante el error o la adversidad, no culpan a un tercero, sino que se preguntan en qué medida ellos son, consciente o inconscientemente, causa de lo que les ha ocurrido, y cómo pueden enmendarlo. No viven el error como algo negativo, sino que hacen de él una fuente de aprendizaje. Cuando Edison inventó la bombilla, no le salió a la primera, sino que realizó más de mil intentos sin desanimarse ante tantos fracasos.

3. Son **perseverantes**. Ello les lleva a mantenerse fieles a su propósito, a trabajar para crear las condiciones que favorezcan la aparición de lo que persiguen. El director de cine Woody Allen suele decir que el 90 % del éxito simplemente se basa en insistir, y en ello coinciden los grandes escritores e investigadores: "cuando la inspiración llega, lo más importante es que te encuentre trabajando para poder aprovecharla".

Hay que diferenciar, por tanto, dos conceptos: suerte y buena suerte. La suerte tiene que ver con el azar. Se trata de circunstancias no controlables por la persona y cuyos efectos, favorables o adversos, tienden a ser efímeros. Por otro lado, la buena suerte la crea uno mismo: uno es la causa de su buena suerte.

Fuentes: **http://www.e-sm.net/sveco2bachud01_01** y **http://www.e-sm.net/sveco2bachud01_02**.

Las personas que creen en la suerte, de alguna manera, la atraen. Creen que la vida les va a sonreír, y si se encuentran con alguien, generan un contacto; si van a una entrevista, se venden bien; si tienen una idea, indagan todo para llevarla a la práctica. Invierten más esfuerzo porque tienen claro que llegarán a su meta, y eso les ayuda a llegar.

2 ¿Mala suerte?, ¿buena suerte?, ¡quién sabe!

Como muestra el siguiente cuento, una misma circunstancia puede ser vivida, según la persona, como un golpe de mala suerte o una oportunidad para mejorar. Esta segunda actitud es lo esencial de los creadores de buena suerte: son personas que tienden a atribuir un significado constructivo a lo que les sucede.

Un día, un bellísimo caballo decidió bajar de las montañas y entrar en la aldea en la que vivía un anciano labrador. El caballo se detuvo en el establo del anciano. Los habitantes del pueblo, al ver tan bello ejemplar bebiendo y descansando en el establo del labrador, fueron a avisarle: "¡Ven, vamos a verlo!". El anciano acompañó a todos sus vecinos que, agitados, le llevaban del brazo hasta su propio establo. Cuando llegaron, la multitud celebraba la fortuna del abuelo: "¡Qué buena suerte has tenido!". A lo que el anciano respondió: "¿Buena suerte?, ¿mala suerte?, ¡quién sabe!".

Al día siguiente, el caballo regresó a las montañas. Los vecinos se dieron cuenta y, cuando avisaron al anciano y lamentaron lo ocurrido, este les replicó: "¿Mala suerte?, ¿buena suerte?, ¡quién sabe!".

Pasó una semana y el caballo volvió de las montañas con toda su manada y fueron a parar de nuevo al establo del anciano, ya que siempre tenía a punto agua y comida. Al ver el maravilloso suceso, los vecinos se agolparon en la puerta de la casa del labrador y le felicitaron, entre entusiasmo, envidia y admiración, por su renovada buena suerte. Este, con tranquilidad, les respondió: "¿Buena suerte?, ¿mala suerte?, ¡quién sabe!".

Los caballos permanecieron en el establo bajo los atentos cuidados del menor de los hijos del anciano. Un día, el muchacho intentó domar a uno de ellos. Pero tal era la fuerza y brío del caballo, que el joven cayó al suelo y se rompió ambas piernas y los brazos.

Todo el mundo se enteró del grave accidente y consideró aquello una gran desgracia. No así el labrador, que se limitó a decir: "¿Mala suerte?, ¿buena suerte?, ¡quién sabe!".

Unas semanas más tarde, el ejército de aquella nación entró en el poblado para reclutar a todos los jóvenes. Estaban llamados a ir a una terrible guerra de la que muy pocos regresarían con vida. Cuando vieron al hijo del labrador con las extremidades rotas, le dejaron tranquilo, ya que sería un problema contar con alguien incapacitado. De nuevo, los vecinos fueron a felicitar al labrador, a su hijo y al resto de la familia por esa buena noticia, pero, otra vez, el anciano asomó su cabeza por la puerta y encogiéndose de hombros dijo: "¿Ha sido buena suerte?, ¿mala suerte?; queridos vecinos, ¡quién sabe!".

Versión de un texto de Anthony de Mello recogida por A. Rovira en **http://www.e-sm.net/sveco2bachud01_03**.

Reflexiona

1. ¿Por qué crees tú que a algunas personas les va mejor en los negocios que a otras?
2. ¿Has tenido alguna experiencia en las que lo aparentemente bueno para ti se transformó en algo negativo? Explícalo.
3. ¿En alguna ocasión lo que parecía malo resultó ser positivo? Comenta tu experiencia.
4. Analiza tus reacciones ante las dificultades.
   a) ¿Sueles quejarte ante tus dificultades, o tratas de resolverlas?
   b) ¿Tiendes a culpar a los demás de lo malo que te ocurre?
   c) ¿Piensas que lo bueno que te sucede es gracias a tus méritos?
5. Valora las características de los creadores de buena suerte y comenta aquello que te puede ser útil para tu futuro.

2 Clases y formas de empresa

Cada empresa es una realidad única y diferente. Se distingue de las demás por diversas razones, desde la actividad que desarrolla hasta la forma en que su propietario o propietarios asumen sus responsabilidades, pasando por su tamaño o el capital mínimo invertido para empezar el negocio. En algunas, lo importante son las personas que las forman, su prestigio y su talento; en otras, lo esencial es el dinero que se aporta, y no tanto las características del aportante.

El objetivo de esta unidad es acercarnos a este mundo diverso de las empresas para poder diferenciarlas y comprender las razones de su diversidad.

Las dudas de un empresario que quiere crecer

Juan García, de 68 años, es el propietario y creador de una empresa que produce ropa vaquera. Empezó hace ya 36 años y, partiendo de un modesto taller de confección, ha llegado a abrirse hueco en un mercado muy competitivo. La empresa cuenta con productos de calidad, y su marca es conocida y apreciada entre los jóvenes. En este momento, Juan se encuentra en una encrucijada y no sabe muy bien qué hacer. Ha recibido ofertas de compra por parte de varios competidores, pero a él le gustaría que el negocio continuase en la familia y seguir creciendo. En concreto, tiene en mente introducir su marca en los mercados europeos, pero antes debe resolver algunos problemas.

En primer lugar, tres de sus cinco hijos no comparten su opinión y prefieren vender la empresa. Para solventar los problemas que puedan surgir entre ellos, está pensando incorporar asesores externos a un Consejo de administración en el que, hasta ahora, solo estaban los miembros de la familia. Entre los asesores externos estarían cuatro colaboradores que trabajan en la empresa y dos profesionales expertos en gestión. Estos asesores mediarían entre las disputas familiares y orientarían al grupo en su plan de crecimiento.

En segundo lugar, aunque considera que sus hijos están preparados para gestionar el negocio actual, no tiene tan claro que lo estén para enfrentarse al reto de entrar en nuevos mercados. Habría que contratar directivos expertos en estas cuestiones y delegar poder de decisión en favor de estos. Juan teme la pérdida de control que ello supone y los conflictos que pueden originarse entre sus hijos y el nuevo equipo directivo.

En tercer lugar, la estrategia de crecimiento que está pensando requerirá una gran cantidad de dinero, de la que no dispone. Una posibilidad sería contar con las aportaciones de nuevos socios. Sin embargo, esta solución supone una pérdida de control en favor de unos nuevos propietarios con los que pueden llegar a producirse conflictos en la gestión de la sociedad.

Adaptado de Cuervo, A.: *Introducción a la administración de empresas.* Civitas, Madrid, 2001.

ANALIZA LA IMAGEN

1. En cualquier imagen céntrica de una ciudad, se observa una gran oferta de actividades de ocio, comercio, restaurantes, etc. Identifica en la imagen algunas empresas que proporcionan esas actividades y servicios.
2. ¿En qué se diferencian esas empresas?
3. ¿Por que no hay empresas industriales en el centro de las ciudades?

ANALIZA EL TEXTO

- ¿Qué ventajas e inconvenientes tiene para una empresa familiar la contratación de directivos expertos ajenos a la familia?
- ¿Qué ventajas e inconvenientes tiene la entrada de nuevos socios en la empresa?
- ¿Qué aconsejarías al empresario del texto sobre sus tres dudas?

1 Criterios de clasificación de las empresas

Ejemplos y casos

La revolución tecnológica y la globalización están cambiando el mundo, y con ello se abren nuevas formas de clasificación de empresas. Es el caso de las nuevas **empresas de base tecnológica** de la economía del conocimiento frente a las de la economía industrial o posindustrial. Un exponente claro de este nuevo modelo son las conocidas como *startups*, que son empresas de reciente creación, basadas en la tecnología, y cuyo objetivo es encontrar una idea de negocio innovadora y con gran potencial de crecimiento.

Las que tienen éxito, rápidamente se internacionalizan y suelen terminar siendo compradas por otras grandes empresas (que en su día también fueron *startups*), como es el caso de WhatsApp, LinkedIn o YouTube, adquiridas por Facebook, Microsoft y Google, respectivamente.

Empresas españolas según el sector de actividad

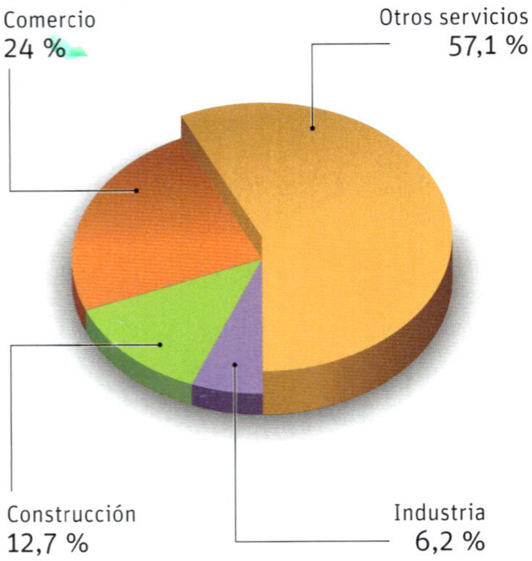

Fuente: INE, 2016.

Las empresas son muy diferentes unas de otras. Algunas son muy pequeñas, como la tienda de barrio, y otras son tan grandes que sus empleados superan la población de algunos países. Unas pertenecen al sector público y otras a la iniciativa privada, y sus finalidades son muy distintas. A su vez, según la actividad que desarrollen, sus funciones y tareas son muy diversas.

En función de los aspectos en los que nos fijemos, podemos clasificar las empresas por el sector económico al que pertenecen, por su ámbito de actuación, por su tamaño o por la titularidad de su capital.

Según el sector económico

Si consideramos la naturaleza de la actividad económica que desarrollan las empresas, se distinguen tres sectores principales de actividad empresarial:

- Empresas del **sector primario**, que crean utilidad al obtener los recursos de la naturaleza. Pueden ser agrícolas, mineras, ganaderas, pesqueras, etc.
- Empresas del **sector secundario** o transformadoras, que desarrollan una actividad productiva al transformar físicamente unos bienes en otros más útiles para su uso (construcción, industria textil, metalúrgica, química, alimentaria, etc.).
- Empresas del **sector terciario** o de servicios, que podemos agrupar en:
  - **Comerciales**. Aumentan la utilidad de los bienes porque se los ofrecen a los consumidores en el lugar y momento en que los necesitan.
  - **Otros servicios**. Satisfacen necesidades de muy diversa naturaleza: financiera, turística, sanitaria, hostelera, docente, de transporte, de comunicaciones, de asesoramiento y asistencia, etc.

La actividad económica de la empresa determina su organización y el tipo de operaciones que realiza. Pnor ejemplo, no tiene nada que ver una empresa industrial de componentes de automoción, con una agencia de viajes o con una empresa dedicada a prestar sevicios sanitarios. Pero conviene advertir que hay empresas que pertenecen a más de un sector: son las que extraen las materias primas que necesitan, las transforman y, una vez obtenidos los bienes, ellas mismas los comercializan; es decir, pertenecen a los tres sectores.

Como se observa en el gráfico, de los más de 3,1 millones de empresas españolas, la mayoría se dedica al sector terciario (el 24 %, al comercio y el 57,1 %, a otros servicios). Las empresas de la construcción suponen un 12,7 %, mientras que las empresas de la industria se reducen al 6,2 %. El INE no recoge las explotaciones agrarias, de ahí que no aparezcan datos del sector primario.

En la evolución de las empresas españolas se ha producido una disminución de las actividades en los sectores primario y secundario y un aumento de las actividades terciarias. El aumento del nivel de vida en nuestro país ha generado una mayor demanda de servicios, que explica el crecimiento de este sector.

Según su ámbito de actuación

En función del ámbito geográfico en el que desarrollan su actividad, se pueden distinguir empresas **locales**, **regionales**, **nacionales** y **multinacionales**. Las empresas multinacionales realizan sus actividades en dos o más naciones.

Conocer el área geográfica en el que la empresa lleva a cabo sus actividades nos da una idea de su importancia y del mayor o menor éxito en su desarrollo. No obstante, hoy día, el impulso tecnológico de internet y del comercio electrónico está modificando las formas de operar de las empresas y el ámbito geográfico de comercialización de sus productos. Así, hay empresas de reciente creación, como las *startups*, que en poco tiempo y con pocos empleados pasan de vender 80 copias a 80.000, y de operar localmente a estar presentes de una punta a otra del globo.

Según su tamaño o dimensión

Aunque no existe un criterio único para medir la dimensión de la empresa, entre los principales indicadores que se utilizan están el volumen de ventas, el número de trabajadores, los beneficios obtenidos, etc.

Un criterio muy utilizado por su sencillez es el número de trabajadores. Según este criterio, se distingue entre:

- Empresas **grandes**. Tienen, como mínimo, 250 trabajadores.
- Empresas **medianas**. Entre 50 y 249 trabajadores.
- Empresas **pequeñas**. Entre 10 y 49 trabajadores.
- **Microempresas**. Menos de 10 trabajadores.

El número de trabajadores nos permite disponer de una referencia para conocer la magnitud de las actividades económicas de la empresa y, en este sentido, nos orienta sobre su tamaño. No obstante, hay empresas intensivas en capital y en nuevas tecnologías de la información y comunicación que, con pocos trabajadores, generan un volumen de ventas y de beneficios muy superior al de grandes empresas por número de empleados.

Como se observa en la tabla, en España las microempresas destacan de una manera muy clara: un 53,6 % del total de las empresas españolas no tienen asalariados y un 42,2 % contratan entre uno y nueve empleados. Por tanto, el 95,8 % del tejido empresarial está formado por microempresas (un 92,4 %, en la UE). Si a las microempresas les añadimos las empresas pequeñas y medianas (3,5 % y 0,6 %, respectivamente), tenemos que el 99,9 % del tejido empresarial español está constituido por microempresas y pequeñas y medianas empresas (pymes).

Por lo que se refiere a las grandes empresas (0,1 %), las muy grandes (con más de 5000 asalariados) son tan escasas que no llegan al centenar.

Empresas según el n.º de asalariados y porcentajes totales en España y en la UE

	ESPAÑA	UNIÓN EUROPEA
Microempresas (de 0 a 9)	95,8 %	92,4 %
Pequeñas empresas (de 10 a 49)	3,5 %	6,4 %
Mediana empresas (de 50 a 249)	0,6 %	1,0 %
Grandes empresas (más de 250)	0,1 %	0,2 %

Fuente: INE y Comisión Europea.

Según la titularidad de su capital

En función de quiénes sean sus propietarios, las empresas se clasifican en tres grandes grupos:

- **Privadas**, cuya propiedad y control se encuentran en manos de particulares.
- **Públicas**, cuando el capital y el control pertenecen a las instituciones de la Administración pública (Estado, comunidades autónomas o Ayuntamientos).
- **Mixtas**, que se caracterizan por que en ellas el capital procede tanto de aportaciones públicas como privadas.

Mientras que las empresas privadas buscan fundamentalmente obtener la mayor rentabilidad del capital invertido, las empresas públicas se orientan por objetivos de naturaleza social y de servicio a la comunidad. Así, existen empresas públicas de transporte (el metro, los ferrocarriles de cercanías, etc.), o para garantizar el abastecimiento energético o de agua, la gestión de la red de vías férreas o para favorecer el empleo y el desarrollo local a través de los Ayuntamientos, etc.

ACTIVIDADES DE APLICACIÓN

1. Clasifica las siguientes empresas desde los distintos criterios expuestos.

   Mango, Empresa Municipal de Turismo (9 trabajadores), Farmacia Rosa, Nike, Cepsa, Construcciones Redondo (12 trabajadores), Cooperativa Agrícola Andaluza (extrae la materia prima, transforma y comercializa aceite de oliva con sus 150 trabajadores), Renault, Correos, cadena de supermercados Dia.

2. Combinando la información obtenida de los distintos criterios de clasificación, describe el perfil predominante de la empresa española.

2 Las empresas según su forma jurídica

Registro Mercantil

Organismo público donde se inscriben las empresas, así como los actos y contratos relativos a su organización y funcionamiento, cuya finalidad es dar publicidad oficial de la situación de las empresas inscritas. Su información, por tanto, es de carácter público y cualquier persona que lo solicite puede acceder a ella.

La normativa legal establece distintas formas jurídicas que pueden adoptar los promotores de una empresa. De ellas, el empresario elige la que mejor se adapte a sus intereses. Los puntos clave por los que se diferencian unas de otras son tres:

1. **¿Empresario individual o sociedad?** Estas son sus principales diferencias:
   - **Empresario individual.** La actividad empresarial la desarrolla una **persona física**, que aporta el capital, dirige la empresa y asume el riesgo del negocio.
   - **Empresas societarias o sociedades mercantiles.** Se constituyen por varias personas que, mediante un contrato, se obligan a poner en común capital o trabajo, o ambos, para el desarrollo de una actividad empresarial. El contrato crea una **persona jurídica** nueva y distinta de las personas físicas que componen la sociedad. Una sociedad debe constituirse ante notario –escriturarse públicamente– e inscribirse en el Registro Mercantil. Una vez constituida e inscrita, tendrá plena personalidad jurídica en todos sus actos y contratos. Todas las sociedades mercantiles tributan por el impuesto de sociedades.
2. **¿Sociedad personalista, capitalista o de economía social?**
   - Las **sociedades de personas** están constituidas por socios que aportan tanto capital como trabajo. En ellas lo importante son las características personales y el prestigio de los socios, cuestión que justifica que en su denominación deba aparecer, al menos, el nombre de alguno de ellos. Su característica diferencial es que todos los socios son responsables solidarios frente a los acreedores (responden ante ellos incluso con su patrimonio personal), y su ejemplo más claro es la **sociedad colectiva**. La **sociedad comanditaria** es una variante de la sociedad colectiva en la que puede existir algún socio que solo aporta capital, por lo que se trata de una fórmula mixta.
   - En las **sociedades de capital**, lo importante es lo que se aporta económicamente, no la personalidad o el prestigio de los socios. Frente a la unión de personas, lo que las caracteriza es la unión de capitales. Los socios ya no involucran su patrimonio personal y su responsabilidad se limita únicamente al capital aportado. Por ello, en su denominación ya no tiene por qué aparecer el nombre de los socios y pueden utilizarse nombres figurados. Las sociedades capitalistas son la **sociedad anónima** y la **sociedad limitada**.
   - Las **sociedades de economía social** son empresas alternativas que han surgido frente a las anteriores, especialmente frente a las capitalistas, para superar problemas de crisis empresariales y dar una respuesta más social de creación de empleo, de mayor participación del socio y de fomento del desarrollo económico y social de áreas locales y regionales. Destacan entre estas alternativas las **cooperativas** y las **sociedades laborales**.
3. **¿Sociedades abiertas o cerradas?** En algunas formas jurídicas los propietarios restringen la entrada de nuevos socios en la empresa, mientras que en otras no existen límites. Por ejemplo, la sociedad anónima está abierta a nuevos socios, lo que da a esta forma jurídica grandes posibilidades de expansión y crecimiento, frente a otras fórmulas, como la sociedad limitada, que está pensada para empresas en las que se quiere preservar su carácter más familiar o cerrado.

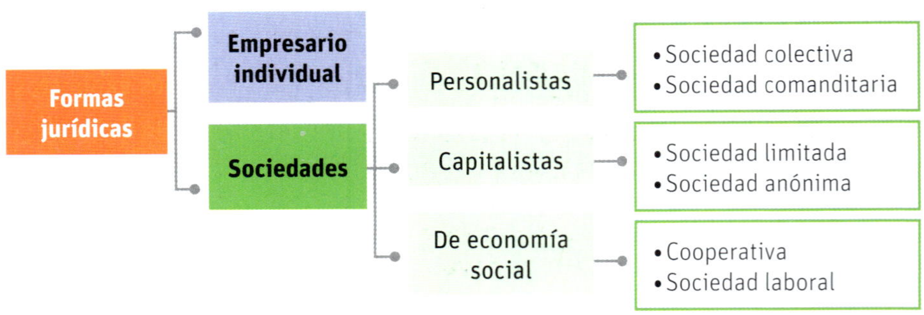

smSaviadigital.com INVESTIGA

Infórmate sobre las distintas formas jurídicas de la empresa y los trámites de constitución.

Distribución de empresas españolas según su tamaño y forma jurídica

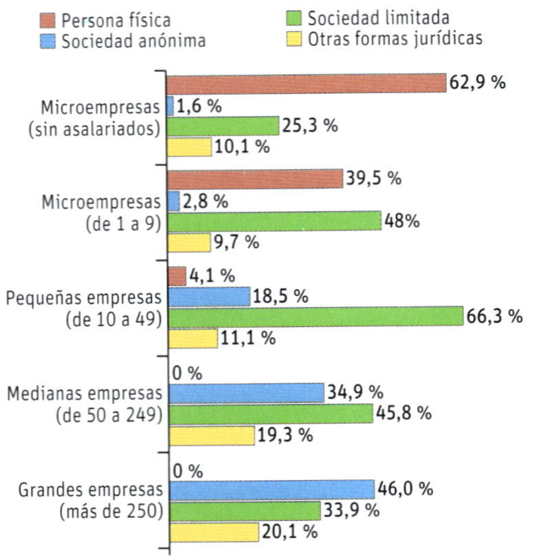

Fuente: Directorio Central de Empresas (DIRCE).

Las empresas sin asalariados eligen la persona física como forma predominante, seguida de la sociedad limitada. En todos los tramos de pymes con asalariados, la sociedad limitada es la forma jurídica más representativa, mientras que la sociedad anónima es la forma mayoritaria en las grandes empresas.

3 El empresario individual

El **empresario individual** es la persona física que ejerce de forma habitual y por cuenta propia una actividad comercial, industrial o profesional, y responde con todo su patrimonio de las deudas que pueda contraer su negocio. Su responsabilidad es, por tanto, ilimitada.

Sus principales **características** son:

- Pueden ser empresarios individuales las personas mayores de edad con plena disponibilidad de sus bienes, o las menores (o incapacitadas), a través de sus representantes legales.
- No existe capital mínimo legal para iniciar la actividad.
- No existe separación entre los bienes de la empresa y los bienes personales del empresario, que deberá responder con todo su patrimonio presente y futuro de las obligaciones que contraiga: su responsabilidad es ilimitada.
- La gestión de la empresa y su representación legal corresponden a su titular.
- La denominación o razón social de la empresa será el nombre del titular.
- El empresario tributa a través del impuesto sobre la renta de las personas físicas por los rendimientos de su actividad económica.
- No es obligatoria la inscripción en el Registro Mercantil del acto de constitución, aunque sí es aconsejable.

La forma de empresario individual es la habitual en negocios pequeños, con poco riesgo y escasa inversión inicial. Este empresario se conoce también como *autónomo*, en referencia al régimen especial de la Seguridad Social en el que se afilian los empresarios individuales.

Ventajas e inconvenientes del empresario individual

Esta es una figura muy usual en el comercio minorista, en pequeños talleres o entre profesionales (electricistas, fontaneros, traductores, etc.). También es frecuente en pequeños negocios de servicios con poco riesgo y escasa inversión inicial.

Sus principales **ventajas** son que el empresario decide con plena autonomía cómo dirigir la empresa y qué hacer con los beneficios. Además, es la forma más sencilla de establecer un negocio, pues no se requiere una inversión inicial mínima ni una burocracia previa para constituir la empresa. Por ello, es la forma más extendida en nuestro país, a la que se acogen más del 50 % de las empresas existentes.

Su principal **inconveniente** es que el empresario asume todo el riesgo, ya que responde con todos sus bienes frente a las deudas de la empresa. Para reducir este riesgo, en 2013 se creó la figura del **emprendedor de responsabilidad limitada (E. R. L.)**, que permite proteger parte del patrimonio personal del emprendedor, al preservar su vivienda habitual de las reclamaciones por deudas. Otro inconveniente del empresario individual es que son empresas muy dependientes del talento de su fundador, lo que hace que difícilmente sobrevivan a él. Las posibilidades de obtener préstamos también dependen mucho de su patrimonio personal, por lo que suelen tener dificultades para crecer y aprovechar las oportunidades del mercado.

ACTIVIDAD RESUELTA

1. **Carlos dispone de un piso y algunos ahorros. Con el dinero ahorrado monta su propio taller como empresario individual. Aunque al principio el negocio va bien, una crisis reduce sus ingresos y se ve obligado a pedir un crédito para pagar a sus proveedores. Una vez agotado, a Carlos ya no le conceden más créditos, por lo que decide cerrar la empresa y liquidar el pequeño patrimonio del taller, pero aun así, no consigue pagar todas sus deudas. ¿Podrían exigir sus acreedores la venta de los bienes personales de Carlos para cobrar la deuda?**

SOLUCIÓN

Como Carlos es un empresario individual, deberá responder de las deudas del negocio con todos sus bienes, no solo con los ligados a la empresa, sino también con los personales, como el piso.

Por tanto, los acreedores sí le pueden exigir el pago de la deuda con la venta del piso, a no ser que hubiera iniciado el negocio como emprendedor de responsabilidad limitada.

Si

4 Las sociedades personalistas

La sociedad colectiva es más frecuente en los países anglosajones que en España.

Son empresas en las que lo importante es la reputación y el prestigio de los socios. Por ello, es una forma muy usada entre profesionales como abogados, auditores, arquitectos o médicos, es decir, entre personas con un trabajo muy cualificado.

La sociedad colectiva

La **sociedad colectiva (S. C.)** es una sociedad mercantil, de carácter personalista, cuyos socios aportan capital y trabajo y responden de forma personal, ilimitada y solidaria de las deudas sociales.

Entre sus **características** más relevantes están:

- El número mínimo de socios es de dos, y no existe un mínimo de capital social.
- Como la sociedad se basa en la mutua confianza entre personas, la condición de socio es intransferible sin el consentimiento de los demás socios.
- Los socios participan en el beneficio en función del capital aportado y de su trabajo. Cada socio responde solidaria, mancomunada (de común acuerdo) e ilimitadamente de las deudas sociales, incluso con su patrimonio personal.
- La gestión de la empresa corresponde a todos los socios, salvo que deleguen en alguno de ellos. Las decisiones se adoptan de común acuerdo.
- En la denominación de la empresa debe aparecer el nombre de todos sus socios o, al menos, de algunos, añadiendo "y Compañía", seguido de "Sociedad Colectiva" o de su abreviatura, "S. C".

Un tipo de S. C. es la **sociedad colectiva irregular**; en ella, algunos socios solo aportan trabajo (socios industriales), y no participan en la gestión ni en las pérdidas.

Capital social

Es el valor monetario del conjunto de las aportaciones (en dinero o en bienes) de los socios de una sociedad. Cumple una función de garantía frente a terceros, dado que constituye la referencia de la efectiva aportación patrimonial a la sociedad. Su cuantía podrá variar con nuevas aportaciones de los socios a lo largo de la vida de la empresa.

La sociedad comanditaria simple

La **sociedad comanditaria** es una sociedad mercantil de carácter personalista-capitalista en la que coexisten dos tipos de socios: los socios colectivos, con las mismas características de participación y responsabilidad que en la sociedad colectiva, y los socios comanditarios, que aportan solo capital, no intervienen en la gestión de la sociedad, tienen limitada su responsabilidad al capital aportado y participan en los beneficios en proporción a su aportación.

Entre sus **características**, destacan:

- El número mínimo de socios es dos (uno colectivo y otro comanditario), y no existe mínimo legal de capital social.
- En su denominación debe figurar el nombre de todos los socios colectivos, o de algunos, añadiendo "y Compañía" seguido de "Sociedad en Comandita".

La **sociedad comanditaria por acciones** es una variante de la sociedad comanditaria en la que el capital aportado está representado en acciones. El mínimo de socios es de tres y de ellos, al menos uno será colectivo y responderá, por tanto, de las deudas sociales. En lo demás, se regula por la normativa de las S. A.

ACTIVIDAD RESUELTA

1. Si un grupo de economistas se une y crea un servicio de auditoría de empresas, ¿en qué casos aconsejarías que formaran una sociedad colectiva? ¿Y una comanditaria?

SOLUCIÓN

La forma colectiva se recomienda para empresas que tengan un reducido capital inicial, pocos socios, con gran confianza entre ellos, y en las que la aportación profesional de cada uno sea fundamental para la marcha de la empresa.

Si, además, alguno de los socios quiere limitar su responsabilidad al capital aportado (socio comanditario), sería preferible la sociedad comanditaria.

5 La sociedad de responsabilidad limitada

La **sociedad limitada (S. L. o S. R. L.)** es una sociedad mercantil de carácter capitalista cuyo capital está dividido en partes iguales, llamadas *participaciones*, y en la que los socios tienen limitada su responsabilidad al capital aportado.

Sus **características** principales son:

- Se puede constituir con uno o más socios. Si es de un único socio, se denomina **sociedad unipersonal de responsabilidad limitada.**
- El capital social no puede ser inferior a 3000 euros y en el momento de la constitución tiene que estar totalmente desembolsado. Las participaciones de capital no pueden representarse por títulos que faciliten su transmisión.
- La responsabilidad de los socios está limitada a la aportación realizada, que puede ser en dinero, bienes o derechos.
- En su denominación, junto con el nombre, deberá figurar la expresión "Sociedad de Responsabilidad Limitada", o sus abreviaturas, "S. R. L." o "S. L.".

Sus **órganos de gobierno** son:

- La **junta general.** Es el órgano supremo de la sociedad y en él están representados todos los socios. Sus funciones son controlar la gestión social y aprobar las cuentas anuales y la distribución del resultado, nombrar a los administradores, reformar los estatutos o disolver la sociedad, etc.
- Los **administradores.** Pueden ser socios o no, y se encargan de la gestión de la empresa y de ejecutar las decisiones de la junta general. Además, ejercen la representación legal de la sociedad.

Entre los **derechos de los socios** están: participar en el reparto de los beneficios y en el patrimonio resultante de la liquidación de la empresa; adquirir con preferencia nuevas participaciones en caso de aumento del capital; votar en la junta general en función de sus aportaciones; y estar informados de las actuaciones de los administradores.

Ventajas e inconvenientes de la S. L.

Es una forma pensada para empresas pequeñas o de tipo medio y es muy frecuente en negocios de carácter familiar. Su gran **ventaja** es que los socios no responden con su patrimonio ante las posibles deudas; a lo sumo, pueden perder lo aportado.

Su principal **desventaja** está en las restricciones que tienen los socios para transmitir sus participaciones a personas extrañas a la sociedad, ya que solamente se pueden traspasar libremente a sus familiares directos o a otros socios, y siempre con el consentimiento de la junta general. También existen limitaciones para la ampliación de capital. Todo ello puede limitar su crecimiento.

Las variantes de la sociedad limitada

En el caso de microempresas de nueva creación existe la posibilidad de adoptar un tipo de S. L., la **sociedad limitada nueva empresa (S. L. N. E)**, pensada para facilitar sus primeros pasos. Goza de ventajas fiscales (aplazamiento inicial de impuestos) y burocráticas (simplificación de los trámites de constitución e inscripción). Su capital social debe estar entre los 3000 y los 120 000 euros (solo en aportaciones dinerarias) y no puede tener más de cinco socios.

Y para aquellos emprendedores que tengan dificultades para reunir los 3000 euros de capital inicial, la ley de apoyo a los emprendedores (2013) ha creado otra variante de S. L., la **sociedad limitada de formación sucesiva (S. L. F. S.)**, en la que no se exige el requisito de capital mínimo. A cambio, se restringe la retribución a socios y administradores y la posibilidad de repartir beneficios. La sociedad perderá la calificación de formación sucesiva cuando alcance el capital mínimo de 3000 €, pasando a ser una S. L. ordinaria.

*

Estatutos de una sociedad

Normas y reglas pactadas por los socios para regular el funcionamiento interno de la sociedad.

Ejemplos y casos

Maria tiene un pequeño negocio de ropa deportiva en calidad de empresaria individual. Una amiga le aconseja que debería constituirse como S. L. unipersonal. ¿Cuáles serían las principales ventajas e inconvenientes si lo hace?

La principal ventaja de constituir una S. L. estaría en que, en caso de crisis en el negocio, su responsabilidad frente a las deudas contraídas por la empresa quedaría limitada a su aportación económica. De esta forma, no comprometería su patrimonio personal (ahorros, propiedades, etc.). Sin embargo, adoptar la forma de sociedad es más caro y exige más trámites burocráticos y administrativos tanto en el momento de la constitución como durante toda la vida de la empresa. María, por tanto, debe valorar ambos aspectos antes de decidirse.

Si

6 La sociedad anónima

La sociedad anónima es la sociedad capitalista por excelencia. Sus socios tienen el carácter de "anónimos", es decir, no importan sus características personales sino el capital que aportan.

La **sociedad anónima (S. A.)** es una sociedad mercantil de carácter capitalista cuyo capital social está dividido en partes iguales, llamadas *acciones*, y en la que la responsabilidad de los socios está limitada a la aportación realizada.

Entre las **características** más importantes de una sociedad anónima destacan las siguientes:

- Son sociedades **capitalistas** que se constituyen con aportaciones en dinero, bienes o derechos de los socios. A cada socio le corresponde un número de acciones según su aportación.
- El **capital mínimo** es de 60 000 €, y deberá estar totalmente suscrito (comprometida la compra de sus acciones) y desembolsado, al menos en un 25 %, en el momento de constituirse la sociedad. El resto de las cantidades pendientes (dividendos pasivos) se deben desembolsar en el tiempo y forma que fijen los estatutos de la sociedad.
- La sociedad se puede constituir con **uno o más socios**. Si se constituye con un único socio, la sociedad deberá hacer constar su condición de unipersonal en su denominación.
- Los socios tienen su **responsabilidad limitada** al capital aportado, es decir, solo pueden perder el dinero invertido y, por tanto, su patrimonio personal no queda comprometido.
- En su **denominación** o razón social, junto con el nombre, deberá figurar la expresión "Sociedad Anónima" o "S. A".

Los **órganos de gobierno** de la sociedad anónima son:

- La **junta general de accionistas**. Es el órgano supremo de la sociedad, en el que participan los accionistas para deliberar y decidir sobre los asuntos más importantes de la empresa: aprobar los estatutos, elegir a los administradores y exigirles responsabilidades, aprobar las cuentas anuales, así como los acuerdos de transformación o disolución de la sociedad. Los acuerdos adoptados en la junta general de accionistas se toman por mayoría del capital presente o representado, y el número de votos de cada accionista es proporcional al número de sus acciones.

Esta junta general puede adoptar varias formas:

  - **Junta general ordinaria.** Se reúne dentro de los seis primeros meses de cada ejercicio para valorar la gestión de los administradores y aprobar, en su caso, las cuentas del ejercicio anterior y decidir qué hacer en cuanto al reparto de beneficios.
  - **Junta general extraordinaria.** Se podrán convocar reuniones extraordinarias para tratar asuntos urgentes que requieran la aprobación de la junta general.
  - **Junta universal.** Se produce cuando en una reunión de la junta general están todos los accionistas, y los asistentes acuerdan por unanimidad la celebración de una junta universal y los asuntos que se tratarán en ella.

- El **consejo de administración o administradores**. Es el órgano de gestión y representación de la sociedad. Sus miembros son elegidos por la junta general. Puede adoptar varias formas:
  - Unipersonal o administrador único.
  - Varios administradores solidarios (cada uno por sí solo puede tomar decisiones) o dos mancomunados (ambos deben tomar las decisiones por unanimidad).
  - Consejo de administración. Los miembros de este consejo (que pueden ser tres o más), elegidos por la junta general, gestionarán y representarán a la sociedad colectivamente.

*

Acciones

Títulos que representan cada una las partes iguales en que se divide el capital de una S. A. y que dan a su poseedor la condición de socio accionista, así como el derecho a participar en la gestión de la empresa y en sus beneficios.

Dividendo pasivo

Cantidad que queda pendiente de pago por parte del accionista que suscribe una acción. Resulta de la diferencia entre el valor de la acción y el dinero desembolsado en el momento de la constitución de la sociedad.

Valor contable = Cap. social + reservas / nº de acciones

Las acciones

Las acciones son títulos que representan una parte alícuota del capital social de la empresa. Pueden ser **nominativas**, cuando en ellas aparece el nombre de su **titular**, o **al portador**, si no consta el nombre del titular.

Según su forma, pueden ser títulos o anotaciones en cuenta. El título es un documento que acredita la tenencia de la acción. Hoy día, lo habitual es que la acción esté registrada como un apunte informático o anotación que acredita su tenencia.

Las acciones confieren los siguientes **derechos a los socios**:

1. Participar en el reparto de los beneficios (dividendo activo) y en el patrimonio resultante de la liquidación, en caso de que se disuelva la sociedad.
2. Tener preferencia para adquirir nuevas acciones si se amplía el capital.
3. Votar en la junta general en función del número de acciones que se posean.
4. Estar informado de las actuaciones de los administradores de la sociedad.

Las acciones se pueden transmitir (vender) libremente, salvo que los estatutos lo limiten. Con su venta también se transmite la condición de socio y sus derechos.

El que esté el capital dividido en pequeñas aportaciones permite a los inversores participar en las Sociedades Anónimas sin necesidad de disponer de grandes sumas de dinero. Esta facilidad para llegar al gran público y para captar el ahorro de grandes y pequeños inversores ha permitido financiar el crecimiento de las grandes empresas actuales.

Ventajas e inconvenientes de la S. A.

Como **ventajas**, además de la responsabilidad limitada al capital aportado, están:

- La facilidad para vender las acciones, unida a la existencia de mercados como la bolsa para negociar las acciones con rapidez, permite a su titular recuperar la inversión cuando lo desee, lo que es una ventaja para el accionista.
- Es la única sociedad que puede acceder al mercado financiero con la emisión de bonos y obligaciones o cotizar en bolsa. Esta posibilidad para captar el ahorro de pequeños inversores hace que la S. A. pueda disponer fácilmente de importantes recursos para financiar sus inversiones de crecimiento.
- La S. A. favorece la separación entre la propiedad y la gestión, lo que posibilita contratar directivos profesionales y facilita la continuidad de la empresa con independencia de sus socios fundadores. Esta ventaja de capacidad directiva y la facilidad para obtener financiación explican el éxito de la sociedad anónima.

Ahora bien, la separación entre propiedad y dirección también suele ser fuente de **inconvenientes** y conflictos, ya que los objetivos de accionistas y directivos no siempre coinciden. Además los accionistas, sobre todo los minoritarios, no siempre cuentan con la información suficiente sobre la gestión de los directivos.

smSaviadigital.com INVESTIGA

¿Sabes desde cuándo existen las acciones? Aprende más cosas sobre estos títulos con esta actividad.

* **Dividendo activo**

Es la cantidad de dinero que le corresponde a cada acción cuando se distribuyen beneficios dentro de la empresa.

ACTIVIDAD RESUELTA

1. ¿Cuáles son las semejanzas y diferencias entre una S. A. y una S. L.?

SOLUCIÓN

Ambas son sociedades capitalistas de responsabilidad limitada al capital aportado. En las dos, el capital se divide en partes iguales, pero en la S. A. se llaman *acciones* y son fácilmente transmisibles, y en la S. L. se llaman *participaciones* y su transmisión está limitada para mantener el control de la sociedad.

Las acciones de una S. A. se representan por títulos o anotaciones en cuenta para facilitar su negociación y venta. Por el contrario, en la S. L., las participaciones no pueden representarse por títulos ni ser negociables, con objeto de restringir la transmisión a personas extrañas a la empresa. Así, la S. A. es una sociedad más abierta a la entrada de nuevos socios y nuevos capitales, mientras que la S. L. es una sociedad más cerrada.

Por todo ello, la S. L. es más adecuada para empresas pequeñas, con pocos socios y capital reducido. Sus órganos son más simples y la participación e implicación del socio en la gestión social es fundamental, frente a la menor implicación del socio en la S. A. Su mínimo de capital inicial y sus gastos de constitución son menores y tienen menos obligaciones en cuanto a la publicidad de sus actuaciones. La S. A., en cambio, es la forma más adecuada para empresas de capital elevado y muchos accionistas, o en las que el objetivo es de crecimiento, dadas sus mayores posibilidades para obtener financiación (emisión de obligaciones o cotización en bolsa).

7 Las empresas de economía social o de interés social

El cooperativismo español cada vez es más fuerte. Con 22 200 cooperativas y 290 000 puestos de trabajo, a los que hay que añadir un millón de agricultores y ganaderos asociados, España es el segundo país de Europa en movimiento cooperativo, por detrás de Italia, y alberga el primer grupo cooperativo del mundo, la Corporación Mondragón.

Se trata de empresas que surgen para salvar compañías en crisis, para favorecer el empleo y la participación de los trabajadores, para el desarrollo del entorno local, etc. Ello hace que gocen de ciertas ayudas y de protección oficial. Las más importantes son las cooperativas y las sociedades laborales.

Las sociedades cooperativas

Las **cooperativas** son sociedades constituidas por personas que tienen intereses o necesidades comunes y que se asocian para realizar una actividad empresarial dirigida a satisfacerlas. Se inspiran en principios de funcionamiento democráticos y no tienen ánimo de lucro. Los cooperativistas aportan capital y trabajo y su responsabilidad queda limitada al capital aportado.

Sus principales **características** son:

- Se basan en la solidaridad entre los socios y en el principio democrático de "una persona, un voto", con independencia de lo que haya aportado cada uno.
- Los socios aportan capital y trabajo y su **responsabilidad** por las deudas sociales estará limitada al capital aportado.
- El capital social mínimo será el fijado en los estatutos y estará dividido en **aportaciones** nominativas de los socios.
- No tienen ánimo de lucro. Los beneficios (llamados *excedentes*) suelen reinvertirse en la empresa y, según indica la ley, una parte debe destinarse a la creación de un fondo de reserva para garantizar el desarrollo de la cooperativa y otra, a un fondo de educación y promoción para la formación de socios y la promoción del entorno local.
- En su denominación, junto con el nombre, deberá figurar "Sociedad Cooperativa" o "S. Coop.".
- Tributan por el impuesto de sociedades, pero con bonificaciones fiscales.

Según el grado de asociación, se distinguen dos tipos de cooperativas:

- **De primer grado.** Los socios son personas físicas o jurídicas. El número mínimo de socios varía entre 3 y 5, en función de cada comunidad autónoma.
- **De segundo grado.** Están formadas por dos o más cooperativas de primer grado, es decir, son el resultado de la asociación de cooperativas.

Según el interés que une a los socios, se diferencian tres tipos de cooperativas:

- **De trabajo asociado.** Sus socios son los propios trabajadores, que ponen en común sus bienes y su trabajo para producir bienes y servicios.
- **De venta.** Sus socios se unen para comercializar sus productos con la finalidad de obtener unas condiciones mejores de las que tendrían por separado, como ocurre con las cooperativas agrarias.
- **De consumo.** Sus socios pretenden obtener unos productos o servicios en unas condiciones más favorables de las que tendrían individualmente. Algunos ejemplos son las cooperativas de consumidores, de vivienda, de crédito, de enseñanza, etc.

Los **órganos de gobierno** de la sociedad cooperativa son:

- La **asamblea general.** Es la reunión de todos los socios, en la que, como órgano máximo de gobierno, se examina la gestión social, se aprueban las cuentas anuales y se decide sobre los resultados.
- El **consejo rector.** Es el órgano de gestión y representación de la sociedad.
- Los **interventores.** Vigilan y controlan las cuentas anuales de la cooperativa.

Ventajas e inconvenientes de las cooperativas

Además de los beneficios fiscales, la principal **ventaja** de estas empresas es que la unión surge para realizar una actividad beneficiosa para los socios, con el efecto motivador que ello conlleva. La participación de los trabajadores en la gestión social y en la realización de las tareas refuerza su identificación con los fines propios de la cooperativa.

Asimismo, en las cooperativas de trabajadores, el objetivo prioritario es la defensa del empleo, por lo que en épocas de crisis lo último que se pierde es el puesto de trabajo.

Entre sus **inconvenientes**, destaca el que los socios pueden no estar dispuestos a realizar inversiones a largo plazo que superen el tiempo que ellos prevén permanecer en la empresa.

Las sociedades laborales

Las **sociedades laborales** son sociedades anónimas o de responsabilidad limitada en las que la mayoría del capital social (al menos, el 51 %) es propiedad de los trabajadores que prestan en ella sus servicios y cuya relación laboral es por tiempo indefinido.

Son sociedades que surgen como respuesta a situaciones de crisis o de quiebras de sociedades anónimas o limitadas, en las que los trabajadores se hacen cargo de la empresa para salvar su empleo, dando lugar a las sociedades anónimas laborales (S. A. L.) y las sociedades limitadas laborales (S. L. L.).

Sus principales **características** son:

- Tanto en las acciones (de las S. A. L.) como en las participaciones (de las S. L. L.) existen dos tipos: de clase laboral (para los socios trabajadores) y de clase general (para los socios no trabajadores, si los hay).
- Ningún socio puede poseer una participación superior a un tercio del capital social, salvo que se trate de socios que sean entidades públicas o asociaciones sin ánimo de lucro, en cuyo caso no podrán alcanzar el 50 % del capital social.
- El número de horas anuales trabajadas por los empleados con contrato indefinido que no sean socios no podrá exceder el 15 % del total de las horas anuales trabajadas por los socios trabajadores.
- Es obligatoria la constitución de un fondo especial de reserva con el 10 % del beneficio anual, que solo podrá destinarse a compensar posibles pérdidas.
- Estas sociedades gozan de beneficios fiscales y de otras ventajas, como créditos subvencionados para la realización de inversiones, etc.
- La responsabilidad de los socios, los órganos de administración y otras características son las mismas que rigen para las correspondientes sociedades anónimas o limitadas.

Ejemplos y casos

Durante los primeros años de la crisis de 2008, las cooperativas sufrieron los efectos del desempleo en menor medida que otros modelos empresariales: hasta 2012, perdieron diez puntos menos de empleo que las empresas mercantiles.

Esto se debe, según la Confederación Empresarial Española de la Economía Social (CEPES), a "la mayor implicación y compromiso de los socios de las cooperativas en el proyecto empresarial del que forman parte, que hace que resistan mejor los períodos de recesión. Cuando una cooperativa necesita reducir gastos porque sus ingresos han menguado, sus socios reducen de forma inmediata sus salarios y cuando vienen tiempos mejores los recuperan".

smSaviadigital.com PRACTICA

Busca ejemplos de los tipos de sociedades que has estudiado.

ACTIVIDAD RESUELTA

1. Después de una ampliación de capital en una sociedad anónima laboral, el capital en manos de los socios trabajadores se ha reducido al 48 % del capital social de la empresa.

   ¿Puede seguir la sociedad con la misma forma jurídica? ¿En qué basas tu respuesta?

SOLUCIÓN

Si ese hecho se produce, significa que los socios trabajadores no controlan la mayor parte del capital social de la empresa (al menos, el 51 %), que es el requisito esencial para poder acreditar la constitución de una sociedad anónima laboral. Por tanto, no se podría mantener el carácter de sociedad laboral.

ACTIVIDADES

Actividades de síntesis

1. Completa esta tabla.

FORMAS DE EMPRESA	SOCIOS	CAPITAL	RESPONSABILIDAD	GOBIERNO Y REPRESENTACIÓN
Empresario individual	Una persona física.	No existe mínimo.	Ilimitada.	El propietario.
Sociedad colectiva	•••	•••	•••	•••
Sociedad comanditaria simple	•••	•••	•••	•••
Sociedad comanditaria por acciones	•••	•••	•••	•••
Sociedad limitada	Uno o más.	Mínimo, 3000 €. Dividido en participaciones.	Limitada al capital aportado.	Gobierno: junta general de socios. Gestión y representación: administradores.
Sociedad anónima	•••	•••	•••	•••
Sociedad cooperativa	•••	•••	•••	•••
Sociedad laboral	•••	•••	•••	•••

smSaviadigital.com VALORA LO APRENDIDO > Realiza la **autoevaluación.**

Actividades de análisis y problemas

2. Clasifica estas empresas según el sector al que pertenecen, su tamaño, la titularidad pública o privada y su ámbito geográfico de actuación.

   Zara (grupo Inditex), Taller de Reparaciones del Automóvil (quince empleados), Agencia de Desarrollo Local, Floristería Jazmín (cultiva y vende sus flores con sus siete trabajadores), Adidas, Endesa, BBVA, Ferretería Rodríguez (tres empleados), Cooperativa Pesquera Gallega (pesca y elabora conservas con sus setenta trabajadores), Ferrovial, Radio Televisión Española.

EMPRESA	SECTOR	TAMAÑO	TITULARIDAD	ÁMBITO
•••	•••	•••	•••	•••
•••	•••	•••	•••	•••
•••	•••	•••	•••	•••

3. Piensa en ejemplos de empresas que conozcas y clasifícalas según el modelo del ejercicio anterior.

4. ¿Cuál es la diferencia entre los objetivos de una empresa privada y una pública?

5. Explica cuáles son los trámites que tiene que realizar una sociedad para adquirir personalidad jurídica.

6. ¿Qué es el Registro Mercantil y cuál es su función? De las empresas que has estudiado, señala aquellas en las que la inscripción en el Registro Mercantil es obligatoria y en las que no lo es.

7. Con relación al empresario individual:
   a) ¿En qué consiste esta forma de empresa?
   b) ¿Cuáles son sus características?
   c) ¿Cuáles son sus ventajas e inconvenientes?
   d) ¿Se puede ser una empresa grande bajo la la forma de empresario individual? Razona tu respuesta.

8. Explica con ejemplos las diferencias entre las sociedades personalistas y las capitalistas.

9. Un grupo de conocidos economistas piensa constituir un gabinete de asesoramiento financiero, al que aportarán su capital y su dedicación profesional. Como creen que les irá bien, y dada la confianza que existe entre ellos, no les preocupa demasiado la responsabilidad que puedan asumir.

a) ¿Qué forma jurídica podría convenirles?

b) ¿Qué deben saber sobre la responsabilidad que asumirán y sobre la forma de gestionar el gabinete?

c) ¿Qué otros requisitos deben conocer de la fórmula adoptada para constituir la empresa?

10. La sociedad colectiva irregular es una variante de la sociedad colectiva. ¿Cuáles son las diferencias entre una y otra?

11. Cuatro socios, muy conocidos profesionalmente, van a constituir una sociedad a la que aportarán el escaso capital del que disponen y su trabajo profesional. También compartirán la gestión de la empresa. Pero como no tienen capital suficiente para iniciar el negocio, deciden que participe un quinto socio que solo aportará el capital que necesitan.

a) ¿Qué sociedad les conviene formar?

b) ¿Qué tipos de socio distingues en esta sociedad?

c) Asesórales sobre las responsabilidades que deberán asumir y sobre la participación de cada tipo de socio en la gestión.

d) ¿Qué otros requisitos de la forma de empresa adoptada deben conocer?

12. Responde a las siguientes cuestiones.

a) ¿Qué es una sociedad comanditaria por acciones?

b) ¿Qué diferencias tiene con respecto a la sociedad comanditaria simple?

13. Andrés y Sara cuentan con 30 000 euros entre los dos y quieren montar un hotel de turismo rural, pero no desean correr el riesgo de perder más que su aportación al negocio, por lo que están pensando formar una sociedad limitada.

a) ¿Es la forma adecuada de acuerdo con su capital y sus exigencias?

b) ¿Qué características deben conocer del tipo de sociedad elegida?

c) Como se trata de una nueva empresa, alguien les informa de que podrían acogerse a la modalidad de sociedad limitada nueva empresa. ¿Qué ventajas podrían obtener si optan por esta forma jurídica?

14. Juan quiere poner en marcha un restaurante y duda sobre si establecerse como empresario individual o como sociedad de responsabilidad limitada unipersonal. Asesóralo sobre las ventajas e inconvenientes de cada una de esas posibilidades.

15. Lee la viñeta. ¿Se cumplen los requisitos legales exigidos en este tipo de sociedad? Razona tu respuesta. ¿Qué deberían hacer los socios para que su negocio sea reconocido legalmente?

16. Explica brevemente las características de las sociedades anónimas. Define qué es una acción y señala qué derechos tienen los accionistas. ¿Cuáles son sus órganos de gobierno?

17. Señala las principales ventajas de las sociedades anónimas frente al resto de sociedades.

18. Elabora un cuadro comparativo con las semejanzas y diferencias entre las sociedades anónimas y las limitadas.

19. ¿Cuáles son las diferencias y semejanzas entre participaciones y acciones?

20. Desde el punto de vista de la responsabilidad patrimonial del socio, ¿es más conveniente crear una sociedad anónima o una colectiva? ¿Y desde el punto de vista del acreedor de la empresa?

21. José y Marta heredaron un negocio familiar de distribución de electrodomésticos bajo la forma de sociedad limitada. Como les fue muy bien, decidieron ampliar el negocio y se establecieron en varias localidades de su comunidad autónoma. Ahora quieren crear una cadena de establecimientos a escala nacional, para lo que necesitarán grandes sumas de capital, del que no disponen. Temen la pérdida de control de la empresa, pero entienden que deben dar entrada a nuevos socios y nuevas aportaciones de capital.

a) ¿Deberían cambiar de forma de empresa?

b) Asesóralos sobre las posibles ventajas de ese cambio.

22. ¿Qué diferencia a las sociedades de interés social o de economía social del resto de sociedades?

23. ¿Cuál es el objetivo de las sociedades cooperativas? Señala sus principales características y menciona sus órganos de gobierno. ¿Cuáles son sus principales ventajas y desventajas?

ACTIVIDADES

24. Señala el carácter verdadero o falso de las siguientes afirmaciones. Razona tu respuesta.

a) Una cooperativa formada por la unión de otras cooperativas es de segundo grado.

b) El empresario individual se convierte en persona jurídica al inscribir el acto de constitución de su empresa en el Registro Mercantil.

c) La sociedad limitada requiere que el capital inicial esté totalmente suscrito y, al menos, desembolsado en un 25 %.

d) En la sociedad anónima, los socios pueden transmitir sus acciones libremente.

e) Cada uno de los socios de la sociedad colectiva responde de las deudas sociales con el capital que aportó.

25. Señala tres ejemplos de formas de empresa que limiten la responsabilidad de los socios y otros tres cuya responsabilidad sea ilimitada.

26. Paula y Rosa quieren constituir una S. A. L. con un capital de 100 000 euros, de los cuales, 70 000 serían aportados por un amigo, cuya aportación, aunque no trabajará, es imprescindible; el resto del capital lo aportan ellas mismas, cada una con 15 000 euros. Asimismo, piensan contratar otras cinco trabajadoras, que no tendrán la condición de socias, pero que llevarán la parte más importante del trabajo. Elabora un comentario crítico sobre el proyecto que plantean estas empresarias y aconséjalas.

27. Un grupo de agricultores quiere formar una cooperativa con objeto de facilitar la comercialización de sus productos.

a) Por el interés que los une, ¿qué tipo de cooperativa sería?

b) ¿Sería de primer o segundo grado?

28. Un grupo de cinco personas se plantea crear una cooperativa de trabajo asociado en un sector con altas expectativas de beneficios, que piensan repartir en proporción a su aportación al negocio. El que más aporta expresa que debe tener un mayor peso en las decisiones futuras de la empresa y el resto considera razonable esta postura. Comenta razonadamente las distintas pretensiones que plantean.

29. Una sociedad anónima en crisis, con cuarenta trabajadores de los que treinta tienen contrato indefinido, decide transformarse en una sociedad anónima laboral. Explica a los trabajadores las características que deben reunir para dar este paso.

30. En una sociedad limitada laboral, uno de los socios trabajadores plantea la posibilidad de hacerse con el 51 % del capital.

a) ¿Es legal? ¿Y si el socio es una entida pública?

b) ¿Qué se pretende con estos requisitos?

31. El Directorio Central de Empresas (DIRCE) del INE reúne información sobre las empresas españolas según el sector económico al que pertenecen, la condición jurídica que tienen y su estrato de asalariados. También figuran en él las altas, las permanencias y las bajas que se dan en las empresas.

Accede a la página web del DIRCE y elabora un breve informe sobre las características de las empresas españolas en la actualidad atendiendo a los apartados que te presentamos a continuación:

a) ¿Cuántas empresas españolas han desaparecido y cuántas son nuevas? ¿Cuántas permanecen?

b) Empresas españolas según el sector de actividad. Calcula los porcentajes, elabora un gráfico circular y compáralo con el que aparece en el primer apartado de esta unidad (criterios de clasificación de las empresas). ¿Qué cambios puedes observar?

c) Empresas españolas según su número de trabajadores. Compara los datos que encuentres con los que aparecen en el gráfico de barras del primer apartado de esta unidad (criterios de clasificación de las empresas). ¿Qué cambios has encontrado?

32. Consulta los datos referentes a las distintas autonomías en la página web del DIRCE y responde a estas preguntas.

a) ¿Cuáles son las comunidades autónomas en las que existe un mayor número de empresas?

b) Elabora un gráfico circular con los porcentajes de empresas de tu comunidad autónoma según sector de actividad y compáralo con el que has elaborado en el apartado b de la actividad anterior. ¿Qué conclusiones sacas?

33. A pesar de los intentos por facilitar los trámites en la creación de empresas, aún parece que quedan cosas por mejorar.

Observa la imagen y elabora una hipotética continuación de este diálogo.

Fuente: FORGES, *El País*, 25-VI-2007.

EVALUACIÓN

ENTRÉNATE

1. Defina el concepto de empresario individual indicando algunas de sus ventajas e inconvenientes.

2. Clasifique las siguientes empresas según su actividad (o sector al que pertenecen): una explotación ganadera, una fábrica textil, un hotel, un hipermercado y una empresa constructora.

3. Explique la clasificación de las empresas según la propiedad del capital.

4. Telefónica es una de las empresas españolas más conocidas. Identifique cómo se podría clasificar utilizando cada uno de los distintos criterios de clasificación de empresas que conozca.

5. Enumere los principales órganos de gobierno de una sociedad anónima y defina la función esencial de cada uno.

6. Un grupo de abogados de prestigio quiere montar un bufete, pero disponen de poco capital inicial. Razone qué tipo de empresa o forma jurídica recomendaría.

7. Una pareja recién graduada en la licenciatura de Administración y Dirección de Empresas decide montar un despacho de consultoría, para lo cual se plantea la forma jurídica de constituir su negocio, bien en forma de sociedad de responsabilidad limitada, bien como empresarios individuales. Enumere dos características de una y otra forma jurídica.

8. Indique las principales características de las sociedades cooperativas.

9. Un colectivo de trabajadores de una empresa del sector de la construcción en quiebra decide constituir una sociedad anónima laboral para poder seguir adelante. ¿En qué consiste este tipo de sociedad?, ¿qué requisitos debe cumplir y qué ventajas puede obtener al ser calificada como laboral? Razone la respuesta.

10. Un grupo de trabajadores de una fábrica de muebles en quiebra decide constituir una sociedad cooperativa de producción para poder seguir adelante. ¿Qué derechos y qué obligaciones asumirán dichos trabajadores? Razone las respuestas.

11. Exponga las principales características de las sociedades mercantiles limitadas y comanditarias.

12. Después de una ampliación de capital en una sociedad limitada laboral, el capital en manos de los socios trabajadores se ha reducido al 50 % del total. ¿Puede seguir la sociedad con la misma forma jurídica? ¿Por qué?

13. Uno de los socios de la cooperativa SEMO aportó a esta la cantidad de 30 000 euros. Su patrimonio individual supera en diez veces esta aportación. Si en la cooperativa se producen deudas por 200 000 euros, ¿con qué cantidad habrá de responder el socio ante tales deudas?

14. Defina brevemente las siguientes sociedades: sociedad anónima, sociedad limitada, sociedad anónima laboral, sociedad cooperativa.

15. Defina el concepto de acción y comente algunos de los derechos que incorpora el título.

Test de conocimientos básicos

1. Una fábrica de conservas, con 300 trabajadores:
   a) Es de tamaño mediano y pertenece al sector primario.
   b) Es de tamaño grande y pertenece al sector secundario.
   c) Es de tamaño grande y pertenece al sector terciario.

2. Una academia de idiomas podemos clasificarla como:
   a) Empresa privada del sector primario.
   b) Empresa pública del sector terciario.
   c) Empresa privada del sector terciario.

3. El empresario individual responde de sus obligaciones:
   a) Con todo su patrimonio personal.
   b) Exclusivamente con el capital aportado.
   c) Con la parte que le corresponde del capital aportado.

4. Los socios tienen responsabilidad ilimitada:
   a) En una sociedad cooperativa.
   b) En una sociedad anónima.
   c) En una sociedad colectiva.

5. ¿Cuál de estas características pertenece a las sociedades limitadas?
   a) El capital está dividido en partes iguales (llamadas *participaciones*).
   b) El socio responde con todos sus bienes personales.
   c) Son sociedades personalistas.

6. En las sociedades anónimas:
   a) Los socios responden personalmente de las deudas sociales.
   b) Los socios tienen derecho de suscripción preferente en las ampliaciones de capital.
   c) El capital está dividido en participaciones sociales.

7. Una cooperativa manchega de segundo grado indica que:
   a) Varias cooperativas se agrupan formando de esta manera una nueva.
   b) Que sus productos son exclusivamente manchegos.
   c) La actividad que realiza es del sector secundario.

Análisis y debate Las cooperativas

Las cooperativas nacieron como una fórmula que pretendía superar el conflicto entre los sistemas socialista y capitalista, con el ánimo de mejorar ambos. Sus principios, establecidos por la Alianza Cooperativa Internacional, están recogidos en la legislación española, y ya estaban presentes en las primeras cooperativas.

En España tenemos un grupo cooperativo con tanto éxito que suele ponerse de ejemplo por los estudiosos de la economía social de todo el mundo: el grupo vasco Mondragón.

Documentos

1 Los pioneros del cooperativismo

El movimiento cooperativo nació en el pueblo de Rochdale (cerca de Manchester, Inglaterra). Fue en 1844, cuando un grupo de 28 trabajadores de la industria textil que se habían quedado sin empleo por una huelga trataron de controlar su destino económico formando una cooperativa, a la que llamaron Sociedad Equitativa de los Pioneros de Rochdale.

Mientras la industria textil se encontraba en su apogeo en Rochdale, la clase trabajadora sobrevivía con un sueldo promedio de 23 centavos por un día de trabajo de catorce horas (los niños recibían 6 centavos por día). Ante esta situación, surgieron voces críticas y alternativas como las de los socialistas utópicos (Robert Owen, Charles Fourier), que proponían la cooperación entre los individuos como la solución a los problemas sociales.

Siguiendo estos consejos, los 28 trabajadores de Rochdale montaron una tienda cooperativa de consumo. La sociedad compraba al por mayor y vendía a los socios productos de alimentación básicos, como azúcar, harina, sal y mantequilla, a precios muy asequibles, de tal forma que mejoró la vida de sus socios.

Estos trabajadores establecieron las bases de la entidad a través de los siete principios de Rochdale, que fueron el germen de los principios cooperativos. Hoy, la Sociedad Cooperativa de Rochdale continúa el legado del espíritu de cooperación establecido en 1844.

Fábrica de la primera revolución industrial.

2 Principios de la sociedad cooperativa

Los principios cooperativos son las reglas básicas de funcionamiento de estas organizaciones. La Alianza Cooperativa Internacional (ACI) es la organización que, desde 1895, aglutina y promueve el movimiento cooperativo en el mundo, fomentando la cultura de la solidaridad y la diferenciación de los demás modelos empresariales.

- **Principio de puertas abiertas.** Hay libre entrada y salida de socios de la cooperativa, siempre que con ello no se ponga en peligro su supervivencia.
- **Principio democrático.** En las cooperativas de primer grado, cada socio tiene un voto, con independencia del capital aportado.
- **Retribución limitada del capital aportado por los socios.** Los socios hacen aportaciones al capital de la cooperativa que dan derecho a una retribución fijada y regulada de antemano y que no depende del beneficio de la entidad.
- **Reparto del excedente en función de la actividad desarrollada.** El excedente (beneficios) no se destina a retribuir el capital aportado, sino a constituir fondos de reserva y a financiar servicios comunes, como la educación. El resto se reparte entre los socios según el trabajo realizado.
- **Fomento de la colaboración con otras cooperativas.**
- **Fomento de la educación y ayuda mutua, y el desarrollo de los principios cooperativos.**

3 Mondragón Corporación Cooperativa (MCC)

En 1956, cinco jóvenes, animados por su profesor, el padre Arizmendiarrieta, aportaron su dinero y trabajo para fundar en Mondragón los talleres Ulgor, germen de MCC, dedicada en sus comienzos a la fabricación de estufas y cocinas. Ulgor, junto con otras cooperativas que surgieron en la zona (Fagor y la actual Eroski), formaron en 1959 la cooperativa de crédito Caja Laboral Popular como banco del grupo, y entre 1980 y 1990 se gestó Mondragón Corporación Cooperativa.

Hoy es un grupo con negocios tan diversos como supermercados (Eroski, Caprabo), maquinaria para el sector hostelero (Fagor), ascensores, componentes eléctricos, artículos deportivos, productos agroalimentarios, financieros y de seguros, de consultoría, etc. Cuenta con más de cien mil empleados, de los que la mitad trabaja en los supermercados Eroski. Del resto de la plantilla, aproximadamente un 30 % están empleados en instalaciones de producción extranjera y en centros administrativos repartidos por Asia, Europa del Este, África y América.

La filosofía de MCC, expresada en el principio de "una persona, un voto", se ha mantenido casi sin cambios desde sus comienzos y ha permitido al grupo crecer hasta llegar a ser una de las grandes empresas españolas por ventas y líder mundial de cooperativismo.

http://www.e-sm.net/...

El periódico ENCUENTROS DIGITALES

INICIO | LA ENTREVISTA DE HOY | HISTÓRICO | CATEGORÍAS | LAS MÁS LEÍDAS | TITULARES ›

Las claves del éxito de la estrategia de MCC

MCC ha sabido conjugar los principios cooperativos con el dinamismo y la innovación, lo que ha permitido su crecimiento y su adaptación a los cambios.

¿Cuáles fueron los principios que llevaron al éxito a la cooperativa Mondragón?:

- **Integrar los intereses de los trabajadores y de la empresa.** Los trabajadores, tras pagar una cuota de ingreso aproximada de 12 000 euros, se convierten en socios de la compañía. Esto les da el derecho a votar en la asamblea general de socios. Pero lo que más valoran los trabajadores es la solidaridad dentro del grupo, y que se concreta:
  - Dentro de cada cooperativa, con pocas diferencias entre salarios para evitar enfrentamientos, fomentar el trabajo en equipo, etc.
  - Entre las cooperativas del grupo. Cada cooperativa aporta fondos para apoyar proyectos futuros y ayudar a empresas del grupo en dificultades. Esto es especialmente valioso en épocas de crisis, en las que estos fondos solidarios se destinan a las empresas que tienen más problemas. Formar parte de Mondragón es, dicen los trabajadores, una garantía de seguridad y solidaridad en los momentos difíciles.
  - En su responsabilidad social, con el apoyo a iniciativas de desarrollo comunitario, proyectos sociales de solidaridad, comercio justo, etc.
- **Fomentar la formación y la investigación.** Las claves estratégicas del desarrollo de MCC se basan en una red de centros de investigación y formación: cuenta con una universidad propia y con centros tecnológicos y departamentos de I+D.
- **Financiación y planificación.** Casi el 100 % de los beneficios obtenidos son reinvertidos en mejorar los medios de producción y la tecnología utilizada. El rigor en la planificación y la gestión es otra de las claves del grupo, lo que le permite su adaptación permanente a las necesidades del entorno. Generar empleo y riqueza son los dos objetivos que marcan las señas de identidad del grupo empresarial desde sus inicios.

Reflexiona

1. ¿Cómo clasificarías a Mondragón Corporación Cooperativa según sector, tamaño, titularidad de su capital y ámbito geográfico?
2. ¿Qué factor crees que sería el más determinante en el éxito de la cooperativa?
3. smSaviadigital.com INVESTIGA
   Infórmate más sobre el **grupo Mondragón** con este vídeo.
4. Elabora un cuadro comparativo con los valores que inspiran MCC y los de una sociedad anónima.

3 Entorno y estrategia de la empresa

El entorno de la empresa está constituido por una serie de circunstancias que afectan a la vida de las compañías y que representan tanto oportunidades como amenazas. En este entorno, las empresas definen su estrategia a partir de un diagnóstico previo de sus fortalezas y debilidades. Pero las empresas no solo reciben influencias del entorno; también ellas influyen en el medio en el que actúan, y deben asumir con responsabilidad los efectos de sus decisiones.

Ampliar la perspectiva

Una empresa de zapatos envió a su director financiero a un país africano para estudiar si la empresa podría vender allí su calzado. Al cabo de unos días, el financiero comunicó: «La gente aquí no usa zapatos. No hay mercado».

La presidenta de la empresa decidió enviar a su mejor vendedor al país para contrastar esta opinión. Después de una semana el vendedor comunicó: «La gente aquí no usa zapatos. Hay un mercado tremendo».

Posteriormente, la presidenta de la compañía envió al director de *marketing* para que valorara la situación. Después de dos semanas, el director de *marketing* comunicó: «La gente aquí no usa zapatos; sin embargo, tienen los pies dañados y podrían obtener muchas ventajas si los usaran. Tendríamos que rediseñar nuestros zapatos, porque tienen los pies más pequeños, y convencer a estas personas sobre el beneficio de usar zapatos. Pero, antes de empezar, tendríamos que ganarnos la confianza de sus líderes y personas influyentes. Las personas aquí no tienen dinero, pero producen las piñas más dulces que yo jamás haya probado, y podrían intercambiarlas por los zapatos. He estimado las ventas potenciales para un período de tres años y el total de nuestros costes, incluyendo los de importación y venta de piñas a una cadena de supermercados europea, y he concluido que podríamos obtener un 30 % de rentabilidad a la inversión. Creo que deberíamos seguir adelante».

Adaptado de: KOTLER, Philip, *et al.*: *Introducción al marketing.* Madrid, Prentice Hall, 2001.

ANALIZA LA IMAGEN

1. Como se observa en la imagen, las empresas desarrollan su actividad en un entorno tanto natural como social. ¿Cómo influyen las empresas en ese entorno?
2. ¿Qué factores de ese entorno influyen a su vez en la empresa?
3. ¿Cómo calculan las empresas la cuota de mercado que tienen sus productos?

ANALIZA EL TEXTO

- ¿Cuál es la diferencia entre las perspectivas del director financiero, el vendedor y el director de *marketing*?
- ¿En cuál de ellos hay una visión empresarial más clara del proyecto? ¿Cómo definirías la visión empresarial?
- ¿De qué crees que depende el éxito o el fracaso de las empresas?

1 El entorno de la empresa

Para entender las decisiones de las empresas es preciso prestar atención a un amplio conjunto de factores externos que son fuente tanto de oportunidades como de amenazas.

Uno de los componentes fundamentales de la empresa es el marco externo en el que desarrolla su actividad. En este sentido, la empresa está abierta al medio en el que actúa, en el que a su vez influye y del que recibe influencias. Dentro de este marco externo conviene distinguir entre el entorno general y el entorno específico.

El **entorno general** es el marco global o conjunto de factores y circunstancias que afectan por igual a todas las empresas de una determinada sociedad o ámbito geográfico; por ejemplo, las empresas españolas en un determinado período. Un aumento de la renta disponible de los españoles o una nueva ley de contratación laboral afectan a todas las empresas españolas, independientemente de la actividad a la que se dediquen.

El **entorno específico** es más concreto y se refiere únicamente a aquellos factores que influyen sobre un conjunto de empresas que tienen características comunes y que concurren en un mismo sector de actividad; por ejemplo, las empresas fabricantes de coches que compiten en el mercado español.

Los factores del entorno general

El entorno general está formado por un amplio conjunto de factores que delimitan el marco en el que actúan las empresas y establecen las circunstancias en las que se han de desenvolver. Entre ellos, destacan los siguientes:

1. **Factores económicos.** Unos tienen un carácter más temporal, como el nivel de actividad económica del país (ciclos económicos), la situación de desempleo, los tipos de interés, la inflación, etc. Por ejemplo, una mejora de la economía (crecimiento económico) o una reducción en los tipos de interés inciden de forma positiva sobre las expectativas de futuro de las empresas y, por tanto, condicionan favorablemente sus decisiones de inversión; lo contrario ocurre cuando la economía se encuentra en una fase de recesión o de crisis.

   Otros factores económicos del entorno influyen de forma más permanente sobre las empresas, por ejemplo, el grado de desarrollo económico y de industrialización del país, las infraestructuras disponibles (vías de transporte y redes de comunicación), etc.

2. **Factores socioculturales.** Entre ellos, pueden citarse el nivel educativo, las pautas culturales, los estilos de vida y hábitos de consumo, las tendencias de la moda, la concertación o conflicto entre los agentes económicos, las diferencias sociales, las circunstancias demográficas, etc. Todos estos factores afectan a la demanda de las empresas, que se ven obligadas a reaccionar adaptándose a los cambios si quieren garantizar su supervivencia. Por ejemplo, la preferencia creciente de los consumidores por los productos saludables obliga a las empresas a desarrollar nuevos artículos con estas características.

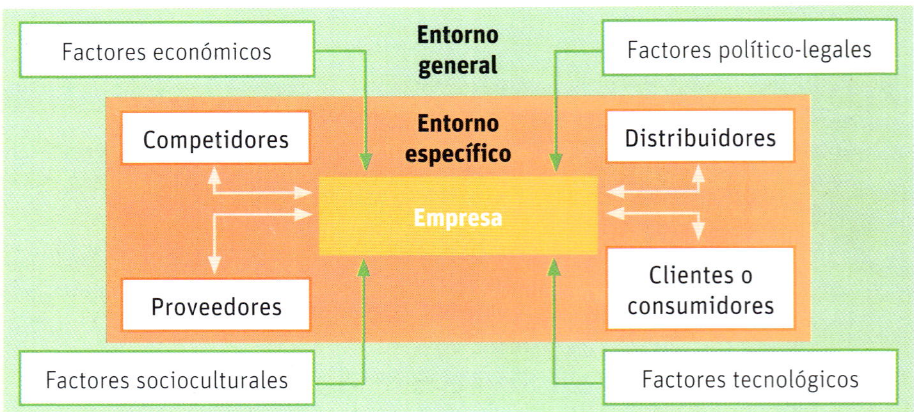

3. **Factores político-legales.** Comprenden las medidas que toman los Gobiernos en sus políticas económicas y las leyes que establecen el marco jurídico en el que se mueven las empresas. Los Gobiernos determinan la política fiscal y elaboran normas que regulan los diferentes mercados (ley de comercio, salario mínimo, defensa de la competencia, requisitos para la creación de empresas, etc.). Además, el Estado también interviene a través de políticas de promoción de la actividad empresarial o regulando determinados sectores.

4. **Factores tecnológicos.** Los cambios y avances tecnológicos afectan tanto a los productos que ofrecen las empresas como a sus procesos de producción. La aparición de mejoras técnicas obliga a las empresas a incorporarlas si quieren mantener su posición en el mercado. A su vez, la aceleración de las innovaciones está disminuyendo el ciclo de vida de los productos (se introducen novedades en el mercado en un espacio de tiempo cada vez más corto) y las empresas que no están atentas pronto descubren que sus productos quedan desfasados.

Todos estos factores suponen un reto continuo para la empresa, que debe actuar en un entorno cambiante que exige constantes adaptaciones. Las empresas que entienden este reto saben la importancia que tiene anticiparse a los cambios. Por el contrario, las empresas que se resisten a ellos suelen lamentarlo cuando comprueban que sus estructuras y estrategias han quedado obsoletas e inadaptadas.

Los factores del entorno específico

Constituyen el sector de actividad en el que participa la empresa y son, por tanto, los que la afectan más directamente. Por este motivo, la empresa se ve obligada a conocerlos y a tener en cuenta sus cambios.

Entre los factores más cercanos que rodean a la empresa están:

- Los **proveedores** y **suministradores** de materias primas y otros recursos necesarios para la actividad productiva de la empresa.
- Los **clientes** o **consumidores** que adquieren los productos de la empresa.
- Los **competidores** o empresas que producen el mismo tipo de bienes y que, por ello, participan en el mismo mercado y se dirigen a los mismos clientes.
- Los **intermediarios** o **distribuidores**, que facilitan a los consumidores acceder a los productos a través de los canales y puntos de distribución y venta.

Cualquier cambio en alguno de estos factores afecta directamente a la empresa, que se verá obligada a reaccionar. Por ejemplo, la aparición de un nuevo competidor, el lanzamiento de un producto sustitutivo o una campaña que dañe la imagen pública de una empresa entre sus clientes son hechos que ocurren en el entorno específico y que afectan directamente a su posición en el mercado y a sus resultados. Las empresas deben, por tanto, estar especialmente atentas al mercado para detectar las oportunidades y anticiparse a los riesgos que se presentan.

Ejemplos y casos

Los avances en las tecnologías de la información y la comunicación, así como internet, han revolucionado el mundo empresarial. La posibilidad de que se produzcan operaciones comerciales y financieras de forma instantánea y desde cualquier lugar, el acceso a mercados insospechados a través del comercio electrónico o la conexión continua e interactiva de los equipos de trabajo son solo algunas de las múltiples transformaciones producidas por el **entorno general tecnológico** en la empresa.

ACTIVIDAD **RESUELTA**

1. **Justifica razonadamente cuáles de estos cambios se refieren al entorno general o específico de la empresa Iberia.**
   a) La entrada en el mercado español de compañías aéreas de bajo coste.
   b) El endurecimiento de las normas europeas de seguridad aérea.
   c) Una huelga de controladores aéreos.
   d) Una reforma laboral que reduce el coste del despido.

SOLUCIÓN

Los cambios *a, b* y *c* corresponden al entorno específico, ya que suponen la entrada de nuevos competidores en el sector en el que participa Iberia, nuevas normas de seguridad para ese sector o un conflicto laboral dentro del sector.

El *d* afecta a todas las empresas del país, sea cual sea su sector y, por tanto, se refiere al entorno general.

2 El entorno específico o sectorial: la empresa y el mercado

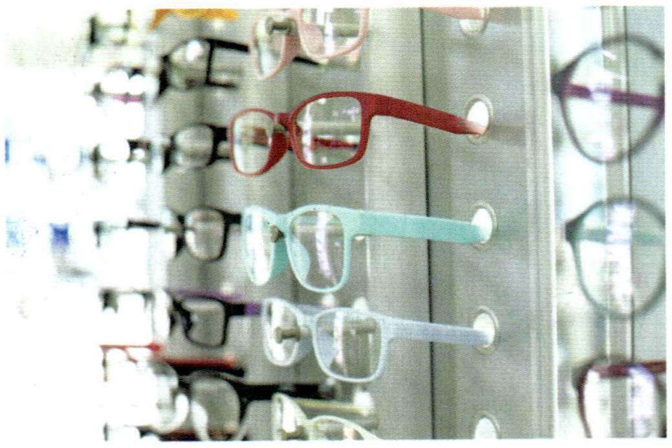

Las características del mercado determinan el comportamiento de las empresas en su competencia con las demás. Y para competir, pueden hacer algo más barato que las otras, y así poder competir en precios; o hacer algo especial y diferente que las permita venderlo más caro que cualquier otra; o dominar un nicho de mercado al que a otras les cuesta entrar.

El mercado o sector de actividad es el ámbito en el que se desenvuelve la empresa y en el que trata de llevar a cabo sus objetivos.

Un **sector** está formado por todas las empresas que ofrecen productos similares y que satisfacen el mismo tipo de necesidades de los consumidores. La estructura de un sector viene definida por el número y tamaño relativo de las empresas, las barreras de entrada existentes, las características de los productos en cuanto a su homogeneidad o diferenciación, la tecnología, los costes de producción, etc.

Las empresas que forman el sector tienen que competir entre sí para captar a los clientes y poder, de esta manera, alcanzar sus objetivos. El sector de actividad es, por tanto, el marco de referencia para analizar la situación de la empresa respecto de sus competidores.

Una empresa es más competitiva que otras si, como consecuencia de su mayor eficiencia, consigue ofrecer sus productos a los consumidores con una mejor relación calidad-precio que sus competidores. Esto se traducirá en una mayor aceptación por parte de los clientes y en unos resultados o beneficios más altos para las más eficientes (que serán menos positivos, e incluso pérdidas, para las que sean menos eficientes).

La competencia es, por tanto, un mecanismo que asegura que las empresas que satisfacen las necesidades de los consumidores de la forma más eficiente sean las que sobrevivan.

En este marco de competencia, las decisiones de la empresa tienen siempre presente la repercusión que las actuaciones de otras empresas competidoras pueden tener en los propios resultados.

Producción del sector y cuota de mercado

Para conocer la dimensión o la importancia de un sector se utiliza el concepto de **volumen de negocio** o **producción de un sector**, que es la cantidad global de ventas que se generan en ese sector en un período de tiempo y un espacio geográfico determinados.

El volumen de negocio puede expresarse en unidades vendidas (cantidad de productos), pero lo más habitual es que se exprese en unidades monetarias, multiplicando los productos vendidos por su precio. La cifra obtenida se conoce como ***facturación***, *ingresos* o *ventas del sector*.

Por ejemplo, si el sector de la telefonía móvil hubiera generado 24.000 millones de euros por los servicios en nuestro país en el último año, esta cifra sería la facturación del sector en ese período.

Dentro de la producción global de un sector, la parte que le corresponde a una empresa concreta que participa en ese mercado representa la **cuota de mercado** de esa empresa. Este indicador mide, por tanto, la relación que existe, expresada en tanto por ciento, entre la producción de la empresa y la producción global del sector.

$$\text{Cuota de mercado} = \frac{\text{Cifra de ventas de la empresa}}{\text{Cifra de ventas del conjunto de empresas del sector}}$$

Así, siguiendo con el ejemplo de la telefonía móvil, si los ingresos de la principal empresa del sector hubieran sido de 7.200 millones de euros, su cuota de mercado o porcentaje de ingresos sería del 30 %.

Dentro de un sector, el líder de mercado es la empresa que tiene una cuota de mercado superior a la de sus competidores.

*

Cuota de mercado

Proporción de ventas de una empresa respecto de las ventas totales del sector.

Líder de mercado

Empresa que tiene la mayor cuota de mercado dentro de un sector de actividad.

3 Las fuerzas competitivas del sector

Para comprender la dinámica interna de un sector suele utilizarse el modelo de Michael Porter (1982), cuyo análisis se centra en las fuerzas competitivas que concurren en el sector. Estas fuerzas son:

1. **El grado de rivalidad entre los competidores.** La intensidad de la competencia del sector dependerá, en primer lugar, del número de competidores; es decir, del **tipo de mercado** (oligopolio, competencia monopolística, competencia perfecta, etc.). También influye el grado de **concentración del sector**; esto es, cómo se distribuye el mercado entre los competidores. Un sector es concentrado cuando pocas empresas se reparten la mayor parte del mercado. En los sectores fragmentados, ninguna empresa tiene una participación importante en el mercado.

   La mayor o menor presión competitiva también depende del grado de **madurez del sector**. Hay sectores emergentes o en crecimiento, mientras que otros están más estancados o en declive. Así, en mercados nuevos o en expansión, con pocas empresas compitiendo, la rivalidad entre ellas será menor que en mercados muy concurridos y ya estancados o en declive.

2. **La amenaza de entrada de nuevos competidores.** Cuanto más fácil es el acceso de una empresa a un sector, mayor es la competencia. La entrada de nuevos competidores está en función de las **barreras de entrada** al sector. Existen, por ejemplo, más barreras para entrar en el sector del automóvil o en el bancario que para montar un nuevo restaurante. Cuanto más fácil es el acceso de una empresa a un sector, mayor es la competencia. Estas barreras pueden producirse por diversos factores:

   - Las empresas ya instaladas en el sector tienen una ventaja de costes como consecuencia del dominio de la tecnología, de su experiencia con los proveedores, del control de los canales de distribución, etc.
   - Diferenciación de los productos. Las empresas que llevan tiempo en el sector cuentan con una experiencia de aprendizaje en la mejora constante de sus productos que no tienen las nuevas empresas.
   - Las fuertes inversiones de capital, necesarias para comenzar a producir, sobre todo en sectores en los que el tamaño de las empresas es grande, suponen una fuerte barrera para una nueva empresa.

3. **La amenaza de productos sustitutivos.** La aparición de nuevos productos puede ocasionar importantes cambios en el sector, especialmente si mejoran la relación calidad-precio de los productos existentes. Así, los fabricantes de latas de refrescos sienten la amenaza de los envases de plástico. Esta amenaza es mayor en sectores en los que el cambio tecnológico es acelerado.

4. **El poder negociador de proveedores y clientes.** La empresa se encuentra situada en medio de sus proveedores y sus clientes. Si los proveedores son escasos y fuertes para imponer sus condiciones y sus clientes están organizados y bien informados, las empresas tendrán menos margen de beneficio, lo que se traducirá en una mayor presión y en más competencia interna en el sector.

Las fuerzas competitivas suponen un reto para las empresas en su búsqueda para ser más eficientes, lo que repercutirá positivamente en los consumidores, que se beneficiarán de mejores productos o mejores precios o de ambas cosas.

4 Análisis estratégico: el método DAFO

Ejemplos y casos

El **método DAFO** es una herramienta que nos ayuda a reflexionar sobre aquellos aspectos personales o del entorno que pueden influir en que funcionen o no nuestros proyectos personales.

Dos ranas vivían en una charca, pero esta se secó y tuvieron que buscar otro hogar. De repente, vieron una poza profunda con agua abundante y alimento suficiente. Una de las ranas no se lo pensó y dijo: "Aquí tenemos todo lo que necesitamos para vivir". Pero la otra rana replicó: "Supongamos que nos quedamos sin agua, ¿cómo podremos salir de una profundidad tan grande?".

Esta fábula de Esopo nos muestra que no hay que dejarse llevar por la primera impresión. En este caso, la rana "hizo un DAFO" y detectó una amenaza (la posibilidad de quedarse sin agua) y una debilidad (su incapacidad para saltar desde tanta profundidad). Es lo que nos ocurre a veces con proyectos personales, que o no medimos bien su dificultad o no valoramos bien nuestras capacidades.

El análisis de las fuerzas competitivas nos ayuda a descubrir cuáles son las claves de un sector. Pero además, las empresas necesitan analizar qué situación ocupan en su sector para poder enfrentarse con éxito a sus competidores.

El **análisis DAFO (debilidades, amenazas, fortalezas y oportunidades)** es un método para analizar los puntos fuertes y débiles de la empresa, así como las amenazas y oportunidades que presenta el entorno, con objeto de conocer sus ventajas competitivas y la estrategia más conveniente en función de sus características propias y las del mercado en que se desenvuelve.

Este método parte de un análisis de la empresa, tanto externo como interno, para posteriormente elaborar un cuadro resumen de su situación (matriz DAFO) como esquema de ayuda para valorar las distintas estrategias posibles.

Análisis externo

El primer paso es detectar y analizar las amenazas y oportunidades que proceden del entorno, tanto del general como del específico. En el caso del entorno específico suele utilizarse el modelo de las fuerzas competitivas de Porter.

Las **amenazas** son cambios en el entorno que, si no se afrontan a tiempo, pueden situar a la empresa en una situación competitiva de desventaja. Algunos ejemplos son la entrada de nuevos competidores con costes más bajos, la aparición de un nuevo producto sustitutivo, una crisis económica, un cambio brusco en las necesidades y gustos de los consumidores, una nueva normativa medioambiental, etc.

Las **oportunidades** son cambios en el entorno que, si se aprovechan, pueden mejorar la situación competitiva de la empresa; por ejemplo, la mejora de la renta de los consumidores, con la consiguiente posibilidad de aumentar las ventas; la eliminación de barreras proteccionistas en mercados exteriores atractivos; la reducción de los tipos de interés; el establecimiento de nuevas ayudas institucionales para la creación y el desarrollo empresarial; etc.

Análisis interno

El análisis interno permite fijar las fortalezas y debilidades de la organización. Los **puntos débiles** de una empresa son los aspectos internos que suponen una desventaja frente a sus competidores. Los **puntos fuertes** son aquellos aspectos positivos internos de la empresa que suponen una ventaja frente a sus competidores.

Para ello, la empresa debe analizar la cantidad y calidad de los recursos con los que cuenta (capital, recursos humanos, instalaciones y equipos, calidad de los productos, organización, imagen de marca) y compararlos con los de otras empresas del sector. Algunos **indicadores** que suelen utilizarse son:

- La capacidad directiva, comercial y de gestión: fuerte o débil.
- Los recursos financieros: satisfactorios o escasos.
- Las instalaciones y recursos tecnológicos: eficientes u obsoletos.
- Las ventajas o desventajas en costes respecto de otros competidores.
- La imagen que perciben los consumidores de los productos de la empresa: buena, mejorable, inexistente.
- El conocimiento tecnológico y los programas de I+D+i (investigación + desarrollo + innovación): buenos, escasos, nulos.
- La red de distribución comercial: buena y de confianza o deficiente.
- La formación y motivación de los trabajadores: alta o baja.

La matriz DAFO

A partir del análisis realizado, el siguiente paso es la elaboración de un cuadro resumen o matriz en el que se señalan los puntos fuertes y débiles internos de la empresa, además de las amenazas y oportunidades externas. Algunas preguntas para orientar su elaboración son las que se muestran en el cuadro siguiente:

FORTALEZAS	DEBILIDADES
• ¿Qué ventajas tiene la empresa? • ¿Qué hace la empresa mejor que las demás? • ¿Qué recursos de la empresa la hacen superior a las demás? • ¿Qué percibe el mercado como fortalezas de la empresa? • ¿Qué elementos diferenciales acreditan a la empresa?	• ¿Qué se puede mejorar? • ¿Que se debería evitar? • ¿Qué percibe el mercado como debilidades de la empresa? • ¿Existen dificultades financieras? • ¿Existen resistencias al cambio en la organización? • ¿Hay problemas de motivación del personal?
OPORTUNIDADES	**AMENAZAS**
• ¿Qué tendencias del mercado nos favorecen? • ¿Existe una buena coyuntura económica? • ¿Qué cambios tecnológicos o relacionados con la normativa legal van en la dirección en la que está la empresa? • ¿Qué cambios hay en la moda y en los estilos de vida? (para anticiparnos a ellos). • ¿Muestran debilidades nuestros competidores?	• ¿A qué obstáculos se enfrenta la empresa? • ¿Qué están haciendo mejor los competidores? • ¿Existen problemas con nuestros proveedores? • ¿Se tienen problemas de recursos de capital? • ¿Existen nuevos productos sustitutivos? • ¿Qué factores están reduciendo las ventas?

Las aplicaciones del análisis DAFO

El análisis de la matriz DAFO permite detenernos en cada casilla para plantearnos las siguientes preguntas: ¿cómo disminuir las debilidades?; ¿cómo aprovechar cada fortaleza?; ¿cómo explotar cada oportunidad?; ¿cómo evitar las amenazas?

En la primera casilla (puntos fuertes y oportunidades) se pueden estudiar las posibilidades de la empresa para aprovechar las oportunidades usando sus puntos fuertes. Por ejemplo, un crecimiento importante del mercado (oportunidad) se podrá aprovechar para plantear una estrategia ofensiva de ventas si se dispone de las fortalezas adecuadas (recursos financieros y productivos, buena organización, personal motivado, etc.).

Las siguientes casillas presentan las distintas estrategias al alcance de la empresa para corregir sus debilidades aprovechándose de las oportunidades o para defenderse de las amenazas basándose en sus puntos fuertes. Con ello, la empresa puede valorar las distintas posibilidades que tiene para enfrentarse a su entorno a partir de sus recursos.

	FORTALEZAS	DEBILIDADES
OPORTUNIDADES	Estrategias ofensivas Se usan los puntos fuertes de la empresa para aprovechar las oportunidades.	Estrategias de cambio Buscan superar las debilidades aprovechando las oportunidades.
AMENAZAS	Estrategias defensivas Tratan de evitar las amenazas detectadas usando las fortalezas de la empresa.	Estrategias de supervivencia Es la peor situación: tratar de reducir las debilidades para sobrevivir a las amenazas.

Conviene advertir, no obstante, que los cambios en el entorno pueden ser vividos como oportunidades o amenazas, según la predisposición de la empresa ante esos cambios. Así, un cambio en el entorno tecnológico, para una empresa innovadora que está preparada para ello, puede suponer una oportunidad para liderar el mercado, mientras que para otras empresas puede representar una amenaza.

5 La estrategia competitiva de la empresa

La misión dota de perspectiva a todas las decisiones estratégicas de una empresa. Cuando la misión es clara, todos los miembros del equipo saben a qué atenerse, por lo que tendrán más claras sus decisiones: la compañía aérea que tenga por misión ofrecer los viajes más económicos deberá plantearse todas sus decisiones con el fin de reducir costes; la que pretenda ofrecer la mejor calidad en el servicio centrará sus esfuerzos en cuidar todos los detalles que la mejoren, etc.

Los cambios acelerados de la tecnología, junto al aumento de la competencia en una economía cada vez más abierta y globalizada, están transformando las reglas de juego y el comportamiento de las empresas. La ampliación de los mercados y la aparición en ellos de nuevos contendientes cada día más competitivos (Ikea, Media Markt, etc.) está provocando que empresas muy consolidadas dentro de algunos sectores desaparezcan. En este contexto, las empresas valoran cada día más la necesidad de disponer de un plan estratégico como guía para posicionarse con éxito en el mercado.

El plan estratégico

Formular la estrategia de una organización implica una serie de pasos:

1. Determinar **dónde estamos**, es decir, **diagnosticar la situación**. Para ello:
   - hay que conocer la estructura del mercado donde compite la empresa y las oportunidades y amenazas de su entorno (análisis externo);
   - hay que valorar los recursos disponibles y sus puntos fuertes y débiles en capacidades tecnológicas, organizativas y financieras (análisis interno).

   En este análisis son útiles el método DAFO o el modelo de Porter, ya comentados.
2. Decidir **adónde queremos llegar**, lo que implica establecer dos cosas:
   - la **visión** y la **misión** de la empresa. La visión responde a qué queremos ser en el futuro, la misión implica saber cuál es nuestra razón de ser o, en otras palabras, para qué existe la empresa. Es decir, la misión incluye los valores que orientan el propósito de la empresa en la sociedad. Por ejemplo, la misión de Google es "Organizar la información mundial para que resulte universalmente accesible y útil";
   - los **objetivos y metas** que concreten la misión de forma más operativa. Algunos ejemplos son la fijación del nivel de beneficios deseable, la productividad que se espera conseguir, los compromisos de responsabilidad social, etc.
3. Establecer **por dónde queremos ir**. Como existen distintos caminos o estrategias posibles, habrá que **elegir la estrategia competitiva** de la empresa, es decir, la forma de competir con otras empresas para alcanzar los objetivos.
4. Precisar **cómo llegar, cuándo y con qué recursos**. Una vez definida la estrategia, hay que implantarla mediante **planes parciales** para las distintas áreas de la empresa. Estos planes deben recoger los recursos que se destinan (presupuestos) y las responsabilidades (cómo y quiénes los ejecutan).
5. Controlar **cómo vamos** durante el proceso de implantación de la estrategia. Es necesario un **control** del grado de consecución de los objetivos en cada momento. Para ello, las cifras de ventas y beneficios sirven de test para orientarnos sobre la validez de las decisiones adoptadas y sus posibles cambios.

EN LA PRÁCTICA La brújula interior de las empresas

Alicia, el personaje de Lewis Carroll, tras perderse en un túnel y atravesar un bosque, llega a un cruce de caminos. Muy perpleja, Alicia divisa una oruga gigante, a la que pregunta:

—Perdone, señor, ¿le importaría decirme qué camino debo tomar?

—¿Adónde vas?— pregunta la oruga a su vez.

—No sé —responde Alicia.

—En tal caso, no importa el camino que tomes —replica la oruga.

Como Alicia, las empresas atraviesan túneles y bosques rodeadas de otras empresas que también buscan sus metas. En esta búsqueda, una de las primeras preguntas que deben plantearse es: ¿hacia dónde queremos ir? A la respuesta, algunos economistas la llaman *visión a largo plazo* y otros, *misión* o *propósito*, y hace referencia al papel que quiere jugar la empresa en la sociedad. No se llega a ninguna parte si no se sabe dónde se quiere ir. Muchas empresas se pierden en el proceso (el 80 % de ellas no duran más de cinco años); cuando aparecen las dificultades, no tienen una brújula interior para orientarse. Otras empresas se mantienen porque tienen un propósito claro y perseveran en él.

- Analiza proyectos que hayas emprendido. ¿Cómo te ayudó a realizarlos tener un propósito claro sobre lo que querías?

La elección de la estrategia

Para desarrollar su plan estratégico, las empresas deben tomar decisiones de muy diferente naturaleza e importancia. Así, se distingue entre decisiones **estratégicas**, **tácticas** y **operativas**.

Las decisiones estratégicas implican a toda la organización y con ellas se pretende encauzar la vida de la empresa a largo plazo; en caso de error, los efectos pueden ser muy negativos y difíciles de subsanar.

Las decisiones tácticas y operativas tratan de desarrollar las decisiones estratégicas a través de los distintos planes parciales y, en caso de error, son más fácilmente corregibles.

La **estrategia competitiva** de la empresa persigue la búsqueda de una posición favorable en un sector determinado. La base para lograr esta posición favorable es conseguir algún tipo de ventaja competitiva que permita a la empresa obtener mejores resultados que sus competidores.

Para obtener una ventaja competitiva, existen tres posibles estrategias:

1. **Liderazgo en costes.** Una empresa tiene esta ventaja cuando, basándose en su eficiencia, produce con unos costes inferiores a los de sus competidores manteniendo una calidad aceptable. Esta ventaja en costes permite a la empresa rebajar sus precios y aumentar su cuota de mercado, al mismo tiempo que pone en dificultades a sus competidores.
2. **Diferenciación.** Esta estrategia pretende lograr que el bien o servicio ofrecido se perciba en el mercado como único o exclusivo. Así, los clientes están dispuestos a pagar incluso algo más para obtener este producto diferenciado. La diferenciación puede estar basada en características del propio producto (que sea de mayor calidad, que tenga un diseño exclusivo, una buena imagen de marca, etc.), como Mercedes Benz o BMW, o en aspectos complementarios (atención al cliente, servicio posventa, etc.).
3. **Segmentación o creación de nichos de mercado.** Consiste en la elección de una parte o segmento del mercado en el que la empresa decide especializarse. Al centrarse en satisfacer las necesidades de un segmento limitado dentro del sector, la empresa puede ser más eficaz que otras que se dirigen a un mercado más amplio y diverso, consiguiendo con ello una ventaja competitiva. Por ejemplo, Red Bull domina el 70 % del sector de bebidas energéticas después de crear y especializarse en este nuevo segmento. Una vez elegido el segmento o nicho de mercado, las empresas adoptan una estrategia de liderazgo en costes o diferenciación, pero centrándose en el segmento elegido.

Ejemplos y casos

En cualquier mercado podemos observar la tres estrategias. Por ejemplo, en el mercado de la ropa, Primark busca conseguir los menores costes y, por tanto, los mejores precios; Zara trata de diferenciarse como generadora de tendencias y de renovación continua de sus modelos; y, finalmente, Decathlon ha elegido especializarse en el segmento de la ropa deportiva.

smSaviadigital.com PRACTICA

Analiza las **estrategias competitivas** de una empresa.

ESTUDIO DE CASOS Las aerolíneas de bajo coste

Las compañías aéreas de bajo coste se han convertido desde comienzos de siglo en una seria competencia para las compañías tradicionales del sector. Ofrecen un precio más reducido y el secreto está en su estrategia de liderazgo en costes a través de una menor prestación de servicios adicionales a los pasajeros, unas plantillas de trabajadores reducidas y sin oficinas y una disminución de costes de emisión de billetes y de contratación y facturación.

Si bien las compañías tradicionales no consideraron la aparición de estas empresas en el mercado como una amenaza, la realidad demostró lo contrario: en cinco años, estas compañías pasaron de tener el 5 % de cuota de mercado a casi un 25 %, frente a las empresas tradicionales, que vieron decrecer cada día su volumen de negocio.

- ¿Qué factor del entorno específico ha cambiado para las compañías tradicionales? ¿Cómo deberían reaccionar estas empresas en situaciones como la referida?
- ¿En qué otros sectores se está produciendo el mismo fenómeno de surgimiento de empresas de bajo coste?
- ¿Quiénes son los beneficiarios y los perjudicados por este tipo de estrategias?

6 La responsabilidad social y medioambiental

Un reto importante de la responsabilidad social empresarial es la búsqueda de la igualdad entre hombres y mujeres (paridad de salarios, conciliación de la vida laboral y personal, promoción de las mujeres a puestos de responsabilidad, etc).

A medida que las empresas han ido creciendo, se han convertido en poderosos instrumentos de influencia sobre el medio en el que actúan, produciendo a veces efectos externos negativos sobre la sociedad. Ejemplos de ello son el deterioro ambiental por emisiones contaminantes, los abusos laborales, los productos fraudulentos, etc.

Cuando se producen estos efectos negativos, la empresa está trasladando a la sociedad unos costes que deberían ser asumidos por ella misma. Son los llamados **costes sociales**, aquellos provocados por la actividad privada de la empresa pero que son soportados por la sociedad en su conjunto.

En los países de nuestro entorno, las sociedades son cada vez más conscientes de estos costes y de la necesidad de que las empresas adopten una actitud más ética y de mayor responsabilidad social en sus comportamientos, así como de que cuiden los efectos sociales y medioambientales de sus actuaciones.

La **responsabilidad social de la empresa** (RSE) hace referencia al conjunto de obligaciones y compromisos legales y éticos que esta asume para cuidar y mejorar los impactos de su actividad sobre los ámbitos social, laboral y medioambiental.

Los ámbitos de responsabilidad social

Las asociaciones de consumidores, los defensores de los derechos humanos, los sindicatos o los ecologistas son hoy día poderosos grupos cuyas opiniones no pueden ignorar las empresas. Esta mayor sensibilidad y preocupación social se concreta en una serie de exigencias referidas a los siguientes ámbitos:

- **Compromiso con la sociedad.** Tanto con la sociedad, en general, como con la comunidad local en la que se instalan las empresas. Se pide que las empresas se comprometan con el desarrollo económico, social y cultural de la zona donde actúan, manteniendo y generando empleo y evitando el despido de trabajadores o el traslado de la compañía a otros países (deslocalización). Asimismo, en el ámbito de las empresas multinacionales, se exige una actitud responsable con los derechos humanos.
- **Clima de confianza con los trabajadores.** Los trabajadores y sindicatos plantean a las empresas una gestión empresarial que genere un clima de cooperación, motivación y participación de los empleados, así como la mejora de las condiciones laborales: salarios, salud y seguridad laboral, formación profesional y promoción, igualdad entre hombres y mujeres, etc.
- **Credibilidad ante clientes y consumidores.** Las asociaciones de consumidores exigen a las empresas un mayor respeto a sus derechos y una mayor claridad y fiabilidad de la información que proporcionan sobre los productos que venden. Asimismo se demanda calidad y precios razonables, garantías posventa, atención a las reclamaciones de los clientes, etc.
- **Respeto al medioambiente.** Se exige a las empresas que utilicen técnicas eficaces para tratar las emisiones y los vertidos contaminantes, la recuperación de materiales y el desarrollo de estrategias de ahorro energético, la creación de productos más duraderos y fáciles de reparar, los envases ecológicos, etc.

Hoy, por tanto, se hace necesario equilibrar los objetivos de rentabilidad a corto plazo de las empresas con la satisfacción de la demanda de los consumidores, el bienestar de los trabajadores y la consideración del interés público de la sociedad.

La responsabilidad medioambiental

No todos los efectos que la empresa genera en su entorno son deseados (véase el esquema). Las empresas generan bienes y servicios, empleo, riqueza, etc., pero también consumen energía y recursos naturales escasos a un ritmo superior al que pueden regenerarse y producen contaminación y residuos a unos niveles superiores a los que la naturaleza puede asimilar, entre otros efectos negativos.

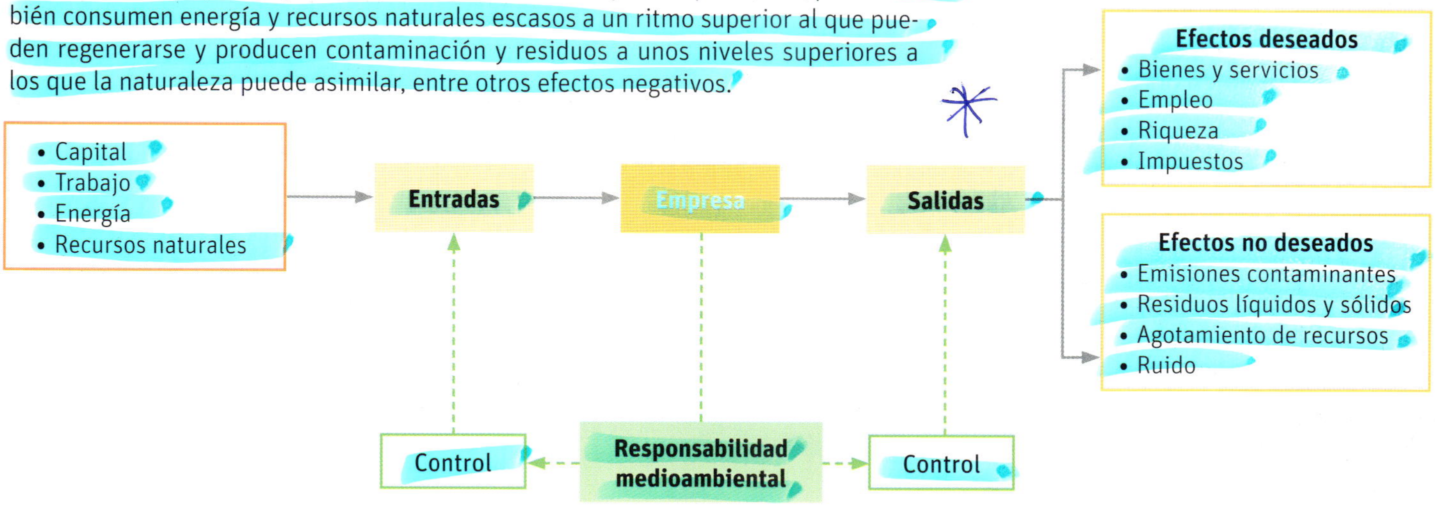

La actual preocupación social por estos efectos no deseados se ha traducido en una presión a las empresas para que adopten un comportamiento más responsable con su entorno natural y más comprometido con un desarrollo sostenible. De hecho, se responsabiliza a las empresas, junto al crecimiento demográfico y a ciertos hábitos de consumo, de ser los principales causantes del deterioro medioambiental y del cambio climático actual.

Todo ello se ha traducido en cambios importantes en el entorno empresarial: la aparición de un consumidor ecológicamente más responsable, la promulgación de leyes medioambientales más exigente y la concienciación de unos ciudadanos que tienen en cuenta el comportamiento social y ecológico de la empresa.

Desarrollo sostenible

Trata de garantizar que las actividades económicas que satisfacen las necesidades de las generaciones presentes no pongan en peligro las de las generaciones futuras.

Medioambiente y estrategia competitiva

Ante estos cambios en el entorno, hay empresas que adoptan una **actitud pasiva** y que consideran que la responsabilidad medioambiental hace perder competitividad por razones de costes (cambios en los equipos productivos, instalación de sistemas anticontaminantes, etc.). Sin embargo, desde una **actitud positiva y estratégica**, el medioambiente se considera como una parte fundamental del entorno empresarial. Es decir, se considera que su efecto es similar al de otros factores que han cambiado en el entorno (como la globalización económica, el desarrollo de nuevas tecnologías o el envejecimiento de la población).

La estrategia empresarial, desde este punto de vista, debe adaptarse a estos cambios y convertir los riesgos en oportunidades. De este modo, el factor medioambiental afectará negativamente a las empresas que no reaccionen ante los cambios (o lo hagan tarde) y positivamente a las que sepan aprovecharlos como fuentes de nuevas ventajas competitivas que pueden ser utilizadas para diferenciarse de sus competidores.

De igual forma que la calidad, la imagen de marca o los servicios posventa son medios de diferenciación. Los atributos ecológicos del producto o la imagen de empresa responsable con el medioambiente también pueden ser elementos de diferenciación para un segmento creciente de consumidores que prefieren, a igualdad de precio y calidad, una marca con atributos ecológicos, incluso pagando algo más por ella. No obstante, para que esta estrategia funcione, debe ser creíble; es decir, los consumidores deben percibir realmente los esfuerzos realizados por la empresa en materia de protección medioambiental.

smSaviadigital.com **INVESTIGA**

¿Cómo saber si una empresa es socialmente o medioambientalmente responsable? Conoce algunas de las **organizaciones que se dedican a certificar** a empresas responsables.

7 El marco jurídico de la actividad empresarial

Ya los primeros economistas resaltaban la importancia de garantizar la propiedad privada de los bienes y de proteger los contratos de compraventa para lograr un desarrollo eficaz del comercio. Por ejemplo, Adam Smith, en *La riqueza de las naciones*, ya señalaba:

No puede florecer largo tiempo el comercio en un Estado que no disponga de una ordenada administración de la justicia, donde el pueblo no se sienta seguro en la posesión de su propiedad, en que no se sostenga y proteja, por imperativo legal, la honradez en los contratos.

Una de las funciones del Estado es establecer el marco jurídico que regula la actividad económica y el comportamiento de los agentes económicos.

Una legislación bien concebida fomenta la competencia y asegura un mercado con más eficiencia y equidad, al mismo tiempo que permite proteger los derechos de los consumidores y el medioambiente. Con todo ello se propicia el marco de seguridad y claridad necesario para las relaciones económicas.

Este ordenamiento jurídico viene básicamente determinado por una serie de normas y principios que constituyen el denominado *derecho mercantil*. Mientras que el derecho civil es aplicable a todas las personas, el mercantil es un derecho especial, puesto que solo se aplica a los empresarios y sus actuaciones. Por ello, un primer aspecto que se regula es el de identificar jurídicamente al empresario.

Adquieren la **condición de empresarios** todas las personas físicas que lleven a cabo una actividad económica de forma profesional, habitual y en nombre propio, así como todas las sociedades mercantiles en cualquiera de sus distintas formas jurídicas (sociedades anónimas, de responsabilidad limitada, colectivas, etc.).

Entre las principales normas jurídicas que regulan la actividad empresarial destaca el **Código de Comercio**, o ley básica del derecho mercantil español. Es una ley de 1885 que ha tenido constantes modificaciones para adecuar su contenido a la realidad de cada momento, lo que se ha hecho a través de **leyes complementarias** que regulan actividades concretas del empresario (Ley de Defensa de la Competencia, Ley de Sociedades Anónimas, etc.).

Principios jurídicos básicos

A continuación, destacamos aquellos principios y normas mercantiles que son fundamentales para asegurar un marco estable en el desarrollo de las relaciones económicas. Dada su importancia, algunos de ellos no solo están en el derecho mercantil, sino que han adquirido categoría de principios en la Constitución española. Los más importantes son:

1. **Libertad de empresa.** La Constitución consagra este principio en su artículo 38. En él se establece la libertad de crear y gestionar empresas, pero siempre de acuerdo con las necesidades e intereses generales de la sociedad.
2. **Derecho de propiedad.** Gran parte de las operaciones mercantiles se realizan de acuerdo al derecho de propiedad, es decir, a la facultad de usar y disponer de las cosas a favor de aquellos que son reconocidos como propietarios. El artículo 33 de la Constitución reconoce el derecho a la propiedad privada, pero con la limitación de respetar los derechos de los demás.
3. **Libertad de contratación.** Es básica para que el sistema funcione. La mayor parte de los acuerdos en el ámbito empresarial se realizan mediante contrato. Un contrato es un compromiso, con fuerza legal, por el que dos o más personas realizarán alguna actividad. Para que sea efectivo legalmente, ha de reunir una serie de requisitos:
   - El acuerdo debe ser voluntario. Las partes deben tener acceso a la información y actuar libremente.
   - Los contratantes han de ser competentes; es decir, ser mayores de edad, estar en posesión de sus plenas facultades mentales, que la empresa esté legalmente constituida, etc.

El valor del contrato se refuerza por la penalización que su incumplimiento acarrea (indemnización, imposición de cumplir lo pactado, etc.).

smSaviadigital.com PRACTICA

Analiza los artículos 33 y 38 de la Constitución Española. ¿Qué implicaciones tienen para las empresas?

La defensa de la competencia

El desarrollo de una libre competencia en el mercado favorece los intereses tanto de las empresas como de los consumidores. Por ello, la **Ley de Defensa de la Competencia** tiene la finalidad de defenderla frente a prácticas que puedan restringirla o falsearla.

A veces, algunas empresas se ponen de acuerdo para restringir la producción con la finalidad de alterar los precios, o se reparten el mercado en detrimento de otros competidores, o abusan de una posición dominante para influir sobre los precios y conseguir mayores beneficios.

Para impedir estos comportamientos, en España existe una institución independiente del Gobierno, la Comisión Nacional de los Mercados y la Competencia (CNMC), que se encarga de la vigilancia, inspección e investigación de este tipo de prácticas, de expedientar a quienes incurran en ellas y de establecer las sanciones correspondientes. En el ámbito europeo, es la Comisión Europea la encargada de estas funciones.

Por su parte, la **Ley de Competencia Desleal** trata de impedir los comportamientos desleales de las empresas. Algunos ejemplos son: actuar con engaño, omitiendo o falseando las características del producto; denigrar los productos o la imagen de otras empresas; entregar obsequios que comprometan al consumidor a comprar otros productos; aprovecharse indebidamente de las ventajas de la reputación adquirida por otros en el mercado; violar los secretos industriales; vender sistemáticamente por debajo del precio de coste con el objetivo de eliminar a las empresas competidoras, etc.

Ejemplos y casos

Existen páginas web que ponen en contacto a pasajeros y conductores para realizar un trayecto determinado (Uber, Bla bla car, etc.). Muchas empresas transportistas (taxistas, dueños de líneas de autobuses, etc.) se sintieron afectadas por considerar estos servicios **competencia desleal**. La polémica entre usuarios de estas páginas y transportistas está servida. Mientras, los Gobiernos, conscientes de la necesidad de una nueva regulación al respecto, están tomando medidas para evitar la economía sumergida y la evasión de impuestos.

Otros aspectos del marco legal de las empresas

- **Derechos exclusivos.** Con la finalidad de proteger las inversiones de la empresa en investigación tecnológica o en su actividad comercial, la ley garantiza el uso exclusivo, durante cierto tiempo, de los inventos e innovaciones aplicables a la actividad empresarial (patentes), así como los nombres comerciales y marcas que sirvan para distinguir sus productos.

  Para ello, debe obtenerse el título correspondiente de **propiedad industrial** a través de su registro en la Oficina Española de Patentes y Marcas.

- **Normativa contable, fiscal y laboral.** Además de los principios y normas comentados, la función reguladora del Estado implica un amplio conjunto de obligaciones que afectan a la empresa en sus diferentes ámbitos (mercantil, fiscal, laboral, medioambiental, etc.) y que se irán presentando y contextualizando en las unidades correspondientes de este libro.

*

Propiedad industrial

Es el conjunto de derechos exclusivos que protegen tanto la actividad innovadora, manifestada en nuevos productos, procedimientos o diseños (patentes), como la actividad mercantil mediante la identificación en exclusiva de productos y servicios ofrecidos en el mercado (marcas y nombres comerciales).

ESTUDIO DE CASOS Las prácticas anticompetitivas

Aunque la legislación prohíbe los acuerdos que limiten la competencia en perjuicio del consumidor, el problema está en que, al ser acuerdos ocultos, resulta difícil probar su existencia. No obstante, muchas de estas prácticas terminan detectándose, como ocurrió en 2015 en el sector del automóvil. Concretamente, la CNMC sancionó con una multa récord de 171 millones de euros a la mayoría de fabricantes y distribuidores del sector del automóvil por intercambiar información que reducía la competencia y limitaba los descuentos que recibían los compradores de coches. Seat y Volkswagen se libraron de la multa por delatar al resto de empresas del sector.

En este caso, la CNMC consideró que dichas prácticas eran constitutivas de cártel, porque las empresas desarrollaron dichos intercambios de información con manifiesta ocultación y secretismo. La consiguiente disminución de la competencia se trasladó al consumidor final en forma de menores descuentos, políticas comerciales menos agresivas por parte de las marcas y un menor esfuerzo por distinguirse de las otras empresas con unos servicios de más calidad.

- ¿Qué buscaban con estas prácticas las empresas sancionadas?
- ¿Quiénes se benefician y quiénes salen perjudicados con ellas?
- ¿Cuáles son las prácticas anticompetitivas más frecuentes?
- Entra en la página web de la CNMC (**www.e-sm.net/sveco2bachud03_01**) y observa los últimos expedientes y sanciones a empresas españolas por prácticas contrarias a la libre competencia.

ACTIVIDADES

Actividades de síntesis

1. Completa en tu cuaderno este mapa conceptual. Incluye nuevas ideas que consideres importantes en el lugar que les corresponda y con sus enlaces correspondientes.

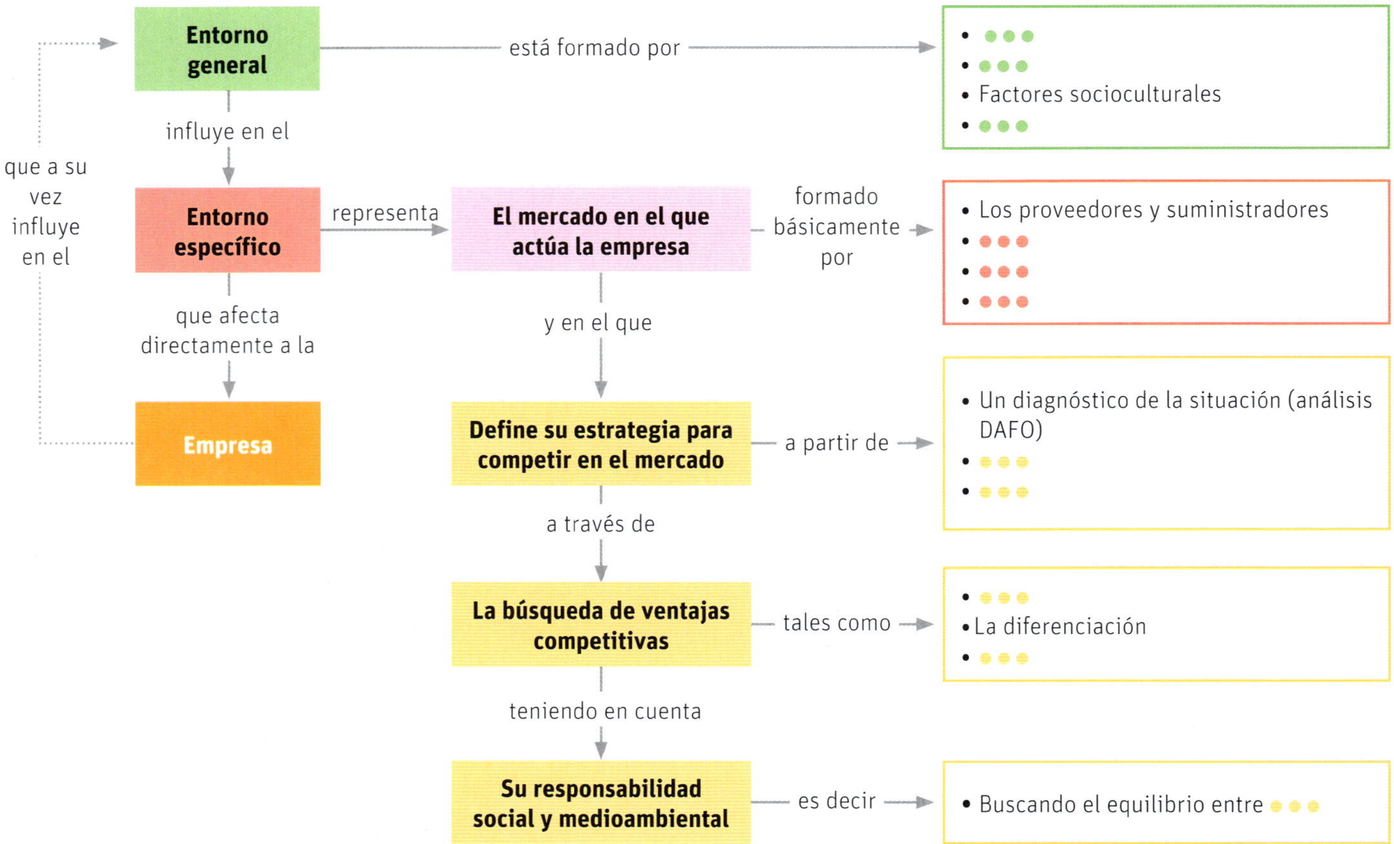

smSaviadigital.com **VALORA LO APRENDIDO** > Realiza la **autoevaluación.**

Actividades de análisis y problemas

2. Con relación al entorno general de la empresa:
   a) Explica los principales factores que influyen en la empresa.
   b) Señala ejemplos representativos que ilustren esta influencia para cada uno de los factores.
   c) ¿Cómo deben reaccionar las empresas ante los cambios en el entorno general?

3. Sobre el entorno específico de la empresa:
   a) ¿En qué se diferencia del entorno general?
   b) ¿Cuáles son sus principales componentes y cómo afectan a la empresa?

4. La mayor presencia de la mujer en el mundo laboral y los cambios en la familia tradicional favorecen el auge de nuevos servicios (en el sector de la comida rápida, por ejemplo) o la aparición de nuevos productos (por ejemplo, para facilitar las tareas del hogar). Señala otras consecuencias de estos cambios del entorno y explica cómo afectan a las empresas.

5. Distingue si las siguientes noticias aparecidas en los medios de comunicación aluden a un cambio del entorno general o específico y menciona a qué tipo de factor se refieren. Comenta también cómo crees que afecta cada uno de estos cambios a las empresas.

   El Gobierno aprueba precios mínimos para los lácteos

   Desciende el precio del petróleo y de las materias primas

   Los salarios subieron un 3 % en España en el último año

   Aparecen nuevos avances en robótica

   El crecimiento de las líneas aéreas comerciales de bajo coste cambia la correlación de fuerzas en el sector

   El Gobierno aprueba una nueva reforma laboral

6. **En la sociedad española se constatan dos fenómenos relevantes: el envejecimiento de la población y una mayor preocupación por llevar una vida saludable.**

a) Comenta en qué sentido está cambiando la demanda de las empresas como consecuencia de estos hechos. Indica bienes y servicios en auge y otros en declive.

b) ¿Qué se quiere decir cuando se afirma que las empresas deben anticiparse a estos cambios?

7. **Lee esta información y contesta a las cuestiones.**

http://www.e-sm.net/...

Del código de barras a la etiqueta inteligente

Hace más de treinta años se inventó el código de barras, que identifica cualquier producto al pasarlo por un lector. Sin este sistema, el comercio actual sería imposible y las colas en los hipermercados, interminables. También permite a las empresas controlar la información sobre sus existencias en almacén y conocer sus ventas al momento. Pero si en la década de 1980 este sistema era el futuro, hoy puede ser el pasado. Su sustituto es una etiqueta inteligente que lleva incorporado un chip que permitirá reconocer al instante y simultáneamente, sin sacarlos de la bolsa o del carrito, todos los artículos que lleva el cliente. Las personas que atienden la caja ya no serán necesarias: el ordenador comunicará al cliente lo que debe pagar a través de un sistema de pago con tarjeta o con móvil.

a) ¿Qué representó para las empresas el código de barras?

b) ¿Qué harán las empresas ante la nueva tarjeta inteligente?

c) ¿Qué empresas estarán mejor situadas ante este cambio? ¿Qué les ocurrirá a las empresas que lo ignoren?

8. **Explica el significado de los siguientes conceptos.**

a) Sector de actividad y volumen de negocio del sector.

b) Cuota de mercado y líder de mercado.

9. **Observa la siguiente imagen y responde.**

Fuente: Forges, *El País*, 3-VIII-2008.

a) ¿A qué tipo de entorno se hace referencia en la imagen?

b) ¿Cuál es el tipo de factor que cambia?

c) ¿Por qué afecta de forma tan distinta a las dos empresas?

10. **¿Qué son las barreras de entrada a un sector? Explica los distintos factores que producen estas barreras.**

11. **Lee la siguiente información aparecida en una revista de economía y contesta las cuestiones.**

> Los ingresos obtenidos por el sector de la telefonía fija y móvil han alcanzado en este último año en España los 30 900 millones de euros.

a) ¿Cuáles son las características de este sector de actividad? (tipo de mercado, tamaño de las empresas, grado de concentración, barreras, tecnología, etc.).

b) ¿Cuál es el volumen de negocio del sector? ¿Es lo mismo *volumen de negocio* que *facturación*, *ventas* o *ingresos del sector*?

c) Si, dentro de este sector, una de las empresas facturó 9300 millones de euros, ¿cuál es su cuota de mercado?

d) ¿Qué significa ser líder de un sector?

e) ¿Cuáles son las barreras para entrar en este sector?

12. **Analiza el sector del automóvil en España desde el punto de vista del modelo de M. Porter.**

a) Grado de rivalidad entre competidores.

b) Amenaza de entrada de nuevos competidores (barreras de entrada).

c) Amenaza de productos sustitutivos.

d) Poder negociador de proveedores y clientes.

13. **En el análisis DAFO:**

a) ¿Qué representan las fortalezas y debilidades?

b) ¿Qué significan las oportunidades y amenazas?

c) ¿Cuál es la finalidad de este tipo de análisis?

14. **Después de realizar un diagnóstico de su situación, una empresa ha elaborado esta matriz DAFO con sus conclusiones. Analiza las circunstancias de la empresa y comenta las distintas estrategias que puede llevar a cabo para enfrentarse a su entorno con éxito.**

FORTALEZAS	DEBILIDADES
• Nuestros productos y marcas son muy valorados. • Los trabajadores están muy implicados y motivados. • La red de distribución comercial es eficiente.	• Las instalaciones productivas son algo obsoletas y habría que renovarlas. • El nivel de deudas de la empresa es alto.
OPORTUNIDADES	**AMENAZAS**
• Existe una buena coyuntura económica: el sector crece. • Los cambios culturales son favorables. • Podemos fusionarnos con un competidor que dispone de alta tecnología.	• Los competidores han renovado su tecnología. • Los bancos nos niegan nuevos préstamos, dado nuestro nivel de endeudamiento. • Han aparecido en el mercado nuevos competidores.

ACTIVIDADES

15. Piensa en tu rendimiento en los estudios y reflexiona sobre tus puntos fuertes y débiles (tiempo dedicado, forma de estudiar, concentración, motivación, etc.), así como sobre las circunstancias externas que representan una amenaza y que no te convienen en el estudio (amigos, problemas, etc.), y otras que suponen oportunidades para ayudarte a mejorar (amigos, cambios en tu entorno que te pueden favorecer, etc.). A partir de esa reflexión, elabora cada una de las casillas de la matriz DAFO y comenta las distintas estrategias (ofensiva, defensiva, de cambio y de supervivencia) que podrías poner en marcha para mejorar tu rendimiento.

16. Utiliza la metodología del análisis DAFO para valorar tus posibilidades y posibles estrategias para incrementar tu rendimiento en tu deporte favorito.

17. En relación con el plan estratégico de las empresas:

a) Comenta cada una de las fases que lo componen.

b) Señala cuáles son las diferencias entre la visión, la misión y los objetivos de la empresa.

18. Una decisión importante para las empresas es elegir la estrategia que van a llevar a cabo.

a) ¿Qué se entiende por estrategia competitiva?

b) Señala ejemplos y explica el significado de las estrategias de liderazgo en costes, diferenciación y segmentación.

19. En el mercado de la ropa conviven empresas de bajo coste, empresas de ropa exclusiva y otras que se dirigen a un público amplio pero con líneas diferenciadas.

a) Señala ejemplos de empresas de este sector e identifica su estrategia competitiva.

b) Define las características del sector: tipo de mercado, tamaño empresarial, concentración, barreras, tecnología, etc.

c) ¿Qué ha supuesto para el sector la entrada de empresas de bajo coste? ¿Y las importaciones de ropa de países asiáticos?

20. Explica qué se entiende por costes sociales y señala algunos ejemplos.

21. ¿Qué es un contrato? ¿Cuáles son sus requisitos para que sea efectivo legalmente?

22. Sobre las prácticas que restringen la libre competencia:

a) ¿En qué consisten? Cita algunos ejemplos.

b) ¿Crees que son prácticas habituales entre las empresas?

c) ¿Qué medidas toma el Estado para evitarlas?

23. ¿Qué es la competencia desleal? Señala ejemplos.

24. El artículo 38 de la Constitución española señala que "*Se reconoce la libertad de empresa en el marco de la economía de mercado...*". ¿Qué significa exactamente este principio? ¿Es un principio aplicable a cualquier sistema económico?

EVALUACIÓN

ENTRÉNATE

1. Clasifique los siguientes factores como pertenecientes al entorno genérico o al específico: tipo de cambio de la moneda, relaciones con los sindicatos, nivel cultural de la población, clientes e infraestructuras.

2. Enumere tres factores que pertenezcan al entorno específico de la empresa y otros tres del general. Razone el porqué de la clasificación en una u otra categoría.

3. Considere los siguientes cambios que se han producido en el entorno de una cadena hotelera española y explique en cada caso si se trata de cambios en el entorno genérico o en el específico.

a) Un aumento de los conflictos políticos en Oriente Medio que hace que un mayor número de turistas extranjeros se interesen por España.

b) La implantación de una tasa hotelera de 1 euro por persona y noche establecida en algunas ciudades españolas.

c) Una apreciación del euro que encarece la estancia en España a los turistas no europeos.

d) Una reducción de los costes salariales en España como consecuencia de la crisis económica y la reforma laboral.

4. Una aerolínea española que ofrece vuelos entre Madrid y Barcelona y entre Madrid y las principales capitales europeas (Berlín, Londres, París y Roma) ha detectado que se están produciendo varios cambios en su entorno específico.

Explique cómo afectará a esta aerolínea cada uno de los cambios mencionados a continuación, siguiendo el enfoque de fuerzas competitivas de Porter.

a) La apertura del trayecto Madrid-Berlín por parte de una empresa alemana que no estaba cubriendo este trayecto.

b) La reducción en los precios del tren de alta velocidad entre Madrid y Barcelona.

c) La fusión de dos aerolíneas que también ofrecen vuelos de Madrid a las principales capitales europeas.

d) La fusión de las dos empresas productoras de hidrocarburos que suministran combustible a esta aerolínea.

5. ¿Qué fuerzas competitivas actúan en cualquier sector de la economía? Ponga ejemplos.

6. Las empresas, para ser más competitivas y aumentar su cuota de mercado, diseñan estrategias competitivas específicas. Identifique y explique las principales estrategias que pueden diseñar las empresas para alcanzar estos objetivos.

7. Explique qué diferencia hay entre una estrategia competitiva de diferenciación y una estrategia de liderazgo en costes.

8. Defina en qué consiste la responsabilidad social de la empresa y ponga un ejemplo de actuación responsable y otro en que no lo sea.

Test de conocimientos básicos

1. **El entorno general de la empresa está constituido por:**
   a) Los factores tecnológicos, socioculturales, económicos y político-legales.
   b) Todos los factores internos que condicionan su actividad.
   c) Los clientes, competidores, intermediarios y proveedores.

2. **¿A qué tipo de entorno pertenecen los competidores de una empresa?**
   a) El entorno general.
   b) El entorno específico.
   c) El entorno interno.

3. **La relación entre las ventas de una empresa y el total de ventas de las empresas del sector se denomina:**
   a) Facturación del sector.
   b) Volumen de negocio del sector.
   c) Cuota de mercado.

4. **Las barreras de entrada a un sector significan:**
   a) Un acuerdo entre los competidores para que no entren nuevas empresas en el sector.
   b) Los obstáculos para vender por encima de un límite o barrera.
   c) Las dificultades que tienen las empresas nuevas para entrar en el sector.

5. **Una empresa tiene una ventaja competitiva cuando:**
   a) El valor de sus acciones muestra un comportamiento creciente.
   b) Opera en un mercado muy competitivo.
   c) Posee una característica de la que carecen el resto de competidores.

6. **¿Qué ilustra este gráfico?**

   a) Las amenazas y fortalezas en un sector.
   b) Las fuerzas competitivas en un sector.
   c) Las ventajas competitivas en un sector.

7. **Se considera que las empresas actúan en un sector concentrado cuando:**
   a) Ninguna empresa tiene una participación importante.
   b) Unas pocas empresas se reparten la mayor parte del mercado.
   c) Todas las empresas tienen una cuota de mercado similar.

8. **El análisis externo en el método DAFO consiste en valorar:**
   a) Las oportunidades y amenazas.
   b) Las fortalezas y debilidades.
   c) Las oportunidades y fortalezas.

9. **La estrategia competitiva de diferenciación significa que:**
   a) La empresa utiliza diferentes productos para atraer a distintos clientes.
   b) La empresa utiliza los atributos del producto para diferenciarlo de los de sus competidores.
   c) La empresa se concentra en un segmento diferente.

10. **En el ámbito de las empresas, cuando se habla de costes sociales, se alude a:**
    a) Los costes que genera la empresa y paga la sociedad.
    b) Los costes de las sociedades mercantiles.
    c) Los costes empresariales en mejoras sociales de sus empleados.

11. **La condición de empresario la adquieren:**
    a) Solo las personas físicas que realicen una actividad económica de forma profesional, habitual y en su propio nombre.
    b) Solo las sociedades mercantiles en cualquiera de sus distintas formas jurídicas.
    c) Tanto las personas físicas de la respuesta *a)* como las sociedades de la respuesta *b)*.

12. **¿Cuál de las siguientes prácticas empresariales se puede considerar anticompetencia?**
    a) Fijar libremente el precio sin consultar con los consumidores.
    b) Establecer una relación calidad-precio difícil de superar por las empresas competidoras.
    c) Fijar acuerdos de precios con otras empresas.

13. **¿Cuál de las siguientes prácticas empresariales se puede considerar competencia desleal?**
    a) Establecer acuerdos con otras empresas para subir los precios.
    b) Vender sistemáticamente por debajo del precio de coste para eliminar competidores.
    c) Restringir la producción para subir los precios.

Análisis y debate · Responsabilidad social de las empresas

Cualquier empresa que analicemos desarrolla algún tipo de acciones de responsabilidad social. No obstante, cuando se analizan estas acciones se observa que los móviles son bien distintos. En unos casos, se trata de organizaciones con un claro compromiso de responsabilidad social. En otros, se trata de actuaciones filantrópicas (donaciones a fundaciones de interés cultural o científico o a causas solidarias y sociales). También es muy frecuente el "*marketing* con causa" o utilización de las acciones sociales para publicitar la imagen de la empresa, y a veces, para lavar la mala imagen por su falta de responsabilidad social.

Documentos

1 Body Shop

Anita Roddick fue la fundadora de Body Shop, una aventura comercial que empezó en 1976 con la apertura de una modesta tienda en Inglaterra que vendía cosméticos hechos con ingredientes naturales.

Los principios fundacionales de Roddick eran: productos naturales; no a la experimentación con animales; reducción al mínimo de los materiales de envase; y reutilización y reciclaje. Además de por su preocupación ecológica, esta empresaria era conocida por su defensa de los derechos humanos: pedía a todos los dependientes de sus tiendas que pensaran en una causa social que les preocupara y se comprometía a que el 25 % de los beneficios de cada tienda se destinasen a esa causa social. Poco antes de morir, en 2006, Roddick cedió el control de su cadena al gigante de la cosmética L'Oreal Group, aunque mantuvo su identidad de marca y su independencia de gestión. Con los beneficios de la venta creó la Fundación Roddick, dedicada a apoyar a entidades no gubernamentales como Amnistía Internacional o Greenpeace, entre otras.

En 2003, fue distinguida con el título de Dama del Imperio Británico, mientras la prensa inglesa la calificaba como una de las "verdaderas pioneras" del Reino Unido: "Luchó por asuntos ecologistas muchos años antes de que se pusiera de moda hacerlo y dio ejemplo a millones de personas al llevar productos sostenibles al gran público". Su mensaje era claro: no entres en la neurosis del consumo cosmético. Abogaba por que la mujer se cuestionase todo lo que leyera en la prensa sobre belleza, que se preguntase por qué una crema vale lo que vale y que no creyera en resultados imposibles. Su truco de belleza personal fue: "Come muchos tomates: te harán estar en plena forma y ser más optimista".

2 Ética y negocios

"Los negocios son los negocios", se oye decir cada día, dando a entender que poco o nada tienen que ver con preocupaciones éticas.

La atención a los principios éticos se justifica en ocasiones por simples preocupaciones de rentabilidad. Algunos llaman a esto *ética comercial*, por no decir oportunista.

La doctrina más extendida en el mundo de la empresa es, quizá, el **utilitarismo** de John Stuart Mill, que legitima el resultado final cuando conduce a un mayor bien para un mayor número de personas, lo que supone que "el fin justifica los medios". Dicho con palabras más llanas, en el mundo económico, en general, y en el de la empresa, en particular, rige el mínimo de comportamiento ético tolerable, lo que podríamos denominar la *ética de frontera*.

La necesidad de comportarse audazmente, la lucha (a veces despiadada) por la cuota de mercado que permita la supervivencia de la empresa y, sobre todo, la dificultad de distinguir entre actuaciones lícitas e ilícitas de los competidores, pueden explicar las carencias éticas en que se mueve el mundo empresarial. Aunque no justificarlas.

En estas circunstancias, no sorprende que los criterios éticos se hayan introducido en la empresa por razones que, a veces, son poco éticas: porque es una moda, porque da imagen externa, porque puede erigirse en un rasgo competitivo diferenciador.

Resumido y adaptado de:
VELASCO, Roberto.
Los economistas en su laberinto.

3 El nuevo poder de los consumidores

Desde hace algún tiempo están llegando a los dispositivos móviles una serie de aplicaciones que permiten, leyendo el código de barras del producto, saber el origen, los ingredientes, la procedencia, e incluso la responsabilidad social y medioambiental de la empresa que lo produce. Y algunas ofrecen la posibilidad de boicotear empresas o productos. El objetivo de estas *apps* es amplificar el poder de los consumidores para que nuestras voces sean más escuchadas en las empresas, además de introducir transparencia en el sistema.

El cambio es enorme, desde el momento en que se puede escanear, por ejemplo, la etiqueta de una bolsa de café de Starbucks y conocer que apoya el matrimonio gay. O saber si la empresa que elabora los cereales de tu desayuno trabaja con cultivos transgénicos. Con ello, la información se transforma en poder, al permitir comprar o rechazar un producto por criterios éticos. Y hacer daño donde más le duele a las empresas: en las ventas y en la reputación de marca.

Como respuesta, las empresas empiezan a tener un mayor compromiso y conocimiento de sus clientes. En ese conocimiento indagan *apps* que informan sobre lo que la gente comenta de un producto determinado, o en las que grupos de expertos valoran productos y empresas de 0 a 10 según su implicación social y su respeto por el medioambiente. Son solo ejemplos que evidencian las ventajas que puede generar un mundo hiperconectado, que favorece a un consumidor que levanta la mano y se queja. Un tiempo nuevo donde las empresas deben aprender que vivimos en una economía en la cual el activo más preciado es la confianza. Las que lo entiendan encontrarán en ello una nueva fuente de ventaja competitiva.

4 Walmart

El gigante de la distribución estadounidense Walmart anunció no hace mucho tiempo una iniciativa orientada a mejorar su imagen, que había quedado muy erosionada en los últimos años debido a su fama de monopolista. Se trataba de una campaña promovida por la propia empresa para incrementar el salario mínimo en Estados Unidos, que en ese momento era de 5,15 dólares por hora y que no había variado en los últimos diez años.

Walmart era en ese momento una empresa que tenía en plantilla a más de 1,3 millones de empleados, a los que pagaba de media unos 10 dólares por hora, muy por encima del salario mínimo gracias a sus fuertes economías de escala. Promovía el incremento del salario mínimo con el pretexto de que era demasiado bajo; pero el motivo real, según los analistas y sindicatos, era que, haciendo esto, se incrementarían los costes de sus competidores, ya que eran empresas pequeñas cuyas economías no les permitían ofrecer a sus empleados más del salario mínimo.

Si los competidores de Walmart incrementan sus costes tendrán que subir también los precios, y entonces no podrán competir con los del gigante de la distribución con mayores economías de escala.

Reflexiona

1. Valora los casos de Walmart y Body Shop desde el punto de vista de su responsabilidad social.
2. Compara la misión de Walmart con lo que pensaba Anita Roddick sobre la misión de su negocio:
   Walmart: "Le ahorramos dinero para que viva mejor".
   Anita Roddick: "La misión de un negocio no debería ser solo una cuestión de dinero, sino de responsabilidad. Debería ser una cuestión del bien general, y no de la codicia privada".
3. ¿Qué significa la expresión "Los negocios son los negocios"?
4. Según el autor, ¿qué motivos tienen las empresas para actuar con ética? Y para ti, ¿cabe la ética en los negocios?
5. ¿Qué preguntas harías para saber si una empresa es o no es responsable socialmente?
6. Desde el punto de vista de su estrategia competitiva, señala tres razones por las que las empresas deberían mejorar su responsabilidad social y medioambiental.
7. smSaviadigital.com INVESTIGA
   En esta charla TED, Steve Howard habla de **sostenibilidad y responsabilidad social de las empresas.** A la luz de la charla, comenta la frase "Un consumo consciente y sostenible puede transformar la orientación del mundo".

4 El desarrollo de las empresas

1 Localización y dimensión empresarial

2 La localización comercial y de servicios

3 Dimensión de las empresas

En el proceso de crecimiento de las empresas, unas encuentran su hueco como pequeños negocios mientras que otras tratan de desarrollarse a través de diversas estrategias. La ampliación de mercados o la diversificación de productos, a través de la unión o la cooperación con otras compañías, son algunas vías para aprovechar las ventajas de la gran empresa.

Los buscadores de tesoros

Al igual que las personas, las empresas nacen con vocación de tener éxito y desarrollarse. Y las claves de su éxito son las mismas que las que nos hacen crecer a las personas.

Imaginemos la existencia como un juego en el que parte de las reglas las escribimos nosotros, pero otra parte viene determinada por circunstancias exteriores. El juego consiste en recorrer un camino plagado de piedras hasta llegar a una meta o tesoro escondido, y disponemos de cinco consejos que pueden ayudarnos a encontrarlo.

1. Actuar en positivo. La percepción que tengamos de cada piedra determina la forma en que nos enfrentaremos a ella. Si vemos los problemas como misterios y enigmas que resolver, o las dificultades como juegos y pruebas en los que experimentar y aprender, seguro que será más atractivo que si percibimos las piedras como mala suerte, desgracias o como algo dado que nos bloquea y ante lo que no podemos hacer nada. Es decir, podemos elegir ser víctima o protagonista. Los buscadores de tesoros eligen ser protagonistas porque tienen una manera de observar el mundo más positiva, más atrevida, más creativa.

2. Concentrarse en las fortalezas, no en las debilidades. La clave del éxito es sortear las debilidades y centrarse en las fortalezas. Los triunfadores no intentan tanto mejorar aquello para lo que no sirven como aprovechar aquello en lo que son mejores.

3. Ser persistente. Los que llegan a la meta son quienes aguantan cuando los demás abandonan. La persistencia es similar al interés compuesto, que va creciendo cada vez más. Cuanta más motivación tengamos, más probable es que seamos persistentes, y cuanto más persistamos, más probable será nuestro triunfo.

4. Probar, equivocarse y seguir probando. Mucha gente se pasa la vida evitando errores. Está tan preocupada por no fracasar, que no intenta nada, por lo que no avanza. Quienes triunfan cometen errores, y cada vez que se equivocan, aprenden y dan un paso adelante.

5. Dejar huella. Es muy importante pensar cuál es nuestro propósito en la vida y utilizar el tiempo para hacer algo que tenga significado. Quienes triunfan son quienes sirven a algo más grande que a ellos mismos, quienes dejan sus empresas, comunidades y familias mejor que cuando las encontraron.

También entre las empresas hay buscadores de tesoros. En su trayectoria, sortean obstáculos, atraviesan túneles, se enfrentan a crisis, etc. Y no todas sobreviven. Muchas desaparecen, algunas solo se mantienen y otras crecen. Y las hay también que, además de crecer, ayudan a cambiar el mundo con sus innovaciones y mejoran nuestra calidad de vida. Curiosamente, los emprendedores que están detrás de estas últimas son claros ejemplos de aplicación de los cincos consejos para encontrar tesoros.

ANALIZA LA IMAGEN

1. Al igual que los edificios de la imagen, las empresas crecen desde abajo, piso a piso, y unas llegan muy alto y otras no. ¿Qué buscan las empresas con el crecimiento?
2. ¿Por qué unas se mantienen siendo pequeñas, mientras otras se convierten en multinacionales?

ANALIZA EL TEXTO

- Piensa en tus amigos y compañeros. ¿Algunos de ellos aplican los consejos del texto? ¿Cómo les va?
- De esos consejos, ¿cuáles te parecen más útiles? Elabora un cuadro con tus fortalezas y debilidades. ¿Qué tendrías que hacer para potenciar tus fortalezas?

1 Localización y dimensión empresarial

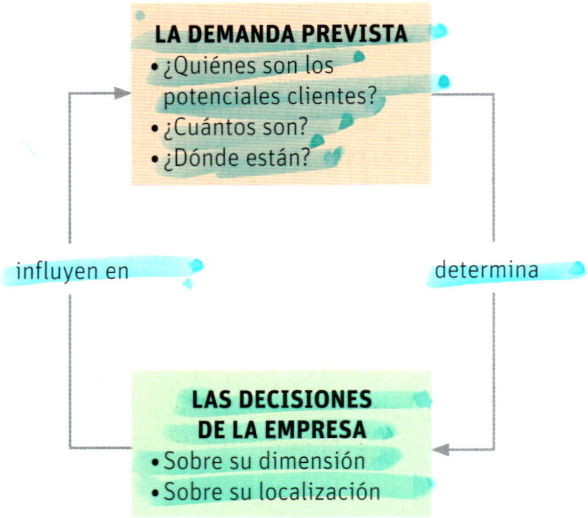

Tanto la localización como la dimensión de las empresas son decisiones complementarias que el empresario debe tomar conjuntamente y en función de la demanda prevista. Una vez tomadas, tendrán una clara influencia sobre la demanda real.

Para que una empresa pueda llevar a cabo su actividad, necesita disponer de un edificio, nave o planta de producción, si se trata de una actividad industrial, o de un local, si se trata de una actividad comercial o de servicios. Dicho de otra manera: una empresa necesita elegir un espacio físico donde instalar los factores necesarios para producir.

Respecto al emplazamiento de la futura empresa, habrá que decidir dos cuestiones importantes y que van a condicionarla durante un largo período de tiempo:

1. ¿Dónde instalar la empresa? ¿Es lo mismo instalarla en el centro urbano que en las afueras de la ciudad?, ¿en el interior que cerca de un puerto de mar? Sin duda, elegir un lugar u otro para localizar la empresa va a influir no solo en que tengamos unos costes mayores o menores, sino también en que tengamos una mayor o menor demanda.
2. ¿Qué dimensión debe tener la empresa? ¿Es mejor constituirse como una empresa pequeña, mediana o grande? ¿Qué ventajas e inconvenientes se derivan de adoptar un modelo u otro?

Ambas decisiones están relacionadas, ya que dependen en gran medida de un factor común: la demanda esperada o **demanda prevista**.

Una vez detectada una oportunidad de mercado, la empresa elegirá una dimensión en función de cuántos clientes se prevean; a su vez, tratará de situarse cerca de donde se encuentren esos clientes. Dimensión y localización son, por tanto, cuestiones sobre las que hay decidir conjuntamente.

Además de complementarias, deben ser decisiones muy meditadas, ya que cualquier error puede perjudicar el desarrollo futuro de la empresa. Esto es así porque se trata de **decisiones estratégicas** (a largo plazo) que requieren una inversión considerable y que, una vez puestas en práctica, no es fácil corregirlas sin que se produzcan costes irrecuperables.

*

Localización empresarial

Lugar elegido por el empresario para realizar su actividad productiva. Para tomar esta decisión se tienen que tener en cuenta una serie de factores de localización.

Factores de localización

Conjunto de circunstancias que permiten valorar la conveniencia de un determinado lugar para la instalación de la empresa. Estos factores son distintos en función de que la empresa sea industrial, comercial o de servicios.

Los factores de localización

Como hemos visto, la elección de un determinado lugar para ubicar la empresa se hace pensando en la población potencial de clientes a los que se pretende llegar, o demanda prevista.

La población potencial define el campo o radio de acción de la empresa, también conocido como **área de mercado**, es decir, el ámbito geográfico hasta donde llega la influencia espacial de la empresa con sus productos.

Pero además de tener en cuenta esta demanda potencial, conviene analizar detenidamente las diferentes posibilidades de localización que puedan existir y elegir aquella que contribuya, de la forma más eficaz y con el menor coste, a alcanzar los objetivos planteados.

No solo se trata de reducir costes, sino también de garantizar un acceso eficaz a los mercados, tanto al de factores (materias primas, trabajo y capital) como al de productos.

En el análisis de las distintas posibilidades, las empresas estudian sus **factores de localización**, es decir, el conjunto de circunstancias que aconsejan un determinado lugar para su instalación.

Los factores de localización son diversos y la incidencia de cada uno de ellos variará según las características concretas de la actividad de la empresa. Por ejemplo, en el caso de un establecimiento comercial influirá decisivamente la proximidad a los consumidores, mientras que para una fábrica de conservas pesqueras será fundamental situarse en una zona de puerto de mar que le suministre las materias primas necesarias.

Factores de localización industrial

Como criterio general, la localización óptima de fábricas, almacenes y plantas será aquella en la que los costes totales de producción sean menores.

Por tanto, la empresa debe analizar todos aquellos factores cuyos costes varían en función del lugar concreto en que se instale. Los más importantes son:

1. **La disponibilidad y el coste del terreno.** Este factor será más determinante para aquellas empresas que requieren grandes superficies para su instalación (petroquímicas, fabricantes de automóviles, etc.), que tienden a localizarse alejadas de los núcleos urbanos, en zonas donde el suelo es más barato.
2. **La facilidad de acceso a las materias primas.** Las empresas tratan de situarse cerca de sus fuentes de suministro de materias primas. Para determinadas empresas (centrales lecheras, conserveras, etc.), este factor es fundamental, ya que no solo se reducen costes, sino que además se ahorra tiempo y disminuyen los riesgos de manipulación.
3. **La existencia de mano de obra cualificada.** Interesará que en la zona elegida existan suficientes trabajadores cualificados para cubrir los distintos puestos de trabajo de la empresa. Además, habrá que tener en cuenta que el coste de la mano de obra también varía de unas zonas a otras.
4. **La dotación industrial y las infraestructuras.** Debe considerarse el nivel industrial de la zona y la existencia de otras empresas auxiliares (fabricantes de componentes, servicios de asistencia técnica, etc.). En el caso de las plantas industriales, su instalación deberá efectuarse en zonas de uso industrial (polígonos y parques industriales, parques empresariales o tecnológicos, etc.), dotadas de las necesarias infraestructuras de servicios (agua, telecomunicaciones, energía, saneamiento y eliminación de residuos, hostelería, etc.).
5. **Transportes y comunicaciones.** La cercanía a redes de comunicaciones con el resto del territorio (carreteras, puertos, ferrocarril, etc.), así como la disponibilidad de medios de transporte son también factores importantes.
6. **Existencia de ayudas económicas o fiscales.** Para promover la instalación de empresas en determinadas zonas, la Administración concede determinadas ventajas económicas y fiscales que deben aprovecharse.
7. **Otros factores.** El desarrollo económico y social de la zona, el ambiente de negocios imperante en la región o el clima laboral y social existente (la actitud de los trabajadores y de los sindicatos) también deben tenerse en cuenta.

Las zonas industriales suelen estar a las afueras de la ciudad (polígonos industriales, parques tecnológicos, etc.). El atractivo de localización de estas zonas se basa en sus buenas comunicaciones (autovías cercanas, líneas de ferrocarril, puertos y aeropuertos, etc.), que facilitan tanto el acceso a las materias primas como la salida para su distribución a los mercados de consumo.

smSaviadigital.com **PRACTICA**

Con ayuda de la web, explica **dónde están situadas las industrias de tu región** y por qué.

EN LA PRÁCTICA **La deslocalización**

Una compañía se deslocaliza cuando traslada su producción de un país desarrollado a otro país menos desarrollado para reducir costes. Las grandes empresas multinacionales suelen deslocalizar sus centros de producción para buscar zonas con un acceso a las materias primas mejor y más barato y, sobre todo, con menores costes de mano de obra. Para ello, suelen instalarse en países con legislaciones menos estrictas en protección medioambiental y con peores condiciones de trabajo (mayor jornada laboral y menores salarios, etc.).

Algunos ejemplos son el traslado de los centros de producción de la industria automovilística europea a los países del este de Europa, o la instalación de fábricas y talleres del sector textil español en países del sudeste asiático.

- ¿Qué consecuencias tiene la deslocalización para el país que pierde el centro de producción?
- ¿Cuáles son las ventajas e inconvenientes del traslado de la producción para el país receptor del nuevo centro de producción?

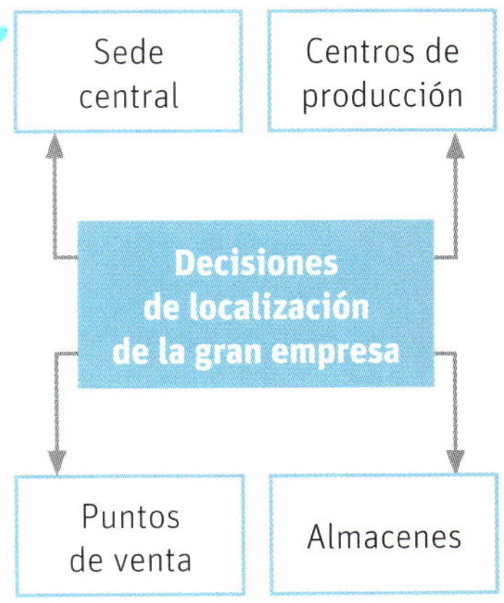

2 La localización comercial y de servicios

▶ Ejemplos y casos

IKEA tiene un sistema para identificar opciones de futuras aperturas. Consiste en analizar los códigos postales de los clientes que visitan sus tiendas en España, así como los de los clientes que solicitan por correo su catálogo de productos. Con esta base de datos se conocen las localidades en las que los productos IKEA generan una mayor atracción, y esta información es muy valiosa al estudiar posibles lugares para su expansión.

Los comercios, hoteles, bancos y otras empresas de servicios se preocupan, sobre todo, de asegurar que sus productos o servicios sean muy accesibles para sus clientes.

En concreto, los factores de localización de este tipo de empresas son:

1. **La proximidad a la demanda.** Estar cerca de los potenciales clientes es determinante. Así, para la instalación de un restaurante de lujo se buscará una zona en la que el poder adquisitivo sea alto. Los colegios se construyen cerca de donde viven los alumnos o en lugares bien comunicados que facilitan el acceso, etc.
2. **Visibilidad del local.** Como factor complementario del anterior, es importante situarse en zonas de alto poder de atracción para el cliente o en lugares estratégicos que resultan muy visibles. Son preferibles los locales con grandes fachadas, situados en calles peatonales y en centros comerciales, en zonas de gran tránsito peatonal, en plazas céntricas, etc.
3. **El coste del local.** Hay que considerar el precio del local y lo que va a costar acondicionarlo. Los locales mejor situados suelen ser los más caros, pero proporcionan mayor rentabilidad que otros más baratos pero peor situados.
4. **Facilidad de comunicaciones y comodidad de acceso.** Es fundamental que el lugar elegido sea de fácil acceso para los usuarios, con un buen transporte público, facilidades de aparcamiento, etc. La comodidad para aparcar condiciona la localización, sobre todo en las grandes ciudades. Así, la creciente congestión urbana y las dificultades para aparcar favorecen que los consumidores hagan sus compras en las grandes superficies, por su facilidad de aparcamiento y la comodidad para cargar el coche.
5. **La complementariedad de actividades.** Son cada vez más atractivos los puntos de localización en los que existen ofertas de servicios complementarios, como las grandes superficies y los centros comerciales.

Nuevas tecnologías y localización

Las nuevas tecnologías de la información y la comunicación están cambiando el concepto de espacio físico de empresa. El comercio electrónico o los servicios en línea, las nuevas necesidades sociales (atención a la tercera edad, servicios para la familia, etc.), la mensajería, la multiasistencia, etc., están revolucionando el concepto tradicional de localización, aproximándolo más a una centralita telefónica o a un lugar en la red que a una oficina o local comercial.

EN LA PRÁCTICA **Los centros comerciales, a debate**

La localización comercial está cambiando debido al escaso tiempo de las familias para ir de compras, así como a los nuevos hábitos de consumo. Frente al continuo retroceso de las tiendas tradicionales, los centros comerciales no paran de crecer. Son espacios que suelen configurarse en torno a un hipermercado, decenas de tiendas, cines, restaurantes, etc. La idea es ofrecer satisfacción a las diferentes necesidades de los consumidores en un único recinto. Para sus partidarios, son espacios de encuentro y de relación social en los que las compras se mezclan con el ocio.

Los defensores de la tienda tradicional destacan su importancia para el empleo, el trato personal y la cercanía, así como su papel en la conservación de los cascos históricos de las ciudades. Critican los centros comerciales porque contribuyen a crear ciudades artificiales, que solo son una suma de vitrinas y objetos. En la calle tradicional hay más cosas además de las tiendas, mientras que el centro comercial es un círculo cerrado de consumo: después de una vitrina viene otra.

- Desde tu punto de vista, ¿cuáles son las ventajas y los inconvenientes de ambos tipos de establecimientos?
- ¿Qué hechos y experiencias pueden ayudarte en la defensa de tus argumentos?

3 La dimensión de las empresas

La dimensión o tamaño de la empresa hace referencia a su capacidad productiva, o máximo nivel de producción alcanzable en un período de tiempo.

Elegir la dimensión de una empresa es una decisión estratégica que condiciona la estructura empresarial durante un amplio período de tiempo. Esta decisión viene determinada por la demanda prevista, es decir, que el objetivo de la dimensión de una empresa es satisfacer, de la manera más eficiente y en el momento oportuno, la cuota de producción requerida por el mercado. Por ello, aunque se trata de una decisión que afecta a la estructura de la empresa, debe ser siempre **revisable**, en la medida en que pueden producirse cambios en la demanda.

No obstante, al hablar de dimensión conviene especificar a qué unidad nos referimos: no es lo mismo hablar de la dimensión global de la empresa, integrada muchas veces por varias unidades productivas (fábricas, almacenes, puntos de venta, etc.), que hacer referencia al tamaño de una instalación productiva concreta. Por ejemplo, una gran empresa textil tiene múltiples plantas de fabricación y almacenamiento distribuidas por diversos lugares. Por tanto, conviene distinguir lo que es la dimensión de la fábrica o explotación de la dimensión total de la empresa.

Asimismo debemos diferenciar la dimensión o capacidad productiva de la empresa con la capacidad realmente utilizada, es decir, con su **ocupación** de hecho. Así, un hotel puede tener una capacidad para alojar a cien clientes diarios, pero si solo se alojan ochenta diremos que su **ocupación** es del 80 %, es decir, está por debajo de su capacidad o, lo que es lo mismo, existe una capacidad ociosa del 20 %.

El proceso de globalización actual está provocando una reconversión empresarial orientada al crecimiento de la dimensión, como puede comprobarse hoy en diversos sectores de nuestra economía (banca, automóviles, comunicación, energía, distribución, etc.).

Criterios para medir la dimensión

1. Según el **número de trabajadores** podemos distinguir entre las **microempresas** (menos de 10 trabajadores), las **pequeñas** empresas (menos de 50), las **medianas** (menos de 250) y las **grandes** (más de 250). Este criterio, aunque es muy utilizado, resulta poco preciso en una época caracterizada por la sustitución de mano de obra por capital y por la incorporación masiva de las nuevas tecnologías de la información y la comunicación.
2. El **volumen de ventas o ingresos**, también conocido como volumen de negocio o facturación. Suele ser el criterio más empleado junto con el anterior.
3. El **volumen de producción**. Se mide en unidades físicas o en unidades monetarias.
4. Los **recursos propios o neto patrimonial**, esto es, el capital aportado por los socios más las reservas que ha ido acumulando la empresa.
5. Los **recursos totales o activo total**, que incluye tanto los recursos propios (aportados por los socios) como los ajenos (préstamos).
6. Los **beneficios netos anuales**, es decir, después de deducir intereses e impuestos.

El uso de un criterio u otro genera clasificaciones distintas de las empresas según el tamaño. Por ello suelen combinarse varios criterios para reflejar la dimensión de la empresa, y el volumen de ventas y el número de empleados son los más utilizados.

TIPO DE EMPRESAS	N.º DE TRABAJADORES	VOLUMEN ANUAL DE VENTAS	ACTIVO TOTAL
Microempresa	De 0 a 9	≤ 2 000 000 €	≤ 2 000 000 €
Pequeña	De 10 a 49	≤ 10 000 000 €	≤ 10 000 000 €
Mediana	De 50 a 249	≤ 50 000 000 €	≤ 43 000 000 €
Grande	Más de 250	> 50 000 000 €	> 43 000 000 €

La Unión Europea utiliza tres criterios complementarios para clasificar las empresas: el número de trabajadores, el volumen anual de ventas y el activo total.

4 El proceso de crecimiento de las empresas

En general, las grandes empresas son más competitivas que las pequeñas por su mayor capacidad para obtener economías de escala. Sin embargo, en ellas el trabajo es más monótono y repetitivo y las relaciones humanas son menos gratificantes.

Los mercados evolucionan y presentan retos y oportunidades que exigen nuevas respuestas por parte de la empresa. En la actualidad, los nuevos retos están relacionados con la globalización de la economía y con la búsqueda de la dimensión adecuada para atender mercados cada vez más amplios y competitivos. Dentro de este contexto, en la medida en que las empresas adquieren una posición relevante en el mercado, surge en ellas su vocación de desarrollo y crecimiento.

Este crecimiento puede orientarse en diversas direcciones en función de la respuesta que dé la empresa a las siguientes cuestiones:

- **¿Especialización o diversificación?** Las empresas pueden crecer incrementando la actividad en la que son especialistas, o bien entrando en nuevos productos y negocios diversificados.
- **¿Crecimiento interno o externo?** A su vez, la empresa puede crecer contando solamente con sus propios recursos (crecimiento interno) o bien puede unir sus recursos con los de otras empresas (crecimiento externo) para aumentar, de este modo, su dimensión.
- **¿Mercado nacional o multinacional?** A partir de una cierta dimensión, el mercado nacional puede resultar demasiado estrecho y la empresa tendrá que plantearse su expansión geográfica.

Ventajas del crecimiento: las economías de escala

La empresa, sea cual sea su dimensión inicial, buscará alcanzar con el paso del tiempo su **dimensión óptima**, es decir, aquella dimensión que le permita producir con el mínimo coste posible como consecuencia de las denominadas economías de escala.

Las **economías de escala** se obtienen al disminuir el coste medio (coste por unidad) a medida que crece la empresa y aumenta la cantidad de producción.

Las **razones** que explican estas economías son:

1. En el **aspecto productivo**, la gran dimensión posibilita un alto grado de mecanización y permite:
   - Aprovechar mejor las ventajas de la división del trabajo y la especialización, con la consiguiente mejora en la destreza y habilidad de los trabajadores, menor pérdida de tiempo en los cambios de tarea, etc.
   - Utilizar equipos polivalentes, automatizar los procesos y emplear robots y máquinas con gran capacidad para realizar simultáneamente varias tareas, con el consiguiente ahorro en costes y personal.
2. En el **aspecto comercial**, la gran empresa reduce costes en sus compras al hacerlo a gran escala, ya que consigue mejores precios de sus proveedores. Esto, unido a las ventajas en el aspecto productivo, le permite disponer de más recursos para promoción y publicidad, investigación de mercados, etc. Al dedicar más recursos al conocimiento del mercado, está en mejores condiciones para renovar sus productos en función de la demanda, diferenciarlos de los de sus competidores, etc.
3. En el **aspecto financiero**, las grandes empresas tienen más posibilidades de acceso a las diferentes fuentes financieras (bolsa, financiación internacional, etc.), y obtienen, además, mejores condiciones, ya que su tamaño las convierte en clientes preferentes que se benefician de los tipos de interés más bajos.

En conclusión, la gran empresa presenta ventajas económicas que le permiten, como consecuencia del abaratamiento de sus costes, disminuir los precios de sus productos y, por tanto, ser más competitiva en el mercado.

*
Dimensión óptima
Es el nivel de producción en el que el coste por unidad de producto obtenido es mínimo.

5 ¿Especialización o diversificación?

En su desarrollo, las empresas pueden crecer por medio de la especialización o a través de la diversificación. En el crecimiento por especialización, la empresa intensifica el esfuerzo en sus productos actuales, mejorándolos y ampliando sus ventas tanto en los mercados actuales como en nuevos mercados. El crecimiento por diversificación, en cambio, supone una cierta ruptura con la trayectoria de la empresa, al desarrollarse en nuevos mercados y con nuevos productos.

La matriz mercados/productos de esta tabla contempla las distintas opciones de crecimiento.

MERCADOS \ PRODUCTOS	ACTUALES	NUEVOS
ACTUALES	Penetración de mercado	Desarrollo de productos
NUEVOS	Desarrollo de mercados	Diversificación

1. **La estrategia de especialización** presenta diversas variantes:
   - **Penetración de mercados.** Consiste en aumentar las ventas de los productos actuales de la empresa entre sus clientes habituales o en conseguir clientes nuevos. La mayor participación en el mercado puede obtenerse con la mejora de la calidad, la publicidad y la promoción; con la reducción de precios, etc.
   - **Desarrollo de mercados.** Con esta estrategia, la empresa introduce sus productos actuales en nuevos mercados tanto en nuevas áreas geográficas como en nuevos segmentos de un mismo mercado. Así, muchas empresas de la UE (fabricantes de automóviles, electrodomésticos, ropa, etc.) están introduciendo sus productos habituales en China y Europa del Este con gran aceptación.
   - **Desarrollo de productos.** Con ella, la empresa se mantiene en su mercado actual, pero desarrolla nuevos productos complementarios o relacionados con los productos actuales. Las leches enriquecidas, los yogures con *bífidus*, los electrodomésticos "ecológicos", etc., son ejemplos con los que la empresa renueva sus productos y ofrece una imagen de innovación.
2. **La estrategia de diversificación.** La empresa se diversifica cuando crece añadiendo nuevos productos y nuevos mercados a los ya existentes, ampliando su cartera de negocios. Existen diversas estrategias de diversificación:
   - **Diversificación horizontal** (o relacionada). Se da cuando existe alguna conexión o similitud entre los productos nuevos y antiguos de la empresa (misma tecnología, similar sistema de comercialización, etc.). Con ella, la empresa añade nuevos productos complementarios o sustitutivos a los ya existentes, tratando de ofrecer una gama más diversa para atraer a nuevos clientes. Por ejemplo, el grupo Leche Pascual fue añadiendo a su línea de productos lácteos otros productos complementarios, como la línea de desayunos (cereales, miel, confituras, etc.), la línea de postres, la línea de zumos de frutas, etc.
   - **Diversificación vertical** (integración vertical). Consiste en crecer añadiendo nuevas actividades a las actuales, pero dentro del mismo sector. Así, una cooperativa agrícola puede decidir ampliar su negocio envasando ella misma sus verduras o creando una red de tiendas para su distribución. Supone extender su actividad integrando otras actividades dentro de la cadena de valor del sector.
   - **Diversificación heterogénea** (no relacionada o de conglomerado). En ella no hay ninguna relación entre los productos nuevos y antiguos; se trata de explotar oportunidades rentables, aunque no tengan relación con la actividad de la empresa. Un ejemplo es el de un fabricante de ropa que se convierte, además, en promotor y constructor de viviendas. Es la estrategia más arriesgada, ya que la empresa entra en entornos competitivos nuevos que implican nuevos conocimientos y nuevas estructuras empresariales.

Las empresas, en su desarrollo, se extienden hacia mercados más amplios; a su vez, amplían su gama de productos y entran en nuevos negocios. De hecho, la empresa moderna es el resultado de este proceso.

Si una cadena como Starbucks compra un cafetal para obtener su propio café, está aplicando una estrategia de diversificación vertical.

6 ¿Integración vertical o subcontratación?

Hemos visto que en la medida en que las empresas han ido creciendo, algunas optan por la diversificación vertical. La tentación de hacerlo es evidente, por dos motivos:

- El aumento en la producción hizo que las empresas empezaran a preocuparse por **garantizar sus abastecimientos** de materias primas tanto en cantidad como en calidad. ¿Por qué no llevar a cabo por sí mismas la provisión de materias primas y componentes?
- A su vez, había que **garantizar la distribución** posterior de ese aumento de producción. ¿Por qué depender de distribuidores independientes? ¿Por qué no ocuparse de la distribución ellas mismas?

Muchas empresas que se plantearon estas cuestiones empezaron a producir directamente las materias primas y componentes que utilizaban como factores para fabricar sus productos; al mismo tiempo, fueron convirtiéndose en distribuidores y vendedores directos de los productos que fabricaban. Ambas opciones suponen diversificar las actividades de la empresa.

Cadena de valor de la industria del mueble

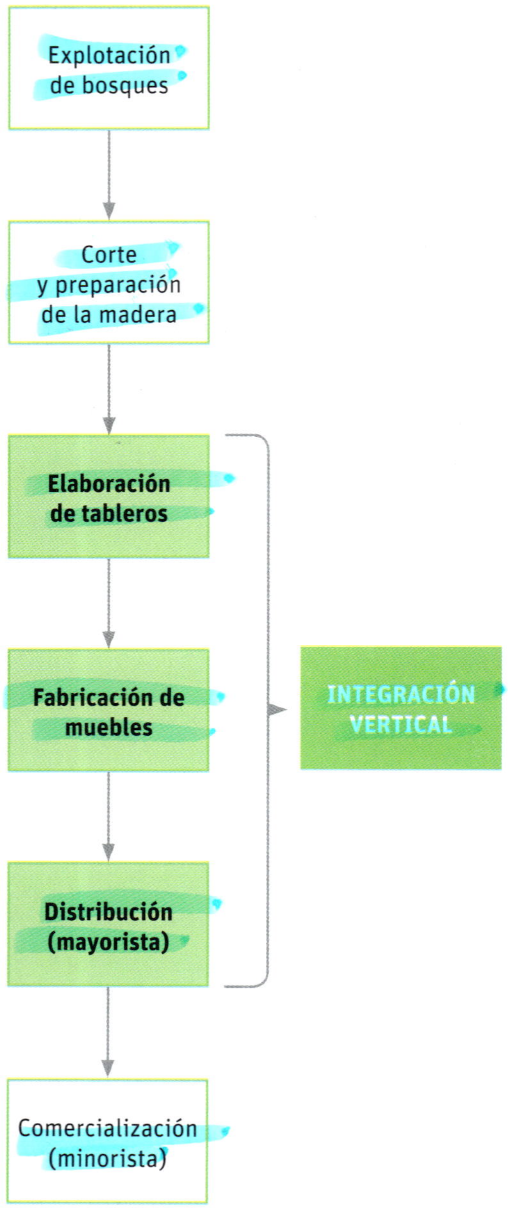

La cadena de valor

El proceso de elaboración de cualquier producto comprende varias fases, como se puede observar en el esquema al margen sobre la cadena de valor de la industria del mueble.

El valor añadido de la empresa es un eslabón de una cadena en la que intervienen diversas empresas y que va desde la extracción de materias primas hasta el consumidor final.

En esta cadena de valor, la empresa puede especializarse en una de las fases o puede ir añadiendo actividades anteriores o posteriores. Cuando la empresa añade fases y se extiende hacia ambos extremos de la cadena de valor, en unos casos para ser su propio proveedor y en otros, su propio cliente, el proceso se conoce como **integración vertical**.

Con ello, la empresa asume la dirección y coordinación de las fases complementarias que se integran. Por ejemplo, el fabricante de muebles (ver esquema al margen) puede integrar la elaboración de tableros y también puede convertirse en su propio distribuidor mayorista.

Son raros los casos de integración total; lo que suele darse en la realidad es un mayor o menor grado de integración. De hecho, casi ninguna empresa realiza por sí misma todo lo que necesita y después lleva a cabo la comercialización de lo producido.

No obstante, hay ejemplos de empresas que llegaron muy lejos en su integración. Así, la Ford Motor Company contaba con su propia acería, con el fin de producir el acero que utilizaba para fabricar sus automóviles, o explotaba bosques en la época en que la carrocería de los coches era de madera.

En nuestro país, la empresa conservera Calvo ha integrado todo el proceso del atún hasta el producto final. Además de crear su propia flota pesquera, que le asegura los suministros, es la única conservera española que fabrica sus propias latas, lo que supone estar presente en todos los escalones de la producción (la extracción de las materias primas, la fabricación de componentes, la transformación y el enlatado).

Como se desprende de los ejemplos comentados, cualquier decisión de integración vertical supone asumir al mismo tiempo la diversificación de actividades. La fabricación de acero por parte de una empresa que fabrica automóviles, o de latas por parte de una conservera, además de ser ejemplos claros de integración vertical, también lo son de entrada en actividades alejadas de la actividad principal de la empresa.

smSaviadigital.com PRACTICA

Observa cómo es el proceso de transformación de un producto y **realiza un esquema sobre la cadena de valor.**

Ventajas e inconvenientes de la integración vertical

Las **ventajas** son varias. Cuando la integración es hacia atrás en la cadena de valor, la empresa pasa a ser su propio proveedor, lo que supone garantía y seguridad en los aprovisionamientos (tanto en calidad como en cantidad). Si la integración es hacia delante, la empresa puede controlar la distribución de sus productos.

Pero también existen **inconvenientes**. En primer lugar, porque se pierden las ventajas de la especialización, ya que la empresa tiene que dirigir y gestionar nuevas actividades, alejadas de su especialidad y de lo que sabe hacer realmente. Además, aparecen costes de gestión derivados de la necesidad de coordinación entre las distintas actividades que se integran.

La subcontratación como alternativa

Si bien la integración vertical fue muy frecuente en el pasado, en la actualidad, la tendencia es a la desintegración vertical, pero tratando de mantener algunas de las ventajas de la integración. ¿Cómo se consigue? Las empresas situadas en distintas fases de la cadena de valor se relacionan entre ellas mediante **acuerdos de subcontratación (*outsourcing*)**, esto es, contratando con empresas externas todas las operaciones que antes estaban integradas y que ahora se externalizan (se sacan fuera de la empresa). Con ello, la empresa integrada queda sustituida en muchos casos por una **red de empresas** independientes que mantienen entre ellas relaciones de coordinación.

Mediante la subcontratación, una empresa (contratista o cliente) encarga a otra (subcontratista o proveedor) la realización de una actividad en unas condiciones estipuladas, con la garantía de que le comprará su producción si cumple esas condiciones. Estos acuerdos entre empresas suelen ser estables y están basados en la confianza mutua entre ellas y en la expectativa de obtener beneficios recíprocos.

Esta relación cooperativa tiene **ventajas** para ambas partes: el subcontratista tiene la garantía de unas ventas estables; el contratista, por su parte, tiene asegurada una provisión de suministros en tiempo y calidad. Para ello, los subcontratistas suelen instalar sus fábricas cerca de los contratistas para facilitar el flujo de productos. Además, con estas redes de empresas se recuperan las ventajas de la especialización, ya que cada una se concentra en aquello que sabe hacer mejor.

Las ventajas de las redes de empresas están haciendo que este fenómeno, aunque no es nuevo, se esté generalizando en los últimos años. La subcontratación, por ejemplo, está siendo muy utilizada en el sector de la automoción y de la construcción. También es frecuente en el sector textil (Benetton, Cortefiel, Zara, etc.), sobre todo en las actividades de fabricación, en las que las ventajas de la pequeña empresa son fundamentales: en ellas, dado que el propietario controla directamente las operaciones, la calidad de las piezas es más fácil de garantizar.

Ejemplos y casos

Toyota es un ejemplo de **subcontratación total**. Esta empresa mantiene una curiosa estructura piramidal de subcontratación: trabaja con un reducido grupo de subcontratistas que a su vez subcontratan con otros, y estos a su vez con unos terceros, etc. Al final, Toyota cuenta con todos los componentes que le permiten ensamblar el sistema completo y elaborar sus productos.

ESTUDIO DE CASOS **Benetton**

Benetton es un caso de empresa que se ha desintegrado verticalmente, encomendando a empresas independientes tanto el proceso de distribución –las tiendas– como el de fabricación de los productos. Benetton subcontrata el 95 % de sus actividades de fabricación y comercialización. De toda la cadena de valor, se ha reservado –y no completamente– la compra de la materia prima, el corte y el tintado de las piezas. La adquisición a gran escala de lana, que después reparte entre los fabricantes, le permite obtener mejores condiciones de compra.

Adaptado de: CUERVO A.: *Introducción a la administración de empresas*. Barcelona, Civitas, 2004.

- ¿Qué ventajas obtiene Benetton al subcontratar la mayor parte de sus operaciones?

7 El crecimiento externo

Los procesos de concentración son cada día más frecuentes en el mundo empresarial, como lo demuestran los acuerdos de compra en el sector de la telefonía móvil (compra de Jazztel por parte de Orange —aunque esta mantenga las dos marcas—, de Yoigo por Másmóvil o el de Ono por Vodafone).

Sea cual sea su estrategia de desarrollo, la empresa puede, bien contar con sus propios recursos exclusivamente, bien unir sus recursos con otras empresas, dando lugar a dos modelos de crecimiento:

- **Crecimiento interno o crecimiento natural**. Es el que se realiza a través de nuevas inversiones en el seno de la empresa con el fin de aumentar su capacidad productiva.
- **Crecimiento externo**. Se produce como consecuencia de la adquisición, fusión o alianza con otras empresas y da lugar al fenómeno conocido como **concentración o integración empresarial**. Aunque esta clase de crecimiento viene de atrás, en nuestros días se extiende a todos los sectores y a todo tipo de compañías, provocando la disminución del número de empresas y el incremento de la dimensión de las que se mantienen.

En una fase inicial, el crecimiento suele ser interno. Sin embargo, cuando la empresa alcanza una dimensión importante, el crecimiento interno tiende a combinarse con el crecimiento externo mediante la unión o concentración con otras empresas.

Entre los **motivos que explican la concentración** de las empresas se pueden destacar los siguientes:

- La reducción de costes a través de las economías de escala o del incremento del poder de negociación frente a proveedores y clientes.
- El control del mercado y un mayor poder frente a sus competidores para eliminar, así, los riesgos de la competencia.
- La necesidad de unir esfuerzos financieros cuando se trata de nuevos proyectos que requieren grandes inversiones.

Modalidades de concentración

1. **Integración de sociedades**. Supone la pérdida de la personalidad jurídica de, al menos, uno de los participantes. Sus variantes son:
   - **Fusión.** Se produce cuando dos o más empresas desaparecen para formar una nueva, a la que aportan sus respectivos patrimonios.
   - **Absorción.** Supone la adquisición de una empresa por otra, lo que implica la desaparición de la empresa que es adquirida.

   A su vez, según la naturaleza de las actividades de las empresas que se unen (fusión o absorción), la concentración puede ser:
   - **Concentración horizontal**: si se unen empresas que realizan una misma etapa del proceso de transformación o que fabrican el mismo producto o prestan el mismo servicio. Algunos ejemplos son las fusiones de fabricantes de automóviles o de bancos españoles (BBVA, BSCH, etc.), que se unen para poder competir con los grandes bancos de la UE.
   - **Concentración vertical** (***trust***): cuando se unen empresas que realizan distintas fases de la cadena de valor de un bien. En la actualidad, este supuesto no es muy frecuente, dado que las ventajas de la unión pueden conseguirse también a través de la fórmula de la subcontratación.
2. **Participación.** Se produce cuando una empresa adquiere una parte de las acciones de otras sociedades (sin pérdida de personalidad jurídica). Esta participación puede suponer el control mayoritario (más del 50 % del capital social) o el control minoritario (menos del 50 %).

   Si esta participación se hace a través de una empresa, llamada *matriz*, que adquiere más del 50 % de otras empresas, llamadas *filiales*, con la finalidad de ejercer el control de las decisiones que en ellas se tomen, el grupo formado se conoce como *holding*.

Repsol es un ejemplo claro de concentración vertical, ya que explota yacimientos de gas y petróleo, refina la materia prima y distribuye y vende la gasolina y el gas a través de sus propias empresas.

La cooperación empresarial

La **cooperación empresarial** consiste en un acuerdo con el que las empresas unen sus esfuerzos para aprovechar las ventajas de actuar conjuntamente.

La cooperación entre empresas puede ser de distintos tipos:

1. **Cooperación productiva.** A veces, empresas competidoras cooperan en actividades de producción para reducir costes o compartir riesgos o recursos. Así, las empresas petroleras cooperan en la fase de exploración y extracción del petróleo, mientras que compiten en la fase de distribución y venta al consumidor. Otra forma de cooperar es la subcontratación de los servicios de otra empresa.
2. **Cooperación comercial.** Se produce, por ejemplo, cuando varias empresas compran conjuntamente materias primas o mercaderías y consiguen unas condiciones más ventajosas. También es útil para entrar en nuevos mercados.
3. **Cooperación tecnológica.** Son ejemplos la cesión de la explotación de una patente a cambio del pago de un precio (*royalty*) o la investigación conjunta entre empresas.

Entre los sectores en los que destaca el sistema de franquicia están la hostelería y la restauración, la alimentación, la estética y la moda.

La cooperación mediante franquicia

La **franquicia** consiste en un acuerdo a través del cual la empresa franquiciadora cede a la empresa franquiciada el derecho a usar una marca o fórmula comercial de reconocido prestigio a cambio de unos pagos periódicos.

El franquiciador (titular de una propiedad industrial y de un saber hacer) cede su imagen de marca para explotarla en un determinado territorio en exclusiva, se encarga de su publicidad y promoción y proporciona asesoramiento técnico y formación. A cambio, el franquiciado paga una cantidad inicial y otras de carácter periódico cuya cuantía dependerá del volumen de ventas. Además, el franquiciado se compromete a conservar y mejorar la reputación de la marca cedida.

La franquicia supone ventajas para ambas partes. El pequeño empresario (franquiciado) aprovecha las economías de escala del grupo franquiciador en las compras, la promoción y el reconocimiento de una imagen de marca de prestigio. Y a los franquiciadores los permite incrementar sus ventas sin tener que asumir grandes inversiones, ya que el franquiciado se responsabiliza de su negocio.

smSaviadigital.com **INVESTIGA**

Descubre en este enlace la finalidad de la **Asociación para la Cooperación Española en el Exterior.**

OTRAS MODALIDADES DE COOPERACIÓN	
***Joint ventures* o sociedades de riesgo compartido**	Alianza de dos o más empresas que aportan capital para constituir una nueva sociedad conjunta con objeto de desarrollar una actividad en la que tienen un interés común y que supone un cierto riesgo.
Unión temporal de empresas (UTE)	Se trata de una asociación que forman dos o más empresas para acometer un proyecto concreto de duración limitada. Se disuelve una vez que concluye el proyecto.
Agrupación de interés económico (AIE)	Acuerdos entre empresas que actúan conjuntamente para conseguir una ventaja común (por ejemplo, creando una central de compras para obtener una condiciones más ventajosas de sus proveedores).
Consorcio	Varias empresas establecen una organización compartida para acometer proyectos comunes, por ejemplo, la creación de un consorcio para exportar sus productos.
***Venture capital* o capital-riesgo**	Consiste en que una empresa proporciona financiación a otra (participando en su capital) con objeto de desarrollar un proyecto que tiene un carácter innovador y que implica cierto riesgo.
Cartel	Acuerdo entre empresas de un mismo sector para fijar la producción y los precios de un producto (la OPEP, por ejemplo). Al ser un acuerdo para restringir la competencia, está prohibido en la UE y otros países.

8 La importancia de las pymes en la economía

Como hemos visto, las empresas buscan el crecimiento a través de distintas estrategias. La posibilidad de obtener economías de escala y otras ventajas hace que las empresas sean más competitivas cuanto mayor es su tamaño. De hecho, en ciertas actividades, la empresa ha de ser grande desde su creación (banca y seguros, petroquímicas o fabricantes de automóviles), ya que se requiere una gran inversión inicial. Sin embargo, ello no quiere decir que las empresas medianas y pequeñas estén condenadas a desaparecer, ya que existen múltiples circunstancias que aconsejan dimensiones muy pequeñas, micro, pequeñas o medianas.

Las pymes y sus estrategias de mercado

La salud y pervivencia de las pymes está garantizada por diversas razones:

1. **Son las más adecuadas para algunas actividades.** Existen oportunidades en el mercado que la gran empresa no explota, debido a su falta de adaptabilidad, y que son aprovechadas por las pymes, tales como:
   - Actividades muy afectadas por la moda y, en general, actividades de demanda muy inestable, como sucede en el sector del turismo.
   - Actividades artesanales en las que es más importante la habilidad y destreza del factor humano que la mecanización.
   - Sectores de tecnología punta (electrónica avanzada, por ejemplo), que requieren personal altamente cualificado, o actividades donde la creatividad es esencial.
   - Actividades en las que es importante el contacto directo con el cliente y el trato personalizado.
   - Actividades nuevas en las que es casi exclusiva la presencia de las pymes, ya que hasta que los mercados no se consolidan, con una demanda suficiente y estable, no aparece la gran empresa. Así ha ocurrido, por ejemplo, con la microinformática.
2. **La complementariedad entre empresas grandes y pequeñas es necesaria en muchos sectores.** En muchos casos coexisten en el mismo sector grandes y pequeñas empresas, dedicadas cada una de ellas a una faceta específica del proceso. Así:
   - En actividades agrícolas o artesanales es frecuente que la producción se dé en pequeñas empresas, mientras que la comercialización y distribución la efectúan las grandes. Así se reducen los costes de distribución y se ofrece al cliente un producto homogéneo y garantizado, como sucede con determinados productos alimenticios (leche, huevos, carne), que se producen en pequeñas explotaciones y se comercializan a través de grandes distribuidores.
   - En algunos sectores, grandes empresas realizan la fabricación (por ejemplo, de productos en serie que requieren la gran dimensión para lograr costes reducidos) y pequeñas empresas se encargan de la distribución para adaptarse mejor a las exigencias de la demanda individual. En la industria del automóvil, por ejemplo, es compatible la gran dimensión en el aspecto industrial (fabricación de automóviles) con la pequeña dimensión en el comercial (concesionarios de automóviles), dado que la cercanía al cliente y el clima de confianza favorecen las ventas.
   - En muchos sectores, las grandes empresas productoras suelen necesitar una industria auxiliar de tamaño más reducido, abastecedora de componentes, envases, servicios de mantenimiento y reparación, etc.

En resumen, la dimensión adecuada dependerá de la naturaleza de la actividad a la que se dedique la empresa, el tipo de mercado, su organización interna, etc. En cualquier caso, la empresa, a la hora de diseñar su dimensión debe analizar qué ventajas e inconvenientes presentan los distintos tamaños tanto desde el punto de vista productivo como comercial y financiero.

Ejemplos y casos

Después de una etapa de crecimiento de los grandes hipermercados en las afueras de las ciudades (Carrefour, etc.), el modelo de gran superficie pasa actualmente por una fase de estancamiento, mientras que mejoran cuota de mercado las tiendas de descuento (Lidl, Dia) y los supermercados de tamaño medio de los cascos urbanos (Mercadona). El comercio tradicional sigue perdiendo peso y debe encontrar su ventaja competitiva en la cercanía y el servicio al cliente.

Pyme

Categoría de empresas que ocupan a menos de 250 trabajadores y cuyo volumen de ventas anuales no excede de 50 millones de euros o cuyos activos totales no pasan de 43 millones de euros. En esta categoría se incluyen las microempresas y las pequeñas y medianas empresas.

Muchas explotaciones avícolas de pequeño tamaño orientan su producción para la venta a los grandes distribuidores.

Ventajas e inconvenientes de las pymes

Las pymes presentan una serie de aspectos positivos y negativos ante el reto de competir en mercados cada vez más abiertos y globales. Entre las **ventajas** están:

1. Dada su cercanía al cliente, tienen una mejor posición en los mercados locales, en los que se valora el trato personalizado y la relación más directa y humana.
2. Son más flexibles para adaptarse a los cambios coyunturales de la economía. Así, en épocas de crisis económicas reaccionan más rápido que las grandes empresas.
3. Las relaciones con los trabajadores son más fluidas y humanas (mayor participación y comunicación), por lo que presentan menos conflictividad laboral.
4. Tienen una mayor adaptabilidad para satisfacer demandas de mercado muy específicas que no son atendidas por las grandes empresas.
5. Necesitan menos inversión inicial.

Como **inconvenientes** destacan:

1. Los recursos financieros a los que tienen acceso son escasos y caros. Solo se financian a través de las aportaciones de sus propietarios y de préstamos bancarios. No cuentan con la financiación del mercado de valores (la bolsa).
2. Su pequeña dimensión hace que no puedan aprovecharse de las economías de escala propias de las grandes empresas.
3. Tienen poco poder de negociación con clientes y proveedores: casi siempre se limitan a aceptar las decisiones sobre precios y plazos que les marcan.
4. El nivel de cualificación y competencia técnica de sus trabajadores y directivos es generalmente menor, ya que las personas más cualificadas prefieren trabajar para grandes empresas por sus mayores posibilidades de promoción.
5. Dados sus medios limitados, no pueden utilizar los grandes medios publicitarios.

Además de estas razones económicas, existen **consideraciones de índole social y humana**. La necesidad de una mayor participación de las personas aconseja reducir la dimensión para mejorar la calidad de la vida laboral, disminuir el absentismo, etc.

Asimismo, las pymes constituyen el 99 % de las empresas de la UE y proporcionan muchos puestos de trabajo, lo que explica por qué las protegen los poderes públicos. Su capacidad para **generar riqueza y empleo**, así como su flexibilidad y capacidad de adaptación, las han convertido en punto central de las políticas de generación de empleo y desarrollo económico de los países que forman la Unión Europea.

Por tanto, hay razones que justifican la supervivencia y continuidad de las pymes. De hecho, en todos los países industrializados coexisten empresas grandes y pymes, siendo esa coexistencia no solo viable, sino incluso conveniente, ya que de ello se derivan ventajas para todos.

En la Unión Europea hay 23 millones de pymes, que representan el 99 % del número total de empresas, proporcionan el 67 % del empleo y crean el 85 % de los nuevos puestos de trabajo.

smSaviadigital.com **INVESTIGA**

Busca en este enlace web cómo se impulsa a las pymes desde las instituciones públicas.

ACTIVIDAD RESUELTA

1. **De las frases siguientes, identifica cuáles son una ventaja o un inconveniente para las pymes:**

a) Suelen utilizar publicidad para vender más.
b) Tienen acceso a todas las fuentes de financiación.
c) Flexibilidad de adaptación en procesos productivos.
d) Servicio muy directo al cliente.
e) Pueden conseguir economías de escala.
f) Reducida inversión inicial.
g) Tienen infraestructuras en el exterior.
h) Fiabilidad y rapidez en la comunicación interna.

SOLUCIÓN

Inconveniente: *a*, *b*, *e* y *g*. Ventaja: *c*, *d*, *f* y *h*.

9 Internacionalización y competencia global: las EM

La globalización ha contribuido a generalizar el fenómeno de la internacionalización de la empresa. La creación de áreas de libre comercio y la reducción de barreras han abierto los mercados para los productos de cualquier empresa y país. Los coches de Citroën fabricados en Vigo se venden en toda Europa; en los productos que compramos aparecen las instrucciones en varios idiomas, lo que indica que se distribuyen en diversos países. Pero que compremos galletas inglesas, ropa china o electrónica japonesa es consecuencia también de la homogeneización de los gustos y preferencias de los consumidores. La publicidad promueve el reconocimiento mundial de productos de consumo cotidiano, como ropa, música, cine, comida rápida, etc.

Este proceso de globalización ha dado lugar a **empresas globales o multinacionales** (EM) que operan en mercados cada vez más amplios, con fuertes economías de escala y que producen para un consumo masivo. Su escala de operaciones era impensable hace unas décadas. Así, la escala eficiente para la producción, por ejemplo, de aparatos de TV pasó de 50 000 unidades en 1960 a 500 000 unidades veinte años después. En el año 2000 se situaba en tres millones de aparatos al año.

Ejemplos y casos

¿De dónde proceden las EM? Tradicionalmente, procedían de países desarrollados, sobre todo de Estados Unidos, Japón o de la Unión Europea, aunque la tendencia está cambiando.

De las quinientas **multinacionales más grandes** del mundo, en la actualidad, los países desarrollados controlan el 81 %. Con la crisis de los países desarrollados y el crecimiento de los países emergentes están apareciendo grandes multinacionales en estos últimos: en la última década pasaron de 61 a 94, sobre todo en China (Alibaba, Huawei, Lenovo, etc). En cambio, Estados Unidos han retrocedido de 170 a 139. Dentro de las cien más grandes están las españolas Inditex y BSCH.

Características de las empresas multinacionales (EM)

Las EM son compañías formadas por una empresa matriz que cuenta con una serie de filiales que operan en diferentes países del mundo y que comparten unos mismos objetivos; la matriz es la empresa originaria del Estado donde inició su actividad y donde radica la gestión de la compañía, mientras que las filiales se crean para operar en otros Estados.

Las **características de las EM** de nuestros días son:

- La matriz ejerce el control (total o parcial) de las filiales.
- Su dirección y su planificación están centralizadas en la matriz; las filiales operan dentro de la disciplina y la estructura de una estrategia mundial común.
- Se trata de empresas de gran dimensión que producen con costes reducidos mediante la explotación de economías de escala e importantes inversiones en investigación y desarrollo e innovación (I + D + i).
- Son las mejor situadas en sus sectores, para lograr una posición competitiva a escala global a través de su liderazgo en costes y su mayor capacidad financiera.
- Se las juzga por el resultado del grupo. Los resultados negativos de algunas filiales se compensan con los positivos de otras, de tal forma que lo que cuenta es el resultado global.

Entre los **factores que explican** la dimensión multinacional, destacan:

1. La estrechez de los mercados nacionales, que fuerza a la EM a buscar salida a sus productos en otros países.
2. Controlar la distribución de los productos. La EM se instala en el exterior para vender sobre el terreno, introduciéndose en mercados a los que no accedería de otro modo.
3. Superar barreras proteccionistas. A pesar de la globalización, aún persisten mercados protegidos (aranceles, trabas burocráticas, etc.). Para salvar estos obstáculos, las EM se instalan directamente en esos países o se asocian con alguna empresa local.
4. Reducir los costes de producción. Las EM reparten sus actividades entre diferentes países en función de las ventajas que obtienen en cada uno de ellos: fabricarán allí donde los factores sean menos costosos (bajos salarios y abundancia de materias primas) y reflejarán sus beneficios donde los impuestos sean más bajos.

Estrategia de desarrollo de las EM

El desarrollo de las EM es un proceso gradual en el que se distinguen tres fases:

1. **Estrategia de exportación.** Ninguna empresa monta de repente una fábrica en el exterior. En un principio, busca una salida de sus productos a través de la exportación, ayudándose de empresas del país receptor o mediante la venta directa (representantes, oficinas de venta, etc.).
2. **Sistemas de asociación.** Se produce o se vende en otro país mediante acuerdos de cooperación con empresas locales, a través de concesiones de licencia de patentes, concesionarios autorizados, franquicias, subcontratación, etc.
3. **Inversión directa.** Una vez que es conocida y tiene éxito, llega el momento de establecerse en el exterior, básicamente, a través de dos modalidades:
   - Creación de **filiales** propias de la EM, lo que supone crear o adquirir empresas en el país extranjero para atender los mercados locales desde dentro.
   - Creación de sociedades de riesgo compartido (***joint ventures***). Se trata de una alianza de dos o más empresas que aportan capital para constituir una nueva sociedad conjunta, cuyo objeto es operar en un nuevo mercado.

Aspectos positivos y negativos de las EM

Para los países receptores, la implantación de las EM, por un lado, **favorece el desarrollo de las economías emergentes**, al facilitar la actividad empresarial y el empleo. La aportación de tecnología avanzada suele considerarse como uno de sus efectos más beneficiosos, ya que mejora el nivel tecnológico del país receptor. Pero también genera una dependencia tecnológica del exterior, ya que la implantación no suele acompañarse de actividades propias de investigación y desarrollo.

Por otro lado, la necesidad acuciante de capital, especialmente en los países en vías de desarrollo, hace que en muchos casos los Estados sean poco exigentes con las inversiones de las EM, ofreciendo unas condiciones muy permisivas en aspectos sociales, fiscales o medioambientales. Son frecuentes los casos de sobreexplotación de recursos naturales o de condiciones de trabajo abusivas. Ello es más evidente en los casos de EM cuyas ventas superan el producto interior bruto de los países en los que se ubican, con lo que el poder de esas empresas puede condicionar la actuación de los propios gobiernos de estos países.

En resumen, si bien las EM pueden producir efectos beneficiosos sobre la economía de los países en los que se instalan, las reacciones contra sus aspectos negativos son cada vez mayores desde organismos internacionales o de movimientos antiglobalización. **Se reclama una conducta más responsable de las EM** sobre la sociedad y el medioambiente de estos países. Estas exigencias están más justificadas cuando se constata que estas empresas siguen aumentando sus beneficios, al mismo tiempo que crecen las desigualdades entre países ricos y pobres.

Ejemplos y casos

¿Hasta dónde puede llegar el **tamaño de las EM**? Adam Smith decía que el tamaño de las empresas estaba relacionado con el tamaño del mercado. Y John Kenneth Galbraith ya adelantaba hace cincuenta años que las grandes corporaciones se convertirían en la unidad económica estratégica de mayor significado y entidad en el mundo.

Ambas predicciones se han cumplido, y hoy encontramos empresas que son más fuertes económicamente que muchos países.

De hecho, en los *rankings* en los que se comparan países (PIB) y empresas (ingresos anuales) resulta sorprendente que de las 100 mayores economías del mundo, 60 son países y 40, empresas.

ESTUDIO DE CASOS Chupa-Chups®

Las claves del éxito internacional de esta multinacional de origen español han sido su modelo de implantación gradual en otros países y su especialización en un solo producto. Entre 1970 y 1980, la expansión se sustentó en el aumento de las exportaciones (en 1980 suponían ya el 90 % de sus ingresos). Más tarde, pusieron en marcha las primeras distribuidoras en el exterior, y en los años noventa culminó la expansión con la instalación de unidades productivas en distintos países de Europa, Asia y Latinoamérica. Allí donde se establece esta empresa, generalmente de la mano de un socio del propio mercado, lo hace fabricando una parte de sus artículos en la planta local y exportando desde allí a otros países.

- ¿Qué estrategia de crecimiento se ha utilizado en este caso? ¿Qué factores movieron a la empresa a internacionalizarse? Identifica las fases de su proceso de internacionalización.

ACTIVIDADES

Actividades de síntesis

1. Completa este mapa conceptual con las palabras clave y los conceptos que faltan.

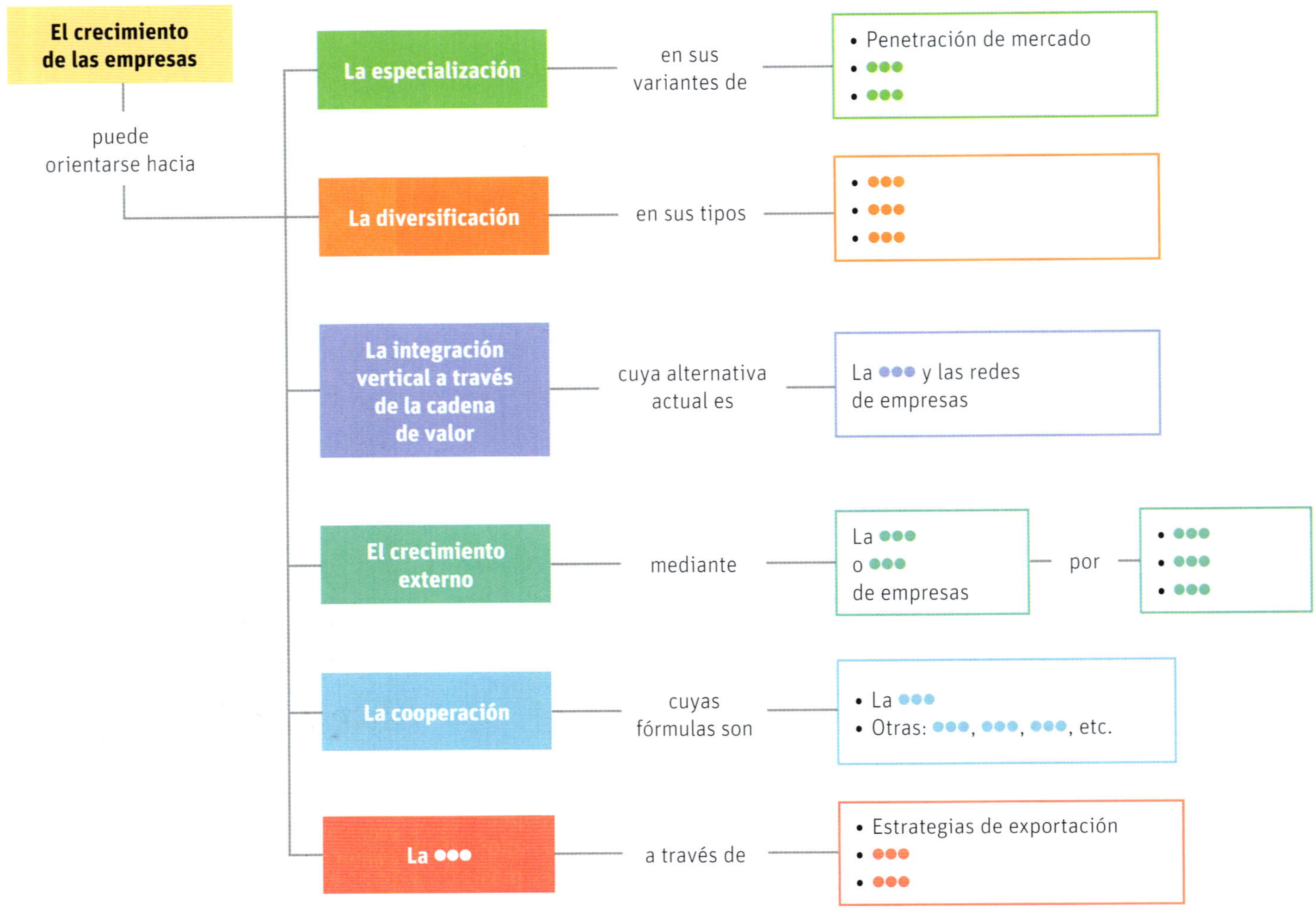

smSaviadigital.com **VALORA LO APRENDIDO** > Realiza la **autoevaluación.**

Actividades de análisis y problemas

2. ¿Por qué dimensión y localización son decisiones que se deben tomar conjuntamente? ¿Qué se quiere decir cuando se afirma que son decisiones estratégicas?

3. En relación con la localización de la empresa:
   a) ¿Qué son los factores de localización?
   b) ¿Cuál es el criterio general para elegir la localización óptima?

4. Explica de forma razonada al menos cuatro criterios que deben tenerse en cuenta para elegir la localización de:
   a) Una sucursal bancaria.
   b) Una fábrica de conservas vegetales.
   c) Una gran planta petroquímica.
   d) Unos grandes almacenes.
   e) Una joyería de alto nivel.

5. Con relación a la dimensión de la empresa:
   a) ¿Cuál es su significado?
   b) ¿Qué cuestiones deberán ser valoradas a la hora de determinarla?
   c) ¿Qué criterios se utilizan para medir la dimensión?
   d) ¿Cuáles de esos criterios son los que utiliza la Unión Europea?
   e) ¿Qué se entiende por volumen de negocio?

6. A partir del ejemplo de un restaurante en el que se dan dos turnos de comida, uno al mediodía y otro de noche, y que dispone de ochenta asientos en sus mesas, explica las diferencias que hay entre capacidad de producción y ocupación. ¿Qué supuestos deben producirse para que la capacidad de producción coincida con la ocupación?

7. **La reconversión de los grandes cines en multicines es un fenómeno generalizado. Los grandes cines, señalan los empresarios, habían perdido rentabilidad, y dividir una gran sala en varias permite, según los empresarios, mejorar la ocupación.**

a) Comenta la información utilizando los conceptos de capacidad, ocupación y capacidad ociosa.

b) ¿El número de butacas refleja con precisión la capacidad de un cine? Si no es así, ¿cómo se podría describir su capacidad?

c) ¿Dónde suelen localizarse los cines y qué criterios se tienen en cuenta?

8. **Piensa en tu centro educativo como empresa y contesta a las siguientes cuestiones.**

a) ¿Cuáles crees que fueron los factores que determinaron su localización?

b) En cuanto a su dimensión, ¿cómo calificarías tu centro y en qué criterio te basarías?

c) ¿Está plenamente ocupado o, por el contrario, tiene capacidad sin utilizar?

9. **El Instituto de Crédito Oficial (ICO) financia en condiciones preferentes el desarrollo de proyectos de inversión de pymes. Para ello, la empresa debe cumplir los criterios establecidos por la Unión Europea.**

a) ¿Cuáles son los criterios de la Unión Europea para ser una pequeña empresa?

b) ¿Y para ser una microempresa?

c) Da ejemplos de empresas que podrían cumplir los requisitos de microempresa, pequeña y mediana empresa.

d) ¿Por qué crees que la Administración ayuda a las pymes?

10. **Contesta a las cuestiones planteadas a partir del texto.**

http://www.e-sm.net/...

Las grandes superficies especializadas se han consolidado en Europa

La mayor parte de las grandes superficies especializadas (como Decathlon, Media Markt, etc.) suelen estar situadas a las afueras de las ciudades, en zonas comerciales con aparcamientos. Este tipo de empresas está liquidando la competencia, a través de una política de precios más baratos que los de sus competidores, gracias a sus fuertes economías de escala.

a) ¿Qué factores hacen que estas empresas se localicen en las afueras de las ciudades?

b) ¿Qué son las economías de escala?

c) Explica cómo se producen estas economías desde el punto de vista productivo, comercial y financiero.

11. **Cuando una empresa se plantea su crecimiento, puede hacerlo siguiendo caminos distintos.**

a) ¿En qué consisten el crecimiento interno y el externo?

b) ¿En qué se diferencian los crecimientos por especialización y por diversificación?

c) Sirviéndote de ejemplos, explica las distintas variantes del crecimiento por especialización.

d) Sirviéndote de ejemplos, explica las distintas variantes del crecimiento por diversificación.

12. **Observa la imagen y contesta a las preguntas.**

a) ¿Qué se entiende por deslocalización y cuáles son las consecuencias para los países afectados?

b) Interpreta la definición gráfica del fenómeno de deslocalización que da el autor de esta viñeta.

Fuente: EL ROTO. *El País*, 15-XII-2007.

13. **Relaciona estas actuaciones del fabricante de automóviles Mercedes Benz en la últimas décadas con las distintas estrategias de la matriz productos/mercados:**

a) Después de tener pérdidas durante un año en uno de sus modelos, lanzó una campaña publicitaria que le permitió aumentar sus ventas en un 23 %.

b) Aunque en sus mercados tradicionales no tenía mucho éxito con uno de sus modelos, lo introdujo en China y Europa del Este con gran éxito.

c) Optó también por entrar a formar parte de la compañía Deutsche Aerospace, el mayor grupo aerospacial y de defensa alemán.

d) Desarrolló el modelo Smart biplaza, innovador en diseño, complementos y respeto al medioambiente.

14. **Sirviéndote del ejemplo de la cadena de valor del sector textil:**

a) Explica en qué consiste la integración vertical y qué razones la motivaron.

b) ¿Cuáles son sus ventajas e inconvenientes?

c) La integración vertical no es muy frecuente en nuestros días. ¿Qué razones llevan a las empresas a desintegrarse verticalmente?

d) ¿Qué alternativas hay a la integración vertical?

ACTIVIDADES

15. Lee el texto y contesta a las preguntas.

http://www.e-sm.net/...

La estrategia de diversificación

La empresa Procter & Gamble fabrica distintas marcas de detergentes para lavadoras, jabones de tocador, champús, detergentes líquidos para lavar platos, desodorantes, distintas marcas de dentífricos, café, detergentes de suelos, papel higiénico, aceite para cocinar, suavizantes para telas, pañales desechables, etc.

a) ¿Qué pretenden las empresas al diversificar su oferta?

b) ¿Qué relación observas entre los distintos productos? ¿Qué tipo de diversificación utiliza esta empresa?

16. La empresa aeroespacial Boeing subcontrata a una empresa de ingeniería para el diseño de elementos sustanciales de sus modelos, en lugar de hacerlo ella misma.

a) ¿En qué consiste la subcontratación?

b) ¿Qué ganan ambas empresas con esta fórmula de cooperación empresarial?

17. Las franquicias se conocen como una fórmula mediante la cual "se trabaja con la idea de otro". Pero ¿en qué consiste exactamente este acuerdo? ¿A qué se comprometen ambas partes? ¿Cuáles son las ventajas mutuas que se derivan de esta fórmula?

18. Hoy día, frente a las concentraciones de empresas, se abre paso una nueva fórmula: la cooperación entre empresas. Señalando ejemplos, explica:

a) ¿En qué consiste la cooperación empresarial?

b) ¿Qué prácticas de cooperación son las más habituales?

19. En relación con la concentración empresarial:

a) ¿En qué consiste la integración o concentración de empresas y qué se busca con ella?

b) Explica las diferencias entre fusión y absorción. Señala ejemplos en empresas de nuestro país.

20. Con la unión entre algunas empresas del sector aéreo se han creado grandes compañías europeas capaces de enfrentarse a los grandes competidores internacionales.

a) ¿Qué tipo de concentración representan estos casos?

b) ¿Qué ventajas obtienen las empresas participantes?

c) ¿Por qué crees que la Comisión Nacional de los Mercados y la Competencia vigila estas concentraciones?

21. Con relación a las pymes:

a) ¿En qué sectores y actividades suelen estar más presentes y por qué?

b) ¿Por qué son importantes las pymes en la economía y en la sociedad?

c) ¿Crees que sobrevivirán? ¿Por qué?

22. En las últimas décadas, el grupo Pepsico ha adquirido una serie de empresas para ampliar su oferta. Se ha hecho con un varias marcas alimentarias (Captain Crunch, Quaker, Matutano, etc.). En bebidas, cuando compró Gatorade, ya tenía el agua Aquafina, el té Lipton y los zumos Tropicana. A partir de esta información, contesta a las siguientes preguntas razonando tu respuesta.

a) De las distintas modalidades de concentración, ¿cuál es la que ha utilizado Pepsico en estas operaciones?

b) ¿Ha crecido por especialización o por diversificación? ¿Qué tipo de especialización o diversificación?

c) ¿Qué ventajas consigue Pepsico con estas integraciones?

23. Define qué es una empresa multinacional. ¿Cuáles son sus rasgos característicos en nuestros días? ¿Qué razones impulsan a una empresa a entrar en otros países? ¿Mediante qué pasos se desarrolla una EM?

24. En relación con la implantación de las EM en otros países:

a) ¿Cuáles son las principales ventajas e inconvenientes para el país receptor?

b) ¿Por qué crees que existen protestas de organismos y ONG sobre el fenómeno actual de globalización?

25. Observa la imagen y relaciónala con tu respuesta al apartado *b* de la pregunta anterior.

Fuente: El Roto, *El País*, 22-VI-2008.

26. Busca en internet cuáles son las mayores empresas de Europa por ingresos anuales.

a) ¿En qué lugar aparece la primera empresa española?

b) Completa una tabla como la siguiente con información sobre las cinco primeras empresas españolas.

Nº.	EMPRESA	PAÍS	ACTIVIDAD	INGRESOS
1	●●●	●●●	●●●	●●●
2	●●●	●●●	●●●	●●●

EVALUACIÓN

ENTRÉNATE

1. Cuáles serían los criterios de localización (al menos cuatro) a considerar en la instalación de:
   a) Una residencia universitaria.
   b) Un comercio de equipamiento deportivo.
   c) Una tienda de instrumentos musicales.
2. Explique por qué las que las empresas manufactureras se sitúan cerca de los proveedores de materias primas. ¿Qué otros factores tienen en cuenta?
3. ¿Qué se entiende por dimensión empresarial? ¿Cuáles son los principales criterios utilizados para clasificar empresas según su dimensión?
4. Cite y explique dos criterios que le permitan clasificar una empresa como pyme.
5. La empresa Campestre S. L. comenzó dedicándose al sector lácteo. En sus primeros años, su objetivo fue aumentar sus ventas en el mercado nacional. Posteriormente, cuando el producto fue consolidándose, lanzó al mercado distintas variedades de productos: leche rica en calcio, con soja, etc. Después adquirió una empresa dedicada a la producción de envases de leche. En su última etapa adquirió una empresa dedicada al sector de ocio y turismo. Identifique y explique las distintas estrategias de crecimiento de la empresa.
6. Explique la estrategia de desarrollo de la empresa a través del crecimiento interno y del externo.
7. Los fabricantes de automóviles suelen comprar a otras empresas algunos componentes (cajas de cambio, neumáticos, etc.) de sus coches.
   a) ¿Por qué no los fabrican ellos mismos?
   b) ¿Qué factores llevan a las empresas a limitarse a desarrollar una de las fases de la cadena de valor?
8. Explique las ventajas e inconvenientes de las pyme frente a las grandes empresas.
9. El proceso de globalización está contribuyendo a la internacionalización de las empresas. En este sentido, se pide que indique tres alternativas que tiene una empresa multinacional para expandirse.
10. Defina el concepto de la inversión directa en el exterior como estrategia de desarrollo de la empresa multinacional.
11. Defina qué se entiende por empresa multinacional y señale dos ventajas y dos inconvenientes para los países receptores de este tipo de empresas.
12. Una empresa productora de automóviles que se encuentra localizada en España decide trasladar la fábrica a otro país en vías de desarrollo:
    a) ¿Qué fenómeno económico se ha producido? Defínalo.
    b) ¿Qué criterios habrá utilizado la empresa para buscar el nuevo país para la fabricación?

Test de conocimientos básicos

1. La localización de una empresa industrial depende de:
   a) La visibilidad del local.
   b) El coste del suelo.
   c) Las dos anteriores son correctas.
2. Entre los criterios para clasificar las empresas por su tamaño están:
   a) Su volumen de ventas y el número de trabajadores.
   b) Su número de proveedores y de clientes.
   c) La superficie de sus instalaciones.
3. La forma de crecimiento que se basa en la fusión o adquisición de empresas del mismo sector se denomina:
   a) Concentración horizontal.
   b) Integración vertical.
   c) Crecimiento externo diversificado.
4. Cuando dos empresas se unen, perdiendo ambas su personalidad jurídica para crear otra nueva, es una:
   a) Fusión pura.
   b) Fusión por absorción.
   c) *Joint venture*.
5. La estrategia de diversificación dirigida hacia el mercado de productos complementarios o sustitutivos a los ya producidos es la diversificación:
   a) Vertical.
   b) Horizontal.
   c) Heterogénea.
6. Una concentración vertical de empresas que cubre todas las fases del proceso productivo es:
   a) Un *trust*. b) Un cartel. c) Un *holding*.
7. El crecimiento interno de una empresa es:
   a) La adquisición y cooperación de esa empresa con otras empresas.
   b) La apertura de nuevas fábricas en el interior del país.
   c) El incremento de la capacidad productiva mediante nuevas inversiones.
8. Uno de los inconvenientes de las pymes es:
   a) La dificultad para conseguir financiación.
   b) Su flexibilidad y adaptabilidad.
   c) La proximidad al cliente.

5 La función productiva de la empresa

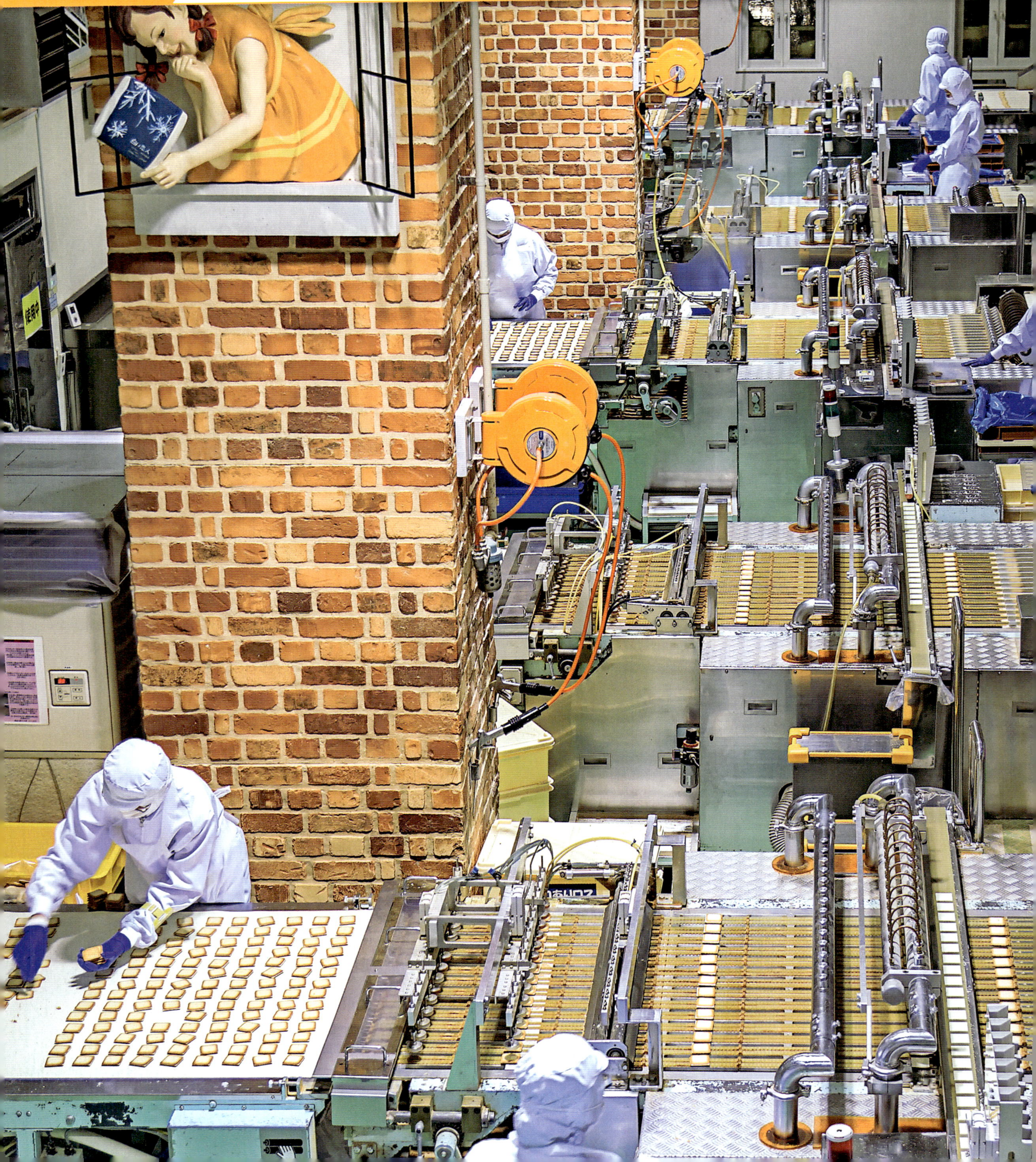

La actividad productiva de las empresas consiste en transformar materias primas en productos terminados. En ese proceso, las empresas soportan una serie de costes que tratan de recuperar con los ingresos de la venta de sus productos. Una vez que cubran sus costes, empezarán a obtener beneficios, pero para ello es fundamental ser eficientes, es decir, producir con los mínimos costes.

El comerciante que no veía la televisión

Érase una vez un hombre que vivía muy cerca de un importante cruce de caminos. Todos los días, a primera hora de la mañana, llegaba hasta allí e instalaba un puesto ambulante donde vendía bocadillos que él mismo elaboraba.

Era un poco sordo, por lo que no escuchaba la radio, y como no gozaba de buena vista, tampoco leía la prensa ni veía televisión. Pero, eso sí..., hacía y vendía exquisitos bocadillos.

Un tiempo después, y dado el éxito de sus bocadillos, alquiló un local, colocó un gran letrero de colores y promocionó su negocio en un periódico local: "¡Compre deliciosos bocadillos calientes y recién hechos!". El resultado fue que la gente compraba cada día más y más.

Como sus clientes crecían, aumentó la compra de materias primas y utensilios, alquiló un local más grande y mejor ubicado, y sus ventas se incrementaron día a día. Su fama aumentaba y su trabajo era tanto que decidió llamar a su hijo, un importante empresario de una gran ciudad, para que lo ayudara a llevar el negocio.

A la llamada del padre, su hijo respondió:

—Pero, papá, ¿no escuchas la radio, ni lees los periódicos, ni ves televisión? Este país está entrando en una gran crisis; la situación es muy mala y parece que irá a peor.

El padre pensó: "Mi hijo trabaja en una gran ciudad, lee los periódicos y ve la televisión; tiene contactos importantes... ¡Debe de saber de lo que habla!".

Así que revisó sus cuentas y, como comprobó que tenía muchos costes (alquiler del local, materias primas, etc.), decidió disminuir la compra de ingredientes y empezó a producir cada día menos bocadillos para que no le pillara la crisis. También dejó de promocionar su producto, y su fama y sus ventas comenzaron a caer semana a semana.

Tiempo después, desmontó el letrero y devolvió el local.

Aquella mañana llamó a su hijo y le dijo:

–¡Tenías mucha razón: verdaderamente estamos atravesando una gran crisis!

Adaptado de <**http://www.e-sm.net/sveco2bachud05_01**>

ANALIZA LA IMAGEN

1. En la fábrica de galletas de la imagen, observa los distintos factores de producción y señala ejemplos de ellos. ¿Cómo podríamos saber si esa forma de hacer galletas es la más eficiente?
2. En esta empresa se producen distintos costes. ¿Cuáles se deducen de la imagen? ¿Cómo recupera esos costes la empresa?

ANALIZA EL TEXTO

- ¿Crees que hizo bien el empresario en hacerle caso a su hijo? Justifica tu respuesta.
- ¿Qué le habrías aconsejado tú? ¿Cómo terminaría el cuento con tus consejos?
- ¿Qué enseñanzas extraes del cuento?

1 El área de producción de la empresa

Ejemplos y casos

Por lo general, las empresas no extraen las materias primas ni realizan todas las transformaciones necesarias para obtener un bien final. Así, las empresas fabricantes de calzado no producen el cuero, ni realizan las operaciones de curtido y teñido de las pieles, ni elaboran las colas, tintes, plásticos y tejidos que utilizan para producir zapatos. De igual modo, una vez fabricado el calzado, son otras empresas las que suelen distribuirlo, y le añaden las utilidades de tiempo, lugar y propiedad.

Producir consiste en crear valor al incrementar la utilidad de los bienes para satisfacer necesidades humanas. Ello implica realizar todas las operaciones necesarias para poner el bien a disposición del consumidor: adquirir las materias primas y transformarlas en productos terminados, y almacenar y transportar los bienes para distribuirlos y venderlos en el momento y lugar adecuados.

Por tanto, la utilidad total de un bien se puede descomponer en cuatro tipos de utilidades que van añadiendo valor al bien:

1. La **utilidad de forma**, al transformar las materias primas en productos con la forma y las cualidades que el consumidor desea.

2. La **utilidad de lugar**, al situar el producto en un lugar cercano y cómodo para el consumidor.

3. La **utilidad de tiempo**, al permitir que el producto esté a disposición del cliente en el momento en que lo necesita.

4. La **utilidad de propiedad**, al facilitar la formalización de la venta y la entrega del producto al cliente, con el consiguiente traspaso de su propiedad.

Mientras que la utilidad de forma la crea la función productiva de la empresa (área de producción), las utilidades de tiempo, lugar y propiedad las crea la función comercial de la empresa (área de *marketing*). Sin embargo, no es frecuente que una misma empresa realice todas las operaciones necesarias para crear la utilidad de forma de un bien (véase el ejemplo al margen).

El proceso de producción

El **área de producción** se encarga del aprovisionamiento de los factores productivos necesarios y de su posterior transformación en bienes y servicios.

Para entender el proceso de aprovisionamiento y transformación, podemos observar todo lo que hay que hacer para producir, por ejemplo, la ropa que usamos. En primer lugar, es preciso disponer de la materia prima necesaria, que en este caso son los distintos tipos de tejidos; estos tejidos, a su vez, se obtienen a partir de otras materias primas que nos ofrece la naturaleza (algodón, lana, lino, etc.). A continuación, habrá que transportar esos materiales hasta el lugar donde se procesan (hilado, teñido, etc.), para así obtener las telas y tejidos adecuados. Una vez fabricada la tela, habrá que trasladarla hasta la fábrica de confección de ropa, donde, con otros materiales, como hilos, botones, cremalleras, etc., se dará forma definitiva a la prenda.

Este ejemplo muestra que, aunque pueden ser distintas las empresas que llevan a cabo las actividades mencionadas (obtención de materia prima, fabricación de tejidos y confección de ropa), sus procesos de producción tienen una característica común: utilizan materiales más o menos elaborados (factor recursos naturales); maquinaria e instalaciones, medios de transporte, etc. (factor capital); y trabajadores especialistas en las distintas tareas para dar la forma adecuada a la ropa (factor trabajo). Es decir, todo proceso de producción requiere unas **entradas o factores de producción** y genera unas **salidas o productos**. Tal proceso puede comportar cambios físicos o químicos en los materiales, un ensamblaje de componentes, etc.

El proceso de producción

2 Tipos de sistemas productivos

Si se observa la actividad productiva de las empresas, vemos que existen distintas formas de producir. Los criterios básicos que las diferencian son:

1. Según el **destino** del producto, la producción puede ser **por encargo** (por pedido), cuando la empresa elabora el bien o servicio a partir de los deseos del cliente (una reparación de fontanería o la confección de un traje a medida), o **para el mercado**, cuando se produce para los consumidores en general.
2. Según el **grado de homogeneidad** del producto, se distingue entre producción **artesanal** y **en serie o en masa**. En la producción artesanal cada producto tiene sus propias características, mientras que en la producción en masa los productos son idénticos y estandarizados (ordenadores, bolígrafos, automóviles, etc.).

   Una forma intermedia entre la producción artesanal y en masa es la **producción por lotes**, en la que se fabrican cantidades pequeñas de una gran variedad de productos (sector textil, calzado, juguetería, etc.).

   La producción en masa constituye el sistema de fabricación dominante en la actualidad. Sus características principales son:

   - Las máquinas y puestos de trabajo están alineados en cadena, según la secuencia lógica de las tareas que se realizan.
   - Concentra un número muy elevado de máquinas y trabajadores, que fabrican grandes cantidades de productos homogéneos.
   - Las tareas se definen de una forma muy minuciosa y existe una marcada división del trabajo.

   Todo ello contribuye a reducir costes y precios, lo que ha permitido satisfacer una gran demanda de productos y ha propiciado el desarrollo de la sociedad de consumo. Hoy se utiliza cada vez más una variante más flexible de este sistema, el **método "justo a tiempo"**, con el que se pretende satisfacer una gran demanda, pero con productos diferenciados (véase el estudio de casos, abajo).
3. Según la **dimensión temporal** del proceso, se distingue entre producción **continua e intermitente**. En la producción continua, el proceso se realiza sin interrupciones (altos hornos, refinerías de petróleo y, en general, los sectores en los que es muy costoso detener el proceso). Por el contrario, la producción intermitente no requiere continuidad y las interrupciones no plantean problemas técnicos ni de costes (talleres de reparación, comercios, etc.)

La producción por encargo suele ser artesanal o por lotes e intermitente, mientras que la producción para el mercado es, generalmente, en masa. Al mismo tiempo, en cualquiera de los sistemas expuestos, la producción puede ser simple (un solo producto) o múltiple (varios productos diferenciados).

Las formas de producir varían de unas empresas a otras. Mientras que unas producen artesanalmente productos individualizados, otras fabrican en serie grandes cantidades de productos homogéneos.

smSaviadigital.com PRACTICA

Reconoce los distintos tipos de sistemas productivos con esta actividad.

ESTUDIO DE CASOS El método "justo a tiempo" o JIT (*just in time*)

Este sistema fue desarrollado por la fábrica Toyota y surgió de la necesidad de fabricar diversos tipos de automóviles, en pequeñas cantidades, con el mismo proceso de producción. Al igual que la producción en masa, el JIT se caracteriza por satisfacer la demanda de los mercados de masas, pero en lugar de fabricar grandes cantidades de un producto homogéneo, se fabrican pequeñas cantidades o lotes de una gran variedad de productos. Con ello se trata de atender la demanda de clientes que exigen productos más personalizados y de calidad, con cortos plazos de entrega y, además, a unos costes reducidos.

Para ello, en todas las fases del proceso de fabricación se produce únicamente la cantidad requerida por la demanda y en el momento adecuado. Así se reduce el tiempo de producción y se responde más rápidamente a los cambios del mercado y la demanda. Este método requiere coordinar con precisión todas las fases y, en especial, los aprovisionamientos, de forma que la cantidad exacta que se necesita esté justo en el momento requerido.

- ¿En qué se diferencia la producción en masa de la producción "justo a tiempo"? ¿Qué factores han contribuido al desarrollo de este sistema y cuáles son sus requisitos?

3 Producción y eficiencia

Una vez decidido qué bien o servicio producir, hay que elegir la tecnología más eficiente para su producción, es decir, qué técnica se va a utilizar y cómo se van a combinar los factores de producción.

Por **tecnología** se entiende el conjunto de procedimientos técnicos, equipos y maquinaria que se utilizan en el proceso de producción, así como la forma de combinar medios humanos y materiales en ese proceso.

Eficiencia técnica y económica

Si podemos optar entre varias técnicas para lograr una misma producción, escogeremos la más eficiente, es decir, la que emplea menos factores.

Tabla 1

TÉCNICAS	FACTOR TRABAJO (horas)	FACTOR CAPITAL (máquinas)	PRODUCCIÓN (pantalones)
1	100	4	100
2	100	4	80
3	150	3	100

Si una empresa consigue fabricar 100 pantalones con 4 máquinas en 100 horas del factor trabajo (técnica 1), es más eficaz que otra empresa que elabora solo 80 pantalones con esas mismas máquinas y con las mismas horas de trabajo (técnica 2). Por tanto, un método es técnicamente más eficiente que otros si la producción que se obtiene es la máxima posible con una cantidad de factores dada.

Pero en la práctica, lo habitual es que nos encontremos con varias combinaciones igualmente eficientes desde el punto de vista técnico. Por ejemplo, se pueden fabricar los mismos 100 pantalones en 150 horas de trabajo pero con tres máquinas (técnica 3). No se puede decir si esta técnica es más o menos eficiente que la primera, porque exige más trabajo, pero con menos máquinas.

Tabla 2

TÉCNICAS	FACTOR TRABAJO (horas)	PRECIO DE LA HORA DE TRABAJO	FACTOR CAPITAL (máquinas)	COSTE POR MÁQUINA	COSTE TOTAL
1	100	30 u. m.	4	800 u. m.	6200 u. m.
3	150	30 u. m.	3	800 u. m.	6900 u. m.

Cuando son posibles varias combinaciones para lograr la misma cantidad de producción, la elección depende del coste de los factores. Calculando sus costes y comparando (véase tabla 2), se observa que es preferible la técnica 1, porque reduce costes, es decir, su eficiencia económica es mayor. Al elegir la técnica 1 frente a la técnica 3, estamos sustituyendo el factor trabajo por el factor capital, lo cual coincide con una tendencia en nuestra sociedad hacia procesos de producción cada vez más intensivos en capital.

Una forma de producir es más eficiente técnicamente que otras si produce más bienes y servicios con los mismos factores (o produce lo mismo con menos factores). Y es más eficiente económicamente que otras si produce lo mismo con menos costes (o produce más con los mismos costes).

ACTIVIDAD RESUELTA

1. ¿Qué diferencia existe entre un proceso productivo técnicamente eficiente y otro económicamente eficiente?

2. Entre las diferentes combinaciones (procesos productivos) de factores de producción V_1 y V_2 que permitirían obtener una misma cantidad de producto X expuestas en la tabla, determina qué pareja o parejas de valores se pueden considerar, sin ninguna duda, procesos ineficientes.

V_1	5	7	9	17	10	12
V_2	16	10	6	4	32	6

SOLUCIÓN

1. Un proceso productivo es más eficiente técnicamente que otros si produce una cantidad mayor de bienes y servicios con los mismos recursos. Si lo consigue con el mínimo coste, es también más eficiente económicamente.
2. El proceso (10, 32) es ineficiente (técnica y económicamente) frente a los procesos (5, 16), (7, 10) o (9, 6) porque utiliza más recursos de ambos factores para producir lo mismo. Para pronunciarnos sobre la eficacia técnica de los demás, habría que conocer el coste de cada uno de los factores y ver cuál es más barato (eficiencia económica).

La función de producción

Una vez que sabemos cuál es la técnica más eficiente, hay que decidir qué cantidad producir. Para responder a esta pregunta, las empresas estudian su **función de producción**. Veamos cómo lo hacen a través del ejemplo de una empresa que produce pantalones.

¿Cuántos pantalones se podrán producir diariamente si suponemos que se dispone de un local y una máquina de coser, y que a corto plazo solo puede variar el número de trabajadores? Lógicamente, en estas circunstancias la producción de pantalones dependerá de la cantidad de trabajo que se utilice, como muestra la tabla al margen.

En el gráfico, observamos que con el primer trabajador la producción pasa de 0 a 15 pantalones al día (punto A). Este aumento refleja el **producto marginal** (**PM**) de ese primer trabajador, es decir, lo que este añade a la producción. Con un segundo operario, la producción alcanzaría los 34 pantalones (punto B), aumentando el PM a 19 unidades.

El que el PM del segundo trabajador sea mayor no se debe a su mayor talento o esfuerzo, sino a las ventajas de la división técnica del trabajo. El primero tenía que medir, cortar y coser, con la consiguiente pérdida de tiempo en cambiar de tarea. Con dos trabajadores, mientras uno mide y corta, el otro puede continuar cosiendo, y así aumenta significativamente la producción. Con tres trabajadores, la producción aumenta, pero solo en 10 pantalones. Esta disminución del PM se debe a que el tercer trabajador empieza a sobrecargar las instalaciones. Dos personas no pueden coser al mismo tiempo con una sola máquina, por lo que se pierde tiempo en esperas. Esta limitación es aún más evidente con cuatro trabajadores, pues su PM es de 4. Si se contrata un séptimo trabajador, se molestan unos a otros y la producción disminuye. De este modo, el PM del séptimo es negativo, ya que desciende la producción de 51 a 47 pantalones (punto G).

La **función de producción** indica cómo varía la producción cuando aumenta alguno de los factores y se mantienen constantes los demás.

NÚMERO DE TRABAJADORES	PRODUCCIÓN DIARIA DE PANTALONES	PRODUCTO MARGINAL (PM)
0	0	0
1	15	15
2	34	19
3	44	10
4	48	4
5	50	2
6	51	1
7	47	–4

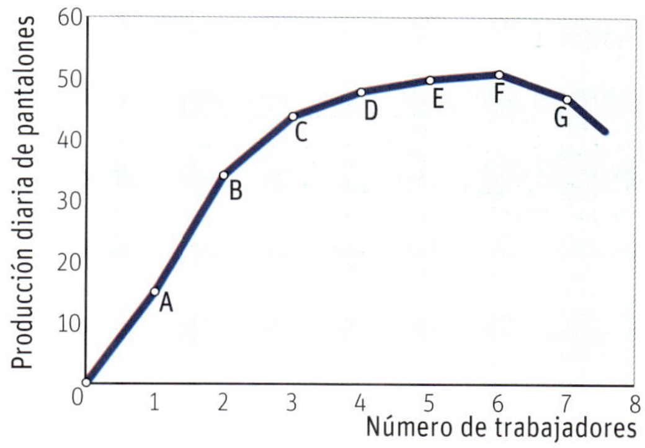

El gráfico muestra cómo aumenta la producción cuando se incrementa el número de trabajadores: la curva es ascendente, llega a un máximo (punto *F*) y se vuelve descendente.

Los rendimientos decrecientes

Como hemos visto, contratando más trabajadores no siempre se obtiene el mismo rendimiento. Si nos fijamos, al pasar de 0 a 1 o de 1 a 2, la producción añadida va en aumento, esto es, los rendimientos son crecientes. Pero al pasar de 2 a 3 y siguientes, la producción de pantalones adicionales disminuye, es decir, los rendimientos son decrecientes. Ello se explica porque a medida que se contrata más trabajo, las instalaciones se comparten entre más trabajadores y llega un momento en que la limitación de espacio y de equipos hace que el PM empiece a disminuir.

Según el **principio económico de los rendimientos decrecientes**, el PM de un factor de producción (por ejemplo, el trabajo) comienza a disminuir a partir de un determinado punto, a medida que se utiliza una mayor cantidad de él, si se mantienen constantes los demás factores.

Para una empresa, comprender este concepto es importante, porque ayuda a decidir cuántos trabajadores se deben contratar a corto plazo a partir de una situación dada.

A largo plazo, la cuestión varía, ya que podríamos construir una fábrica mayor o introducir nuevas técnicas de confección de pantalones (nuevas tecnologías) etc., y aumentar así nuestras posibilidades productivas, lo que daría lugar a una nueva función de producción.

smSaviadigital.com **PRACTICA**

Analiza la función de producción en estos casos.

4 Costes, ingresos y beneficios de la empresa

Ejemplos y casos

Al comprar un coche, pagamos unos gastos fijos que son independientes de los kilómetros usados (como la letra mensual, si es a crédito, o los impuestos, el seguro, etc.), así como otros gastos que son variables y que dependen del uso del coche, como la gasolina, el aceite o el cambio de ruedas. Los primeros son fijos: hay que pagarlos aunque el coche esté siempre en el garaje. Los segundos variarán con los kilómetros recorridos. Lo mismo ocurre en las empresas con sus costes.

Para poder producir, las empresas compran materias primas, contratan trabajadores, adquieren maquinaria, utilizan energía, pagan seguros y alquileres, etc.; es decir, se ven obligadas a consumir factores productivos que poseen también un valor económico.

El **coste de producción** de un bien o servicio es el valor monetario de los factores utilizados para su obtención.

Costes fijos y variables a corto plazo

Dentro de los costes de producción es preciso distinguir entre dos tipos diferentes, los fijos y los variables:

- **Costes fijos.** Para comenzar a producir, una empresa necesita unas instalaciones (por ejemplo, un local, un almacén, unas oficinas, etc.), y, dentro de ellas, deberá disponer de máquinas, herramientas, mobiliario, etc. Con independencia del volumen de producción que tenga, la empresa debe hacer frente a unos costes que, precisamente por ello, se consideran costes fijos. Se trata, por tanto, de unos costes que son independientes de la cantidad producida. Algunos ejemplos son el alquiler del local, la amortización de la maquinaria y las instalaciones, la mano de obra fija, las pólizas de seguros, los gastos financieros, etc.
- **Costes variables.** Pero, además, en la empresa encontramos también otro tipo de costes que se denominan variables porque van cambiando en función de la cantidad producida, es decir, crecen o disminuyen a medida que se produce más o menos. Un ejemplo de costes variables son las materias primas que se usan, o las horas extras de trabajo empleadas en las tareas productivas, que varían en proporción directa a la cantidad de bienes fabricados. Por ejemplo, el valor de la madera consumida en la fabricación de muebles va aumentando a medida que se producen más unidades.

No obstante, **a largo plazo**, todos los costes son variables. Esto es debido a que, conforme va transcurriendo el tiempo, las empresas crecen, amplían el tamaño de sus instalaciones, emplean más maquinaria, contratan a más trabajadores e incrementan su volumen de producción. Y todo ello hace que sus costes fijos también se incrementen, es decir, que los costes que a corto plazo eran fijos se conviertan a largo plazo en variables.

En el gráfico del margen se representan los costes fijos por medio de una línea recta que parte del eje de ordenadas, por la cuantía de dichos costes, y va paralela al eje de abscisas, lo que nos indica que estos costes siempre son los mismos sea cual sea el número de unidades producidas.

Los costes variables parten del origen de coordenadas porque si la producción fuera cero, no existirían estos costes variables. Por lo tanto, a medida que el número de unidades producidas es mayor, el valor de estos costes aumenta.

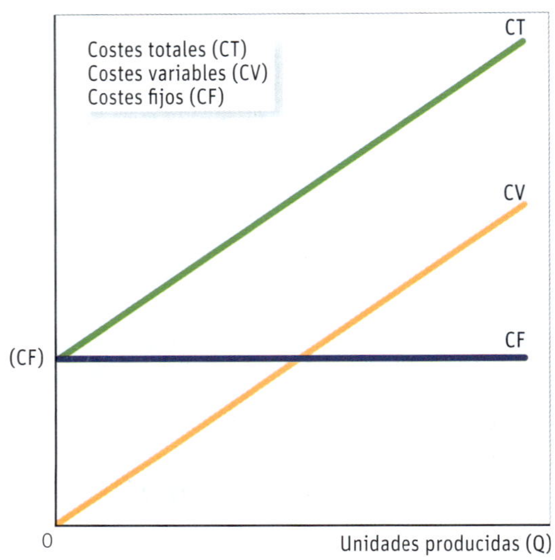

Los costes totales

La suma de los costes fijos (CF) y de los costes variables (CV) de una empresa determina el coste total de producción (CT):

$$CT = CF + CV$$

Como se observa en el gráfico, la representación de la función de costes totales parte del eje de ordenadas a la altura de los costes fijos y transcurre paralela a la curva de costes variables.

La pendiente de la curva de costes totales es la misma que la de costes variables, ya que la primera se obtiene sumando los costes fijos, que son constantes, a los costes variables.

El coste medio o coste por unidad

Dividiendo el coste total de un período entre el número de unidades producidas (Q) en ese período, obtenemos el **coste medio** o coste unitario, es decir, lo que cuesta por término medio producir una unidad de producto:

CMe = CT / Q

Asimismo, el **coste variable medio** será el cociente entre el coste variable del período y las unidades producidas:

CVMe = CV / Q

De la misma forma, el **coste fijo medio** o coste fijo unitario de un período será:

CFMe = CF / Q

Ingresos y beneficios

La empresa obtiene sus **ingresos** de vender en el mercado los bienes y servicios que produce, es decir, los ingresos se obtienen así:

Ingresos = precio · unidades vendidas = p · Q

La diferencia entre estos ingresos y los costes totales es el **beneficio de la empresa**. Los beneficios, al igual que los costes y los ingresos, siempre van referidos a un período de tiempo: un mes, un trimestre o un año.

Beneficios = ingresos – costes totales = I – CT

EMPRESA	PRODUCTO
Beneficios totales	Beneficio unitario
Costes totales (CT)	Coste medio (CMe)
CF	CFMe
CV	CVMe
Ingresos (I)	Ingresos medios (IMe)

A modo de resumen, podemos establecer la relación existente entre las magnitudes referidas a la empresa (escala global) y a un producto de esa empresa (escala unitaria). Para pasar de la escala global a la escala unitaria, solo tenemos que dividir por Q (número de unidades). Para pasar de la escala unitaria a la escala global, multiplicaremos por Q.

EN LA PRÁCTICA **Cálculo de costes, ingresos y beneficios**

Una empresa produce al año 20 000 unidades de un bien con unos costes fijos por valor de 300 000 euros y unos costes variables de 25 euros por unidad producida. Si esta empresa vende cada unidad a 50 euros, ¿cuál será su beneficio anual?

¿Cuál es el coste por unidad o coste medio y cuánto gana en cada unidad?

I = p · Q = 50 · 20 000 = 1 000 000 euros.

CV = CVMe · Q = 25 · 20 000 = 500 000 euros.

Costes totales (CT) = CF + CV = 300 000 + 500 000 = 800 000 euros.

Beneficios = 1 000 000 – 800 000 = 200 000 euros.

CMe = CT / Q = 800 000 / 20 000 = 40 euros.

Beneficio unitario = p – CMe = 50 – 40 = 10 euros (el 20 % del precio).

El gráfico representa las funciones de ingresos y costes de esta empresa. Los ingresos parten del origen, porque si las ventas son cero, no existen ingresos. A medida que aumentan las unidades vendidas, los ingresos crecen; para unas ventas de 20 000 unidades, los ingresos son de 1 000 000 de euros. Como puede observarse, para esa cifra de ventas, los ingresos superan los costes en 200 000 euros, que son los beneficios del período.

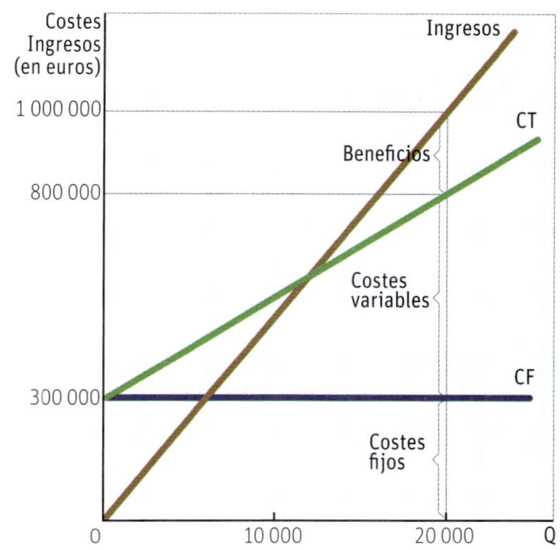

- Si al año siguiente la empresa aumenta su producción en un 10 %, manteniendo sus costes fijos, ¿cuál es su beneficio anual, su coste medio y su beneficio unitario?

ACTIVIDAD RESUELTA

1. A partir de las estructuras de costes mensuales de las empresas, A y B, que se presentan en la tabla:

a) Calcula los costes variables unitarios de ambas.

b) Representa sus ecuaciones de costes mensuales.

c) ¿Qué empresa es más eficiente económicamente para una producción de 500 unidades mensuales?

d) Calcula a partir de qué cantidad producida tiene mayor eficiencia económica la empresa B.

Empresa A	
Retribución total a los empleados	50 000 €
Cuotas fijas de diversos suministros	4000 €
Gastos financieros	15 000 €
Energía por unidad producida	15 €
Materias primas por unidad producida	20 €
Amortización de maquinaria	600 €
Otros suministros por unidad producida	10 €

Empresa B	
Retribución total a los empleados	60 000 €
Cuotas fijas de diversos suministros	2000 €
Gastos financieros	10 000 €
Energía por unidad producida	15 €
Materias primas por unidad producida	18 €
Amortización de maquinaria	400 €
Otros suministrospor unidad producida	8 €

SOLUCIÓN

a) Para hallar el coste variable unitario (CVMe) de estas empresas, sumaremos todos los costes que varían con la producción:

$CVMe_A = 15 + 20 + 10 = 45$ €

$CVMe_B = 15 + 18 + 8 = 41$ €

b) Para representar las ecuaciones de costes mensuales de las empresas A y B, calcularemos, en primer lugar, sus costes fijos.

$CF_A = 50\,000 + 4000 + 15\,000 + 600 = 69\,600$ €

$CF_B = 60\,000 + 2000 + 10\,000 + 400 = 72\,400$ €

Para obtener el CV, multiplicaremos el CVMe por el número de unidades producidas mensualmente, que desconocemos y llamaremos *Q*:

$CV_A = CVMe \cdot Q = 45 \cdot Q$

$CV_B = CVMe \cdot Q = 41 \cdot Q$

Y, por tanto, las ecuaciones de costes vendrán dadas por:

$CT_A = CF + CV = 69\,600 + 45 \cdot Q$

$CT_B = CF + CV = 72\,400 + 41 \cdot Q$

c) La empresa más eficiente económicamente es A, porque tiene menos costes totales para un mismo nivel de producción (Q), en este caso, 500 unidades:

$CT_A = CF + CVMe \cdot Q = 69\,600 + 45 \cdot 500 = 92\,100$ €

$CT_B = 72\,400 + 41 \cdot 500 = 92\,900$ €

d) Al desconocer la cantidad de producción para el que los costes de ambas empresas se igualan, la llamaremos *x*:

$69\,600 + 45 \cdot x = 72\,400 + 41 \cdot x$

Despejando: $x = 2800 / 4 = 700$ unidades

Hasta 700 unidades, ambas empresas son igualmente eficientes. A partir de esa cifra, la empresa B es más eficiente porque sus costes totales son menores que los de A.

2. Una empresa tiene la siguiente estructura de costes mensuales: retribución a los empleados, 28 000 €; cuota fija de suministros, 4000 €; cuota variable de suministros, 6 € por unidad producida; gastos financieros, 6000 €; materias primas, 9 € por unidad producida; energía, 5 € por unidad producida; y alquiler de locales, 12 000 €. Si las ventas mensuales son 5000 unidades, ¿a qué precio vende su producto si para esas ventas sus ingresos coinciden con sus costes? Representa gráficamente su estructura de ingresos y costes para el precio calculado.

SOLUCIÓN

$CF = 28\,000 + 4000 + 6000 + 12\,000 = 50\,000$

$CVMe = 6 + 9 + 5 = 20$

Si se producen y venden 5000 unidades, el coste total será:

$CT = CF + CVMe \cdot Q = 50\,000 + 20 \cdot 5000 = 150\,000$ euros

Como para esas ventas los ingresos coinciden con los costes:

$I = CT = 150\,000$

$I = p \cdot Q = p \cdot 5000 = 150\,000$

Despejando: $p = 150\,000 / 5000 = 30$ euros

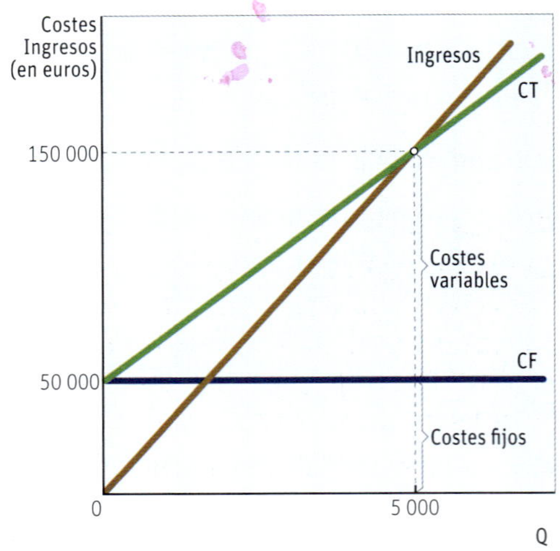

5 Los componentes del coste

Los costes de la empresa se recuperan a través de la venta de sus productos; por eso, para fijar el precio de venta de cada producto se calcula cuánto cuesta producirlo y se aplica a esa cantidad un margen de beneficio. Pero para saber el coste de un producto concreto necesitamos conocer todos los costes de la empresa e imputar a ese producto la parte que le corresponde del total. Esto es fácil si el sistema de producción es simple (un solo producto), pero se complica cuando la producción es múltiple (varios productos diferentes del mismo proceso).

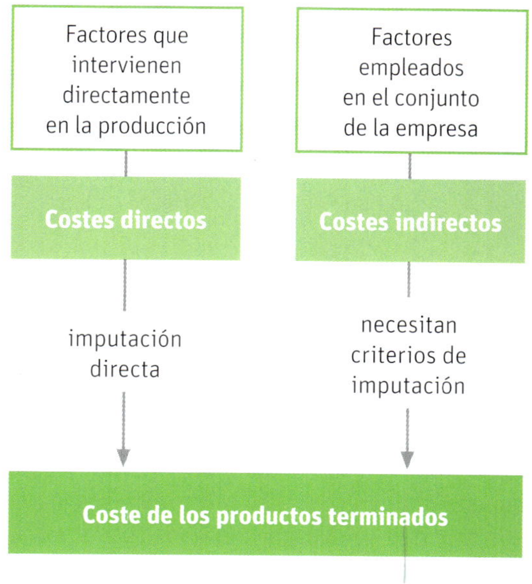

Costes directos y costes indirectos

En la fabricación de un bien, solo intervienen directamente algunos factores (materia prima, mano de obra, etc.). Imputar estos costes es fácil: si una mesa contiene una cantidad de madera determinada, el coste de ese componente es fácil de calcular, ya que será el precio pagado por ella. Estos costes asociados directamente a la fabricación del producto son los **costes directos**.

Además, están los **costes indirectos**, que afectan a toda la empresa y no a un solo producto (alquiler del local, sueldo de un vigilante, etc.). Para calcular qué cantidad de esos costes corresponde a cada producto hay que establecer un criterio de asignación. La adecuada imputación de estos costes a cada producto de la empresa es fundamental para determinar cómo contribuye cada uno a la obtención de los beneficios.

*

Costes directos

Están directamente vinculados con la producción y, por tanto, puede identificarse con facilidad qué cantidad de ellos corresponde a cada producto.

Costes indirectos

Afectan a la empresa en su conjunto y, por tanto, son comunes a los diversos productos.

Proceso de formación del coste de la empresa

El coste total de la empresa es una suma de componentes. En primer lugar, están los costes directos de los productos (materia prima, trabajo y energía). A ellos se añaden los costes indirectos del área de producción (coste indirectos industriales) para calcular el **coste industrial**. Luego se agregan los costes administrativos y comerciales para obtener el **coste de explotación** o de la actividad. Finalmente, se añaden los costes financieros y otros costes generales (costes de dirección, seguros, etc.) para obtener el **coste total de la empresa**.

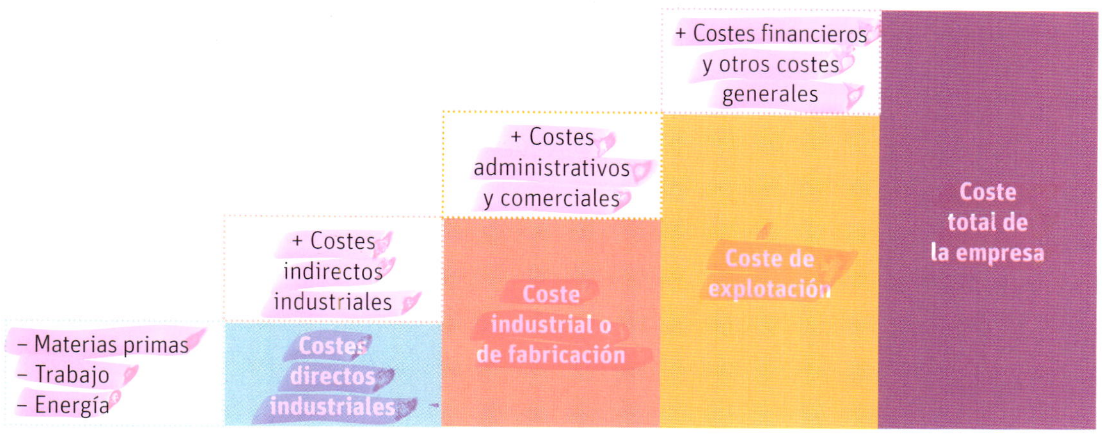

ACTIVIDAD RESUELTA

1. El año pasado, una fábrica de mesas consumió 120 000 u. m. de madera y 20 000 u. m. de electricidad. Pagó 300 000 u. m. de mano de obra directa y 30 000 u. m. de mano de obra indirecta. Los costes de amortización de las instalaciones fueron 66 000 u. m., y produjo y vendió 1000 mesas a un precio de venta unitario de 600 u. m. :
   a) Calcula el coste de fabricación unitario de las mesas.
   b) Calcula el resultado interno de la actividad productiva.

SOLUCIÓN

a) Coste total industrial = costes directos industriales + costes indirectos industriales = (120 000 + 300 000 + 20 000) + (30 000 + 66 000) = 440 000 + 96 000 = 536 000 u. m.

Coste de fabricación de una mesa = coste total de fabricación / mesas producidas = 536 000 / 1000 = 536 u. m.

b) Resultado interno = ingresos por ventas − costes de fabricación = 600 000 − 536 000 = 54 000 u. m.

6 El umbral de rentabilidad

Cada planta que se vende en este vivero-tienda supone un ingreso por su precio. Si esos ingresos solo dan para pagar tanto los costes variables como los fijos del negocio, no hay ni beneficios ni pérdidas.

El **umbral de rentabilidad** o **punto muerto** de la empresa nos indica qué volumen de ventas debe realizar la empresa para cubrir todos sus costes, tanto fijos como variables. Por tanto, con esta cifra de ventas, la empresa ni pierde ni gana (beneficio cero). Es el umbral a partir del cual la empresa comienza a obtener beneficios, mientras que por debajo de ese nivel, tendrá pérdidas.

Como es lógico, las empresas están especialmente interesadas en saber cuál es ese nivel de ventas. Veamos cómo lo hacen.

Si llamamos *Q* al volumen de ventas; *I* a los ingresos totales; *CT*, *CV* y *CF* a los costes totales, variables y fijos, respectivamente; *p* al precio de venta de cada unidad; y *CVMe* al coste variable medio, tenemos:

- Por un lado, los ingresos: I = precio · n.º de unidades vendidas = p · Q.
- Por otro lado, los costes: CT = CF + CV = CF + (CVMe · Q).

El umbral de rentabilidad vendrá dado por aquel volumen de ventas (es decir, un volumen de Q que llamaremos Q_0) en el que se cumple que los ingresos coinciden con los costes, es decir, en $Q_0 \rightarrow I = CT$. Desarrollando la igualdad, tenemos:

$$p \cdot Q_0 = CF + (CVMe \cdot Q_0)$$

$$(p \cdot Q_0) - (CVMe \cdot Q_0) = CF$$

$$Q_0 \cdot (p - CVMe) = CF$$

$$\boxed{Q_0 = CF / (p - CVMe)}$$

Q_0 suele expresarse en unidades de producto vendidas; representa el nivel de ventas para el que los ingresos y los costes totales de la empresa coinciden y, por tanto, en el que el resultado o beneficio es cero.

EN LA PRÁCTICA Cálculo del umbral de rentabilidad

Una empresa tiene una capacidad para producir y vender al año 12 000 unidades de un producto, con unos costes fijos por valor de 200 000 euros y unos costes variables de 40 euros por unidad producida. Si vende cada unidad a 60 euros, ¿dónde se encuentra su umbral de rentabilidad?; es decir, ¿a partir de qué cantidad de ventas empieza a obtener beneficios?

Aplicando la fórmula: Q_0 = CF / (p – CVMe) = 200 000 / (60 – 40) = 10 000 unidades.

Podemos comprobar que para ese nivel de ventas se cumple que I = CT:

I = p · Q = 60 · 10 000 = 600 000 euros.

CV = CVMe · Q = 40 · 10 000 = 400 000 euros.

Costes totales = CF + CV = 200 000 + 400 000 = 600 000 euros.

Beneficios = 600 000 – 600 000 = 0 euros.

Como esta empresa tiene capacidad para vender 12 000 unidades, esto quiere decir que si alcanza esa cifra estará situada por encima de su umbral de rentabilidad, es decir, obtendrá beneficios, como podemos comprobar:

I = p · Q = 60 · 12 000 = 720 000 euros.

CV = CVMe · Q = 40 · 12 000 = 480 000 euros.

Costes totales = CF + CV = 200 000 + 480 000 = 680 000 euros.

Beneficios = 720 000 – 680 000 = 40 000 euros.

Si por problemas de producción solo consigue producir al 80 % de su capacidad, sus ventas serían de 9600 unidades, con lo que sus beneficios serían negativos (pérdidas):

Beneficios = (60 · 9600) – (200 000 + 40 · 9600) = 576 000 – 584 000 = –8000 euros.

Representación gráfica

Para representar la situación en la que la empresa alcanza el umbral de rentabilidad, nos serviremos del ejemplo de la página anterior. En el eje vertical se representan los ingresos y costes de esta empresa, mientras que en el horizontal se representan las cantidades vendidas (Q). Los ingresos parten del origen, porque si las ventas son cero no existen ingresos. A medida que aumentan las unidades vendidas, los ingresos crecen; para unas ventas de 10 000 unidades, los ingresos son 600 000 euros.

Los costes fijos se representan por medio de una línea recta que parte del eje de ordenadas por la cuantía de dichos costes (200 000 euros); siempre son los mismos, sea cual sea el número de unidades vendidas. Los costes variables parten del origen de coordenadas (0,0), porque si la producción es cero no existen costes variables. A medida que el número de unidades producidas es mayor, el valor de estos costes va en aumento. Los costes totales parten del eje de ordenadas a la altura de los costes fijos (200 000) y su evolución es paralela a la curva de costes variables.

Como se observa, para unas ventas de 10 000 unidades, los costes totales son de 600 000 euros, es decir, en ese punto los ingresos coinciden con los costes totales, lo que se comprueba gráficamente porque es el punto en el que se cortan la curva de ingresos y la de costes totales. Es decir, que si la empresa produce y vende 10 000 unidades, no se obtendrá ni beneficio ni pérdida. Por encima de ese punto, la curva de ingresos supera a la de costes y cada unidad de producto vendida por encima de esa cifra aportará beneficios.

Para unas ventas de 12 000 unidades, los ingresos serían de 720 000 euros. Para esa cifra de ventas los ingresos superarían a los costes totales en 40 000 euros, que serían los beneficios obtenidos.

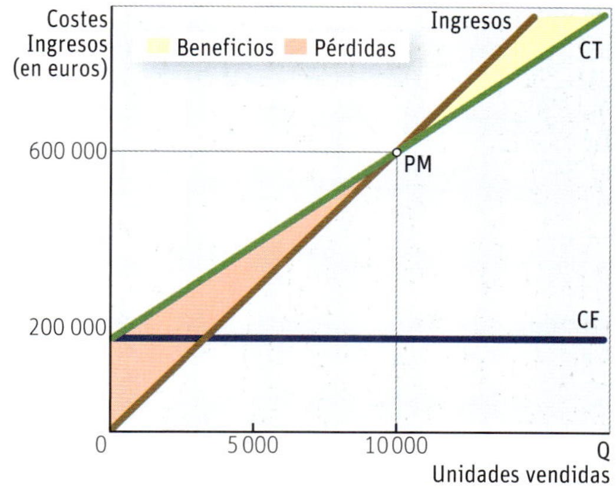

smSaviadigital.com INVESTIGA

Comenta la **representación gráfica del umbral de rentabilidad.**

ACTIVIDAD RESUELTA

1. Los alumnos de Empresariales pretenden recaudar dinero para un viaje y deciden montar un negocio para realizar declaraciones de la renta durante el mes de junio. Alquilan un despacho por 400 euros y pagan una licencia al Ayuntamiento de 100 euros. Además, contratan una campaña de publicidad para promocionar su actividad que les cuesta 100 euros. Piensan pagar al alumno que realice el trabajo 10 euros por cada declaración, y el precio para los potenciales clientes sería de 30 euros por cada declaración. A partir de esta información:

a) ¿Cuántas declaraciones tendrían que realizar para empezar a obtener beneficios? Representa gráficamente el umbral de rentabilidad de la actividad y explica su significado.

b) ¿Cuál sería el beneficio si lograran efectuar 100 declaraciones?

c) ¿Cuál sería el máximo valor que pueden alcanzar las pérdidas de esta actividad?

SOLUCIÓN

a) CF = 400 + 100 + 100 = 600 euros.

El CVMe es lo que se paga al alumno por cada declaración: 10 euros.

El precio (p) = 30 euros.

Por tanto: Q_0 = CF / (p – CVMe) = 600 / (30 – 10) = 30 unidades.

Con 30 declaraciones cubren costes. Por tanto, el umbral de rentabilidad se encuentra en ese nivel de actividad, como podemos comprobar:

Beneficio (30 unidades) = Ingresos – CT =
= (30 · 30) – (600 + 10 · 30) = 900 – 900 = 0.

b) Si consiguen hacer 100 declaraciones, sus beneficios serán:

Beneficio = (30 · 100) – (600 + 10 · 100) = 3000 – 1600 = 1400 euros.

c) El máximo valor que podrían perder estaría en 600 euros (costes fijos), lo que se produciría si no consiguen ningún cliente.

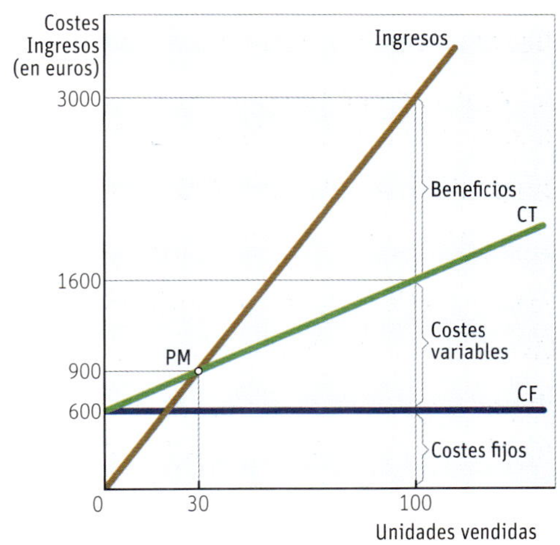

7 ¿Producir o comprar?

Cuando se necesita poca cantidad de un componente, suele ser preferible comprarlo a producirlo. Pero, a partir de cierta cantidad, hay que hacer cálculos para saber qué interesa más.

Como sabemos, las empresas que fabrican automóviles instalan en sus coches unos neumáticos, unos asientos o una caja de cambios de otros fabricantes, mientras que otros componentes como el motor, por ejemplo, los produce la propia empresa. Pero ¿por qué les conviene a estas empresas producir unos componentes mientras que otros los compran en el mercado?

La respuesta es obvia: los fabricará la propia empresa cuando le cueste menos producirlos que adquirirlos en el mercado.

Para decidir esta cuestión, las empresas calculan los costes fijos (CF) que les supondría fabricar un determinado componente, así como el coste variable de cada unidad (CVMe). Si se sabe cuántos componentes se necesitan (Q), el coste de fabricación del componente para la empresa será: $CF + (CVMe \cdot Q)$.

El siguiente paso es conocer el precio (p) al que se podría comprar el mismo componente en el mercado; una vez conocido, el coste de comprar los componentes necesarios será: $p \cdot Q$.

Ahora solo tenemos que comparar las expresiones para tomar la decisión:

- Si $CF + (CVMe \cdot Q) < p \cdot Q \rightarrow$ conviene fabricar el componente, ya que el coste de producirlo es menor que el coste de comprarlo.
- Si $CF + (CVMe \cdot Q) > p \cdot Q \rightarrow$ conviene adquirirlo en el mercado, porque nos cuesta menos comprarlo que producirlo.
- Si $CF + (CVMe \cdot Q) = p \cdot Q \rightarrow$ es indiferente (ambas cuestan lo mismo).

Despejando Q de la última expresión, obtenemos el número de unidades (Q^*) a partir del cual es preferible producir que comprar.

$$CF + (CVMe \cdot Q) = p \cdot Q$$

$$CF = (p \cdot Q) - (CVMe \cdot Q)$$

Sacamos Q como factor común: $CF = Q \cdot (p - CVMe)$. De donde:

$$Q^* = CF / (p - CVMe)$$

EN LA PRÁCTICA La decisión de comprar o producir

Supongamos que una fábrica de frigoríficos necesita incorporar a cada producto un componente que puede, bien fabricar, bien comprar en el mercado a 5 euros la unidad. Si lo fabrica, los costes fijos son de 30 000 euros anuales y el coste variable de fabricación de cada componente, de 2 euros. ¿Qué decisión debe tomar si la producción anual de frigoríficos es de 15 000 unidades?

Veamos a partir de cuántas unidades le interesa producirlo:

$Q^* = CF / (p - CV) = 30\,000 / (5 - 2) = 10\,000$ componentes.

Por tanto, para necesidades superiores a 10 000 componentes es preferible fabricarlos que comprarlos.

Como se necesitan 15 000 componentes, comprobaremos que producirlos es la decisión acertada:

Coste de producir = $CF + CV = CF + (CVMe \cdot Q) = 30\,000 + (2 \cdot 15\,000) = 60\,000$ euros.

Coste de comprar = $p \cdot Q = 5 \cdot 15\,000 = 75\,000$ euros.

Para una producción inferior a 10 000 unidades, interesa comprar en lugar de producir. Por ejemplo, si las necesidades anuales del componente fueran de 8000 unidades, comprobamos que producirlo sería más costoso que comprarlo:

Coste de producir: $30\,000 + (2 \cdot 8000) = 46\,000$ euros.

Coste de comprar: $5 \cdot 8000 = 40\,000$ euros.

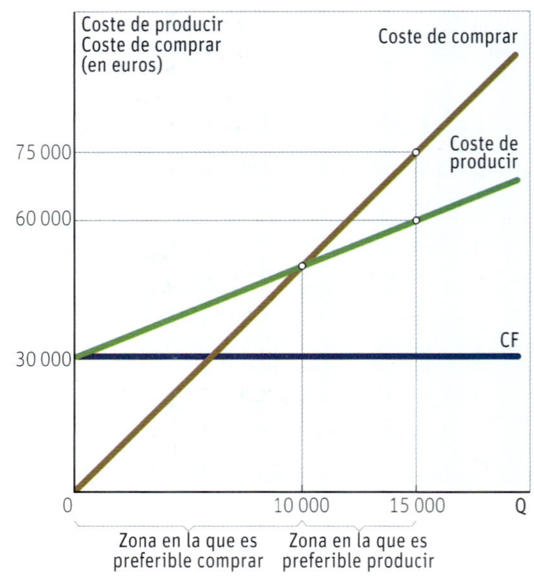

¿Hacerlo o encargarlo?

La duda entre comprar o producir un determinado componente también se produce con los servicios o tareas que realiza la empresa. Si tradicionalmente las empresas se ocupaban de casi toda su cadena de valor (salvo de las materias primas), las empresas modernas se están volviendo más selectivas, centrándose en las actividades que les resultan más rentables o que crean más valor para ellas (sus fortalezas) y encargando el resto a proveedores externos especializados. Es el fenómenos de la **subcontratación**, ***outsourcing*** o **externalización**.

Además del ahorro en costes (trabajadores, espacios, etc.), su principal **ventaja** es que permite centrarse en crear valor para los clientes. La externalización supone desprenderse de procesos y tareas, lo que permite centrar la visión del negocio en el cliente, en la identificación de sus necesidades y en la propuesta de mejores soluciones en productos y servicios. Su principal **inconveniente** está en cierta pérdida de control sobre las tareas que se subcontratan.

La subcontratación es frecuente en determinados servicios, como, por ejemplo, en los informáticos (desarrollo de *software*, mantenimiento de equipos, etc.), los auxiliares (limpieza, seguridad, etc.) o los administrativos (gestiones de cobro y facturación, contabilidad, etc.).

Pero donde los encargos externos se han extendido más ha sido en el área de producción de aquellos sectores que requieren mucha mano de obra, aprovechando los bajos salarios en algunas zonas del mundo (sudeste asiático, norte de África, etc). Un ejemplo es el sector textil, sobre todo en las grandes marcas, donde es frecuente la subcontratación de sus tareas productivas, mientras que ellas se reservan las tareas más estratégicas y las que más aprecia el cliente, como las actividades de diseño y comercialización de la ropa (ver esquema al margen).

Zara, por ejemplo, trata de diferenciarse como generadora de tendencias y de renovación continua de sus modelos de ropa. Para ello, debe controlar sus puntos fuertes: del diseño al armario en tres semanas o la actualización continua de tendencias. En consecuencia, el análisis de tendencias y el diseño, así como la logística, son fundamentales. Los repartos a tiendas dos veces por semana requieren un engranaje logístico que funcione a la perfección entre producción-centros de distribución-tienda.

Cadena de valor del sector textil

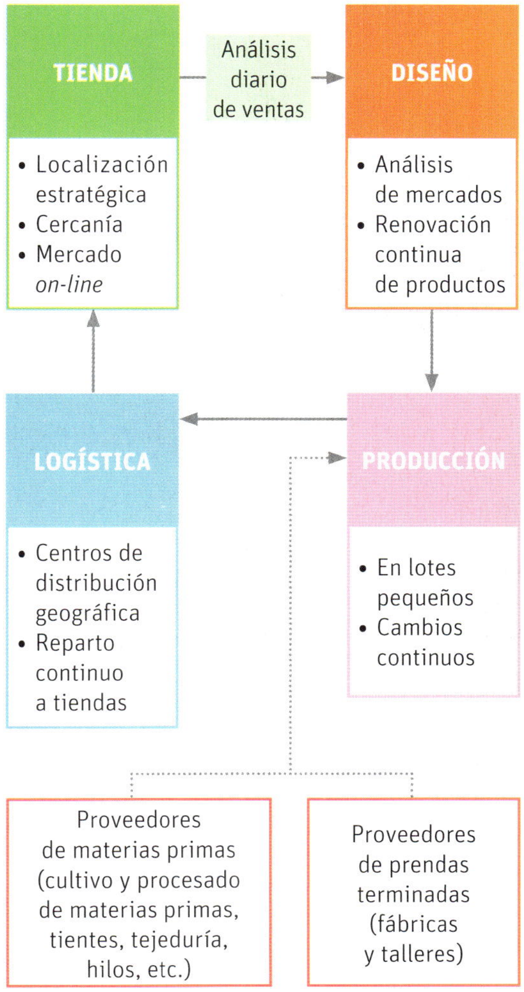

ACTIVIDAD RESUELTA

1. **Una empresa comercializa un producto que compra a su proveedor y que después vende a un precio de 150 euros por unidad. La empresa se plantea producirlo ella misma, y la estimación de costes que supondría esta opción es la siguiente: materias primas, 25 euros por unidad producida; amortización de la maquinaria, 4000 euros mensuales; costes salariales, 100 000 euros mensuales; energía, 11 euros por unidad producida; alquileres, 10 000 euros mensuales. Con esta información, se pide:**

a) ¿A partir de qué cantidad de ventas al mes le interesaría a la empresa la fabricación del producto?

b) Si la empresa vendiera 1500 unidades mensuales, ¿por debajo de qué precio por unidad debería ofrecerle el proveedor el producto para que a la empresa le interesara más dedicarse exclusivamente a su comercialización?

SOLUCIÓN

a) Analizamos el coste de su producción: CVMe = 25 + 11 = 36 €; y CF= 4000 + 100 000 + 10 000 = 114 000 €.

Por tanto, Q* = CF / (p – CVMe) = 114 000 / (150 – 36) = 1000 unidades.

A partir de 1000 unidades le resulta más económico producirlo que comprarlo.

b) Si vende 1500 unidades, el coste de producir cada una de ellas es su CMe. Para calcularlo, primero hallamos el coste total y después dividimos por el número de unidades:

CT = CF + CV = CF + CVMe . Q = 114 000 + 36 · 1500 = 168 000.

CMe = 168 000 / 1500 = 112 euros.

Para ese nivel de ventas, solo si el proveedor vende el producto por menos de 112 euros interesará comprárselo, ya que por encima de ese precio a la empresa le interesa producirlo.

ACTIVIDADES

Actividades de síntesis

1. Copia este mapa conceptual y complétalo en tu cuaderno añadiendo la información que consideres relevante.

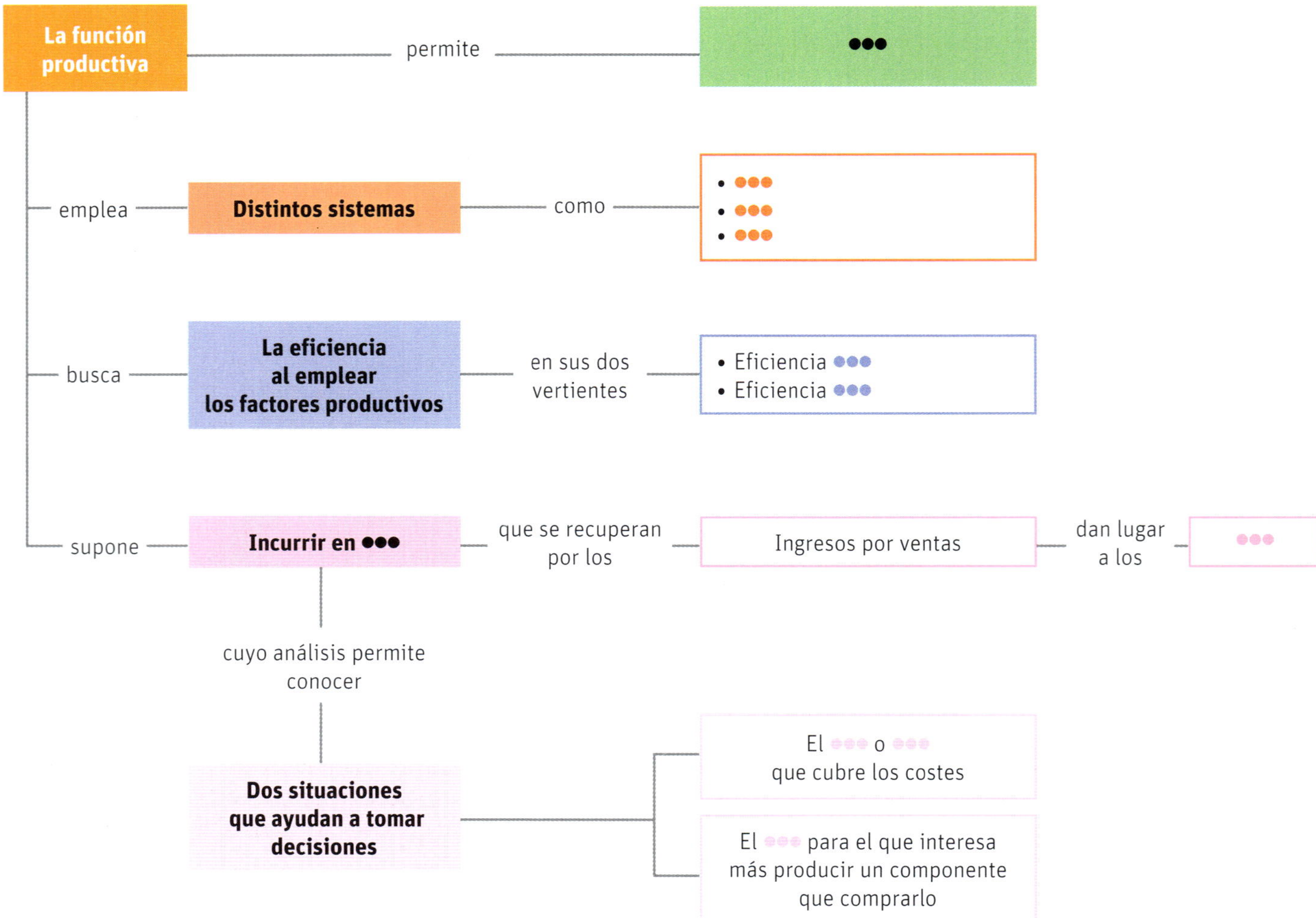

smSaviadigital.com **VALORA LO APRENDIDO** › Realiza la **autoevaluación**.

Actividades de análisis y problemas

2. Explica con un ejemplo en qué consisten las utilidades de forma, tiempo, lugar y propiedad. ¿Cómo se relacionan los distintos tipos de utilidad? ¿En qué áreas funcionales se lleva a cabo cada tipo de utilidad?

3. Sea cual sea el bien que se produce o el sistema productivo que se utiliza para ello, ¿qué tienen en común las distintas actividades productivas de las empresas?

4. Describe las principales diferencias de cada uno de los siguientes sistemas de producción y señala ejemplos característicos.
   a) Por encargo y para el mercado.
   b) Artesanal, por lotes y en masa o en serie.
   c) Continua e intermitente.
   d) Simple y múltiple.

5. ¿Por qué se ha desarrollado tanto la producción en serie? ¿Cuáles son las semejanzas y diferencias entre la producción en serie y la producción "justo a tiempo"?

6. Explica la diferencia que hay entre eficiencia técnica y económica. Si entre varias técnicas, una es la más eficiente técnicamente, ¿significa que es también la de mayor eficiencia económica? Razona tu respuesta.

7. Si en los cuatro procesos de producción que se muestran en el cuadro se obtiene la misma producción X, ¿hay alguno de ellos que se pueda considerar claramente ineficiente respecto a los demás? Razona tu respuesta.

Factor trabajo	8	8	5	6
Factor capital	7	9	8	7

8. **Una pequeña empresa pesquera sabe por experiencia la relación entre el número de pescadores que contrata para salir a pescar y la cantidad de pescado capturado en el día, como se refleja en la tabla de abajo. A partir de esta información:**

a) Completa la tabla con el producto marginal de cada pescador adicional que contrata.

b) Representa y analiza la función de producción.

c) Señala qué principio se observa en estos datos y cuáles son las causas que lo motivan.

Pescadores (n.º)	Pescado (kilos)
0	0
1	60
2	140
3	200
4	240
5	260

9. **Con relación a los costes de la empresa:**

a) ¿Qué se entiende por coste de producción?

b) ¿En qué se diferencian los costes fijos de los variables? Señala ejemplos de ambos tipos de costes.

c) Explica el significado de la afirmación "A largo plazo, todos los costes son variables".

d) ¿Cuál es la relación entre el coste total y el coste medio?

10. **Piensa en la producción de un bien concreto, por ejemplo, este libro, y contesta de forma razonada a las siguientes cuestiones.**

a) ¿Cómo ha ido adquiriendo las distintas utilidades?

b) ¿Con qué sistema productivo crees que se ha elaborado?

c) Piensa en los distintos costes de su elaboración y clasifícalos en fijos y variables.

d) De lo que tú pagas por el libro, observa cómo se distribuye entre las distintas empresas que han contribuido a ponerlo a tu disposición (a las cifras que se dan hay que añadirles el 4 % de IVA).

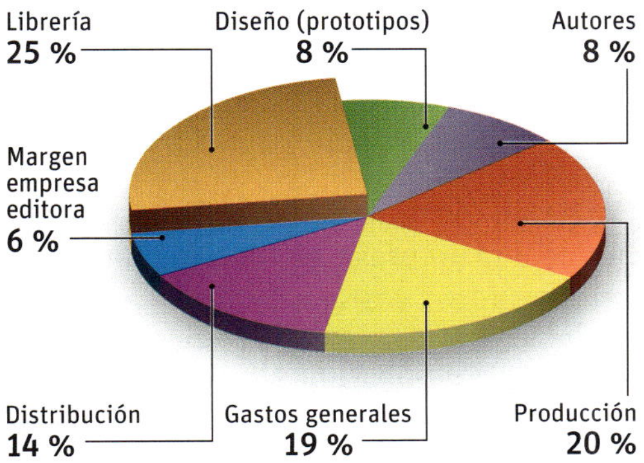

e) A partir de lo que te costó, calcula las cantidades que pagaste por cada concepto.

f) En la cadena de valor (utilidad que se va añadiendo al libro), ¿cómo justificarías cada incremento?

11. **En la fabricación de automóviles, indica si cada uno de los siguientes costes es fijo o variable. Justifica tu respuesta.**

a) La amortización de la maquinaria.

b) Los espejos retrovisores.

c) La póliza del seguro de la nave industrial.

12. **Una empresa dedicada a la fabricación de cajas de cartón para embalajes tiene unos costes fijos anuales de 500 000 euros y un coste variable, por caja, de 0,5 euros. Sabiendo que fabrica y vende 1 000 000 de cajas al año y que su precio de venta es de 1 euro:**

a) ¿Cuál es su coste por unidad o coste medio?

b) ¿Cuál es el beneficio anual de la empresa?

c) ¿Cuánto gana por cada unidad vendida?

d) Representa gráficamente los costes fijos, variables y totales, y los ingresos de esta empresa.

e) Señala tres ejemplos de costes fijos referidos a esta fábrica de cajas de cartón.

f) Indica otros tres ejemplos de costes variables.

g) ¿Qué clase de proceso productivo crees que emplea esta empresa y por qué?

13. **¿En qué se diferencian los costes directos de los indirectos? Señala ejemplos referidos al sector textil.**

14. **Piensa en la misma empresa del ejemplo anterior (fabricante textil) y, con la ayuda de un esquema, explica el proceso de formación del coste de esta empresa, distinguiendo entre coste industrial, coste de explotación y coste total.**

15. **Un fabricante de coches necesita incorporar a cada automóvil un componente del sistema de frenado que podría fabricarlo él mismo o comprarlo en el mercado a 15 euros por unidad. Si lo fabricara, tendría unos costes fijos de 90 000 euros anuales, y el coste variable de fabricación de cada componente sería de 6 euros.**

a) ¿Qué decisión le interesa a esta empresa, si la producción anual de coches es de 45.000 unidades?

b) Representa gráficamente la situación.

c) Explica, a partir del gráfico, para qué cantidades interesa producir el componente del sistema de frenadoy para cuáles no interesa.

16. **La empresa Perfiles, S. A. vendió 50 000 unidades en el último año, con lo que ingresó 250 000 euros. Además, los costes fijos de la empresa fueron de 150 000 euros y el coste variable unitario, de 2 euros. A partir de esta información sobre la empresa, realiza las siguientes actividades.**

a) Calcula el punto muerto o umbral de rentabilidad de esta empresa y explica su significado.

b) Representa gráficamente la situación en la que se encuentra esta empresa.

ACTIVIDADES

17. Lee la viñeta y completa las actividades.

a) Calcula cuántas unidades tendrá que vender esta empresa al nuevo precio de 65 euros para cubrir sus costes.

b) Representa gráficamente las dos situaciones, la actual y la anterior, interpretando su significado.

c) Si se llegasen a vender 5000 unidades al nuevo precio, ¿cuál sería el beneficio que obtendría la empersa?

18. Una empresa tiene una estructura con unos costes fijos anuales de 150 000 € y unos costes variables unitarios de 100 €. Si un determinado año la empresa está actuando en su punto muerto (umbral de rentabilidad) y ha vendido 500 unidades de producto:

a) ¿A qué precio ha vendido cada unidad?

b) ¿Cuántas unidades debería haber vendido a ese precio para obtener un beneficio de 15 000 euros?

19. La empresa NATURALIA, dedicada a comercializar paseos en helicóptero por un parque natural, está ofreciendo actualmente el paseo de 5 horas de duración a un precio de 600 euros. De los datos de su contabilidad se desprende que los costes fijos alcanzan los 500 000 euros y los costes variables unitarios son de 200 euros. Con esta información:

a) Calcula cuántos pasajeros debe tener para alcanzar su umbral de rentabilidad.

b) ¿Cuál es el máximo valor que pueden alcanzar las pérdidas de la empresa?

20. Una empresa de cafeteras exprés que fabrica los filtros para sus máquinas con unos costes fijos de 18 000 € anuales y un coste variable de 2 € por unidad se está planteando comprarlos en el mercado a un precio unitario de 3,5 €.

a) ¿A partir de qué nivel de producción le interesa seguir fabricando los filtros?

b) Representa gráficamente la decisión de comprar o fabricar de esta empresa.

c) Este año, la empresa recibe un único pedido de 25 000 cafeteras, cada una de las cuales incorpora un filtro. Calcula el coste total de comprar los filtros, el coste total de fabricarlos y la diferencia de costes por unidad de producto entre las dos alternativas que tiene la empresa.

EVALUACIÓN

ENTRÉNATE

1. Defina, señalando ejemplos, los diferentes tipos de costes según su relación con la cantidad producida.

2. La producción en masa o en serie constituye una de las formas de producir más frecuentes en la actualidad, sobre todo en las grandes empresas. A partir de ejemplos, explique en qué consiste este sistema de producción y cuáles son sus características principales.

3. Suponga que una empresa está analizando su función de producción:

a) ¿Qué debe interpretar como función de producción?

b) Si el proceso productivo que utiliza la empresa se hubiera seleccionado frente a otros por su eficiencia técnica, explique qué criterio se habría seguido para ello.

c) Si frente a dos procesos productivos de idéntica eficiencia técnica, la empresa hubiera seleccionado el que utiliza por su eficiencia económica, ¿qué criterio habría utilizado?

4. Una empresa dedicada a la edición y venta de libros vende un total de 10 000 libros al año a un precio de 15 euros cada uno. Su coste medio es de 9 euros y sus costes fijos se elevan a 72 000 euros. A partir de esta información:

a) Calcule sus resultados y represente gráficamente las funciones de ingresos y costes totales fijos y variables de esta empresa.

b) Con el fin de mejorar sus resultados, la empresa ha decidido aumentar el precio de los libros hasta 21 euros. El responsable del área de *marketing* espera que el aumento del precio conlleve un descenso de las ventas del 20 %. ¿Cómo afectará esta decisión a los resultados de la empresa?

c) Justifíque la respuesta al apartado anterior de forma gráfica y analítica.

5. Con respecto a una empresa, y para un determinado ejercicio económico, determine los datos de los que debería disponer para poder calcular:

a) El coste total unitario o coste medio.

b) El coste fijo medio.

c) El ingreso unitario.

d) El beneficio unitario.

6. Ponga un ejemplo de coste fijo y otro de coste variable de una empresa de fabricación de bolígrafos. Justifique su respuesta.

7. Para financiar su viaje de fin de curso, unos alumnos de 2.º de Bachillerato piensan vender unas camisetas que se compran directamente al fabricante a 5 euros la unidad y comercializarlas a un precio de 10 euros. Para ello, deberán alquilar un local que les cuesta 400 euros y pagar un impuesto municipal de 100 euros. Con estos datos, calcule el umbral de rentabilidad y explique su significado.

8. Una empresa de aviación vende el pasaje de ida y vuelta más una estancia de una semana a un precio de 850 euros. Si los costes fijos son de 1 000 000 de euros y los costes variables unitarios son de 350 euros, calcule el umbral de rentabilidad, obtenga el máximo valor que pueden alcanzar las pérdidas de la empresa y represente gráficamente los resultados.

9. Una empresa que construyó una autopista de peaje, ahora se encarga de administrarla. La empresa debe cubrir un coste fijo mensual de 100 000 euros y el coste variable es igual a cero. El precio del peaje es de 12,50 euros por vehículo. Calcule el punto muerto o umbral de rentabilidad.

10. La empresa BURSA, S.L. produce cajas metálicas y fabrica 1200 unidades al máximo de su capacidad productiva. Tiene un total de 24 000 euros de costes fijos y su coste variable unitario es de 30 euros. El precio actual de venta es de 60 euros por caja.

a) ¿Cuántas unidades debe producir para alcanzar el umbral de rentabilidad? Represente gráficamente la situación, diferenciando la zona de pérdidas y de beneficios.

b) Calcule el beneficio que se obtendría si produce y vende un 20 % menos que su capacidad máxima.

c) Si los costes variables disminuyen un 10 %, ¿cuál sería el nuevo punto muerto? Represéntelo gráficamente.

11. Una empresa tiene los siguientes costes mensuales: retribución fija a los empleados, 7000 €; retribución variable, 1€ por unidad producida; materias primas, 5 € por unidad producida; energía, 2 € por unidad producida; gastos financieros, 2000 €; amortización de la maquinaria, 1000 €; publicidad, 1000 €; alquileres, 8000 €; transporte de mercancías, 1000 €.

a) Si vende 5000 unidades, ¿a qué precio de mercado cubriría la empresa los costes sin obtener beneficio?

b) Si la empresa tuviera que aumentar la retribución fija de los empleados a 9000 €, determine la retribución variable por unidad producida que debería aplicar para que, al precio de mercado obtenido en el apartado anterior, su umbral de rentabilidad se mantuviera en 5000 unidades.

12. Una empresa vende el bien que produce a 56 € por unidad y tiene la siguiente estructura de costes mensuales: retribución a los empleados, 40 000 €; cuota variable de suministros, 4 € por unidad producida; gastos financieros, 6000 €; alquileres, 16 000 €; ; materias primas, 8 € por unidad producida; combustible, 8000 €; gastos administrativos, 4 € por unidad producida. ¿Cuántas unidades debería vender para obtener un beneficio mensual de 24 000 €? ¿Cuáles son los costes totales medios para dicha producción? ¿Y el coste variable medio?

Test de conocimientos básicos

1. **El área de producción de una empresa se encarga de:**

a) Captar los fondos necesarios para su funcionamiento.

b) Producir y distribuir el producto en el mercado.

c) El aprovisionamiento de materias primas y su transformación en productos terminados.

2. **La función de producción crea las utilidades:**

a) De forma y lugar.

b) De forma, lugar, tiempo y propiedad.

c) Solo de forma.

3. **La producción múltiple se caracteriza sobre todo por:**

a) Utilizar dos o más factores productivos.

b) Obtener varios productos diferenciados.

c) Utilizar varias plantas productivas.

4. **Una forma de producir es más eficiente técnicamente que otra si:**

a) Produce lo mismo utilizando menos factores.

b) Produce más utilizando más factores.

c) Produce lo mismo utilizando los mismos factores.

5. **El coste de producción es:**

a) El conjunto de factores de producción utilizados.

b) El valor monetario del conjunto de factores consumidos.

c) El valor monetario de todos los costes directos.

6. **Los costes fijos:**

a) Dependen del volumen de producción.

b) No dependen del volumen de producción.

c) No varían en función de los precios.

7. **Para la fabricación de un libro, el papel constituye:**

a) Un coste fijo.

b) Un coste indirecto.

c) Un coste directo.

8. **El coste variable medio es:**

a) El coste variable unitario por el número de unidades producidas.

b) El coste variable más los costes fijos.

c) El coste variable total dividido entre el número de unidades producidas.

9. **Los seguros que contrata la empresa son un coste:**

a) Fijo. b) Variable. c) Directo.

10. **El umbral de rentabilidad es:**

a) El punto de corte de las curvas de costes variables y de ingresos totales.

b) La cifra de ventas que permite cubrir los costes totales.

c) La cifra de ventas a partir de la cual los costes son nulos.

Análisis y debate La reducción de costes como estrategia competitiva

Bajo el lema del bajo coste muchas empresas han puesto en marcha modelos de negocio en los que el precio es la clave de su estrategia comercial para atraer al público. Muebles, hoteles, ropa o billetes de avión son solo una muestra de la implantación del denominado *bajo coste* en nuestro país. ¿Cuál es el secreto de estas empresas que consiguen producir con costes por debajo de las demás? ¿Cómo valora el consumidor estas iniciativas?

Documentos

1 El caso IKEA

IKEA es una multinacional sueca que vende muebles y objetos para el hogar. Su política, basada en reducir costes para ofrecer productos funcionales de diseño atractivo y a precios asequibles, ha triunfado en muchos países. Su filosofía tradicional es cuidar la calidad del producto y ofrecer precios bajos (más por menos).

Los orígenes

En 1943, Ingvar Kamprad, promotor y fundador de IKEA, comenzó con un negocio de venta por correo de artículos diversos a precios accesibles (bolígrafos, billeteras, marcos, relojes, joyería, etc.) en una aldea del sur de Suecia. En 1947 expandió su negocio a la venta de muebles, y cuatro años más tarde publicó el primer catálogo IKEA, que se convirtió en un símbolo de la compañía y en su principal canal de *marketing*.

En 1965 se abrió en Estocolmo una tienda IKEA de 45 800 m^2, de forma circular e inspirada en el museo Guggenheim de Nueva York. Los empleados no daban abasto para despachar a los clientes, por lo que se permitió a los consumidores atenderse a sí mismos. Surgía entonces una característica importante de la firma: el autoservicio.

Modelo de negocio

- **Posicionamiento:** combinar productos de calidad, funcionales y de diseño a un precio relativamente bajo es una posición única. Además, su línea de productos cubre todas las necesidades del hogar y abarca todas las edades.
- **Reducción de costes:** casi todos los muebles de IKEA son desarmables y pueden almacenarse y transportarse en embalajes planos y uniformes con el fin de abaratar costes y precios. Según sus directivos, la reducción de costes comienza con el diseño del producto: "Pensamos, ya al diseñarlo, cuál es la forma más barata de producirlo. El embalaje plano abarata la distribución: caben más productos en cada camión. El hecho de que sea una compañía grande nos permite negociar a gran escala mejores precios con los proveedores. Y el hecho de que el cliente sea quien se lleva el mueble y lo monta también es un ahorro".
- **Localización y fabricación:** debido a la gran cantidad de metros cuadrados que requiere la instalación de una tienda IKEA, la localización es selectiva y en lugares próximos a grandes ciudades. La compañía diseña sus propios muebles y productos y después los fabrican alrededor de mil proveedores en más de cincuenta países.
- **Imagen de marca:** IKEA se considera un icono del diseño contemporáneo, una empresa prestigiosa e innovadora.
- **Implantación y expansión:** la mayor parte de las ventas de IKEA se producen en Europa. La empresa también está presente en Estados Unidos, Asia y Australia. En España, el primer IKEA se abrió en Gran Canaria, en 1981.

2 La extensión de las empresas de bajo coste

El fenómeno del bajo coste (*low cost*, en inglés) arrancó a finales del siglo XX, cuando algunas compañías aéreas entraron en un mercado hasta entonces caro y monopolizado por las aerolíneas tradicionales. Hoy, cada vez más empresas de distintos sectores compiten con sus rivales según este modelo. En el sector hotelero, grupos multinacionales ofrecen a muy buen precio habitaciones con lo justo (sin toallas, televisión, etc.). En el sector textil, mientras las cadenas tradicionales tienen crecimientos moderados, las de bajo coste, como C&A, Kiabi o Primark, registran subidas importantes de ventas y de apertura de nuevas tiendas. Otros sectores, como el de la telefonía, con la operadora móvil Yoigo, o en el sector del automóvil, con el coche Nano de la empresa india Tata, son muestras de un fenómeno que se extiende.

Varias razones explican el éxito del fenómeno del bajo coste:

1. Muchas empresas han descubierto que redefiniendo su servicio pueden producir con costes más baratos. No obstante, hay empresas que han entendido el *low cost* como una simple reducción del servicio y han fracasado. Reducir servicios es fácil; lo difícil es configurar de una manera distinta el servicio básico que quiere el cliente y que, además, no afecte a la percepción de su calidad. Es decir, la reducción de costes no debe afectar a la prestación de lo que el cliente percibe como básico.
2. Los clientes se han acostumbrado a encontrar productos más baratos siempre que buscan y comparan. También crece un tipo de consumidor que es más maduro, está más informado y busca lo mismo al mejor precio. Esta nueva mentalidad explica también el crecimiento de otras iniciativas como los *outlets* (restos de serie de primeras marcas a precios rebajados) o las marcas blancas de los supermercados.

3 Las marcas blancas

En Eroski, Carrefour, Alcampo o Mercadona, junto a productos de marcas conocidas, hay otros con el nombre del supermercado. Son los productos de marca blanca o marca del distribuidor, que permiten ahorrar entre un 18 % y un 42 % sobre otros productos. Por ello, sus ventas crecen por encima del resto de productos.

¿Cómo se explica tanto ahorro? Por una parte, porque detrás de esas marcas se esconden, a veces, fabricantes casi desconocidos que no tienen gasto alguno en publicidad.

Además, estos fabricantes suelen instalar los centros de producción muy cerca de las grandes cadenas para ahorrar en transporte.

Otros motivos son que llegan a acuerdos con las cadenas para distribuir otros productos en exclusiva o porque las grandes cadenas someten a los fabricantes a mucha presión para reducir sus precios.

Reflexiona

1. ¿Cómo definirías la estrategia competitiva de IKEA?
2. Explica las características de IKEA que se relacionan con los tres calificativos siguientes: *eficiente*, *innovadora*, *icono del diseño*.
3. ¿Cuáles son las claves del éxito de las empresas de bajo coste? ¿En qué se diferencian del resto?
4. smSaviadigital.com INVESTIGA
   Analiza las **claves del éxito de una empresa *low cost*.** Identifica el área funcional en la que esta empresa consigue reducir costes.
5. ¿Cuáles son las ventajas y los inconvenientes de las marcas blancas para el consumidor?

6 Productividad, eficiencia e innovación

1 La productividad como indicador de la eficiencia

2 Crecimiento de la productivida e I+D+i

El estudio de la mejora de la eficiencia y la productividad es fundamental para las empresas. Sin duda, la I+D+i favorece el cambio tecnológico y explica una parte sustancial del aumento de la capacidad productiva de las empresas, y por tanto, de su productividad. Pero la mejora de la eficiencia también requiere sistemas eficaces de gestión de almacenes y de control de la calidad, así como la inclusión de la ecoeficiencia como objetivo de la empresa.

¿Cómo mejorar la productividad?

La importancia de mejorar la productividad se comprende si pensamos en una economía tan sencilla como la de Robinson Crusoe, que captura su propio pescado, cultiva sus verduras y confecciona su ropa. La razón es muy clara: como Crusoe solamente consume lo que produce, su nivel de vida depende de su productividad; si esta aumentara, obtendría más bienes y mejoraría su bienestar.

Pero ¿de qué depende su productividad? Al principio, Crusoe necesita dedicar todo su tiempo a obtener alimento, y para ello solo dispone de sus habilidades manuales. Pero imaginemos que un día su caza o su pesca fueran abundantes y tuviera más de lo que pudiera consumir, es decir, que tuviera un excedente. ¿Qué podría hacer con él? Varias opciones son posibles:

1. Guardar su alimento sobrante y no trabajar al día siguiente; en este caso, habría decidido aumentar su tiempo de ocio.
2. Dedicar su excedente a cubrir otras necesidades, como construir una cabaña con troncos y ramas. Así, estaría usando su excedente para obtener un bien de consumo duradero y aumentar su riqueza.
3. Reservar su excedente de comida para mantenerse mientras construye un arpón y una trampa para pescar y cazar más eficazmente. No los construye para satisfacer directamente sus necesidades, sino como bienes de producción, para obtener más bienes en el futuro. Con ello, habría ampliado su riqueza y, además, aumentado su capacidad para producir bienes.

Pero para producir un arpón o una trampa, hay que haberlos inventado. Por tanto, el conocimiento tecnológico es previo a la obtención de bienes de producción. La actividad inventiva que da lugar a la innovación tecnológica es también un trabajo que requiere una dedicación (pensar, experimentar, etc.), y que exige disponer de algún excedente previo.

Así, la clave para mejorar la productividad está en invertir en investigación sobre nuevas formas de producción: cuanto más se invierta en ello, mayor será la capacidad de producir en el futuro.

Adaptado de CABRERA, A.: *Materiales didácticos: economía*. MEC. Madrid, 1993

ANALIZA LA IMAGEN

1. La sede de Facebook (en la imagen) está junto a las de Google, Apple, etc., en Silicon Valley, donde se producen innovaciones que cambian la vida de la gente. ¿Qué tienen en común estas empresas? ¿Qué valor aporta Facebook a sus usuarios? ¿Cómo lo consigue?

ANALIZA EL TEXTO

- De las tres opciones que tiene Robinsón Crusoe, ¿qué ventajas supone la tercera para su supervivencia?
- ¿Qué requisitos son necesarios para que se produzca una innovación tecnológica como la de crear una trampa o un arpón?

1 La productividad como indicador de la eficiencia

La mejora de la productividad en los sectores vinculados con las nuevas tecnologías está permitiendo una importante reducción del precio de los productos, especialmente si se tiene en cuenta la mejora de la calidad. Por ejemplo, un ordenador personal adquirido en nuestros días incorpora mejoras en sus prestaciones que, en realidad, suponen un abaratamiento de su precio.

Unas formas de producir son más eficientes que otras, es decir, logran producir una cantidad mayor de bienes y servicios con los mismos recursos.

El indicador utilizado para medir la eficiencia de la empresa es la **productividad**, un concepto análogo al de rendimiento y que se define mediante la relación entre la producción obtenida en un período y los factores utilizados para su obtención:

Productividad = producción obtenida / factores utilizados

Según nos refiramos a un factor en particular o la totalidad de los factores, se distinguen dos tipos de **indicadores de productividad**:

1. **Productividad de un factor.** Relaciona la producción obtenida con uno de los factores, generalmente el factor trabajo:

   PT = producción obtenida / unidades de factor trabajo empleadas

   Así, si una fábrica de zapatos tuvo en un año una producción de 576 000 unidades con una plantilla de 40 trabajadores, de los que cada uno trabajó 1800 horas al año, la productividad del factor trabajo será:

   PT_0 = producción / horas de trabajo = 576 000 / (40 · 1800) = 8 unidades/hora.

   Si el año siguiente la plantilla aumenta a 45 trabajadores y, trabajando las mismas horas, se obtiene una producción de 729 00 unidades, la productividad del trabajo en ese año será:

   PT_1 = 729 000 / (45 · 1800) = 9 unidades/hora.

   Mientras que el primer año cada trabajador produce 8 unidades en una hora, en el siguiente, el resultado se eleva a 9 unidades, por lo que la productividad ha aumentado, es decir, ha mejorado la eficiencia de la empresa. Veamos cuánto:

   Tasa de variación = $[(PT_1 - PT_0) / PT_0] \cdot 100 = [(9 - 8) / 8] \cdot 100 = 12{,}5\ \%$.

2. **La productividad global de la empresa (PG).** Relaciona la producción con el conjunto de los factores utilizados para su obtención:

   PG = producción obtenida / (materia prima + trabajo + capital).

   El problema para medir la PG es que no se pueden sumar magnitudes heterogéneas como unidades físicas de materia prima, horas/trabajador y horas/máquina. Por ello, todos los componentes han de ser valorados en una unidad de medida común (unidades monetarias), multiplicando cada unidad de producto o de factores por su precio, con lo que la fórmula queda así:

   PG = valor de la producción / coste de los factores utilizados

   Si PG > 1, significa que los ingresos o el valor de la producción son mayores que los costes de los factores utilizados.

Las aplicaciones del concepto de productividad

Los datos de productividad nos permiten conocer la evolución de la eficiencia de una empresa (o de un país) a lo largo del tiempo, o su comparación con la de otras empresas del mismo sector. Para ello, es útil expresar los datos como números índice. Es decir, tomando un año como referencia (año base), al que daremos valor 100, y calculando los siguientes de este modo:

Índice de productividad año *n* = $(PT_n / PT_0) \cdot 100$

De esta forma, volviendo al ejemplo anterior, y suponiendo que las PT de los años segundo y tercero han sido de 12 y 14, respectivamente, podemos calcular y analizar la evolución temporal de la productividad de la empresa (ver tabla al margen).

AÑO	PRODUCTIVIDAD	ÍNDICE DE PRODUCTIVIDAD
0	8	100
1	9	112,5
2	12	150
3	14	175

ACTIVIDAD RESUELTA

1. **Un fabricante de armarios tuvo el año pasado estos costes: 20 trabajadores a tiempo completo, 8 horas diarias, 215 días al año y con un coste de 12 €/hora. Y en cada armario utilizaron 2 kg de madera, cuyo coste era de 125 €/kg. La producción anual fue de 50 000 armarios y el precio de venta, 300 €. Este año, el fabricante ha tenido 15 trabajadores a tiempo completo y 2 a media jornada (4 horas), que han trabajado 215 días al año a 12 € la hora. En cuanto a la madera, han utilizado 1,9 kg por armario a un coste de 130 €/kg. Se han producido 45 000 armarios al mismo precio de venta. Con esta información:**

a) Determina la productividad del factor trabajo en los dos años. **b)** Analiza la evolución de la productividad de la mano de obra en estos dos años. **c)** Calcula la productividad global de esta empresa en cada año.

SOLUCIÓN

En estos supuestos, antes de calcular, conviene organizar en una tabla los distintos datos que se van a utilizar:

AÑOS	HORAS TRABAJADAS	COSTE HORA DE TRABAJO	MATERIA PRIMA	COSTE MATERIA PRIMA	ARMARIOS PRODUCIDOS	PRECIO ARMARIO	VALOR PRODUCCIÓN
1	20 · 8 · 215 = 34 400	12 €	2 · 50 000 = = 100 000 kg	125 €/kg	50 000	300 €	15 000 000 €
2	(15 · 8 · 215) + (2 · 4 · 215) = = 27 520	12 €	1,9 · 45 000 = = 85 500 kg	130 €/kg	45 000	300 €	13 500 000 €

a) PT_1 = Producción / horas de trabajo = 50 000 / 34 400 = 1,45 armarios/hora.

PT_2 = 45 000 / 27 520 = 1,63 armarios/hora.

b) La productividad del año 2 ha aumentado, pero para precisar en cuánto, utilizaremos la tasa de variación:

Tasa de variación = $[(PT_2 - PT_1) / PT_1] \cdot 100$ = [(1,63 –1,45) / 1,45] · 100 = 12,4 %.

c) PG_1 = Valor de la producción / coste de los factores = (50 000 · 300) / [(34 400 · 12) + (100 000 · 125)] = = 15 000 000 / (412 800 +12 500 000) = 1,16.

PG_2 = (45 000 · 300) / [(27 520 · 12) + (85 500 · 130)] = 13 500 000 / (330 240 + 11 115 000) = 1,18.

También ha mejorado la productividad global: 1,18 > 1,16.

Pero, al comparar la productividad global de dos años sucesivos, conviene saber si la mejora obedece solo a un uso más eficiente de los recursos o puede haber influido un cambio en los precios como consecuencia de la inflación. Aquí se observa que el coste de la materia prima ha subido en el año 2 (de 125 € a 130 €), y en estos casos conviene conocer cuál ha sido la mejora real de la productividad. Para ello, debemos **descontar los efectos de la inflación**, manteniendo los precios constantes.

Si mantenemos los precios del primer año: PG_2 = (45 000 · 300) / [(27 520 · 12) + (85 500 · 125)] = 1,23, por lo que, como vemos, el incremento de la productividad, en términos reales, ha sido aún mayor.

2. **Una empresa quiere poner en marcha una línea de montaje de sillas, de la que espera producir 900 000 unidades. Para ello, analiza tres alternativas: 1. Contratar a 7 trabajadores a tiempo completo con una jornada de 2100 horas al año; 2. Contratar a 11 trabajadores a tiempo completo con una jornada de 1850 horas al año; 3. Contratar a 5 trabajadores a tiempo completo con una jornada de 2000 horas al año y a 4 trabajadores a tiempo parcial (55 % de la jornada completa).**

a) ¿Qué alternativa presenta una productividad del trabajo mayor?

b) Expresa en términos porcentuales en cuánto es más productiva la alternativa elegida respecto a las demás. Explica por qué.

SOLUCIÓN

a) Alternativa 1: PT_1 = 900 000 / (7 · 2100) = 61,22 unidades/hora.

– Alternativa 2: PT_2 = 900 000 / (11 · 1850) = 44,22 unidades/hora.

– Alternativa 3: PT_3 = 900 000 / [(5 · 2000) + (4 · 2000 · 0,55)] = 62,5 unidades/hora.

b) Como vemos, la alternativa 3 es la de mayor productividad y comparándola con las otras dos, las diferencias son:

– Respecto de la alternativa 1: [(62,5 – 61,22) / 61,22] · 100 = 2,09 % más productiva.

– Respecto de la alternativa 2: [(62,5 – 44,22) / 44,22] · 100 = 41,34 % más productiva.

Si los equipos y las instalaciones son iguales, las causas serían una mejor formación, experiencia y motivación de los trabajadores de la alternativa 3, o un mejor aprovechamiento de los recursos con 9 trabajadores que con 11 o con 7, mayores incentivos, etc.

2 Crecimiento de la productividad e I+D+i

Si

Ejemplos y casos

Además de a través de la I+D+i, las empresas también aprenden de la observación y de la experiencia, así como de sus propios errores y fracasos.

El inventor del chupachús, Enric Bernat, contaba así cómo se le ocurrió la idea:
"En aquella época solo había un tipo de caramelo, unas bolas azucaradas llamadas *perlas*. Los niños tenían que consumir los mismos caramelos que los adultos, sin tener en cuenta su tamaño ni la diferencia de gustos. Cuando los consumían, se los sacaban de la boca, pringándose las manos. Pensé que un caramelo con asidero podría ser la solución perfecta. Y la idea fue cogiendo forma con el tiempo".

¿Por qué unas empresas tienen mayor productividad que otras? Como vimos en el texto introductorio de esta unidad, en el caso de Robinson Crusoe, su productividad mejora si inventa instrumentos más eficaces, si descubre mejores técnicas de pesca y caza, etc.

Varios son, por tanto, los **determinantes de la productividad**:

1. **La inversión en bienes de capital** que se utilizan para producir, que son el capital productivo de la empresa (edificios, maquinaria, etc.). Si los trabajadores de una empresa tienen mejores herramientas y equipos que los de otra, podrán hacer su trabajo mejor y más deprisa, y su productividad será mayor. Por ejemplo, las máquinas segadoras-trilladoras actuales permiten a los agricultores hacer en una hora lo que llevaba semanas hace cincuenta años.
2. **La mejora del capital humano**, es decir, de los conocimientos y las cualificaciones que adquieren los trabajadores con la educación, la formación profesional y la experiencia. La formación, las habilidades y la experiencia del factor trabajo aumentan su capacidad para producir bienes y servicios.
3. **El cambio tecnológico o los avances del conocimiento tecnológico.** Las mejoras tecnológicas se traducen en mejores productos, mejores maneras de producir bienes y mejores modos de organizar la producción. La explotación de la cadena de montaje por parte de Henry Ford multiplicó la productividad en un solo año. Asimismo, internet está revolucionando todos los sectores.
4. **La calidad de la gestión de los recursos.** Los recursos tanto físicos como humanos, por muy buenos y abundantes que sean, deben organizarse y gestionarse de forma eficaz. Una buena gestión comienza con el proceso de selección de los recursos humanos y continúa con la motivación y la comunicación, la mejora de los incentivos, etc.

Estos factores están interrelacionados. Así, el invento de una nueva máquina (cambio tecnológico) suele exigir nuevas inversiones (bienes de capital). La idea del motor a reacción no aumentó la productividad hasta que no se produjo realmente el nuevo motor. El nuevo conocimiento tecnológico no es fruto de la casualidad, sino del trabajo de los investigadores, los ingenieros, etc., lo que exige, a su vez, un alto nivel de capital humano.

Conocimiento tecnológico e I+D+i

De los cuatro factores que explican el incremento de la productividad, el conocimiento tecnológico es el factor más determinante.

La razón principal por la que los niveles de vida son más altos hoy que hace cien años se halla en el importante cambio tecnológico que se ha producido. La cadena de montaje, el motor de combustión interna, el ordenador personal e internet se encuentran entre las miles de innovaciones que han mejorado la capacidad de producir bienes y servicios.

Por tanto, conviene comprender cuál es la naturaleza de ese conocimiento y, sobre todo, cómo se puede adquirir, es decir, cómo aprenden las empresas.

El conocimiento tecnológico es el saber adquirido sobre cómo producir bienes y servicios. No se trata de un conocimiento teórico, sino, sobre todo, de un "saber hacer" que requiere un esfuerzo de investigación y aprendizaje sobre el sistema productivo. Entre las diversas formas de aprendizaje destacan las actividades de investigación, desarrollo e innovación (I+D+i).

El concepto de **I+D+i** comprende los trabajos creativos que se emprenden de un modo sistemático en las empresas, las universidades y los centros de investigación públicos para aumentar el conocimiento humano y utilizarlo en nuevas aplicaciones de carácter productivo.

smSaviadigital.com **INVESTIGA**

¿Para qué es y qué servicios ofrece el **Centro para el Desarrollo Tecnológico Industrial?**

El significado de *I+D+i*

1. **Investigación básica y aplicada.** Mientras que la finalidad de la investigación básica es obtener conocimiento científico no orientado a una aplicación práctica específica, el propósito de la investigación aplicada es descubrir posibles usos prácticos de los hallazgos realizados en la investigación básica.
2. **Desarrollo tecnológico.** Es la aplicación a la actividad productiva y comercial de la empresa de las ideas surgidas en la investigación.
3. **Innovación.** Tanto de productos como de métodos de producción:
   - Se produce una **innovación de producto** cuando el conocimiento tecnológico se emplea en el desarrollo de nuevos bienes y servicios o en la modificación de los existentes con el fin de mejorar sus prestaciones. Por ejemplo, en el sector del automóvil son innovaciones de producto los coches de motores híbridos, los de conducción autónoma, los de aparcamiento automático, etc.
   - Se produce una **innovación en un método productivo** cuando el conocimiento tecnológico se aplica a la introducción de nuevas formas de producción o al perfeccionamiento de las ya existentes. Algunos ejemplos son la incorporación de la robótica a los equipos de producción o la introducción de nuevas formas de organizar la producción (técnicas "justo a tiempo").

Las ventajas de invertir en I+D+i

En la economía actual, la competencia se manifiesta en el desarrollo de nuevos productos y nuevas formas de producir más eficientes. Las empresas, por tanto, consideran sus gastos en investigación como inversiones con las que **conseguir ventajas competitivas**. Una empresa puede obtener estas ventajas por **dos vías**: consiguiendo un producto mejor que el de sus rivales (**diferenciación**) o desarrollando métodos de producción que reduzcan sus costes, lo que le permite bajar sus precios por debajo de los de sus competidoras (**liderazgo en costes**).

Con ambas estrategias, las empresas consiguen más ventas y mayores beneficios. Estos beneficios son tanto una fuente de financiación para seguir investigando en el futuro como una recompensa por las inversiones en I+D+i realizadas en el pasado. Por ello, las empresas más competitivas suelen ser las que dedican mayores recursos al descubrimiento de nuevas ideas, o sea, a I+D+i.

Patentes y secretos comerciales

El factor que mueve a las empresas a innovar es superar a sus competidores. Pero si la empresa innovadora desarrollase un nuevo producto y las demás pudieran imitar sus innovaciones, no podría aprovechar su ventaja competitiva. Es decir, sus beneficios desaparecerían cuando otras imitaran el producto.

Con el fin de proteger la investigación, la ley garantiza mediante la concesión de **patentes** el uso exclusivo, durante cierto tiempo, de los inventos e innovaciones de la empresa. Este **derecho de uso exclusivo** supone un incentivo para innovar, es decir, para que los inventores puedan recoger los frutos de su actividad. Durante el tiempo que dura la patente, otras empresas no pueden imitar el producto sin permiso de los propietarios de patentes; estos pueden vender a otros el derecho a utilizar el producto a cambio de un *royalty*.

Aunque las patentes protegen a los inventores, algunas empresas no patentan sus nuevos productos. Esto se explica porque, para conseguir una patente, una empresa tiene que revelar los detalles del invento, y esta revelación puede ser aprovechada por sus competidores. Por ello, algunas empresas prefieren mantener en secreto sus inventos. La fórmula de la Coca-Cola, por ejemplo, no está patentada; es un **secreto comercial** muy bien guardado. Su inconveniente está en que, si una empresa rival lo descubre, puede utilizarlo sin pagar *royalties*.

Ejemplos y casos

Por diversas razones, muchas innovaciones no se han patentado. A Ray Tomlinson, por ejemplo, inventor del correo electrónico, no se le ocurrió patentar la idea que hoy utilizan millones de internautas. Y la cadena de restaurantes MacDonald's tampoco pudo patentar la idea de vender hamburguesas, por lo que su éxito se imitó inmediatamente. Sin embargo, McDonald's sí pudo patentar su forma de freír las patatas.

Otro ejemplo es el de la empresa Atari, inventora de las consolas de videojuegos, que no supo protegerse y permitió a las empresas Sega y Nintendo aprovecharse de su invención.

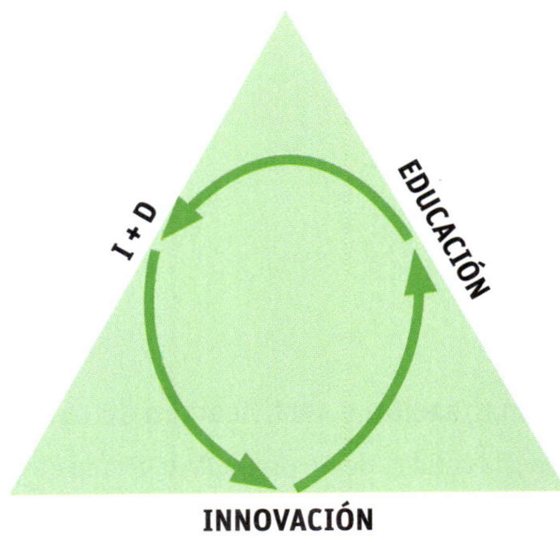

Para que una empresa, un sector o un país sean competitivos, deben integrar educación, innovación e i+D, como muestra este gráfico del triángulo del conocimiento. Un buen ejemplo de esa integración son las empresas de base tecnológica (EBT), que aplican descubrimientos científicos para generar nuevos productos y servicios, es decir, que actúan transfiriendo el conocimiento de la investigación a la industria y a la sociedad. Estas empresas surgen desde las universidades y organismos públicos de I+D y se suelen denominar *spin-offs*.

3 Competitividad y calidad

Ejemplos y casos

La calidad no solamente reside en las características del producto. También depende de la adecuación del producto al uso que espera hacer el cliente de él. Es decir, no podemos comparar la calidad de una cámara de vídeo profesional con la de una básica para un principiante, ya que atienden a necesidades bien distintas y a grupos diferentes de clientes, por lo que la valoración de la calidad dependerá de la adecuación a esas necesidades.

La **calidad de un producto** se entiende como el conjunto de propiedades y características que le confieren aptitud para satisfacer las necesidades demandadas (explícita o implícitamente) por los consumidores.

La mejora de la calidad supone establecer un sistema de gestión que incluya los siguientes puntos:

- Definir los factores deseables de calidad en función de las necesidades y preferencias de los consumidores.
- Determinar los estándares o especificaciones de calidad que se pretenden alcanzar.
- Establecer un sistema de control que permita comprobar si se cumplen las especificaciones establecidas. Ello implica una tarea de inspección de la producción final para comprobarlo. Como inspeccionar todos los productos sería muy costoso, suelen utilizarse técnicas de muestreo con las que se analizan solo algunos de los productos, elegidos de forma aleatoria.
- Identificar y corregir los problemas de falta de calidad. Estos problemas pueden tener su origen en el diseño de los productos, la calidad de las materias primas empleadas, las herramientas y los métodos de producción utilizados, la capacitación y motivación de los trabajadores, etc.

Controlar la calidad dentro de la empresa tiene unos costes, ocasionados por el análisis de productos terminados, las tareas de mediciones y pruebas, la realización de encuestas a los clientes sobre posibles defectos y sobre su grado de satisfacción, etc.

Pero **estos costes de mejora de la calidad** son menores que los **costes de falta de calidad**, como los derivados de reparaciones, del desecho de productos defectuosos y, sobre todo, de la pérdida de clientes por el deterioro de la imagen de la empresa.

Por ello, la calidad es un objetivo prioritario de la empresa, del que dependen, en buena medida, sus ventas y beneficios. Desde este punto de vista, las inversiones de mejora de la calidad son claves para incrementar la posición competitiva de la empresa en el mercado.

Gestión de la calidad total

Las empresas usan distintos sistemas de mejora de la calidad, que van desde la simple inspección de la producción para detectar elementos defectuosos, hasta los sistemas más novedosos de gestión de la calidad total (GCT).

El **concepto de calidad total** parte de considerar que no es posible conseguir objetivos de excelencia en calidad si no se involucra en ello a todos los miembros y departamentos de la organización.

Por tanto, la calidad debe ser tenida en cuenta en todas y cada una de las etapas del proceso: en la concepción y diseño del producto (incluyendo también a los proveedores de materias primas y otros recursos), en todas las fases necesarias para su producción, en su lanzamiento al mercado, en el servicio posventa, en la atención al cliente, etc.

En este sistema de GCT, la calidad se entiende como una búsqueda continua de la adecuación de los productos a las expectativas de los clientes.

Entre los principios básicos de GCT destacan el perfeccionamiento continuo de los métodos de trabajo a través de su análisis y evaluación constante, el ejercicio de un liderazgo directivo motivador y participativo, el fomento del trabajo en equipo, la coordinación e implicación de los distintos departamentos en la mejora continua de la calidad, etc.

Normalización y certificación de calidad

Medir la calidad de un producto o de una empresa requiere disponer de unas normas de calidad. Para ello, se creó en 1947 la International Standard Organization (ISO), institución encargada de establecer las condiciones que ha de cumplir el sistema de calidad de una empresa o de un producto para ser reconocidos y certificados.

Esta certificación, emitida por parte de instituciones independientes, como la mencionada ISO o AENOR (Asociación Española de Normalización), permite establecer la conformidad de un producto con los requisitos definidos en una determinada norma.

4 Los inventarios de la empresa

Las empresas necesitan proveerse de todos los elementos imprescindibles para el desarrollo continuo de su actividad productiva.

El ***stock*** o **número de unidades** tanto de materiales como de artículos para la venta que una empresa tiene almacenado en cada momento se denomina ***inventario*** *de existencias*.

Para garantizar la continuidad de su actividad, cualquier empresa debe mantener en sus almacenes tres **tipos de inventarios**:

1. Un *stock* de **materiales almacenados**, para ir alimentando el proceso productivo (materias primas, componentes, envases, etc.), de forma que no sea necesario paralizar la producción porque los materiales se han agotado.

2. Un *stock* de **productos en curso de fabricación**, para que el proceso no se detenga en ninguna de sus fases.

3. Un *stock* de **productos terminados**, para garantizar que ningún cliente se quede sin ser atendido por falta de productos en el almacén.

Por tanto, mantener inventarios tiene como objetivo facilitar la continuidad del proceso productivo y satisfacer la demanda de los clientes. Para ello, deben ajustarse las entradas o compras de materiales con sus salidas o consumo, de tal forma que la actividad de la empresa no se interrumpa.

Los costes de los inventarios

Los inventarios son necesarios en todas las empresas, pero generan unos costes que conviene analizar antes de decidir su tamaño óptimo:

- **Coste de almacenamiento** o de mantenimiento de inventarios. Aumentará cuanto mayor sea el volumen medio de existencias en el almacén a lo largo del año. A medida que el nivel de existencias crece, son mayores los costes del capital invertido en su adquisición. Además, hay que incluir gastos de alquiler o amortización de los locales, de control y mantenimiento, de posible obsolescencia y deterioro de los productos almacenados, de seguros, etc.
- **Coste de reposición** o de realización de pedidos. Incluye todos los costes derivados de realizar un pedido: gastos de administración, transporte, seguro de la mercancía, descarga, etc.
- **Coste de ruptura de inventarios.** La ruptura se produce cuando la producción o las ventas han de detenerse por falta de existencias en almacén. Cuando esta ruptura afecta al almacén de productos terminados, la empresa no puede atender la demanda de los clientes, con la consiguiente pérdida de ventas y de imagen. Si la ruptura se produce por falta de materias primas, la empresa tiene que ralentizar o detener su producción. Evidentemente, el riesgo de incurrir en estos costes será tanto mayor cuanto menor sea el volumen medio de existencias.

En resumen, cuando se realizan grandes pedidos, aumenta el volumen de existencias, con lo que se reducen los costes de realización de pedidos (se tendrán que hacer menos pedidos) y de ruptura de inventarios, pero aumentan los costes de almacenamiento. Por ello, las empresas deben determinar cuál es el volumen óptimo de estos almacenes, de tal forma que se garantice la continuidad de la actividad con el menor coste posible.

*

Tipos de existencias

- **Materias primas:** materiales que, una vez transformados, forman parte de los productos. Ejemplo: madera para fabricar muebles.
- **Productos semielaborados:** son aquellos que están en curso de fabricación, pero que todavía no están terminados. Ejemplo: mueble sin pintar ni barnizar.
- **Productos terminados:** son aquellos que ya están listos para su consumo o para ser empleados por otras empresas.
- **Mercaderías** o **existencias comerciales:** son productos terminados que compra una empresa para su posterior comercialización y venta.
- **Otras existencias:** componentes, envases, embalajes, etc.

smSaviadigital.com PRACTICA

Trabaja sobre los inventarios y comprueba si distingues los distintos tipos de existencias y de costes.

ACTIVIDADES DE APLICACIÓN

1. ¿Qué tipos de existencias debe mantener una fábrica para desarrollar su actividad? ¿Y una empresa comercial?

5 Modelos de gestión de inventarios

Los modelos de gestión de inventarios parten de unos supuestos que nos permiten representar la realidad del almacén de la empresa de forma simplificada. El más conocido es el **modelo de Wilson**, basado en los siguientes supuestos:

1. La demanda anual del producto (D) es constante y conocida.

2. El proveedor siempre tarda el mismo tiempo en servir el pedido.

3. Las entradas en el almacén se realizan por lotes o pedidos del mismo tamaño.

4. El coste de almacenamiento es proporcional al nivel medio de existencias.

Gráfico 1

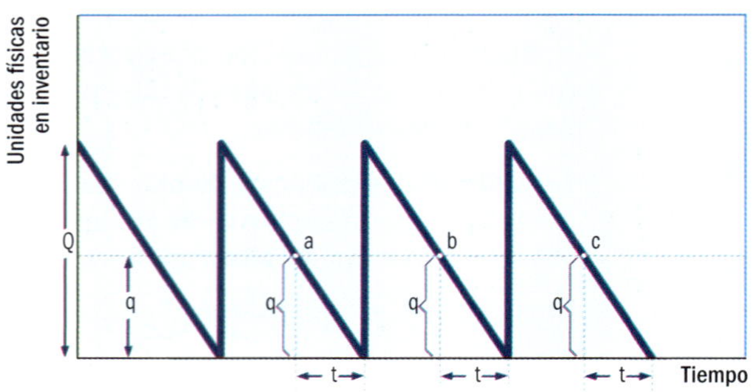

Bajo estos supuestos, la evolución temporal de las existencias en el almacén, en unidades físicas, adopta la forma de dientes de sierra en el gráfico 1, en el que cada eje vertical representa la llegada al almacén de un nuevo pedido. Como se observa en el gráfico:

- ***Q*** es el tamaño del lote o pedido. Si la demanda anual (D) es constante y conocida, cuanto mayor sea el tamaño del pedido, menos pedidos será necesario hacer al año.
- ***t*** es el plazo de entrega desde que se solicita el pedido.
- ***q*** es el número de unidades físicas que hay en el almacén en el momento de realizar un nuevo pedido.
- $\boldsymbol{N_m}$ es el nivel medio de existencias en el almacén. Si el máximo nivel es Q (cuando se recibe el pedido) y el mínimo es cero (cuando se agota), el nivel medio será: $N_m = (Q + 0) / 2 = Q / 2$.

Gráfico 2

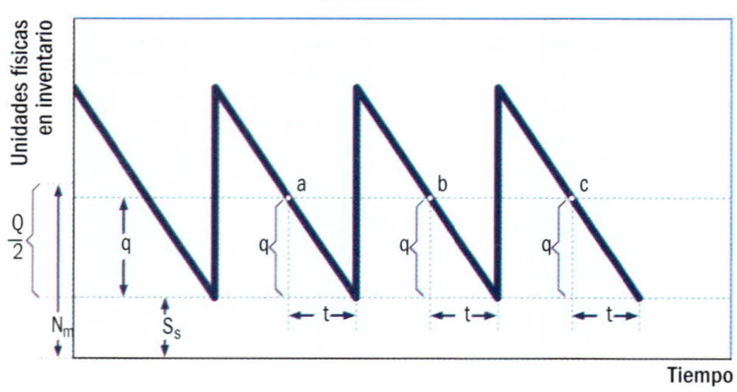

Una vez que llega el pedido, hay unas existencias iguales a Q. Las ventas hacen disminuir las existencias a un ritmo constante, lo que se representa con el eje inclinado de cada diente de sierra. Como se conoce el tiempo (t) que tarda el proveedor en servir el pedido, se solicitará el nuevo pedido cuando las existencias sean iguales a q (señal de alarma). El pedido llegará al almacén justo en el momento en que se agoten las existencias.

Una variante del modelo consiste en incorporar un *stock* de seguridad de existencias (S_s) o número de unidades almacenadas, para atajar situaciones imprevistas (como se puede apreciar en el gráfico 2). En este caso, el nivel medio de existencias se calcula añadiendo el volumen del *stock* de seguridad: $N_m = S_s + (Q / 2)$.

ACTIVIDAD RESUELTA

1. Una empresa dedicada a la distribución comercial de un producto vende anualmente 120 000 unidades y efectúa 6 pedidos al año a un proveedor que tarda 15 días en servir el pedido. La estabilidad de la demanda le permite evitar riesgos de ruptura sin mantener un *stock* de seguridad. Con esta información, explica, ayudándote de un gráfico, el modelo de inventarios adaptado a esta empresa, identificando Q, D, t, q, N_m y S_s.

SOLUCIÓN

D es la demanda anual que tiene que satisfacer la empresa (D = 120 000 unidades).

Para hallar el tamaño del pedido, sabemos que si vende 120 000 unidades y realiza 6 pedidos para satisfacer esta demanda, en cada pedido deberá solicitar: Q = 120 000 / 6 = 20 000 unidades.

Al no haber *stock* de seguridad, $S_s = 0$, y, por tanto, $N_m = Q / 2 = 20\,000 / 2 = 10\,000$ unidades.

Como el proveedor tarda 15 días en servir el pedido (t = 15), debemos calcular en qué momento habrá que solicitarlo, es decir, qué nivel de existencias (q) habrá en almacén en ese momento. Para ello, debemos calcular el número de días que tarda en consumirse un pedido completo (Q). Si consideramos que el año comercial es de 360 días, teniendo en cuenta que se hacen 6 pedidos, cada pedido se consume en: 360 / 60 = 60 días.

Si en 60 días se consumen 20 000 unidades, en 15 días se consumirá la proporción de unidades correspondiente, es decir, mediante una regla de tres simple calculamos que: q = 5000 unidades.

El tamaño óptimo de un pedido

En las decisiones sobre inventarios, debe mantenerse un equilibrio entre el riesgo de quedarse sin existencias (insatisfacción del cliente, pérdida de ventas, etc.) y los costes de un volumen excesivo de existencias. Para lograr ese equilibrio es clave determinar el tamaño del pedido más adecuado a las necesidades de la empresa. El tamaño del pedido (Q) influye en la frecuencia de realización de los pedidos y en el nivel medio de existencias en el almacén. El hecho de que los pedidos sean mayores supone realizar una menor cantidad de pedidos y, por tanto, el coste anual de realización de pedidos disminuye, pero los costes de almacenamiento aumentan. Así, el tamaño óptimo será aquel que haga mínimos estos costes. Veamos cómo se calcula.

Si llamamos *g* al coste anual de mantener almacenada una unidad de producto, el coste anual de almacenamiento (Ca) será:

$$Ca = g \cdot N_m = g\,[S_s + (Q / 2)].$$

Veamos ahora el coste anual de realización de pedidos o de reposición (Cr). Se incurre en estos costes cada vez que se hace un pedido a los proveedores; por tanto, su cuantía anual vendrá dada por el coste de un pedido multiplicado por el número de pedidos que se hacen al año. Dado un volumen de demanda (D) en unidades físicas, y dado que con cada pedido se solicitan Q unidades, el número de pedidos anuales será: D / Q. Si el coste constante de realización de un pedido es K, el coste total anual de reposición será:

$$Cr = K \cdot D / Q.$$

Por tanto, el coste total de inventarios será:

$$CT = Cr + Ca = (K \cdot D / Q) + g\,[S_s + (Q / 2)].$$

Para determinar el tamaño del pedido que hace que este coste sea mínimo, derivamos esta última expresión respecto de Q e igualamos a cero:

$$dCT / dQ = (-K \cdot D / Q^2) + (g / 2) = 0.$$

De donde: $g / 2 = K \cdot D / Q^2$.

Despejando Q, tenemos: $Q^2 = 2\,K \cdot D / g$.

Y por tanto: $\mathbf{Q = \sqrt{2KD / g}}$.

Ejemplos y casos

Los **almacenes automatizados de una sola planta** y con sistemas avanzados de manejo de materiales controlados por un ordenador están reemplazando a los viejos almacenes de varios pisos. En estos nuevos almacenes solo se necesitan unos cuantos trabajadores, ya que los ordenadores leen los pedidos, dirigen las carretillas elevadoras y unos robots u otros instrumentos eléctricos recogen las mercancías, las transportan a los muelles de carga y envían las facturas. Estos almacenes han reducido los costes laborales y han mejorado el control de las existencias.

ACTIVIDAD **RESUELTA**

1. FUTURU, S. L. es una empresa de distribución de material informático. Entre otros productos, vende de forma regular ordenadores, hasta un total de 300 unidades al cabo del año. La empresa FUTURU, S. L., a su vez, compra los ordenadores que después comercializa a un fabricante de Singapur que le hace una serie de envíos a lo largo del año.

A FUTURU, S. L. le cuesta 30 000 u. m. tramitar cada pedido y 20 000 u. m. mantener un ordenador almacenado un año.

A partir de estos datos:

a) ¿Cuántas unidades debería adquirir FUTURU, S. L. en cada pedido?

b) Calcula los costes anuales originados por los *stocks*.

SOLUCIÓN

a) Identifiquemos la información suministrada:

Demanda anual (D) = 300 unidades.

Coste de un pedido (K) = 30 000 u. m.

Coste anual por unidad almacenada (g) = 20 000 u. m.

Por tanto, el número de unidades que debería adquirir en cada pedido (Q) o tamaño óptimo de pedido se calcularía:

$Q = \sqrt{2KD / g} = \sqrt{2 \cdot 30\,000 \cdot 300 / 20\,000} = \sqrt{900} =$
$= 30$ unidades.

b) Suponiendo que no hay *stock* de seguridad:

$Ca = g \cdot N_m = g \cdot Q / 2 = 20\,000 \cdot 30 / 2 = 300\,000$ u. m.

$Cr = K \cdot D / Q = 30\,000 \cdot 300 / 30 = 300\,000$ u. m.

El coste total de almacén será:

$CT = Ca + Cr = 300\,000 + 300\,000 = 600\,000$ u. m.

6 Nuevos sistemas de gestión de inventarios

Ejemplos y casos

Zara gestiona sus inventarios inspirándose en los sistemas “justo a tiempo”. Con ello, no solo reduce sus costes de almacenamiento, sino que además los utiliza como parte de su estrategia comercial: “crear un clima de escasez y de oportunidad”.

Zara mantiene una política de “*stock* cero” y una alta rotación de las prendas (el cliente sabe que lo que no compre hoy no estará mañana). En sus tiendas, expone su ropa en series tan limitadas que duran solo quince días. Pasadas dos semanas, se renueva. Esta estrategia tiene tres ventajas: la primera es que si una prenda gusta, el miedo a que se acabe hace la compra más probable; la segunda, que no se quedan con género sobrante, pues las tiradas son pequeñas; y la tercera, que la gente va más a la tienda para ver las novedades recibidas.

Esta política exige una gran eficiencia en la gestión para garantizar el abastecimiento a sus tiendas de todo el mundo (solo pasan 72 horas desde que se realiza el pedido hasta que la mercancía llega a la tienda).

En la actualidad, las empresas utilizan **sistemas informatizados de inventario continuo** en los que, mediante un constante control de entradas y salidas, es posible conocer las existencias de cada producto en todo momento.

Además, estos sistemas calculan el tamaño del pedido e imprimen la orden de compra en el momento adecuado.

El sistema “justo a tiempo” o *just in time*

En los últimos años, muchas empresas han reducido sus inventarios y los correspondientes costes de almacenamiento mediante los sistemas de producción y almacenamiento denominados “justo a tiempo” o *just in time* (JIT), que fueron popularizados en Japón.

Con este sistema, las empresas mantienen inventarios reducidos de componentes o mercancías, los suficientes para un corto período de tiempo, en lugar de tener elevadas existencias en los almacenes para su futura utilización.

Los pedidos son pequeños y se reciben con frecuencia, con el fin de que los suministros estén disponibles justo en el momento de su utilización. De esta manera, los productos llegan a la fábrica o punto de venta solo cuando se necesitan. Para ello, las previsiones tienen que ser precisas y las entregas deben ser rápidas, frecuentes y flexibles.

De este modo, el sistema JIT permite reducir el número de días que las unidades permanecen almacenadas, lo que supone un aumento de la rentabilidad de la empresa. Este incremento es posible porque con el sistema “justo a tiempo” no solo se reducen los costes de inventario, sino que también disminuyen las necesidades de recursos financieros inmovilizados. El sistema JIT cuenta ya con una amplia experiencia en empresas importantes como Toyota, General Motors o Apple Computer.

Gestión selectiva de inventarios: el método ABC

Este método trata de minimizar los costes de almacén al centrar los esfuerzos de gestión y control en el grupo de existencias más valiosas para la empresa. Para ello, la diversidad de artículos o existencias que almacena una empresa se clasifica en tres categorías:

- **Tipo A.** Son existencias que representan un porcentaje muy bajo de artículos (entre el 15 % y el 20 % de las existencias), pero cuyo valor económico es muy elevado (60 % u 80 % del valor total de las existencias). Son, por tanto, las existencias sobre las que debe recaer la mayor atención a la hora de llevar a cabo la gestión de inventarios.
- **Tipo B.** Representan un porcentaje un poco superior, el 30 % de los artículos almacenados, pero con un valor económico inferior (entre el 10 % y el 20 % del valor del almacén).
- **Tipo C.** Suponen el mayor volumen de existencias (en torno al 50 %), pero tienen un valor económico muy bajo (entre el 5 % y el 10 % del valor total del almacén). Son, por tanto, las existencias menos relevantes desde el punto de vista de la gestión de almacenes.

Una vez clasificados los artículos según su valor, la empresa deberá prestar una atención selectiva sobre los más valiosos (tipo A), dado que suponen las mayores inversiones de la empresa. Para este tipo de existencias, debe haber un control más estrecho, con sistemas de inventario continuo y un control constante de entradas y salidas.

Por su parte, las existencias de los tipos B y, sobre todo, C requerirán sistemas de control menos exhaustivos y estrechos.

7 Valoración de inventarios

Las existencias almacenadas (materias primas, mercaderías, etc.) son bienes de la empresa que tienen un valor económico. Para conocerlo, en el Plan General de Contabilidad (PGC) se establecen unos **criterios generales**:

- Si las existencias son productos comprados por la empresa a sus proveedores, se valoran al precio de adquisición, que incluye el valor de la compra más los gastos adicionales de la operación (transporte, seguros, etc.).
- Si las existencias son productos fabricados por la empresa, se valoran por sus costes de producción.

Los gastos de transporte y seguro de las mercancías se añaden al valor de compra para valorar las existencias que entran en el almacén.

Criterios de valoración cuando cambian los precios

Los almacenes son lugares dinámicos en los que continuamente entran lotes distintos (compras o nuevos productos fabricados) o salen productos para su venta. Cuando los distintos lotes que han entrado en el almacén se han adquirido a precios diferentes, ¿cómo se deben valorar? Pensemos en una empresa comercial que quiere valorar sus existencias en un determinado momento. Si tiene en almacén un número de artículos (Q_1) comprados a un precio unitario (P_1) y recibe un nuevo pedido (Q_2) que se compra a otro precio (P_2), ¿cómo valoramos los artículos, a P_1 o a P_2? El PGC recomienda alguno de los siguientes métodos de valoración:

- **Método del precio medio ponderado (PMP).** La valoración del conjunto de existencias se hace de acuerdo con el valor medio de los precios de adquisición de los distintos lotes, ponderados por las cantidades adquiridas. En nuestro ejemplo sería: $PMP = (Q_1 \cdot P_1 + Q_2 \cdot P_2) / (Q_1 + Q_2)$.

  De manera general: $PMP = (Q_1 \cdot P_1 + Q_2 \cdot P_2 + ... + Q_n \cdot P_n) / (Q_1 + Q_2 + ... + Q_n)$.

  Por tanto, las entradas se registran por su precio de adquisición y las existencias y las salidas, al PMP de cada momento.

- **Método FIFO** (*first in first out* o "primer entrada, primera salida"). Las entradas y las existencias se valoran por su precio de adquisición, de acuerdo con el orden cronológico de entrada en almacén, pero las salidas de productos se valoran al precio de los primeros lotes que entraron. En nuestro ejemplo, se valorarían a P_1. De este modo, las existencias que quedan después de una salida resultan valoradas a los precios más recientes.

ACTIVIDAD RESUELTA

1. Las existencias, a inicios de año, de una empresa que comercializa un único producto eran de 600 unidades, adquiridas a 20 euros/unidad. El 4 de febrero recibe un pedido de 400 unidades a un precio de 25 euros. El 5 de marzo vende 300 unidades.

   a) Elabora un cuadro de inventario del período según el método del PMP.

   b) Valora las existencias finales según el método FIFO. En una economía con inflación, ¿qué método dará lugar a un mayor valor de las existencias finales?

SOLUCIÓN

a)

MÉTODO PMP									
	ENTRADAS			SALIDAS			INVENTARIO		
FECHA	CANTIDAD	PRECIO	VALOR	CANTIDAD	PRECIO	VALOR	CANTIDAD	PRECIO	VALOR EXISTENCIAS
2-1	600	20	12 000				600	20	12 000
4-2	400	25	10 000				1000	22	22 000
5-3				300	22	6600	700	22	15 400

b) En el método FIFO, la salida del día 5-3 se valoraría al precio de la primera entrada, es decir, a 20 euros, por lo que la cantidad de existencias Q = 700 unidades, y su valor después de esa fecha sería: valor de las existencias finales = 300 · 20 + 400 · 25 = = 16.000 €. Cuando suben los precios –inflación– (en este caso, de 20 a 25 euros), el método FIFO da una valoración mayor.

8 Las externalidades de la producción

Como ya vimos en la unidad 3, las empresas tienen un impacto negativo sobre el medioambiente y su actividad causa graves problemas a los ecosistemas (lluvia ácida, efecto invernadero, etc.). Estos impactos negativos proceden sobre todo del consumo excesivo de energía y recursos, de la generación de emisiones contaminantes y residuos y de la destrucción de los hábitats naturales.

- Energía
- Recursos naturales

Entradas → **Proceso productivo** → **Salidas**

Bienes y servicios

Externalidades negativas o costes sociales:
- Emisiones contaminantes
- Residuos líquidos y sólidos
- Agotamiento de recursos
- Degradación del paisaje
- Destrucción de hábitats naturales
- Ruido y otras incomodidades

Los costes sociales o **externalidades negativas de la producción** son los efectos negativos que provoca la actividad privada de la empresa, pero que paga la sociedad en su conjunto, ya que el mercado no los contabiliza como costes propios de la empresa.

Este fallo del mercado lo podemos observar, por ejemplo, en la tala de madera de un bosque. El mercado solo tiene en cuenta los costes de explotación y tratamiento de la madera, transporte, etc., pero no contabiliza el valor del bosque como "pulmón del planeta", o la pérdida de biodiversidad que conlleva su destrucción. Tampoco tiene en cuenta su valor de uso futuro como material de investigación en medicina, su valor paisajístico, etc. En definitiva, el daño al medioambiente es un coste que los precios de mercado no tienen en cuenta.

Los cambios en el entorno de la empresa

La degradación medioambiental actual es un problema global de creciente preocupación para toda la sociedad. En respuesta, las empresas reciben una presión continua desde su entorno para que adopten un comportamiento responsable con el medioambiente y asuman los costes sociales que provocan. En concreto:

- El desarrollo de una **legislación medioambiental** cada vez más exigente, que obliga a las empresas, por ejemplo, a depurar aguas residuales o a hacerse cargo de los residuos generados, o que prohíbe el uso de determinadas sustancias tóxicas o peligrosas.
- La implantación de **incentivos** para favorecer comportamientos más respetuosos con el medioambiente, como los impuestos ecológicos, las subvenciones, los incentivos fiscales para inversiones medioambientales o la obligatoriedad de un seguro para cubrir los riesgos medioambientales.
- El desarrollo de **medidas penalizadoras**, como las multas y sanciones por los daños medioambientales causados, o la obligación por parte de la empresa de soportar los costes derivados de los daños proucidos (limpieza de vertidos, pago de indemnizaciones a los afectados, etc.).
- La aparición de un segmento creciente de **consumidores** que valora positivamente los aspectos ecológicos de los productos que compra, así como la presión de los **grupos ecologistas**, que realizan campañas de protesta o boicotean los productos de las empresas más contaminantes.

Ejemplos y casos

En los últimos años, la legislación medioambiental ha implantado los sistemas de derechos de contaminación negociables, como los derechos de emisión de CO_2.
Cada empresa puede emitir un volumen máximo de CO_2 equiparable al número de permisos de que disponga. Si su proceso productivo es muy contaminante, para hacerlo más ecológico se verá obligada a invertir en tecnología más ecológica o a acudir a una bolsa de intercambio para comprar permisos a otras empresas a las que les sobren.

La ecoeficiencia o cómo producir más con menos

Ante los cambios producidos en el entorno, muchas empresas están entendiendo que, a largo plazo, es más rentable evitar los impactos medioambientales en su origen que tratar de corregirlos una vez generados. Una gestión medioambiental responsable puede dar lugar a una ventaja externa, a través de la diferenciación (imagen ecológica de la empresa y sus productos), y a una ventaja interna, a través de la mejora de la productividad y eficiencia en el uso de los recursos, es decir, a través de la ecoeficiencia.

La **ecoeficiencia** consiste en proporcionar, a un precio competitivo, productos que satisfagan las necesidades humanas y aporten calidad de vida, y en cuya elaboración se reduzcan progresivamente el impacto medioambiental y la intensidad de los recursos utilizados hasta, al menos, un nivel acorde con la capacidad de regeneración de la naturaleza.

Una actividad productiva será más ecoeficiente cuanto menores sean los impactos causados. La ecoeficiencia se mide a través de un indicador que relaciona el valor de las unidades producidas con el impacto ambiental provocado (energía y recursos consumidos, residuos generados, agua utilizada, emisiones de CO_2, etc.). Para mejorar su ecoeficiencia, las empresas deben centrarse fundamentalmente en la **fase de diseño** de los productos, ya que el 80 % de los impactos medioambientales proceden de las decisiones adoptadas en esa fase.

Si hace unos años surgió el concepto de gestión de la calidad total, ahora hay que hablar también de la gestión medioambiental de la calidad total. Mientras que con el primero se busca el objetivo de "cero defectos", con el segundo se busca el de "cero impacto medioambiental".

Las ventajas de la ecoeficiencia

Las inversiones para adaptar el proceso productivo a criterios medioambientales más estrictos (costes de prevención) y, en general, un comportamiento medioambiental responsable influyen positivamente en el aspecto económico:

- **Ahorro en costes.** El ahorro de energía, la reducción de residuos y el reciclaje permiten a la empresa reducir sus gastos. Asimismo, cumplir la normativa medioambiental evita los costes derivados de su incumplimiento (multas y sanciones, impuestos, restauración de daños causados, indemnizaciones, etc.).
- **Mejora de la imagen.** Una imagen ecológica negativa de la empresa provoca el rechazo de sus productos por parte de un creciente número de clientes. Por el contrario, una imagen ecológica positiva mejora las relaciones con la comunidad y con sus empleados y favorece la lealtad de sus clientes.

Estos beneficios contribuyen claramente a la sostenibilidad de la empresa y a su éxito a largo plazo.

ESTUDIO DE CASOS El diseño ecológico en Philips

El diseño de productos respetando el medioambiente es el eje central de la filosofía de producto de la empresa Philips en su línea de alumbrado. El ecodiseño permite a Philips lograr tres objetivos simultáneamente: ofrecer un mejor servicio a los consumidores preocupados por el medioambiente, controlar mejor los costes en todas las fases del ciclo de vida del producto y, por último, anticiparse a la futura legislación medioambiental.

Para mejorar el comportamiento ecológico de los productos, el ecodiseño de Philips contempla seis aspectos: consumo energético, vida útil, contenido en sustancias peligrosas, cantidad utilizada de materiales de embalaje, peso del producto y reciclabilidad. Aquellos productos que destacan en uno o más de estos seis aspectos son definidos como "potencialmente ecoemblemáticos" y llegan a ser considerados "ecoemblemáticos" cuando se entiende que sus beneficios medioambientales deben ser comunicados al mercado. Además, suponen una reducción de peso del 60 % y del contenido en plomo del 99 %.

Adaptado de MAYNAR, P.: *La economía de la empresa en el espacio de educación superior*. Madrid, Mc Graw Hill, 2007.

- ¿Qué ventajas, internas y externas, tiene Philips con su política de ecoeficiencia?

ACTIVIDADES

Actividades de síntesis

1. Copia este mapa conceptual y complétalo en tu cuaderno. Incluye los conceptos que faltan en el lugar que les corresponde y con los enlaces que permitan relacionarlos.

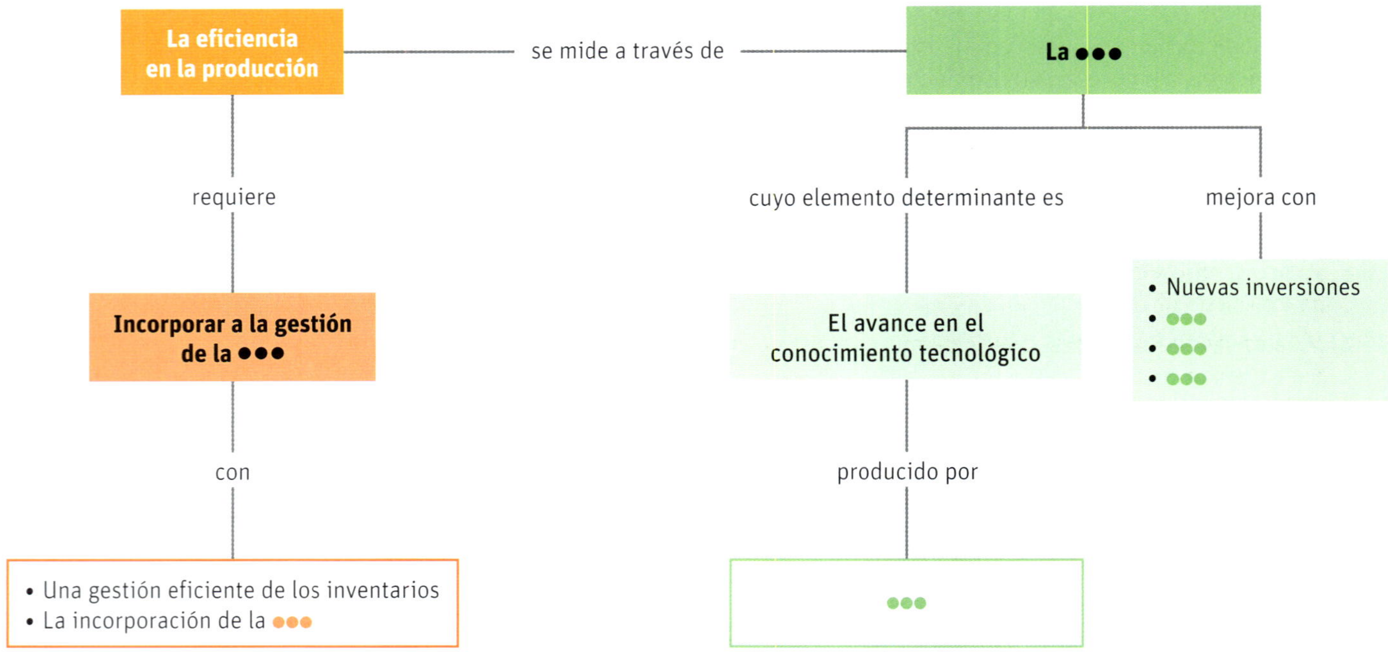

smSaviadigital.com VALORA LO APRENDIDO > Realiza la **autoevaluación.**

Actividades de análisis y problemas

2. En relación con el concepto de productividad:

a) Explica cuál es su significado y cómo se calcula.

b) ¿Cuál es la diferencia entre la productividad de un factor y la productividad global de la empresa?

c) ¿Cuál es la utilidad de conocer los datos de productividad de una empresa?

3. ¿Cuál es la relación entre la productividad y la eficiencia productiva? ¿Y entre la productividad y la competitividad empresarial?

4. ¿Cuáles son los factores que hacen que mejore la productividad? Señala ejemplos de medidas concretas de mejora de la productividad.

5. AGENDASA, empresa dedicada a la producción de agendas que cuenta con una plantilla de 20 empleados, ha producido en un año 120 000 unidades. Por un incremento de la demanda, el año siguiente la plantilla aumenta a 25 personas, con lo que espera producir y vender 180 000 unidades.

a) ¿Cuál es la productividad del factor trabajo de ambos años, teniendo en cuenta que las horas trabajadas son 1500 por trabajador y año?

b) ¿Cuál ha sido la tasa de variación anual de la productividad calculada?

6. Si una empresa produce al año bienes y servicios por valor de 1 200 000 euros y el coste de los factores utilizados en su producción ha supuesto 800 000 euros:

a) ¿Cuál es su productividad global?

b) Si, al año siguiente, el valor de la producción aumenta en un 10 % y sus costes, en un 2 %, ¿en cuánto ha mejorado su productividad global?

7. Supongamos que las tres empresas (A, B y C) existentes en un determinado sector dedican los siguientes recursos para producir la misma cantidad (que son 230 400 unidades):

Empresa A	Empresa B	Empresa C
10 trabajadores a jornada completa de 8 horas durante un total de 20 días.	12 trabajadores a jornada completa de 8 horas durante un total de 15 días.	20 trabajadores a jornada reducida de 5 horas durante un total de 18 días.

a) Calcula la productividad del factor trabajo de las tres empresas.

b) Compara en términos porcentuales la diferencia de productividad entre estas empresas.

c) Explica las posibles razones que justifican las diferencias.

8. **En España, el gasto público en educación alcanza solo el 75 % de la media europea.**

a) ¿En qué medida crees que este dato afecta al capital humano de nuestro país?

b) ¿Y cómo piensas que afecta a la productividad de las empresas españolas?

c) ¿Qué se entiende por el capital humano de una empresa o de un país?

9. **Reflexiona sobre tu manera de estudiar y la forma en que utilizas tus recursos (tiempo, esfuerzo, concentración, materiales y libros, ayudas, etc.).**

a) ¿Cómo podría medirse tu productividad o rendimiento en los estudios?

b) ¿Cuáles serían los factores que te permitirían incrementar tu rendimiento?

10. **Con relación a la productividad de los trabajadores:**

a) ¿Cómo pueden beneficiarse los trabajadores de la mejora de la productividad de la empresa?

b) ¿Qué tipo de incentivos se utilizan para mejorar la productividad de los trabajadores?

11. **¿En qué se diferencia la investigación del desarrollo tecnológico? Explica en qué consisten las innovaciones de productos y de métodos productivos. Señala ejemplos de ambos casos.**

12. **En un informe del Banco de España se señala que "existe una relación directa entre el cambio tecnológico y la competitividad de las empresas" y se advierte de que "el punto más débil de la economía española es el bajo crecimiento de la productividad". Este fenómeno se atribuye a que la inversión en I+D en nuestro país es sensiblemente inferior a la de otros países de la Unión Europea. A partir de esta información:**

a) Explica cómo influye el cambio tecnológico en la productividad y la competitividad empresarial.

b) De los cuatro factores que determinan la productividad, ¿cuál es el papel del cambio tecnológico y cuál es su relación con el resto de factores?

c) La escasa inversión española en I+D, ¿qué consecuencias puede tener en el futuro de las empresas españolas respecto a sus competidores europeos?

13. **En relación con la inversión en I+D+i:**

a) ¿Qué pretenden las empresas que invierten en I+D+i?

b) ¿Qué ventajas obtienen?

14. **Reflexiona sobre las patentes y responde a las preguntas que se plantean a continuación:**

a) ¿En qué consisten las patentes y cuál es su función?

b) ¿Por qué algunas empresas optan por el secreto comercial en vez de patentar sus nuevos productos?

c) ¿En qué riesgos incurren?

15. **Con relación a la calidad:**

a) ¿Qué se entiende por calidad en el ámbito empresarial?

b) ¿Cuáles son los pasos en el establecimiento de un sistema de gestión de la calidad?

c) ¿Cuál es la relación entre calidad y competitividad?

d) ¿Qué es el sistema de gestión de la calidad total?

16. **En relación con el problema de almacenamiento:**

a) ¿Qué son los inventarios de las empresas y cuál es su función?

b) ¿Qué tipos de inventarios suele mantener una empresa industrial?

c) ¿Y una empresa comercial?

17. **Una empresa dedicada a la distribución comercial de un producto vende anualmente 60 000 unidades y efectúa 4 pedidos al año a un proveedor que tarda 9 días en servir cada pedido. La estabilidad de la demanda le permite evitar riesgos de ruptura sin mantener *stock* de seguridad. Con esta información:**

a) Explica, con ayuda de un gráfico, el modelo de inventarios adaptado a esta empresa.

b) Identifica en el gráfico Q, D, t, q, N_m y S_s.

18. **GARDENSA, una empresa dedicada a la comercialización de plantas, prevé vender durante el año 7200 unidades. Los gastos de realización de un pedido suponen 200 euros. Por otro lado, los gastos de almacenamiento y de mantenimiento de cada planta ascienden a 2 euros al año.**

a) ¿Cuál es el número de plantas que debe solicitar en cada pedido (volumen óptimo de pedido) y, por tanto, cuántos debe realizar al año y cada cuánto tiempo tiene que solicitarlos?

b) Si esta empresa sabe que su proveedor tarda dos días desde que hace la solicitud hasta que recibe el pedido, ¿cuántas unidades debe tener en almacén en el momento de solicitar el pedido para asegurarse de que no se queda sin existencias?

c) Representa gráficamente la evolución temporal del inventario de plantas de GARDENSA.

19. **ELECTROLUX, S. L. es una empresa dedicada a la distribución de electrodomésticos que vende hasta un total de 250 frigoríficos en un año. A su vez, un fabricante alemán los compra a través de una serie de pedidos a lo largo del año. A ELECTROLUX, S. L. le cuesta 400 u. m. tramitar cada pedido y 20 u. m. mantener un frigorífico almacenado al año. Con estos datos:**

a) Explica cuántos frigoríficos se deberían adquirir en cada pedido para minimizar los costes de almacenamiento.

b) Una vez obtenido el tamaño óptimo de pedido, indica los costes anuales de almacén.

ACTIVIDADES

20. Explica los principales costes derivados de mantener inventarios.

a) ¿De qué depende cada uno de estos costes?

b) ¿Cuál es la relación entre ellos?

21. ¿En qué consisten los sistemas "justo a tiempo"?

22. La cadena de ropa Zara practica un sistema de producción y distribución inspirado en el sistema "justo a tiempo". ¿Qué ventajas obtiene con él?

23. ¿En qué consiste y cómo funciona el método ABC de gestión de inventarios? Si el inventario de una empresa tiene la composición que se muestra en la tabla, ¿qué aconsejarías para su gestión y control?

Clase de producto	% del producto	% del valor
Clase A	15 %	80 %
Clase B	25 %	15 %
Clase C	60 %	5 %

24. Una empresa comercial ha tenido los siguientes movimientos de existencias en los últimos meses: sus existencias iniciales el 1 de enero eran de 500 unidades, adquiridas a un precio de 40 euros cada unidad. El 20 de enero recibió un nuevo pedido de 300 unidades a un precio de 50 euros la unidad. El 25 de febrero vendió un lote de 400 unidades.

a) Elabora un cuadro de inventario del período según el método del PMP.

b) Valora las existencias finales de acuerdo con el método FIFO.

c) ¿Qué método da lugar a un mayor valor de las existencias finales y por qué?

25. En relación con las externalidades negativas de la producción de las empresas:

a) Explica en qué consisten y cómo afectan a la sociedad.

b) ¿Qué cambios se han producido en el entorno de las empresas que tratan de evitarlas?

26. ¿En qué consiste la ecoeficiencia? ¿Cómo se mide?

27. Algunas empresas se quejan del incremento de la legislación y de las medidas que tratan de mejorar la responsabilidad medioambiental de la empresa. Pero otras, en cambio, se adelantan a estas regulaciones y se transforman en ecoeficientes. Estas transformaciones suponen costes para la empresa, pero también algunas ventajas.

a) ¿Qué tipo de ventajas obtienen las empresas ecoeficientes?

b) ¿Qué crees que les ocurre a largo plazo a las empresas que no se transforman?

EVALUACIÓN

ENTRÉNATE

1. Defina el concepto de productividad del factor trabajo y explique de qué factores depende la productividad.

2. La empresa REVET, S. A., dedicada a la fabricación de mesas de oficina, tiene una plantilla de 15 trabajadores con una jornada laboral, cada uno, de 1500 horas anuales. En el último año, dicha empresa logró un volumen de producción de 45 000 mesas. Con estos datos:

a) Calcule la productividad del factor trabajo de la empresa.

b) Analice la situación de esta empresa sabiendo que la productividad media del factor trabajo de este sector en ese año fue de 1,7 mesas/hora.

3. Para producir la cantidad de 450 000 unidades de bolígrafos, las tres empresas existentes en un mercado (A, B y C) dedican los siguientes recursos:

- Empresa A: 10 trabajadores a jornada completa de 7 horas durante un total de 20 días.
- Empresa B: 12 trabajadores a jornada completa de 7 horas durante un total de 15 días.
- Empresa C: 15 trabajadores a jornada reducida de 4 horas durante un total de 24 días.

a) Calcule la productividad de cada empresa.

b) Compare, en términos porcentuales, la diferencia de productividad entre las tres empresas e indique las razones que podrían explicarla.

4. La empresa PATO, S. A. necesita utilizar 5 obreros que trabajen 8 horas diarias durante 30 días y 4800 kg de materia prima para obtener 2400 unidades de un producto. Por otra parte, la empresa OCA, S. A., para obtener la misma cantidad, necesita utilizar 10 obreros que trabajen 8 horas diarias durante 30 días y 1200 kg de materia prima. Con esta información, se pide:

a) Determine la productividad del factor trabajo en cada empresa.

b) Si el precio de venta de los productos terminados es de 30 euros, el coste de una hora de mano de obra es de 20 euros y el de un kilogramo de materia prima, de 8 euros, determine la productividad global de ambas empresas.

c) Explique los resultados que obtiene en ambas cuestiones.

5. La empresa Chocobón elabora chocolate y tenía en el último año una plantilla de 80 trabajadores. La producción del año fue de 850 000 kg y se emplearon 1920 horas por trabajador. El año siguiente ha reducido su plantilla en un 10 %, su producción ha sido de 910 000 kilogramos y el número de horas por trabajador ha sido el mismo que el año anterior.

a) Calcule el valor de la productividad de la mano de obra de Chocobón en los dos años.

b) Analice la evolución de la productividad de la mano de obra de esos años.

c) Si la productividad media del sector en el último año es de 6 kg por hora y trabajador, analice la situación de la empresa dentro del sector.

6. Un problema de las empresas industriales españolas es su productividad, inferior a la del resto de sus competidoras europeas. Proponga tres alternativas razonables para incrementar la productividad industrial, sin que ello suponga una disminución de la jornada laboral.

7. ¿En qué consiste el concepto de I+D+i?

8. Defina *investigación aplicada* y *desarrollo tecnológico*.

9. Con la finalidad de proteger los esfuerzos de los inventores, los Estados crean normas para proteger la propiedad industrial. ¿Cuáles son los mecanismos que protegen estas invenciones y cuál es su funcionamiento?

10. ¿Qué clases de inventarios mantiene una tienda de ropa juvenil? Ponga ejemplos. ¿Qué ventajas o beneficios tienen por mantener altos inventarios? ¿Qué inconvenientes o costes supone contar con inventarios?

11. Naturale, S. A. fabrica y distribuye botas de montaña. Del modelo Guadal, se suelen distribuir unos 18 000 pares anuales. Al aumentar los excursionistas, la demanda ha sufrido oscilaciones importantes, lo que ha llevado a Naturale, S. A. a mantener un *stock* de seguridad del modelo Guadal de 400 unidades. Además, la empresa elabora al mes 1500 pares de este modelo. Elabore el gráfico de inventarios y razone los conceptos que aparezcan en él.

12. Una empresa distribuye 20 000 vehículos al año de los modelos que adquiere para su venta. Con el fin de evitar que un inesperado aumento de la demanda genere una falta de productos en el almacén, mantiene un *stock* de seguridad de 500 unidades de este modelo. Se sabe, además, que la empresa efectúa 10 pedidos al año, de 2000 coches cada uno. Elabore el gráfico de inventarios de la empresa razonando cada concepto.

13. Explique brevemente los siguientes criterios de valoración de existencias: precio medio ponderado (PMP) y FIFO ("primera entrada, primera salida" o *first input, first output*). En una economía con inflación, ¿qué criterio de valoración de los dos anteriores dará lugar a un mayor valor de las existencias finales? Razone la respuesta.

14. Una empresa especializada en comercializar un instrumento musical presenta esta información (en euros): 1. Existencias iniciales (01/01): 1000 unidades, con un precio unitario de 50 euros; 2. Compras (07/04): 200 unidades, con un precio unitario de 55 euros; 3. Compras (11/08): 150 unidades, con un precio unitario de 57 euros; 4. Ventas (30/09): 800 unidades; 5. Compras (03/11): 100 unidades, con un precio unitario de 60 euros; 6. Ventas (30/11): 500 unidades.

Calcule el valor de las existencias finales (31/12) según los criterios de valoración PMP y FIFO.

Test de conocimientos básicos

1. Entre las causas del aumento de la productividad están:
   a) La utilización de materias primas más caras.
   b) La mejora de la gestión de los recursos humanos.
   c) La reducción de los salarios de los trabajadores.

2. Las empresas que invierten en I+D+i pretenden:
   a) Obtener mejores productos que sus competidores.
   b) Aumentar su productividad.
   c) Ambas respuestas son correctas.

3. El concepto de calidad total se refiere a:
   a) El conjunto de características y propiedades que tiene el producto.
   b) La necesidad de inspeccionar todas las unidades producidas.
   c) El compromiso de todos los miembros y departamentos con el objetivo de calidad.

4. El conjunto de existencias o inventarios de una empresa hace referencia a:
   a) Los productos terminados.
   b) Las materias primas.
   c) Ambas respuestas son correctas.

5. El coste de ruptura de inventarios se produce si:
   a) El *stock* de seguridad es cero.
   b) Se agotan las existencias para atender pedidos.
   c) Ninguna de las anteriores es correcta.

6. Según el modelo de Wilson, el volumen óptimo de pedido (Q) es el tamaño de pedido:
   a) Con un plazo de entrega mínimo.
   b) Cuyo coste de gestión de los inventarios es mínimo.
   c) Que permite no tener *stock* de seguridad en la empresa.

7. Con el sistema "justo a tiempo":
   a) Se pretende reducir los costes de almacenamiento.
   b) Se realizan los pedidos justo cuando suben los precios.
   c) Se mantienen en todo momento elevadas existencias.

8. Las existencias se valoran conforme al siguiente criterio:
   a) Si son productos comprados a proveedores, por su precio de adquisición menos los gastos adicionales.
   b) Si son productos fabricados por la empresa, por su coste de producción.
   c) Ambas respuestas son correctas.

Análisis y debate Competitividad e I+D+i

Hoy día, las inversiones en investigación y desarrollo (I+D) se consideran un elemento clave para el crecimiento económico de un país. En España, estas inversiones están muy por debajo de la media europea, lo que explica nuestra dependencia tecnológica del exterior.

Desde el punto de vista de las empresas, estas inversiones son fundamentales para mejorar su posición competitiva en el mercado. De hecho, las empresas más competitivas suelen ser las que dedican mayores recursos al descubrimiento de nuevas ideas y a la aplicación al mercado de esos descubrimientos, o sea, a la I+D+i. Ello las permite desarrollar nuevos productos y diferenciarse de sus competidores, o crear nuevas formas de producir más eficientes. De entre estas empresas innovadoras, 3M es un caso especial. Después de un siglo introduciendo nuevos productos en el mercado, mantiene intactos su espíritu innovador y una peculiar forma de entender la investigación.

Documentos

1 ¿Cuánto se invierte en I+D+i?

Aunque la parte más importante del gasto en I+D+i lo realizan las propias empresas, el sector público también tiene su responsabilidad. De la misma forma que el Estado desempeña un papel importante en la provisión de un bien público como la sanidad, también tiene un papel fundamental en la creación y la difusión de otro bien público como es el conocimiento tecnológico. Por ello, la Administración fomenta el avance de este conocimiento con ayudas a la investigación y con incentivos fiscales a las empresas que realizan I+D+i.

Aquellos países que hace algunas décadas se plantearon esta prioridad están hoy a la cabeza del desarrollo. Japón y Estados Unidos destinan en torno al 3 % de su PIB a la investigación y desarrollo. La UE dedica como media algo más del 2 %, pero mientras que Suecia gasta casi el doble de esa cifra, en España solo se invierte algo más de la mitad de la media europea.

2 La I+D+i en España

Del gasto total en I+D+i en España, las empresas son las que más participan en él (46,4 %), seguidas de la Administración (41,4 %), mientras que la Universidad solo participa en un 4,1 %. Aunque gobiernos, empresarios e investigadores coinciden en que la investigación es una de las principales fuerzas para impulsar el desarrollo económico, las cifras demuestran que hay mucho camino por recorrer.

El escaso gasto que se produce en España en I+D+i explica nuestra dependencia tecnológica del exterior. En la economía española, gastamos cada año mucho más en derechos de patentes extranjeras que lo que ingresamos por el mismo concepto. A su vez, el que se invierta menos en I+D+i en España que en otros países, como Alemania, Japón, Estados Unidos, etc., hace que la productividad española sea inferior a la de esos países y que, por tanto, nuestras empresas no sean competitivas a nivel internacional.

Para alcanzar la convergencia con Europa, reducir nuestra dependencia del exterior e impulsar la competitividad internacional de nuestras empresas, se requieren:

- Mayores ayudas (subvenciones e incentivos fiscales) a empresas que inviertan en I+D+i.
- Actuaciones de cooperación empresarial en I+D+i que permitan compartir los importantes gastos que conllevan algunas investigaciones.
- Incrementos del gasto público en I+D+i, de forma que los centros de investigación y las universidades actúen como impulsores del sector privado.

4 El caso de la empresa 3M

¿En qué se parecen un pósit, un estropajo Scotch-Brite, un forro polar y una cinta de vídeo? El punto en común es su nacimiento en los laboratorios de 3M (Minnesota Mining and Manufacturing), un lugar especialmente diseñado para la innovación.

Desde que en 1902 inició su actividad en Minnesota, 3M mantiene inalterable su espíritu innovador. Después de algunos fracasos iniciales, la empresa impulsó sus investigaciones y, en 1916, desarrolló el primer abrasivo sintético, y tras él las lijas de agua. Después siguieron la cinta adhesiva y productos autorreflectantes, fotográficos, químicos, farmacéuticos, informáticos, electrónicos, de limpieza, etc. En la actualidad, la empresa 3M comercializa más de 55 000 productos distintos en todo el mundo. La filial española de 3M, orientada al desarrollo de productos para el hogar, ha generado inventos tan genuinos como la mopa o el estropajo Scotch-Brite.

Las claves de la estrategia de 3M

- **La I+D+i como prioridad.** 3M invierte el 6,5 % de sus ventas en I+D+i, casi el doble de la media de las empresas americanas. Esto le permite una introducción continua de nuevos productos y que la compañía se encuentre entre las veinticinco empresas con más patentes en el mundo (once de ellas son japonesas; diez, americanas; y solo cuatro, europeas).
- **Mimar al investigador.** Los investigadores de 3M disponen del 15 % de su tiempo de trabajo para dedicarlo a proyectos personales de investigación. La única condición es que deben estar en relación con las líneas de innovación de la empresa. Además, todos los empleados tienen la oportunidad de rotar por distintos departamentos.

Esta flexibilidad solo es posible con una estructura organizativa ágil, pensada para facilitar la creatividad, y un estilo de dirección y liderazgo motivador, basado en la comunicación como estímulo para la innovación. Ello favorece la retención de talentos y que sus investigadores aporten todo el valor añadido a 3M. En palabras de uno de sus técnicos: "El secreto está en hacer lo que te gusta y que te paguen por ello". Y en palabras de su fundador, William L. McKnight: "Aquí, la gente toma sus decisiones, puesto que todo lo que una persona sabe lo va a aplicar en su trabajo".

- **Las ideas nunca mueren.** En 3M se archivan todas las ideas, aunque no tengan una aplicación inmediata. Pueden transformarse o, incluso, es probable que estén adelantadas a su tiempo y tengan una aplicación futura. 3M dispone de una singular "biblioteca de ideas" donde, en lugar de libros, se almacenan un sinfín de peculiares ingenios que en algún momento verán la luz. Un ejemplo es la invención del pósit (Post-it®). Un trabajador de 3M (en su 15 % de tiempo personal) desarrolló un pegamento que "pegaba poco y muchas veces". Al carecer de una aplicación inmediata, quedó almacenado en ese archivo de ideas, hasta que un compañero, Art Fry, pensó que podía ser un marcador de libros. El pósit no tardó en convertirse en un producto de impacto con las notas de quita y pon, y fue elegido por la revista *Fortune* uno de los mejores productos del siglo XX.
- **Inventos y secretos bien guardados.** Más de 7000 científicos y técnicos desarrollan su labor en 80 centros de I+D+i repartidos por el mundo. En Minnesota, el corazón de 3M, un laberinto de 30 laboratorios guarda los secretos de la compañía. Para evitar que salga información, todos los movimientos se graban con cámaras de vigilancia y el acceso requiere un código autorizado.

Reflexiona

1. El hecho de que el gasto en I+D+i de España sea inferior al de otros países, ¿cómo afecta a la competitividad internacional de las empresas españolas? ¿Qué medidas deberían aplicarse para mejorar esa posición?
2. ¿Cómo resumirías la estrategia competitiva de 3M? ¿Cuáles son las claves de su liderazgo en innovación? ¿Cómo resumirías su política de recursos humanos?
3. smSaviadigital.com INVESTIGA
   Nikola Tesla (1856-1943) fue, para muchos, el inventor más destacado de su época. Este ingeniero y visionario, nacido en la actual Croacia, desarrolló las bases para muchos de los aparatos que utilizamos a diario (radio, televisión, móviles, etc.).
   Amplía tus conocimientos sobre Tesla.

7 La función comercial de la empresa

1 La actividad comercial y su evolución

2 El proceso de planificación de *marketing*

La función comercial o *marketing* consiste en detectar las necesidades de los consumidores para satisfacerlas del modo más beneficioso posible. Para ello, se utilizan técnicas de investigación de mercados y de análisis del consumidor, cuyos resultados son determinantes en el establecimiento de la estrategia comercial de la empresa. Esta estrategia consiste básicamente en elegir el público al que la empresa quiere dirigirse y decidir la imagen que se quiere que tengan sus productos en la mente de sus consumidores.

La bicicleta que nunca se fabricó

Una empresa fabricante de bicicletas trató de mejorar su producto. Después de varios meses de investigación, los ingenieros diseñaron un prototipo que, aunque algo más caro, ofrecía dos ventajas: 1) manillar y llantas de un nuevo material más ligero para reducir el peso de la bicicleta; 2) cambio trasero para seis velocidades.

Los técnicos estaban muy contentos y a punto de lanzar al mercado su prototipo, cuando en una reunión informal de un ingeniero y uno de los vendedores, el primero explicó al vendedor las excelencias de la nueva bicicleta, pero el vendedor le contestó que la nueva bicicleta no incorporaba ningún beneficio adicional y que, además, creía que no iba a ganar más comisiones por ello.

El gerente de la empresa, presente en la reunión, para zanjar la cuestión ordenó a ambos que fueran a preguntar a los futuros usuarios si estaban dispuestos a pagar algo más por el nuevo prototipo de bicicleta. En síntesis, las respuestas de los usuarios potenciales fueron las siguientes:

—¿Para qué quiero yo una bicicleta con seis velocidades, si a veces con cuatro me sobra?

—Aligerar su peso me parece bien, pero no es el aspecto que más me preocupa.

Los usuarios consultados sugirieron interesantes mejoras, tales como: ¿No podían diseñar una bicicleta fácilmente plegable para meterla en el coche cuando me desplazo? ¿Por qué no diseñar un sistema de frenado más seguro y rápido para evitar accidentes o un sillín más cómodo para evitar molestias en largos desplazamientos?

Estas eran las sugerencias por las cuales los usuarios sí estaban dispuestos a pagar más dinero y, por consiguiente, las que debían haber guiado la investigación de esta empresa. Tras el incidente, el prototipo no se lanzó nunca al mercado y los técnicos aprendieron que: "*marketing* no es vender lo que se produce, sino producir lo que se demanda".

Texto inspirado en CÁMARA, D.: *Apuntes de dirección de* marketing. Bilbao, Deusto, 1995.

ANALIZA LA IMAGEN

1. En la imagen vemos distintos grupos de consumidores. ¿Qué criterios permitirían diferenciarlos?
2. Algunas empresas se dirigen a todos los públicos y otras se especializan en segmentos concretos. ¿Qué crees que es mejor y por qué?

ANALIZA EL TEXTO

- ¿Qué pasos se tendrían que haber dado en esta empresa antes de diseñar la bicicleta?
- ¿Cuál es el significado de la frase: "*marketing* no es vender lo que se produce, sino producir lo que se demanda"?

1 La actividad comercial y su evolución

Los abusos cometidos por empresas siguiendo el enfoque ventas han originado que muchas personas identifiquen el *marketing* con las ventas y la publicidad, pero el objetivo del *marketing* no son las ventas, sino conocer y comprender al cliente de tal modo que el producto se ajuste perfectamente a sus necesidades.

Este objetivo es el que se ilustra con humor en una escena de la película de los hermanos Marx *Una noche en Casablanca*, en la que Groucho arenga a los empleados de un restaurante:

"Si el cliente desea que le subamos los huevos cocidos en quince minutos, se los subiremos en ¡diez minutos! Si los quiere en diez minutos, se los subiremos ¡en tres minutos! Si los quiere para dentro de tres minutos, ¡los tendrá en un minuto! y si los quiere en un minuto, ¡le subiremos la gallina!".

La actividad comercial es el nexo entre la empresa y el mercado, y su objetivo es la satisfacción de las necesidades de los consumidores.

La **función comercial** o ***marketing*** permite a la empresa mantener el contacto con los consumidores y averiguar sus necesidades para producir los bienes que las satisfagan, de tal forma que se generen intercambios beneficiosos para ambas partes.

Hoy, el *marketing* nos parece esencial en una organización, pero no siempre fue así. Hasta la década de 1950, las empresas tendían a centrarse en los problemas de producción sin prestar atención al mercado. A partir de entonces, los mercados se caracterizaron por un entorno cambiante, con un creciente poder de compra por parte de los consumidores y un aumento de la competencia. En consecuencia, las empresas experimentaron la necesidad de estudiar el mercado y entender mejor a sus clientes.

Como resultado de la evolución de la función comercial, las empresas han reorientado su estrategia a partir de estos cinco enfoques: producto, ventas, *marketing*, *marketing* relacional y *marketing* social.

El enfoque producto

Las empresas con este planteamiento centran su esfuerzo comercial en hacer productos de calidad, siguiendo la máxima de que "lo bueno se vende solo". Tratan más de fabricar productos que de hacer clientes. Este enfoque no tiene en cuenta que el mercado evoluciona y que pueden aparecer nuevas necesidades y nuevos factores de calidad.

El enfoque ventas

El enfoque anterior puede mantenerse en productos que no tienen competencia, pero a medida que los mercados se hacen competitivos, las empresas se ven obligadas a estimular a los consumidores para que compren sus productos. El enfoque ventas conlleva una cierta agresividad comercial, ya que se considera que el mercado es capaz de absorberlo todo si se le somete a la presión suficiente a través de la publicidad. El objetivo de las empresas es, por tanto, vender lo que producen, en lugar de producir lo que pueden vender.

Este planteamiento es posible en mercados en expansión, con productos poco diferenciados y consumidores poco experimentados. Pero, actualmente, los consumidores son más críticos, y cuando no terminan satisfechos con un producto, expresan sus quejas a amigos y organizaciones de consumidores, dañando la credibilidad de la empresa.

ESTUDIO DE CASOS **¿He comprado o me han vendido?**

El enfoque de ventas se aplica, sobre todo, en productos que no se suelen adquirir de forma rutinaria (seguros, automóviles, etc.), y las empresas que los comercializan usan distintas técnicas de venta.

"Desde el momento en que un cliente potencial entra en una exposición de automóviles, el vendedor, con frecuencia, 'lo agrede psicológicamente'. Si al cliente le gusta un determinado modelo, le dirá que hay otro cliente que también lo quiere, y que se tiene que decidir ya. Si el cliente se lamenta del precio, el vendedor se ofrecerá a hablar con el director para obtener una concesión especial. Tras diez minutos de espera, el vendedor volverá y comunicará al cliente que a pesar de las reticencias de su jefe, le ha conseguido un descuento si se decide en ese momento. El objetivo es forzar y cerrar la venta".

Adaptado de P. KOTLER: *Introducción al marketing.*

- ¿Qué otros ejemplos conoces de este tipo de técnicas de venta? ¿Qué estrategia o enfoque comercial representa?
- ¿Cuáles son los inconvenientes para el consumidor? ¿Y para la empresa?

El enfoque *marketing*

Surgió en Estados Unidos en la década de 1960 y supuso un giro en la concepción que las empresas tenían del mercado. Parte de un estudio de las necesidades de los consumidores para diseñar y elaborar productos adaptados a ellas. Expresiones de esta filosofía son "Busca necesidades y satisfácelas" o "Haz lo que pueda venderse en vez de intentar vender lo que haces".

El propósito del *marketing* es conocer y entender tan bien al cliente que el producto se adapte a él y se venda por sí mismo. Por ejemplo, cuando Sony lanzó su PlayStation se vio desbordada por la demanda, porque había diseñado el producto "esperado" a partir de un cuidadoso trabajo de *marketing*.

El enfoque *marketing*

El enfoque *marketing* relacional

Hoy, el enfoque *marketing* sigue evolucionando y la preocupación actual se centra no solo en atraer nuevos clientes, sino también en retenerlos a través de la fidelización. Este planteamiento se denomina ***marketing* relacional** o de orientación al consumidor. Con una visión de futuro, las empresas han de mantener unas relaciones continuas y constructivas con los clientes: atender positivamente las quejas, prestar servicios adicionales (instalación, garantía, servicio posventa, etc.).

¿Por qué es importante cuidar estas relaciones? Básicamente, porque cuesta más atraer nuevos clientes que retener a los habituales. Pero además:

- Un cliente satisfecho con el servicio recibido cuenta su experiencia positiva, de media, a otras tres personas; en cambio, un cliente insatisfecho lo comunica a once personas, y estas, a su vez, a otras once, etc. Y los clientes que se quejan y comprueban que sus quejas se resuelven satisfactoriamente informan, de media, a cinco personas. Es decir, estos comentarios boca a boca (o a través de las redes sociales) atraen nuevos clientes (o lo contrario), proporcionando una comunicación más efectiva que la publicidad.
- Los clientes leales suelen incrementar el volumen y la frecuencia de compra en productos de la empresa; además, adquieren los nuevos productos que comercializa y se fijan menos en las marcas y en la publicidad de la competencia.
- Las quejas y sugerencias son fuente de ideas de nuevos productos y servicios. La empresa 3M afirma que las dos terceras partes de sus ideas de innovación provienen de escuchar las quejas de sus clientes.

Ejemplos y casos

Desde un enfoque de *marketing* relacional, la relación entre empresa y cliente no finaliza con la venta, sino que comienza y se intensifica después de la venta y contribuye a determinar la elección del cliente en la próxima ocasión de compra.

La clave consiste en ver la relación con cada cliente como un todo, no como ventas aisladas. Una visión del cliente orientada a la venta considerará el margen obtenido en una sola compra. Una visión orientada al *marketing* relacional tendrá en cuenta los ingresos y beneficios de una relación a largo plazo.

El enfoque *marketing* social

Si bien hoy el enfoque *marketing* es el dominante en nuestra sociedad, se cuestiona si es el más apropiado en una época de deterioro medioambiental, escasez de recursos, pobreza y desigualdades, etc. La pregunta es si la satisfacción de los deseos de los consumidores es compatible a largo plazo con sus propios intereses y con los de la sociedad. Consideremos estos ejemplos:

- La industria de la "comida basura" ofrece alimentos de sabor agradable que, aunque gustan a los consumidores, perjudican la salud.
- Los coches más potentes satisfacen a ciertos consumidores, pero consumen y contaminan más y generan más accidentes de tráfico.
- Los consumidores de bebidas prefieren envases cómodos y no retornables. Sin embargo, estos envases suponen un aumento del consumo de recursos naturales y de la contaminación, ya que no son biodegradables.

Estos y otros ejemplos explican la necesidad de un *marketing* social que trate de equilibrar tres consideraciones: los beneficios de la empresa, la satisfacción de los consumidores y el bienestar a medio y largo plazo de la sociedad.

El enfoque *marketing* social

2 El proceso de planificación de *marketing*

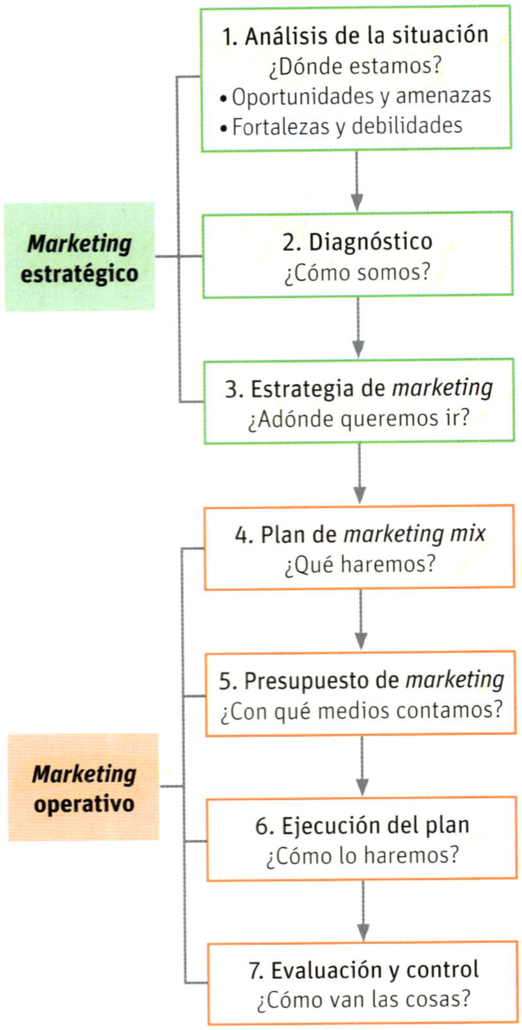

Las actividades de *marketing* de una empresa pueden agruparse en dos grandes fases: por un lado, una fase de análisis o de *marketing* estratégico, cuyo objetivo es el estudio de las necesidades del mercado y de su evolución; por otro, una fase de acción denominada *marketing operativo*, cuya misión específica es la satisfacción de esas necesidades mediante el desarrollo de los productos adecuados.

Marketing estratégico

El *marketing* estratégico implica una reflexión sobre las oportunidades que ofrece el mercado con el objetivo de diseñar la estrategia comercial que la empresa desarrollará.

Esta fase incluye:

1. Un **análisis externo** para descubrir las **oportunidades y amenazas** del entorno y del mercado. El estudio del mercado permite establecer los distintos tipos y perfiles de consumidores (segmentos de mercado), y la estimación de la demanda prevista en cada uno de ellos. Este análisis también conlleva una valoración de los competidores y de sus formas de actuar, así como un análisis del entorno o conjunto de factores externos (económicos, legales, demográficos, etc.) que pueden afectar a la empresa.
2. Un **análisis interno** para detectar las **fortalezas y debilidades** de la empresa con el fin de valorar si los recursos humanos y materiales, el conocimiento y la tecnología disponibles son suficientes para alcanzar sus objetivos.
3. Después del análisis y el diagnóstico de la situación, se fijan los objetivos que se pretenden y se diseña la **estrategia de *marketing*** para conseguirlos. Esta estrategia consiste básicamente en elegir el público o segmento del mercado al que la empresa quiere dirigirse y en decidir la imagen que la empresa pretende que tengan sus productos en la mente de sus consumidores, de tal forma que se diferencie de la de sus competidores.

Marketing operativo

Una vez definida la estrategia, hay que establecer un plan de *marketing* para llevarla a la práctica. Este plan implica:

1. Decidir las acciones comerciales que se van a desarrollar. Para ello, la empresa cuenta con cuatro instrumentos o variables básicas:
   - El **producto** o la selección de los atributos que debe tener para atraer la demanda (diseño, calidad, marca, envase, etc.).
   - El **precio** adecuado para obtener la respuesta deseada de los consumidores.
   - La **distribución**, a través de una serie de puntos de venta al público que sean cercanos y cómodos para el consumidor.
   - La **comunicación**. Es preciso, finalmente, informar y convencer al mercado de las características y bondades del producto para impulsar la demanda, lo que se hace mediante acciones de publicidad y promoción.

   Estas cuatro variables se conocen como las 4 *P* del *marketing* (en inglés, *product, price, place and promotion*). Combinando estas variables obtenemos el ***marketing mix*** o combinación comercial de la empresa.
2. Especificar los **recursos necesarios** (presupuesto) para poner en marcha el plan, así como el calendario de actuaciones para su implantación.
3. Implantación y **ejecución del plan**, así como su seguimiento y **control** para evaluar su eficacia y adoptar, en su caso, las medidas correctoras.

En esta unidad, nos centraremos en el *marketing* estratégico, mientras que en la siguiente se desarrollan las decisiones del *marketing mix*.

Ejemplos y casos

En la guerra comercial que viven muchas empresas, algunas acuden a especialistas en *marketing* para que las ayuden a mejorar sus ventas o a manejar sus redes sociales, de modo que aumenten sus seguidores, etc. No entienden que estas tácticas aisladas, sin un plan de *marketing*, sin una estrategia coordinada, están condenadas al fracaso.

Decía el filósofo chino Sun Tzu: "La estrategia sin táctica es el camino más lento hacia la victoria. Las tácticas sin estrategia son el ruido antes de la derrota".

Táctica y estrategia deben ir unidas: la estrategia te permite planificar; la táctica te ayuda a actuar.

57

3 El mercado y la demanda

Desde el punto de vista del *marketing*, el **mercado** se define como el conjunto de consumidores que comparten una misma necesidad, que están dispuestos a satisfacerla y que tienen capacidad económica para ello.

Desde el punto de vista del *marketing*, el mercado de los cursos de idiomas en el extranjero, por ejemplo, estaría formado por aquellos consumidores que necesitan aprender una lengua y tienen el dinero suficiente para contratar el curso (o pueden financiarlo con un préstamo). Es decir, las necesidades o los deseos solo se convierten en demanda si van acompañadas de la capacidad adquisitiva.

Clases de mercados

Las empresas necesitan conocer cómo es su mercado y cuál es su demanda. Para ello, un primer paso es identificar el tipo de mercado en el que compiten.

1. Por el **grado de competencia**, pueden ser de competencia perfecta o de competencia imperfecta (monopolio, oligopolio y competencia monopolística).
2. Según sean las **posibilidades de expansión** del mercado, se distingue entre:
   - **Mercado actual.** Está formado por los consumidores existentes en el momento en que se realiza el análisis.
   - **Mercado potencial.** Resulta de sumar a los consumidores actuales los que podrían llegar a serlo con una política de *marketing* eficaz.
   - **Mercado tendencial.** Se refiere a la evolución futura del mercado, con independencia de las actuaciones de las empresas. Según su tendencia, los mercados pueden ser crecientes, estancados o en declive. Así, el mercado futuro de juguetes dependerá de la evolución de la natalidad, de la renta per cápita, etc.
3. Por el **motivo de compra**, se distingue entre:
   - **Mercados de consumo.** En los que los bienes y servicios ofrecidos se dedican directamente a satisfacer necesidades de las familias.
   - **Mercados industriales.** En los que oferentes y demandantes son empresas u organizaciones que intercambian bienes para la producción de otros bienes: maquinaria y equipos, materias primas, etc.

Demanda de mercado y cuota de mercado

La **demanda de mercado** es la cantidad global de ventas que se generan en ese mercado en un período de tiempo y en un espacio geográfico determinados. Por ejemplo, en el mercado español del automóvil, sería la cantidad de coches vendidos durante un año en España. La demanda puede expresarse en unidades físicas (coches) o monetarias (cifra de ventas en euros).

Dentro de la demanda de mercado, la parte que le corresponde a una empresa concreta que participa en ese mercado representa su **cuota de mercado**.

La proporción de ventas de una empresa respecto de las ventas totales del mercado de un producto representa la **cuota de mercado de esa empresa**.

$$\textbf{Cuota de mercado} = \frac{\text{Ventas de la empresa}}{\text{Total de ventas del mercado}} \cdot 100$$

ACTIVIDAD RESUELTA

1. La empresa PASTAS, S. A., dedicada a la fabricación y comercialización de todo tipo de pastas alimenticias, tiene un volumen anual de ventas que se aproxima a los 800 millones de u. m., y las ventas totales del sector son de 4000 millones de u. m. ¿Cuál es la demanda de mercado del sector en el que compite esta empresa? ¿Cuál es la cuota de mercado de PASTAS, S. A.?

SOLUCIÓN

La demanda de mercado (o mercado actual) es la suma de ventas de todas las empresas del sector y, por tanto, es de 4000 millones de u. m. La cuota de mercado de PASTAS, S. A. es: Cuota de mercado = (800 / 4000) · 100 = = 20 % (de cada 100 u. m. vendidas en este mercado, 20 corresponden a esta empresa).

4 Investigación de mercados

Ejemplos y casos

Un **panel de consumidores** es una técnica de investigación que recoge de forma periódica información sobre los hábitos de compra de una muestra constante y representativa de la población (**los panelistas**). Este tipo de estudios, con grandes muestras de población, tienen un alto coste y suelen ser realizados por empresas de investigación especializadas, como la multinacional ACNielsen, que recoge información sobre 250 000 hogares de todo el mundo, y más de 7500 en España, mediante un cuestionario (diario de compras).

Estos paneles ofrecen información sobre la evolución de las compras de cada producto o variedad (tamaño y tipo de envase), el número de compradores, lo que gastan en cada producto, su perfil (edad, sexo, ingresos, etc.), sus hábitos de compra (cada cuanto tiempo, qué volumen, etc.) y su evolución (qué marca compran ahora los que antes compraban otra).

Las empresas que pagan por estos informes acceden a una información que les permite adaptar sus productos y su estrategia de *marketing* a las tendencias del mercado.

Las empresas necesitan saber quiénes son sus clientes actuales y potenciales y cuáles son sus características, qué imagen de sus productos tienen los consumidores y cuáles serían sus reacciones ante posibles cambios en sus productos.

La respuesta a estas y otras cuestiones requiere estudiar el mercado e invertir en investigación. Más información supone mayores costes, pero también un menor riesgo de error.

La **investigación de mercados** consiste en la obtención y el análisis de la información que la empresa necesita para tomar sus decisiones de *marketing*.

Etapas o fases de una investigación de mercados

1. **Definir el problema y los objetivos de la investigación.** Antes de iniciar una investigación de mercado, es necesario delimitar de una forma muy clara las cuestiones a las que se pretende contestar con ella. Proponer con claridad lo que se desea investigar es básico: unos objetivos claros ayudan a obtener unos resultados claros.
2. **Diseño del plan de investigación.** Es importante decidir el modo en que se llevará a cabo la investigación y los métodos de obtención de la información (si se hará mediante una encuesta, experimentación, etc.). Debe considerarse que cada alternativa tendrá un coste diferente. El tiempo también es importante, puesto que, si se tarda mucho en obtener la información, pueden desaparecer las oportunidades.
3. **Búsqueda y obtención de la información.** Hay que determinar si la información que se necesita ya existe y está disponible, o si hay que obtenerla de primera mano. Por ello, es básico distinguir entre:
   - **Información secundaria**. Se trata de información ya elaborada y que puede ser útil para nuestra investigación. Puede ser **interna** o **externa**, según provenga del interior de la empresa (estadísticas y archivos de la empresa, estudios anteriores de mercado, etc.) o del exterior (internet, estudios del sector, estadísticas e informes oficiales, etc.). Dentro de los estudios del sector, destacan los **paneles de consumidores**, elaborados por empresas especializadas.
   - **Información primaria**. Es información nueva que se genera a través de las encuestas, la experimentación y la observación directa. Obtenerla requiere un cierto tiempo y tiene un coste.
4. **Análisis e interpretación de la información.** El resultado del análisis y las conclusiones de la investigación se concretan en un informe que se utilizará para la toma de decisiones.

Métodos de obtención de información primaria

1. **Los sondeos por encuesta.** Es el método de recogida de información primaria más utilizado. Su mayor ventaja es que permite obtener una gran variedad de información descriptiva sobre muchas cuestiones que le interesan a la empresa, simplemente, preguntando de un modo directo a sus clientes.

   En la realización de una encuesta se pueden diferenciar las siguientes fases:

   - Selección de una muestra representativa de la población que se va a investigar, de tal forma que puedan extrapolarse las opiniones de las personas entrevistadas al conjunto de la población.
   - Diseño del cuestionario y elección del tipo de encuesta (personal, telefónica o por correo).
   - Tratamiento estadístico de los datos reflejados en la encuesta y obtención de resultados.

Datos primarios

Son datos que la empresa recopila directamente a través de su propia investigación.

Datos secundarios

Conjunto de datos que ya están recogidos en publicaciones, bases de datos o estudios realizados previamente. Por ejemplo, a través del INE se pueden obtener datos de la distribución del presupuesto de los hogares españoles, de sus niveles de ingresos, etc.

2. **La experimentación.** Trata de explicar las reacciones del mercado ante determinados cambios que se introducen intencionalmente para observar los resultados y analizar la relación causa-efecto.

   Así, para estudiar los efectos de distintos envases en las ventas de un nuevo perfume, la empresa puede realizar un experimento sencillo, denominado *prueba de mercado*, manteniendo un envase determinado en unas ciudades (mercado de control) e introduciendo el diseño nuevo en otras (mercado de prueba), con la fin de comprobar cuál tiene mayor aceptación. Si las ciudades son semejantes y el resto del *marketing* también, la diferencia de ventas entre esas ciudades nos dirá qué envase tiene más éxito. Otras dudas sobre precios, publicidad, etc., pueden investigarse con el mismo procedimiento.

En los métodos de observación, las nuevas tecnologías permiten un registro documental de los comportamientos en entornos reales (vídeos, fotografías, historial en redes sociales, etc.)

3. **La observación.** Consiste en recoger información observando el comportamiento de los consumidores o el funcionamiento de los puntos de venta (tiendas, hipermercados, etc.). Por ejemplo, un fabricante de productos alimenticios puede enviar investigadores a los supermercados para averiguar los precios de la competencia, o cuánto espacio le permite el distribuidor que ocupen sus propios productos. O una cadena de grandes almacenes puede enviar observadores a sus propias tiendas, haciéndose pasar por clientes, para comprobar las condiciones de venta y el servicio al consumidor.

   La información también puede obtenerse mediante la observación mecánica. Por ejemplo, las empresas de productos de consumo y los distribuidores utilizan la información de los escáneres de las cajas registradoras para evaluar las ventas de los productos. Asimismo, algunas empresas tienen sistemas que graban tanto el comportamiento de compra como la exposición de los consumidores a una serie de estímulos comerciales para evaluar sus reacciones.

4. **Técnicas cualitativas de investigación.** Con ellas se pretende ir más allá de las respuestas superficiales de las encuestas, para entender mejor lo que piensa y siente el consumidor. Las más utilizadas son:

   - La **entrevista de grupo o dinámica de grupo**. Son reuniones de seis a diez personas con un moderador para hablar libremente sobre un producto o servicio. El moderador promueve una conversación amena e informal para que los miembros del grupo expresen lo que piensan y sienten sobre el objetivo de la investigación. Los comentarios se anotan o graban para su estudio posterior.
   - La **entrevista en profundidad**. En ella, el entrevistador alienta al entrevistado a que exprese con entera libertad sus ideas, mostrándole una serie de estímulos (productos, eslóganes publicitarios, envases, posibles marcas y logos, etc.), para observar sus reacciones y descubrir su opinión.

ESTUDIO DE CASOS **Nuevas técnicas de investigación**

Mientras que la mayoría de las técnicas de investigación se basan en respuestas a preguntas de "laboratorio", las técnicas etnográficas buscan acceder al comportamiento del consumidor en su entorno real, analizando lo que hace y no lo que dice que hace. Para ello, se seleccionan individuos o grupos (amigos, familias, etc.), que son acompañados durante cierto tiempo por investigadores que registran su comportamiento, lenguaje, emociones, etc. El acompañamiento puede ser durante el proceso de compra, en lugares de ocio, en el hogar, etc.

Estas técnicas se emplean mucho para analizar la imagen de las marcas, su significado y los valores asociados. Por ejemplo, resulta más útil observar los rituales cotidianos de un adolescente en su entorno real que avasallarle con un extenso cuestionario. "Caminar juntos" en el terreno del consumidor, acompañándolo sin desvirtuar su comportamiento espontáneo, permite observar sus reacciones emocionales o sus actitudes ante determinadas situaciones o estímulos, o saber cómo utiliza el móvil en la tienda o alrededor de ella.

- ¿Qué ventaja tienen estas técnicas frente al resto de las estudiadas? ¿Por qué crees que son las grandes marcas las que más las utilizan?

5 Análisis del consumidor

Proceso de decisión de compra

El consumidor no siempre elige el producto. A veces se ve influenciado por el prescriptor, que aconseja el producto, o por el comprador, que lo paga. En un medicamento infantil, por ejemplo, el médico es el prescriptor, los niños son los consumidores y los padres suelen ser los compradores.

Como la función comercial pretende satisfacer al consumidor, el estudio del comportamiento del cliente y la investigación de mercados son fundamentales para acertar en las decisiones de *marketing*.

El análisis del consumidor comprende el estudio de las circunstancias o motivos que influyen en el **proceso de decisión de compra** de las personas.

En este proceso, desde que aparece una necesidad hasta el momento de la decisión de compra, se distinguen las siguientes **etapas**:

1. **Reconocimiento de la necesidad.** Es el momento en que surgen la necesidad y el deseo de satisfacerla. Por ejemplo, una avería en el ordenador puede ser el inicio del proceso de decisión de comprar uno nuevo.
2. **Búsqueda de información.** A través de la propia experiencia, así como de la información de anuncios, amigos o expertos, se buscan aquellos productos que pueden satisfacer la necesidad. En el caso del ordenador, se visitarían tiendas, se consultaría internet, etc., para informarse de los precios, la financiación, etc.
3. **Valoración de alternativas.** Se valoran los atributos de los distintos productos y se adoptan preferencias. En el ejemplo utilizado, se compararía la información obtenida y se consultaría a la familia, los amigos o los expertos.
4. **Decisión.** Tras evaluar las alternativas, se toma la decisión.
5. **Evaluación.** La satisfacción o la insatisfacción con el producto adquirido influye en las decisiones futuras, creando lealtad a la marca comprada, si ha habido satisfacción, o rechazo, en caso contrario.

El modelo descrito es una simplificación del proceso de compra. En la realidad, la importancia y duración de estas etapas, así como las circunstancias que influyen en la decisión, varían según el tipo de compra y las características del comprador.

Tipos de compra y características del comprador

Según el **tipo de compra**, cabe distinguir:

- Compras de **alta implicación** (un coche o una casa), en las que se dedica mucho esfuerzo en buscar información y evaluar las alternativas.
- Compras **por impulso**, en las que el proceso de decisión de compra se invierte, pues primero se decide y luego se justifica.
- Compra **rutinaria**. En productos de consumo frecuente, la búsqueda de información y valoración de alternativas no existe, pues ya se dispone de información y se tiende a la lealtad de marca.

En cuanto a las **características del comprador**, hay que considerar:

1. Los **factores personales**. Las motivaciones internas de los individuos –sus percepciones, su carácter (racional o emocional) y sus características personales (edad, sexo, profesión, etc.)– determinan sus preferencias e influyen decisivamente en sus decisiones de compra.
2. Los **factores sociales y culturales**. El entorno social de una persona (familia, amigos, grupo de iguales, etc.) afecta mucho a sus decisiones: un comprador elige los productos y marcas que reflejan su rol y estatus dentro de cada grupo, lo que determina desde su forma de vestir hasta su estilo de vida y sus preferencias de ocio. También influyen en el comportamiento de compra los cambios culturales (modas, etc.) o las manifestaciones de líderes de opinión, expertos, prescriptores, etc.

Ambos factores están muy relacionados: la dependencia humana de la opinión de los demás en la propia valoración suele llevar a una constante búsqueda de la aprobación de otras personas en las decisiones de compra.

6 La segmentación de mercados

Todos los que compran un coche quieren un medio de transporte propio, pero unos lo prefieren pequeño, para aparcar mejor; otros, familiar; otros, cómodo y seguro, para viajar; otros, de diseño atractivo, aunque sea caro, etc. Por ello, las empresas investigan el mercado y detectan distintos grupos de consumidores, para adaptarse a sus necesidades. Este proceso se llama **segmentación del mercado.**

La segmentación es un proceso de división del mercado en grupos o segmentos de consumidores con pautas homogéneas de consumo, con objeto de que las empresas puedan establecer una oferta comercial diferenciada para cada segmento.

El segmento de los jóvenes centra la atención del *marketing* no solo porque constituye un amplio mercado, sino también por la notable influencia que tiene en las decisiones de consumo de las familias

Criterios y variables de segmentación de mercados

- **Criterio demográfico.** Los grupos de diferentes edades, sexo y circunstancias familiares (tamaño de la familia, etc.) suelen tener pautas de consumo distintas. En el mercado juguetero, por ejemplo, se segmenta por edad y sexo.
- **Criterio geográfico.** El lugar de residencia (rural o urbano, tamaño, etc.) influye en las pautas de consumo y es, por ello, una variable para segmentar los mercados. Por ejemplo, hay medios de comunicación nacionales, regionales y locales.
- **Criterio socioeconómico.** El mercado también puede dividirse según el nivel de renta, la profesión, la educación, la clase social, etc. Es un criterio utilizado en los sectores del automóvil, el turismo, la vivienda, etc.
- **Criterio psicográfico.** Se basa en factores de personalidad, estilo de vida o valores de los individuos, que determinan sus preferencias de consumo. Es muy utilizado en productos de ropa, música, cosmética, etc.
- **Comportamiento de compra.** Los consumidores también se diferencian por la frecuencia y el volumen de la compra que hacen, por los beneficios que esperan del producto, por su fidelidad de marca, etc. Es un criterio muy usado en la industria agroalimentaria, que nos ofrece, por ejemplo, un mismo producto en envases distintos (tamaño familiar o sencillo), con variaciones (*light*, con calcio...), etc.

Combinando distintos criterios de segmentación se pueden realizar progresivas divisiones del mercado. Pero la excesiva segmentación reduce el tamaño de los grupos resultantes; hay que elegir un número de criterios que definan grupos homogéneos, pero lo suficientemente grandes como para que sean atractivos para la empresa. No sería rentable, por ejemplo, fabricar un ordenador diferente para cada consumidor.

smSaviadigital.com PRACTICA

Analiza los criterios y variables de segmentación que existen en tu entorno.

*

Segmento de mercado

Grupo de consumidores con pautas homogéneas de consumo.

CRITERIOS	VARIABLE UTILIZADA Y POSIBLES SEGMENTOS QUE RESULTAN
Demográfico	**Edad:** < 6, 6-11, 12-19, 20-34, 35-49, 50-64, > 65. **Sexo:** hombre, mujer. **Circunstancias familiares:** con hijos, sin hijos, familias numerosas, etc.
Geográfico	**Región o comunidad autónoma:** Madrid, Cataluña, Andalucía, etc. **Tamaño de la ciudad** (n.º de habitantes) y **hábitat** (rural, urbano, suburbano).
Socioeconómico	**Renta anual:** < 15.000 €, 15.000-25.000 €, 25.000-35.000 €, > 35.000 €. **Ocupación:** profesionales liberales, trabajadores por cuenta ajena, jubilados, estudiantes, desempleados. **Estudios:** nivel (primarios, medios, universitarios, sin estudios) y **clase social** (alta, media, baja).
Psicográfico	**Personalidad:** racional-emocional, conservador-liberal, ambicioso-moderado, autoritario-flexible. **Estilos de vida:** vanguardista, clásico, innovador, tradicional, jipi, *yuppie*, friki, saludable, etc.
Comportamiento de compra	**Frecuencia de compra:** habitual, media, ocasional, nunca. **Beneficios esperados:** calidad, servicios, economizar. **Lealtad de marca:** ninguna, media, fuerte, absoluta.

7 Estrategias de segmentación y posicionamiento

Una vez segmentado el mercado, la empresa debe valorar el atractivo de los distintos segmentos y seleccionar aquel o aquellos en los que piensa competir. La demanda actual en cada segmento y su previsión de crecimiento son los aspectos importantes para la elección.

El **mercado** o **público objetivo** es el conjunto de consumidores a los que la empresa se dirige, es decir, es la parte del mercado donde decide competir la empresa.

Para elegir su público objetivo, las compañías deben decidir a cuántos segmentos atender: a todos y por igual, a los diversos segmentos y de forma diferenciada, o concentrándose en un único segmento. Existen, por tanto, tres estrategias:

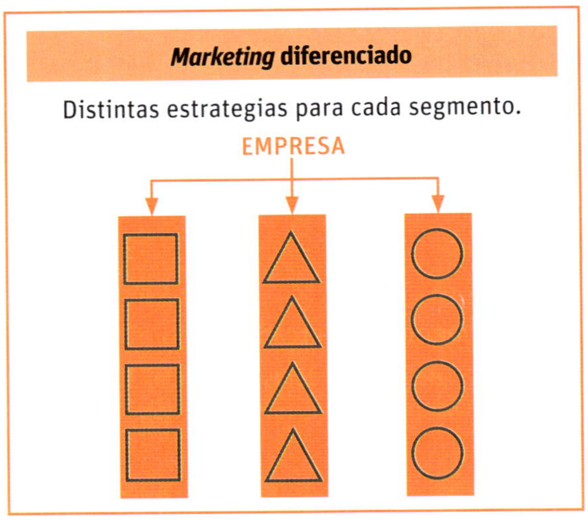

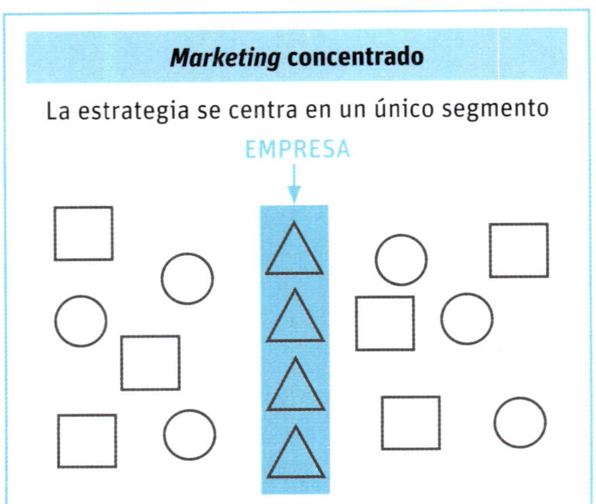

1. El ***marketing* masivo** (o indiferenciado). Esta estrategia supone ignorar las diferencias entre los distintos segmentos y atender al mercado total con una oferta comercial única dirigida al mayor número posible de compradores. Un ejemplo de *marketing* indiferenciado fue el de los inicios de la empresa Coca-Cola: una bebida única, en un tipo único de botella y con un sabor único.

   Este enfoque tiene sentido si las necesidades de la mayoría son similares o no existen competidores, lo cual no es lo frecuente en el mundo actual. Tiene la ventaja del ahorro de costes, pero es poco probable que un producto o marca sea el idóneo para todas las personas, por lo que la mayoría de las empresas suelen utilizar un *marketing* diferenciado.

2. El ***marketing* diferenciado** consiste en dirigirse a la mayor parte de los segmentos de mercado, pero adaptando la oferta comercial a cada segmento. Esta adaptación se suele hacer cambiando uno o varios de los elementos del *marketing mix*, tales como las características del producto, la marca, el envase, los precios, etc.

   Un ejemplo de *marketing* diferenciado se puede encontrar en las bebidas de cola, que en la actualidad se dirigen a distintos segmentos con productos y estrategias comerciales diferentes: botella familiar o pequeña, con o sin cafeína, normal, *light* o *zero*, en lata o en botella, etc. Otro ejemplo son los grandes fabricantes del sector textil, que comercializan su ropa en tiendas distintas para adultos o para jóvenes, o lanzando líneas diferentes según el usuario o el momento de uso: ropa deportiva, vaquera, de fiesta, etc.

   Al crear productos a medida y dirigidos a diferentes minorías aumentan las ventas, ya que la suma de todas esas minorías alcanza a más gente que una oferta indiscriminada para todos, pero también se incrementan los costes de producción y comercialización, por lo que habrá que comparar los mayores ingresos por ventas con los mayores costes producidos por la diversificación de productos.

3. El ***marketing* concentrado**. Algunas empresas no basan su estrategia en llegar a todos los consumidores, sino que se dirigen exclusivamente a un grupo o segmento determinado de ellos. A veces se hace como forma de diferenciación de imagen de marca. Algunos ejemplos del *marketing* concentrado en un público exclusivo son los productos de empresas como Rolls-Royce, Rolex o Loewe.

   En otras ocasiones, el *marketing* concentrado se da en empresas que nacen para especializarse en un segmento concreto (la empresa Prenatal, por ejemplo, se dedica a comercializar productos infantiles), o en empresas pequeñas que tienen una clientela específica. A través de la concentración, la empresa consigue una fuerte posición en el segmento, debido a que tiene un mayor conocimiento de las necesidades de esos consumidores y a la especialización que adquiere. Al mismo tiempo, esta estrategia implica riesgos, ya que el segmento concreto puede entrar en crisis o pueden aparecer nuevos competidores.

Posicionamiento en el mercado

Una vez que una empresa ha decidido los segmentos a los que quiere atender, debe decidir la posición que quiere ocupar dentro de ellos. La posición del producto consiste en decidir qué **percepción** se quiere que los clientes tengan del producto, de manera que se distinga de la competencia. Por ejemplo, la imagen de El Corte Inglés es “garantía de calidad”, porque si uno no está contento le devuelven el dinero; la marca de lavavajillas Fairy se identifica con el “milagro antigrasa”; y la del detergente Ariel con la idea de "blancura".

El posicionamiento debe proporcionar al producto un lugar claro y deseable **en la mente del público**, pero sobre todo, debe distinguirlo de las marcas de la competencia. Para ello, las empresas comparan la percepción de valor que tienen sus productos en el mercado con la percepción que se tiene de las ofertas de la competencia. Así, después de que un fabricante de zumos creara una categoría nueva de “refresco natural concentrado”, su competidor se posicionó con otro “directamente exprimido de la naranja”.

Antes de decidir la estrategia de posicionamiento, la empresa debe valorar sus ventajas competitivas y decidir cuál es la más adecuada para construir su posición.

Las **ideas para el posicionamiento** pueden basarse en:

- Las características del producto: “carácter natural” o “clínicamente probado”.
- Los beneficios del producto: “contra el colesterol” o “para cuidar tu piel”.
- La tipología de las personas o estilos de vida: “para gente encantadora”, “para gente como tú”.
- La diferencia frente a los competidores: “sin comisiones”, frente a las comisiones abusivas de los bancos de la competencia.
- Símbolos culturales o valores sociales: asociados con ”protección del medioambiente” o “causas solidarias”.
- La relación calidad/precio: “porque lo vale”, con el que nos pretenden decir que lo que pagamos lo merece, aunque el precio sea alto.

Posicionamiento y *marketing mix*

Una vez elegido el posicionamiento, la empresa debe desarrollar un *marketing mix* que lo refuerce y consolide.

Una empresa con un posicionamiento de alta calidad debe producir bienes de calidad y debe asegurarse de que puede comunicar esta idea de forma convincente a través de los diversos elementos del *marketing mix*. Un precio más elevado es símbolo de calidad, como lo es su envase, los puntos de venta, la atención al cliente, la publicidad y promoción, etc. Así, una marca de leche posicionada en “calidad y salud” no suele estar en oferta, porque eso dañaría su imagen de calidad.

En resumen, si la compañía se posiciona con una oferta de mayor valor, debe proporcionarlo, no crear falsas expectativas.

Ejemplos y casos

Apple ha desarrollado una estrategia de *marketing* que busca un posicionamiento claro: vende diseño, sencillez, usabilidad e innovación frente al estilo de su gran competidor, Microsoft.

Todos los productos de Apple intentan destacar por su usabilidad, sencillez y diseño. Esta es la clave para comprender cada detalle: por ejemplo, el formato de los iconos de sus aplicaciones evocan claramente a su función y son fácilmente identificables y recordables.

Apple ha conseguido también que entre sus clientes reine el sentimiento de pertenecer a una comunidad, con la que se identifican. Para ello, Apple siempre ha buscado un aire de exclusividad y de credibilidad en que sus productos no tienen defectos; y ha conseguido que en la mente de sus usuarios se perciba que tienen un producto exclusivo y de calidad, y distinto de los demás.

smSaviadigital.com PRACTICA

Deduce cuál es el posicionamiento de esta empresa a través de su publicidad.

*

Posicionamiento del producto

Es la percepción o imagen que los consumidores tienen de un producto.

ACTIVIDADES DE APLICACIÓN

1. **Piensa en una marca concreta de productos de limpieza del hogar, de bebidas refrescantes, de ropa vaquera, de cosméticos, de alimentación y de tecnología audiovisual. Para cada uno de los ejemplos señala:**
   a) ¿A qué público crees que se dirige y cuál es su estrategia de segmentación? ¿Qué variables de segmentación utiliza para seleccionar a su público objetivo?
   b) ¿Qué idea se utiliza para el posicionamiento o imagen del producto? ¿Coincide con la idea que tú tienes del producto?

ACTIVIDADES

Actividades de síntesis

1. Completa en tu cuaderno este mapa conceptual. Incluye nuevas ideas que consideras importantes y sus nexos.

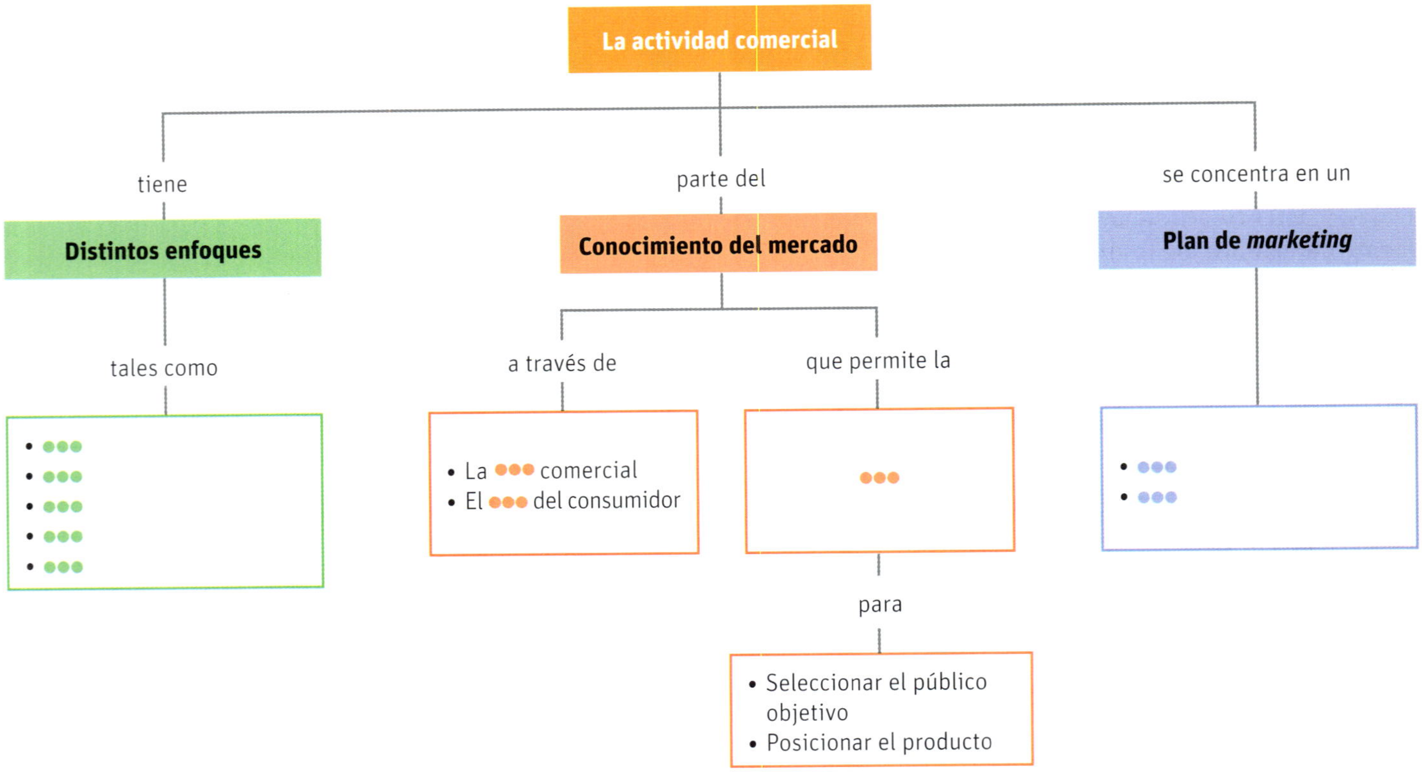

smSaviadigital.com **VALORA LO APRENDIDO** > Realiza la **autoevaluación.**

Actividades de análisis y problemas

2. En relación con los cinco enfoques de la actividad comercial (producto, ventas, *marketing, marketing* relacional y *marketing* social), elabora un cuadro resumen en el que se señalen:
   a) En qué consiste básicamente cada uno de estos enfoques y en qué se diferencia de los restantes.
   b) Ejemplos de empresas y prácticas ilustrativas.
   c) Ventajas e inconvenientes de cada uno.

3. Actualmente, hay una gran cantidad de empresas de zapatillas deportivas. No obstante, la mayoría de la gente solo distingue algunas marcas, por las que, además, está dispuesta a pagar un precio más alto. Esto es posible porque estas empresas han realizado un proceso de planificación de *marketing* eficaz. Con relación a este proceso:
   a) ¿Qué actividades de *marketing* estratégico han tenido que realizar estas empresas para poder posicionarse en el mercado?
   b) ¿Qué actividades de *marketing mix* han debido llevar a cabo para diferenciar su producto de los que ofrece la competencia?

4. Sirviéndote de ejemplos, explica las diferencias que existen entre los conceptos de mercado actual, mercado potencial y mercado tendencial.

5. ¿En qué se diferencian los mercados industriales de los mercados de consumo? Señala ejemplos de productos de ambos mercados.

6. Explica los conceptos de demanda de mercado y cuota de mercado. Si el total de las ventas de las empresas de un sector en un período es de 1200 millones de unidades monetarias, ¿cuál es la cuota de mercado de una empresa de ese sector que tiene unas ventas de 150 millones?

7. ¿En qué consiste la investigación de mercados y cuál es su finalidad?

8. ¿Cuáles son las etapas del proceso de decisión de compra de un producto? ¿Hasta qué punto estas etapas son validas para todos los productos?

9. Describe y compara las diferencias del comportamiento de compra de los consumidores de los siguientes productos: un cuaderno, un ordenador portátil, unas zapatillas deportivas y un paquete de cereales para el desayuno.

10. Para estudiar la aceptación de un nuevo producto, la empresa ZETASA va a realizar un estudio de mercado. En el plan de investigación se considera que mucha información puede obtenerse en la misma empresa, a partir de los datos de comercialización de otros productos en el pasado y de la información de sus propios vendedores. Además, se llevará a cabo una encuesta personal que se encargará a EMESA. También se prevé completar los resultados con una encuesta telefónica que realizará la misma empresa. Por otro lado, se cuenta con estudios del Centro de Investigaciones Sociológicas (CIS) y del INE, accesibles a través de internet. Con esta información:

a) ¿Cuáles son las etapas que deben tenerse en cuenta en esta investigación?

b) Clasifica las distintas fuentes de información que se van a utilizar en primarias o secundarias, así como en externas o internas.

11. Una empresa pionera en su ciudad en un servicio de *piercing* tiene en la actualidad un competidor que ha hecho bajar drásticamente su clientela, por lo que decide realizar una investigación para saber qué cambios debe llevar a cabo para recuperar su demanda. Como no existe información secundaria, tendrá que obtener información primaria. Con estos datos:

a) Explica las distintas técnicas de obtención de información primaria que podría utilizar.

b) ¿Cuál o cuáles de esas técnicas consideras más apropiada para este caso y por qué?

12. Reflexiona sobre el proceso de decisión de compra de una moto y realiza las actividades siguientes.

a) Señala qué factores personales afectan a la evaluación del comprador y su selección de la marca.

b) Indica algunos factores socioculturales que influyen en la evaluación del comprador y su selección de la marca.

13. En relación con la segmentación de mercados, contesta a las siguientes cuestiones.

a) ¿En qué consiste la segmentación de mercados y cuál es su finalidad?

b) ¿Qué es un segmento de mercado?

14. Explica los distintos criterios y variables que suelen utilizarse para segmentar los mercados, señalando ejemplos de productos para los que suele ser frecuente la utilización de cada criterio.

15. Identifica los criterios y variables que se utilizan para segmentar los siguientes productos y servicios.

a) Música pop.

b) Vacaciones en un crucero de lujo.

c) Cosmética de rejuvenecimiento.

d) Automóvil utilitario.

e) Muñecos de peluche.

16. Un empresario crea una nueva empresa de confección de ropa de moda. Para darse a conocer, encarga una importante campaña de publicidad.

a) ¿Cómo le aconsejarías que la hiciera, de forma indiscriminada o mediante segmentación del mercado?

b) En este último caso, ¿qué segmentos le aconsejarías definir y por qué?

17. Piensa en tus compañeros de curso y encuádralos en grupos diferentes. ¿Qué variables de segmentación has utilizado al determinar los grupos?

18. Selecciona algunos productos o servicios y valora si podrías comercializarlos de una forma efectiva entre los segmentos que has identificado en la actividad anterior. ¿Hasta qué punto fue útil tu primera segmentación para los productos pensados?

19. Una empresa va a lanzar al mercado un nuevo producto que irá destinado exclusivamente a hombres de entre 25 y 40 años, universitarios y residentes en grandes ciudades, que trabajen y obtengan unos ingresos superiores a los 30 000 euros anuales y que, además, tengan un estilo innovador y vanguardista.

a) ¿Qué criterios de segmentación se han utilizado?

b) ¿Qué ventajas e inconvenientes tiene utilizar tantos criterios de segmentación?

20. Responde a las siguientes cuestiones.

a) ¿Tiene sentido la segmentación en países en desarrollo donde las necesidades básicas no están cubiertas?

b) ¿Qué ocurriría si se ofrecieran refrescos para diferentes públicos minoritarios en un país lleno de carencias?

c) ¿Qué estrategia de comercialización es la adecuada en estas situaciones?

21. ¿Qué se entiende por mercado o público objetivo? Para decidir su público objetivo, ¿qué factores debe tener en cuenta la empresa?

22. Contesta a las preguntas.

a) ¿En qué consisten las estrategias de *marketing* masivo, diferenciado y concentrado?

b) Pon ejemplos de empresas y productos que empleen estas estrategias.

c) ¿Cuál de estas estrategias se sigue en la oferta de productos lácteos en nuestro país?

23. Seiko ofrece una gama de 2500 relojes, diseñada para atender las necesidades de los distintos segmentos existentes en todo el mundo. Sin embargo, otras marcas, como Swatch, se concentran en el mercado joven.

a) ¿Qué estrategia de segmentación se utiliza en cada caso?

b) ¿Cuáles son sus ventajas e inconvenientes?

ACTIVIDADES

24. ¿En qué consiste el posicionamiento de la empresa en el mercado? Señala ejemplos de posicionamiento de empresas y productos que conozcas.

25. En *marketing* resulta fundamental posicionarse de forma diferente a la competencia. Comenta, con ejemplos, las distintas ideas en que pueden basarse las empresas para decidir su posicionamiento.

26. Algunas empresas posicionan sus productos basándose en su alta calidad y ofreciendo servicios adicionales de garantía. ¿Qué actuaciones de *marketing mix* deben llevar a cabo para consolidar su posicionamiento?

27. Podemos hacer un paralelismo entre las personas y su imagen con los productos y su posicionamiento en función del público al que se dirigen, es decir, las personas visten y actúan de manera distinta en función de las circunstancias. En este sentido, ¿cómo te posicionarías en relación con las siguientes situaciones?

a) Ante una entrevista de trabajo.

b) Ante una persona que te presentan por primera vez.

c) Ante tus profesores.

d) ¿Te posicionas de forma diferente ante los diferentes mercados? ¿En qué medida y por qué?

28. Observa este anuncio y responde a las preguntas:

a) Comenta a qué público objetivo piensas que se dirige y por qué.

b) ¿Crees que algunos anuncios tienen más definido su público objetivo que otros?

29. Piensa en cinco productos o servicios de lujo. Algunas posibilidades son los coches deportivos, la ropa de marca, los equipos de deporte, los viajes a lugares exóticos, etc. Piensa ahora en otros cinco productos de primera necesidad que se utilicen en tu hogar, como bolígrafos, detergentes, aceite, gasolina, etc.

a) Haz una lista de palabras que describan cómo percibes cada uno de los productos enumerados.

b) ¿Existen diferencias entre el tipo de palabras que utilizas para los productos de lujo y los de primera necesidad?

c) ¿Qué te muestra esto sobre las diferentes necesidades psicológicas que pueden cubrir los distintos tipos de productos mencionados?

30. Las empresas tratan de identificar nuevos segmentos de mercado para adaptar sus estrategias de *marketing* a las nuevas demandas. Estos son algunos ejemplos:

Segmento DINK (siglas, en inglés, de *double income, no kids*). Se trata de parejas de profesionales que, por diferentes motivos (mejora profesional, sobre todo), no tienen hijos y disponen de dos salarios. Los rasgos que caracterizan a este grupo, cada vez más numeroso, son: mayor poder adquisitivo y mayor nivel educativo que la media y mayor tendencia al consumo de productos y servicios de lujo, como los de alta tecnología, bienes culturales y de ocio y turismo, diseño y decoración del hogar, ropa de diseño, etc.

Segmento metrosexual. El término lo acuñó, en 1994, el escritor inglés Mark Simpson, para referirse a "hombres de origen urbano que aprecian el valor de lo estético, sin presentar conflicto al expresar su parte femenina". Este segmento, según los investigadores de mercado, marca las tendencias de moda. Se trata de hombres que cuidan su cuerpo y su apariencia y que consumen productos y servicios antes reservados a las mujeres. Presentan un alto consumo en artículos de cosmética, productos dietéticos, ropa vanguardista y accesorios de marca, gimnasios y *spas*, etc. Su versión más reciente (*übersexual*) supone un giro hacia un hombre menos egocéntrico y más preocupado por cuestiones sociales y medioambientales.

a) ¿Cuáles son los criterios de segmentación que definen estos nuevos segmentos?

b) El fenómeno metrosexual o *übersexual*, ¿surge espontáneamente o es producido por la sociedad para crear tendencias de moda?

c) Investiga en internet sobre otros nuevos segmentos. Clave de búsqueda: *nuevos nichos de mercado*.

ENTRÉNATE

EVALUACIÓN

1. Diferencie el *marketing* estratégico del *marketing* operativo.

2. Explique cuáles pueden ser los motivos que impulsen a una empresa a realizar una investigación de mercados y qué fases deben cumplir todas las investigaciones de mercados.

3. ¿Qué se entiende por investigación de mercados? Enumere las fases que se siguen en la investigación de mercados para lanzar un nuevo producto.

4. Un aspecto fundamental de la investigación de mercados consiste en la recogida de información. Los datos obtenidos se pueden clasificar en primarios o secundarios en función de las fuentes con las que se han conseguido. Explique dos métodos de obtención de datos primarios y comente algunas fuentes para la obtención de datos secundarios.

5. Proporcione dos ejemplos de técnicas de investigación de mercados, una cuantitativa y otra cualitativa. Defina cada una de las técnicas e ilustre con un ejemplo cada técnica.

6. Explique qué es la segmentación del mercado e indique tres criterios de segmentación del mercado que utilicen los fabricantes de perfumes.

7. Explique cuáles son los principales criterios de segmentación del mercado que utilizan normalmente las empresas fabricantes de juguetes.

8. ¿Qué tipos de estrategias de *marketing* se podrían aplicar ante un mercado que se puede segmentar?

9. Explique qué relación debe haber entre la segmentación del mercado y el diseño del producto.

10. Defina qué es un mercado objetivo para una empresa ¿Podrían ser los jóvenes un mercado objetivo para una compañía de telefonía móvil? ¿Por qué?

11. Defina qué es el posicionamiento de un producto. Indique qué estrategias de posicionamiento existen y ponga un ejemplo de cada una de ellas.

12. ¿Qué ventajas ofrece el *marketing* masivo frente a la segmentación de mercados? Comente ambos conceptos aplicándolos a un producto o servicio.

13. Una empresa dedicada a la fabricación de teléfonos móviles quiere ofertar dos productos diferentes. Con la información anterior, se pide:
    a) Determine los segmentos de mercado (criterio socioeconómico) a los que irán dirigidos estos productos.
    b) Determine las decisiones de *marketing mix* que debe tomar esta empresa.

Test de conocimientos básicos

1. Las variables del *marketing mix* son:
    a) Facturación, precio, marca y distribución.
    b) Publicidad, precio, marca y comunicación.
    c) Producto, precio, distribución y comunicación.

2. La cuota de mercado de una empresa es:
    a) El área geográfica que cubre la empresa con la oferta de sus productos.
    b) La proporción que representan sus ventas sobre las ventas totales en un mercado concreto.
    c) El incremento porcentual de ventas de un año respecto al anterior.

3. El mercado potencial de una empresa está formado:
    a) Por todos los consumidores actuales de un producto.
    b) Solo por los consumidores futuros de un producto.
    c) Por los consumidores actuales y los que pueden llegar a serlo con una política de *marketing* adecuada.

4. Se denomina *mercado industrial* al formado por:
    a) Las empresas de mayor tamaño de un país.
    b) El conjunto de empresas que venden a otras empresas.
    c) El sector económico-industrial de un país.

5. Los datos obtenidos en una encuesta son:
    a) Primarios.
    b) Secundarios.
    c) Terciarios.

6. La observación es una fuente de información:
    a) Interna y primaria.
    b) Interna y secundaria.
    c) Externa y primaria.

7. Un segmento de mercado es:
    a) Un conjunto de consumidores que tienen necesidades homogéneas.
    b) Un conjunto de empresas localizadas en un determinado mercado.
    c) El conjunto de empresas de un sector.

8. El mercado o público objetivo para una empresa es:
    a) La parte del mercado que es fiel a la empresa.
    b) La parte del mercado que la empresa elige para dirigir sus productos.
    c) Un mercado clasificado según criterios objetivos.

Análisis y debate Estrategia de *marketing* y ética empresarial

Muchas personas opinan que el consumismo actual o el deterioro del medioambiente son consecuencia de un uso perverso del *marketing*. E incluso hay quien piensa que el *marketing* es un fraude. Como veremos en los ejemplos que se muestran, el *marketing* puede emplearse para diversos fines: puede servir para incitar el consumo desmesurado o tener una finalidad social.

Documentos

1 El *marketing*, una disciplina necesitada de ética

La aparición del *marketing* da un giro total a la concepción que las empresas tenían de sus mercados: de estar centradas en los productos y en sus ventas, las empresas cambian su punto de mira para tratar de acercarse al consumidor, para comprender sus gustos y preferencias con objeto de adecuar sus productos a las necesidades de los ciudadanos.

Entonces, ¿por qué el *marketing* no goza de buena fama? Quizá, por sus técnicas, muy poderosas para convencer o provocar deseos en las personas; o, quizá, porque sus actividades son más visibles; pero es más probable que sea porque las empresas no siempre se comportan éticamente y dan lugar, en ocasiones, a engaños, a la creación de deseos artificiales, al uso exagerado de la publicidad, etc.

Como respuesta a estas actuaciones, se están produciendo algunos cambios:

1. Un mayor protagonismo de los consumidores en la sociedad y el desarrollo de organizaciones de consumidores para la defensa de sus derechos frente a situaciones de abusos y estafas.
2. Una legislación que promulga normas cada vez más exigentes a favor del consumidor.
3. Un cambio en la actitud de las empresas, pues sus directivos saben que un consumidor que se sienta engañado es un cliente perdido y que no cumplir lo prometido tiene un efecto contrario al deseado. En el proceso de compra, el momento más importante es el "comportamiento poscompra", en el que, en función de la satisfacción obtenida, el consumidor decidirá renovar su confianza en la empresa o, por el contrario, optar por otra.

En este nuevo escenario, el gran reto del *marketing* es conseguir que las empresas obtengan beneficios económicos a largo plazo y que, al mismo tiempo, sean socialmente responsables y beneficiosas para la sociedad, lo que solo se puede alcanzar incorporando la ética a las estrategias de *marketing*.

2 Los pioneros del *marketing* social

Muchas empresas obtienen beneficios practicando el *marketing* social. Un ejemplo pionero es la compañía de helados norteamericana Ben&Jerry's, con su iniciativa de contratar personas en riesgo de exclusión social de dependientes. Esta acción supuso un incremento de la popularidad de la empresa, que fue identificada por el consumidor como una compañía no convencional y con conciencia social, lo que conllevó un aumento de las ventas. Ben&Jerry's cuenta hoy con un proyecto de financiación de actividades que den una respuesta práctica al cambio climático.

En nuestro país, Eroski es pionera en la defensa de los intereses del consumidor. Fue la primera en publicar una revista gratuita que contenía un análisis de las distintas marcas de cada categoría de producto y creó el primer estatuto del consumidor en España.

3 Greenpeace: un ejemplo de *marketing* no lucrativo

El *marketing* se puede aplicar también a organizaciones no lucrativas. Al igual que en una empresa con ánimo de lucro, las cuatro políticas del *marketing mix* deben coordinarse y mantener una cierta coherencia. El producto que se ofrece sería una causa. El precio sería el esfuerzo que realizan las personas a favor de esa causa. La distribución consistiría en hacer accesible la causa al público objetivo y la comunicación trataría de darla a conocer. Aunque las organizaciones sin ánimo de lucro no se consideran abiertamente rivales, lo cierto es que compiten por las donaciones, la notoriedad social, etc. Greenpeace ha hecho uso del *marketing* no lucrativo con gran éxito. No se limita a utilizarlo para recaudar fondos, sino que lo integra en casi todas sus actividades. Así, mantiene una estrategia de posicionamiento clara y definida en todo el mundo y emplea la comunicación de forma profesional.

En términos genéricos, el objetivo de Greenpeace es una sociedad ecológicamente sostenible. La "gama de productos" que ofrece comprende diversas campañas de protección del medioambiente y la promoción de comportamientos ecológicos. Greenpeace diferencia su "oferta" de la de otras organizaciones "posicionando su producto" en asuntos de significado internacional. Las acciones para recaudar fondos y la promoción para la adquisición de nuevos socios se dirigen hacia los segmentos del mercado más sensibilizados con los problemas del medioambiente. Previamente, a través de "investigaciones de mercado", trata de encontrar y delimitar estos segmentos. En cuanto a su política de comunicación, Greenpeace utiliza una amplia gama de medios de comunicación: publicaciones, revistas especializadas, medios audiovisuales y una fuerte presencia en internet.

La base para llamar la atención de la opinión pública sobre un tema específico es la resonancia de acciones espectaculares, de confrontación, con alto contenido visual y simbólico, en los medios de comunicación masivos. De este modo, llega a prácticamente todos los sectores de la sociedad y logra impactos puntuales en la opinión pública, razón fundamental de su éxito. La estrategia de comunicación de Greenpeace se basa en la complicidad con los medios de comunicación, que a su vez necesitan continuamente contenidos impactantes para satisfacer la demanda de su público. Estos medios, que distribuyen y amplifican las comunicaciones de la organización medioambiental, funcionan como un canal de publicidad gratuita de amplio alcance. Las acciones espectaculares se acompañan con informaciones que las fundamentan en investigaciones científicas propias o de prestigiosos institutos de investigación.

Adaptado de CUERVO, A.: *Introducción a la administración de empresas*. Civitas, Madrid, 2004.

Reflexiona

1. Cuando escuchamos que "ese producto es puro *marketing*", sin duda, entendemos que se usa como sinónimo de fraude o engaño. ¿Por qué crees que existe esa percepción? ¿Qué hace distinto el *marketing* de organizaciones como Greenpeace?

2. Un cliente satisfecho con la calidad y el servicio recibidos cuenta su experiencia positiva, de media, a otras tres personas; en cambio, un cliente insatisfecho lo comunica a once personas, y estas informan a otras once, etc. A su vez, los clientes que se quejan y comprueban que sus quejas se resuelven satisfactoriamente informan, de media, a cinco personas del tratamiento recibido. A partir de estos datos, ¿qué reflexión deben hacer las empresas sobre su estrategia de *marketing* para garantizar sus futuros beneficios?

3. Algunas empresas como Ben&Jerry's consideran importante revertir a la sociedad parte de lo que obtiene de ella. Sus directivos creen que solo las empresas éticas subsistirán en el futuro. Cita tres razones que justifiquen este planteamiento y otras tres con sus posibles críticas.

4. ¿Qué razones justifican en la actualidad un cambio de orientación hacia un *marketing* social? Busca ejemplos de empresas con este enfoque. Clave de búsqueda: *casos de marketing social*.

5. smSaviadigital.com INVESTIGA
   Las ONG, como UNICEF o la FAD, realizan **campañas de *marketing* no lucrativo**, como la que muestra este vídeo.

8 Los instrumentos del *marketing mix*

Una organización debe adoptar las decisiones comerciales en función de sus objetivos y de los mercados a los que se dirige. El conjunto de estas decisiones forma el *marketing mix* de la empresa, que se concreta en cuatro áreas básicas: qué atributos debe tener el producto para atraer la demanda; cuál es el precio adecuado para obtener la respuesta deseada de los consumidores; cómo distribuir y acercar los productos a los compradores potenciales; y, finalmente, cómo convencer al mercado de las características y bondades del producto.

El origen y el secreto de las marcas

El poder de la marca, o de lo que comúnmente conocemos como logotipo, es brutal. Las marcas o logotipos etiquetan con distinto grado de vulgaridad o ingenio nuestro entorno hasta la saciedad. En España hay casi 900 000 marcas registradas (Anís del Mono, Trapa y Codorniú encabezan un registro que nació en 1850).

En este universo saturado, ¿cómo han conseguido salir triunfantes logos tan dispares como los de Coca-Cola, McDonald's, Chanel, Visa o Google? Unos están concebidos con escuadra y cartabón, mientras que otros desarrollan la más adelantada tecnología vectorial y viven en relieve, como Sony Ericsson. Incluso marcas como Nike o Apple arrasan solo con su icono. ¿Qué los une? Enric Jardí, diseñador gráfico, asegura que comparten atributos como la limpieza y simplicidad en la escritura. La marca de gramófonos, de 1901, "La Voz de Su Amo", es hoy impensable. Los logotipos de éxito tienen que ser maleables, agarrarse con fuerza a nuestra retina, tener carga emocional y, sobre todo, en palabras de Mariscal –autor de logos muy conocidos–, "tienen que convertirse en el mejor traje de una marca. También es esencial probar cómo conviven con otras marcas...". En palabras de Paul Rand, padre del logotipo de IBM, estos deben ser "como las banderas nacionales: duraderas, universales e intemporales".

Encontrar su origen es complejo. Como curiosidad, una de las marcas más exitosas data de los primeros años de nuestra era: el trazado manual de un pez y la palabra griega *ictus*, que significa 'pez' y cuyas iniciales corresponden a *Iesous Christos Theos Uios Soteros*, la contraseña secreta de los cristianos primitivos. Al ver el icono del pez siempre acompañado del mismo logotipo, los creyentes reconocían su marca: el credo cristiano.

Pero si el logo ya lleva siglos y siglos gestándose, ¿cómo no se ha encontrado la llave de su éxito? En 1908, Raymond Loewy encontró la solución. "El objetivo es no complicar más la vida de los consumidores", afirmó el autor de la botella de Coca-Cola y los logos de Shell, BP, Exxon o Fanta.

Adaptado de <**http://www.e-sm.net/sveco2bachud08_01**>

ANALIZA LA IMAGEN

1. Comenta la imagen de Andy Warhol desde estos tres puntos de vista: la creación artística en el mundo de la publicidad; la uniformidad de nuestra sociedad de consumo; y la forma en que invaden nuestro espacio los productos y sus marcas.

ANALIZA EL TEXTO

- ¿Qué valores aporta la marca al producto? ¿Son importantes estos valores para ti?
- ¿Por qué crees que unos logotipos tienen más éxito que otros?

1 El *marketing mix*

Antes de tomar sus decisiones de *marketing mix* (tácticas), las empresas deben haber decidido el público al que se dirigen y el posicionamiento que quieren que tengan sus productos en el mercado (estrategia). Esto es, para decidir qué camino elegir, antes debemos tener claro dónde queremos llegar.

Una vez que la empresa ha elegido el mercado o segmento al que se dirige, tiene que concretar su plan de acción para estimular la demanda de sus productos, es decir, debe definir su plan de *marketing mix*.

Para ello, la empresa cuenta con cuatro instrumentos sobre los que debe decidir y que se conocen como las 4 *P* del *marketing mix*: **producto** (*product*), **precio** (*price*), **distribución** (*place*) y **promoción** (*promotion*).

1. **El producto.** La primera decisión que la empresa ha de tomar concierne a las características que debe tener el producto para atraer la demanda de sus potenciales clientes. Incluye el diseño, su calidad, la marca y el envase, las garantías y servicios posventa que se ofrecen, etc. Asimismo, incluye las decisiones sobre cómo y cuándo modificar los productos actuales o sobre cómo serán los nuevos productos.
2. **El precio.** Las decisiones sobre precios son determinantes en la respuesta de los consumidores, y de ahí su importancia a la hora de fijarlos o modificarlos. Para tomar estas decisiones, las empresas estudian los costes del producto, la sensibilidad de los consumidores a los cambios de precios y la política que siguen sus competidores.
3. **La distribución.** Se refiere a las decisiones y actividades que las empresas llevan a cabo con el fin de acercar sus productos a los centros de consumo, de tal forma que estén en el lugar y en el momento que los consumidores necesitan. Esto implica decidir si la distribución se hace directamente o con intermediarios, en grandes superficies o en tiendas especializadas, por comercio electrónico o tradicional, etc.
4. **La promoción o comunicación.** Una vez diseñado el producto, fijados los precios y elegidos los puntos de distribución y venta, solo queda darlo a conocer y motivar al consumidor con una adecuada comunicación sobre sus características y las ventajas que ofrece respecto a los productos de la competencia. Para ello, se utilizan diversos medios de promoción, como las campañas publicitarias, las relaciones públicas o las actividades de los vendedores de la empresa, entre otras.

Con la combinación de estos cuatro componentes se obtienen diferentes mezclas comerciales, por lo que habrá que seleccionar la mezcla comercial o *mix* de *marketing* óptimo, teniendo en cuenta los recursos con los que cuenta la empresa y las características del mercado elegido.

El ***marketing mix*** integra y combina las decisiones que la empresa debe adoptar acerca de los **atributos** de sus productos, los **precios** que establece para cada uno de ellos, el **canal de distribución** elegido para acercarlos al cliente final y, por último, la **comunicación o promoción** que va a llevar a cabo para que sean conocidos y apreciados por el mercado.

EN LA PRÁCTICA **La interrelación entre las 4 *P***

Las decisiones sobre las 4 *P* están claramente interrelacionadas. Así, en función del producto y los atributos que se pretenden resaltar, se concretarán las restantes políticas. Por ejemplo, un bolígrafo de alta calidad, como un Mont Blanc, tendrá un estuche sofisticado, se venderá a un precio elevado, se distribuirá en tiendas especializadas y tendrá una publicidad basada en el estatus social que confiere su posesión. Por el contrario, un bolígrafo funcional, como un Bic, tendrá un precio bajo, se distribuirá en grandes superficies y todo tipo de establecimientos, y su publicidad resaltará su funcionalidad y bajo precio.

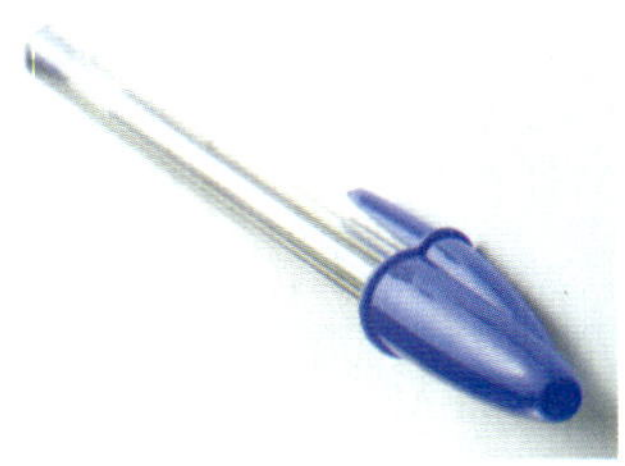

Piensa en dos productos que satisfacen una misma necesidad: uno de lujo, dirigido a un público o segmento minoritario, y otro más práctico y funcional, dirigido a un público masivo, y comenta la interrelación que debe existir entre las 4 *P* del *marketing mix* para esos dos productos.

2 La política de producto

El producto constituye el punto de partida del *marketing mix* y determina el resto de decisiones sobre precios, distribución y promoción.

El **producto** es todo bien o servicio que se ofrece en el mercado para satisfacer una necesidad.

Por ejemplo, unas zapatillas deportivas son un producto que se adquiere para hacer deporte o caminar, pero se convierten en algo más cuando las vende una marca exclusiva o de prestigio.

Por ello, en *marketing* conviene distinguir las tres dimensiones de un producto:

- El **producto básico** o conjunto de atributos tangibles y observables del bien o servicio (calidad, materiales, diseño, envase, etc.).
- El **producto ampliado**, que está constituido por el producto básico más una serie de valores añadidos que lo acompañan, tales como la garantía del producto, las facilidades del servicio posventa, la financiación, la atención al cliente, etc.
- El **producto simbólico o genérico**, que es la satisfacción personal o psicológica que el consumidor espera conseguir junto con los atributos tangibles y añadidos. Depende del prestigio de la marca, de las novedades tecnológicas que incorpore el producto, de que su diseño sea innovador, de la percepción que se tiene del producto, etc.

Así, en una cámara digital, el producto básico es la propia cámara, con sus características, diseño, presentación, etc.; el producto ampliado incorpora la garantía del fabricante, un servicio posventa rápido y eficiente, etc.; y, por último, el producto genérico se refiere a todo aquello con lo que el comprador pueda sentirse satisfecho por encima del mero hecho de grabar y reproducir imágenes, como la percepción sobre el prestigio de la marca, los avances que incorpora, etc.

De lo anterior se deduce que la demanda de un producto depende de cómo perciba el consumidor sus atributos, es decir, de su **imagen de marca** o imagen que de un producto determinado tienen los potenciales compradores.

Para crear una imagen de marca favorable, las empresas tratan de ofrecernos productos con atributos distintos, es decir, tratan de **diferenciar su producto**. Esta diferenciación puede estar basada tanto en los atributos tangibles como en los servicios añadidos o en los valores simbólicos asociados al producto.

Un producto puede ser un bien tangible (un ordenador, una fruta, etc.) o un servicio (un corte de pelo, una reparación del coche, un consejo médico, un espectáculo musical, etc.). En muchas ocasiones se combinan bienes y servicios en un mismo producto; por ejemplo un fabricante de muebles de cocina puede mejorar su producto ofreciendo servicios de asesoramiento en el diseño, de instalación, de financiación, etc.

Gama y línea de productos

Las empresas suelen comercializar distintos productos y, además, con variedad de modelos, tamaños, etc.

El conjunto o surtido de productos que vende una empresa se denomina **gama o cartera de productos**.

Dentro de la gama, los productos de características homogéneas o que satisfacen necesidades similares conforman lo que se denomina una **línea de productos**. Por ejemplo, un fabricante de electrodomésticos puede ofrecer cuatro líneas: frigoríficos, lavadoras, lavavajillas y vitrocerámicas.

La **amplitud de la gama** de productos se mide por el número de líneas distintas que la integran. En el ejemplo anterior, serían cuatro.

La **profundidad de la línea** es el número de versiones (modelos, tamaños y variantes) de cada línea. Por ejemplo, si la línea de frigoríficos tiene tres modelos y cada uno presenta dos tamaños distintos, su profundidad será seis (3 x 2).

Finalmente, la **longitud de la gama** es el número total de productos fabricados o vendidos. Es la suma de todos los productos de todas las líneas.

*

Imagen de marca

Percepción que tiene el consumidor de los atributos del producto, tanto de sus aspectos tangibles y añadidos como de sus valores simbólicos. Esta imagen la busca la empresa a través del posicionamiento del producto.

Producto diferenciado

Aquel que los consumidores perciben como distinto respecto de otros que cumplen la misma función.

3 La identificación del producto

Las grandes marcas en internet

Alphabet se constituye como una marca paraguas para todas las actividades de Google. Una marca paraguas es una marca única con varios productos en varios sectores distintos, en este caso aglutina a Google, YouTube, Android, etc.

Los consumidores suelen identificar el producto a través de la marca, el envase y la etiqueta.

La **marca** es el nombre, símbolo o logotipo, o una combinación de ellos, que identifica los productos de una empresa y los diferencia de los de la competencia.

Es frecuente que la marca englobe dos elementos: un nombre y un logotipo. El nombre es lo que se puede pronunciar (Mercedes-Benz); el logotipo es el signo que facilita su identificación visual (la estrella de Mercedes). Suelen ser nombres cortos, fáciles de recordar y pronunciar, y que sugieren las cualidades del producto. Por ejemplo, es fácil asociar Cola-Cao con el cacao. También existen marcas con un nombre sin significado concreto, como Bic o Kas, pero que son cortos, sugerentes y reconocibles en cualquier idioma.

La marca es un elemento esencial de la imagen de la empresa y se suele generar a través de fuertes inversiones en *marketing*. Por ello, puede y debe protegerse legalmente mediante su inscripción en la Oficina Española de Patentes y Marcas, lo que permite a la empresa utilizarla en exclusiva y, al mismo tiempo, garantizar a los consumidores que sus productos no son imitaciones.

Las empresas pueden seguir diferentes **estrategias de marca**:

- **Marca única.** Unas empresas utilizan la misma marca para toda su gama de productos, como ocurre con Philips, que denomina con su nombre todo lo que comercializa (bombillas, electrodomésticos, etc.). Si la imagen es positiva, ampara a todos los productos de la empresa y consigue un ahorro en *marketing*.
- **Marcas múltiples.** Otras empresas utilizan marcas distintas para cada uno de sus productos, como hace Procter & Gamble, que comercializa, entre otros, diversas marcas de detergentes (Ariel, Dash, etc.). Con esta estrategia multimarca, la empresa trata de diferenciar sus productos en función de los distintos segmentos del mercado al que se dirige.
- **Marcas de distribuidor o marcas blancas.** Los grandes distribuidores (Carrefour, Mercadona, etc.) suelen comercializar productos con sus propias marcas, ocultando de esta forma la marca del fabricante original. El objetivo es conseguir un mayor control del mercado y la lealtad del consumidor.

smSaviadigital.com INVESTIGA

¿Cómo funciona el **foro de las marcas renombradas españolas**?

El envase y la etiqueta

El envasado junto con el etiquetado, conocidos como *packaging*, constituyen otro de los elementos identificativos del producto. El envase, además de servir para contener y proteger físicamente el producto, se usa como instrumento de promoción y diferenciación. Al ser lo primero que percibe el consumidor, el efecto de la presentación es decisivo. Por ello, se utilizan diseños atractivos y funcionales, de tal forma que el consumidor pueda identificar fácilmente el producto y diferenciarlo de sus competidores. La etiqueta recoge la marca, las instrucciones de uso, el ajuste del producto a las normas legales (composición, fecha de envasado y caducidad, etc.) y otras informaciones sobre la utilización y mantenimiento del producto.

ACTIVIDAD RESUELTA

1. **Un fabricante de electrodomésticos comercializa sus productos bajo dos marcas. Explique para este caso concreto por qué las empresas comercializan un mismo producto bajo marcas diferentes. Razone su respuesta.**

SOLUCIÓN

El empleo de segundas marcas se encuadra dentro de la estrategia multimarca.

Consiste en reservar la primera marca para los productos más prestigiosos y asignar otra diferente a los productos —normalmente más baratos y con atributos distintos (calidad, presentación, etc.)— dirigidos a otros segmentos de consumidores.

Por ejemplo, en el sector de los electrodomésticos, el grupo BSH, además de sus primeras marcas, como BOSCH o SIEMENS, tiene segundas marcas, como BALAY, UFESA, etc.

4 El ciclo de vida del producto

Los productos, como los seres vivos, tienen un ciclo vital más o menos largo en el que nacen, crecen, maduran y mueren. Primero, se lanzan al mercado, y si son aceptados por el público, atraviesan una etapa de crecimiento hasta llegar a otra de madurez; después va disminuyendo la demanda, hasta que, finalmente, el producto acaba desapareciendo del mercado.

Muchos de los productos actuales, hace unos años no existían, y otros que estaban antaño disponibles, ya no se encuentran.

Este ciclo es diferente según los productos; los hay con una vida muy corta (algunas películas no pasan de su estreno) y otros con una larga vida (como La Casera, marca creada en 1949).

Las fases de este ciclo y sus características más destacadas son:

1. **Etapa de introducción o de lanzamiento.** Cuando aparece un producto nuevo, en general, la empresa ha realizado previamente unos gastos en investigación de mercados y en inversiones para su producción y lanzamiento. Además, como el producto es desconocido para los consumidores, se requieren fuertes inversiones en promoción y publicidad. Al tratarse de un producto ajeno al gran público, sus ventas son pequeñas y muestran un crecimiento lento. Lógicamente, en este período, la empresa registra pérdidas, puesto que los reducidos ingresos por ventas no compensan los altos costes iniciales.
2. **Etapa de crecimiento.** Una vez que el producto comienza a ser conocido y tiene éxito, se inicia otra etapa caracterizada por un crecimiento de las ventas. Este crecimiento genera beneficios para la empresa, e inmediatamente comienzan a aparecer competidores con productos sustitutivos que pretenden captar una parte de los beneficios que proporciona el mercado.
3. **Etapa de madurez.** Cuando el crecimiento de las ventas comienza a estabilizarse, el producto entra en otra etapa, conocida como fase de madurez, en la que, por algún tiempo, se mantienen las ventas y los beneficios relativamente estables, pero con tendencia a decrecer. En esta etapa, la competencia se hace más fuerte y tanto la empresa como sus competidores tratarán de conseguir una diferenciación de sus productos para mantener sus ventas.
4. **Etapa de declive.** De manera paulatina, el mercado se satura con los productos sustitutivos que han aparecido, las ventas descienden y, paralelamente, se reducen los beneficios, lo que provoca que algunos competidores abandonen el mercado. Esta fase concluye cuando las ventas son tan pequeñas que desaparecen los beneficios y comienzan las pérdidas. En este momento, la empresa deberá decidir si deja de comercializar el producto (sustituyéndolo por otro) o si hace un esfuerzo de *marketing* para renovarlo y mantenerlo en el mercado.

Aunque la duración de estas etapas es distinta para cada producto, la tendencia general puede representarse mediante un gráfico. En él se observa lo siguiente:

- En la fase de introducción, la empresa registra pérdidas, puesto que los altos costes iniciales superan los reducidos ingresos por ventas.
- El crecimiento de las ventas hace que, poco a poco, los ingresos superen los costes y comiencen a producirse beneficios.
- En la etapa de madurez, se mantienen relativamente estables las ventas y los beneficios.
- En la fase de declive comienzan a caer los ingresos por ventas, lo que hace que el beneficio disminuya. Esta fase concluye cuando las ventas son tan pequeñas que se generan pérdidas y el producto desaparece por completo del mercado.

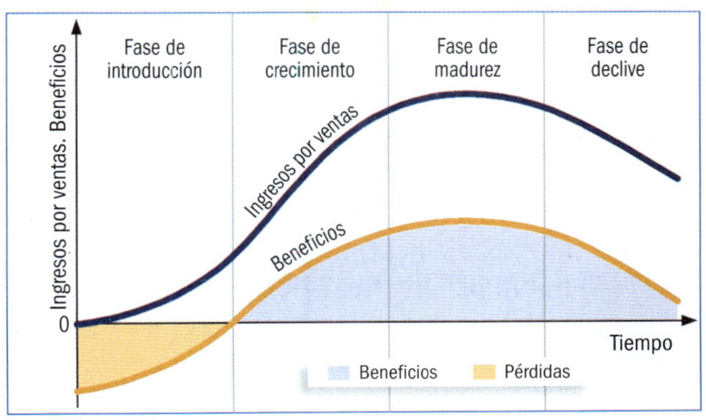

Ejemplos y casos

El **ciclo de vida** de los productos suele ser **cada vez más corto**. Esto se debe, entre otras cosas, a que los gustos de los consumidores cambian con rapidez, lo que hace que las empresas se adapten a esos cambios. A su vez, la presión de la competencia hace que haya cada vez más oferta para elegir, lo que exige que las empresas evolucionen constantemente para poder competir con productos nuevos. Asimismo, los avances tecnológicos provocan que muchos productos queden obsoletos en poco tiempo (como es el caso de los ordenadores y otros dispositivos tecnológicos).

Pero también se explica porque el *marketing* de las empresas nos motiva a desechar y reemplazar los productos a un ritmo cada vez más acelerado. El objetivo es que deseemos los productos con la última novedad y desechemos los que todavía son perfectamente útiles. Es la denominada *obsolescencia percibida*, que hace que deseemos lo que no tenemos.

5 La política de precios

Todos los bienes y servicios tienen un precio y un valor para el consumidor. Este **valor percibido** nos lleva a catalogar el precio de un producto como "bien de precio", "caro" o "barato", en función de la percepción que tengamos de la relación calidad-precio del producto.

Muchas empresas fijan sus precios en función de este valor percibido, aunque la dificultad de este sistema está en determinar con exactitud qué percepción tiene el consumidor del producto. Si la empresa cree que la percepción es mayor de lo que es en realidad, fijará un precio excesivamente alto y sus ventas lo notarán.

El **precio** es la cantidad de dinero que se paga por la adquisición de un producto.

La fijación del precio del producto es una variable clave por varias razones:

- Son decisiones que, generalmente, tienen efectos inmediatos sobre las ventas.
- El precio es, además, la herramienta del *marketing mix* que tiene más posibilidades de ser modificada para poder adaptarse a los cambios del mercado.

Métodos de fijación de precios

1. **Precios en función de un margen sobre los costes.** Este método consiste en la adición de una cantidad (porcentaje) a los costes para obtener el precio de venta:

   Precio de venta = coste + margen sobre el coste (en %)

   Así, si el coste de un producto (coste medio o por unidad) es de 80 euros y se vende con un margen de beneficio del 25 %, el precio se fijará en 100 euros. De esta forma se recuperan los costes y se obtienen beneficios.

   Es el procedimiento tradicional que han usado las empresas para fijar los precios de sus productos (sobre todo en el comercio minorista o en productos por encargo). En la actualidad se considera que, aunque el coste es un dato importante, de ninguna manera debe ser el único determinante; en todo caso, debe tomarse como una referencia por debajo de la cual no se debe fijar el precio.

2. **Fijación de precios en función de la demanda.** En este método se tiene especialmente en cuenta la respuesta o sensibilidad de los consumidores ante cambios en los precios, es decir, la elasticidad-precio de la demanda.

   $$\mathbf{Ep} = \frac{\text{Variación porcentual de la cantidad demandada}}{\text{Variación porcentual del precio}}$$

   Como sabemos, las variaciones en precios pueden generar más o menos ingresos en función de cómo sea la elasticidad de la demanda. Por ello, antes de fijar o modificar los precios habrá que considerar lo siguiente:

   - Si la demanda es elástica (Ep > 1), pequeñas variaciones de precios suponen una gran variación en la cantidad demandada. Por tanto, una subida del precio reduce el ingreso total, y viceversa.
   - Si la demanda es inelástica (Ep < 1), una variación importante del precio hace variar muy poco la cantidad demandada. Por tanto, una subida del precio eleva el ingreso total, y viceversa.

3. **Fijación de precios en función de la competencia.** De acuerdo con este método, encontramos tres alternativas:

   - Precios superiores a la competencia: elegir esta opción exige que el producto esté claramente diferenciado y ofrezca una imagen de calidad, ventajas tecnológicas o una mejor prestación de servicios. Por ejemplo, Apple ofrece productos de calidad superior a un precio mayor que el de sus competidores.
   - Precios al nivel de la competencia: este criterio se utiliza cuando el producto no está diferenciado y existe un precio de mercado o precio de referencia, marcado por el líder del mercado, la tradición o la costumbre.
   - Precios por debajo de la competencia: se emplea cuando se trata de atraer a aquellos segmentos más sensibles al precio (por ejemplo, la cadena Dia), o cuando se quiere penetrar en un mercado muy establecido (como las aerolíneas de bajo coste).

*

Elasticidad-precio de la demanda

Describe cómo va a reaccionar la cantidad demandada de un bien o servicio cuando varían sus precios.

Mide, por tanto, la sensibilidad de los consumidores ante un cambio de precio.

Estrategias de precios

Además de contar con métodos de fijación de precios, las empresas deben valorar qué estrategia contribuye a mejorar sus objetivos. Entre las más utilizadas están:

1. **Estrategias de precios diferenciales.** Implican vender el mismo producto a precios diferentes en función de las características de los consumidores o de la necesidad de promocionar las ventas. Algunos ejemplos son los descuentos por grandes volúmenes de compra, el descuento por pronto pago, el aplazamiento de pago sin intereses, las ofertas de temporada, las rebajas periódicas de precios (enero y verano) o los descuentos para determinados colectivos (jubilados, jóvenes, etc.).
2. **Estrategias de precios psicológicos.** El precio también sirve para comunicar algo sobre el producto. Como muchos consumidores perciben el precio como indicador de calidad, las empresas utilizan **precios de prestigio** para que se perciba la superioridad del producto. También se usan los llamados **precios mágicos** (9,95 euros en lugar de 10).
3. **Estrategias de precios para líneas de productos.** Con frecuencia, el precio de un producto no solo afecta a su demanda, sino también a la de otros productos de la línea. Por ejemplo, en productos complementarios e imprescindibles, para usar el producto principal se utiliza la estrategia de **precios cautivos**. Así ocurre al vender barato un producto (impresora) y caros sus accesorios (cartucho de tinta). Otras veces se divide el **precio en dos componentes** (los usuarios del teléfono pagan una cuota mensual más las llamadas). También está la venta de un conjunto de productos a un **precio paquete** como incentivo para vender productos complementarios (vacaciones con todo incluido: viaje, hotel, visitas, etc.).
4. **Estrategias de precios para productos nuevos.** No es lo mismo fijar un precio para un producto conocido que fijarlo para un producto nuevo. Si el producto es innovador y aún no tiene sustitutos, hay dos alternativas: la estrategia de **descremación**, que consiste en fijar un precio alto al principio para captar la élite del mercado y después bajarlo para atraer otros segmentos más sensibles al precio; y la estrategia de **penetración**, que supone fijar precios bajos desde el principio para alcanzar rápidamente las máximas ventas.

Ejemplos y casos

La estrategia de precios psicológicos tiene en cuenta que la mente del comprador actúa muchas veces al margen de su inteligencia.

Un céntimo de diferencia entre 10,80 y 10,79 euros no tiene importancia. Sin embargo, un céntimo de diferencia entre 10,00 y 9,99 euros lo cambia todo. ¿Por qué es el dígito de la izquierda tan importante? Tiene que ver con la forma en la que nuestro cerebro codifica estas cifras, y lo hace tan rápidamente que valoramos el número antes de terminar de leerlo. Al valorar 9,99, lo primero que percibimos es el número 9, y la cantidad percibida queda anclada a ese dígito 9.

EN LA PRÁCTICA La elasticidad de la demanda y la fijación de precios

Una empresa que vende 100 000 camisetas al mes a un precio de 10 euros por unidad está considerando subir el precio un 10 %. Si esta empresa conoce la elasticidad-precio de su demanda (Ep = 2), ¿le interesa realmente subirlo? Para decidirlo, deberá hacer cálculos.

En la actualidad, sus ingresos mensuales son:
I = p · Q = 10 · 100 000 = 1 000 000 euros.

Si sube un 10 %, el nuevo precio será de 11 euros. Con una Ep = 2, una subida del precio de un 10 % hará que los consumidores compren un 20 % menos, es decir, las ventas serán de 80 000 unidades y los nuevos ingresos se reducirán a 880 000 euros (11 · 80 000).

¿Y si se bajan los precios? Si disminuyen un 10 % (a 9 euros), las ventas aumentarán un 20 % (a 120 000 unidades) y los ingresos aumentarán a 1 080 000 euros (9 · 120 000).

Por tanto, si la demanda es elástica (Ep > 1), tal como es el caso, una subida del precio provoca una disminución de los ingresos totales. La razón está en que la reducción de la cantidad demandada contrarresta con creces la subida del precio. Es decir, un incremento del precio reduce $p \cdot Q$, porque la disminución de Q es proporcionalmente mayor que la subida de p. Por el contrario, una bajada del precio aumentará los ingresos totales, ya que el incremento de las ventas contrarrestará sobradamente la reducción del precio.

- Si la demanda fuera inelástica; por ejemplo, Ep = 0,5, y el objetivo fuera incrementar los ingresos, ¿la empresa debería bajar o subir los precios? Razona tu respuesta y comprueba tu decisión calculando los ingresos para ambas opciones.

6 La comunicación o promoción del producto

Diseñar un producto ajustado a las necesidades del mercado y establecer un precio atractivo no garantiza en absoluto el éxito; es necesario, además, promocionarlo.

La **comunicación** es una función de *marketing* dirigida a **informar** sobre la existencia y características del producto o de la marca y a **resaltar** la utilidad y las ventajas que proporciona respecto a otros productos de la competencia con objeto de **persuadir** al cliente para que compre.

Hoy, las organizaciones disponen de diversos instrumentos para comunicarse con sus potenciales clientes, como la publicidad, la promoción de ventas, las relaciones públicas y la venta personal. Las empresas deben combinarlos adecuadamente para conseguir una mezcla o ***mix* de promoción**, de modo que el mercado perciba un mensaje estimulante y adecuado a las características del público al que se dirige y a la imagen de marca que se pretende proyectar.

La publicidad

Es el instrumento de promoción más conocido y utilizado. Se emplea no solo en la promoción de productos, sino también en la de ideas e instituciones, hasta el punto de que, en muchas ocasiones, se confunden erróneamente publicidad y comunicación, e incluso publicidad y *marketing*.

La publicidad es una forma de comunicación de carácter impersonal, masiva y pagada por la empresa, que utiliza los medios de comunicación de masas para transmitir mensajes que promocionen sus productos y marcas.

La publicidad se desarrolla a través de distintos soportes (anuncios televisivos y cinematográficos, cuñas radiofónicas, cartelería exterior, inserciones en prensa, revistas o internet, etc.), lo que permite su adaptación a distintos colectivos. Es, sin duda, el instrumento más adecuado para llegar a un público masivo. Tiene como inconveniente su elevado coste, aunque también es cierto que su diversidad de soportes permite ajustar la campaña publicitaria a distintos presupuestos.

El **mensaje publicitario** debe diseñarse de tal modo que suscite la atención de la audiencia, despierte su **interés** y **deseo** por aquello que se comunica y, en consecuencia, genere en el receptor la **acción** esperada. Además de estos requisitos (atención, interés, deseo y acción), el mensaje debe ser creíble. Si fuera exagerado o engañoso podría originar reacciones contrarias a las deseadas.

La promoción de ventas

Consiste en la realización de actividades para atraer el interés de consumidores o distribuidores a través de incentivos. Algunos ejemplos de promoción de ventas son los cupones de descuento o las ofertas de "pague dos y lleve tres", la distribución de muestras gratuitas para dar a conocer el producto, las demostraciones directas de sus bondades, los regalos por comprarlo (detergente con regalo de suavizante), los premios asociados a sorteos, etc.

Es un instrumento recomendable para promocionar los productos a corto plazo (durante la campaña de promoción) o para dar a conocer un producto nuevo en el mercado, sobre todo si se acompaña de un esfuerzo publicitario, de tal forma que el mercado conozca los incentivos que se ofrecen.

No es aconsejable si el producto ya goza de un elevado prestigio, porque este tipo de campañas puede dañar su imagen de marca.

Además, estas promociones tienden a perder su eficacia con el tiempo, dado que el consumidor acaba acostumbrándose y desaparece su atractivo inicial.

Ejemplos y casos

Hemos pasado de ser espectadores pasivos en las pausas publicitarias a decidir qué anuncios ver, cómo y cuándo verlos. En respuesta, las marcas que quieren ser relevantes tratan de reinventarse y han encontrado en el ***branded content* o contenido de marca** una fórmula eficaz para evitar que el espectador huya de los *spots*.

El *branded content* es una estrategia publicitaria basada en ofrecer contenidos de interés vinculados a una marca en forma de relato y en un contexto lúdico, y que no se percibe como publicidad. Se trata de contar historias humanas que emocionen al espectador mostrando la marca de forma totalmente integrada en el relato, a través de cortometrajes, películas, series web, música, juegos, *apps*, etc.

Por ejemplo, Red Bull financió en 2012 el salto en caída libre, desde la estratosfera, de un veterano exmilitar. Esta campaña se convirtió en uno de los acontecimientos del momento, que fue retransmitido en directo y visto por más de ocho millones de personas. Es una historia de superación humana, de sacrificio y peligro extremos y, sobre todo, de gran recompensa al superar la prueba. Así, los espectadores asocian valores como aventura, superación, recompensa, quebrantamiento de límites, etc., a la marca Red Bull mientras se entretienen y emocionan.

Promoción de ventas

Instrumento de comunicación que trata de incentivar la demanda a corto plazo de un producto mediante incentivos como regalos, sorteos, descuentos, etc.

Las relaciones públicas

Su finalidad es mejorar la imagen de la empresa o marca entre los distintos colectivos con los que se relaciona, tanto los externos a la empresa (medios de comunicación, consumidores, líderes de opinión, organizaciones y grupos sociales, etc.), como los internos (trabajadores, accionistas, etc.).

Entre las actividades de relaciones públicas están:

- **La esponsorización o patrocinio.** Consiste en la financiación y el apoyo de actos e iniciativas sociales y culturales (un programa de televisión, un acto cultural, el apoyo a una causa social, un acontecimiento deportivo) con el objetivo de provocar en el público una imagen favorable de la empresa patrocinadora.
- **Las relaciones con los medios de comunicación.** Las noticias, reportajes, entrevistas, etc., que difunden los medios de comunicación sobre temas de actualidad de las empresas o de sus actos de patrocinio generan en el público una determinada imagen de la empresa. Al tratarse de un tipo de "publicidad gratuita", las empresas tratan de mantener buenas relaciones con los medios para que la información difundida sea favorable.

La venta personal o fuerza de ventas

Recoge las actividades que una empresa lleva a cabo a través de su red de vendedores y representantes (fuerza de ventas) para la comunicación personal del producto.

Mediante la venta personal se establece una relación directa entre un vendedor y un cliente, entre los que se produce una comunicación bidireccional (empresa-cliente/cliente-empresa), que permite ampliar los detalles y aclarar las dudas y objeciones que pueda plantear el cliente, al mismo tiempo que la empresa recibe información directa sobre la aceptación de los productos y sus posibles mejoras.

Es, por tanto, el instrumento de comunicación que mayor atracción y convicción genera, al establecer relaciones estrechas y personales con sus clientes. Tiene como principal desventaja su alto coste. Por tanto, es recomendable en mercados pequeños (mercados industriales, por ejemplo), o si el segmento al que se dirige la empresa es fácilmente identificable para seleccionar a los potenciales compradores. No es recomendable cuando la empresa se dirige a un público masivo.

EN LA PRÁCTICA **El *merchandising***

A caballo entre la publicidad y la promoción de ventas, el *merchandising* o publicidad en el lugar de venta (PLV) es el conjunto de actividades que se realizan en el punto de venta para estimular la compra del producto.

Con la aparición de los grandes almacenes, el producto se encuentra al alcance del consumidor, que podrá elegirlo directamente de la estantería. Por ello, las empresas tratan de incrementar su atractivo a través de una serie de estímulos sobre su colocación, presentación, iluminación, etc.

Son ejemplos la ubicación preferente de productos: cabeceras de góndola, estantes a la altura de los ojos, extensiones de estanterías o expositores para resaltar un producto del resto; carteles con mensajes que anuncian ofertas y promociones; demostraciones y degustaciones de productos; o actividades de animación en el punto de venta con motivo de un determinado acontecimiento (vuelta al cole, Día de San Valentín, etc.).

- ¿Qué ventajas tiene el *merchandising* para la empresa? ¿Y para el consumidor?
- ¿Dónde se colocan los productos más necesarios? ¿Y los más superfluos? ¿Crees que es eficaz?

Relaciones públicas

Actividades que llevan a cabo las empresas con el objetivo no tanto de mejorar sus ventas a corto plazo como de transmitir mensajes que generen una opinión favorable de la imagen de la empresa entre el público.

Ejemplos y casos

La empresas buscan tener un contacto más individualizado con los potenciales clientes, y para ello utilizan el ***marketing* directo**. Sus formas más utilizadas son el **correo** postal o electrónico, el **buzoneo** y los **catálogos** (impresos o en la red).

Una forma muy utilizada es el ***telemarketing***, cuando las compañías llaman directamente a determinados números de teléfono; o los **anuncios** en televisión e internet, en los que se trata de persuadir al consumidor para que llame "ahora" (teletiendas, canales comerciales, etc.). Con la expansión de los móviles, el *marketing* directo ha multiplicado sus fórmulas y se ha vuelto más interactivo (SMS, MMS, descargas de audio y vídeo, etc.).

Entre sus ventajas están la rapidez, el bajo coste y su carácter más personalizado.

smSaviadigital.com **INVESTIGA**

¿Qué tendrías que hacer para **crear una campaña publicitaria en internet?**

7 La distribución comercial

Ejemplos y casos

Mercamadrid, Mercabarna, Mercabilbao, Mercasevilla, Mercavalencia, etc., son todos grandes empresas (sociedades) dedicadas a la distribución alimentaria de productos perecederos (carne, pescado, frutas y hortalizas, etc.).

Como grandes mayoristas, venden diariamente a minoristas (tiendas), donde los consumidores compramos nuestros alimentos. Dada la importancia del buen funcionamiento de este servicio para los ciudadanos, se trata de empresas semipúblicas, en las que los principales accionistas son los Ayuntamientos.

Una vez fabricados los productos, ya tienen la utilidad de forma; el paso siguiente consiste en distribuirlos a través de los puntos de venta para que estén a disposición del cliente en el momento y lugar adecuados. La distribución, por tanto, incrementa el valor de los bienes al dotarlos de las siguientes utilidades:

1. La **utilidad de espacio o lugar**, que ayuda a situar el producto en una ubicación cercana y cómoda para consumidor.
2. La **utilidad de tiempo**, que permite que el producto esté a disposición del cliente en el momento en que lo necesite.
3. La **utilidad de posesión o propiedad**, pues la distribución facilita la formalización de la venta y la entrega del producto al cliente, con el consiguiente traspaso de su propiedad.

Canales de distribución e intermediarios

Un **canal de distribución** está constituido por el conjunto de intermediarios que hacen llegar los productos desde su origen o centro de producción hasta el consumidor final.

Los intermediarios pueden ser mayoristas o minoristas, según la posición que ocupan en el canal de distribución. Los **mayoristas** compran a los fabricantes (o a otros mayoristas) para vender posteriormente a los minoristas; se caracterizan por no tratar con el consumidor final y porque suelen comercializar grandes cantidades o al por mayor (de ahí su nombre). Los **minoristas** adquieren sus productos a los fabricantes o mayoristas para vendérselos a los consumidores; por tanto, estos son los únicos que venden al consumidor final y en pequeñas cantidades, al por menor o al detalle (por esta razón se llaman minoristas o detallistas).

En función del número de intermediarios, el canal de distribución puede ser:

1. **Canal largo.** Formado por dos o más etapas, en él intervienen un mayorista y un minorista, que conectan al fabricante con el consumidor. A veces hay más intermediarios, como otros mayoristas o un agente de mayoristas. Son canales típicos de productos comercializados en espacios geográficos grandes y de productos de consumo masivo o de compra frecuente (alimentos, etc.), que requieren la presencia del producto en el máximo número de puntos de venta.
2. **Canal corto.** Tiene solo una etapa con un intermediario (minorista) entre el fabricante y el consumidor. Es habitual en la distribución de productos de consumo duradero, como electrodomésticos, automóviles, etc.
3. **Canal directo.** Es aquel en el que no existen intermediarios y el fabricante asume la función de la distribución. Son habituales en los mercados industriales (de empresa a empresa) y en el sector servicios.

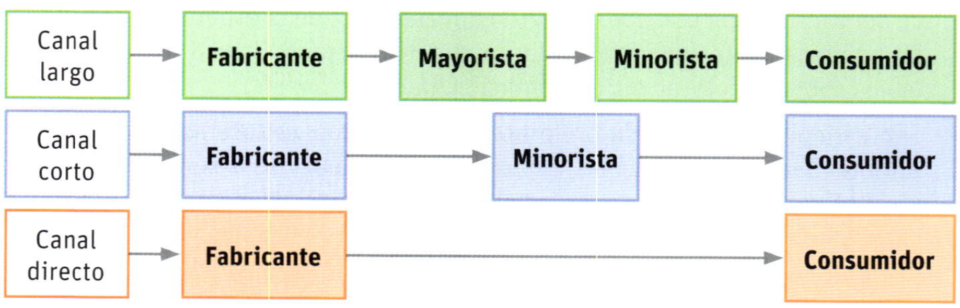

Según la relación con el fabricante, los intermediarios pueden ser organizaciones independientes (**canal externo**), delegaciones comerciales de los propios fabricantes para la distribución y venta de sus productos (**canal propio**), o **franquicias**, mediante un acuerdo de cooperación con los distribuidores.

*****
Distribución comercial

Es la función de *marketing* que permite que los productos lleguen desde el fabricante al consumidor a través de una serie de intermediarios o canales de distribución.

Funciones de los intermediarios

La existencia de intermediarios incrementa los costes y, por tanto, encarece los precios de los bienes, lo que suele provocar ciertas críticas. Es evidente que si se soporta ese mayor coste es por las ventajas que conllevan las funciones de los intermediarios, entre las que destacan:

- **Ajuste de la oferta a la demanda.** Los intermediarios agrupan la oferta de productos de los distintos fabricantes, los clasifican por categorías, calidad, etc., posibilitando, de este modo, la creación de surtido y la venta individual en pequeñas cantidades.
- **Logística.** Los intermediarios realizan actividades de transporte, almacenamiento y conservación del producto. El almacenamiento, además, permite regular las existencias de almacén, evitando el riesgo de ruptura del *stock*.
- **Realizan actividades de promoción.** Al actuar como vendedores, informan sobre las características del producto y contribuyen a su difusión y promoción.
- **Reducen el número de contactos.** El número de intercambios se reduce, ya que el fabricante solo tiene que contactar con sus distribuidores, y no con todos los potenciales clientes.
- **Prestan servicios adicionales.** Por ejemplo, el asesoramiento, la instalación, la garantía, la financiación, el mantenimiento, las devoluciones, etc.

LOS INTERMEDIARIOS REDUCEN LOS INTERCAMBIOS

Número de contactos sin intermediarios

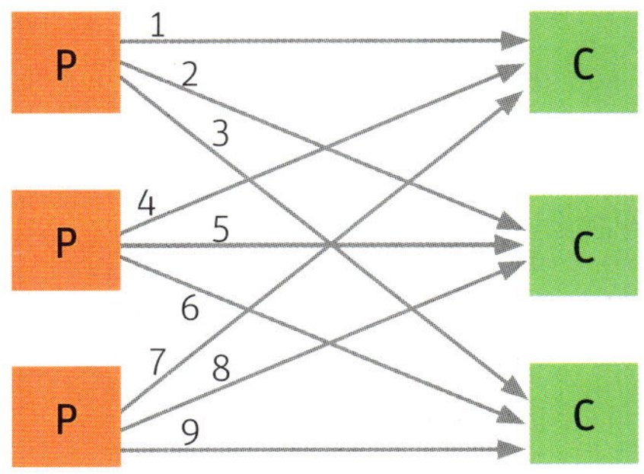

P · C = 3 · 3 = 9

Número de contactos con intermediarios

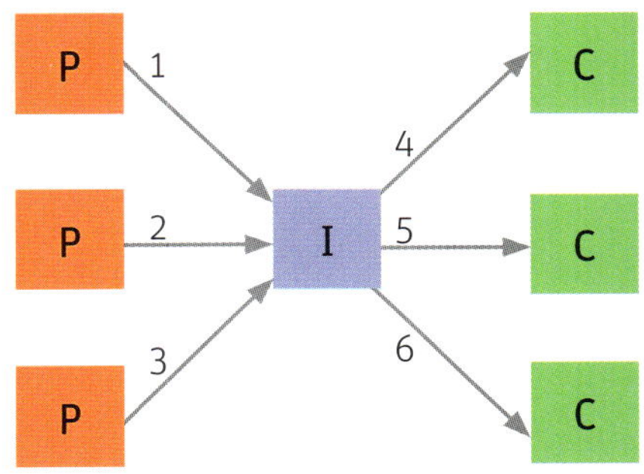

P + C = 3 + 3 = 6

Estrategias de distribución

La primera decisión sobre distribución es si se hace directamente o a través de intermediarios. La distribución directa permite un contacto más cercano con el cliente, pero tiene grandes inconvenientes cuando crece el mercado. Por otra parte, la utilización de intermediarios externos facilita que se abarquen mercados más amplios, aunque supone una cierta pérdida de control de la estrategia comercial.

La inclusión de intermediarios exige decidir qué **modalidad de distribución** utilizar:

- La distribución **exclusiva** consiste en elegir un único intermediario por área geográfica y concederle la exclusividad en su territorio. Esta estrategia se utiliza cuando se desea mantener una imagen de prestigio (marcas exclusivas), cuando el producto requiere servicios adicionales (concesionarios de automóviles), etc.
- La distribución **intensiva** significa utilizar el mayor número posible de distribuidores para que el producto esté disponible en todos los puntos de venta. Es la modalidad usada en productos de consumo masivo (pan de molde, champús, detergentes, etc.).
- La distribución **selectiva** es una opción intermedia que consiste en seleccionar un número limitado de intermediarios por zona geográfica, tratando de favorecer la relación con los distribuidores escogidos. Es la modalidad utilizada en electrodomésticos y productos informáticos.

EN LA PRÁCTICA **El canal propio y la franquicia**

La relación entre el productor y sus distribuidores es clave, ya que ambos forman parte de la misma cadena de valor. Por ello, sus relaciones deben basarse en la cooperación, para garantizar el mejor servicio al consumidor. Para ello, existen dos fórmulas: una es la distribución directa del fabricante, que instala sus propios puntos de venta y construye un canal propio. Así, Zara comercializa su ropa a través de tiendas propias, controlando el emplazamiento y apertura de cada nuevo punto de venta.

Otra fórmula es mantener un alto nivel de vinculación con el resto de los distribuidores a través de la franquicia. Es el caso de McDonald's, que gestiona más del 80 % de sus restaurantes en régimen de franquicia, para lo que selecciona, de entre las peticiones que recibe de apertura de nuevos restaurantes, aquellos emplazamientos que considera más interesantes.

- ¿Qué ventajas representa el canal propio o la franquicia frente a un canal externo de distribución?

8 *Marketing* y nuevas tecnologías

Junto con las ventajas de las TIC, también existen cuestiones mejorables. A los ciudadanos les preocupa el uso que se hace de la información que se deja como rastro al navegar por internet. Asegurar el derecho a la intimidad y la protección de datos son temas que requieren una legislación específica para generar una mayor confianza en las TIC.

Las nuevas tecnologías de la información y la comunicación (TIC) tienen hoy una influencia notable en el *marketing*, pues generan nuevas formas de distribución y de publicidad, así como nuevas fórmulas de relación entre las empresas y entre estas y los consumidores.

Nuevos canales de distribución: el comercio electrónico

El principal exponente de la influencia de las TIC en el ámbito del *marketing* es el **comercio electrónico**, que permite llegar a los consumidores de cualquier parte del mundo de un modo directo (sin intermediarios).

Podemos definir el **comercio electrónico** como cualquier forma de intercambio económico entre empresas, o entre estas y los consumidores, en el que las partes interactúan electrónicamente. Se trata de una nueva forma de intercambio en una economía global, en tiempo real y a través de internet, sin horarios comerciales ni límites geográficos.

Además del intercambio de bienes y servicios, el comercio electrónico incluye un amplio abanico de actividades. como la búsqueda e intercambio de información con proveedores y clientes, la gestión electrónica de los pedidos y la facturación, los sistemas de pago y de crédito electrónicos, las nuevas formas de prestación de servicios posventa, los servicios de reclamaciones y de atención al cliente, la posibilidad de que los usuarios conozcan las opiniones de otros clientes, etc.

Entre las **ventajas** de su uso para las empresas están la reducción de costes, la rapidez y precisión de sus operaciones y un acceso directo y barato a los mercados internacionales, lo que contribuye a prestar un servicio más eficaz y económico. Las ventajas para el consumidor son el ahorro de tiempo (evita desplazamientos y flexibiliza los horarios), el ahorro en costes (tanto económicos como de esfuerzo), el disponer de una mayor gama de productos y un mayor acceso a la información y la posibilidad de comparar productos.

Si bien el comercio electrónico, poco a poco, se va implantando como un sistema alternativo de distribución al que toda empresa debe acceder para alcanzar un público creciente, aún tiene **puntos débiles** que mejorar. El primero es la implantación de medidas que garanticen la seguridad en el intercambio de datos y en el pago con medios electrónicos. El segundo es que internet no evita los problemas logísticos de reparto del producto, por lo que es necesario seguir mejorando la combinación de internet con eficaces servicios de mensajería.

Según cuáles sean los agentes implicados, el comercio electrónico puede ser de tres tipos:

1. **De empresa a empresa.** Se refiere a cualquier transacción comercial realizada entre empresas a través de la red, como puede ser la solicitud electrónica de un pedido a un proveedor y la consiguiente orden de transferencia electrónica al banco para pagarlo.
2. **De empresa a consumidor.** Comprende la venta de bienes y servicios de las empresas a los consumidores a través de sus tiendas virtuales. Existen algunas empresas que solo venden a través de internet (empresas puntocom), como es el caso de Amazon, dedicada a la venta de libros y música en todo el mundo.
3. **De consumidor o empresa a Administración pública.** Las Administraciones públicas también han asumido los retos de la nueva economía y tratan de favorecer sus relaciones con los ciudadanos y las empresas a través del comercio electrónico para facilitarles la realización de operaciones como pagar impuestos, obtener licencias, participar en concursos públicos, recibir servicios o resolver algún tipo de trámite administrativo.

Otra forma de comercio electrónico es de consumidor a consumidor, directamente o a través de subastas (en eBay o Wallapop, por ejemplo), en las que se ofrecen productos o servicios al mejor postor.

Nuevas formas de comunicación y de investigación de mercados

Otro de los campos en los que las TIC están generando cambios es el de la **publicidad**. En internet, los anuncios (*banners*) de cualquier página web que visitemos se están convirtiendo en un medio efectivo para difundir mensajes publicitarios y atraer la atención de compradores.

En la actualidad, los soportes tradicionales publicitarios (TV, radio, prensa, etc.) conviven con otros soportes de vanguardia, como las ediciones digitales de los medios de comunicación, la TV de pago, los SMS, los blogs, los videojuegos y otras formas innovadoras en las que el consumidor se convierte en protagonista (*ambient marketing*, publicidad viral, etc.).

Desde estos nuevos medios se busca llamar la atención del receptor con fórmulas más creativas, tratando de contrarrestar la saturación creciente y la falta de interés que genera la publicidad convencional.

Además, las TIC proporcionan a las empresas una nueva forma de **investigación de mercados**. En internet se controla el número y el tiempo de los accesos a la página de la empresa, lo que permite conocer qué partes se visitan y, por tanto, qué productos atraen más a los potenciales compradores.

Las tiendas virtuales, además, se combinan con portales especializados en temas relacionados con los productos de la empresa (por ejemplo, un portal de salud asociado a una empresa de productos lácteos), o se crean comunidades de usuarios, o concursos y foros, etc., desde los que la empresa no solo difunde sus productos, sino que también obtiene información sobre los gustos de sus clientes.

Nuevos mercados, nuevas condiciones

Las TIC también han posibilitado mercados más transparentes. El mayor acceso a la información y a la comparación de productos (calidades, prestaciones, precios, etc.) otorga un mayor poder de elección al consumidor, lo que hace que mejore la competencia entre empresas.

Internet también posibilita que empresas pequeñas, a través de sus webs, puedan competir en igualdad de condiciones con grandes empresas en mercados geográficamente alejados. Por ejemplo, la empresa aragonesa Barrabés, ubicada en Benasque y especializada en material deportivo de montaña, compite con éxito con las grandes empresas de este tipo de material en Estados Unidos y es líder mundial en ventas y en prestigio por su asesoramiento a los usuarios de sus productos.

Ejemplos y casos

Algunas empresas, en lugar de invertir en campañas de TV u otros medios, destinan ese dinero a pagar alquileres más altos por la localización estratégica de sus tiendas como escaparate de su imagen de marca, y, sobre todo, a utilizar las redes sociales y el ***marketing online*** **con imaginación**.

Un ejemplo es El Ganso, la cadena de moda española que, siendo una mediana empresa, ha logrado abrirse un hueco entre las grandes marcas sin apenas hacer publicidad. Las claves de su éxito se basan en localizar la mejor ubicación para las tiendas y en ser muy activos en las redes sociales, organizando eventos y fiestas en las tiendas entre sus seguidores o buscando la promoción de sus prendas a través de deportistas y famosos. El *marketing online* juega un papel esencial dentro de su estrategia, especialmente las redes sociales, que permiten viralizar sus mensajes sin apenas inversión.

EN LA PRÁCTICA — Cómo tener éxito en el *cibermarketing*

Para vender en internet, además de una web atractiva, es necesario desarrollar una estrategia de comunicación creativa. Las claves son:

1. Elegir un nombre que genere confianza, y usar un lenguaje claro, directo y adaptado a la audiencia.
2. Emplear las tecnologías multimedia (audio, vídeo, animación, etc.).
3. Favorecer la interactividad mediante juegos, concursos, foros de debate, buzón de sugerencias, etc.
4. Crear comunidad. Los usuarios valoran que existan comunidades de gente que comparte sus intereses.
5. Promocionar la web a través de vallas animadas (*banners*) ubicadas en sitios muy consultados o patrocinar las webs favoritas del público al que se dirige la empresa.
6. Incluir encuestas para conocer los datos personales del usuario y su grado de satisfacción con la empresa. Esta información es muy útil para posteriores acciones de comunicación directa.

smSaviadigital.com PRACTICA

Analiza la **estrategia de comunicación** creativa de esta página web y comprueba si responde a las claves mencionadas.

ACTIVIDADES

Actividades de síntesis

1. Elabora un mapa conceptual a partir de estas ideas básicas y añade otras que te parezcan interesantes.

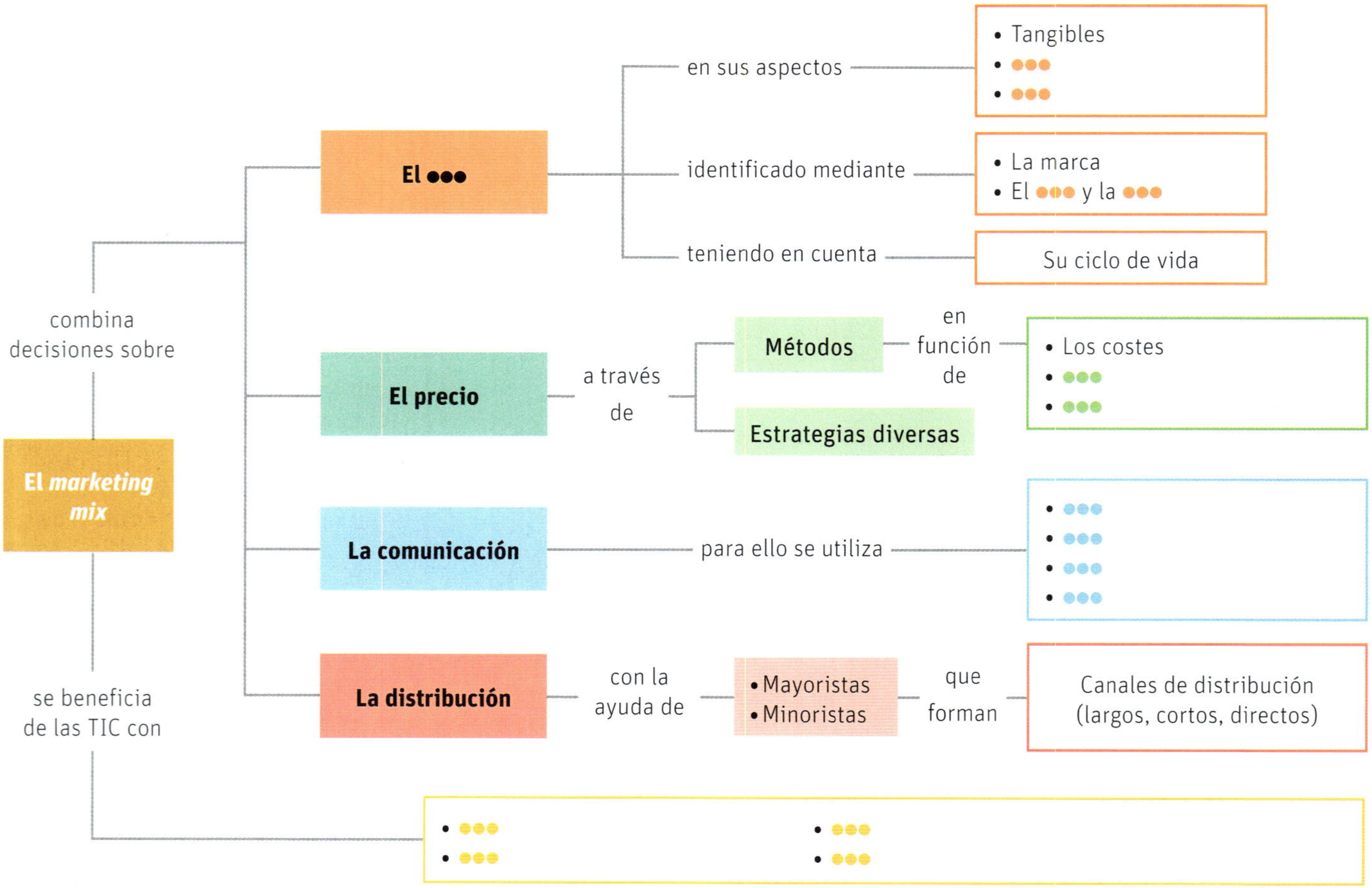

smSaviadigital.com VALORA LO APRENDIDO > Realiza la **autoevaluación.**

Actividades de análisis y problemas

2. Explica en qué consiste el ***marketing mix***. Comenta ejemplos diferenciados para productos distintos poniendo de relieve la interrelación entre las políticas de producto, precio, distribución y promoción.

3. Al comprar un producto, además de sus características materiales, los consumidores exigen una serie de atributos adicionales. Sirviéndote de algunos ejemplos concretos y de una tabla como esta, aclara las diferencias entre producto básico, producto ampliado y producto genérico o simbólico.

EJEMPLO	PRODUCTO BÁSICO	PRODUCTO AMPLIADO	PRODUCTO SIMBÓLICO
●●●	●●●	●●●	●●●

4. En relación con los atributos del producto, comenta la frase del empresario fabricante de cosméticos Charles Revlon: "En la fábrica hacemos cosméticos; en la tienda vendemos belleza".

5. ¿Qué se pretende con la diferenciación de productos? Piensa en un fabricante de teléfonos móviles y comenta las posibilidades de diferenciación que existen combinando los distintos atributos (tanto los tangibles como los servicios añadidos y los valores simbólicos) con los que puede diferenciar su producto frente a otros de la competencia.

6. Responde a las cuestiones que se plantean a continuación.

a) ¿A qué se refiere el concepto de imagen de marca?

b) ¿En qué tipo de mercados es característica: en los de competencia perfecta, los de competencia monopolística, los oligopolios o los monopolios?

c) La imagen de una determinada marca de vaqueros hace que los consumidores acepten precios superiores a otros de distinta marca, aunque cumplan la misma función. ¿Por qué crees que las personas están dispuestas a pagar más por una marca?

7. Define los siguientes conceptos y aplícalos a los ejemplos de una panadería y un fabricante de automóviles.
   a) Gama de productos.
   b) Línea de productos.
   c) Amplitud de la gama.
   d) Longitud de la gama.

8. Con relación a la identificación de los productos:
   a) ¿En qué consiste y cómo se lleva a cabo?
   b) ¿Cómo se protegen las marcas de prácticas imitadoras?
   c) ¿Cuáles son las características que debe reunir una marca?

9. Mientras unas empresas utilizan una marca única para todos sus productos, otras los comercializan con múltiples marcas. ¿Qué se pretende con cada estrategia y cuáles son sus ventajas?

10. Señala tres productos con envases originales o distintos a los tradicionales. ¿Qué funciones cumplen el envase y la etiqueta?

11. ¿Qué se entiende por ciclo de vida de un producto?
   a) Explica las características más importantes de cada fase de ese ciclo.
   b) Representa gráficamente la evolución de las ventas y beneficios durante ese ciclo.

12. Señala ejemplos de productos de ciclo de vida largo y que se mantienen actualmente y de otros existentes hace unos años que ya han desaparecido. ¿Qué razones crees que han influido en uno y otro caso?

13. ¿Cómo se justifica la innovación y creación de nuevos productos desde el concepto de ciclo de vida? Señala ejemplos para el caso de una empresa fabricante de aparatos de televisión.

14. Una empresa elabora dos productos (X e Y) cuyos costes y producción del período se presentan en la tabla.

	PRODUCTO X	PRODUCTO Y
UNIDADES PRODUCIDAS	12 000	25 000
COSTE VARIABLE POR UNIDAD (€)	5	12
COSTES FIJOS (€)	60 000	200 000

A partir de estos datos:
   a) Señala cuál es el coste medio o coste unitario de los productos X e Y.
   b) ¿Cuál es su precio de comercialización si el método que se utiliza es un margen sobre costes de un 30 % para X y de un 40 % para Y?
   c) Calcula los beneficios que obtiene esta empresa con cada uno de sus productos en el período.

15. Analiza los siguientes hechos y comenta los factores que crees que han contribuido a que se produzcan.
   a) Los ordenadores personales han tenido una disminución progresiva de sus precios de venta en los últimos años.
   b) Los productos distribuidos en comercios de "todo a un euro" tienen un precio sensiblemente inferior a otros de otros comercios que cumplen la misma función.
   c) Muchos productos de marca se pueden encontrar muy rebajados de precio en algunos mercadillos.

16. Lee la viñeta. Si la elasticidad de la demanda-precio de este tipo de espectáculos suele ser superior a la unidad (demanda elástica), ¿acertaría el club subiendo los precios? Compruébalo para una modificación del precio del 20 % y una Ep = 1,5.

17. Las empresas que fijan sus precios en función de la competencia, ¿cómo deberían fijarlos en estos casos?
   a) Una empresa pequeña que vende su producto en competencia con la empresa que es líder del mercado.
   b) Una empresa cuyo producto está claramente diferenciado por su calidad.
   c) Una empresa que pretende entrar en un mercado tradicional en el que están muy establecidos los competidores.

18. En relación con las estrategias de fijación de precios:
   a) ¿Qué se pretende cuando un mismo producto se vende a precios diferentes? Señala ejemplos.
   b) Señala distintos ejemplos de precios psicológicos.
   c) ¿Qué se entiende por estrategia de precios cautivos?

19. Las empresas de cosméticos lanzan periódicamente nuevos productos al mercado cuya composición añade propiedades regeneradoras, antienvejecimiento, que proporcionan luminosidad al rostro, etc. Pero mientras unas marcas fijan sus precios muy altos, otras los establecen muy asequibles. Comenta en qué consisten estas dos estrategias y qué objetivos persiguen.

20. Explica en qué consiste la función de promoción o comunicación. ¿Qué se entiende por *mix* de promoción?

ACTIVIDADES

21. En relación con la publicidad:

a) ¿Cuáles son sus características y qué objetivos persigue?

b) ¿Cuáles son los requisitos de eficacia de un mensaje publicitario?

c) Elige tres anuncios televisivos y analízalos desde el punto de vista de estos requisitos.

22. Las encuestas muestran que mucha gente es escéptica ante los mensajes publicitarios. ¿En qué sentido deberían cambiar para generar una mayor confianza? Observa la siguiente viñeta y comenta su significado.

Fuente: El Roto. *El País*, 26-VI-2007.

23. Piensa en una bebida refrescante y comenta las distintas actividades de promoción que pueden utilizarse para mejorar las ventas de ese producto. ¿Por qué crees que es necesario combinar esta estrategia con la publicidad?

24. Responde a las siguientes preguntas.

a) ¿Qué son las relaciones públicas de la empresa?

b) ¿Qué actividades de relaciones públicas suelen desarrollarse en las empresas?

c) ¿Cuál es la diferencia entre las relaciones públicas y la publicidad?

25. Sobre la venta personal:

a) ¿En qué consiste y cuáles son sus ventajas respecto de otros instrumentos de promoción?

b) ¿En qué tipo de productos o mercados es el instrumento de promoción adecuado?

26. Piensa en estosproductos: tractores, automóviles, cortinas, un libro de poesía, Unicef. Elige un plan de comunicación seleccionando los instrumentos (uno o varios) de comunicación más eficaces para desarrollar una campaña de promoción de esos productos.

27. Una vez fabricado el producto, ya posee la utilidad de forma. ¿Qué otras utilidades debe tener el producto para satisfacer las necesidades de los consumidores?

28. Con relación a la distribución comercial:

a) ¿Qué es un canal de distribución y cuál es su objetivo?

b) Apoyándote en un esquema, comenta los tipos de canales de distribución que existen en función del número de intermediarios.

c) ¿Cuáles son los canales más utilizados según el tipo de producto?

d) ¿Cuál es la diferencia entre una empresa mayorista y una empresa minorista?

29. Sin duda, los intermediarios elevan el precio que paga el consumidor final. A cambio, al realizar su labor, llevan a cabo unas funciones que justifican este encarecimiento. ¿Cuáles son esas funciones?

30. Imagina un mercado simplificado en el que la oferta se compone de cuatro fabricantes de los siguientes productos: televisores, cámaras digitales, electrodomésticos y ordenadores. Desde el lado de la demanda, existen ocho consumidores que demandan estos cuatro productos. Razona las transacciones comerciales o contactos entre compradores y vendedores que tendrían lugar bajo estos dos supuestos:

a) No existen intermediarios.

b) Existe un intermediario que compra a los fabricantes y distribuye a los consumidores.

31. Señala las características diferenciales entre las estrategias de distribución exclusiva, intensiva y selectiva. Identifica cuál de estas estrategias es más adecuada para los siguientes productos.

a) Jabones de cosmética.

b) Muebles.

c) Automóviles.

d) Cereales para el desayuno.

e) Medicinas.

32. Mientras que IKEA tiene su canal propio de distribución, mediante grandes superficies donde comercializa su mobiliario, otras cadenas de muebles (Merkamueble, Rustiko, etc.) trabajan en régimen de franquicia. ¿Qué tienen en común ambas formas de distribución y cuáles son las diferencias?

33. Según una encuesta de AC Nielsen sobre comercio electrónico, libros y ropa son los productos más vendidos por la red. Nueve de cada diez internautas españoles ha comprado alguna vez por la red y, de ellos, el 48 % lo hizo en el último mes. El sistema de pago más común es el realizado con tarjetas Visa. A partir de estos datos:

a) ¿Por qué crees que la ropa y los libros son los productos más vendidos en el comercio electrónico?

b) ¿En qué aspectos beneficia este sistema a los consumidores? ¿Y a los productores y distribuidores?

c) ¿Cuáles son aún las debilidades del comercio electrónico?

ENTRÉNATE

EVALUACIÓN

1. Defina las cuatro variables del *marketing mix*.

2. Un fabricante de electrodomésticos comercializa sus productos bajo dos marcas diferentes. Explique, para este caso concreto:
   a) ¿Qué se entiende por marca de un producto? Razone su respuesta.
   b) ¿Por qué las empresas comercializan un mismo producto bajo marcas diferentes? Razone su respuesta.
   c) ¿Deberían usar el mismo canal de distribución para los dos productos? Razone su respuesta.

3. ¿Qué es el ciclo de vida del producto? Indique sus fases. ¿En qué fase se encuentran los siguientes productos: Apple Watch, libro electrónico, impresoras 3D, teléfono móvil, CD-ROM, consolas para videojuegos.

4. Explique cuál es el comportamiento de las ventas, los beneficios y los competidores en cada fase del ciclo de vida del producto.

5. Laura vende objetos artesanales que ella produce. Para aumentar los ingresos, subió su precio de 20 a 25 €. A causa de ello, sus ventas disminuyeron de 300 a 150 unidades mensuales. ¿Ha sido acertada la decisión? ¿Qué debería haber averiguado antes de cambiar de precio? ¿Cual sería la decisión adecuada?

6. Una empresa va a lanzar un nuevo producto al mercado. Explique las características fundamentales de esta fase del ciclo de vida del producto y dos estrategias de precio que puede seguir.

7. Es habitual en grandes superficies encontrar ofertas del tipo *3 x 2*. ¿Qué instrumento de *marketing* se está empleando? Razone la respuesta.

8. Explique quiénes configuran un canal de distribución. Identifique cuál es el canal más usual empleado en la distribución de productos agrícolas y en la distribución de los servicios bancarios, justificando la respuesta.

9. Realice una propuesta de canal de distribución para un producto de ropa deportiva. Razone la respuesta.

10. La promoción de ventas es la parte fundamental del *marketing*. Defina cuáles son sus elementos fundamentales.

11. Explique en qué consiste la distribución comercial. Comente las funciones que pueden desempeñar los intermediarios. En la venta de coches en concesionarios, identifique el tipo de canal de distribución atendiendo al número de intermediarios y a la estrategia de distribución.

12. Los adolescentes forman un segmento al que se dirigen empresas de ocio dedicadas a los deportes de riesgo. Indique cómo sería el *marketing mix* que recomendaría a una agencia de viajes de su ciudad interesada en este segmento.

13. En una empresa de fabricación de electrodomésticos se plantea externalizar la distribución y venta de sus productos, que hasta ahora se realizaba a través de una red de tiendas propias establecidas en todo el territorio nacional. ¿Qué ventajas e inconvenientes puede suponer esta decisión? Proponga dos alternativas que sirvan para llevarla a cabo.

14. ¿Qué se entiende por comercio electrónico? Señale dos de sus ventajas.

15. Explique, según el número de intermediarios, el tipo de canal de distribución que utiliza una empresa que vende sus productos mediante comercio electrónico.

Test de conocimientos básicos

1. El aceite marca Dia es ejemplo de estrategia de marca:
   a) De distribuidor. b) Única. c) Ambas son ciertas.

2. En la etapa de madurez del ciclo de vida de un producto:
   a) El beneficio de la empresa es creciente.
   b) La velocidad de crecimiento de las ventas se estabiliza.
   c) Las ventas experimentan un fuerte crecimiento.

3. Fijar el precio en función de la demanda supone:
   a) Tener en cuenta la elasticidad de la demanda.
   b) Tener en cuenta la sensibilidad de los consumidores a los cambios en el precio.
   c) Las dos opciones anteriores son ciertas.

4. El "llévese tres y pague dos" es una estrategia de:
   a) Venta personal.
   b) Promoción de ventas.
   c) Relaciones públicas.

5. La publicidad que se realiza en el punto de venta se denomina:
   a) *Marketing mix*. b) *Marketing* directo. c) *Merchandising*.

6. El patrocinio de un equipo ciclista por parte de un banco es una acción de:
   a) Publicidad. b) Relaciones públicas. b) Venta personal.

7. La función empresarial que crea utilidad de tiempo, lugar y posesión es la:
   a) Producción. b) Distribución. c) Comunicación.

8. Se considera que un canal de distribución es corto cuando:
   a) Está formado por un solo minorista.
   b) Los almacenes del distribuidor están localizados cerca del fabricante.
   c) Está formado por un solo mayorista.

Análisis y debate ¿Cómo nos inducen a comprar?

Tan antiguo como el comercio son los trucos de los vendedores para empujarnos a comprar. Una vieja argucia cada vez más utilizada es la creación, cierta o no, de escasez. Otras estrategias, como el *merchandising*, nos marcan la ruta por el supermercado para dirigir nuestras compras. Cabe también destacar la publicidad destinada a los jóvenes, que trata de seducirlos a través de estereotipos que están muy alejados de la realidad. O las artimañas de la publicidad provocadora, que nos presenta problemas de conciencia, cuando en realidad solo pretende que hablemos de la marca. Pero ¿todo vale para vender? ¿Cuál debe ser la actitud de los consumidores?

Documentos

1 ¿Qué es la creación de escasez?

Consiste en hacernos creer que el producto está a punto de terminarse: "compre ahora o se agotará"... Esta estrategia suele tener éxito porque la persona se sentirá presionada para inclinarse a la compra que está dudando realizar: "Si me lo pienso, tal vez me quede sin él para siempre". Un producto escaso es siempre más atractivo, pues solemos interpretar que está muy demandado y, por tanto, que no puede dejarse pasar. Es lo que los economistas denominan "la ilusión de la demanda".

Cómo burlar la ley de la oferta y la demanda

Un año en que, al finalizar la temporada, el equipo de un club deportivo quedó muy por debajo de las expectativas, muchos aficionados cancelaron sus abonos para la temporada siguiente. El gerente comprendió que si el público se daba cuenta de ello, las cancelaciones vendrían como un alud. De modo que no lo hicieron público y divulgaron este anuncio en el periódico: "Salgo de la ciudad. Vendo cuatro abonos para la próxima temporada". La respuesta fue abrumadora. Después, pusieron otro anuncio similar, y así, discretamente, vendieron todos los abonos cancelados sin que nadie percibiera lo ocurrido.

Algunos amigos de Nueva York me contaron que aplican este mismo principio en su negocio de restaurantes. Cuando abren un nuevo restaurante, durante los dos primeros meses dicen a la mitad de la gente que telefonea pidiendo reservas que tienen todo reservado y que, por favor, vuelvan a llamar.

Se trata de mantener la ilusión de la demanda sin preocuparse por la oferta. La lección aquí no es que se pueda tratar a las personas como a borregos, sino que en una economía de mercado, todo lo que se vende es una mercancía, sean acciones, abonos o asientos en restaurantes. Nadie la quiere si conseguirlo es demasiado fácil; si no se puede conseguir, si hay demanda, todo el mundo la quiere.

Adaptado de MACKAY, H.: *Nade entre tiburones sin que se lo coman vivo*. Barcelona, Grijalbo, 1989.

2 Cómo nos inducen a comprar en el supermercado

Nuestra visita al supermercado se estudia milimétricamente para que llenemos el carro de la compra:

- **Naturaleza y frescura.** Frente a la entrada suelen encontrarse las verduras y frutas, siempre brillantes para transmitir la idea de "lugar fresco, natural y de confianza".
- **Siempre por la derecha.** Al entrar, todo está dispuesto para dirigirnos hacia la derecha, donde están las estanterías más iluminadas o con productos atractivos. El recorrido siempre es a la derecha, de manera que los productos necesarios están a la izquierda y los tendremos que buscar.
- **Disposición de los productos.** En las estantería bajas están los grandes envases y productos de compra obligada (azúcar, harina, sal). A continuación, otros productos superfluos atraen la mirada con precios rebajados. Y en la central, frente a los ojos, los más rentables para la empresa.
- **Y finalmente, las cajas.** Es la zona de espera en la cola, en la que se sitúan los productos de "compra por impulso": golosinas, caprichos (bombones, frutos secos, etc.).

3 ¿Todo vale en la publicidad?

No. En España, la Ley General de Publicidad (1988) prohíbe la publicidad ilícita y, en concreto, aquella que "atente contra la dignidad de la persona o vulnere los valores y derechos reconocidos en la Constitución, especialmente en lo que se refiere a la infancia, la juventud y la mujer, así como la publicidad engañosa, la desleal y la subliminal".

- **La publicidad engañosa** es la que induce a error a sus destinatarios y puede causarles un perjuicio económico.
- **La publicidad desleal** es la que provoca el descrédito, denigración o menosprecio de una persona o empresa, o la que induce a confusión con los productos y marcas de los competidores.
- **La publicidad subliminal** es la que, mediante técnicas sutiles de producción de estímulos, pueda actuar sobre el consumidor sin que este sea consciente de lo que ocurre.

Hay otro tipo de publicidad que, además de su dudosa legalidad, es claramente rechazable desde un punto de vista ético. Conocidas marcas de ropa han usado la muerte, el sida, la pobreza o la anorexia en alguna de sus campañas para impactar al público, abrir un debate social y, en definitiva, lograr que se hable de ellas. La excusa de despertar conciencias les sirve para grabar subliminalmente su nombre en la mente del público que recibe sus mensajes.

4 La publicidad y los estereotipos de los jóvenes

Para llegar a la mayoría de la población, la publicidad simplifica los mensajes creando estereotipos: ama de casa, hombre de negocios, joven dinámico, etc. Como una buena parte de los mensajes publicitarios se dirigen a los jóvenes, la publicidad también crea para ellos un universo imaginario, formado por personajes estereotipados e ideales, que nada tiene que ver con la vida real de los jóvenes y sus inquietudes y problemas.

Los jóvenes que aparecen en la publicidad se presentan asociados con un modelo de joven divertido, superficial, dinámico, guapo, triunfador y muy preocupado por su imagen externa: una imagen alejada de la realidad y difícil de alcanzar. En una investigación realizada por la Fundación de Ayuda a la Drogadicción (FAD) se señala que en los anuncios dirigidos a los jóvenes aparecen valores como el consumismo, el hedonismo, la independencia, la transgresión, el prestigio, la aventura, etc., mientras que apenas aparecen otros como el compromiso, la amistad, el esfuerzo, la solidaridad, etc.

Reflexiona

1. Señala ejemplos de tu experiencia de compra en los que se haya utilizado el truco de sensación de escasez. ¿Cuál fue el resultado? ¿Te parece ético que se confunda al consumidor?
2. Piensa en ejemplos recientes de publicidad impactante y provocadora y comenta tres razones que la justifiquen y otras tres críticas.
3. smSaviadigital.com INVESTIGA

   En este reportaje se aborda **cómo desarrollan las empresas sus estrategias de marca** para activar en los consumidores el llamado botón de compra.
4. Enumera en una columna los valores que aparecen asociados habitualmente a los jóvenes en la publicidad, y en otra columna, los valores positivos que no suelen aparecer.
5. Analiza un anuncio especialmente tópico sobre los estereotipos de los jóvenes. Describe la escena y detalla los valores que se transmiten. ¿Realmente su consumo nos da lo que nos ofrece? ¿Qué diferencias observas entre la escena y una situación similar en tu grupo de amigos o compañeros? Diseña un contraanuncio (recreación satírica que tergiversa deliberadamente el sentido del anuncio) cambiando las imágenes que aparecen, su música y su eslogan.

9 La financiación de la empresa

1 La función financiera de la empresa

2 Las fuentes de financiación

La empresa tiene a su alcance distintas fuentes financieras para obtener los recursos exigidos por sus inversiones.

El estudio y análisis de estas fuentes nos permite conocer sus características diferenciales, así como sus ventajas e inconvenientes, en función de las necesidades que tiene la empresa en cada momento.

El invento de la pirámide de préstamos

Doña Baldomera de Larra, hija del escritor Mariano José de Larra, llegó a ser casi tan popular como su padre, aunque por motivos bastante menos honrosos. Gracias a un rudimentario negocio de inversión que ella misma desarrolló en el siglo XIX, se ganó el sobrenombre de "madre de los pobres".

Abandonada por su esposo, doña Baldomera se quedó con sus hijos en una situación económica delicada, de la que saldría gracias a la siguiente estratagema: pidió a una vecina una onza de oro con la promesa de devolvérsela duplicada un mes más tarde. Como lo hizo, la vecina se encargó de propagar entre sus amistades el milagro realizado por doña Baldomera. Enseguida vinieron otros con sus dineros para que lo repitiera y ella los aceptó, dándoles el recibo correspondiente y comprometiéndose a abonar un interés del 30 % mensual. Así surgió lo que se denominó la Caja de Imposiciones. Lo que no sabían sus clientes es que pagaba a unos con el dinero de otros, es decir, pagaba los intereses con los dineros que iba recibiendo de los nuevos depositantes, y a estos con el dinero que pondrían otros en el futuro.

Su clientela aumentaba y se formaban colas casi todos los días delante de la casa de doña Baldomera, hasta que el 4 de diciembre de 1876, un modesto carbonero que tenía depositados sus ahorros en la Caja de Imposiciones fue a recoger sus intereses y no había dinero. Dos días antes, doña Baldomera había desaparecido de Madrid, lo que provocó el desconcierto y las protestas de los clientes indignados.

Doña Baldomera especulaba con bienes que no existían y, claro, acabó arruinando a mucha gente. La madre de los pobres resultó ser una gran estafadora. Muchos le atribuyen a doña Baldomera el mérito de ser la inventora de la pirámide de préstamos, un método cuya filosofía ha inspirado parte de las recientes estafas de la historia financiera española. En todos los casos, los ahorradores ven cómo su dinero desaparece de la noche a la mañana.

Elaborado a partir de GALINDO, C.: "Cronología de la estafa o los préstamos de doña Baldomera", *El País*, 15-V-2006.

ANALIZA LA IMAGEN

1. Aquellos que emprenden un proyecto de iniciativa empresarial, ¿de dónde pueden obtener la financiación que necesitan?
2. En mercados financieros como el de la imagen, ¿qué tipo de bienes y servicios se compran y se venden? ¿Quiénes los ofrecen y quiénes los demandan?
3. ¿Las acciones y las obligaciones o bonos son dos vías para obtener financiación. ¿En qué se diferencian?

ANALIZA EL TEXTO

- Si en el mercado ofrecen entre un 3 % y un 10 % al año por invertir tu dinero y alguien te ofrece un 30 % al mes, ¿qué sospecharías? ¿Por qué crees que hay gente que confía en estas ofertas? ¿Qué consejos les darías a estas personas?
- ¿Qué casos conoces de estafas financieras similares? Busca en internet algún otro ejemplo de estafa piramidal.

1 La función financiera de la empresa

Las empresas necesitan financiación de manera permanente para poder adquirir, mantener y renovar todos aquellos recursos materiales que les permiten desarrollar su actividad.

Tanto en su inicio como en el ejercicio de su actividad, la empresa necesita recursos financieros. Para que pueda comenzar a funcionar, tiene que disponer de unos determinados recursos materiales y humanos. Como para utilizarlos es preciso pagar por ellos un precio, es evidente que la empresa debe pensar previamente cómo va a financiar estos recursos. Más aún, una vez que disponga de todo lo necesario para producir, seguirá necesitando dinero para pagar cada mes a los empleados, para seguir comprando materias primas, etc. La empresa, por lo tanto, necesita continuamente financiarse para poder desarrollar su actividad.

Pero la función financiera no se reduce a la simple obtención de fondos o recursos. Su concepción ha ido evolucionando y hoy día se considera que el área financiera debe cumplir **funciones** más amplias, entre las que destacan:

- La **planificación financiera** de la empresa. ¿Cuáles son sus necesidades futuras de capital? ¿Qué financiación se va a necesitar para emprender las próximas inversiones?
- Las **decisiones de inversión**. ¿Cuál es la mejor forma de emplear los recursos financieros, es decir, cuáles son los proyectos de inversión más rentables?
- La **obtención de recursos financieros**. ¿Cuál será la mejor forma de conseguirlos? Dado que son muchas las opciones de financiación que están al alcance de la empresa, y que unas son más costosas que otras, habrá que evaluar las alternativas para determinar la más interesante en cada caso.
- El **control del equilibrio financiero**. ¿Qué nivel de endeudamiento es conveniente? ¿Tiene solvencia la empresa para pagar sus deudas?

La complementariedad entre financiación e inversión

En el centro de estas funciones destacan dos aspectos diferentes pero muy relacionados entre sí:

1. El análisis y la selección de las inversiones de la empresa, que estudiaremos en la próxima unidad.
2. El análisis de las distintas posibilidades de obtener los recursos financieros (fuentes financieras) que la empresa necesita, que veremos en esta unidad.

Ambos aspectos están íntimamente relacionados, puesto que la decisión de invertir en un posible proyecto presupone la necesidad de decidir cómo se va a financiar. La función financiera, por tanto, es el punto de contacto entre la obtención y la aplicación de los recursos financieros.

EN LA PRÁCTICA La inversión en equipos y su financiación

Si una empresa va a renovar sus equipos productivos, deberá pensar al mismo tiempo cómo obtener los fondos para adquirirlos. Si decide financiar esta inversión con un empréstito, por ejemplo, acudirá al mercado financiero, en el que tratará de vender los títulos (obligaciones) para conseguir el dinero que necesita.

En la figura se representa la entrega de títulos de la empresa a los inversores que los adquieren (1), y su contrapartida es el dinero que entra en la empresa (2). Este dinero lo emplea la empresa en adquirir los nuevos equipos en el mercado de bienes industriales, lo que supone una salida de dinero de la empresa hacia ese mercado (3), que permitirá la entrada de dichos equipos en el patrimonio de la empresa (4).

- ¿Cómo se modificaría el esquema si la empresa decidiera financiar la inversión con un préstamo bancario?

2 Las fuentes de financiación

Las diferentes opciones que la empresa tiene a su alcance para conseguir recursos financieros se denominan **fuentes financieras**.

Estas fuentes pueden agruparse según distintos **criterios de clasificación**:

1. **Según la propiedad de los recursos**, se distingue entre dos tipos distintos de financiación:
   - La financiación **propia**. Está constituida por los recursos financieros que son propiedad de la empresa. Estos recursos o fondos propios son:
     - El **capital aportado por los socios** o propietarios de la empresa tanto en el momento de la constitución del capital inicial como en sus posteriores ampliaciones.
     - Las **reservas** o beneficios retenidos. Cada año, los beneficios que no se distribuyen entre los socios y que se quedan en la empresa para cubrir sus necesidades financieras constituyen las **reservas** o autofinanciación de la empresa.
   - La financiación **ajena**. Incluye el conjunto de recursos financieros que genera una deuda u obligación para la empresa. Estos recursos provienen de acreedores e instituciones financieras, a corto y a largo plazo, y son, por lo tanto, recursos que la empresa debe devolver en un período de tiempo más o menos amplio.
2. **Según el tiempo de permanencia** de los recursos financieros en la empresa, se distingue entre:
   - Recursos financieros **a largo plazo** o capitales permanentes. Las fuentes de recursos permanentes son las aportaciones de los socios, los préstamos y empréstitos u otras formas de endeudamiento a largo plazo, así como las reservas generadas en la empresa o autofinanciación.
     Todos estos recursos tienen en común su carácter de financiación estable y duradera en la empresa.
   - Recursos financieros **a corto plazo**. Estos recursos provienen de los proveedores y de los préstamos y créditos bancarios.
3. **Según su procedencia**, se distingue entre:
   - La financiación **interna**. Es la generada dentro de la empresa mediante su propio ahorro o autofinanciación.
   - La financiación **externa**. Excepto la autofinanciación, todos los demás recursos, sean propios o ajenos, son externos, es decir, provienen del exterior de la empresa. No hay que confundir los recursos externos con los ajenos. Las aportaciones de los socios son recursos externos (dado que llegan a la empresa desde el exterior), pero no son ajenos (puesto que pertenecen a los socios). Por supuesto, todos los recursos ajenos son externos.

La estructura financiera de la empresa

La decisión de seleccionar una u otra fuente de financiación dependerá de lo accesible que sea, del coste que tenga y de la flexibilidad que suponga para la empresa.

La combinación de los distintos recursos financieros que la empresa ha ido eligiendo constituye su **estructura financiera**.

En esta estructura es importante mantener una adecuada proporción entre deudas y fondos propios, de tal forma que se garantice el equilibrio financiero de la empresa. En este sentido, suele ser recomendable que las deudas no sobrepasen el 50 % del total de los recursos, es decir, que los recursos ajenos no estén por encima de los fondos propios.

*

Patrimonio neto (PN)

Está constituido por los fondos o recursos propios de la empresa, es decir, por la suma del capital social más las reservas que la propia empresa ha generado a través del proceso de retención de beneficios para su autofinanciación.

Corto y largo plazo

En referencia a los plazos de financiación, se considera corto plazo el período de duración de un ejercicio económico, normalmente un año, y largo plazo, el período superior al año.

Los recursos financieros de la empresa

Recursos propios
- Aportaciones iniciales de los socios o capital inicial.
- Ampliaciones de capital con nuevas aportaciones de los socios.
- Beneficios retenidos como reservas (autofinanciación).

Recursos ajenos a largo plazo
- Emisión de obligaciones.
- Préstamos y créditos a largo plazo.
- Arrendamiento financiero o *leasing*.

(Recursos propios y recursos ajenos a largo plazo: **RECURSOS PERMANENTES**)

Recursos ajenos a corto plazo
- Créditos comerciales de proveedores.
- Préstamos y créditos bancarios a corto plazo.
- Descuentos de efectos comerciales.
- Ventas de derecho de cobro o *factoring*.

smSaviadigital.com PRACTICA

Completa el **esquema de los recursos financieros de la empresa.**

3 La constitución y las ampliaciones del capital social

Derechos del accionista

1. Participar en el reparto de los beneficios (dividendos) según el número de acciones que se posean.
2. Suscribir con carácter preferente las acciones de las ampliaciones de capital.
3. Estar informado de la gestión de la sociedad y votar en sus juntas generales.
4. Participar en el patrimonio resultante de la liquidación de la sociedad en caso de que se disuelva.

Ejemplos y casos

De las empresas que se constituyen, muchas desaparecen al poco tiempo. **Sobrevivir al quinto año** del nacimiento es la vara para medir la solidez de un proyecto empresarial. Cincuenta de cada cien nuevas pymes supera el listón, y solo una de cada cien en el caso de las *start-ups* tecnológicas, según el INE.

¿Por qué es tan difícil sobrevivir? El motivo principal del cierre de empresas es la falta de financiación, es decir, mueren porque se les para el corazón (y el corazón de toda empresa es su caja). Pero esta es la razón inmediata de la muerte, no de la causa raíz, que es que la empresa no ha sabido crear suficiente valor para sus clientes.

El acto de constitución del capital inicial de una sociedad está regulado jurídicamente según sea el tipo de sociedad de que se trate. Dada la relevancia de las sociedades anónimas (SS. AA.), en la explicación sobre la constitución del capital o sus ampliaciones posteriores tomaremos como modelo esta forma jurídica, aunque el razonamiento es extensible a otras formas de sociedad.

Una forma privilegiada de las grandes empresas para obtener financiación es la **emisión de acciones**. Esta fórmula permite a las SS. AA. reunir grandes cantidades a través de los ahorros de muchos pequeños inversores (accionistas), que ceden sus ahorros y se convierten en socios propietarios. El capital así constituido refleja las aportaciones de los socios y representa recursos financieros propios, que no han de devolverse y que, por tanto, son permanentes.

La constitución del capital social de una S. A. requiere la existencia de una escritura fundacional y su **inscripción en el Registro Mercantil**. Es justo en el momento de su inscripción cuando la sociedad nace jurídicamente. En esta escritura debe recogerse la cifra de capital social acordada por los socios, el número de acciones que representa dicha cifra y el compromiso por parte de los socios de adquirir la totalidad de las acciones.

Si se crea una S. A. con un capital social de 200 000 euros, distribuido en acciones de 20 euros de valor nominal, se han debido emitir 10 000 acciones por ese valor nominal. Las acciones son, por tanto, títulos-valores en los que está repartido el capital social, es decir, representan partes alícuotas de dicho capital.

El comprador de acciones se convierte en accionista o propietario de una parte de la empresa. La cuantía de su participación vendrá determinada por el número de acciones que tenga. De este modo, en el ejemplo, cada acción representa un 1/10 000 del valor total.

Las acciones pueden ser **nominativas** (en el título aparece el nombre del beneficiario) o **al portador** (el beneficiario es quien posea el documento), pero se exige que sean nominativas mientras no estén totalmente desembolsadas.

Capital suscrito y capital desembolsado

El capital social constituido en el inicio de la empresa no tiene que coincidir necesariamente con lo que han desembolsado los socios. La legislación permite que la sociedad anónima pueda constituirse con un desembolso mínimo del 25 % del capital.

Hasta que se complete el pago, la parte no desembolsada representará una deuda de los accionistas con la empresa.

Por tanto, en el ejemplo citado, la empresa podría iniciar su actividad con unos recursos de 50 000 euros (25 % del capital social), que además pueden aportarse tanto en dinero como en otro tipo de bienes que resulten útiles a la empresa.

Una vez constituido, el capital social representa la garantía más importante que aporta la sociedad frente a sus acreedores. Por ello, cualquier ampliación o reducción del mismo debe ser acordada por la junta general de accionistas y constará en escritura pública.

ACTIVIDADES DE APLICACIÓN

1. Una empresa se creó con un capital social de 1 000 000 de euros, distribuido en acciones de 20 euros de valor nominal. A partir de esta información, contesta razonadamente:
   a) ¿Cuántas acciones se emitieron para constituir su capital inicial?
   b) ¿Qué representa cada una de las acciones?
   c) Si alguien compró 40 acciones, ¿cuánto tuvo que pagar?
   d) ¿Cuál es su relación con la empresa y qué derechos adquirió?

Las ampliaciones del capital social

La empresa comienza a funcionar con las aportaciones iniciales de los socios o **capital inicial**. Si con el tiempo estos recursos resultan insuficientes (lo que ocurre con frecuencia), se buscan nuevas formas de financiación. Si la empresa crece, necesita ampliar su potencial productivo. Ello exige nuevas inversiones y nuevos fondos para financiarlas, que pueden provenir de aportaciones de los socios mediante una **ampliación de capital** con la e**misión de nuevas acciones**.

La ampliación del capital tiene que formalizarse en una escritura, en la que constarán todos sus detalles, e inscribirse en el Registro Mercantil. Además de estos requisitos, debe decidirse el precio al que se emitirán las nuevas acciones. Si se emiten por el mismo valor nominal que las antiguas (a la par), habrá que tener en cuenta los posibles perjuicios para los antiguos accionistas frente a los nuevos.

Ejemplos y casos

No todo aumento de la cifra de capital social supone la obtención de nuevos recursos. Por ejemplo, las empresas pueden transferir parte de las reservas de ejercicios anteriores a la cuenta de capital, con lo cual la cifra de capital se amplía sin que entren nuevos fondos en la empresa. En estos casos, se entregan a los accionistas acciones liberadas, es decir, acciones por las que no tienen que pagar nada, ya que la ampliación no tiene más significado que el de un mero traspaso contable.

Valor nominal, valor teórico y cotización de una acción

Para entender cuál es el precio que debe pagarse por una acción en una ampliación, hay que conocer cómo evoluciona el valor de las acciones a lo largo de la vida de la empresa. Para ello, es preciso distinguir entre:

- **El valor nominal (VN).** Es el valor otorgado al título en el momento de la emisión.

  VN = capital social / número de acciones

- **El valor teórico o valor contable (VT).** Viene dado por la relación entre el patrimonio neto o fondos propios (capital más reservas) y el número de acciones existentes. Por tanto, este valor representa la parte que le corresponde a cada acción del patrimonio neto de la entidad. Ello nos indica que los accionistas son también propietarios de las reservas, ya que corresponden a beneficios que, en su día, en lugar de repartirse entre los socios, se quedaron en la empresa para cubrir sus necesidades financieras.

  Imaginemos una empresa que comenzó a funcionar hace dos años con un capital social de 100 000 euros dividido en 4000 acciones que se emitieron por un valor nominal de 25 euros. Si esta empresa tiene en la actualidad unas reservas de 40 000 euros, su patrimonio neto (PN) será:

  Patrimonio neto = capital social + reservas = 100 000 + 40 000 = 140 000 euros. Por tanto, el valor teórico de una acción es:

  VT = PN / número de acciones = 140 000 / 4000 = 35 euros.

  Esto es, a cada acción corresponden 35 euros del patrimonio neto de la empresa.

- **El valor de mercado o cotización de la acción.** Es el precio que se paga en bolsa por la acción. Este precio, conocido también como *valor efectivo*, no tiene por qué coincidir con los anteriores valores, ya que está en función de la oferta y la demanda de cada momento. A partir de este dato, podemos determinar el valor de la empresa en el mercado, o **capitalización bursátil**, como el valor que tienen en bolsa el conjunto de sus acciones, o valor en bolsa de esa empresa.

  Si las 4000 acciones anteriores cotizan en bolsa a 40 euros, su capitalización bursátil será: 4000 · 40 = 160 000 euros. Lo que significa que el mercado valora la empresa por encima de su patrimonio neto en 20 000 euros (160 000 – 140 000).

VALORES	¿CUÁL ES SU SIGNIFICADO?	¿CÓMO SE OBTIENE?
Valor nominal	Valor otorgado al título	**VN** = capital / n.º de acciones
Valor teórico	Participación en el patrimonio neto	**VT** = (capital + reservas) / n.º de acciones
Cotización en bolsa	Precio que se paga en bolsa	**Cotización** = capitalización bursátil / n.º de acciones

4 Los efectos económicos de la ampliación de capital

En una ampliación de capital, las nuevas acciones pueden emitirse a la par (mismo valor nominal) o sobre la par (con prima de emisión). Está prohibido emitirlas bajo la par.

En el ejemplo de la página anterior, la empresa tenía un capital social de 100 000 euros (4000 acciones con un valor nominal de 25 euros) y unas reservas de 40 000 euros. Supongamos ahora que esta empresa amplía su capital en 25 000 euros, emitiendo 1000 nuevas acciones con el mismo valor nominal que las antiguas (se emiten a la par), y en la proporción de una nueva por cada cuatro antiguas.

Veamos qué ocurre con el valor de las acciones como efecto de la ampliación. Consideremos que:

P_0 = precio o valor teórico de la acción antes de la ampliación.

P_1 = precio de emisión de las nuevas acciones. Si se emiten a la par: P_1 = 25 euros.

P_2 = precio o valor teórico de la acción después de la ampliación.

a = número de acciones antiguas = 4000.

n = número de acciones nuevas = 1000.

Si la empresa no cotiza en bolsa, P_0 viene dado por el valor teórico de la acción:

P_0 = PN / número de acciones = 140 000 / 4000 = 35 euros.

Para calcular el precio después de la ampliación (P_2), tendremos que conocer el nuevo patrimonio neto. Después de la ampliación, habrá 5000 acciones (4000 antiguas más 1000 nuevas), lo que supone un capital social de 125 000 euros.

Como, además, hay reservas acumuladas por 40 000 euros, el patrimonio neto será de 165 000 euros. Por tanto:

P_2 = PN / número de acciones = 165 000 / 5000 = 33 euros.

Así, cada acción antigua pierde con la ampliación 2 euros: una acción que valía 35 euros, vale 33 euros tras la ampliación. Lo que pierden los antiguos accionistas, lo ganan los nuevos socios que adquieran las acciones, ya que estos nuevos accionistas pasarían a participar de unas reservas que fueron constituidas por los antiguos.

Precisamente, para proteger a los antiguos accionistas en una ampliación de capital, existen dos fórmulas: emitir las nuevas acciones con una **prima de emisión** o darles preferencia en la suscripción de las nuevas acciones.

EN LA PRÁCTICA Cálculo de la prima de emisión

Para no perjudicar a los antiguos accionistas, bastará con exigir a los compradores de las nuevas acciones que aporten no solo el nominal de la acción, sino también la parte proporcional de las reservas en las que van a participar. Ello significa emitir las nuevas acciones a un precio superior (sobre la par) a su valor nominal. Siguiendo con el mismo ejemplo, como la proporción es de una acción nueva por cada cuatro antiguas, la empresa debería exigir una prima de emisión de 1/4 (25 %) de las reservas (40 000), es decir, 10 000 euros. Como son 1000 acciones nuevas las que se han emitido:

Prima de emisión por acción = 10 000 / 1000 = 10 euros.

Así, el precio de emisión es: P_1 = valor nominal + prima = 25 + 10 = 35 euros.

Es decir, quien adquiera una nueva acción deberá pagar lo mismo que valían las antiguas (VT) antes de la ampliación.

Si ahora obtenemos el valor teórico después de la ampliación con prima:

VT = PN / n.º acciones = (capital + reservas + prima de emisión) / (a + n) =
= (125 000 + 40 000 + 10 000) / (4000 + 1000) = 175 000 / 5000 = 35 euros.

Así comprobamos que el valor de las acciones, sean antiguas o nuevas, permanece constante. La prima de emisión supone nuevos recursos propios para la empresa. Si se observa el PN después de la ampliación, al aumento de capital de la ampliación se añaden las reservas por "prima de emisión".

PN antes de la ampliación	
Capital social	100 000
Reservas	40 000
Total	**140 000**
PN después de la ampliación	
Capital social	125 000
Reservas	40 000
Prima de emisión	10 000
Total	**175 000**

- Si la empresa del ejemplo no contara con reservas (40 000 euros), ¿cuál sería el valor teórico antes y después de la ampliación y cuál sería el valor de la prima de emisión?

El derecho preferente de suscripción

Una segunda vía para proteger a los antiguos accionistas en una ampliación de capital consiste en que estos puedan, dentro de un plazo, suscribir un número de acciones proporcional a las que posean.

Durante este plazo, la acción se divide en dos componentes:

- Por un lado, la acción propiamente dicha.
- Por otro, el derecho de suscripción, es decir, que el derecho pasa a ser un título independiente que tiene su propio valor.

El **derecho preferente de suscripción** pretende compensar la pérdida de valor de la acción como consecuencia de una ampliación de capital. Su valor económico, por tanto, debe ser equivalente a esa pérdida.

EN LA PRÁCTICA Cálculo del valor del derecho de suscripción (VDS)

Una empresa con un capital social de 1 000 000 de euros, formado por 100 000 acciones de 10 euros de valor nominal, y con unas reservas de 200 000 euros, amplía capital con 50 000 nuevas acciones que se emiten a la par (10 euros).

¿Cuál será el VDS? En este caso, como las acciones no cotizan en bolsa, el valor de la acción antes de la ampliación viene dado por su valor teórico. Por tanto, si su patrimonio neto es de 1 200 000 euros (1 000 000 + 200 000):

P_0 (valor teórico antes de la ampliación) = PN / n.º acciones = = 1 200 000 / 100 000 = 12 euros.

P_1 = precio de emisión de las nuevas acciones. Como se emiten a la par: P_1 = 10 euros.

P_2 = precio de la acción después de la ampliación. Es un dato que hay que calcular.

a = número de acciones antiguas = 100 000.

n = número de acciones nuevas = 50 000.

P_2 es el valor de la acción tras la ampliación. Como habrá emitidas 150 000 acciones (a + n), el capital social es de 1 500 000 euros. Si añadimos las reservas de 200 000 euros, el nuevo patrimonio neto será de 1 700 000 euros.

Por tanto, P_2 = PN / n.º acciones = 1 700 000 / 150 000 = 11,33 euros.

También podríamos calcular P_2 como media ponderada de las acciones por sus precios:

$P_2 = (P_0 \cdot a + P_1 \cdot n) / (a + n) =$
$= (12 \cdot 100\,000 + 10 \cdot 50\,000) / (100\,000 + 50\,000) = 11{,}33$ €.

Con lo que el **valor del derecho** sería:

VDS = P_0 – P_2 = 12 – 11,33 = 0,67 euros.

La pérdida que experimenta cada acción es de 0,67 euros. Como el derecho pretende compensar este perjuicio, su valor económico debe ser equivalente a esa pérdida, es decir, 0,67 euros.

Operando con las expresiones anteriores, podemos generalizar la **fórmula para el cálculo directo del VDS**:

VDS $= P_0 - P_2 = P_0 - \{(P_0 \cdot a + P_1 \cdot n) / (a + n)\} = \ldots\ldots\ldots =$
$= \mathbf{n\,(P_0 - P_1) / (a + n)}$

Aplicando la fórmula al ejemplo, podemos comprobar que: VDS = 50 000 (12 – 10) / (100 000 + 50 000) = 0,67 euros.

¿Cuántos derechos se necesitan para poder adquirir una acción nueva?

El cociente **a/n** determina la respuesta a esta cuestión. En nuestro ejemplo es 2 (100 000 / 50 000 = 2), ya que la proporción de la ampliación es de 2 a 1. Por tanto, un nuevo accionista tendrá que adquirir dos derechos por cada acción suscrita en la ampliación. Es decir, deberá pagar el valor de la acción (10 euros) más el valor de dos derechos (2 · 0,67 = 1,34 euros). Desembolso total: 10 + 1,34 = 11,34 euros por acción.

Sin embargo, un antiguo accionista podrá adquirir las acciones simplemente pagando su precio de emisión (10 euros). Si tiene 200 acciones antiguas, le corresponden 100 nuevas (2 a 1). Si no le interesa adquirirlas, podrá vender sus 200 derechos por su valor (0,67 euros) a algún inversor interesado; de ambas formas se le compensa por la pérdida de valor de sus acciones.

- Una sociedad anónima decide efectuar una ampliación de capital emitiendo nuevas acciones. El capital antes de la ampliación es de 1 000 000 de euros y consta de 200 000 acciones, que cotizan en bolsa a 8 euros por acción. Si se emiten 50 000 acciones nuevas a la par, es decir, por su valor nominal, ¿cuántas acciones nuevas podrá suscribir un antiguo accionista titular de 2000 acciones? ¿Cuál es el valor del derecho de suscripción?

  Para calcularlo, observa que las acciones cotizan en bolsa y, por tanto, P_0 es el valor de cotización: P_0 = 8 euros.

5 La financiación interna o autofinanciación

Dividendo activo

Cantidad de dinero que le corresponde a cada acción cuando se distribuyen beneficios en la empresa.

Autofinanciación

Forma de financiación que representa recursos generados en el interior de la empresa y que incluye tanto beneficios retenidos en forma de reservas como dotaciones para amortizaciones y para provisiones de riesgos.

La financiación interna procede de los beneficios que periódicamente genera la empresa. Una vez que se obtienen beneficios, hay que decidir entre:

- Repartirlos entre los socios en forma de dividendos.
- Retenerlos en la empresa para cubrir sus necesidades financieras.

La **financiación interna** o **autofinanciación** la constituyen los beneficios no distribuidos y que se retienen en la empresa para financiar el mantenimiento o la ampliación de su actividad. Es decir, son fondos que la empresa obtiene por sí misma sin necesidad de acudir a las instituciones financieras (deuda) o solicitar nuevas aportaciones a sus socios (ampliación de capital).

En el concepto de autofinanciación se distinguen dos vertientes o componentes:

1. La **autofinanciación de enriquecimiento**: son los beneficios retenidos en forma de reservas.
2. La **autofinanciación de mantenimiento**: recoge las dotaciones de fondos que la empresa destina cada año para compensar el desgaste de sus equipos o en previsión de gastos y riesgos futuros.

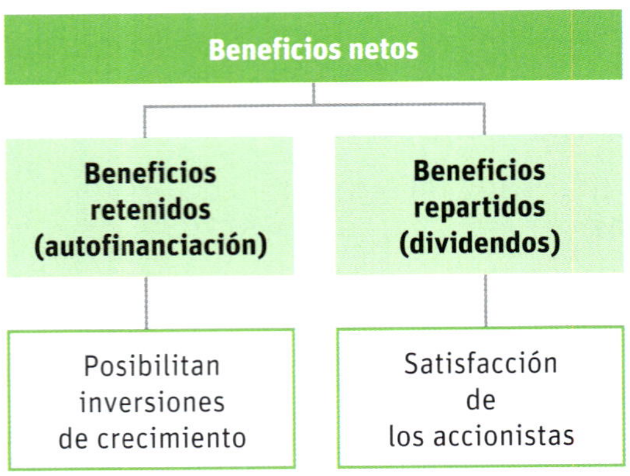

La autofinanciación de enriquecimiento

La parte de los beneficios que los socios renuncian a repartirse pasa a formar parte de los fondos propios de la empresa (patrimonio neto) como complemento del capital social y con el nombre de **reservas**.

Cuantos menos dividendos se repartan, más recursos internos tendrá la empresa y mayor será su capacidad de autofinanciación; pero no hay que olvidar que el reparto de dividendos da un claro mensaje al mercado financiero sobre la buena marcha de la empresa y sobre sus expectativas, es decir, supone una señal positiva para los inversores interesados en la empresa y, por tanto, para sus posibilidades de financiación futura.

Según la causa que motiva la retención de beneficios, las reservas pueden ser:

- **Reservas legales:** son las constituidas obligatoriamente por ley en las sociedades anónimas, con un mínimo del 10 % de los beneficios obtenidos hasta que dicha reserva alcance el 20 % del capital.
- **Reservas estatutarias:** se constituyen en virtud de los acuerdos recogidos en los estatutos de la sociedad.
- **Reservas voluntarias:** son las constituidas por acuerdo voluntario de los socios.

Estas reservas suponen un incremento de los fondos propios de la empresa y constituyen nuevos recursos para financiar sus inversiones de crecimiento y expansión, y por ello constituyen una fuente de autofinanciación para el enriquecimiento de la empresa.

ACTIVIDAD RESUELTA

1. Una empresa ha obtenido unos beneficios netos de 200 000 euros. La propuesta de reparto de beneficios que lleva el director general al Consejo de Administración es de un 35 % para los accionistas, y el resto para la autofinanciación de la empresa. Se pide:
   a) Calcular la cantidad en que se van a incrementar los fondos propios de la empresa e indicar a través de qué concepto contable se recoge.
   b) ¿Qué cantidad va a ir a los accionistas y cómo se denomina dicha cantidad desde el punto de vista financiero?

SOLUCIÓN

a) Los fondos propios se incrementan en 130 000 euros (65 % de 200 000), que se recogerán como reservas de la empresa.

b) Los accionistas recibirán 70 000 euros (el 35 % de 200 000) en concepto de dividendos activos. Para saber lo que le corresponde a cada acción, dividiremos 70 000 euros entre el número de acciones, obteniendo el dividendo activo por acción.

La autofinanciación de mantenimiento

Mientras que la autofinanciación de enriquecimiento persigue que la empresa crezca, la autofinanciación de mantenimiento trata de conservar intacta su capacidad productiva.

Este tipo de autofinanciación está constituido tanto por los fondos que la empresa destina para amortizar sus equipos productivos y poder renovarlos en el futuro como por los recursos o fondos que se reservan en forma de provisiones para hacer frente a futuras contingencias y riesgos.

1. **Las amortizaciones.** Los equipos productivos (instalaciones, herramientas, maquinaria, mobiliario, etc.) van perdiendo valor con el paso del tiempo como consecuencia de su uso o por envejecimiento tecnológico. Esta pérdida de valor o depreciación se refleja en el cálculo de los beneficios bajo el concepto de amortización.

   Amortizar un bien supone cuantificar su depreciación, es decir, reflejar como un coste más la parte que se ha consumido del valor total del bien durante un período de tiempo

   Por tanto, las amortizaciones son **costes de producción**, al igual que los salarios o cualquier otro gasto, ya que la pérdida de valor experimentada por los bienes de la empresa se debe a su uso en el proceso productivo. Así, si hoy se adquiere nueva maquinaria valorada en 100 000 euros y se sabe que cada año pierde un 10 % de su valor, pasado un año, su valor no será de 100 000 euros, sino de 90 000. Por ello, entre los costes de ese año habrá que considerar esta depreciación, es decir, 10 000 euros en concepto de amortización.

   Como cualquier otro coste, la amortización estimada de un período se deduce de los ingresos para calcular los beneficios. De este modo, estos fondos que se detraen de los beneficios son una forma de autofinanciación destinada a ir recuperando poco a poco los bienes amortizables para poder reponerlos cuando se necesite. Como es lógico, hasta que llegue el momento de sustituir sus equipos, la empresa podrá utilizar estos fondos para autofinanciar sus inversiones.

2. **Las provisiones.** Son fondos que se reservan para cubrir riesgos o posibles pérdidas futuras y cuya dotación se realiza antes del cálculo de los beneficios. Estos riesgos o contingencias pueden derivarse de probables indemnizaciones por litigios en marcha de la empresa, de posibles rupturas de contratos, de garantías de reparaciones futuras, etc. Mientras estos fondos que se reservan no tengan que utilizarse para cubrir los fines previstos, la empresa los podrá emplear para autofinanciar parte de sus inversiones.

Las empresas calculan cada año qué parte de sus equipos se ha depreciado, para tenerlo en cuenta como un coste más del período en concepto de amortización. Este coste se incorpora automáticamente al precio del producto y se recupera al venderlo. Su recuperación permite crear un fondo con el fin de poder financiar en su día la renovación de los equipos de la empresa.

Ventajas e inconvenientes de la autofinanciación

La autofinanciación permite a la empresa una mayor autonomía e independencia financiera y, a su vez, mejora su solvencia al aumentar los fondos propios. Además, para las pymes constituye la principal fuente financiera, dadas sus dificultades para acceder a otras fuentes. Por otra parte, son recursos que no es preciso remunerar explícitamente, aunque sí tienen un coste de oportunidad asociado. Esto puede convertirse en un inconveniente, ya que, como por estos recursos no hay que pagar intereses, pueden usarse en inversiones poco rentables.

Otro inconveniente es el posible conflicto entre los intereses de accionistas y directivos. Cuanto menos beneficio se reparta, mayor será la autofinanciación para nuevas inversiones, pero menor será la rentabilidad para los accionistas, por lo que debe buscarse un equilibrio entre ambos intereses.

6 La financiación ajena a corto plazo

S1

Ejemplos y casos

Existen sectores cuyo proceso comercial está sometido a cierta estacionalidad, originándose un desfase temporal entre el momento en que se producen los pagos para poder producir (compra de materiales y otros gastos) y los ingresos obtenidos por la venta de sus productos. Algunos ejemplos son los productos agrícolas o el sector de juguetería. Para cubrir las necesidades de tesorería producidas como consecuencia de este desfase, existen unos créditos denominados *de campaña*.

Los recursos propios suelen ser insuficientes para cubrir las necesidades de la empresa. En estos casos, es necesario utilizar **recursos ajenos**, que se caracterizan porque deben devolverse en un plazo de tiempo y porque tienen un coste explícito o interés que hay que pagar por usarlos. Dependiendo de si la duración de este plazo es inferior o superior a un año, se distingue entre financiación ajena a corto y a largo plazo.

Las **fuentes de financiación ajena a corto plazo** se utilizan para financiar operaciones del ciclo de explotación. Entre las más utilizadas podemos destacar el crédito comercial de proveedores, los préstamos y créditos bancarios, el descuento comercial y el *factoring*.

El crédito comercial de proveedores

Habitualmente, las empresas no pagan al contado las materias primas o mercaderías que les suministran sus proveedores. El aplazamiento del pago equivale, de hecho, a la obtención de un crédito concedido por los proveedores por el tiempo que dura el aplazamiento. Esta forma de financiación se conoce como **crédito comercial o de funcionamiento**, porque es una práctica comercial muy frecuente entre empresas.

Al ser operaciones habituales, las condiciones están establecidas, son conocidas por ambas partes (proveedor y cliente) y no requieren una negociación concreta en cada operación. Este carácter automático, cómodo y gratuito hace que sea uno de los créditos a corto plazo más utilizados. No obstante, lo de gratuito es solo aparente, ya que, aunque no hay que pagar intereses, tampoco se obtienen descuentos por pronto pago, con lo que existe un coste implícito que hay que tener en cuenta.

La operación suele formalizarse con un simple endeudamiento en cuenta por el importe de la factura, o mediante aceptación de letras de cambio. La garantía para el proveedor se halla en la solvencia de la empresa y en la confianza de la relación, y su plazo es variable: a fin de mes; a 30, 60 o 90 días; etc.

Los préstamos y créditos bancarios

Otra forma de obtener recursos es acudir a las instituciones financieras para negociar préstamos y créditos bancarios. Una vez concedido el préstamo, la empresa se compromete a devolver la cantidad recibida en los plazos acordados, más el precio del préstamo o interés que fija el banco.

Los préstamos y créditos bancarios a corto plazo suelen solicitarse para afrontar problemas de tesorería por desajustes entre los cobros y pagos derivados del ciclo de explotación. No tienen el carácter automático del crédito comercial de proveedores, pues requieren una negociación previa con la institución financiera, pudiendo esta exigir determinadas garantías personales (avales) o reales (bienes, etc.).

Aunque tienen algunas semejanzas, conviene distinguir entre préstamos y créditos:

- En un **préstamo**, la empresa recibe del banco la cantidad solicitada de forma inmediata, por lo que debe pagar intereses por todos los fondos recibidos.
- Sin embargo, es bastante frecuente que las empresas precisen dinero para afrontar posibles necesidades que son difíciles de prever con exactitud. En estos casos suele utilizarse la apertura de una **cuenta de crédito** o **línea de crédito**. La operación consiste en que el banco concede a la empresa una determinada cantidad o límite de dinero. El banco abre una cuenta corriente, de cuyo dinero la empresa puede disponer según lo vaya necesitando, dentro de ese límite. Así, la empresa solo paga intereses por las cantidades efectivamente utilizadas y por el tiempo que emplea cada cantidad, y no por el total del crédito concedido, con lo que el coste por intereses disminuye.

smSaviadigital.com PRACTICA

Analiza folletos divulgativos con las diferentes líneas de crédito para empresas y autónomos.

El descuento comercial o descuento de efectos

Los derechos de cobro (letras de cambio, pagarés, etc.) pueden transformarse en dinero antes de su fecha de cobro. Cuando las empresas necesitan liquidez, en lugar de esperar a que llegue el vencimiento de la letra, pueden aprovechar la posibilidad que ofrecen los bancos de adelantar el dinero a través del descuento de efectos. Al descontar los efectos, estos quedarán en poder del banco, que abonará a la empresa su importe una vez deducidos los gastos por su servicio.

Para calcular la cantidad que recibirá la empresa o valor efectivo (E), restaremos al valor nominal de la letra (N) los intereses o descuento comercial (Dc) por los días que faltan para su vencimiento, más la comisión (C) que cobra el banco:

$$E = N - Dc - C$$

Para hallar los intereses, se aplica la fórmula del descuento comercial:

$$Dc = N \cdot i \cdot t / B$$

i: tipo de interés aplicado a la operación, expresado en tanto por uno.

t: tiempo entre el momento de la operación y el vencimiento del efecto.

B: base del tiempo (1, 12 o 360, según que el tiempo sean años, meses o días).

El descuento de efectos supone para la empresa un préstamo del banco, ya que podrá disponer de los fondos antes de lo previsto, aportándole la liquidez que la empresa necesita. Sin embargo, el riesgo para la empresa no desaparece hasta que el deudor haya pagado, ya que, en caso de resultar impagado el efecto, el banco le retira el dinero que le adelantó y le devuelve el efecto.

Financiación a través del *factoring*

Consiste en que una empresa especializada, sociedad *factoring*, cobra los derechos de cobro de otras empresas; así, una empresa que disponga de letras de cambio o facturas pendientes de cobro y necesite liquidez puede venderlas antes de su vencimiento a una sociedad *factoring* para que esta se encargue de cobrarlas.

Por tanto, el *factoring* tiene las mismas ventajas que el descuento de efectos (suministra liquidez y se evita la gestión de cobros), con la ventaja añadida de que una vez vendidos los derechos, la empresa se libera del riesgo de posibles impagos, ya que ese riesgo se traslada a la sociedad *factoring*. Su mayor inconveniente es su elevado coste, ya que la sociedad *factoring* cobrará una comisión que le cubra ese riesgo y un interés por anticipar los cobros.

Ejemplos y casos

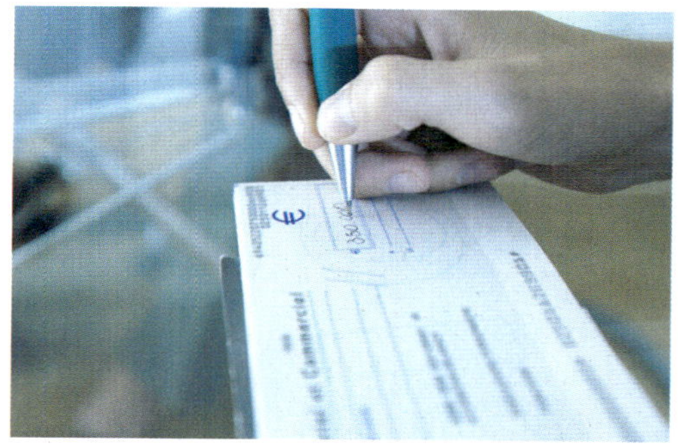

Las sociedades *factoring* asumen la gestión de cobro de clientes, pero no aceptan morosos. Por ello, en sus contratos expresan que, ante alguien que se niegue a pagar de forma manifiesta, tienen derecho a devolver la deuda a la empresa contratante y recuperar el dinero que pagaron. Para ese tipo de deudas, existen otras entidades especializadas en asumir riesgo y tratar con clientes morosos. Se trata de empresas como El Cobrador del Frac, que utilizan métodos como disfrazarse y realizar espectáculos para hacer pública la morosidad del deudor y ensuciar su imagen de empresa y su reputación, con la finalidad de presionar para poder cobrar.

EN LA PRÁCTICA — Cálculo del descuento comercial

Una empresa distribuidora de productos ibéricos realiza una venta por 15 000 euros y el cliente se compromete a pagar en tres meses con una letra de cambio o efecto comercial. Como la empresa necesita liquidez, lleva el efecto a su banco para que le adelante el dinero. Si el banco aplica un tipo de interés del 10 % anual para operaciones de descuento y cobra una comisión de 200 euros por su gestión de cobro, ¿qué cantidad recibe la empresa?

Si la letra vence a los tres meses, su descuento será: $Dc = 15\,000 \cdot 0{,}10 \cdot 3 / 12 = 375$ euros.

Luego, en lugar de esperar tres meses para su cobro, el banco ingresará hoy a la empresa:

$E = N - Dc - C = (15\,000 - 375 - 200) = 14\,425$ euros.

Si el cliente no pagara la letra a su vencimiento, el banco deduciría de la cuenta de la empresa los 15 000 euros, más los gastos por los trámites realizados, y le devolvería el efecto impagado.

- La empresa Lumasa dispone de una letra de cambio que vence en 90 días. Por necesidades de financiación, la empresa ha acordado una línea de crédito con su banco al 8 % de interés anual, que quiere usar para descontar la letra. No hay comisiones. ¿Qué función cumple el descuento de efectos comerciales? Razona tu respuesta. ¿Cuál es el efectivo que ingresará el banco a Lumasa?

7 La financiación ajena a medio y largo plazo

La complejidad y el elevado coste de un empréstito hacen que sean las grandes empresas las únicas con capacidad suficiente para abordar una operación de esa envergadura.

Si la financiación ajena a corto plazo está vinculada al ciclo de explotación, la financiación a largo plazo está asociada a inversiones en renovación y ampliación de equipos productivos, instalaciones, etc. Estos recursos pueden obtenerse mediante préstamos y empréstitos o a través de contratos de arrendamiento.

La emisión de obligaciones (empréstitos)

El empréstito es una forma de financiación reservada a las grandes empresas, ya que se emplea para solicitar grandes sumas de dinero.

La empresa, al concertar un empréstito, divide la totalidad del dinero que necesita en pequeñas cantidades iguales y emite títulos por ese valor. Estos títulos se denominan obligaciones, bonos, pagarés, etc, en función de ciertas características diferenciales. Pero, dadas sus semejanzas, suele utilizarse la denominación de *obligaciones* para referirse a cualquiera de ellos.

Las obligaciones se ofrecen al público en general, de manera que los inversores que las compran se convierten en acreedores de la empresa por el valor de los títulos comprados y adquieren el derecho a cobrar un interés y a la devolución de la cantidad entregada en los plazos pactados.

La empresa, por tanto, recibe fondos contra la entrega de títulos obligaciones, que constituyen el reconocimiento de la deuda.

> Una **obligación** es un título-valor que representa una parte alícuota de una deuda contraída por la empresa.

Así, si se emite un empréstito por un valor de un millón de euros, dividido en 10 000 obligaciones, el valor nominal de cada título será de 100 euros, o lo que es lo mismo, cada obligación supone una diezmilésima parte del total del empréstito.

La empresa que emite un empréstito se endeuda a largo plazo. Normalmente, los empréstitos suelen tener una duración superior a los cinco años, y es frecuente que alcancen los diez años o más. El reembolso o devolución suele hacerse por partes durante los años que dura. Los títulos que se reembolsan cada año se seleccionan, normalmente, mediante sorteo.

Al dirigirse al público en general, la capacidad de recaudar fondos de un empréstito es muy grande, pero los inversores disponen de ofertas alternativas y elegirán la que les presente mejores condiciones. Por ello, las empresas que emiten obligaciones ofrecen diversos incentivos. El principal, sin duda, es **el tipo de interés**. En el ejemplo (valor nominal de 100 euros), si el tipo de interés anual es el 5 %, cada año de la vida del préstamo la empresa pagará al obligacionista 5 euros por título.

INCIENTIVOS PARA LOS INVERSORES

El tipo de interés	Se define como el precio de un préstamo. Es, en definitiva, el precio del dinero, y suele expresarse en un tanto por ciento anual sobre la cantidad prestada.
La prima de emisión	Supone ofrecer la obligación a un precio inferior a su valor nominal. Con una prima del 5 %, el obligacionista pagaría por el título del ejemplo 95 euros, mientras que los intereses y la devolución se calcularían por el valor nominal.
La prima de reembolso	Consiste en devolver una cantidad superior al valor nominal. En nuestro ejemplo, si suponemos una prima del 10 %, la empresa devolvería al inversor 110 euros.
Las obligaciones convertibles	Son obligaciones que pueden ser convertidas en acciones de la empresa emisora si el propietario del título así lo desea.
Las obligaciones participativas	Son obligaciones que ofrecen, además del interés fijo y periódico, una participación en los beneficios que genere la empresa.
Las obligaciones indizadas	Como los empréstitos son operaciones a largo plazo, en épocas de inflación se emiten obligaciones indizadas, en las que los intereses varían en función del índice de crecimiento de los precios para compensar la pérdida de valor del dinero.

Los créditos para adquisición del inmovilizado

Cuando las empresas, sobre todo las medianas y pequeñas, necesitan recursos para financiar sus inversiones a largo plazo, tienen **dos opciones**:

- Pueden acudir a las instituciones financieras para **solicitar préstamos**. Estos préstamos, al tratarse de cuantías importantes, suelen formalizarse a medio y largo plazo.
- Otra posibilidad que tienen las empresas es **negociar con sus proveedores** de bienes de equipo. Dado el alto coste de estos bienes, su adquisición exige a las empresas la realización de fuertes desembolsos, que no siempre están disponibles. Por ello, es habitual que el proveedor dé facilidades de pago, lo que supone para la empresa cliente la posibilidad de adquirir el bien que desea aplazando su pago. Si se adquiere nueva maquinaria que se pagará durante cinco años, estamos ante un préstamo semejante al crédito comercial de proveedores, pero de mayor duración. Estos créditos suelen formalizarse en **letras de cambio** para dar mayor garantía a la operación.

Cuando una empresa necesita equipos nuevos, sobre todo en sectores cuya tecnología cambia con rapidez, puede recurrir al *leasing*. Algunos fabricantes o proveedores de bienes de equipo suelen tener su propio servicio de *leasing*. Por ejemplo, IBM alquila ordenadores, RANK XEROX alquila fotocopiadoras, etc.

El contrato de *leasing* (arrendamiento)

Cuando las empresas necesitan nuevos equipos, pueden, bien adquirirlos, bien arrendarlos a través del *leasing*. Esta operación consiste en un contrato de arrendamiento por el que el arrendador alquila un bien a una empresa o arrendatario, que se compromete a pagar unas cuotas por el alquiler, siendo normal que el contrato tenga una opción de compra al finalizar el período.

El *leasing* es una forma de financiación a medio y largo plazo (suele durar entre 2 y 5 años), ya que permite a la empresa utilizar bienes sin necesidad de disponer de fondos propios o de acudir a un crédito.

Existen **dos modalidades** de *leasing*:

1. ***Leasing* financiero.** La empresa que necesita un determinado equipo acude a una sociedad de *leasing*, que compra el bien al fabricante y se lo arrienda a la empresa. La empresa queda obligada a pagar su alquiler durante la vida del contrato, sin poder rescindirlo por su cuenta.
2. ***Leasing* operativo o *renting*.** El arrendador suele ser el fabricante o distribuidor del bien, que además se encarga de su mantenimiento y renovación si surgen nuevos modelos. El contrato es rescindible por el arrendatario en cualquier momento, por lo que su ventaja es que el riesgo de obsolescencia se traslada a la empresa arrendadora. Su principal inconveniente es su elevado coste y, por ello, se utiliza en sectores cuya tecnología cambia rápidamente y en los que existe una alta rentabilidad.

ACTIVIDAD RESUELTA

1. Señala cuáles son las principales diferencias entre las acciones y las obligaciones.

SOLUCIÓN

La acción es una parte alícuota del capital social y, por tanto, es financiación propia, mientras que la obligación es una parte alícuota de una deuda contraída (financiación ajena). Por ello, la acción confiere a su dueño el título de propietario de la empresa en proporción a su número de acciones, mientras que la obligación otorga a su propietario la condición de prestamista.

Por otra parte, la remuneración de una acción (dividendos) tiene un carácter variable, ya que depende de los resultados de la empresa, es decir, son títulos de renta variable. Por el contrario, la obligación, al ser un préstamo, recibe un interés fijado en el momento de la emisión, con independencia de los citados resultados; es decir, que las obligaciones son títulos de renta fija.

Por último, el accionista no puede exigir la devolución de su aportación; solamente tendrá derecho a recibir lo que le corresponda del valor de la empresa en caso de su liquidación. El obligacionista, por el contrario, al ser un acreedor, tendrá derecho a exigir su préstamo a su vencimiento.

8 El entorno financiero de las empresas

El entorno financiero de las empresas está formado por el conjunto de intermediarios y mercados a los que acuden para financiar sus inversiones, en el que influyen decisivamente los tipos de interés. Dentro de este entorno financiero, hay dos aspectos clave para las empresas: los activos financieros que se generan y los mercados en los que se intercambian estos activos.

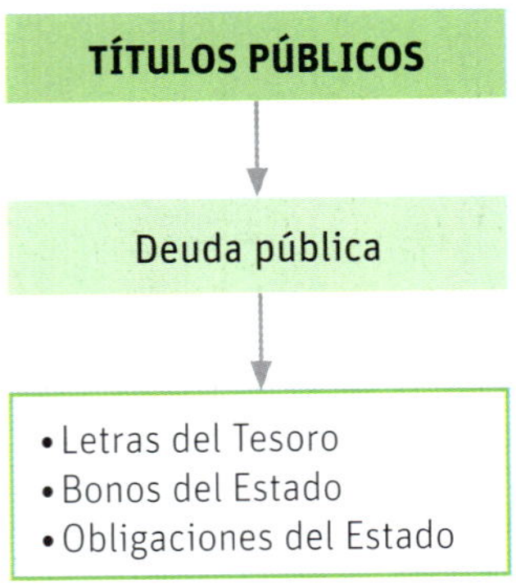

Los activos financieros

El aumento de las necesidades financieras ha generado nuevas fórmulas de financiación. Una de ellas es la creación de **activos financieros** o **títulos valor**, que permiten a las empresas financiarse a través del reconocimiento de una deuda por parte de quien emite el título.

Cuando una empresa (o el sector público) necesita dinero, emite unos documentos, a modo de recibos o promesas de pago, que entrega a la persona o entidad que está dispuesta a prestarle su dinero. Por tanto, estos títulos son activos financieros para el acreedor o poseedor del título (derechos), y pasivos financieros para las empresas que los emiten (deudas).

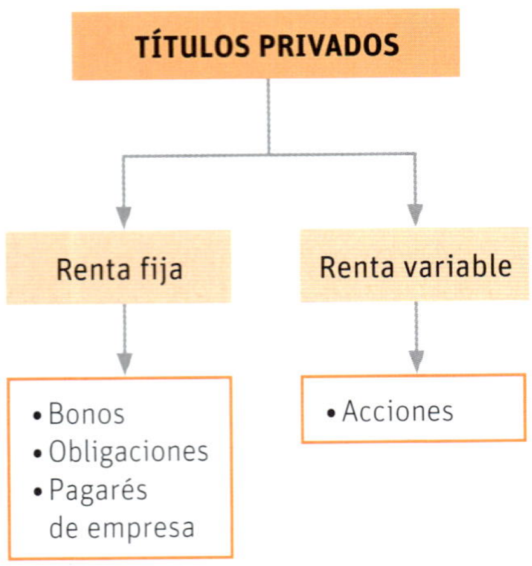

Los **activos financieros** son títulos-valor que constituyen el reconocimiento de una deuda por parte de quien los emite y que dan a su poseedor el derecho a cobrarlos. Los crean aquellos agentes que necesitan financiación, como las Administraciones públicas (que emiten letras del Tesoro, bonos y obligaciones del Estado, etc.), o como las empresas (que emiten bonos, acciones y obligaciones).

Características de los activos financieros

Cuando alguien invierte su dinero considera tres aspectos fundamentales: qué remuneración desea conseguir, cuál es el riesgo que está dispuesto a asumir y en cuánto tiempo quiere recuperar el dinero.

1. La **rentabilidad** de un activo es el rendimiento que el inversor obtendrá de él. Cuando alguien invierte en un activo financiero, presta su dinero a quien lo emite, por lo que le exigirá una recompensa o rentabilidad. Cuando el rendimiento es conocido a priori, se trata de un título de **renta fija** (bonos y obligaciones). Si el rendimiento depende de cómo marche la empresa, el activo es de **renta variable** (acciones).
2. El **riesgo** de un activo depende del plazo de devolución y de las garantías del emisor para hacer frente a la deuda a su vencimiento. El riesgo, por tanto, será tanto menor cuanto mayor sea la seguridad de recuperar la cantidad prestada. Así, la inversión en bonos del Estado tiene menos riesgo que comprar una obligación de una empresa privada. A su vez, esta misma obligación tendrá menos riesgo que una acción de la misma compañía.
3. Por último, el grado de **liquidez** de un activo depende de la mayor o menor facilidad para convertirse en dinero efectivo sin costes significativos. Un activo será más líquido cuanto más fácil sea poder transformarlo en dinero (es decir, venderlo) sin pérdidas. Aunque, en general, las obligaciones son más líquidas que las acciones, su liquidez depende, en gran medida, de la demanda existente.

En general, un activo es más rentable cuanto mayor es su riesgo y menor su liquidez; por tanto, cuanto más difícil sea recuperar el dinero, más elevado será el tipo de interés que se exija.

Al contrario, las inversiones con menos riesgo y más líquidas, como, por ejemplo, depositar el dinero en un banco, son las que menos rentabilidad generan.

Ejemplos y casos

La **rentabilidad** suele medirse en un tanto por ciento anual sobre la cantidad invertida. Así, en el caso de las acciones, si un accionista invierte 20 000 euros en acciones y recibe un beneficio (dividendo anual) de 500 euros, su rentabilidad será:

R = (Beneficio obtenido / capital invertido) · 100 =
= (500 / 20 000) · 100 = 2,5%.

En el caso de una obligación, la rentabilidad viene dada por el tipo de interés anual pactado.

El mercado de valores y la bolsa

El **mercado de valores** es un mercado especializado en la compraventa de toda clase de títulos (acciones, bonos, obligaciones, etc.), que tiene como función canalizar el ahorro hacia la inversión.

Como en todo mercado, en este existe una **oferta**, constituida por las **empresas** y los **organismos públicos** que buscan financiación a través de la emisión y venta de activos financieros, y una **demanda**, constituida por los deseos de compra de tales títulos por parte de los **ahorradores**. En el mercado de valores se distinguen:

- **Los mercados primarios o de emisión.** En ellos se venden los títulos por primera vez y, por tanto, los activos son de nueva creación.
- **Los mercados secundarios.** En ellos se intercambian los activos ya existentes; son mercados de "segunda mano". Una vez colocados los títulos en el mercado de emisión, como son transferibles, pueden ser vendidos nuevamente en el mercado secundario tantas veces como lo deseen sus poseedores. La bolsa es el mercado secundario más importante y mejor organizado.

Ambos mercados están estrechamente relacionados. Cuanto mayor sea el grado de desarrollo del mercado secundario (y, por tanto, más fácil sea para un inversor vender sus títulos), mejor funcionará el mercado de emisión. Es decir, el mercado secundario da liquidez al mercado primario y facilita la relación entre inversores que quieren desprenderse de sus activos e inversores que desean adquirirlos.

La liquidez que proporciona el mercado secundario facilita enormemente la financiación de las empresas en los mercados de emisión. Cuando una empresa emite acciones u obligaciones, tiene que encontrar inversores dispuestos a adquirirlas.

En la medida en que los títulos emitidos tengan mayor liquidez, más fácil le resultará a la empresa encontrar inversores dispuestos a prestarle, porque saben que, en caso de necesidad, podrán recuperar su dinero cuando lo deseen.

Ejemplos y casos

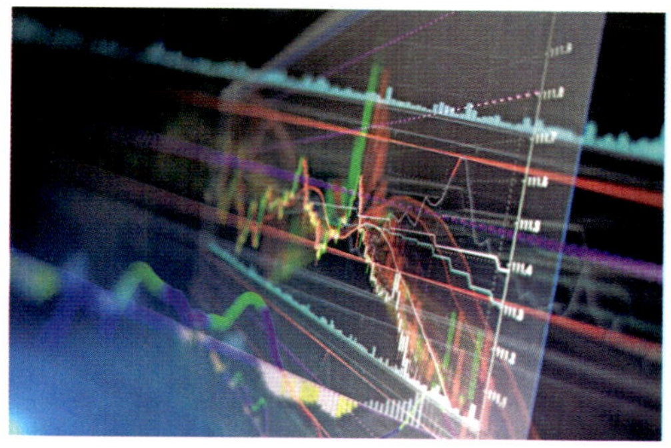

Los activos financieros son transferibles, es decir, su poseedor puede venderlos a cambio de un precio. No solo las acciones se pueden vender; los bonos y obligaciones también son transferibles. Si una empresa emite bonos u obligaciones por valor nominal de 100 euros, a un interés anual del 5 %, amortizables a los tres años, el inversor que adquiera un título pagará por él 100 euros y tendrá derecho a cobrar, cada año, 5 euros de intereses y a que le devuelvan a los tres años los 100 euros. Pero si el inversor necesita el dinero antes de los tres años, podrá venderlo en cualquier momento a un tercero, quien, a cambio de un precio convenido, será quien cobre los intereses pendientes y los 100 euros del reembolso.

Las bolsas de valores

Cuando se adquiere un título en el mercado primario, su precio es el valor de emisión. Pero cuando se compra en el mercado secundario, el juego de la oferta y la demanda determina los **precios de los títulos o cotización en bolsa**.

La confianza y las expectativas son claves en la evolución de los precios de los títulos. Cuando los inversores se muestran optimistas sobre la marcha de una empresa y sobre su futura rentabilidad, muchos desean adquirir acciones, y los que las tienen no quieren venderlas. El exceso de demanda hará subir el precio de estas acciones. Pero cuando los resultados sean malos o se dude sobre el futuro de la empresa, todos querrán vender sus acciones y nadie deseará comprarlas, y el precio bajará.

EN LA PRÁCTICA Los tipos de interés y el valor de los títulos

Si baja el tipo de interés, disminuye la rentabilidad que los ahorradores reciben en depósitos bancarios o en renta fija, por lo que muchos inversores estarán dispuestos a arriesgarse invirtiendo en renta variable. Esto hace que se incremente la demanda de acciones y que aumente su precio. Si el tipo de interés sube, sucede lo contrario.

Los activos de renta fija no tienen riesgo si se espera al vencimiento. Pero si se venden antes, su valor puede cambiar. Por ejemplo, si se compra un bono a 5 años al 4 % y se vende antes del vencimiento, y en ese momento el tipo de interés de mercado está al 6 %, el valor del bono baja: nadie querrá comprar un título que ofrece un 4 % cuando en el mercado hay otros que ofrecen un 6 %. Si el tipo de interés baja, sucederá lo contrario.

- Un inversor compró hace tres años bonos a un tipo de interés del 5 % y hoy los vende porque necesita liquidez. Si el tipo de interés actual es del 3,5 %, ¿qué crees que ocurrirá con el valor de sus títulos?

ACTIVIDADES

Actividades de síntesis

1. Elabora un mapa conceptual a partir de estas ideas básicas e incluye en él nuevas ideas que consideres importantes.

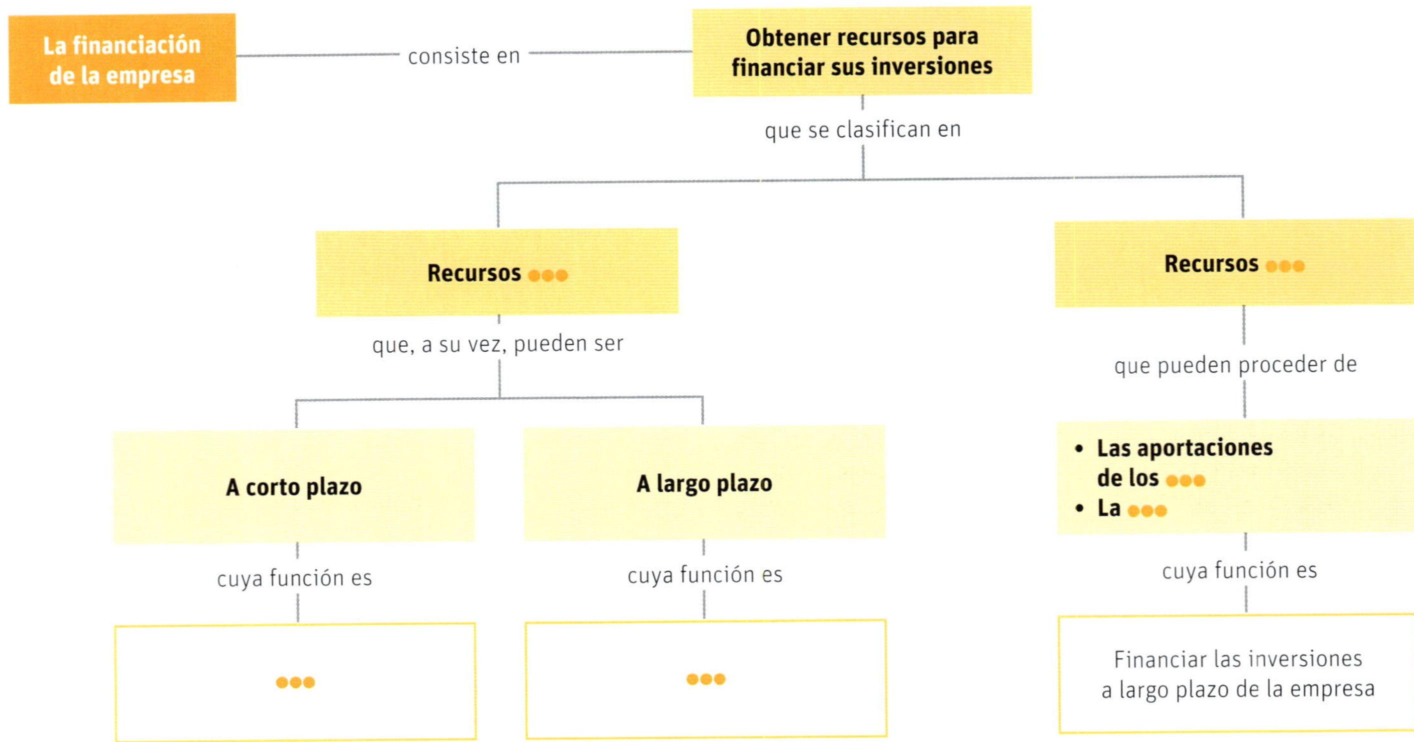

smSaviadigital.com VALORA LO APRENDIDO > Realiza la **autoevaluación.**

Actividades de análisis y problemas

2. Explica las cuatro funciones del área financiera de la empresa.

3. ¿Cuál es la relación entre las decisiones de inversión y de financiación?

4. Clasifica los siguientes ejemplos de fuentes financieras según la propiedad de los recursos, el tiempo de permanencia en la empresa y su procedencia externa o interna:

- Emisión de obligaciones.
- Créditos concedidos por nuestros proveedores.
- Creación de reservas voluntarias por retención de beneficios de la empresa.
- Arrendamiento de nuevos equipos.
- Préstamo bancario a corto plazo.
- Emisión de nuevas acciones para ampliar el capital social.
- Descuento de efectos comerciales en una entidad bancaria.
- Apertura de una línea de crédito o cuenta de crédito.

5. Las acciones de una empresa cambian de valor con el tiempo. Explica, con un ejemplo, qué significa *valor nominal*, *valor teórico* y *valor de mercado* de una acción.

6. La empresa INICIATIVAS, S. A. va a crearse con un capital social de 500 000 euros, distribuido en acciones de 20 euros de valor nominal. A partir de esta información:

a) ¿Cuántas acciones deben emitirse para constituir su capital inicial?

b) ¿Qué representa cada una de las acciones?

c) Si alguien compra 100 acciones, ¿cuál es su relación con la empresa y qué derechos adquiere? ¿Cuál es la cuantía de su participación?

d) ¿Qué cantidad mínima tendría que desembolsar en el momento de constitución de la sociedad?

7. Tras dos años de actividad con beneficios, INICIATIVAS, S. A. ha acumulado unas reservas de 50 000 euros y sus acciones se cotizan en bolsa al 140 % sobre el valor nominal. Con esta información:

a) Calcula el valor teórico de las acciones. ¿Por qué no coincide con el valor nominal?

b) ¿Cuál es el precio de una acción en bolsa de esta empresa? ¿Cuál es su capitalización bursátil y cuál es su significado?

c) ¿Qué relación hay entre capital social, patrimonio neto y capitalización bursátil de una empresa? ¿En qué circunstancia podría coincidir el valor de estos tres conceptos?

8. INICIATIVAS, S. A. necesita recursos financieros para nuevas inversiones. Para ello, amplía su capital en 100 000 euros con la emisión de nuevas acciones. A partir de esta información:

a) Si se emiten las nuevas acciones a la par, es decir, por su valor nominal, ¿cuántas nuevas deben emitirse y cuál es la proporción entre antiguas y nuevas?

b) ¿Cómo afecta la ampliación al valor de las acciones?

c) Explica qué se entiende por *derecho preferente de suscripción*.

d) ¿Cuál es el valor económico de estos derechos?

e) Si un antiguo accionista, propietario de 1200 acciones, desea acudir a la ampliación de capital, ¿cuántas acciones nuevas podrá suscribir a partir de las antiguas que ya posee?

9. Si en la ampliación que hemos visto en la actividad anterior, la fórmula utilizada para compensar a los antiguos accionistas hubiera sido emitir las acciones con una prima de emisión:

a) ¿A qué precio deberían emitirse las acciones nuevas para no perjudicar a los antiguos accionistas y cuál será el total de la prima de emisión que recibiría la empresa?

b) Una vez producida la ampliación, comprueba que el valor teórico de la acción anterior y posterior a la ampliación se mantiene constante.

10. La sociedad anónima LYC está necesitada de financiación adicional, por lo que va a ampliar su capital mediante la emisión de acciones. El capital constituido es de 600 000 euros y consta de 30 000 acciones, que cotizan en bolsa a razón de 22 euros. Se emitirán 5000 nuevas acciones por su valor nominal (a la par). Con esta información:

a) ¿Cuál es el valor de emisión de las acciones?

b) ¿Cuál es el valor del derecho de suscripción?

c) Un antiguo accionista, titular de 600 acciones, desea acudir a la ampliación de capital. ¿Cuántas acciones nuevas podrá suscribir de acuerdo con las antiguas que ya posee? ¿Cuánto deberá pagar por ellas?

11. La sociedad anónima PANASA necesita financiación adicional, por lo que va a ampliar capital mediante la emisión de acciones. Actualmente, el capital social es de 4 500 000 euros, distribuido en 45 000 acciones, y cuenta con unas reservas de 450 000 euros. Emitirá 10 000 acciones más a un precio de emisión de 100 euros.

a) ¿Cuál es el valor del derecho de suscripción?

b) El Sr. Fernández es un nuevo accionista que quiere adquirir 600 acciones. ¿Cuántos derechos necesita comprar para ello y cuál es el desembolso total que deberá hacer para adquirirlas?

c) ¿Quién recibirá el importe de esos derechos adquiridos por el Sr. Fernández y qué se pretende con ello?

12. Elabora y completa un cuadro como este.

	AUTOFINANCIACIÓN
¿Qué es?	•••
¿Cómo se origina en la empresa?	•••
¿Cuáles son sus componentes ?	•••
Ventajas e inconvenientes	•••

13. La política de autofinanciación seguida por una empresa le ha permitido generar reservas y crear unos fondos de amortización y de provisiones suficientes.

a) ¿Cómo explicarías a los accionistas que deben renunciar al reparto de beneficios para constituir reservas?

b) ¿Qué es la amortización de los bienes de la empresa? ¿Qué función financiera cumplen los fondos de amortización?

c) ¿Qué son las provisiones y cuál es su significado financiero?

14. Una empresa, al finalizar el ejercicio económico, obtiene unos beneficios netos de 300 000 euros, cuyo reparto es de un 40 % para los accionistas y el resto para autofinanciar la empresa. De acuerdo con estos datos:

a) Calcula la cantidad en que se incrementan los fondos propios de la empresa e indica bajo qué concepto se recogen.

b) ¿Qué cantidad es para los accionistas y cómo se denomina?

15. Con relación al crédito de proveedores, ¿en qué consiste esta forma de financiación? ¿Por qué es una fórmula tan utilizada? ¿Tiene coste para la empresa?

16. Los bancos ofrecen financiación a las empresas a través de préstamos y créditos. ¿Qué diferencias hay entre ambos? ¿Cuándo conviene una u otra fórmula?

17. ¿En qué consiste el *factoring*? Sirviéndote de un ejemplo, explica cuáles son sus ventajas. ¿En qué se diferencia del descuento de efectos?

18. Observa la viñeta y responde a las preguntas.

a) ¿Cuáles son los tipos de financiación propia que puede utilizar la empresa?

b) Respecto a la financiación ajena, razona si le interesa más contratar una línea (póliza) de crédito o un préstamo.

ACTIVIDADES

19. Una empresa dispone de una letra de cambio de 3000 euros que vence en 60 días y decide descontarla en su banco al 8 % de interés anual. Responde:

a) ¿En qué consiste el descuento de efectos?

b) Calcula cuál será el efectivo que ingresará el banco en la cuenta corriente de la empresa si el banco cobra una comisión de 10 euros por la operación.

c) ¿Qué ocurrirá si el banco no logra cobrar la letra al deudor?

20. ¿Cuáles son las modalidades de *leasing*? ¿Qué ventajas e inconvenientes tiene el *leasing* operativo?

21. Una empresa emite un empréstito de cinco millones de euros dividido en 50 000 obligaciones emitidas a la par por un valor nominal de 100 euros y con un interés anual del 6 %.

a) ¿Qué representa cada obligación? Si alguien compra 10 obligaciones, ¿cuál es su relación con la empresa y cuánto recibirá al año en concepto de intereses?

b) Si las obligaciones se emiten con una prima de emisión del 3 % y una prima de reembolso del 5 %, ¿cuánto pagará un obligacionista que adquiera 25 títulos y cuánto recibirá en el momento de la devolución de su préstamo?

c) Explica las diferencias entre acciones y obligaciones.

22. ¿Qué son los activos financieros? Explica las características de riesgo, rentabilidad y liquidez de los activos. ¿Existe relación entre estas características?

23. ¿En qué se distinguen los activos de renta fija y variable? ¿Cómo influye en ambos un cambio de tipos de interés?

24. Explica por qué la existencia de mercados secundarios como la bolsa facilita la financiación de las empresas.

25. Los bancos conceden créditos valorando la solvencia de sus clientes y asumiendo el menor riesgo posible.

a) ¿Qué indicadores usan para valorar esa solvencia? ¿Qué garantías puede ofrecer un joven con contrato temporal?

b) Observa la imagen y explícale a esta persona las claves del banco en su decisión de conceder o no un crédito.

Fuente: El Roto. *El País*, 4-III-2008

EVALUACIÓN

ENTRÉNATE

1. Realice un esquema en el que se recojan los distintos tipos de financiación que puede utilizar una empresa.

2. Explique el concepto de financiación y describa y comente sus distintos orígenes según su duración, titularidad y procedencia.

3. Explique el significado de valor efectivo (valor de mercado) de una acción y de valor nominal de una acción.

4. Tres compañeros de oficina han recibido un total de 300 000 euros en concepto de indemnización por despido. Con esta cantidad van a instalarse por su cuenta y crear una sociedad anónima con un capital inicial de 1 000 000 de euros. ¿Es lo mismo capital suscrito que capital desembolsado en el acto de constitución de la sociedad? Los 700 000 euros no desembolsados, ¿qué representan para la empresa? ¿Y para los tres socios?

5. La empresa JJ se plantea adquirir nuevas instalaciones productivas. Para financiar las citadas inversiones, decide ampliar el capital en 1000 acciones nuevas con un valor de emisión de 10 euros por acción. El número de acciones antes de la ampliación es de 5000. Los valores de los fondos propios antes de la ampliación son: capital, 50 000 euros y reservas, 10 000 euros.

a) Calcule el valor del derecho de suscripción y explique la función que cumple.

b) Si un accionista antiguo posee 200 acciones, ¿cuántas acciones nuevas podría suscribir si decide acudir a la ampliación de capital?

c) Si un nuevo accionista desea adquirir 350 acciones, ¿qué deberá pagar por ellas?

6. Una sociedad desea ampliar sus inversiones permanentes. Para su financiación, decide efectuar una ampliación de capital mediante la emisión de nuevas acciones. El capital antes de la ampliación es de 1 000 000 de euros y consta de 200 000 acciones, las cuales cotizan en bolsa a 9 euros por acción. Se emiten 40 000 acciones nuevas a la par. Un antiguo accionista y titular de 8000 acciones desea acudir a la ampliación de capital. ¿Cuántas acciones nuevas podrá suscribir en función de las antiguas que ya posee y cuál sería su coste? ¿Qué se entiende por derechos preferentes de suscripción?

7. Una sociedad anónima posee un capital social de 100 000 euros repartidos entre 80 000 acciones. La empresa ha decidido emitir 20 000 acciones nuevas a un precio igual al valor nominal de cada acción. Un accionista que posee actualmente 500 acciones desea acudir a la ampliación.

a) ¿Cuál será el capital social de la empresa una vez llevada a cabo la ampliación?

b) ¿Cuántas acciones nuevas podrá suscribir el accionista y a qué precio podrá adquirirlas?

8. Explique el concepto de autofinanciación y describa los tipos existentes, señalando ejemplos.

9. ¿Qué representan las amortizaciones para la empresa? ¿Qué sentido financiero tienen?

10. Una empresa dispone de una letra de cambio, girada el 15 de marzo, con vencimiento a 90 días desde la fecha de giro y con valor nominal de 4000 euros. La empresa acuerda con el banco descontar la letra el día 15 de abril. El banco cobra una comisión del 2 % sobre el nominal por su gestión y un tipo de interés del 6 % anual. Nota: año comercial 360 días. Se pide:

a) Calcule el efectivo que abonará el banco en la cuenta corriente de la empresa.

b) ¿Qué ocurriría si al vencimiento la letra viene devuelta a la entidad financiera?

11. La empresa SETESA tiene dificultades para afrontar los próximos pagos. Entre sus derechos de cobro, dispone de una letra de cambio (efecto comercial a cobrar) por un valor nominal de 10 000 euros y vencimiento a 120 días. Y decide descontar la letra en su banco 90 días antes de su vencimiento siendo el tipo de descuento del 6% anual (el año comercial es de 360 días). Se pide:

a) Determine el efectivo que le ingresaría el banco en su cuenta corriente.

b) Explique qué función cumple la operación de descuento de efectos y cuál es su diferencia con el *factoring*.

12. Una empresa de ordenadores decide buscar financiación para abrirse a nuevos mercados.

a) Explique las diferencias entre las distintas fuentes de financiación que podría utilizar en función del plazo de devolución, incluyendo dos ejemplos de cada una de ellas.

b) Si necesita financiar la compra de un camión, explique qué tipo de financiación utilizaría según el criterio anterior.

c) Si necesitase financiar la compra de componentes electrónicos, explique cuál aconsejaría en este caso.

13. Explique cuáles son las diferencias y semejanzas entre un empréstito y una ampliación de capital.

14. Luisa heredó de su hermana una cantidad respetable de dinero que decidió invertir en unos bonos (obligaciones) europeos cuyo valor nominal de reembolso era de 100 euros cada uno, y el interés, fijo, del 4 % anual. Ante unos gastos extraordinarios surgidos, decide vender los bonos. Las condiciones del mercado han provocado que los tipos de interés superen el 6 %. Razone si el importe de la venta de cada bono sería superior o inferior al valor nominal.

15. Señale qué relación guardan acciones y obligaciones con riesgo y rentabilidad.

Test de conocimientos básicos

1. Las aportaciones de los socios al capital social constituyen una fuente de financiación:

a) Propia e interna. b) Interna. c) Propia y externa.

2. El derecho preferente de suscripción de acciones se justifica por:

a) La pérdida de valor de las acciones en una ampliación de capital.

b) La necesidad de garantizar el derecho a dividendo de los nuevos socios.

c) La pérdida de valor de las acciones al bajar la bolsa.

3. Los recursos propios de una empresa los constituyen:

a) El capital y las reservas.

b) Las aportaciones de los socios.

c) Las reservas y los fondos de amortización.

4. La autofinanciación de mantenimiento está formada:

a) Por los fondos de amortización y las reservas.

b) Por los fondos de amortización y las provisiones.

c) Por las reservas.

5. ¿Qué es el *factoring*?

a) La venta de derechos de cobros a otra empresa.

b) Una línea de crédito en un banco.

c) Un alquiler con opción de compra.

6. El crédito comercial de proveedores de mercaderías es:

a) Una fuente de financiación propia y a largo plazo.

b) Una fuente de financiación ajena y a corto plazo.

c) Una fuente de financiación ajena y a largo plazo.

7. El dividendo activo es:

a) La parte del capital que tiene cada socio.

b) La parte del beneficio distribuido a cada acción.

c) El valor del derecho de suscripción.

8. Los fondos para hacer frente a gastos o pérdidas previstas que aún no se han producido se denominan:

a) Provisiones.

b) Autofinanciación de enriquecimiento.

c) Reservas legales.

9. ¿Qué es un empréstito?

a) Un préstamo bancario a largo plazo.

b) Una fuente de financiación ajena mediante la emisión de obligaciones.

c) Una fuente de financiación ajena mediante la emisión de acciones.

10. El valor efectivo o de mercado de una acción es:

a) El valor al que se emiten las acciones.

b) El valor de las acciones en bolsa.

c) El valor teórico de la acción o valor contable.

10 Las inversiones de la empresa

Las empresas utilizan sus recursos financieros para invertirlos en los bienes y equipos productivos que necesitan para el desarrollo de su actividad. El objetivo de estos proyectos de inversión es contribuir al crecimiento de la empresa a través de la rentabilidad que aportan. En esta unidad se presentan distintos métodos que nos ayudan a entender cómo se mide la rentabilidad de una inversión y cuáles son las claves para elegir el proyecto más interesante para la empresa.

Las oportunidades de inversión

Una de las características de la inversión empresarial es el riesgo. Pero para arriesgar es necesario tener conciencia de que existe algo importante por lo que merece la pena arriesgarse. Y ese algo importante hay que saber descubrirlo.

La vida de las empresas está llena de oportunidades. Están ahí, a la espera de ser descubiertas. Precisamente, los emprendedores se distinguen por detectar esas oportunidades. ¿Quién podía imaginar que vender muebles desmontados (IKEA) o que organizar la enorme información de internet (Google) iban a convertirse en lo que son hoy? Esa es justamente la clave de su éxito: nadie vio lo que ellos sí supieron ver. Ocurrió lo mismo cuando a un farmacéutico de Atlanta se le ocurrió preparar una bebida tónica negruzca, dando nacimiento a la Coca-Cola.

También hay ejemplos de quienes no supieron ver oportunidades. Un caso muy significativo es el de Alexander Graham Bell, un joven científico e inventor, de 29 años, que en 1876 se puso en contacto con Western Union, por entonces la mayor empresa de telecomunicaciones de Estados Unidos, para ofrecer a sus directivos la posibilidad de invertir en una patente que había registrado unos meses antes y que consistía en "un aparato para transmitir sonidos vocales telegráficamente". Era la patente del teléfono.

El dispositivo era potencialmente revolucionario, de manera que cuando Bell se dirigió a Western Union tasó su patente en 100 000 dólares. Días después, la empresa estudió la inversión y la valoró como "un aparato sin valor con el que nadie desearía comunicarse; pues, ¿quién querría hablar con alguien a quién no ve?". Y añadía: "el teléfono pretende transmitir la voz hablada sobre cables de telégrafo. La voz es muy débil y confusa, y además se hace más débil conforme se utilizan cables más largos entre el transmisor y el receptor. ¿Por qué iba una persona a querer usar este artefacto cuando puede enviar un mensajero a la oficina de telégrafos y hacer llegar un mensaje escrito claro a cualquier ciudad? Consideramos, por tanto, inaceptable la inversión".

Una vez recibió esta negativa, Alexander Graham Bell fundó la Bell Telephone Company y se dispuso a comercializar su invento por su cuenta. Tan solo un año más tarde, y a la vista de la popularidad que estaba alcanzando el teléfono, el presidente de Western Union confesó a sus colegas que si en ese momento le hubiesen ofrecido la patente por 25 millones de dólares, lo habría considerado una ganga. Pero ya era demasiado tarde, puesto que en aquel momento, la empresa fundada por Alexander Graham Bell había alcanzado el éxito gracias a una tecnología que revolucionó para siempre la forma de comunicarnos.

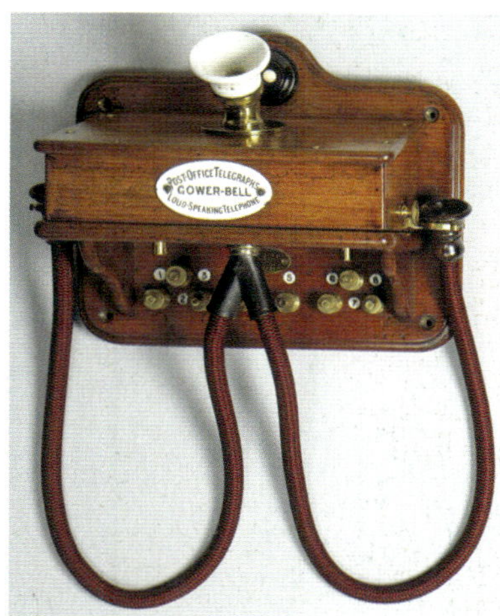

ANALIZA LA IMAGEN

1. Si hoy invertimos 1000 millones y los recuperamos dentro de tres años, ¿qué puede haber ocurrido con el valor del dinero?

2. Desde el punto de vista de la recuperación de las inversiones, ¿qué diferencia hay entre una panadería y un fabricante de aviones como el de la imagen?

ANALIZA EL TEXTO

- ¿Cómo sería tu vida sin teléfono? ¿Qué relación existe entre los inventos, la inversión y los productos innovadores?
- Comenta la frase: "La vida está llena de oportunidades que dejamos pasar. Para poder verlas, hay que pensar en clave de posibilidades, en lugar de en clave de limitaciones".

1 Las decisiones de inversión

Las inversiones económicas que hace la empresa hoy son la clave de su potencial futuro, ya que afectan a su capacidad productiva durante un largo período de tiempo.

El término *inversión* es uno de los más utilizados tanto en el ámbito económico como en el coloquial. Así, es normal escuchar: "Has realizado una buena inversión al comprar esa casa", "Invierta en acciones de la empresa X", "Las empresas españolas invierten poco en investigación", etc. Son expresiones habituales en las que el término *inversión* se usa para aludir a situaciones bien distintas.

En un sentido económico, ***inversión*** es la utilización de fondos financieros para adquirir bienes de producción con el objetivo de aumentar la capacidad productiva de la empresa.

Es decir, las **inversiones económicas**, también denominadas **reales** o **productivas**, consisten en la adquisición del capital productivo (edificios e instalaciones, maquinaria y equipos, elementos de transporte, materias primas, existencias, etc.) que la empresa necesita para el desarrollo de su actividad. En este sentido, las inversiones económicas realizadas en el pasado constituyen el capital productivo presente de la empresa y son la clave de su crecimiento futuro.

Inversiones económicas y financieras

Aunque están muy relacionadas, conviene distinguir entre inversiones económicas y financieras. Cuando una persona decide ahorrar una parte de sus ingresos y con el dinero ahorrado compra títulos-valores (acciones, obligaciones, etc.) con el objetivo de obtener una renta en el futuro, está realizando una inversión financiera.

La relación entre ahorro, inversión financiera e inversión económica se puede ilustrar con un ejemplo. Si una empresa necesita dinero para financiar la adquisición de nuevos equipos productivos, puede emitir títulos-valores (acciones, obligaciones, bonos, etc.) y venderlos en el mercado financiero; a ese mercado acudirán los inversores con sus ahorros y comprarán los títulos (inversión financiera). Este dinero lo recibe la empresa emisora, que lo empleará en adquirir los equipos que necesita (inversión económica). La relación se representa en la siguiente figura.

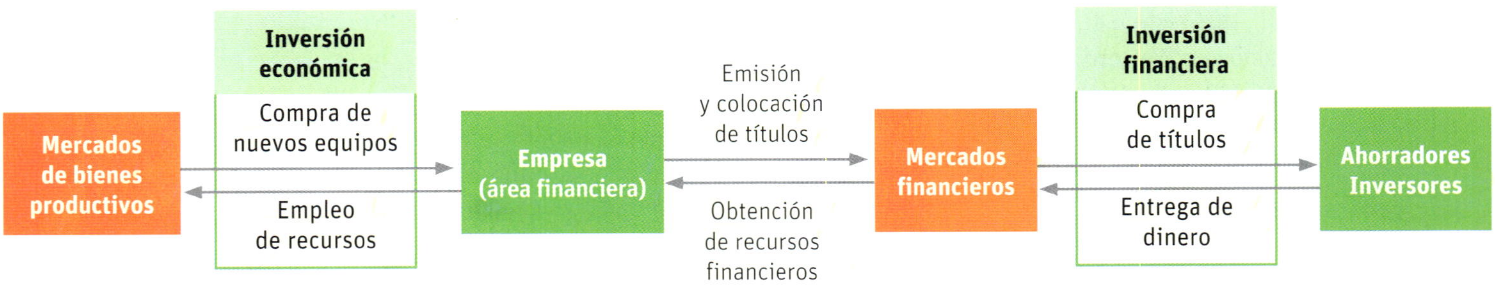

Inversiones económicas a corto y largo plazo

Según el carácter temporal de la inversión, se distingue entre:

1. **Inversiones de funcionamiento.** Son las realizadas por la empresa con el fin de adquirir los elementos necesarios para su proceso productivo (materias primas, componentes, mercaderías, combustibles, etc.). Estas inversiones se renuevan periódicamente y se recuperan a corto plazo. Un fabricante de bicicletas, por ejemplo, adquiere los componentes y materiales que necesita para producirlas.
2. **Inversiones permanentes o estructurales.** Son las efectuadas para adquirir bienes que serán utilizados por la empresa durante un período prolongado de tiempo (edificios, maquinaria, flota de transporte, etc.). Se trata, por tanto, de inversiones permanentes o a largo plazo, también denominadas *inversiones en activos inmovilizados*. Un fabricante de bicicletas, por ejemplo, necesita cada cierto tiempo renovar su maquinaria o sus instalaciones, ampliar sus talleres, etc.

*

Inversión económica

Adquisición de bienes de producción (capital productivo de la empresa) con el fin de producir otros bienes.

Inversión financiera

Compra de títulos (acciones, obligaciones, etc.) por parte de un inversor con la finalidad de obtener una renta en el futuro.

Clases de inversiones permanentes

1. **Inversiones de renovación o de reemplazo.** Su finalidad es sustituir equipos desgastados o estropeados. Dado que el capital productivo se deteriora con el tiempo y el uso, hay que renovarlo periódicamente.
2. **Inversiones de expansión o ampliación.** Se realizan para añadir nuevos equipos a los ya existentes y así incrementar la capacidad de producción.
3. **Inversiones de modernización o innovación.** Con ellas se trata de sustituir equipos que funcionan por otros que añaden mejoras tecnológicas y con los que se pretende reducir los costes o mejorar la calidad de los productos. En este caso, se dice que los equipos sustituidos se han quedado obsoletos.
4. **Inversiones en I+D+i.** Su objetivo es la búsqueda de nuevos productos o de técnicas productivas más eficientes.
5. **Inversiones de carácter social o medioambiental.** Son las realizadas con la finalidad de mejorar las condiciones de trabajo de los empleados, así como de demostrar la responsabilidad social de la empresa con el medioambiente o con la comunidad local en la que está instalada.

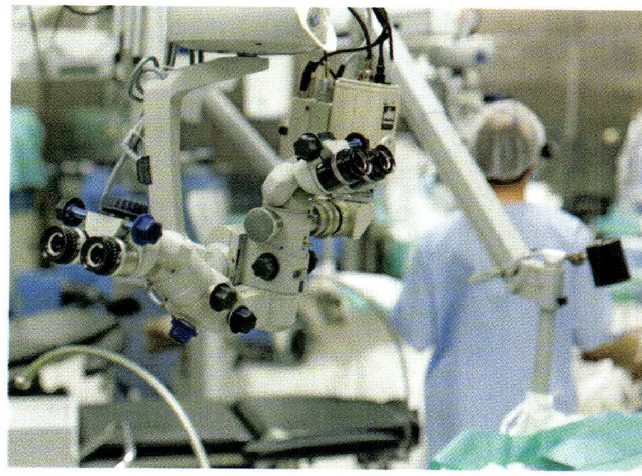

Las empresas consideran sus gastos en I+D+i como inversiones con las que pretenden conseguir ventajas competitivas. Estas ventajas se obtienen a través de la mejora de sus productos (diferenciación) o desarrollando métodos de producción que aumenten su productividad y reduzcan sus costes (liderazgo en costes). Ambos aspectos mejoran la competitividad de la empresa en el mercado.

El proceso temporal de un proyecto de inversión

En las inversiones permanentes (a largo plazo), el tiempo y el riesgo se convierten en factores importantes. Por ello, lo primero es situar la inversión en el tiempo e identificar las magnitudes que la definen.

Toda inversión requiere un desembolso inicial, también denominado *tamaño de la inversión*. Después, se producen unos pagos periódicos, necesarios para mantenerla, y unos cobros derivados de la aportación de la inversión a la empresa.

En una inversión, por tanto, hay que considerar:

- A: Desembolso inicial de la inversión.
- C_i: Cobros producidos durante el año i como consecuencia de la inversión.
- P_i: Pagos originados por la inversión durante el año i.

El esquema se simplifica con el concepto de flujo neto de caja (Q_i) de un período, que es la diferencia entre los cobros y los pagos derivados de la inversión durante ese período. Así: $Q_i = C_i - P_i$.

De este modo, toda inversión queda definida por tres magnitudes:

- A: Desembolso inicial de la inversión.
- Q: Cuantía de los flujos netos de caja.
- n: Duración de la inversión, en años.

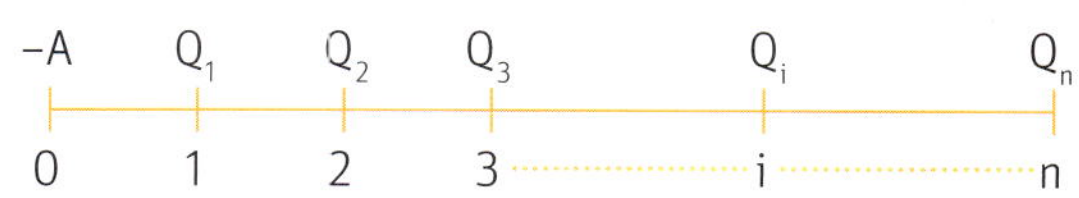

EN LA PRÁCTICA **Los elementos de una inversión**

Supongamos una empresa que realiza una inversión con un desembolso inicial de 10 millones de euros, y de la que se estima que en los próximos años va a generar los cobros y pagos reflejados en la tabla (en millones de euros). Esa inversión se suele representar mediante un equema temporal (ver esquema), aunque, en ocasiones, por comodidad, se expresa de forma simplificada: Proyecto X: –10 / 3 / 3,5 / 3 / 2.

Años	1	2	3	4
Cobros	3,5	4	4	3
Pagos	0,5	0,5	1	1
Flujos netos de caja	**3**	**3,5**	**3**	**2**

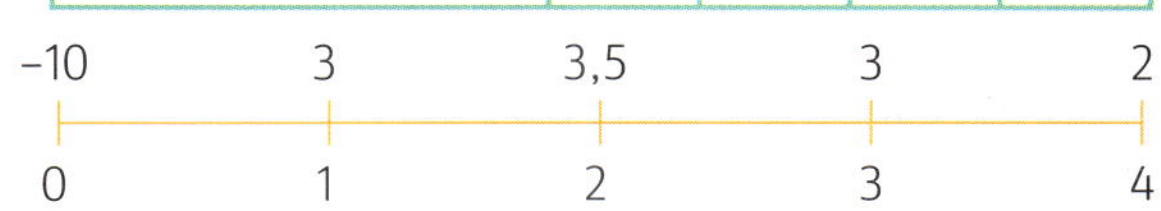

El desembolso inicial siempre aparece con signo negativo porque supone un pago, mientras que los flujos de caja aparecen con signo positivo porque suponemos que los cobros son superiores a los pagos.

- Representa en un esquema temporal la siguiente inversión: –25 / 4 / 6 / 7 / 9 / 12.

2 La equivalencia de capitales en el tiempo

Ejemplos y casos

¿Qué preferirías, que te diesen 1000 euros diarios durante un mes, o un céntimo de euro que doblase su valor cada día durante un mes? La mayoría de las personas escogen sin pensarlo los 1000 euros diarios. Pero si hacemos cálculos, mientras que esa opción te permitiría acumular 30 000 euros a final de mes, el céntimo diario que dobla su valor se convertiría en 5 millones. Es la **magia del interés compuesto**, a la que Einstein denominó "la fuerza más poderosa del universo".

Las inversiones a largo plazo generan una serie de cobros y pagos que se producen en distintos momentos del tiempo. No habría problema si el dinero valiera siempre lo mismo, pero, como sabemos, con el paso del tiempo el dinero pierde valor. Por ello, necesitamos conocer los efectos del tiempo sobre la inversión.

El valor futuro de un capital actual

Si prestamos nuestros ahorros a una institución financiera, esta nos pagará un interés periódico por el dinero prestado; en consecuencia, el dinero genera una renta a medida que va pasando el tiempo y, por ello, un mismo capital considerado en momentos diferentes no tiene el mismo valor. Si depositamos en un banco 1000 euros a un interés anual del 5 %, dentro de un año tendremos 1050 euros. Si decidimos mantener el dinero inicial más sus intereses un año más, al finalizar el segundo año habría que añadir el 5 % a 1050, es decir, tendríamos 1102,5 euros; y así sucesivamente.

Como vemos, a medida que pasa el tiempo el dinero tiene un valor diferente. Por ello, si un empresario quiere saber si la inversión (–10 / 3 / 3,5 / 3 / 2) del ejemplo anterior es rentable, no puede manejar esas cifras como si todas se estuvieran produciendo hoy. Es decir, no conviene comparar los euros de hoy con los euros de dentro de un año o de cuatro años. Para resolver este problema, necesitamos un procedimiento que nos permita manejar y comparar capitales referidos a distintos momentos de la vida de una inversión. Veamos cómo se hace con un ejemplo.

EN LA PRÁCTICA **Cálculo de capitales equivalentes**

Supongamos que disponemos de un capital inicial de 1000 euros (C_0 = 1000 euros) y que el tipo de interés de mercado (i) es del 10 %; veamos cuál es el equivalente de ese capital inicial en los distintos momentos del tiempo.

Después de un año, tendremos el capital inicial C_0 más los intereses (I) de ese año: $I_1 = C_0 \cdot i$, con lo que el capital o montante del año 1 será:

$C_1 = C_0 + C_0 \cdot i$.

Sacando C_0 como factor común: $C_1 = C_0 (1 + i) = 1000 (1 + 0{,}1) = 1100$ euros.

Después de dos años, tendremos el capital del primer año, C_1, más el interés del segundo año:

Año 2: $C_2 = C_1 + C_1 \cdot i = C_0 (1 + i) + C_0 (1 + i) \cdot i$.

Y sacando factor común $C_0 (1 + i)$, queda:

$C_2 = C_0 (1 + i) (1 + i) = C_0 (1 + i)^2 = 1000 (1 + 0{,}1)^2 = 1210$ euros.

Año 3: $C_3 = C_2 + C_2 \cdot i = C_0 (1 + i)^2 + C_0 (1 + i)^2 \cdot i = C_0 (1 + i)^2 (1 + i) = C_0 (1 + i)^3 = 1000 (1 + 0{,}1)^3 = 1331$ euros.

Si aplicamos el mismo procedimiento para saber cuál es el equivalente a un capital inicial en el año 4, comprobaremos que es: $C_4 = C_0 (1 + i)^4$.

Esta evolución nos permite obtener la fórmula general para cualquier año: $\mathbf{C_n = C_0 (1 + i)^n}$

La expresión $\mathbf{(1 + i)^n}$ se denomina **factor de capitalización**, porque es el factor por el que hay que multiplicar el capital inicial para conocer su equivalente en otro momento cualquiera del futuro.

La evolución de C_0 a C_n podemos representarla como se muestra en el gráfico.

- Un capital que hoy vale 50 000 euros, ¿cuánto valdrá dentro de cinco años si el tipo de interés es del 5 %?

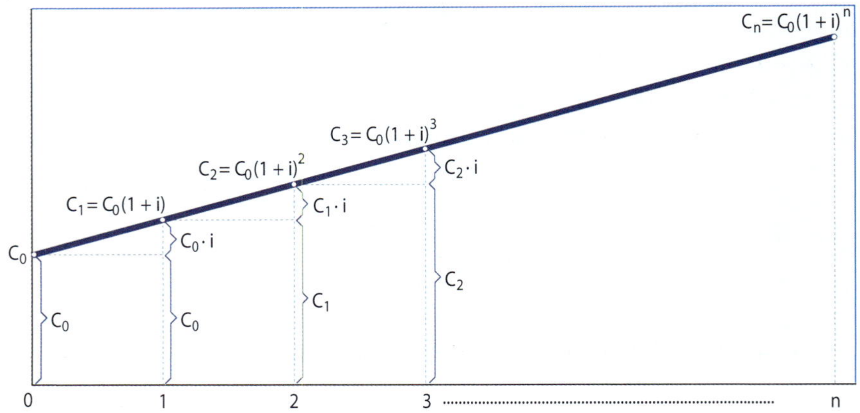

El valor actual de un capital futuro

Ya hemos visto cómo podemos trasladar un capital de hoy a cualquier momento del futuro; ahora abordaremos el proceso contrario: trasladar capitales del futuro al presente. De hecho, los flujos de caja de una inversión se producirán en el futuro, ya sea dentro de un año, de dos o de cuatro; por tanto, la pregunta es: ¿cuánto valen hoy? Para calcularlos, simplemente se utiliza el procedimiento contrario.

Antes hemos comprobado que $C_1 = C_0\ (1 + i)$, luego $C_0 = C_1 / (1 + i)$.

$C_2 = C_0\ (1 + i)^2$, luego $C_0 = C_2 / (1 + i)^2$.

Siguiendo con el razonamiento, de $C_n = C_0\ (1 + i)^n$ obtenemos que:

$$\mathbf{C_0 = C_n / (1 + i)^n}.$$

Utilizando las mismas cifras anteriores, si queremos saber cuánto vale hoy un capital de 1331 euros que vence dentro de tres años a un tipo de interés del 10 %, comprobamos que:

$C_0 = C_3 / (1 + i)^3 = 1331 / (1 + 0{,}1)^3 = 1331 / 1{,}331 = 1000$ euros. Esto es, 1331 euros de dentro de tres años equivalen a 1000 euros actuales, luego es indiferente tener hoy 1000 euros que 1331 dentro de tres años. Lo mismo ocurre con los 1210 euros de dentro de dos años o los 1100 de dentro de un año. Veamos:

De la misma forma: $C_0 = C_2 / (1 + i)^2 = 1210 / (1 + 0{,}1)^2 = 1000$.

$C_0 = C_1 / (1 + i) = 1100 / (1 + i) = 1000$.

El factor de capitalización $(1 + i)^n$ ahora se convierte en **factor de actualización: $1 / (1 + i)^n$.**

En resumen, para calcular capitales equivalentes en el tiempo:

- Si queremos avanzar en el tiempo (dado un capital actual, calcular su equivalente en el futuro), utilizaremos el factor de capitalización: $(1 + i)^n$.
- Si queremos retroceder en el tiempo (dado un capital futuro, calcular el equivalente actual de ese capital), usaremos el factor de actualización o descuento: $1 / (1 + i)^n$.

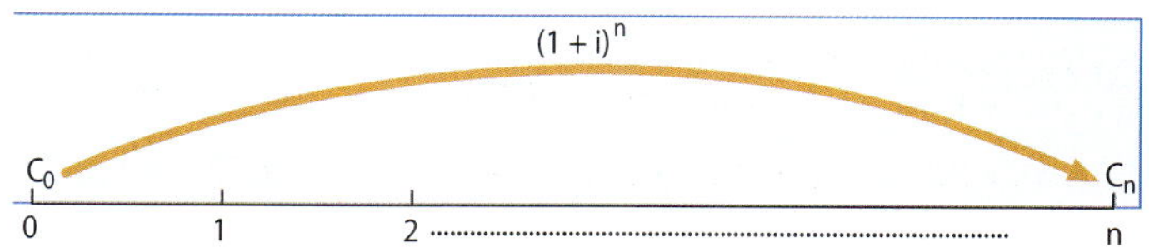

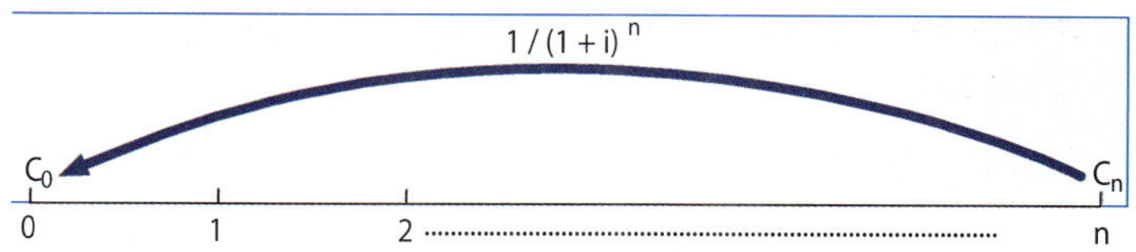

smSaviadigital.com INVESTIGA

Utiliza en la red **herramientas de cálculo financiero.**

EN LA PRÁCTICA **Cálculo de equivalencia de capitales**

Si se quiere conocer cuánto valdrá dentro de cuatro años un capital actual de 5000 euros, a un tipo de interés del 5 %, utilizaremos el factor de capitalización:

$C_4 = C_0\ (1 + i)^4 = 5000\ (1 + 0{,}05)^4 = 6077{,}5$ euros.

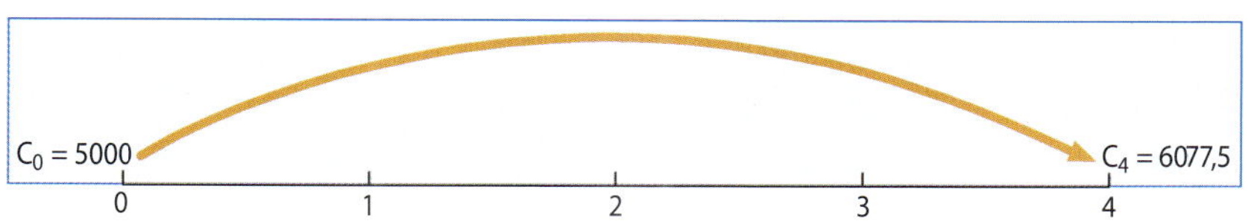

Si queremos saber cuánto vale hoy un capital de 10 000 euros que vence dentro de tres años, a un tipo de interés del 7 %, utilizaremos el factor de actualización o descuento:

$C_0 = C_3 / (1 + i)^3 = 10\,000 / (1 + 0{,}07)^3 = 8163$ euros.

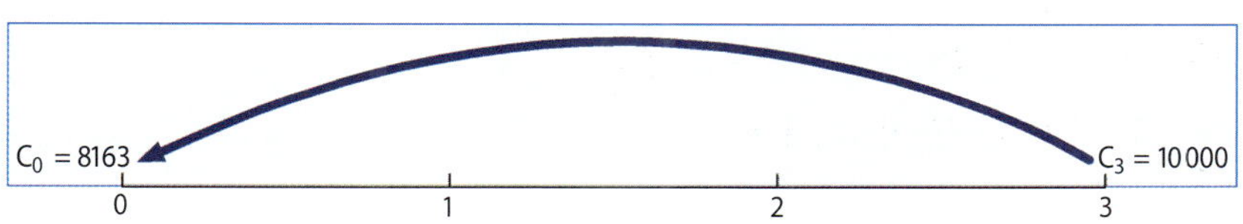

- ¿Cuánto valdrá dentro de cinco años un capital actual de 3000 euros a un tipo de interés del 6 %?
- Si dentro de tres años dispondremos de un capital de 15 000 euros, ¿cuál es su valor hoy?

3 Criterios de selección de inversiones: el VAN

Para hablar con precisión del valor de un capital, no solo necesitamos saber su cuantía, sino también su vencimiento. Si nos deben 20 000 euros que vencen dentro de tres años y queremos saber lo que nos deben hoy (su valor actual), debemos hallar su valor actual. Si el tipo de interés es del 6 %, 20 000 euros de dentro de tres años valen hoy 16 792. Por tanto, ese es el valor de la deuda hoy.

Para valorar la conveniencia de llevar a cabo una inversión, los economistas han ideado una serie de criterios que se clasifican en dinámicos o estáticos, según tengan en cuenta o no el factor tiempo.

Los **criterios estáticos** de selección de inversiones no tienen en cuenta los efectos del tiempo sobre la inversión, es decir, ignoran el cambio del valor del dinero en el tiempo y, por ello, se llaman criterios **no financieros**. Por su parte, los criterios **dinámicos o financieros** sí incluyen el tiempo como una variable, es decir, tienen en cuenta que los cobros y pagos de la inversión se producen en momentos distintos.

Entre los criterios dinámicos, los más manejados son el del valor actual neto (VAN) y el criterio de la tasa interna de rentabilidad (TIR). De los estáticos, destacamos el criterio del plazo de recuperación o *pay back* y el criterio del flujo neto total.

El valor actual de una inversión

Las decisiones de inversión requieren un estudio previo de las opciones existentes. Por ejemplo, si una empresa necesita renovar sus instalaciones, seguramente podrá elegir entre varias opciones. Unas supondrán un desembolso inicial mayor, pero generarán mayores ingresos después; otras tendrán un precio inferior, pero implicarán mayores pagos posteriores, etc. Por ello, es preciso, en primer lugar, disponer de toda la información sobre las distintas opciones y analizar los flujos de cobros y pagos que genera cada opción. En segundo lugar, habrá que actualizar los flujos netos de caja para poder compararlos y operar con ellos.

EN LA PRÁCTICA **La actualización de los flujos netos de una inversión**

Vamos a analizar un proyecto de inversión de una empresa que necesita adquirir nuevos equipos cuyo precio de adquisición o desembolso inicial es de 120 000 euros y su vida útil estimada, de cuatro años. Los cobros y pagos estimados a lo largo de esos cuatro años son los siguientes:

	AÑO 1	AÑO 2	AÑO 3	AÑO 4
Cobros derivados de la inversión	50 000	48 000	45 000	45 000
Pagos por gastos de energía, mantenimiento, etc.	10 000	13 000	15 000	20 000
Flujos netos de caja	**40 000**	**35 000**	**30 000**	**25 000**

El resumen de los datos sería: –120 000 / 40 000 / 35 000 / 30 000 / 25 000.

Como vemos, la suma de los flujos de caja esperados suponen 130 000 euros (40 000 + 35 000 + 30 000 + 25 000). Si comparamos esta cifra con el desembolso inicial (120 000 euros), nos podría parecer que interesa la inversión, ya que los flujos netos de caja superan el desembolso inicial. Pero si nos fijamos, lo que hemos hecho es comparar euros actuales (desembolso inicial) con euros que se recibirán en el futuro (los flujos de caja se producen a lo largo de cuatro años); es decir, estamos comparando cantidades heterogéneas, con lo que el resultado no será muy fiable.

Por ello, los flujos de caja deben expresarse en euros de hoy, es decir, con su valor actual. Para actualizar estos flujos debemos conocer el tipo de interés que la empresa considera aplicable a esta inversión, al que llamaremos k. Si suponemos que en nuestro ejemplo k es el 10 %:

Valor actual de los flujos de caja = $40\,000 / (1 + 0{,}1) + 35\,000 / (1 + 0{,}1)^2 + 30\,000 / (1 + 0{,}1)^3 + 25\,000 / (1 + 0{,}1)^4 =$
$= 36\,364 + 28\,926 + 22\,539 + 17\,075 = 104\,904$ euros.

Por tanto, los 130 000 euros que se recibirán a lo largo de cuatro años tienen un valor equivalente a 104 904 euros actuales. Ahora ya sí podemos comparar el desembolso inicial (A) con el valor actual de los flujos de caja, pues son cantidades homogéneas, referidas a un mismo momento del tiempo (euros actuales). Efectuando esa comparación, comprobamos que la empresa pierde más de 15 000 euros con esta inversión: –A + valor actual de los flujos de caja = –120 000 + 104 904 = –15 096 euros.

- ¿Crees que debería efectuarse esta inversión? ¿Por qué?

El criterio del valor actual neto (VAN)

En el ejemplo anterior, la inversión no interesaba, porque el coste es superior a lo que se recupera. En esto consiste básicamente el criterio del valor actual neto (VAN), en comparar el coste de la inversión (desembolso inicial) con los flujos netos de caja generados durante su vida útil, pero expresados en euros actuales:

$$\textbf{VAN} = -A + Q_1 / (1 + k) + Q_2 / (1 + k)^2 + \ldots + Q_n / (1 + k)^n$$

- VAN: valor actual neto o rendimiento neto actualizado de la inversión.
- A: valor del desembolso requerido por la inversión (aparece con signo negativo para señalar que se trata de una salida de dinero).
- Q_i: flujos de caja de cada período (su signo es positivo porque suponen entradas de dinero, siempre que los cobros sean mayores que los pagos).
- k: tipo de actualización o descuento aplicable a la inversión. Representa el coste del dinero o tipo de interés de mercado y lo determina el empresario para cada inversión, considerando lo que le cuesta el dinero a la empresa.

Si el valor del VAN es positivo, la inversión es realizable, porque nos indicaría que se espera obtener unos rendimientos netos actualizados mayores que el coste de la inversión o desembolso inicial; si el VAN es negativo, no debe realizarse (su coste es mayor de lo que se recupera). Si el VAN fuera igual a cero, significaría que el coste de la inversión coincide con lo que se recupera. Por tanto:

- Si VAN > 0 → interesa la inversión.
- Si VAN < 0 → no interesa.
- Si VAN = 0 → es indiferente.

Cuando existan varias alternativas con VAN > 0, será preferible la que tenga un VAN superior, porque eso significa que con ella se obtiene el mayor rendimiento.

*****

Valor actual neto de una inversión (VAN)

Valor actualizado de los rendimientos netos esperados de una inversión. Se obtiene calculando la diferencia entre el desembolso inicial y el valor actualizado de los flujos netos de caja que genera la inversión. Según este criterio, el requisito para que interese la inversión es que su valor sea positivo.

EN LA PRÁCTICA **Cálculo del VAN**

En el ejemplo de inversión (en miles de euros) –200 / 90 / 80 / 70, y para un coste del dinero del 7 %:

$VAN = -200 + 90 / (1 + 0{,}07) + 80 / (1 + 0{,}07)^2 + 70 / (1 + 0{,}07)^3 = -200 + 84{,}1 + 69{,}8 + 57{,}1 = 11 \rightarrow 11\,000$ euros.

Como el resultado es positivo, la inversión interesa, porque genera unos rendimientos superiores al coste de la misma y, por tanto, enriquece la empresa.

Si para la misma inversión la empresa hubiera estimado que el coste del dinero fuera del 11 %, comprobaríamos que la inversión no sería realizable (VAN negativo). Esta subjetividad para determinar el valor de *k* es el principal **inconveniente** de este criterio. A medida que aumenta *k*, disminuye el VAN de la inversión, por lo que el valor elegido para *k* condiciona mucho el resultado.

A veces, existe un valor residual al final de la vida de la inversión (venta de los equipos, etc.) que debe considerarse como un flujo de caja más en el último año. Así, en el ejemplo resuelto, y para un valor residual de 10 000 euros, los datos del problema serían: –200 / 90 / 80 / 70 + 10.

ACTIVIDAD RESUELTA

1. Una empresa debe elegir entre: a. Ampliar el negocio en 200 000 euros y obtener así 90 000 euros anuales cada uno de los próximos tres años; b. Adquirir un nuevo negocio por 225 000 euros, no obtener nada el primer año y obtener 150 000 euros en cada uno de los dos años siguientes; c. Comprar un terreno por 200 000 euros y venderlo tres años después por 240 000 euros. **Si el tipo de interés es del 5 %, calcula el VAN de estas inversiones y clasifícalas por orden de preferencia.**

SOLUCIÓN

a. $VAN_1 = -200\,000 + 90\,000 / (1 + 0{,}05) + 90\,000 (1 + 0{,}05)^2 + 90\,000 (1 + 0{,}05)^3 = 45\,092{,}31$ €.

b. $VAN_2 = -225\,000 + 0 + 150\,000 / (1 + 0{,}05)^2 + 150\,000 (1 + 0{,}05)^3 = 40\,630{,}06$ €.

c. $VAN_3 = -200\,000 + 240\,000 / (1 + 0{,}05)^3 = 7321{,}02$ €.

Los tres proyectos son realizables, pero es preferible el primero porque ofrece un mayor rendimiento.

4 La tasa interna de rentabilidad (TIR)

Tasa interna de rentabilidad de una inversión (TIR)

Representa la ganancia obtenida por cada euro invertido en un proyecto. Se obtiene como aquel valor de k o tipo de actualización que hace que el VAN sea igual a cero. Según este criterio, el requisito para que la inversión sea factible es que su valor sea superior al coste del dinero o tipo de interés de mercado.

Como hemos visto, k es el tipo de interés (coste del dinero) utilizado para la actualización de los flujos de caja de una inversión, que nos permitía calcular su VAN. Pues bien, el valor de k que hace que el valor actual neto (VAN) de la inversión sea cero se denomina **tasa interna de rentabilidad** de esa inversión (**TIR**). Para diferenciarla del resto de los valores posibles de k, a ese valor concreto lo llamaremos r. La TIR (r) de una inversión se define, por tanto, como el tipo de actualización o descuento que cumple:

$VAN = -A + Q_1 / (1 + k) + Q_2 / (1 + k)^2 + ... + Q_n / (1 + k)^n = 0.$

En la fórmula del VAN, sustituyendo k por r, y haciendo que VAN = 0, tenemos:

$-A + Q_1 / (1 + r) + Q_2 / (1 + r)^2 + ... + Q_n / (1 + r)^n = 0.$

En el cálculo del VAN, k era un dato que se introducía en el problema; ahora, en la expresión resultante, r es la incógnita. Una vez hallado su valor, veamos cuándo interesa una inversión. Si r se define como la ganancia obtenida por cada euro invertido en el proyecto, para que la inversión sea realizable, esa ganancia (r) debe ser superior a lo que le cuesta a la empresa el dinero (k). Por tanto:

- Si $r > k$ → interesa la inversión.
- Si $r < k$ → no interesa.
- Si $r = k$ → es indiferente.

Si hay que seleccionar uno de entre varios proyectos, se elegirá aquel que presente una TIR mayor.

EN LA PRÁCTICA **Cálculo de la TIR**

Una empresa de cableado de fibra óptica quiere valorar, aplicando el criterio TIR, una inversión que supone un desembolso inicial de 6 millones de euros y de la que espera obtener en dos años estos flujos de caja: 5 millones en el primero y 4 en el segundo. El coste del dinero estimado por la empresa es del 8 %. En el proyecto –6 / 5 / 4, la condición que debe cumplir la TIR es:

$$-A + Q_1 / (1 + r) + Q_2 / (1 + r)^2 = 0.$$

Introduciendo los datos del problema, nos queda: $-6 + 5 / (1 + r) + 4 / (1 + r)^2 = 0.$

Multiplicando ambos miembros de la igualdad por $(1 + r)^2$, resulta: $-6 (1 + r)^2 + 5 (1 + r) + 4 = 0.$

Para facilitar las operaciones, hacemos que $(1 + r) = x$, con lo que la expresión resultante sería una ecuación de segundo grado: $-6x^2 + 5x + 4 = 0.$

Resolviendo la ecuación, obtendremos dos soluciones:

$$x = \frac{-b \pm \sqrt{b^2 - 4ac}}{2a} = \frac{-5 \pm \sqrt{25 - 96}}{-12} = \frac{-5 \pm 11}{-12} = \begin{cases} x = -0,5 \\ x = 1,33 \end{cases}$$

Como hemos sustituido *(1 + r)* por x, ahora habrá que deshacer el cambio: $r = x - 1$. Por tanto, los valores de r son: –1,5 y 0,33. De las dos soluciones, la de valor negativo se rechaza porque no es imaginable un rendimiento negativo, y nos queda: r = 0,33, es decir, r = 33 %, que significa que por cada euro invertido se obtienen 0,33 euros de ganancia, o que por cada 100 euros invertidos se obtienen 33 euros de ganancia.

La inversión interesa, ya que su rentabilidad (r = 33 %) es superior al coste del dinero para esta empresa (k = 8 %).

El **inconveniente** de este criterio se produce cuando el número de flujos de caja es superior a dos, ya que deben resolverse ecuaciones de tercer grado, cuarto, etc. El problema se resuelve con una calculadora financiera que tenga esta función o mediante un programa de hoja de cálculo. También se resuelve por procedimientos de prueba y error, hasta encontrar un valor de r que, por aproximación, iguale ambos miembros de la ecuación, lo cual hace que su cálculo sea complicado.

- Una empresa desea realizar una inversión valorada en 6 millones de euros, con una duración de dos años y unos flujos de caja esperados de 4 millones de euros el primer año y de 3, el segundo. Si el coste del dinero es del 10 % anual, calcula la TIR de esta inversión y comenta el resultado. Para los cálculos, puedes simplificar los datos resumiendo el proyecto en: –6 / 4 / 3.

La relación entre el VAN y la TIR

La representación gráfica de la derecha nos indica cómo varía el VAN en función del factor de actualización (k) elegido en el proyecto.

Para cada valor de *k*, obtendremos un valor diferente del VAN; y solo existe un valor de *k*, (k = r), que hace el VAN = 0; este valor de *r* será la TIR (tasa interna de rentabilidad del proyecto).

La función es decreciente: a medida que aumenta *k*, el VAN es menor:

- Cuando r > k (por ejemplo, k_1) → el VAN es positivo: interesa la inversión.
- Cuando r < k (por ejemplo, k_2) → el VAN es negativo: no interesa la inversión.
- Para r = k, el VAN se hace 0: la inversión es indiferente.
- Para un valor de k = ∞ → la función del VAN tiende al valor –A.

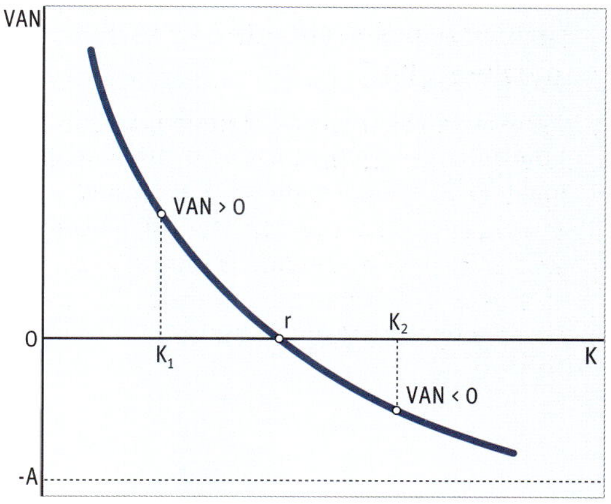

EN LA PRÁCTICA **Elegir entre varios proyectos**

¿Qué proyecto es más rentable?: A. Una inversión cuyo desembolso inicial es de 250 000 euros, con una duración de dos años y unos flujos de caja de 150 000 y 160 000 euros, respectivamente. B. Colocar los 250 000 euros en un fondo de inversión a renta fija durante los dos años, con una rentabilidad garantizada del 10 %.

Para calcular la rentabilidad del proyecto A (–25 / 15 / 16), aplicamos la fórmula: $-25 + 15 / (1 + r) + 16 / (1 + r)^2 = 0$.

Al multiplicar ambos miembros por $(1 + r)^2$ y hacer el cambio: (1 + r) = x, obtenemos la siguiente ecuación: $-25x^2 + 15x + 16 = 0$.

Resolviendo la ecuación, se obtienen dos valores y descartamos el negativo; así que: r = 0,1544, es decir, una rentabilidad del 15,44 %.

El proyecto B tiene una rentabilidad garantizada del 10 % y, así, su TIR = 10 %. Por tanto, el proyecto A es mucho más rentable.

ACTIVIDAD RESUELTA

1. Un empresario puede invertir en uno de estos proyectos: a. Comprar un barco en construcción invirtiendo 100 000 euros y venderlo dos años después por 130 000 euros; b. Montar una tienda con una inversión de 54 000 euros y unos flujos de caja de 30 000 y 40 000 euros, durante el primer y segundo año, respectivamente. ¿En qué proyecto debe invertir y por qué?

SOLUCIÓN

a) El primer proyecto podemos expresarlo como: –10 / 0 / 13.

Su tasa de rentabilidad la obtenemos así: $-10 + 13 / (1 + r)^2 = 0$.

Resolviendo la ecuación de segundo grado, obtenemos: r = 0,14, es decir, un 14 % de rentabilidad.

b) El segundo proyecto podemos expresarlo como: –54 / 30 / 40.

Su tasa de rentabilidad la obtenemos de la ecuación: $-54 + 30 / (1 + r) + 40 / (1 + r)^2 = 0$.

Resolviendo la ecuación de segundo grado, obtenemos: r = 0,1821, es decir, una rentabilidad del 18,21 %.

Claramente, el proyecto b es el que debe ser elegido, porque proporciona una mayor rentabilidad.

2. Un banco concede a una empresa un préstamo de 800 000 euros, a dos años y con un interés del 12 %. El último año, la empresa deberá devolver el préstamo y los intereses del último año. A partir de estos datos: a) Señala el desembolso inicial y los distintos flujos de caja de la inversión que realiza el banco; b) ¿Cuál es la TIR de esta inversión para el banco?

SOLUCIÓN

a) El desembolso inicial es de 800 000 euros y los flujos de caja para el primer año, de 96 000 euros (12 % de 800 000), y para el segundo año, de 896 000 euros (total del préstamo más los intereses). Por tanto, el proyecto podemos representarlo como: –800 / 96 / 896.

b) La fórmula de la TIR sería: $-800 + 96 / (1 + r) + 896 / (1 + r)^2 = 0$.

No habría necesidad de calcular el valor de *r*, ya que nos viene dada: la rentabilidad para el banco es el tipo de interés que cobra por el préstamos (12 %). Sustituyendo en la fórmula r = 0,12, comprobamos que se cumple.

5 Criterios estáticos de selección de inversiones

Plazo de recuperación de una inversión

Es el período de tiempo que tarda la empresa en recuperar la cantidad invertida. Se calcula sumando los sucesivos flujos de caja hasta llegar a igualar el desembolso inicial.

Mientras que los criterios anteriores –VAN y TIR– se conocen como criterios financieros o dinámicos, porque tienen en cuenta los efectos del tiempo sobre la inversión, los criterios estáticos para seleccionar inversiones no tienen en cuenta ese efecto, es decir, comparan euros de hoy con euros que se producirán en el futuro, lo cual hace que sean poco recomendables como criterios de selección.

El criterio del plazo de recuperación o *pay back*

Consiste en calcular el tiempo que tarda la empresa en recuperar el desembolso inicial. En una inversión con un desembolso A y con unos flujos de caja $Q_1, Q_2, ..., Q_n$, el plazo de recuperación es el tiempo necesario para que la suma de los flujos de caja iguale el desembolso inicial. A la hora de elegir entre varias inversiones, se optaría por la que tuviera un menor plazo de recuperación.

Para calcularlo, iremos acumulando sucesivamente esos flujos hasta que su suma coincida con A. En la inversión –20 000 / 8000 / 6000 / 6000 / 4000, el *pay back* será de tres años (8000 + 6000 + 6000 = 20 000), que es el tiempo que se tarda en recuperar los 20 000 euros. En caso de no coincidir con períodos justos anuales, se supone que el último flujo de caja se obtiene gradualmente a lo largo del año. En la inversión –10 / 5 / 4 / 2, suponemos que el último flujo (2) se obtiene a lo largo del año, por lo que no hace falta que transcurran tres años, sino solo dos y medio.

Si los flujos de caja son constantes, es decir: $Q_1 = Q_2 = ... = Q_n = Q$, el plazo de recuperación se obtiene así: $P = A / Q$. En una inversión con un desembolso inicial de 16 000 euros y unos flujos de caja constantes de 4000 euros en cada año de los cinco que dura, el *pay back* sería: P = 16 000 / 4000 = 4 años.

La principal **ventaja** de este criterio es su sencillez. Sus **inconvenientes** son:

- No tiene en cuenta que los flujos de caja se producen en distintos momentos del tiempo, es decir, no considera la pérdida del valor del dinero a lo largo del tiempo.
- Tampoco considera la totalidad de los flujos de caja de la inversión, ya que ignora los flujos que se generan con posterioridad al plazo de recuperación.

Es decir, se trata de un criterio poco riguroso y, por tanto, poco fiable. Suele usarse cuando lo que interesa es recuperar cuanto antes el dinero invertido. Por ello, más que para medir la rentabilidad, se usa para medir la liquidez o rapidez en la recuperación de la inversión.

ACTIVIDAD RESUELTA

1. **De los tres proyectos siguientes, analiza cuál es preferible según el criterio del plazo de recuperación o *pay back* y comenta los resultados:**
   a) Proyecto A: –100 000 / 50 000 / 35 000 / 20 000 / 5000 / 1000.
   b) Proyecto B: –110 000 / 25 000 / 25 000 / 25 000 / 25 000 / 20 000.
   c) Proyecto C: –100 000 / 10 000 / 20 000 / 40 000 / 60 000 / 80 000.

SOLUCIÓN

a) Plazo de recuperación del proyecto A: 2 años y 9 meses.
b) Plazo de recuperación del proyecto B: 4 años y 6 meses.
c) Plazo de recuperación del proyecto C: 3 años y 6 meses.

El proyecto A nos permite recuperar el desembolso de la inversión en menos tiempo que los otros dos y, por ello, es preferible según el criterio del *pay back*. Esto es debido a que los flujos de caja iniciales son muy altos, y se recupera pronto el coste inicial. No obstante, este criterio no tiene en cuenta los flujos siguientes (dos últimos años), en los que se observa que el proyecto A presenta unos flujos de caja decrecientes frente a unos flujos crecientes e importantes de los proyectos B y, sobre todo, C. La simple suma aritmética (no financiera) de estos flujos nos permitiría comprobar que el proyecto A (preferible según el criterio del *pay back*) no sería elegido con un criterio que tuviera en cuenta la totalidad de los flujos de caja.

El criterio del FNT

El **criterio del flujo neto total por unidad monetaria comprometida (FNT)** consiste en dividir la suma de los flujos de caja entre el desembolso inicial:

$$FNT = \sum_{i=1}^{n} Q_i / A$$

Según este criterio, solo son realizables aquellas inversiones cuyo FNT > 1, ya que unos valores inferiores a la unidad significan que no se recupera el desembolso inicial. Si hubiera que elegir, se seleccionaría la de mayor FNT. A diferencia del *pay back*, este criterio sí tiene en cuenta todos los flujos de caja, pero mantiene el incoveniente de no considerar los cambios del valor del dinero con el tiempo.

Veamos su aplicación a la elección entre dos proyectos posibles cuyas características, expresadas en miles de euros, son:

CARACTERÍSTICAS DE LAS INVERSIONES	CÁLCULO DEL FLUJO NETO TOTAL	
Proyecto 1: –50 / 16 / 14 / 10	FNT_1 = (16 + 14 + 10) / 50 = 40 / 50 = 0,8 < 1	**PROYECTO 1**
Proyecto 2: –40 / 30 / 20 / 10	FNT_2 = (30 + 20 + 10) / 40 = 60 / 40 = 1,5 > 1	**PROYECTO 2**

La inversión 2 sí es realizable, ya que FNT > 1: por cada euro invertido se recuperarían 1,5 euros. La inversión 1 se descartaría: por cada euro invertido únicamente se recuperarían 80 céntimos.

smSaviadigital.com PRACTICA

Realiza un esquema comparativo sobre los distintos criterios de selección de inversiones con sus ventajas e inconvenientes.

ACTIVIDAD RESUELTA

1. **Una empresa debe decidir entre dos proyectos de inversión. El proyecto X requiere un desembolso inicial de 30 000 euros, y de él se esperan unos flujos de caja de 16 000 euros el primer año; de 14 000 euros, el segundo; de 6000 euros, el tercero; y de 2000 euros, el cuarto y último año. Por su parte, el proyecto Y necesita un desembolso inicial de 30 000 euros, y se espera que produzca unos flujos de caja de 6000 euros el primer año; de 8000 euros, el segundo; de 16 000 euros, el tercero; y de 26 000 euros, el cuarto y último año. ¿Qué proyecto sería mejor si se utilizara el criterio del plazo de recuperación o *pay-back*? Calcula el VAN de ambos proyectos para un coste del dinero del 5 % y comenta los resultados.**

SOLUCIÓN

Proyecto X: –30 000 / 16 000 / 14 000 / 6000 / 2000.
Plazo de recuperación del proyecto X: dos años.

Proyecto Y: –30 000 / 6000 / 8000 / 16 000 / 26 000.
Plazo de recuperación del proyecto Y: tres años.

Según el criterio del *pay back*, sería preferible el proyecto X, pero si calculamos el VAN:

$VAN\ X = -30\,000 + 16\,000 / (1 + 0{,}05) + 14\,000 / (1 + 0{,}05)^2 + 6000 / (1 + 0{,}05)^3 + 2000 / (1 + 0{,}05)^4 = 34\,764{,}93$ euros.

$VAN\ Y = -30\,000 + 6000 / (1 + 0{,}05) + 8000 / (1 + 0{,}05)^2 + 16\,000 / (1 + 0{,}05)^3 + 26\,000 / (1 + 0{,}05)^4 = 48\,182{,}19$ euros.

Aunque por su plazo de recuperación sería preferible el proyecto X, debe elegirse el proyecto Y, porque presenta un VAN superior, dado que se trata de un criterio financiero mucho más fiable que cualquier criterio estático.

2. **Una empresa analiza los tres proyectos de inversión reflejados en la tabla. Si el tipo de interés es del 6 %:**
   a) ¿Qué quiere decir que el valor actual neto del proyecto B sea negativo?
   b) ¿Qué proyecto elegirías según cada criterio y por qué?

PROYECTO	VAN	TIR	*PAY BACK*
A	1300	12 %	4 años
B	–250	4,5 %	3 años y medio
C	0	6 %	3 años

SOLUCIÓN

a) Una inversión con un VAN negativo significa que sus flujos netos de caja actualizados son inferiores al coste inicial de la inversión. Es una inversión rechazable porque empobrecería a la empresa.

b) Según el VAN, solo hay una inversión interesante: el proyecto A. Según el *pay back*, se elegiría la inversión C, pero al ser un método estático, frente a un criterio financiero no habría duda en elegir el proyecto A. En cuanto al criterio TIR, dado un coste del dinero del 6 %, confirma la preferencia del proyecto A.

6 La amortización de las inversiones

Los equipos, las máquinas y las instalaciones pierden valor con el uso, el paso del tiempo o, simplemente, porque envejecen tecnológicamente. Las instalaciones de la imagen tenían un valor al principio y ahora tienen otro bien distinto. La pregunta es cuánto valen ahora. Para responder a esta cuestión, las empresas estiman cada año en cuánto se han depreciado sus inversiones para saber en todo momento cuál es su valor aproximado.

Los equipos productivos se desgastan, los ordenadores se quedan obsoletos y los edificios acaban deteriorándose, es decir, las inversiones permanentes realizadas van perdiendo valor con el paso del tiempo y como consecuencia de su uso. Este proceso de pérdida de valor de los bienes se conoce como **depreciación**.

Las principales **causas de la depreciación** de los bienes son tres: el **uso**, el **paso del tiempo** y la **obsolescencia**. Es evidente que un equipo valdrá menos cuanto más se haya usado. A su vez, el paso del tiempo, por sí solo, es otra causa de la depreciación de los bienes permanentes. Por último, la obsolescencia hace referencia al envejecimiento tecnológico. Los avances tecnológicos aumentan la capacidad de los nuevos equipos y mejoran la calidad de la producción. En consecuencia, a medida que avanza la tecnología, los bienes que no incorporan las últimas innovaciones se deprecian, y esa depreciación será tanto más acusada cuanto más rápidos sean esos avances.

La **amortización** es la expresión económica de la depreciación. Amortizar un bien supone cuantificar su depreciación, es decir, reflejar la parte que se ha consumido del valor total del bien durante un período de tiempo.

En este sentido, la amortización debe considerarse como un **coste de producción**, al igual que lo es la compra de materias primas o cualquier otro gasto, ya que la pérdida de valor de los bienes de la empresa se debe, normalmente, a su uso en el proceso productivo. Por ejemplo, si se invierten 200 000 euros en un equipo que en un año pierde un 20 % de su valor, habrá que considerar, entre los costes de ese año, esta pérdida de valor, es decir, 40 000 euros en concepto de amortización. Indudablemente, como cualquier otro coste, debe deducirse de los ingresos para obtener el beneficio de ese período.

Depreciación

Pérdida de valor de los bienes de la empresa como consecuencia de su uso, del paso del tiempo o del envejecimiento tecnológico.

Amortización

Expresión económica o cuantificación de la depreciación de los bienes de la empresa.

Cuota de amortización

Cantidad que se destina anualmente a amortizar los bienes del inmovilizado como consecuencia de su depreciación.

Fondo de amortización o amortización acumulada

Suma acumulada de las cuotas de amortización anuales hasta un momento determinado y cuya función es la de compensar la pérdida de valor de los bienes de la empresa.

La amortización permite recuperar las inversiones

La adquisición de bienes de producción supone un desembolso inicial; ese dinero es preciso recuperarlo durante el período en el que el bien se mantiene como capital productivo en la empresa. Al considerar la amortización como un coste más de cada período, este coste se incorpora al precio de los productos y se recupera con su venta y cobro a los clientes. De esta forma, se va recuperando poco a poco la inversión que en su día hizo la empresa.

La parte que se amortiza cada año de un bien se conoce como **amortización del período** o **cuota de amortización**. Como cada año se amortiza una parte, la suma de las amortizaciones practicadas hasta un determinado momento constituye un **fondo de amortización** o **amortización acumulada**. Este fondo de amortización tiene la función de ir compensando la pérdida de valor de los bienes. Ello permitirá a la empresa disponer de recursos financieros para adquirir nuevos bienes cuando haya que renovarlos. Estos fondos suponen para la empresa una forma de autofinanciar sus próximas inversiones.

No obstante, la depreciación de los bienes de producción no está sometida a reglas fijas, es decir, es difícil saber a qué velocidad van perdiendo su valor a lo largo del tiempo. Hay bienes que se deprecian con rapidez, mientras que otros van perdiendo su valor más lentamente. Por tanto, cada empresa debe analizar la naturaleza de sus inversiones y determinar el mejor procedimiento para su amortización.

ACTIVIDADES DE APLICACIÓN

1. ¿Qué relación hay entre depreciación, amortización, cuota de amortización y amortización acumulada?
2. Piensa en tu ordenador y explica qué hechos y circunstancias hacen que vaya perdiendo valor.

Métodos de amortización

Aunque sea difícil calcular qué parte de los activos se deprecia cada año, sería un error no amortizar anualmente una cierta cantidad. Por ejemplo, si una empresa adquiere un equipo que durará cinco años y a lo largo de los cuatro primeros no amortiza nada, cometerá dos errores:

- El primero, que los beneficios de esos cuatro años no serán reales, ya que no habrá tenido en cuenta el coste por la pérdida de valor de sus activos.
- El segundo, que al llegar el quinto año los equipos ya no servirán, y no se habrá previsto la constitución de un fondo para su renovación.

Por ello, hay que prever algún método que permita calcular la amortización de cada período. Entre los métodos de amortización más utilizados están:

1. **El criterio lineal o de cuotas fijas.** Consiste en amortizar cada año la misma cantidad. Llamando *B* a la base amortizable, *Vo* al coste de adquisición del bien, y *Vr* al valor que se espera obtener con su venta en el momento de su liquidación o valor residual, tenemos que B = Vo – Vr.

   Si el número de años de vida útil del inmovilizado es *n*, la cuota de amortización de cada período se calcula así: C = B / n.

   Si se adquiere un equipo por valor de 150 000 euros, que tendrá una vida económica de diez años y que no valdrá nada pasado ese tiempo (no tiene valor residual), según este criterio, cada año se habrá consumido una décima parte de la vida del equipo. Así, la cuota de amortización anual es de 15 000 euros, que se incluirá como coste de amortización en cada año. Pasados tres años, la amortización acumulada será de 45 000 euros.

2. **Criterio de amortización acelerada.** Permite amortizar la mayor parte de los equipos en los primeros años. Para ello, las cuotas de amortización disminuyen con el tiempo, en lugar de ser constantes.

   Una de las fórmulas que se utilizan para acelerar la amortización consiste en amortizar en el primer año el doble del criterio lineal. En el ejemplo anterior, si el equipo dura diez años, amortizamos el 20 % (2 · 10) el primer año, es decir, 30 000 euros. En años sucesivos, se deduce cada año el 20 % del valor restante o pendiente de amortizar. En el segundo año, el valor pendiente de amortizar es de 120 000 euros (150 000 – 30 000), por lo que se amortiza el 20 % de 120 000, es decir, 24 000 euros, y así sucesivamente.

El reflejo contable de la amortización

Si la amortización es la constatación de la pérdida de valor de un bien, esta pérdida debe aparecer claramente reflejada en la contabilidad de la empresa, así como los fondos que se van destinando a reponer el bien en su día.

Para ello, en las cuentas de la empresa aparece, por una parte, el valor inicial del bien y, por otra, la amortización que se va acumulando año tras año. De esta forma, puede comprobarse en todo momento cuál fue su valor inicial, y también cuánto se ha amortizado hasta el momento.

El valor real del bien en un determinado momento se obtiene calculando la diferencia entre el valor inicial y la amortización acumulada.

Así, en el ejemplo (amortización lineal), a los dos años, la amortización acumulada es de 30 000 euros, con lo que sabremos que el valor real del bien es de 120 000 euros, aunque su valor inicial siga reflejando 150 000. A los diez años, la amortización acumulada mostrará 150 000 euros, pero el valor real será cero, es decir, se repondrá el activo disponiendo del fondo constituido en los diez años.

En sectores en los que el avance tecnológico es continuo, como el de las telecomunicaciones, el capital productivo de las empresas se deprecia con rapidez, por lo que son recomendables criterios de amortización acelerada.

smSaviadigital.com PRACTICA

Elabora un esquema sobre los distintos métodos de amortización señalando ejemplos.

ACTIVIDADES

Actividades de síntesis

1. Completa en tu cuaderno este mapa conceptual. Incluye nuevas ideas que consideres importantes en el lugar que les corresponda y con los enlaces adecuados.

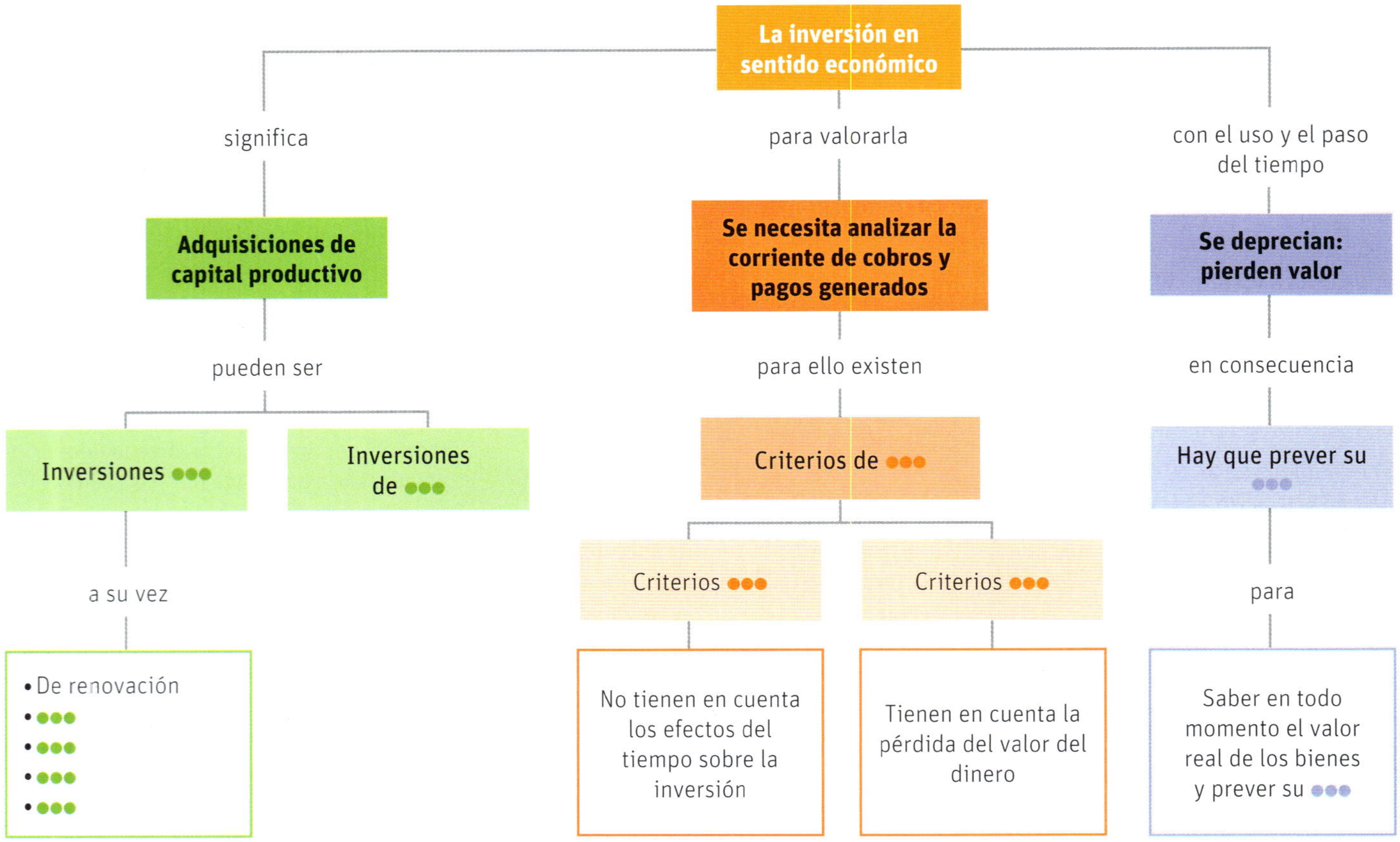

smSaviadigital.com VALORA LO APRENDIDO > Realiza la **autoevaluación.**

Actividades de análisis y problemas

2. Sirviéndote de un ejemplo, explica las relaciones entre ahorro, inversión económica e inversión financiera.

3. Indica si las siguientes informaciones se refieren a inversiones de funcionamiento o a inversiones permanentes. De las señaladas como permanentes, especifica su tipo (renovación, ampliación, innovación, I+D+i o de carácter social).
   a) Se adquieren dos nuevas furgonetas para aumentar la flota de transporte de una compañía.
   b) Se renuevan los ordenadores obsoletos de las oficinas de la empresa.
   c) Se adquieren materias primas.
   d) Se destinan fondos para un proyecto de búsqueda de nuevas técnicas y materiales de producción.
   e) Se pagan los salarios de los trabajadores.
   f) Se invierten fondos para mejorar las condiciones de seguridad y salud de los trabajadores.
   g) Se sustituye la maquinaria que ya no funciona.

4. Sabiendo que el tipo de interés es del 5 %, contesta a las cuestiones que se plantean a continuación.
   a) Si hoy dispones de 5000 euros, ¿cuánto valdrán dentro de un año?
   b) ¿Y dentro de cuatro años?
   c) ¿Cuánto vale hoy un capital de 50 000 euros que vence dentro de cinco años?
   d) ¿Qué es preferible: un capital, hoy, de 8000 euros o un capital de 10 000 euros que vence dentro de dos años?
   e) Razona tu respuesta al apartado anterior.

5. A partir de un ejemplo, describe los distintos elementos que definen una inversión y sitúalos en un esquema temporal.

6. Define el concepto de flujo neto de caja de una inversión en un período de tiempo.

7. Comenta la diferencia entre los criterios dinámicos de selección de inversiones y los métodos estáticos.

8. Una empresa debe renovar sus instalaciones y desembolsar inicialmente 90 000 euros. Con esta inversión se estima que durante los tres años de vida útil de los nuevos equipos se obtendrán unos flujos netos de caja de: 40 000 euros el primer año, 35 000 el segundo y 30 000 el tercero. Si el coste del capital es del 8 %:

a) ¿Cuál es el valor actual del conjunto de los flujos netos de caja de esta inversión?

b) ¿Es aconsejable esta inversión según el criterio del VAN?

9. Una empresa está estudiando tres proyectos de inversión, cuyos datos se reflejan en la tabla:

PROYECTO	DESEMBOLSO	Q_1	Q_2	Q_3
1	100	–	50	150
2	1000	1000	–	–
3	700	600	100	1000

a) ¿Cuáles podrían realizarse de acuerdo con el criterio del VAN para un tipo de interés de mercado del 7 %?

b) ¿Cómo afectaría a los resultados obtenidos un aumento de la tasa de descuento o tipo de interés de mercado?

10. Observa estos datos sobre dos proyectos de inversión:

		PROYECTO 1	PROYECTO 2
DESEMBOLSO INICIAL		50 000	55 000
AÑO 1	Cobros	35 000	26 000
	Pagos	5 000	6 000
AÑO 2	Cobros	30 000	30 000
	Pagos	10 000	5 000
AÑO 3	Cobros	25 000	40 000
	Pagos	15 000	5 000

a) Clasifícalos por orden de preferencia según los criterios del *pay back* y VAN para un coste del dinero del 6 %.

b) ¿En qué se diferencian ambos criterios? ¿Cuál es la razón de que lleguen a resultados distintos? ¿Qué criterio te parece más fiable y por qué?

11. Un fabricante de bicicletas valora la posibilidad de instalar una nueva tienda y se plantea dos opciones:

- Opción 1: localizar la tienda en la ciudad X. Esto supone un desembolso inicial de 100 000 euros y la generación de unos flujos de caja estimados de 55 000 y 62 500 euros el primer año y el segundo, respectivamente.
- Opción 2: Localizar la tienda en la ciudad Y. Esto supone un desembolso inicial de 80 000 euros, y la generación de unos flujos de caja estimados de 25 000 y 70 000 euros el primer año y el segundo, respectivamente.

a) Si el coste de capital es del 10 %, ¿cuál es el valor actualizado neto de cada inversión?

b) Con los datos anteriores, ¿qué ciudad elegirá el fabricante para instalar la tienda y por qué?

12. Si el tipo de interés es del 5 %, calcula el valor actual neto de de estos tres proyectos de inversión de una empresa y clasifícalos por orden de preferencia.

- Ampliar el negocio en 200 000 euros y obtener 70 000 euros anualmente durante los próximos cuatro años.
- Adquirir un nuevo negocio por 250 000 euros y obtener 120 000 euros en los años segundo, tercero y cuarto (en el primero no obtendría nada).
- Comprar un terreno ahora por 250 000 euros para venderlo dentro de cuatro años por 300 000 euros.

13. A partir de estos proyectos (cifras en miles de euros):

		FLUJOS DE CAJA	
	DESEMBOLSO	AÑO 1	AÑO 2
PROYECTO A	540	300	400
PROYECTO B	250	90	200

a) Calcula la tasa interna de rentabilidad de cada proyecto.

b) Interpreta los resultados y razona si es factible para un coste del capital del 8 %.

c) ¿Qué inconveniente tiene este criterio?

14. Razona cuál de estas dos alternativas es más rentable.

- Llevar a cabo un proyecto con una inversión inicial de 4 millones de euros, con una duración de dos años y unos flujos de caja de 2 millones el primer año y de 2,5 millones el segundo.
- Colocar los 4 millones en un fondo de inversión en renta fija durante esos dos años, con una rentabilidad anual garantizada del 8,5 %.

15. Una inversora debe elegir entre dos proyectos. ¿Cuál le recomiendas en términos de rentabilidad? ¿Por qué?

- Proyecto X: supone un desembolso inicial de 1 millón de euros, genera un flujo neto de caja anual de 600 000 euros durante dos años y el valor residual es de 250 000 euros.
- Proyecto Y: se invierte 1 millón de euros durante dos años en un depósito bancario cuya rentabilidad anual es del 3,5 %.

16. Una empresa se plantea un proyecto de inversión para los próximos cuatro años. El valor de la inversión inicial es de 400 000 euros. Los cobros previstos durante el primer año son de 300 000 euros y aumentan el 20 % acumulativamente los años siguientes. Los pagos representan el 80 % de los cobros. Al finalizar el cuarto año, la empresa obtiene 150 000 euros de la venta de los activos como valor residual. Sabiendo que el coste medio del capital es el 7 %:

a) Define el criterio VAN, describe su expresión matemática y expresa el criterio para aceptar o rechazar el proyecto.

b) Calcula mediante el criterio VAN la viabilidad del proyecto de inversión y razona la respuesta.

ACTIVIDADES

17. ¿Cómo interpretas que un proyecto de inversión tenga una TIR del 9 % y un VAN positivo? ¿Cómo deberá ser, por comparación con la TIR, la tasa de coste del capital?

18. Un proyecto de inversión proporciona un VAN negativo para una tasa de coste del capital del 8 %. Al calcular la TIR, resulta ser del 6,4 %. Interpreta ambos resultados y justifica qué decisión tomar sobre este proyecto.

19. La empresa TABLASA, que fabrica chapa de madera, necesita realizar un proyecto de inversión a dos años con una inversión inicial de 1 500 000 euros y un coste del dinero del 4,3 % anual. Si los flujos de caja son de 275 000 euros en el año 1 y de 650 000 euros en el año 2:
    a) Calcula el plazo de recuperación y razona si debe llevarse adelante el proyecto.
    b) ¿Tendría sentido calcular el VAN de la inversión?

20. Una empresa valora tres posibles inversiones con un mismo coste inicial de 6 millones de euros y los flujos de caja (en miles de euros) que se muestran en la tabla:

	AÑO 1	AÑO 2	AÑO 3	AÑO 4
PROYECTO 1	–	3000	3000	–
PROYECTO 2	3000	1500	1500	1000
PROYECTO 3	2000	–	1000	6000

    a) Determina la prioridad de estos proyectos según los criterios de plazo de recuperación y flujo neto total.
    b) Ordena estos proyectos según el criterio del VAN para un coste del dinero del 10 % y comenta los resultados.

21. Una empresa baraja dos proyectos para adquirir nuevos equipos, el proyecto A: –250 / 90 / 80 / 70; y el proyecto B: –240 / 120 / 120 / 120. Con estos datos:
    a) ¿Cuál es el mejor según el plazo de recuperación? ¿Qué inversión elegirán según el criterio del FNT? ¿Por qué?
    b) ¿En qué se diferencian los criterios del FNT y el *pay back* y cuáles son sus inconvenientes?

22. Las instalaciones y equipos se deprecian con el tiempo. ¿Cómo se preparan las empresas para soportar el deterioro? ¿Cómo se refleja en la contabilidad?

23. ¿Por qué se deprecian los bienes del activo fijo? ¿Qué sectores crees que se ven más afectados por el envejecimiento tecnológico? ¿Cómo recuperan las empresas la pérdida de valor de sus activos?

24. Una empresa renueva su maquinaria por 500 000 euros. Si su vida útil es de cinco años y usa un criterio de amortización lineal, ¿cuánto se amortizará cada año? A los tres años, ¿cuál será el valor real de la maquinaria?

25. Si una empresa se olvidara de ir amortizando sus bienes productivos, ¿qué efecto tendría sobre el cálculo de beneficios anuales? ¿Qué consecuencias tendría al renovarlos?

EVALUACIÓN

ENTRÉNATE

1. Si usted mantiene 12 000 euros durante tres años en una cuenta de ahorro de una entidad financiera, ¿cuál será su capital equivalente al cabo de esos tres años, sabiendo que el tipo de interés aplicado es del 5 %?

2. El término "inversión" es muy utilizado en conversaciones coloquiales. Explique:
    a) El concepto de inversión bajo el punto de vista económico y financiero, con la ayuda de un ejemplo.
    b) ¿Qué tipo de inversión realiza una entidad financiera que compra un edificio? ¿Y una constructora que compra en bolsa acciones de otra empresa?

3. Explique los tipos de inversiones de acuerdo con su carácter temporal. Ponga dos ejemplos de cada una.

4. Explique brevemente las características principales de los siguientes métodos de valoración de inversiones: *pay back*, VAN y TIR. Señale sus ventajas e inconvenientes.

5. A la empresa ARDILLA S. A., que realiza trabajos en el sector del turismo rural, se le presenta la posibilidad de acometer un proyecto de inversión de dos años de duración, con una inversión inicial de 2100 millones de euros y unos flujos de caja esperados de 750 millones de euros el primer año y 900 millones de euros el segundo. Para un coste del dinero del 5 % anual, calcule el valor actual neto y el plazo de recuperación. Razone si el proyecto se debe llevar adelante teniendo en cuenta los criterios utilizados.

6. Una empresa quiere diversificar su producción y se plantea dos proyectos de inversión. El proyecto A exige comprar una máquina con un coste de 60 000 euros, de la que va a obtener unos flujos netos de caja de 25 000 euros el primer año y 35 000 euros el segundo. El proyecto B requiere un desembolso inicial de 50 000 euros y unos flujos de caja de 30 000 euros cada año, durante los dos primeros años de la inversión. Se pide:
    a) Calcular el valor actual neto (VAN) de cada proyecto, si el tipo de interés anual es del 5 % anual. Se considera que el valor residual de la máquina es nulo.
    b) Razonar qué proyecto debería emprender la empresa

7. Una persona dispone de 10 000 euros y se le presentan dos posibilidades de inversión: participar en un negocio que le supondría un desembolso inicial de 10 000 euros y unos flujos de caja durante los dos próximos años de 4650 y 7000 euros respectivamente; o invertir los 10 000 euros durante dos años en un fondo de inversión de rentabilidad anual garantizada del 8 %.
    a) ¿Qué alternativa debe elegir si el objetivo es obtener la máxima rentabilidad?
    b) En el caso del fondo de inversión, suponiendo unos flujos de caja de 800 y 10 800 euros al final de cada año, calcula su valor actualizado neto para un coste del capital del 8 % y comenta el resultado.

8. El señor García ha comprado un local por 100 000 euros y espera venderlo dentro de un año por 132 000 euros. ¿Cuál sería la TIR de esta inversión? Si esta rentabilidad es menor que el tipo de interés o coste de la deuda, ¿se debería llevar a cabo la inversión desde el punto de vista del VAN? Razone su respuesta.

9. Una empresa está valorando tres proyectos de inversión con los criterios VAN y TIR, con los resultados que muestra esta tabla:

	VAN	TIR
PROYECTO 1	–1200	5,75 %
PROYECTO 2	1500	14,50 %
PROYECTO 3	0	6 %

a) ¿Qué quiere decir que el VAN del proyecto 1 sea negativo o que el del proyecto 3 sea 0?

b) Si el tipo de interés de mercado es del 6 %, ¿qué proyecto sería mejor y por qué?

c) Si se realizan los tres proyectos, ¿cuáles serían las consecuencias para la empresa y por qué?

10. Un banco concede un préstamo de 300 000 euros a una empresa por el cual en cada uno de los dos años de su duración le cobrará un interés del 8 %. El último año, la empresa debe devolver el principal del préstamo y los intereses del último año ¿Cuál es el desembolso inicial y los distintos flujos de caja de la inversión realizados por el banco? ¿Cuál es la TIR de esta inversión?

11. Si la TIR de una inversión es superior a la tasa de coste del dinero, ¿cómo deberá ser el VAN de este proyecto? ¿Por qué?

12. ¿Cómo interpreta el hecho de que un proyecto de inversión tenga una TIR del 6 % y un VAN negativo?

13. Explique el significado económico de la amortización.

14. Un empresario piensa alquilar, por dos años, unas instalaciones para fabricar y vender directamente sus productos al público. El alquiler (los dos años) cuesta 89 000 euros, que se tienen que pagar en el momento actual. Si se estima que estos flujos de caja (en euros) serán en esos dos años:

	COBROS	PAGOS
AÑO 1	62 000	12 000
AÑO 2	78 000	18 000

a) Calcule el valor actual neto (VAN) de esta inversión si el coste del capital es del 4 % anual.

b) Calcule la tasa interna de rentabilidad (TIR).

c) Indique y explique si este proyecto es aceptable según los criterios del VAN y TIR.

15. A una empresa se le presenta una decisión de inversión que tiene un desembolso inicial de 70 000 euros, genera un flujo de caja el primer año de 45 000 euros y el segundo año de 25 000 euros, siendo el tipo de actualización o descuento del 7 %.

a) Calcule el valor actual neto (VAN) de la inversión y razone si será aceptable.

b) Argumente si la TIR será mayor o menor al 7 %.

c) Si el tipo de actualización o descuento aumenta, razone qué ocurriría con el VAN.

d) ¿Cómo debe ser el desembolso inicial para que el proyecto fuera realizable según el VAN?

Test de conocimientos básicos

1. ¿Cuál de estas inversiones no es permanente?

a) Adquisición de nuevos equipos para remplazar a los anteriores que han quedado obsoletos.

b) Inversiones en compras de materias primas.

c) Inversiones en I+D+i.

2. Una inversión es viable si la TIR es:

a) Positiva.

b) Inferior al coste del dinero.

c) Superior al coste del dinero.

3. Según el criterio del VAN, se elegirán las inversiones:

a) Cuyo VAN es mayor que cero.

b) Cuyos flujos de caja sean todos positivos.

c) Las dos respuestas anteriores son ciertas.

4. El plazo de recuperación o *pay back* es un criterio de:

a) Liquidez. b) Rentabilidad. c) Productividad.

5. Una empresa tiene estos dos proyectos de inversión que se muestran en la tabla:

PROYECTO	DESEMBOLSO	VAN	PLAZO DE RECUPERACIÓN
A	110 000	1 300	4 años
B	100 000	–900	3 años

Según el criterio del *pay back*, es recomendable:

a) El proyecto B, porque el desembolso inicial es inferior.

b) El proyecto B, porque el período de recuperación de la inversión es inferior.

c) El proyecto A, porque el VAN es positivo.

6. ¿Qué es la amortización de los bienes de la empresa?

a) La devolución del dinero prestado para comprarlos.

b) La estimación de su depreciación.

c) La compra a plazos del inmovilizado.

11 El patrimonio y las cuentas de la empresa

Disponer de información relevante y fiable es fundamental para poder analizar la situación económica y financiera de las empresas. La información que se desprende del balance y de la cuenta de resultados tiene un interés especial, ya que permite conocer cómo marcha la empresa en un momento dado y de dónde proceden sus beneficios o pérdidas.

Pobres de tiempo

"Érase una vez un hombre que se quejaba de que nunca tenía tiempo, lo que enojó mucho (¡pero que mucho!) a sus minutos, quienes habrían jurado que duraban como los demás". ¿Cómo puede hablarse de escasez de tiempo cuando el tiempo es algo sobre lo que no podemos actuar? ¿No es el tiempo el mismo para cada persona, sea cual sea su condición?

Pues parece ser que no, y al igual que hay pobres de bienes, también hay pobres de tiempo. Ello solo se explica si se comprende cómo contabilizamos el tiempo en el ámbito de la productividad y del consumo.

Ser más productivos significa producir las cosas en menos tiempo. Si una fábrica elabora inicialmente 100 productos en diez horas y, gracias a mejoras técnicas, consigue con posterioridad fabricarlos en ocho horas, su productividad aumenta, pues libera dos horas de trabajo. Estas dos horas podrían dedicarse a pasear, dormir o charlar. Pero lo que se suele hacer es trabajar las mismas diez horas y producir más cantidad, pasando de 100 a 125 productos, aumentando así nuestras posibilidades de consumo; es decir, los aumentos de productividad se traducen en incrementos de producción y consumo. Y ahora viene la paradoja: consumir requiere... ¡tiempo! Y ese tiempo tendrá que detraerse del dedicado a leer, pasear o charlar.

Alguien dirá que tenemos hoy más tiempo libre del que tenían nuestros antepasados. Ello es cierto, pero también han aumentando las "cosas" que consumir y las tareas que hacer. Es entonces cuando llega el estrés por falta de tiempo. Tiempo, hay más, pero se espera que hagamos tantas cosas que tenemos la sensación de que no hay suficiente. Además, el ciudadano tiene que pagar todo ese consumo.

Así, se encuentra frente a otra terrible elección: si trabaja más tiempo, tendrá más dinero, que podrá emplear en más ocio. Ahora bien, cuando disponga de ese dinero no tendrá tiempo para disfrutarlo.

Es la "paradoja de la buena vida". Tenemos una vida más rica, pero menos satisfactoria. Es un grave error, porque la vida no es más rica por aglutinar más cosas y experiencias, sino por el modo en que las vivimos. Quizás tengamos que cambiar la forma de contabilizar (valorar) nuestro tiempo. Si lo consiguimos, tal vez algún día hagamos del tiempo un bien abundante.

Adaptado de Trías de Bes, F.: "El tiempo como bien escaso", *El País Semanal*, 17-IV-2005.

ANALIZA LA IMAGEN

1. Las empresas utilizan cifras y gráficos como los de la imagen para saber en todo momento cuál es su valor en bolsa. También necesitan conocer qué deudas tienen o cuántos beneficios obtienen. ¿Cómo crees que lo calculan?
2. Si tuvieras que calcular el patrimonio de tu familia, ¿cómo lo harías?

ANALIZA EL TEXTO

- En nuestra sociedad, contabilizamos el tiempo de ocho en ocho horas: ocho horas de descanso, ocho dedicadas al ocio y a la familia y ocho al trabajo. ¿En qué se justifica esta forma de contar el tiempo? ¿Cómo la cambiarías y para qué?
- Según tu experiencia personal, ¿qué es preferible: menos y mejor o cuanto más, mejor?

1 El patrimonio de la empresa

Para conocer los componentes del patrimonio de una tienda de dispositivos móviles, por ejemplo, no basta con observar y hacer un recuento de los bienes que están a la vista. Necesitamos conocer los libros contables de esta empresa, en los que aparecerán, junto al valor de los bienes, facturas pendientes de cobrar, deudas con bancos o con proveedores, etc.

Con frecuencia, pensamos que la riqueza o patrimonio de una persona es el conjunto de bienes que posee (dinero, casas, coches, etc.). Sin embargo, esta idea de patrimonio puede resultar equívoca.

Alguien puede entender que una persona es rica o que tiene un gran patrimonio cuando posee múltiples bienes de gran valor. Pero si junto con esos bienes, valorados, por ejemplo, en un millón de euros, tiene deudas y bienes hipotecados por un valor superior, pensaremos que, más que ante una persona rica, estamos ante alguien que tiene problemas financieros.

Trasladando esta consideración al terreno empresarial, para determinar el patrimonio de una empresa habrá que tener en cuenta no solo los bienes que posee, sino también lo que debe a otras personas y lo que le deben a ella.

Veamos la descripción del patrimonio de una empresa a través de un ejemplo.

La empresa Maratón, dedicada a la venta de material deportivo, dispone a día 1 de enero de la siguiente **información sobre su patrimonio** en euros:

1. Dinero en efectivo o en caja: 4000.
2. Dinero en cuentas corrientes bancarias: 20 000.
3. Local comercial donde desarrolla el negocio: 60 000.
4. Una furgoneta para el reparto: 15 000.
5. Deuda con los proveedores por compras de material deportivo: 25 000.
6. Derechos de cobro sobre clientes por ventas de material: 23 000.
7. Deuda con el banco por un préstamo que debe devolver en tres años: 50 000.
8. Equipo informático para llevar el negocio: 3000.
9. Mobiliario de la tienda (mostrador, estanterías, etc.): 18 000.
10. Artículos de material deportivo para la venta (mercaderías): 83 000.
11. Letras de cambio pendientes de cobro: 14 000.
12. Letras de cambio pendientes de pago: 5000.
13. Aportaciones de los socios al negocio: 160 000.

Lo primero que se observa en esta relación es que en ella aparecen elementos de muy diversa naturaleza, que se pueden clasificar en tres grandes grupos:

- **Bienes:** son el local, la furgoneta, las mercaderías, el dinero en caja, etc.
- **Derechos:** cantidades que nos deben los clientes a los que hemos vendido a crédito o letras de cambio que esperamos cobrar a su vencimiento.
- **Obligaciones:** las deudas contraídas por la empresa por diversos motivos (préstamo del banco, material no pagado suministrado por el proveedor, letras de cambio pendientes de pago, etc.).

Valor del patrimonio o neto patrimonial

Por tanto, el patrimonio de una empresa está constituido por el conjunto de bienes de su propiedad, los derechos a su favor y las obligaciones adquiridas con terceros ajenos a la empresa, todo ello debidamente valorado en un momento determinado. En el patrimonio de la empresa:

- Los bienes y derechos representan la parte positiva del patrimonio (activos).
- Las obligaciones representan la parte negativa (pasivos).

El valor neto del patrimonio de una empresa, o **patrimonio neto**, se halla sumando el valor de sus bienes y derechos y restando a la cantidad obtenida el valor de sus obligaciones.

*

Patrimonio

Conjunto de bienes, derechos y obligaciones que tiene la empresa en un momento determinado y que constituye los medios económicos y financieros por medio de los que trata de cumplir sus objetivos.

La representación del patrimonio

Con el fin de separar los bienes y derechos de las obligaciones, el patrimonio de una empresa se representa en dos columnas: en la izquierda se relacionan los bienes y derechos, mientras que en la derecha se agrupan las obligaciones.

PATRIMONIO DE LA EMPRESA MARATÓN A 1 DE ENERO (EN EUROS)			
Bienes	**203 000**	**Obligaciones**	**80 000**
– Dinero en caja	4 000	– Préstamo a largo plazo	50 000
– Dinero en c/c bancaria	20 000	– Deudas con proveedores	25 000
– Local comercial	60 000	– Letras pendientes de pago	5 000
– Furgoneta	15 000		
– Equipo informático	3 000		
– Mobiliario de la tienda	18 000		
– Artículos para la venta	83 000		
Derechos	**37 000**		
– Clientes	23 000		
– Letras pendientes de cobro	14 000		
Total bienes y derechos	**240 000**	**Total obligaciones**	**80 000**

Para calcular el patrimonio neto, a la suma de bienes y derechos le restamos las obligaciones: patrimonio neto (PN) = 240 000 – 80 000 = 160 000 euros.

Si observamos la lista del patrimonio de la empresa Maratón (página anterior), comprobamos que el valor calculado del PN coincide, curiosamente, con el único elemento de su patrimonio que aún no hemos clasificado. Se trata de las aportaciones de los socios a la empresa o fondos propios (160 000). La naturaleza tan especial que tiene este componente patrimonial aconseja crear una tercera agrupación en la representación del patrimonio, que se denomina *patrimonio neto*, y que situaremos junto con los pasivos en la columna derecha. Por tanto, podemos representar el patrimonio completo de la empresa en dos columnas:

- En la columna de la izquierda, que se denomina **activo**, se agrupan todos los elementos patrimoniales que constituyen bienes y derechos.
- En la columna de la derecha, denominada **patrimonio neto y pasivo**, se relacionan los fondos propios y las obligaciones.

De esta representación se deduce que el valor de los bienes y derechos (lo que la empresa tiene en activos) asciende a 240 000 euros, mientras que el valor de las obligaciones (pasivos) asciende a 80 000 euros. Por tanto, la diferencia entre ambas cantidades constituye el valor neto del patrimonio, esto es, 160 000 euros, que coincide con el montante de las aportaciones de los socios o fondos propios de la empresa. Esto que ocurre con esta empresa se cumple siempre:

ACTIVO		PATRIMONIO NETO Y PASIVO	
Bienes	203 000	Aportaciones de socios (neto)	160 000
Derechos	37 000	Obligaciones (pasivo)	80 000
Total bienes y derechos	**240 000**	**Total PN y pasivo**	**240 000**

El valor de los activos de la empresa ha de ser igual al valor de sus pasivos más los fondos propios, por lo que el valor total del activo (A) ha de ser siempre igual a la suma de los valores del pasivo (P) y del neto patrimonial: A = P + PN. Esta expresión se conoce **como ecuación fundamental del patrimonio**, y de ella se deduce que: **A – P = PN**.

La razón de este equilibrio y de que siempre cuadre, es decir, que las sumas totales del activo y el pasivo más el neto siempre coincidan, está en que el neto patrimonial se obtiene como valor residual definido como activo menos pasivo.

Ejemplos y casos

Si una persona dispone de una casa valorada en 300 000 euros, de la que tiene un crédito hipotecario por 200 000 euros, un coche valorado en 15 000 euros, del que tiene pendiente de pagar 7000 euros, y su dinero en cuenta bancaria y en efectivo es de 1500 y 500 euros, respectivamente, su patrimonio neto será: PN = A – P = 300 000 + 15 000 + 2 000 – – (200 000 + 7 000) = 110 000 euros.

2 Elementos y masas patrimoniales

*

Masas patrimoniales

Conjunto de elementos patrimoniales ligados entre sí por alguna característica común. Las más importantes son el activo no corriente, el activo corriente, el neto, el exigible a corto plazo y el exigible a largo plazo.

Los **elementos** o **componentes patrimoniales** son los distintos bienes, derechos y obligaciones que forman el patrimonio. Por ejemplo, son elementos patrimoniales el dinero en caja, los derechos de cobro sobre clientes, las deudas con los proveedores, las existencias en almacén o los edificios de la empresa.

Los elementos patrimoniales podemos agruparlos según su naturaleza o la función que cumplen en la empresa. Estas agrupaciones constituyen lo que se denomina **masas patrimoniales** o conjunto de elementos ligados entre sí por alguna característica común.

Ya hemos visto una primera agrupación en tres grandes apartados o masas patrimoniales: **activo, patrimonio neto y pasivo**.

- El activo agrupa los bienes y derechos que son propiedad de la empresa. Por tanto, nos muestra la relación de los elementos patrimoniales que la empresa ha ido adquiriendo para el desarrollo de su actividad.
- Por otro lado, en el patrimonio neto y en el pasivo se agrupan aquellos elementos que significan fondos aportados por sus propietarios o procedentes de fuentes ajenas a la empresa, es decir, nos habla de cómo se financia la empresa. La relación de elementos del neto y del pasivo nos informa, por tanto, sobre la procedencia de los distintos recursos financieros que utiliza la empresa, tanto propios (neto) como ajenos (deudas u obligaciones).

Dado que los elementos patrimoniales que forman parte tanto del activo como del neto y del pasivo son muy diversos, conviene establecer algún otro criterio que nos permita agrupaciones más cómodas y operativas para su análisis.

Criterios de clasificación del activo

Un criterio muy utilizado para ordenar los activos es la **función que desempeñan** en el seno de la empresa. Según este criterio, dentro del conjunto de elementos del activo podemos distinguir entre aquellos bienes que están ligados a la empresa de forma duradera y que representan sus inversiones permanentes, y los que están ligados al ciclo de producción de la empresa y constituyen sus inversiones de funcionamiento. Los primeros se agrupan bajo la denominación de activos no corrientes y los segundos, de activos corrientes.

- **Activo no corriente.** Está formado por el conjunto de elementos patrimoniales cuya función es asegurar la vida de la empresa. Su permanencia en ella es indefinida, es decir, están vinculados a la empresa de forma permanente (edificios, instalaciones, maquinaria, etc.). Por ello, la mayor parte de estos activos se denominan también **inmovilizados**.
- **Activo corriente.** Es el conjunto de elementos cuya función es asegurar el ciclo de explotación de la empresa (materias primas, productos terminados, dinero en bancos o en caja, etc.). Son los componentes que están sujetos a un continuo proceso de renovación, ligado al ciclo productivo y comercial de la empresa: aprovisionamiento-transformación-venta-cobro.

ACTIVO
Activo no corriente o inmovilizado (activos permanentes)
Activo corriente (activos que se renuevan cíclicamente y a corto plazo)

EN LA PRÁCTICA **Los activos de una empresa comercial**

Supongamos una empresa comercial de papelería. En su activo encontramos elementos como el local, el mobiliario, los equipos informáticos, etc.; todos serán patrimonio de la empresa durante varios años y, por ello, forman parte de su activo no corriente o inmovilizado. Pero en el activo figurarán también las existencias de materiales para la venta (bolígrafos, cuadernos, etc.), y de facturas pendientes de cobro, etc. Lo deseable es que estos últimos elementos se vendan o se cobren cuanto antes, y que permanezcan poco tiempo formando parte del patrimonio de la empresa. Por ello, forman parte de su activo corriente.

- Piensa en una tienda de ropa y haz una relación de sus activos, clasificándolos en activo no corriente y activo corriente.

Criterios de clasificación del patrimonio neto y del pasivo

1. **Según el carácter exigible o no exigible de los fondos** utilizados por la empresa se distingue entre:
   - **Patrimonio neto o no exigible.** Son los fondos propios, es decir, el capital aportado por los socios o propietarios de la empresa, así como las reservas constituidas con beneficios obtenidos y no repartidos.
   - **Pasivo o exigible.** Está formado por las deudas a las que la empresa deberá hacer frente.

   A su vez, según el plazo de devolución, se distingue entre:

   - **Pasivo no corriente o exigible a largo plazo.** Son las deudas con vencimiento a más de un año (préstamos a largo plazo, empréstitos, etc.).
   - **Pasivo corriente o exigible a corto plazo.** Obligaciones de pago a las que tiene que hacer frente la empresa antes de un año (deudas con proveedores o con acreedores, préstamos a corto plazo, etc.).

ACTIVO	PATRIMONIO NETO Y PASIVO
– Activo no corriente	– Fondos propios (neto)
– Activo corriente	– Pasivo exigible a largo plazo
	– Pasivo exigible a corto plazo

2. **Según el carácter más o menos permanente de los fondos.** Si consideramos el patrimonio neto y el pasivo como una relación de fondos o recursos financieros puestos a disposición de la empresa, se observan dos tipos diferentes de recursos:
   - **Recursos permanentes.** Tanto el conjunto de los fondos propios como el pasivo exigible a largo plazo son recursos que estarán a disposición de la empresa durante un largo período de tiempo.

     Por ello, estos recursos se denominan **capitales o recursos permanentes**, porque la empresa podrá disponer de ellos sin preocuparse por su devolución en el corto plazo.
   - **Recursos a corto plazo.** Se conocen también como **pasivo corriente**, para reforzar la idea de que todos sus elementos constituyen deudas para la empresa, que tendrá que liquidar en el corto plazo.

Los recursos financieros a largo plazo también se denominan *capitales* o *recursos permanentes*, lo que nos da una idea de que la empresa podrá disponer de ellos sin preocuparse por su devolución en el corto plazo, independientemente de que esos recursos hayan sido aportados por los socios (fondos propios) o por terceros ajenos a la empresa (préstamos a largo plazo).

ACTIVO	PN Y PASIVO
Activo no corriente	**Recursos permanentes** – No exigible o neto – Exigible a largo plazo
Activo corriente	**Pasivo corriente** – Exigible a corto plazo

Ahora estamos en disposición de representar el **patrimonio de la empresa Maratón** a 1 de enero (en euros) organizado en las masas patrimoniales descritas:

ACTIVO		PN Y PASIVO		
Activo no corriente	**96 000**	**Fondos propios (neto)**	**160 000**	Capitales o recursos permanentes
– Local comercial	60 000	– Aportaciones de los socios	160 000	
– Furgoneta	15 000	**Exigible a largo plazo**	**50 000**	
– Equipo informático	3 000	– Préstamo a largo plazo	50 000	
– Mobiliario de la tienda	18 000			
Activo corriente	**144 000**	**Exigible a corto plazo**	**30 000**	Pasivo corriente
– Artículo para la venta	83 000	– Deudas con proveedores	25 000	
– Clientes	23 000	– Letras pendientes de pago	5 000	
– Letras pendientes de cobro	14 000			
– Dinero en c/c bancaria	20 000			
– Dinero en caja	4 000			
Total activo	**240 000**	**Total PN y pasivo**	**240 000**	

3 El sistema informativo de la empresa: la contabilidad

Contabilidad

Conjunto de métodos y técnicas que sirven para anotar o registrar los distintos hechos económicos que afectan al patrimonio de la empresa con objeto de conocer en todo momento su situación económica y financiera.

Cuenta

Estado representativo de la evolución y situación de los elementos patrimoniales y de los gastos e ingresos de la empresa (por ejemplo, la cuenta de clientes o la cuenta de gastos de Personal). La cuenta se divide en dos partes, denominadas *debe* y *haber*. La diferencia entre los totales del debe y el haber es el saldo de la cuenta.

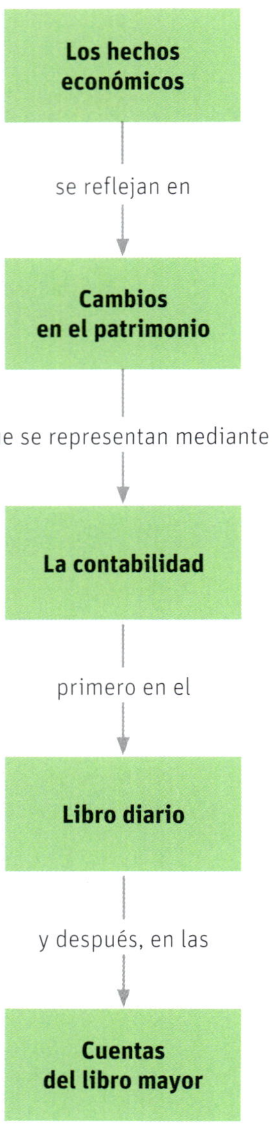

Dirigir una empresa es una tarea compleja que exige disponer de información relevante y fiable. Para ello, todas las empresas disponen de un sistema de información en el que basarse para tomar decisiones. Un aspecto clave de ese sistema informativo es el relato de la historia económica de la empresa, es decir, la contabilidad.

La **contabilidad** es una técnica que permite registrar todas y cada una de las operaciones que realiza la empresa y, al mismo tiempo, describir los efectos económicos que tienen esas operaciones en el patrimonio de la entidad.

Gracias a ella, la empresa de nuestro ejemplo anterior, Maratón, sabe que a 1 de enero su mobiliario vale 18 000 euros o que debe 25 000 euros a los proveedores.

Los instrumentos contables: la cuenta

Para describir los movimientos económicos que ocurren día a día en la empresa es preciso utilizar unos instrumentos adecuados y comunes a todas las empresas. Si cada empresa registrara estos hechos a su manera, resultaría imposible comparar situaciones de distintas empresas. Por ello, existen normas e instrumentos, entre los que destacan **la cuenta, el libro diario y el libro mayor**.

Como la actividad económica diaria de la empresa va cambiando el valor de su patrimonio, hemos de utilizar un instrumento que nos sirva para representar esos cambios en cada uno de los elementos patrimoniales. Este instrumento se denomina **cuenta** y se representa como una *T*, en la que la línea vertical separa dos partes: la parte izquierda se llama *debe* y la derecha, *haber*. Por ejemplo, la cuenta del elemento patrimonial *Dinero en bancos* se representa así:

Debe	Dinero en bancos	**Haber**

Se utilizan tantas cuentas como elementos patrimoniales existan. En ellas, se anota el valor inicial de cada elemento patrimonial, así como sus variaciones posteriores.

La primera anotación de cada cuenta nos indica su valor inicial; por tanto, siempre que un nuevo elemento se incorpora al patrimonio de una empresa procede abrir una cuenta y anotar en ella su valor. La regla es que los nacimientos de las cuentas de activo se anotan en el debe, mientras que los de pasivo se anotan en el haber. Por ejemplo, si abrimos una cuenta en el banco con un ingreso de 3000 euros, dado que se trata de una cuenta de activo, lo anotaremos en el debe. En cambio, si nuestros proveedores nos envían mercaderías a crédito por 10 000 euros, al ser una cuenta de pasivo, lo anotaremos en el haber.

Debe	Dinero en bancos	**Haber**
3 000		

Debe	Proveedores	**Haber**
		10 000

Una vez anotado el valor inicial de cada cuenta, procede anotar las variaciones de valor que experimentan como consecuencia de las operaciones que realiza la empresa. Para ello, se procede de la siguiente forma:

- Los aumentos de valor de los elementos de activo se anotan en el debe y las disminuciones se anotan en el haber.
- Los aumentos de valor de los elementos de pasivo y de neto se anotan en el haber y las disminuciones se anotan en el debe.

Debe	Cuentas de activo	**Haber**
Valor inicial Aumentos		Disminuciones

Debe	Cuentas de pasivo y neto	**Haber**
Disminuciones		Valor inicial Aumentos

La fase descriptiva de la contabilidad: los libros contables

1. **El libro diario.** Como su propio nombre indica, en este libro se van anotando las distintas operaciones a medida que se producen; se trata, por lo tanto, de un documento que recoge la **historia económica de la empresa** de forma cronológica. En cada ejercicio económico nos cuenta la historia de la empresa día a día, desde la primera operación hasta la última de ese período. Para este relato se emplea una metodología que consiste en describir cada hecho económico mediante unas anotaciones especiales que reciben el nombre de *asientos contables*, basados en el principio de **partida doble**.

   Según este principio, en cualquier hecho económico siempre encontramos dos vertientes o aspectos. En el ejemplo anterior (ingreso de dinero en el banco), solo tuvimos en cuenta el aumento de nuestra cuenta bancaria; pero esa misma operación ha afectado a otro elemento patrimonial, ya que ese dinero ha salido de caja, cuyo montante ha disminuido.

   Por tanto, cada hecho económico debe ser interpretado contablemente para que pueda ser registrado. En los asientos contables se identifican los elementos a los que afecta el hecho económico de que se trate y se registran sus variaciones (aumentos o disminuciones), de tal forma que puedan ser trasladados después a sus cuentas respectivas en el libro mayor.

2. **El libro mayor.** En él se registran las cuentas de todos los elementos patrimoniales. Cada hoja abierta del libro representa una cuenta distinta: la página de la izquierda es el debe y la de la derecha, el haber. El registro contable de las distintas operaciones se hace primero en el libro diario, y después se trasladan al libro mayor, en las cuentas correspondientes a los elementos afectados por aumentos o disminuciones.

Libros contables

El Código de Comercio señala que los empresarios están obligados a llevar una contabilidad ordenada, adecuada a la actividad de la empresa, que permita un seguimiento cronológico de todas sus operaciones, así como la elaboración periódica de balances e inventarios. Para ello, llevarán obligatoriamente un libro de inventarios y cuentas anuales y un libro diario. El libro mayor es un libro principal, pero no obligatorio. Las empresas deben presentar los libros obligatorios en el Registro Mercantil para su legalización antes de ser utilizados.

La fase de síntesis: los estados contables

Pero la técnica contable no se limita a la descripción de las operaciones realizadas, sino que además permite resumir toda esa información y trasladarla a documentos de síntesis (estados contables), entre los que destacan el **balance de situación** y la **cuenta de resultados**.

Estos documentos, que vamos a analizar con más detenimiento en los siguientes apartados de la unidad, resumen lo más relevante de toda la información obtenida, tanto de la composición cualitativa y cuantitativa del patrimonio como de los resultados del período.

EN LA PRÁCTICA **La técnica contable**

Siguiendo el ejemplo de la página anterior, supongamos que hoy retiramos del banco 1000 euros. Al ser una disminución, debemos anotarla en el haber de la cuenta *Dinero en bancos*. Si con ese dinero pagamos a nuestros proveedores, lo anotaremos en el debe de la cuenta *Proveedores*, pues es una disminución de la deuda.

Debe	Dinero en bancos	Haber
3 000		1 000

Debe	Proveedores	Haber
1 000		10 000

El valor de un elemento cualquiera en un momento dado es igual a la diferencia entre el debe y el haber. Esta diferencia se llama **saldo de la cuenta**. En nuestro ejemplo, comprobamos que:

Saldo de la cuenta *Dinero en bancos* = (3000 – 1000) = 2000 de saldo deudor, es decir, el banco nos debe 2000 euros.

Saldo de la cuenta *Proveedores* = 10 000 – 1000 = 9000 de saldo acreedor, es decir, debemos a los proveedores 9000 euros.

- Si retiramos 1500 euros de nuestra cuenta bancaria, ¿cuáles son los elementos afectados? ¿Cómo se registraría en las cuentas correspondientes?

4 El balance de situación

Las marcas y patentes son activos intangibles que representan desembolsos realizados por la empresa con el fin de obtener el derecho para utilizar en exclusiva un nombre, un procedimiento de fabricación o una marca comercial.

El **balance de situación** es un documento contable que refleja el patrimonio de una empresa, debidamente valorado, en un determinado momento.

Para poder analizar un balance es importante que su ordenación y presentación sigan unos criterios establecidos.

A continuación se presenta la estructura de un balance sencillo en el que se recogen las distintas agrupaciones y cuentas de uso más frecuente y en el que se tienen en cuenta las normas contables de presentación de balances.

Activo

El criterio para ordenar los elementos del activo es el **de menor a mayor grado de liquidez**, entendiendo por *liquidez* su facilidad para convertirse en dinero. Por ejemplo, las marcas, los edificios o la maquinaria son los elementos menos líquidos, ya que, para asegurar la actividad de la empresa, no pueden venderse. Por el contrario, el dinero en caja es el elemento más líquido del activo.

1. **Activo no corriente.** Representa los activos permanentes, clasificados en:
   - **Inmovilizado intangible.** Son activos inmateriales, como es el caso de la propiedad industrial (patentes y marcas), las inversiones en I+D+i, las aplicaciones informáticas, etc.
   - **Inmovilizado material.** Son activos de carácter tangible, como terrenos, construcciones, maquinaria, elementos de transporte, etc.
   - **Amortización acumulada del inmovilizado.** Los activos del inmovilizado van perdiendo valor con su uso y el paso del tiempo. Por ejemplo, si hoy se adquiere maquinaria valorada en 100 000 euros y se sabe que cada año pierde un 10 % de su valor, pasado un año, su valor real será de 90 000 euros. Para reflejar este hecho en el balance se utiliza el concepto de amortización, que es la constatación contable de la pérdida de valor de los activos.

En el balance, mantendremos el valor inicial del inmovilizado, seguido de la amortización acumulada hasta ese momento, pero con signo negativo, lo que nos indica la necesaria deducción que debe efectuarse del valor inicial para conocer su valor real en un momento dado.

Así, pasados dos años, la amortización acumulada de la maquinaria será de 20 000 euros, con lo que sabremos que el valor real es de 80 000 euros, aunque su valor inicial siga apareciendo por 100 000.

2. **Activo corriente.** Los activos corrientes, a su vez, según la menor o mayor liquidez que tengan, se clasifican en:
   - **Existencias.** Son elementos que están almacenados, bien para su venta, bien para ser utilizados en el proceso de producción. Su conversión en liquidez depende de la realización o venta de los mismos. Algunos ejemplos son las mercaderías, las materias primas, los productos terminados, etc.
   - **Realizable.** Está formado por los derechos de cobro que la empresa puede convertir (realizar) en dinero a corto plazo. Lo integran, por ejemplo, los derechos de cobro sobre clientes por ventas a crédito, o sobre deudores por otras operaciones de la empresa. Si estos derechos están formalizados en letras de cambio, se recogen como "efectos comerciales a cobrar".
   - **Disponible.** Lo integran aquellos elementos cuya disposición en liquidez es inmediata y que representan la tesorería de la empresa. Por ejemplo, dinero en caja o en cuentas corrientes en bancos. También se incluyen como equivalentes de tesorería las inversiones financieras a corto plazo, que son inversiones transitorias (compras de acciones, etc.), recuperables en un plazo muy corto de tiempo (menos de tres meses).

Ciclo de la liquidez

Patrimonio neto y pasivo

El criterio recomendado para la ordenación del patrimonio neto y pasivo es el **de menor a mayor exigibilidad**. Por ejemplo, el capital social es el menos exigible, ya que solo podrá ser exigible por los socios cuando se disuelva la sociedad. Por el contrario, las deudas a corto plazo que la empresa tiene con los acreedores pueden ser exigibles prácticamente de inmediato.

1. **Patrimonio neto (no exigible).** Recoge los recursos o fondos propios de la empresa, formados por:
   - **Capital.** Está constituido por las aportaciones de los socios o propietarios de la empresa.
   - **Reservas.** Son los beneficios obtenidos por la empresa que no se distribuyen, y que permanecen, por tanto, en la empresa como fondos propios.
   - **Resultado del ejercicio pendiente de aplicación.** Si los resultados han supuesto un beneficio para la empresa, su importe aparecerá con signo positivo en el balance, lo que significará un incremento del patrimonio neto. Por el contrario, si son pérdidas, su saldo aparecerá con signo negativo y disminuirá su valor.

Los resultados de cada ejercicio permanecerán en el balance hasta que se decida su destino. Este podrá ser, en caso de beneficio, su distribución entre los socios o su permanencia en la empresa en forma de reservas. Si, por el contrario, se trata de pérdidas, su permanencia en el balance durará hasta que se compensen mediante reservas ya constituidas o beneficios futuros.

2. **Pasivo (exigible).** Está constituido por los fondos o recursos ajenos a la empresa. Según el plazo de exigibilidad se distingue:
   - **Pasivo no corriente (exigible a largo plazo).** Las cuentas que aparecerán en este epígrafe serán representativas de préstamos recibidos por la empresa, tales como deudas a largo plazo contraídas con entidades de crédito, empréstitos, etc.
   - **Pasivo corriente (exigible a corto plazo).** Agrupa todas aquellas deudas a las que la empresa tendrá que hacer frente en un plazo inferior a un año:
     - Deudas a corto plazo con entidades de crédito como consecuencia de préstamos recibidos.
     - Deudas con proveedores por suministros recibidos y no pagados.
     - Deudas con Hacienda por impuestos pendientes de pago.
     - Efectos comerciales a pagar, que son las deudas formalizadas en letras de cambio.
     - Acreedores, que representan las deudas de la empresa como consecuencia de servicios prestados por personas o entidades ajenas a ella.

Esquema de balance de situación

ACTIVO		PN Y PASIVO	
De menor a mayor liquidez ↓	**Activo no corriente** – Inmovilizado intangible – Inmovilizado material **Activo corriente** – Existencias – Realizable – Disponible	De menor a mayor exigibilidad ↓	**Fondos propios** – No exigible **Pasivo no corriente** – Exigible a largo plazo **Pasivo corriente** – Exigible a corto plazo

Las reservas constituyen la autofinanciación de la empresa. Cada año, los socios deben decidir qué hacer con los beneficios obtenidos. Si deciden su distribución, estos fondos salen de la empresa para enriquecer a los accionistas. Si deciden que se mantengan en la empresa, están enriqueciéndola, ya que estos fondos podrán utilizarse para financiar sus nuevos proyectos de inversión.

smSaviadigital.com PRACTICA

Asigna cada elemento a la masa patrimonial a la que corresponde.

5 Elaboración del balance de situación

Cada día cambia el valor de los elementos patrimoniales como consecuencia de las diversas operaciones que se producen en la empresa diariamente. Por ello, el balance siempre viene referido a un momento determinado: al final del último día del mes o del año.

Un balance es, por tanto, como una foto fija del patrimonio, captada en un momento preciso. Su evolución a través de fotos sucesivas nos permite analizar la evolución de la empresa.

Veamos un ejercicio de aplicación de los criterios de organización y presentación del balance a partir del supuesto de una empresa, RÚSTICA, S. A., dedicada a la fabricación de muebles y que presenta la siguiente información:

Elementos patrimoniales de activo, neto y pasivo, a 31 de diciembre (en euros)	
– Dinero en cuentas corrientes a la vista en entidades bancarias	7 000
– Dinero en la caja de la empresa	1 000
– Facturas pendientes de cobrar a distintos clientes	220 000
– Letras aceptadas por clientes, pendientes de vencimiento	15 000
– Materias primas almacenadas	100 000
– Edificio propiedad de la empresa	150 000
– Existencias de muebles para la venta	150 000
– Vehículos para el reparto de las ventas	90 000
– Acciones adquiridas de otras empresas para rentabilizar un exceso transitorio de tesorería	11 000
– Mobiliario de oficina y tienda	20 000
– Patente adquirida para utilizar un nuevo método de tratamiento de maderas	9 000
– Facturas pendientes de pago emitidas por suministros de proveedores	95 000
– Letras aceptadas por RÚSTICA, S. A. a proveedores	42 000
– Préstamo concedido por bancos a devolver a corto plazo	50 000
– Préstamo concedidos por bancos a devolver a largo plazo	150 000
– Deudas con Hacienda por impuestos pendientes de pago	16 000
– Reservas constituidas en años anteriores	80 000
– Aportaciones de los socios	300 000
– Maquinaria	100 000
– Amortización acumulada del inmovilizado material	90 000
– Resultados del ejercicio (beneficios)	50 000

La tarea consiste en ordenar los elementos patrimoniales distinguiendo los activos corrientes y no corrientes, los inmovilizados materiales e inmateriales, las existencias, el realizable y el disponible. Asimismo, habrá que distinguir entre el neto y el pasivo, y, dentro de este último, entre el exigible a largo y a corto plazo.

Análisis de la información

Primero se analiza y clasifica cada uno de los elementos patrimoniales. Usaremos la descripción del epígrafe 4 y el cuadro de cuentas del epígrafe 8:

- Los derechos de cobro sobre clientes se recogen en la cuenta de clientes, pero si han sido formalizadas en letras de cambio utilizaremos la cuenta de efectos comerciales a cobrar (ambas de activo corriente y realizable). Lo mismo es válido para proveedores y efectos comerciales a pagar (ambas de pasivo corriente o exigible a corto plazo).
- En existencias (activo corriente), al ser una empresa industrial, utilizaremos la cuenta de materias primas y productos terminados.
- Las acciones adquiridas suponen una inversión financiera recuperable a corto plazo, y, por tanto, las incluiremos en el activo corriente y disponible.
- En los préstamos bancarios nos fijaremos en el plazo de devolución para clasificarlos, dentro del pasivo, en el exigible a largo o a corto plazo. La deuda con Hacienda suponemos que se trata de un pago pendiente a corto plazo (pasivo corriente o exigible a corto plazo).
- La amortización acumulada aparecerá en el activo, detrás del inmovilizado material, entre paréntesis o con signo negativo, minorando su valor.
- El resultado del ejercicio nos especifica que ha sido de beneficios; por tanto, se integrarán en el patrimonio neto como incremento. Si el resultado del ejercicio fuese de pérdidas, también aparcería en el patrimonio neto, pero restando.

Presentación del balance

El siguiente paso es presentar el balance de acuerdo con los criterios expuestos:

ACTIVO		PN Y PASIVO	
Activo no corriente	**279 000**	**Patrimonio neto (no exigible)**	**430 000**
Inmovilizado intangible	9 000	– Capital social	300 000
– Propiedad industrial	9 000	– Reservas	80 000
Inmovilizado material	270 000	– Resultado del ejercicio	50 000
– Construcciones	150 000	**Pasivo no corriente (exigible a largo plazo)**	**150 000**
– Elementos de transporte	90 000	– Deudas a l. p. con entidades de crédito	150 000
– Mobiliario	20 000	**Pasivo corriente (exigible a corto plazo)**	**203 000**
– Maquinaria	100 000	– Proveedores	95 000
– Amortización acum. inmov. material	(90 000)	– Efectos comerciales a pagar	42 000
Activo corriente	**504 000**	– Hacienda pública, acreedora	16 000
Existencias	250 000	– Deudas a c. p. con entidades de crédito	50 000
– Materias primas	100 000		
– Productos terminados	150 000		
Realizable	235 000		
– Clientes	220 000		
– Efectos comerciales a cobrar	15 000		
Disponible	19 000		
– Inversiones financieras temporales	11 000		
– Bancos c/c, vista	7 000		
– Caja	1 000		
Total activo	**783 000**	**Total PN y pasivo**	**783 000**

ACTIVIDAD RESUELTA

1. **Partiendo de los elementos patrimoniales que se relacionan a continuación, ordénalos en masas patrimoniales de activo, neto y pasivo determinando la cifra del capital social.**

Clientes	200	**Capital social**	**¿?**	Efectos comerciales a cobrar	400
Caja y bancos	1 500	Edificios	2 500	Amortización acumulada	500
Reservas legales	1 500	Proveedores	100	Reservas legales	1 000
Mobiliario	600	Elementos de transporte	1 400	Préstamos recibidos a largo plazo	3 000

SOLUCIÓN

Como el activo debe ser igual a la suma del patrimonio neto y del pasivo (A = PN + P), y dado que el dato que desconocemos forma parte del patrimonio neto, despejando: PN = A – P.

Por tanto, necesitamos conocer el valor del activo y del pasivo. Para ello, ordenamos en el balance los elementos conocidos y calculamos ambos valores:

ACTIVO		PN Y PASIVO	
Activo no corriente	**4000**	**Patrimonio neto**	**¿?**
– Construcciones (edificios)	2 500	– Capital social	¿?
– Elementos de transporte	1 400	– Reservas legales	1 500
– Mobiliario	600	**Pasivo no corriente (exigible a largo plazo)**	**3 000**
– Amortización acumulada	(500)	– Préstamo a largo plazo	3 000
Activo corriente	**3 100**	**Pasivo corriente (exigible a corto plazo)**	**100**
– Mercaderías	1 000	– Proveedores	100
– Clientes	200		
– Efectos com. a cobrar	400		
– Caja y bancos	1 500		
Total activo	**7 100**	**Total PN y pasivo**	**7 100**

Una vez confeccionado el balance (incompleto aún), ya conocemos el valor del activo, y sumando el exigible a largo plazo y corto plazo (3000 + 100) obtenemos el pasivo, por lo que:

PN = 7100 – 3100 = 4000.

Como el PN está compuesto por dos elementos:

PN = capital + reservas; de donde:

Capital = PN – reservas = 4000 – 1500 = 2500.

Si ahora incluimos la cifra de capital en el balance, comprobamos que ambas columnas están cuadradas.

6 La cuenta de resultados o de pérdidas y ganancias

Cuenta de resultados

Estado contable que refleja la síntesis de los distintos ingresos y gastos producidos a lo largo de un período, clasificados según su naturaleza, y cuya diferencia expresa el beneficio o la pérdida de la empresa. Por ello, se conoce también como *cuenta de pérdidas y ganancias*.

La cuenta de pérdidas y ganancias nos informa del origen y composición de los resultados obtenidos por la empresa. Al final de cada ejercicio, en ella se recogen, de forma detallada, los ingresos y gastos derivados de las operaciones realizadas por la empresa.

Si los ingresos superan los gastos, el resultado del ejercicio es positivo (beneficios). En caso contrario, el resultado es negativo (pérdidas).

Esta cuenta está dividida en apartados, según el tipo de ingresos y gastos recogidos, dando lugar a distintos tipos de resultados. Por ejemplo, se diferencian los resultados propios de la explotación del negocio de los originados por circunstancias financieras o fiscales de la empresa.

Por todo ello, es un documento muy útil para analizar los distintos componentes que han contribuido a la obtención del resultado del período.

La **estructura** de la cuenta de resultados es:

A. Resultado de explotación. Se obtiene como diferencia entre los ingresos y los gastos derivados exclusivamente de la actividad principal de la empresa. También se conoce como *beneficio antes de intereses e impuestos* **(BAII)**:

> **Resultado de explotación** = ingresos de explotación – gastos de explotación

B. Resultado financiero. Es la diferencia entre los ingresos y los gastos de naturaleza financiera. Gastos financieros son, por ejemplo, los intereses pagados por préstamos o créditos. Y un ejemplo de ingresos financieros son los intereses y ganancias obtenidos de inversiones financieras.

> **Resultado financiero** = ingresos financieros – gastos financieros

C. Resultado antes de impuestos (BAI). Se obtiene por la suma del resultado de explotación y del resultado financiero.

> **Resultado antes de impuestos** = resultado de explotación + resultado financiero

D. Resultado del ejercicio (BN). Finalmente, si al resultado anterior le restamos los impuestos sobre los beneficios que tendrá que pagar la empresa, obtendremos el resultado del ejercicio o beneficio neto.

> **Resultado del ejercicio** = resultado antes de impuestos – impuestos

Cuenta de pérdidas y ganancias
1. Ingresos de explotación
2. (Gastos de explotación)
A. RESULTADO DE EXPLOTACIÓN (1 + 2)
3. Ingresos financieros
4. (Gastos financieros)
B. RESULTADO FINANCIERO (3 + 4)
C. RESULTADO ANTES DE IMPUESTOS (A + B)
5. (Impuestos sobre beneficios)
D. RESULTADO DEL EJERCICIO (C + 5)

Gastos e ingresos de explotación

Para los gastos e ingresos existen denominaciones específicas.

Entre los **ingresos de explotación** más frecuentes están las ventas de mercaderías, las ventas de productos terminados, las prestaciones de servicios, los ingresos excepcionales, etc.

Entre los **gastos de explotación**, cabe destacar:

- Aprovisionamientos: compras de mercaderías o de materias primas. El gasto o consumo de mercaderías o materias primas no siempre coincide con las compras del período: consumo = compras + existencias iniciales – existencias finales.
- Gastos de personal: salarios, gastos de seguridad social a cargo de la empresa.
- Servicios exteriores: arrendamientos y cánones, reparaciones y conservación, publicidad y propaganda, suministros (agua, luz, etc.), transportes, primas de seguros, gastos en investigación y desarrollo, etc.
- Dotaciones para amortizaciones: amortización del inmovilizado.
- Otros gastos: pérdidas por clientes morosos, gastos excepcionales, etc.

Ejemplos y casos

A veces se producen ingresos y gastos que nada tienen que ver con la actividad normal de la empresa. Por ejemplo, los ingresos de vender un solar propiedad de la empresa con beneficios, o los gastos originados por un robo, un incendio o multas fiscales, que son totalmente extraordinarios. Estos ingresos y gastos atípicos se denominan *excepcionales* y se recogen dentro del resultado de explotación.

EN LA PRÁCTICA Cálculo de los resultados del ejercicio

Caso 1

Una empresa facilita la siguiente información de su cuenta de resultados del último ejercicio (en euros), y de ella se desprende que:

Gastos e ingresos del ejercicio	
– Coste de compra de materias primas	20 000
– Ingresos por ventas	50 000
– Gastos de personal	15 000
– Otros gastos de explotación	10 000
– Gastos financieros (intereses pagados)	2 000
– Ingresos financieros (intereses recibidos)	1 000
– Impuestos	1 000

Resultado de explotación = 50 000 – (20 000 + 15 000 + 10 000) = = 5000 euros (beneficio antes de intereses e impuestos o BAII).

Resultado financiero = 1000 – 2000 = –1000 euros.

Resultados antes de impuestos = 5000 – 1000 = 4000 euros (beneficio antes de impuestos o BAI).

Resultado del ejercicio = 4000 – 1000 = 3000 euros (beneficio neto o BN).

Caso 2

Veamos otro caso, cuyos datos se muestran en la tabla, en el que utilizaremos las denominaciones de gastos e ingresos presentadas en la página anterior y en el que dispondremos la información de la cuenta de pérdidas y ganancias en forma de lista con los sucesivos resultados. Para obtener el resultado del ejercicio, suponemos un impuesto sobre el beneficio de sociedades del 25 %.

Gastos e ingresos del ejercicio

Compras de mercaderías	12 000	Intereses de préstamos	300	Suministros	600
Sueldos y salarios	3 300	Ingresos financieros	100	Reparaciones y conservación	200
Ventas de mercadería	30 000	Amortización del inmovilizado	1 100	Arrendamientos (alquileres)	800
Prestaciones de servicios	5 000	Seguridad social	500		

Lo primero es identificar cada una de las partidas como gastos o ingresos, diferenciando los de explotación de los financieros.

Para la elaboración de la cuenta de pérdidas y ganancias dispondremos la información comenzando por los ingresos de explotación.

A continuación, con signo negativo o entre paréntesis, añadiremos los gastos de explotación, tal como se muestran en la tabla de la cuenta de pérdidas y ganancias.

Cuenta de pérdidas y ganancias	
– Ventas de mercaderías	30 000
– Prestaciones de servicios	5 000
– Compras de mercaderías	(12 000)
– Sueldos y salarios	(3 300)
– Seguridad social	(500)
– Arrendamientos	(800)
– Suministros	(600)
– Reparaciones y conservación	(200)
– Amortización del inmovilizado	(1 100)
A. RESULTADO DE EXPLOTACIÓN (BAII)	16 500
– Ingresos financieros	100
– Intereses de préstamos	(300)
B. RESULTADO FINANCIERO	(200)
C. RESULTADO ANTES DE IMPUESTOS (BAI)	16 300
– Impuestos sobre beneficios (25 %)	(4 075)
D. RESULTADO DEL EJERCICIO (BN)	12 225

Como se observa en la cuenta:

Resultado de explotación = ingresos de explotación – gastos de explotación = = 35 000 – 18 500 = 16 500.

Resultado financiero = 100 – 300= –200.

Resultado antes de impuestos = 16 500 – 200 = 16 300.

Impuestos = 25 % de 16 300 = 4075.

Resultado del ejercicio = 16 300 – 4075 = 12 225.

Caso 3

Una empresa presenta la siguiente información relativa a la cuenta de pérdidas y ganancias correspondientes al presente ejercicio económico y que se refleja en la tabla.

Gastos e ingresos del ejercicio

Consumo de mercaderías	8 000	Ingresos por ventas	25 000	Gastos de mano de obra	4 000
Suministro de agua y luz	1 600	Gastos financieros	3 200	Gastos de transporte	1 000
Amortización del inmovilizado	1 400	Arrendamientos	600	Primas de seguros	400

- Suponiendo que el tipo impositivo del impuesto de sociedades es del 25 %, calcula el resultado de la explotación y el beneficio neto o resultado del ejercicio.

7 Obligaciones contables: el Plan General de Contabilidad (PGC)

La información de la actividad de la empresa no solo atañe a los que la dirigen, sino también a los distintos colectivos que se relacionan con ella:

- Los **accionistas** tendrán interés en conocer los resultados de la empresa porque de ello depende el valor de sus acciones y sus posibles dividendos.
- El **Estado** requerirá esta información para saber el valor que cada empresa añade a la economía nacional y para conocer los beneficios obtenidos, ya que a partir de ellos exigirá unos impuestos.
- Los potenciales **inversores** estarán interesados porque, según sea la marcha de la empresa, decidirán si invertir o no su dinero en ella.
- Los **proveedores y bancos** necesitarán la información con la finalidad de asegurarse de la solvencia que tiene la empresa para pagar.
- Por último, para los **trabajadores y sindicatos** esta información es fundamental en la negociación de sus convenios con la empresa.

Para que todos los agentes puedan disponer de esta información, existe un conjunto de disposiciones legales que obliga a todas las empresas a llevar unos libros contables con unos criterios comunes. De este modo, se garantiza la homogeneidad en la información y se facilita que pueda ser entendida e interpretada por todos los usuarios.

Entre ese conjunto de normas destacan el Plan General de Contabilidad (PGC) y el Plan General de Contabilidad de Pymes. En lo que sigue, dado el carácter introductorio de este curso, nos referiremos a la versión adaptada para pymes.

* Plan General de Contabilidad (PGC)

Marco al que deben acogerse las empresas con el objetivo de normalizar la información contable. Existen dos versiones: el Plan General de Contabilidad y el Plan General de Contabilidad de Pymes, que también lo utilizan las microempresas. Mientras la versión completa incorpora todas y cada una de las obligaciones de registro e información establecidas, la versión para pymes simplifica las obligaciones contables y permite los modelos abreviados de cuentas anuales. Esta versión adaptada para pymes (y, en su caso, los criterios específicos para microempresas) la podrán utilizar todas aquellas empresas que reúnan al menos dos de los tres requisitos reflejados en el cuadro.

	Pymes	Microempresas
Activo	≤ 2 850 000 €	≤ 1 000 000 €
Cifra de negocios	≤ 5 700 000 €	≤ 2 000 000 €
Número de trabajadores	≤ 50	≤ 10

smSaviadigital.com INVESTIGA

Aprende más sobre **el Plan General de Contabilidad** a partir de esta actividad guiada por la red.

La estructura del Plan General de Contabilidad

El Plan se estructura en cinco grandes apartados:

1. **Marco conceptual.** Este apartado incluye las normas generales que deben tenerse en cuenta a la hora de realizar las anotaciones contables. La filosofía general que inspira estos principios es reflejar la **imagen fiel** de la empresa; es decir, procurar que sus balances y sus cuentas de pérdidas y ganancias ofrezcan una visión real, objetiva e imparcial de sus patrimonios y de los resultados de cada período.
2. **Normas de registro y valoración.** El PGC establece las normas de valoración aplicables a los elementos patrimoniales (aspecto que abordaremos en el epígrafe ocho).
3. **Cuentas anuales.** Este apartado contiene instrucciones para la redacción de las cuentas anuales, a las que nos referiremos en la página siguiente.
4. **Cuadro de cuentas.** Recoge una lista con los nombres de todos los posibles elementos patrimoniales para que todas las empresas utilicen la misma denominación. Sin esta normalización, la interpretación de los documentos contables sería caótica; pensemos en la confusión que supondría a la hora de analizar distintos balances el que cada empresa llamara a los vehículos de su propiedad de distinta forma: unas, automóviles; otras, furgonetas, o camiones, etc. En este sentido, el PGC establece que todo tipo de vehículos utilizables deben denominarse *elementos de transporte*.

   Para ello, en el cuadro de cuentas, cada elemento patrimonial está identificado con un nombre, un código y una definición de su contenido. Por ejemplo, el código de los elementos de transporte es el 218, y a continuación consta su definición. Al final de la unidad se presenta un cuadro simplificado con las cuentas de uso más frecuente.
5. **Definiciones y relaciones contables.** Este apartado establece el contenido y funcionamiento de todas las cuentas de la empresa.

Si

Las cuentas anuales

Al final de cada ejercicio, la empresa elabora sus cuentas anuales. Para las empresas que presentan **modelos abreviados** (pymes y microempresas), estas cuentas son:

- **El balance de situación.** Debe reflejar con claridad y exactitud cuál es la situación económico-financiera de la empresa, así como los beneficios obtenidos o las pérdidas sufridas al cierre del ejercicio, que suele ser el 31 de diciembre.
- **La cuenta de resultados o de pérdidas y ganancias.** Constituye un documento de gran utilidad para analizar los distintos componentes que han contribuido en la obtención del resultado del período.
- **El estado de cambios en el patrimonio neto.** Recoge las variaciones producidas en la composición del patrimonio neto de la empresa de un ejercicio a otro, facilitando el análisis de la evolución experimentada por su capital y sus reservas.
- **La memoria.** Amplía la información recogida en los documentos anteriores y contiene explicaciones complementarias e información detallada de los hechos y las circunstancias significativas que ayudan a entender las informaciones del resto de cuentas anuales.

Estos cuatro documentos forman una unidad y su elaboración debe tener como objetivo prioritario tratar de ofrecer la **imagen fiel** del patrimonio, de la situación financiera y de los resultados de la empresa. En este sentido, la normativa pone especial énfasis en la transparencia de la información y en la adecuada presentación de los hechos económicos.

La publicidad de la información suministrada por las cuentas anuales se produce mediante su depósito obligatorio en el Registro Mercantil. El carácter público del Registro Mercantil permite que cualquier persona pueda pedir la publicidad de las cuentas anuales y de los documentos complementarios presentados.

Características de la información

Para ofrecer una imagen fiel y de transparencia de la empresa, la información que suministran las cuentas anuales debe ser:

- **Relevante.** Debe contener información verdaderamente significativa para los usuarios. La información es relevante cuando nos ayuda a evaluar hechos pasados, presentes o futuros, o bien a confirmar o corregir evaluaciones realizadas anteriormente. En consecuencia, se trata de información útil para la toma de decisiones empresariales.
- **Fiable.** La información es fiable cuando las cuentas anuales están libres de errores y cuando dicha información es neutral, es decir, está libre de sesgos, lo cual permite a los usuarios confiar en que los datos suministrados representan a la empresa en su totalidad.

  Una cualidad derivada de la fiabilidad es la integridad, que se alcanza cuando la información financiera contiene, de forma completa, todos los datos que pueden influir en la toma de decisiones, sin ninguna omisión de información significativa.
- **Comparable.** De igual forma, las cuentas anuales deben ser comparables, con el objeto de determinar la situación y rentabilidad de la empresa en relación con períodos anteriores o empresas de similares características.
- **Comprensible y clara.** La información suministrada debe ser lo más clara posible con objeto de hacer más efectiva la toma de decisiones dentro de las empresas, así como para que sea fácil de entender por aquellos usuarios externos que, por la razón que sea, necesiten acceder a ella.

Ejemplos y casos

La **contabilidad B** es aquella que queda fuera de las cuentas anuales de la empresa y que, por tanto, ni se informa de ello a la Administración ni puede ser consultada.

Su existencia es casi tan antigua como la contabilidad, y sus motivos son:

1. Ocultar una parte de las ganancias de empresas y profesionales para pagar menos impuestos.
2. Ocultar ingresos ilícitos o pagos irregulares, como salarios pagados en negro, sobornos para obtener un contrato o una concesión, etc.

Es muy difícil demostrar su existencia, ya que no hay rastro de las operaciones. Las cantidades se perciben en efectivo y sin factura, o con facturas falsas, y sin pasar por los bancos. O se canalizan a paraísos fiscales, o se blanquean mediante sociedades pantalla a las que facturan trabajos ficticios, etc. Lo que permite intuir su existencia son los indicios. Por ejemplo, Hacienda rastrea las compras de bienes de lujo (yates, mansiones, etc.) que no se justifican con los ingresos declarados.

Cuentas anuales (pymes)

Conjunto de estados contables e informaciones complementarias que deben presentarse periódicamente para informar a todos los interesados en la situación de la empresa. Las cuentas anuales están integradas por el balance de situación, la cuenta de resultados, el estado de cambios en el patrimonio neto y el anexo o memoria explicativa de los principios y criterios contables que han servido de base para su elaboración.

8 Criterios de valoración del patrimonio

Si una empresa de restauración de arte ha adquirido un local por 100 000 euros para instalar un nuevo taller, cuyos gastos (notaría, escrituras, etc.) han sido de 10 000 euros, y para su uso ha necesitado hacer reformas por 50 000 euros, el valor del local en su balance reflejará 160 000 euros.

smSaviadigital.com PRACTICA

Trabaja con el cuadro de cuentas del PGC simplificado a partir de estos ejemplos.

La correcta valoración del patrimonio es fundamental para que la información contenida en el balance sea fiable. Si, por ejemplo, cada empresa valorara sus compras de activos con sus criterios particulares, los resultados que mostrarían unas y otras en sus balances no serían comparables. Para que esto no ocurra, el PGC establece unos criterios generales de valoración que, de forma resumida, se presentan a continuación.

Como principio general, los activos se han de valorar siempre según su valor de adquisición, a menos que su valor de mercado (precio medio que el mercado ofrece por dicho activo) sea más bajo que aquel. En este último caso se utilizará el valor de mercado. Además de este criterio general, existen los siguientes **criterios específicos de valoración**:

1. **Inmovilizado material (construcciones, maquinaria, etc.).** Los activos incluidos en este grupo se deben valorar por su valor de adquisición, deduciendo las amortizaciones practicadas. En el valor de adquisición, además del importe de la factura, se incluyen todos los gastos adicionales para su puesta en funcionamiento: transporte, instalación, etc. Las amortizaciones acumuladas (reconocimiento del desgaste producido) aparecerán en el activo minorando el inmovilizado material.

   Así, si hace tres años se adquirieron nuevos equipos por valor de 80 000 euros, con unos gastos de transporte e instalación de 10 000 euros, su valor de adquisición fue de 90 000 euros. Hoy, una vez que se han amortizado en un 50 %, su valor real será de 45 000 euros.

2. **Existencias (mercaderías, materias primas, productos terminados etc.).** Con carácter general, se valoran por su precio de adquisición o al coste de producción. El problema surge cuando unas mismas existencias tienen precios de adquisición diferentes. Si hay en almacén un lote de artículos (Q_1) comprado a un precio unitario P_1 y recibimos un nuevo pedido (Q_2) que se adquiere a un precio unitario P_2, ¿cómo se valoran los artículos, a P_1 o a P_2?

   Como vimos en la unidad 6, para resolver este problema se pueden emplear dos métodos de valoración:

   - El **precio medio ponderado (PMP)**. Según este criterio, la valoración debe hacerse utilizando la media ponderada de precios-cantidades, es decir:

     $PMP = (Q_1 \cdot P_1 + Q_2 \cdot P_2) / (Q_1 + Q_2)$.

   - **Método FIFO** (*first in first out* o 'primera entrada, primera salida'). Las unidades se valoran al precio de adquisición de las primeras que entraron en el almacén, es decir, en el ejemplo se valorarían a P_1.

   El PGC recomienda utilizar como criterio general el método del PMP, pero también permite la aplicación del método FIFO si la empresa lo considera más conveniente para su gestión.

3. **Inversiones en valores mobiliarios (acciones, obligaciones, etc.).** Se valorarán por su valor de adquisición. Cuando sean títulos con cotización en bolsa, figurarán en el balance a un valor no superior a la cotización oficial media en el último trimestre o a la cotización del día de cierre del balance.

4. **Clientes, efectos a cobrar, deudores.** Figurarán en el balance por su valor nominal. Sin embargo, se deducirán las dotaciones por "deterioro de valor de créditos comerciales". Estas dotaciones reflejan la parte de los derechos de cobro sobre clientes que son de dudoso cobro. Al igual que las amortizaciones acumuladas, el reflejo de este deterioro aparecerá en el activo minorando los derechos correspondientes.

5. **Pérdidas de ejercicios anteriores.** Estas pérdidas se reflejarán en el pasivo minorando los fondos propios (capital y reservas) para que estos reflejen su valor real.

CUADRO DE CUENTAS DEL PGC (simplificado y adaptado)

Activo no corriente		
203	Propiedad industrial	Significa la propiedad o el derecho al uso de patentes y marcas.
206	Aplicaciones informáticas	Significa la propiedad o el derecho al uso de programas informáticos, páginas web, etc.
210	Terrenos y bienes naturales	Solares de naturaleza urbana, fincas rústicas, otros terrenos no urbanos, minas y canteras.
211	Construcciones	Edificios en general, cualquiera que sea su destino.
212	Instalaciones técnicas	Unidades complejas de uso especializado en el proceso productivo.
213	Maquinaria	Conjunto de máquinas mediante las cuales se extraen o elaboran los productos.
216	Mobiliario	Mobiliario, material y equipos de oficina, excepto los informáticos.
217	Equipos para proceso de información	Ordenadores y demás equipos electrónicos.
218	Elementos de transporte	Vehículos de todas las clases utilizables para transportar personas, animales o bienes.
250	Inversiones financieras a largo plazo	Inversiones permanentes en acciones y otros valores de sociedades que no sean del mismo grupo de la empresa.
281	Amortización acumulada del inmovilizado material	Refleja contablemente la depreciación de los elementos del inmovilizado material. Se sitúa en el activo, con signo menos, minorando el valor inicial del inmovilizado.

Activo corriente		
300	Mercaderías	Bienes adquiridos por la empresa y destinados a la venta sin transformación.
310	Materias primas	Materiales que se transforman en productos terminados.
350	Productos terminados	Los fabricados por la empresa y destinados al consumo final o a su utilización por otras empresas.
430	Clientes	Derechos de cobro de la empresa sobre compradores de bienes por ventas a crédito.
431	Clientes, efectos comerciales a cobrar	Derechos de cobro sobre clientes, formalizados en letras de cambio aceptadas.
440	Deudores	Derechos de cobro sobre compradores de servicios que no son estrictamente clientes.
470	Hacienda pública, deudora	Deudas de Hacienda con la empresa por compensaciones, devolución de impuestos, etc.
540	Inversiones financieras a corto plazo	Inversiones temporales en acciones u otros valores de sociedades.
570	Caja	Disponibilidades de medios líquidos en caja.
572	Bancos e instituciones de crédito, c/c vista	Saldos a favor de la empresa en cuentas bancarias, con disponibilidad inmediata.

Patrimonio neto		
100	Capital social	Capital suscrito en las sociedades que revistan forma mercantil.
102	Capital	Capital suscrito por una empresa individual.
112	Reserva legal	Registra las reservas establecidas por la Ley de Sociedades Anónimas.
113	Reservas voluntarias	Establecidas libremente por la empresa.
129	Resultado del ejercicio	Beneficios o pérdidas del último ejercicio pendientes de aplicación.

Pasivo no corriente		
170	Deudas a largo plazo con entidades de crédito	Las contraídas con entidades de crédito por préstamos recibidos y otros débitos, con vencimiento superior al año.
173	Proveedores de inmovilizado a largo plazo	Deudas con suministradores de bienes del inmovilizado, con vencimiento superior al año.

Pasivo corriente		
400	Proveedores	Deudas con suministradores por compra de mercaderías con factura.
401	Proveedores, efectos comerciales a pagar	Deudas con proveedores, formalizados en letras de cambio aceptadas.
410	Acreedores por prestación de servicios	Deudas con suministradores de servicios que no tienen la condición estricta de proveedores.
475	Hacienda pública, acreedora	Tributos a favor de las Administraciones públicas pendientes de pago.
476	Organismos de la Seg. Soc., acreedores	Cotizaciones y otras obligaciones pendientes de pago.
520	Deudas a c. p. con entidades de crédito	Las contraídas con entidades de crédito por préstamos recibidos y otros débitos, con vencimiento no superior al año.

ACTIVIDADES

Actividades de síntesis

1. Completa en tu cuaderno este mapa conceptual. Incluye nuevas ideas que consideres importantes y sus enlaces.

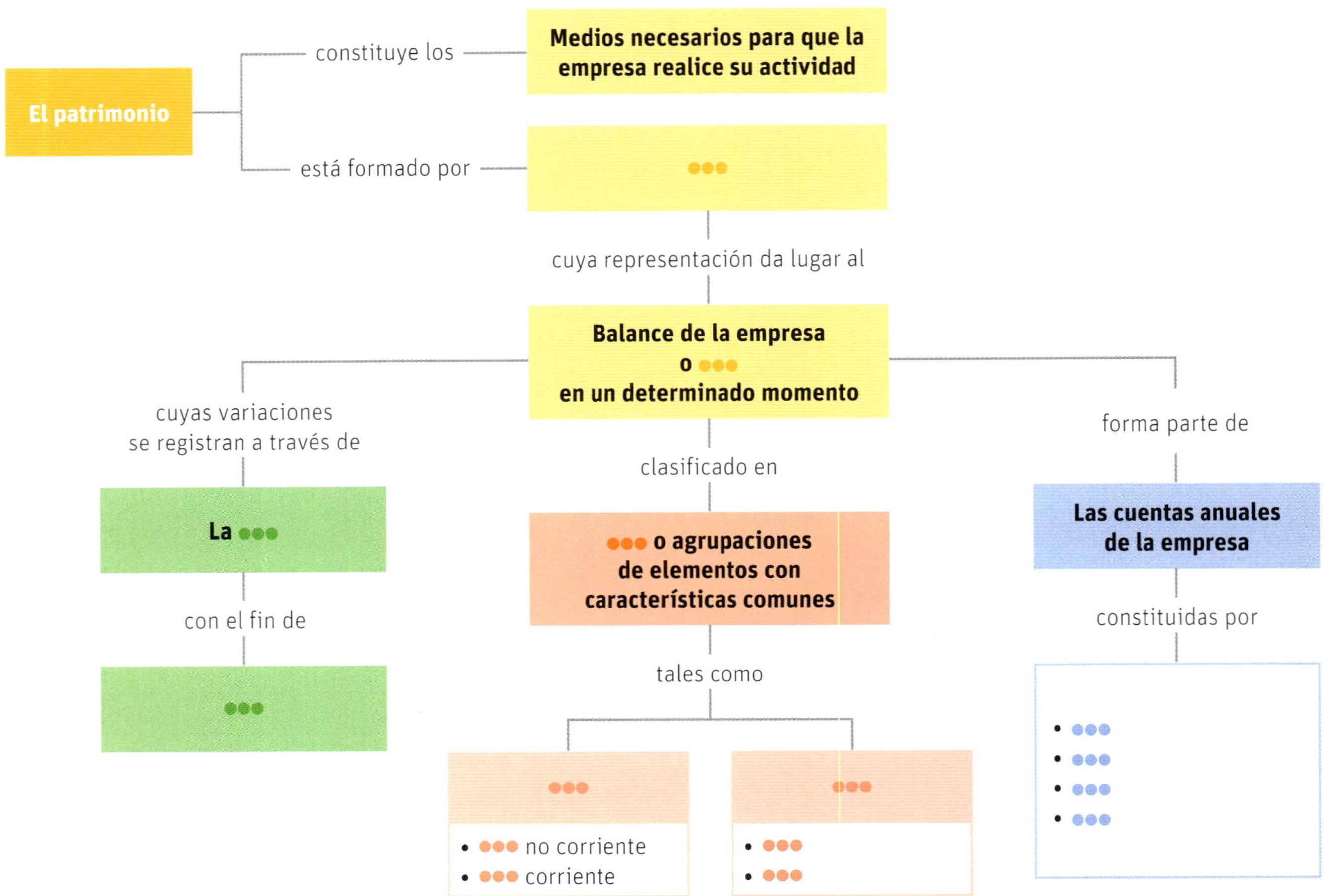

smSaviadigital.com VALORA LO APRENDIDO > Realiza la **autoevaluación**.

Actividades de análisis y problemas

2. El término *patrimonio* deriva del latín *patris monium*, que alude a los 'bienes recibidos del padre'. A su vez, la Real Academia Española define el patrimonio como "el conjunto de bienes que una persona hereda de sus ascendientes", y también como "bienes propios adquiridos por cualquier título". ¿Coinciden estas dos acepciones del término con el sentido económico de *patrimonio* presentado en esta unidad didáctica? ¿En qué dirías que se diferencian?

3. Piensa en el patrimonio de una empresa pequeña o en el de tu familia. Para poder reflejar su situación patrimonial:
   a) ¿Qué aspectos debes tener en cuenta? ¿Cómo obtendrías su patrimonio neto? ¿Cuál es la ecuación fundamental del patrimonio que debe producirse y por qué?
   b) Si, pasado un año, volvieras a realizar la misma operación, ¿qué elementos de ese patrimonio permanecerían y cuáles habrían cambiado?

4. En una empresa que ha comenzado a funcionar recientemente y que aún no ha contraído obligaciones, ¿cómo podría representarse esquemáticamente su balance? ¿Cómo se concretaría aquí la ecuación fundamental del patrimonio?

5. Lo que para algunas empresas representan sus existencias, para otras es su inmovilizado. Para la empresa que vende maquinaria agrícola, los tractores son existencias, mientras que en la empresa que la adquiere para utilizarla en tareas agrícolas forma parte de su activo inmovilizado material. Piensa en otros ejemplos en los que concurran estas circunstancias y descríbelos.

6. Explica brevemente el significado de estos elementos patrimoniales e identifica las masas patrimoniales a las que pertenecen: a) Clientes; b) Efectos comerciales a pagar; c) Amortización acumulada del inmovilizado material; d) Reservas; e) Inversiones financieras a corto plazo; f) Resultados del ejercicio pendientes de aplicación.

7. "El balance de una empresa siempre tiene que cuadrar", nos dice un experto contable. Para ilustrar esta afirmación, nos hace el siguiente comentario: "Supongamos que un incendio destruye la mitad de nuestros activos; esto hará que el activo total disminuya un 50 %, pero el pasivo no ha variado, ya que las obligaciones siguen siendo las mismas, por lo que no habrá más remedio que...".

a) ¿Cómo crees que terminaría el razonamiento este experto contable?

b) Si la situación anterior al incendio la representamos en el siguiente esquema, ¿cómo se reflejaría esa circunstancia en el balance?

Activo	PN y pasivo
Activo no corriente ....40 Activo corriente 60	Neto .... 60 Pasivo 40
Total 100	Total 100

8. Piensa en los siguientes hechos económicos referidos a una empresa e identifica los elementos patrimoniales afectados. A continuación, abre una cuenta para recoger las anotaciones oportunas y halla finalmente su saldo. Para sus valores iniciales puedes utilizar los de la empresa Maratón (comentada en la unidad).

a) La empresa adquiere nuevo mobiliario por 3000 euros, que paga con dinero de caja.

b) Los clientes pagan 5000 euros en efectivo como parte de su deuda.

c) Ingresamos el dinero recibido de los clientes en nuestra cuenta corriente del banco.

d) Recibimos a crédito nuevo material deportivo de nuestros proveedores valorado en 10 000 euros.

9. En relación con la información contable:

a) ¿Cuáles son sus objetivos fundamentales?

b) ¿Quiénes son sus usuarios principales?

c) ¿Cuáles son los libros que obligatoriamente deben llevar las empresas y cuál es su contenido?

10. ¿Qué información básica proporciona el balance de situación? ¿De dónde procede esa información?

11. ¿Qué consecuencias tendría el hecho de que en un país cada empresa llevara las cuentas a su manera? ¿Qué normas tratan de evitar esa situación y por qué?

12. ¿Qué cuentas anuales deben presentar las pymes? ¿Qué se entiende por el principio de "imagen fiel"? ¿Qué características debe tener la información de estas cuentas?

13. En relación con los criterios de valoración del patrimonio:

a) ¿Qué métodos hay para valorar las existencias almacenadas adquiridas a precios distintos?

b) ¿Cómo se valoran los bienes del inmovilizado material?

14. La empresa MABEL, dedicada a la elaboración y distribución a domicilio de comida casera tradicional, cuenta al final de este ejercicio con esta información de su patrimonio (en euros):

- El dinero en efectivo asciende a 4000.
- El local donde se ubica la empresa costó 130 000.
- Existen letras pendientes de pago por valor de 34 000.
- Se constituyó con un capital social de 150 000.
- Tiene existencias en su almacén por valor de 40 000.
- Están pendientes de cobro facturas de clientes por 18 000.
- Existen letras pendientes de cobro por 12 000.
- La amortización acumulada es de 60 000.
- La maquinaria de cocina fue adquirida por 190 000.
- Tiene pagos pendientes a Hacienda por 10 000.
- Posee dos vehículos para el reparto adquiridos por 60 000.
- Debe a sus proveedores 20 000.
- Las reservas de la empresa ascienden a 22 000.
- Hay un préstamo bancario a cinco años de 100 000.
- Debe devolver dentro de seis meses un crédito de 20 000.
- Los beneficios, pendientes de aplicación, son 38 000.

a) A partir de estos datos, elabora el balance de situación agrupando las cuentas por masas patrimoniales y ordenándolas según las normas de presentación.

b) Para calcular la cifra de beneficios, ¿qué pasos ha tenido que dar esta empresa en su cuenta de resultados?

15. La sociedad YSA presenta, al finalizar el ejercicio económico, las siguentes partidas desordenadas (en euros):

– Caja: 5 000. – Existencias: 140 000. – Bancos: 29 000. – Efectos comerciales a cobrar: 32 000. – Efectos comerciales a pagar: 18 000. – Clientes: 105 000. – Proveedores: 80 000. – Instalaciones: 120 000. – Amortización acumulada del inmovilizado: 30 000.	– Hacienda pública, acreedora: 42 000. – Inversiones financieras a corto plazo: 25 000. – Capital social: 150 000. – Reservas: 55 000. – Resultado del ejercicio: 97 000. – Préstamo a l. p.: 160 000. – Construcciones: 150 000. – Equipos informáticos: 50 000. – Acreedores: 24 000.

a) Elabora el balance de situación agrupando sus elementos en las masas patrimoniales de: activo no corriente, activo corriente, neto, pasivo exigible a largo plazo y pasivo exigible a corto plazo.

b) Dentro del activo corriente, identifica las existencias, el realizable y el disponible, y explica su significado.

c) ¿Cuáles son los recursos financieros permanentes con los que cuenta esta empresa? ¿Cuál es el significado de estos recursos permanentes?

ACTIVIDADES

16. La empresa IMAGINATION presenta esta información sobre su balance final de situación (en euros):

– Capital: 44 500. – Clientes: 26 000. – Maquinaria e instalaciones: 32 100 – Caja: 8 000 – Amortización acumulada: 9 700.	– Proveedores: 10 500. – Reservas: 9 500. – Deudas a largo plazo: 20 000. – Existencias: 26 500. – Mobiliario: 16 500. – Resultado del ejercicio: ¿?

a) Calcula el resultado del ejercicio.

b) Identifica las masas patrimoniales de: activo no corriente, activo corriente, neto, pasivo no corriente y pasivo corriente. ¿Qué representan estas magnitudes?

17. Con estos datos (en euros), responde a las cuestiones:

– Ingresos por ventas: 100 000. – Coste de materiales: 30 000. – Gastos de personal: 2 500 – Otros gastos de explotación: 5 000.	– Gastos financieros (intereses pagados de préstamos): 2 000. – Suministros: 1 500. – Ingresos financieros: 500.

a) Calcula los distintos tipos de resultados reflejados en esta cuenta hasta obtener el resultado neto del ejercicio, sabiendo que el impuesto sobre beneficios es del 25 %.

b) ¿Qué recoge cada uno de esos resultados?

18. ¿Los vehículos se recogen siempre en el activo no corriente? ¿Por qué?

19. Razona la respuesta a la pregunta anterior aplicándola a una empresa que se dedica a la fabricación de automóviles y a una empresa constructora de viviendas.

20. Algunas empresas "maquillan" sus cuentas o llevan una "doble contabilidad". Observa la imagen, ¿qué buscan estas prácticas? ¿A quiénes perjudican?

Fuente: EL ROTO. *El País*, 12-VII-2002

EVALUACIÓN

ENTRÉNATE

1. Una empresa presenta el siguiente balance de situación a 31 de diciembre (en euros):

Activo		PN y pasivo	
Caja y bancos	25 000	Efectos comerciales a pagar	20 000
Efectos comerciales a cobrar	34 000	Proveedores	115 000
Clientes	95 000	Capital social	280 000
Inv. financieras a c. p.	25 000	Préstamo a l. p.	162 000
Instalaciones	120 000	Reservas	25 000
Amortización acumulada	(32 000)	Result. del ejercicio	45 000
Maquinaria	200 000	Hacienda pub. acreedora	30 000
Existencias	210 000		
Total	677 000	Total	677 000

a) Ordene las partidas del balance de acuerdo con criterios contables.

b) Identifique y calcule el valor del activo corriente y no corriente, del neto y del pasivo exigible a largo y corto plazo.

c) Explique cuál es el significado de las magnitudes que ha calculado.

d) Comente qué representa la amortización acumulada.

2. La empresa MILANA, dedicada a la fabricación de muebles de oficina, presenta la siguiente información en sus cuentas con relación a sus bienes, derechos y obligaciones a 31 de diciembre, expresada en euros:

– Dinero en efectivo	3 000
– Deudas por suministro de materias primas	8 000
– Créditos contra clientes	10 000
– Deudas con Hacienda por IVA a pagar	2 000
– Edificio de fábrica	40 000
– Maquinaria	25 000
– Acciones de otra empresa adquiridas a corto plazo	2 000
– Préstamo a devolver dentro de 5 años	27 000
– Saldo de cuentas bancarias a su favor	3 000
– Préstamo a devolver dentro de 6 meses	10 000
– Muebles en el almacén	4 000
– Deudas con la Seguridad Social	3 000
– Herramientas	3 000

A partir de la información presentada:

a) Ordene la información en forma de balance separando tanto los bienes y derechos como las obligaciones, según sean a largo plazo (más de un año) o a corto plazo (menos de un año).

b) Determine la cifra de capital social de la empresa y explique su significado.

c) Calcule el valor contable de las acciones de la empresa MILANA.

d) Razone si coinciden con el valor nominal, sabiendo que el número de acciones de la empresa es de 5000.

3. La empresa Lumen, S. A. presenta la información que se relaciona en el cuadro, correspondiente al balance final de situación (expresada en miles de euros).

– Clientes:	11
– Mobiliario:	12
– Préstamos a largo plazo:	17
– Mercaderías:	31
– Capital:	32
– Deudas a corto plazo:	18
– Reservas:	5
– Instalaciones:	27
– Caja:	3
– Amortización acumulada:	5
– Proveedores:	6
– Resultado del ejercicio:	¿?

A partir de esta información:

a) Calcule el resultado del ejercicio.

b) ¿Qué significado tendría (en su caso) un resultado negativo de la cuenta de pérdidas y ganancias?

c) ¿Cómo afectaría ese resultado negativo al patrimonio neto de la empresa?

d) Identifique las masas patrimoniales de activo no corriente, activo corriente, fondos propios, pasivo no corriente y pasivo corriente.

4. Una empresa presenta la siguiente información contable sobre su patrimonio y su cuenta de resultados.

- Reparaciones y conservación.
- Hacienda pública, acreedora.
- Capital social.
- Ventas.
- Deudas a largo plazo con bancos.
- Maquinaria.
- Proveedores.
- Intereses de préstamos.
- Amortización del inmovilizado.
- Ingresos por servicios diversos.
- Caja.
- Clientes.
- Reservas.
- Resultado del ejercicio (pérdidas).
- Suministros.
- Amortización acumulada.
- Organismos de la Seguridad Social, acreedores.
- Primas de seguros.

Clasifique y agrupe dicha información para elaborar:

a) Un balance de situación ordenado en masas y submasas patrimoniales.

b) Una cuenta de resultados (pérdidas y ganancias) que diferencie claramente los ingresos de los gastos clasificados según su naturaleza y que contenga el resultado de explotación, el resultado financiero, el resultado antes de impuestos y el resultado del ejercicio.

Test de conocimientos básicos

1. El patrimonio neto se obtiene:

a) Restando al activo total, el pasivo exigible total.

b) Como suma de los fondos propios.

c) Las dos respuestas son correctas.

2. Una deuda con una entidad financiera de treinta meses de duración es un:

a) Activo financiero.

b) Pasivo exigible a largo plazo.

c) Pasivo corriente.

3. En el pasivo corriente se incluyen los:

a) Préstamos a corto plazo.

b) Efectos comerciales por cobrar.

c) Préstamos a largo plazo.

4. Una situación de equilibrio se caracteriza porque el activo es igual a:

a) El neto patrimonial. b) El pasivo. c) El pasivo más el neto.

5. La partida de clientes en el balance es:

a) Un activo no corriente y exigible a corto plazo.

b) Un activo corriente y realizable.

c) Un activo corriente y no exigible.

6. En el balance de una empresa, los activos se presentan ordenados de este modo:

a) De menor a mayor exigibilidad.

b) De menor a mayor liquidez.

c) Primero los materiales y luego los inmateriales.

7. ¿Qué elemento pertenece al inmovilizado intangible?

a) La marca comercial.

b) Las aplicaciones informáticas.

c) Las dos respuestas anteriores son correctas.

8. ¿Cuál de los siguientes elementos patrimoniales es el de mayor exigibilidad?

a) Proveedores.

b) Proveedores de inmovilizado a largo plazo.

c) Reservas.

9. Los recursos propios de una empresa son:

a) El capital social más las reservas.

b) El patrimonio neto.

c) Las dos respuestas anteriores son correctas.

10. El resultado de explotación se obtiene como la diferencia entre:

a) Las ventas y las compras.

b) Ingresos y gastos de la actividad principal de la empresa.

c) Todos los ingresos y gastos generados en la empresa.

12 Análisis financiero de la empresa

A partir de la información reflejada en el balance de una empresa podremos realizar un diagnóstico de su situación financiera y de la capacidad que tiene para garantizar su futuro. Para ello, nos serviremos de algunas técnicas que nos ayudan a descubrir dónde están los puntos de equilibrio o desequilibrio financiero y cuáles son las medidas correctoras más convenientes para la empresa.

Los consejos del conserje

Érase una vez una empresa que había entrado en una crisis de la que sus directivos no sabían cómo salir. Al fallecer el conserje, le sustituyó un hombre aparentemente ignorante a quien, además, le gustaba dar consejos. Próspero –así se llamaba– pronto se labró la fama de dar "consejos de oro", y cargos medios y altos se detenían a su lado para escuchar sus cuentos y fábulas. Sus consejos eran de sentido común, pero sus directivos se habían olvidado de aplicarlos a la empresa. Un día, hablando del porqué de la crisis, contó el siguiente cuento:

"Tántalo y Midas eran príncipes gemelos que competían por heredar un reino. Para tomar una decisión, el Consejo de Ancianos dio a cada uno un trigal, un gallinero y un granero, y al año, verían quién había gestionado mejor sus bienes.

Una cosecha de trigo les aguardaba. Después de trillarlo, ambos guardaron su grano. Pero ¿qué hacer con la paja sobrante?

—Quemarla —dijo Tántalo—. No sirve para nada.

—¿Qué dices? ¡Si es oro! —replicó su hermano.

Mientras Tántalo quemó su paja, Midas la usó para amasar con tierra unos ladrillos y ampliar su granero.

Otro día, tras el paso de una romería, el suelo quedó lleno de excrementos de los animales.

—¡Esto es indignante! —exclamó Tántalo.

—Tonterías. Es un regalo.

Tántalo lo tomó por loco, pero Midas recogió los excrementos y los empleó en abonar sus campos.

En otra ocasión, un pastor se acercó para pedir agua. Tántalo se limitó a mirarlo con altivez, mientras Midas le ofreció agua. El pastor regaló a Midas un cachorro que su perra acababa de parir.

—Eres un necio —le dijo Tántalo—. Ahora tienes otra boca que alimentar.

Una noche, una zorra se acercó a los gallineros. En uno de ellos, olió al perro y no entró, pero en el otro, se coló y devoró todas las aves.

Cuando, al año, los dos príncipes se presentaron ante el Consejo de Ancianos, el veredicto fue unánime a favor de Midas por saber aprovechar las oportunidades para salir adelante con humildad e imaginación".

Adaptado de DE LA FUENTE, J. M. : *El oro del conserje*. Barcelona, Planeta Empresa , 2008.

ANALIZA LA IMAGEN

1. En los centros financieros, como la City de Londres de la imagen, los conceptos de liquidez, solvencia y equilibrio financiero son de uso muy frecuente. ¿Cuál es su significado y por qué crees que son tan usados?
2. Con relación a los ingresos de una familia, ¿cuál es su límite de endeudamiento?

ANALIZA EL TEXTO

- En relación con la crisis de la empresa, ¿qué crees que pretende decir Próspero a los directivos en este cuento?
- Comenta la expresión: "Es importante saber aprovechar las oportunidades para salir adelante con humildad e imaginación".
- ¿Qué enseñanzas extraes tú del texto?

1 La estructura económica y financiera de la empresa

Entre los objetivos de la función financiera está garantizar el equilibrio financiero de la empresa. Para aclarar el significado de este objetivo utilizaremos el balance de situación, que es un documento que refleja la situación económica y financiera de la empresa en un momento determinado.

Análisis de la estructura del balance

Si se observa el balance de esta empresa (en miles de euros), puede reconocerse en él una doble estructura:

Estructura económica — Estructura financiera

ACTIVO		NETO Y PASIVO	
Activo no corriente (inmovilizado)	**230**	**Neto (fondos propios)**	**300**
– Construcciones	100	**Pasivo no corriente (exigible a l. p.)**	**100**
– Maquinaria	90	– Créditos a l. p.	100
– Mobiliario	40	**Pasivo corriente (exigible a c. p.)**	**30**
Activo corriente	**200**	– Proveedores	30
– Existencias	100		
– Clientes	70		
– Caja y bancos	30		
Total activo	**430**	**Total neto y pasivo**	**430**

1. **Estructura económica.** En el activo se recoge lo que la empresa posee (maquinaria, mobiliario, existencias, edificios, etc.), es decir, nos muestra la relación de los elementos patrimoniales que la empresa ha ido adquiriendo para poder funcionar; por eso el activo se llama también estructura económica o capital productivo de la empresa.

   Desde este punto de vista, el activo es una combinación de factores productivos de los cuales algunos tienen un carácter permanente en la empresa (activo no corriente o inmovilizado) y otros tienen un carácter funcional que se renueva continuamente (activo corriente).

2. **Estructura financiera.** En el neto y el pasivo se recogen las distintas fuentes de financiación que utiliza la empresa, es decir, en ellos se nos informa sobre cuál es el origen de los fondos utilizados. Por ello también se denomina estructura financiera o fuentes de financiación.

   En esta estructura, según el carácter más o menos estable de los recursos financieros se distinguen los recursos permanentes o financiación permanente (fondos propios más exigible a largo plazo) de los recursos ajenos que llegan a la empresa a corto plazo (exigible a corto plazo) y que habrá que devolver durante el año.

Si hacemos una lectura del balance de derecha a izquierda se observa que el neto y el pasivo nos informan de dónde se obtienen los fondos o recursos financieros (fuente u origen) y el activo nos aclara en qué se han invertido o materializado (colocación o destino). Los distintos recursos financieros que aparecen en el neto y el pasivo son los que han permitido adquirir los diferentes elementos del activo, es decir, su capital productivo.

Haciendo esa lectura del ejemplo anterior, en el neto y pasivo podemos comprobar que, de los 430 000 euros de fondos que están a disposición de la empresa, 300 000 han sido aportados por los propietarios, 100 000 proceden de créditos bancarios a largo plazo y 30 000 de créditos de proveedores. En el activo comprobamos que, de esos fondos, 230 000 han servido para adquirir el inmovilizado (edificio, maquinaria, mobiliario) y los 200 000 restantes han permitido las inversiones corrientes (compras de existencias, derechos de cobro, dinero en efectivo).

smSaviadigital.com **INVESTIGA**

Analiza este portal sobre economía e infórmate sobre la actualidad de las empresas españolas.

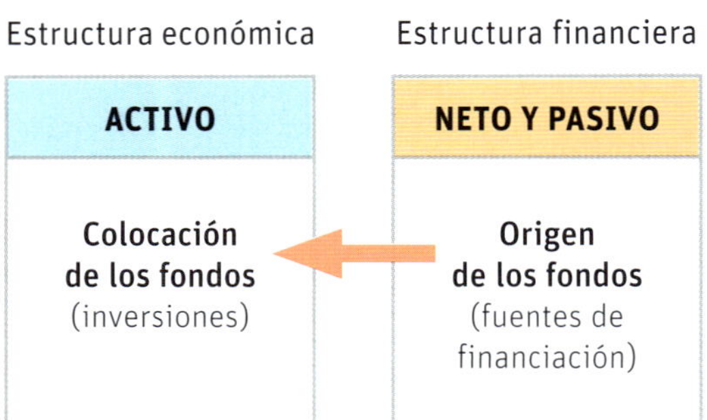

Técnicas de análisis de balances

1. **Medidas relativas: las ratios.** Las cifras de fondos propios o de deudas de la empresa en un momento determinado son cifras absolutas. Aunque suponen una valiosa información en sí mismas, adquieren un significado más preciso cuando se relacionan (se relativizan) con otras magnitudes con las que están vinculadas. Decir que las deudas de la empresa A son de 100 millones, mientras que las de B son de 20, no permite saber cuál de ellas está más endeudada; ahora bien, si conocemos que el total de fondos propios más pasivo de A es de 1000 millones, mientras que el de B es de 40, sí podremos compararlas, y observaremos que el endeudamiento de A (100 / 1000 = 0,1) es muy inferior al de B (20 / 40 = 0,5).

   Así pues, en el análisis de la empresa utilizaremos cifras relativas, y para ello nos serviremos de una técnica muy útil: **las ratios**. Se trata de relaciones por cociente entre dos magnitudes que se desea comparar. A través de estas ratios podremos homogeneizar los datos relativos a diversas empresas o a años distintos de una misma empresa para poder compararlos.

2. **Porcentajes y gráficos de balances.** Una vez ordenado debidamente el balance, es útil calcular el porcentaje que representa cada masa patrimonial respecto del total. Los porcentajes se calculan dividiendo cada masa patrimonial por el total del activo o del neto más pasivo y multiplicándolo por cien. Así, en el siguiente ejemplo, para calcular el porcentaje del inmovilizado haremos: (216 / 480) · 100 = 45 %. Y efectuaremos la misma operación con los demás grupos. Como es lógico, la suma de porcentajes de cada columna es cien.

ACTIVO		NETO Y PASIVO	
– Inmovilizado 216	45 %	– Neto (no exigible) 192	40 %
– Existencias 144	30 %	– Exigible a largo plazo 120	25 %
– Realizable 72	15 %	– Exigible a corto plazo 168	35 %
– Disponible 48	10 %		
Total activo 480	**100 %**	**Total 480**	**100 %**

Conociendo los porcentajes, podemos obtener el gráfico del balance. En él, cada masa patrimonial se representa en función de su porcentaje.

A partir de este gráfico puede comprobarse cuál es el peso relativo del activo no corriente respecto al corriente y de cada uno de ellos respecto del total; o, dentro del neto más pasivo, la importancia relativa de cada una de las agrupaciones (**análisis vertical**). También nos permite, de una forma sencilla, comparar los activos con los correspondientes pasivos, como por ejemplo: activo corriente - pasivo corriente (**análisis horizontal**).

El **análisis patrimonial** del balance nos permite un primer acercamiento a la situación económica y financiera de la empresa. A través de él podemos conocer la estructura de su patrimonio, su composición y los pesos relativos de los distintos elementos patrimoniales. Observando los balances de distintas empresas podemos saber si trata de una gran empresa industrial (por su gran inmovilizado material), de una empresa de servicios que trabaja *online* (sin apenas inmovilizado) o de una empresa comercial, con un local alquilado y poco mobiliario, y cuyo peso estará en su activo corriente (existencias para la venta). También podemos ver, por el peso de sus activos, si se trata de una empresa grande, mediana o pequeña, si el peso de sus deudas es mayor o menor que el de sus fondos propios, etc.

2 El fondo de maniobra

Ejemplos y casos

Cuando las personas se compran una casa no piden un crédito para pagarlo en tres meses. Las empresas tampoco lo hacen cuando adquieren sus inversiones permanentes.
Si una empresa de producción audiovisual adquiere nueva maquinaria (inmovilizado) que durará 6 años y para ello necesita pedir prestado, utilizará financiación a largo plazo para que entre la inversión y su financiación exista el necesario equilibrio; es decir, la maquinaria se irá pagando al mismo tiempo que se vayan obteniendo los rendimientos derivados de su uso.

smSaviadigital.com INVESTIGA

Explica qué es el fondo de maniobra y para qué se utiliza a partir de esquemas gráficos.

El balance es un instrumento del que se extrae información de interés para la empresa. Un aspecto importante es el equilibrio entre las inversiones y su financiación.

Principios de equilibrio financiero

Si el activo representa las inversiones realizadas y el neto más el pasivo, los fondos con que se han financiado esas inversiones, un **primer principio de prudencia financiera** exige que las inversiones a largo plazo (inmovilizado o activo no corriente) se financien con capitales o recursos permanentes (neto más exigible a largo plazo). Con ello se consigue el equilibrio entre el tiempo de permanencia del activo en la empresa (largo plazo) y el plazo en que deben ser devueltos los fondos utilizados para financiarlo.

El **segundo principio** de equilibrio financiero se refiere a la financiación del activo corriente (inversiones a corto plazo). Como se trata de inversiones a corto plazo, nos podría parecer que deberían financiarse con pasivo corriente (exigible a corto plazo). Pero la prudencia financiera nos aconseja que esto no sea así. La razón está en que en el activo corriente aparecen todos los activos que se han de convertir en dinero antes de un año (las existencias deben venderse, los derechos deben cobrarse, etc.), mientras que el pasivo corriente refleja las deudas que se han de pagar también antes de un año. Para que no haya problemas financieros, es necesario que lo que se cobre antes de un año sea más que todo lo que se ha de pagar en el mismo período, es decir, **que el activo corriente sea superior al pasivo corriente** o exigible a corto plazo.

Por ello, el equilibrio financiero exige la creación de una especie de fondo de seguridad que permita hacer frente a los desajustes que pudieran producirse entre la corriente de cobros y la de pagos. Para ello, es recomendable que los recursos permanentes financien, además de la totalidad del activo no corriente, una parte del activo corriente. Esta parte del activo corriente que se financia con recursos permanentes o financiación a largo plazo se conoce como **fondo de rotación o fondo de maniobra (FM)**.

El fondo de maniobra

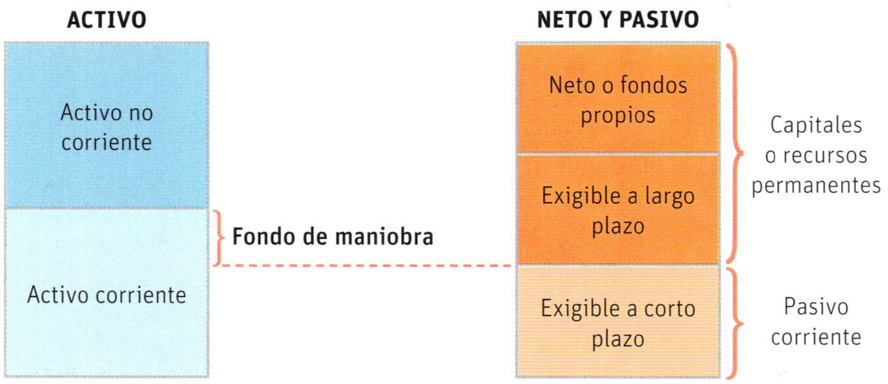

Como se deduce del gráfico, el fondo de maniobra se puede obtener así:

1. Como diferencia entre el activo corriente y el pasivo corriente: FM = AC – PC.

2. Como diferencia entre los recursos permanentes y el activo no corriente:

FM = RP – activo no corriente.

En el gráfico, el activo corriente es superior al pasivo corriente o exigible a corto plazo; así se comprueba que esta empresa tiene un FM positivo, lo que garantiza su solvencia financiera. Si el FM fuera negativo, significaría que parte del activo no corriente (inversiones a largo plazo) estaría siendo financiado con exigible a corto plazo, lo que generaría dificultades para afrontar las deudas a corto plazo. Si el FM = 0, todo el activo corriente estaría financiado con exigible a corto plazo; si hubiera dificultades en cobros a clientes o en ventas de existencias, la empresa tendría problemas para pagar sus deudas a corto plazo.

ACTIVIDAD RESUELTA

1. LUMEN, S. A. presenta el balance que se muestra en la tabla (en miles de euros). A partir de él: a) Ordénalo por masas patrimoniales; b) Calcula el fondo de maniobra; c) Valora la situación financiera de la empresa y propón medidas correctoras.

ACTIVO		NETO Y PASIVO	
– Caja y bancos	110	– Capital social	700
– Construcciones	1 000	– Proveedores	450
– Equipos informáticos	40	– Reservas legales	210
– Mobiliario	180	– Préstamos a largo plazo	490
– Elementos de transporte	880	– Préstamos a corto plazo	250
– Clientes	100		
– Mercaderías	350		
– Amortización acumulada	–560		
Total	**2 100**	**Total**	**2 100**

SOLUCIÓN

a) Clasificamos cada elemento en masas patrimoniales y calculamos los recursos permanentes o financiación a largo plazo:
RP = neto + pasivo no corriente =
= 910 + 490 = 1400.

b) FM = AC – PC = 560 – 700 = –140. También se podría obtener como diferencia entre recursos permanentes y activo no corriente: FM = 1400 – 1540 = –140.

c) Como el fondo de maniobra es negativo, la empresa deberá hacer frente este año a un conjunto de deudas (pasivo corriente) por una cantidad superior a los activos convertibles en liquidez a corto plazo.

ACTIVO		NETO Y PASIVO	
Activo no corriente	**1 540**	**Neto (no exigible)**	**910**
– Construcciones	1 000	– Capital social	700
– Mobiliario	180	– Reservas legales	210
– Equipos informáticos	40	**Pasivo no corriente (exigible a l. p.)**	**490**
– Elementos de transporte	880	– Préstamos a l. p.	490
– Amortización acumulada	–560		
Activo corriente	**560**	**Pasivo corriente (exigible a c. p.)**	**700**
– Mercaderías	350	– Proveedores	450
– Clientes	100	– Préstamos a c. p.	250
– Caja y bancos	110		
Total activo	**2 100**	**Total neto + pasivo**	**2 100**

Si esta situación perdura, la empresa puede tener dificultades para afrontar sus pagos a corto plazo. Para evitarlo, la empresa deberá realizar algunos ajustes; por ejemplo, negociar con su banco para convertir la deuda a corto plazo (250) en deuda a largo plazo. Tiene, además, una deuda muy alta con proveedores (450), que debería tratar de disminuir. También debería incrementar sus fondos propios reteniendo próximos beneficios.

EN LA PRÁCTICA Evolución del fondo de maniobra

Junto con el análisis estático del balance en un momento determinado, es interesante analizar su evolución en el tiempo. Este análisis dinámico se hace a partir de los balances de situación de dos años consecutivos y permite observar la evolución del FM, así como, en general, la situación financiera de la empresa. Veamos un ejemplo a partir de estos datos:

ACTIVO	Año 1	Año 2	Diferencia	NETO Y PASIVO	Año 1	Año 2	Diferencia
Activo no corriente	**130**	**115**	**–15**	**Neto o fondos propios**	100	120	20
Activo corriente	**70**	**125**	**55**				
– Existencias	35	65	30	**Pasivo no corriente (exigible a l. p.)**	20	50	30
– Realizable	25	40	15				
– Disponible	10	20	10	**Pasivo corriente (exigible a c. p.)**	80	70	–10
Totales	**200**	**240**	**40**	**Totales**	**200**	**240**	**40**

Del análisis de la situación se deduce que:

$\mathbf{FM}_{\text{año 1}}$ **=** RP – activo no corriente = 120 – 130 = –10; o también: **FM =** AC – PC = 70 – 80 = –10.

$\mathbf{FM}_{\text{año 2}}$ **=** RP – activo no corriente = 170 – 115 = 55; o también: **FM =** AC – PC = 125 – 70 = 55.

La empresa ha mejorado su equilibrio financiero, pasando de un FM negativo (–10) a uno positivo (55). En la columna de diferencias vemos que ha incrementado sus fondos propios (20), quizá porque ha obtenido beneficios que no ha distribuido; ha conseguido más recursos ajenos a largo plazo (30); y ha reducido su deuda a corto plazo (–10). Con estas medidas, ha mejorado su financiación permanente (cubre mejor sus inversiones).

3 Análisis financiero del balance (I)

En los casos de las empresas de servicios (bares, consultorías, agencias de viajes, hoteles, etc.), que trabajan con existencias nulas o muy reducidas, la liquidez se mide con la ratio de tesorería.

Además de la necesidad de un fondo de maniobra positivo, en el análisis del equilibrio financiero de la empresa preocupan otras cuestiones:

- ¿Tiene la empresa capacidad de pago o solvencia para atender sus deudas?
- ¿Es adecuada la proporción entre fondos propios y ajenos?
- ¿Tiene la empresa la suficiente autonomía e independencia financiera?

Para analizar estas cuestiones utilizaremos ratios que nos permiten comparar y establecer relaciones entre la estructura económica y financiera de la empresa.

Equilibrio financiero a corto plazo

El equilibrio a corto plazo viene determinado por la liquidez o solvencia de la empresa, es decir, por su capacidad de hacer frente a sus compromisos de pago a corto plazo. Para su diagnóstico se utilizan las ratios siguientes:

1. **Ratio de liquidez o solvencia a corto plazo.** Esta ratio mide la relación entre el activo corriente y el pasivo corriente o exigible a corto plazo:

$$R_1 = AC / PC = (\text{disponible} + \text{realizable} + \text{existencias}) / \text{exigible a c. p.}$$

Para que no haya problemas de liquidez, su valor ha de estar aproximadamente **entre 1,5 y 2**. Es decir, el activo corriente ha de ser mayor que el exigible a corto plazo para que lo que se cobre durante el año sea más que todo lo que se ha de pagar en el mismo período.

Si fuera menor que 1, indicaría que los activos corrientes son insuficientes para afrontar las deudas contraídas a corto plazo y, por tanto, podría haber problemas de liquidez, con el consiguiente riesgo de suspensión de pagos. Si es igual a 1, indicaría que el activo corriente coincide con las deudas a corto plazo; no habría problemas de liquidez si los activos se convierten en dinero al mismo ritmo que vencen las deudas, lo que puede resultar arriesgado para la empresa por la posible morosidad de algunos clientes o las dificultades para vender las existencias a corto plazo.

2. **Ratio de tesorería.** Se llama también "test ácido" o de distancia a la suspensión de pagos y relaciona el realizable más el disponible con las deudas a corto plazo:

$$R_2 = (\text{disponible} + \text{realizable}) / \text{exigible a corto plazo}$$

Su valor óptimo debe estar cerca de la unidad, aunque se consideran valores de equilibrio los comprendidos **entre 0,75 y 1**, es decir, que el realizable más el disponible han de cubrir, aproximadamente, las deudas a corto plazo.

Si estuviera por debajo de 0,75, nos avisaría del riesgo de carencia de efectivo para poder atender los pagos inmediatos. Se produciría el problema contrario si el cociente fuera significativamente mayor que 1, lo que indicaría que la empresa dispone de exceso de tesorería o exceso de recursos ociosos (infrautilizados), por lo que habría que valorar la conveniencia de reducir el realizable o el disponible.

3. **Ratio de disponibilidad o tesorería inmediata.** Relaciona el disponible con las deudas a corto plazo:

$$R_3 = \text{disponible} / \text{exigible a corto plazo}$$

Los fondos líquidos o disponibles deben suponer como mínimo un 10 % de las deudas a corto plazo; por tanto, se recomienda un valor **entre 0,1 y 0,3**.

No obstante, depende mucho del tipo de empresa y de la velocidad en que se cobra y se paga, aunque un valor excesivamente alto supone un exceso de disponible (recursos ociosos).

*

Liquidez

Facilidad con que un activo puede convertirse en dinero.

Solvencia a corto plazo

Es la capacidad para hacer frente a las deudas exigibles dentro del año.

Por tanto, a mayor liquidez de los activos de una empresa, más solvencia tiene esa empresa para hacer frente a sus pagos.

Garantía frente a acreedores y endeudamiento

Mientras que la ratio de garantía mide la solvencia global de la empresa, las ratios de endeudamiento, calidad de la deuda y autonomía se utilizan para diagnosticar la cantidad y calidad de la deuda, así como su independencia financiera.

4. **Ratio de garantía.** Se refiere a la capacidad de los activos de la empresa para hacer frente a la totalidad de las obligaciones contraídas:

   R_4 = activo total / exigible total

   Mide la garantía o seguridad que tienen los acreedores de cobrar sus deudas tanto a corto como a largo plazo. Se recomiendan valores **entre 1,5 y 2,5**.

   Esta ratio también se denomina de distancia a la quiebra, ya que, a medida que se reduce su valor y, sobre todo, cuando se acerca a 1, la quiebra se aproxima. Cuando es menor que 1, la empresa está en situación de **quiebra técnica**, pues ni vendiendo sus activos (inmovilizados y corrientes) tendría suficiente para pagar sus deudas.

5. **Ratio de endeudamiento.** Analiza el peso de las deudas respecto de la totalidad de los recursos financieros utilizados (neto más pasivo):

   R_5 = Exigible total / neto más pasivo

   Su valor **no debe ser superior a 0,5**. Valores superiores indican que las deudas superan los fondos propios (estructura financiera muy arriesgada).

   El nivel de endeudamiento también puede analizarse comparando las deudas con los fondos propios: R_5 = exigible total / neto.

   Este cociente, llamado **coeficiente de apalancamiento**, representa la cantidad de fondos ajenos que utiliza la empresa por cada unidad de fondos propios. Valores superiores a 1 indican exceso de deuda.

6. **Ratio de calidad de la deuda.** Relaciona las deudas a corto plazo con la totalidad de las deudas:

   R_6 = exigible a corto plazo / exigible total

   Cuanto menor sea el valor de esta ratio **mejor calidad** tendrá la deuda en lo que a plazos de devolución se refiere.

7. **Ratio de autonomía financiera:**

   R_7 = recursos propios / exigible total

   La autonomía será tanto **mayor cuanto mayor sea el cociente** y, por tanto, la empresa será menos dependiente de sus acreedores.

El uso de ratios y valores recomendados

Los valores recomendables u óptimos dados para algunas ratios deben entenderse desde una perspectiva orientativa, ya que el diagnóstico depende mucho del sector de actividad y de las características concretas de la empresa. Por ejemplo, estas recomendaciones deben matizarse en cuanto a la solvencia o liquidez de la empresa. Existen sectores en los que se cobra muy rápido (al contado o en efectivo) y se paga muy tarde y con mucha flexibilidad, por lo que los riesgos de insolvencia no se manifiestan, aunque las ratios estén por debajo de lo recomendado. El sector de los hipermercados y las cadenas comerciales es un ejemplo.

También hay que tener en cuenta la mayor o menor facilidad de convertir en ventas las existencias. O la calidad de los derechos de cobro (realizable) en cuanto a plazos de cobro, garantías de deudores, morosidad, etc.

Ejemplos y casos

De la misma forma que existen indicadores para vigilar el endeudamiento de las empresas, también los hay para comprobar cuál es el nivel de endeudamiento razonable de las familias. Así, se considera que la **capacidad de endeudamiento de una familia** o una persona no debe sobrepasar el 35 % o 40 % de sus ingresos netos. Es decir, si una persona tiene unos ingresos netos de 2000 euros mensuales, no debería asumir deudas (cuota mensual de préstamos hipotecarios, créditos bancarios y otras deudas) por encima de 700 u 800 euros mensuales. Ese es su límite de endeudamiento.

3 Análisis financiero del balance (II)

ACTIVIDAD RESUELTA

1. La empresa MICASA presenta al final del año las partidas del balance, en miles de euros, reflejadas en el cuadro:

Capital social ... 1 200	Hacienda pública, acreedora ... 40	Amortización acumulada ... 200
Clientes ... 80	Préstamos a corto plazo ... 160	Construcciones ... 850
Productos terminados ... 300	Acreedores a corto plazo ... 100	Efectos a cobrar ... 150
Elementos de transporte ... 150	Reservas ... 210	Caja ... 50
Proveedores ... 215	Bancos ... 100	Inversiones financieras a c. p. ... 70
Terrenos ... 200	Préstamos a largo plazo ... 425	
Materias primas ... 100	Maquinaria ... 500	

a) Ordena las partidas del balance en masas patrimoniales significativas de activo, pasivo y neto.

b) Calcula el fondo de maniobra y las principales ratios financieras y analiza y comenta la situación financiera de la empresa.

SOLUCIÓN

a) En la **elaboración del balance**, además de la agrupación en grandes masas patrimoniales, identificaremos dentro del activo corriente las submasas de existencias, realizable y disponible.

ACTIVO		NETO Y PASIVO	
Activo no corriente	**1 500**	**Neto (no exigible)**	**1 410**
Inmovilizado material	1 500	– Capital social	1 200
– Terrenos	200	– Reservas	210
– Construcciones	850	**Pasivo no corriente (exigible a largo plazo)**	**425**
– Maquinaria	500	– Deudas a l. p. con bancos	425
– Elementos de transporte	150	**Pasivo corriente (exigible a corto plazo)**	**515**
– Amortización acumulada	(200)	– Proveedores	215
Activo corriente	**850**	– Deudas a c. p. con bancos	160
Existencias	400	– Acreedores a c. p.	100
– Productos terminados	300	– Hacienda pública, acreedora	40
– Materias primas	100		
Realizable	230		
– Clientes	80		
– Efectos comerciales a cobrar	150		
Disponible	220		
– Inversiones financieras a c. p.	70		
– Bancos c/c	100		
– Caja	50		
Total activo	**2 350**	**Total neto y pasivo**	**2 350**

b) Calculamos el **fondo de maniobra**: FM = AC – PC = 850 – 515 = 335.

Calculamos las **principales ratios** (entre paréntesis señalamos los valores recomendados):

1. Liquidez o solvencia = (disponible + realizable + existencias) / exigible a corto plazo = 850 / 515 = 1,65 (1,5-2).

2. Tesorería = (disponible + realizable) / exigible a corto plazo = 450 / 515 = 0,87 (0,75-1).

3. Disponibilidad = 220 / 515 = 0,43 (0,10-0,30).

4. Garantía = activo total / exigible total = 2350 / 940 = 2,5 (1,5-2,5).

5. Endeudamiento = exigible total / neto más pasivo = 940 / 2350 = 0,4 (inferior a 0,5).

6. Calidad de la deuda = exigible a corto plazo / exigible total = 515 / 940 = 0,55 (cuanto menor, mejor).

7. Autonomía = recursos propios / exigible total = 1410 / 940 = 1,5 (cuanto mayor, más autonomía).

Análisis y comentario. El fondo de maniobra positivo indica que la empresa tiene todo su inmovilizado y parte de sus activos corrientes cubiertos con financiación permanente, lo cual garantiza el equilibrio entre las inversiones y su financiación. Los indicadores de solvencia, tesorería, garantía y endeudamiento están dentro de los valores recomendados y, por tanto, el diagnóstico financiero es muy positivo. Solo cabe decir que su disponibilidad (0,43) es excesiva, es decir, que dispone de una liquidez inmediata superior a la necesaria. Quizás, podría reinvertir parte de estos fondos en su actividad principal y mejorar su rentabilidad. Respecto de la calidad de su deuda, está muy cargada de exigible a corto plazo y, por tanto, es mejorable.

EN LA PRÁCTICA Análisis comparativo de empresas

La comparación entre empresas solo tiene sentido si pertenecen al mismo sector. Veamos el caso de dos empresas cuyos balances son (en miles de euros):

Empresa A		Empresa B	
ACTIVO	**NETO Y PASIVO**	**ACTIVO**	**NETO Y PASIVO**
– Inmovilizado .... 35 – Existencias .... 20 – Realizable .... 15 – Disponible 5	– Capital + reservas .... 30 – Exigible a largo plazo .... 25 – Exigible a corto plazo 20	– Inmovilizado .... 34 – Existencias .... 15 – Realizable .... 12 – Disponible 3	– Capital + reservas .... 20 – Exigible a largo plazo ..... 12 – Exigible a corto plazo 32
Total activo 75	**Total neto y pasivo 75**	**Total activo 64**	**Total neto y pasivo 64**

Un primer paso es el cálculo del FM y de las ratios financieras:

	Empresa A	Empresa B
Fondo de maniobra: FM = AC – PC	FM = 40 – 20 = 20	FM = 30 – 32= –2
Liquidez o solvencia: R_1 = AC / PC	R_1 = (20 + 15 + 5) / 20 = 40 / 20 = 2	R_1 = (15 + 12 + 3) / 32 = 0,93
Tesorería: R_2 = (realizable + disponible) / exigible a c. p.	R_2 = 20 / 20 = 1	R_2 = 12 + 3 / 32 = 0,46
Disponibilidad: R_3 = disponible / exigible a c. p.	R_3 = 5 / 20 = 0,25	R_3 = 3 / 32 = 0,09
Garantía: R_4 = activo / exigible total	R_4 = 75 / 45 = 1,66	R_4 = 64 / 44 = 1,45
Endeudamiento: R_5 = exigible total / neto + pasivo	R_5 = 45 / 75 = 0,6	R_5 = 44 / 64 = 0,69
Calidad de la deuda: R_6 = exigible a c. p. / exigible total	R_6 = 20 / 45 = 0,44	R_6 = 32 / 44 = 0,73
Autonomía: R_7 = recursos propios / exigible total	R_7 = 30 / 45 = 0,66	R_7 = 20 /44 = 0,45

Análisis de la información financiera

1. **Fondo de maniobra.** La **empresa A**, con un fondo de maniobra positivo, tiene una gran estabilidad financiera: con sus recursos permanentes financia todo su activo no corriente y una parte del corriente. Por contra, en la **empresa B**, con un fondo de maniobra negativo, la estabilidad financiera no está garantizada.
2. **Equilibrio a corto plazo.** La **empresa A** es muy solvente, ya que el valor de sus activos corrientes dobla el de sus deudas a corto plazo. La ratio de tesorería indica que, con el disponible más lo que se cobre de realizable durante el año, sobra para pagar las deudas que vencen en el año. La ratio de disponibilidad también es suficiente: el dinero disponible permite pagar el 25 % de las deudas.

   La situación de la **empresa B** es distinta. Su liquidez (< 1) indica que el valor de los activos corrientes es insuficiente para pagar las deudas del año. La tesorería (0,46) significa que de cada 100 euros que deben pagarse a lo largo del año, solo podrán pagarse 46, contando con que todo el realizable se convierta en dinero. Por último, la disponibilidad es insuficiente, ya que solo representa el 9 % de las deudas a corto plazo; y el indicador de calidad de su deuda (0,73) refleja un excesivo peso de las deudas a corto plazo.
3. **Garantía y endeudamiento.** Ninguna empresa tiene riesgo de quiebra. En ambas, la garantía de sus activos totales es suficiente (quizá en B debería mejorar), pero su endeudamiento es arriesgado, pues el peso de la deuda sobrepasa el 50 % del neto más pasivo. Ello también se refleja en una menor autonomía e independencia de acreedores, sobre todo en la empresa B.
4. **Conclusiones y recomendaciones.** Mientras la empresa A mantiene gran estabilidad financiera, la B tiene un problema de solvencia a corto plazo y un riesgo de suspensión de pagos. Como recomendación, debe reducir su deuda a corto plazo, reconvirtiéndola en deuda a largo plazo negociando con bancos y proveedores; mejorar la eficiencia en sus ventas y cobros para afrontar sus excesivas deudas a corto plazo; y reinvertir sus futuros beneficios en la empresa para incrementar sus recursos propios y mejorar su fondo de maniobra.

- En el caso de que ambas empresas obtengan ganancias en el próximo año, ¿qué política de distribución de beneficios aconsejarías?: a) reparto entre los socios; b) reparto entre los socios y aumento de las reservas (al 50 %); c) Aumento de las reservas.

4 Desequilibrios patrimoniales

1. Equilibrio total

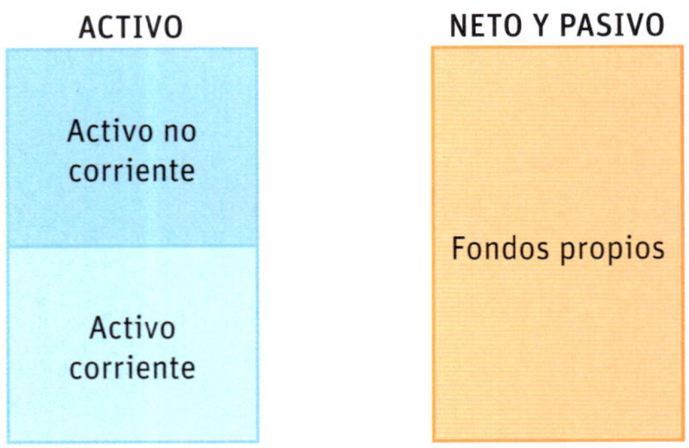

2. Estabilidad financiera

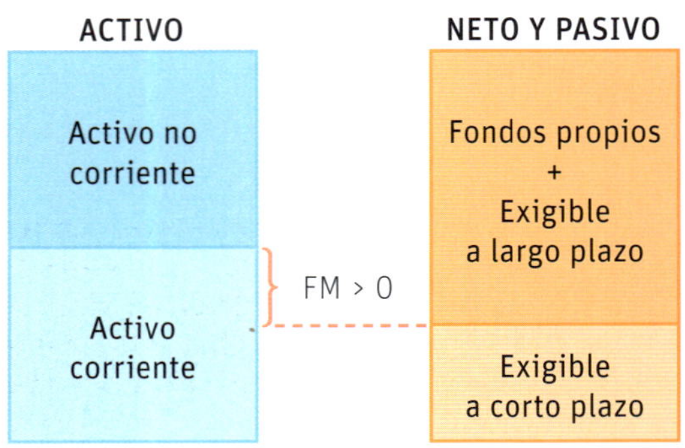

3. Desequilibrio financiero a corto plazo: suspensión de pagos

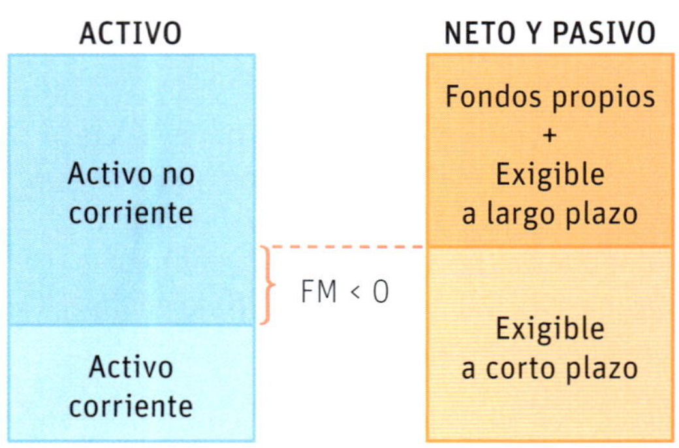

4. Desequilibrio total: quiebra

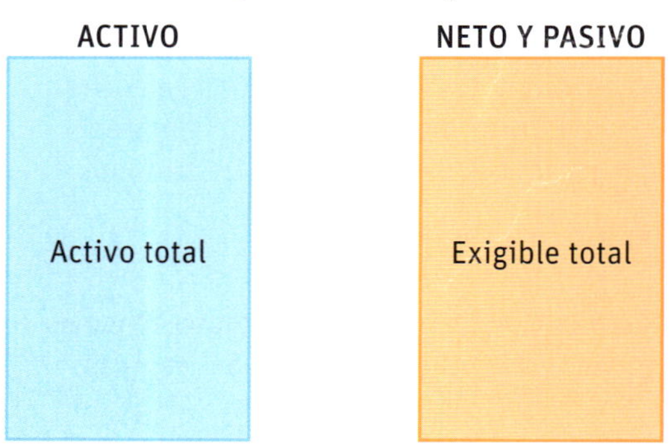

Desde un punto de vista contable, el patrimonio de una empresa siempre está en equilibrio, ya que la masa patrimonial del activo debe coincidir con la suma del neto más el pasivo:

$$\text{Activo} = \text{neto} + \text{pasivo}$$

Este equilibrio contable, no obstante, nada nos indica sobre la estabilidad financiera de la empresa o sobre posibles desequilibrios entre su estructura económica y financiera.

Desde un punto de vista de equilibrio financiero, existen varias **situaciones posibles**, que enumeramos a continuación:

1. **Equilibrio total.** Es la situación reflejada en la figura 1 y representa la máxima estabilidad financiera. Todo el activo está financiado con recursos propios y, por tanto, no hay pasivo ni deudas que pagar. Esta situación de ausencia de deudas no suele darse en la práctica.

2. **Estabilidad financiera.** Lo normal es que las empresas financien sus activos no solo con recursos propios, sino también con recursos ajenos, tanto a corto como a largo plazo. Dentro de este supuesto, la situación óptima y más frecuente es la de estabilidad financiera, en la que los recursos permanentes (RP) financian las inversiones del activo no corriente más una parte del activo corriente o fondo de maniobra, garantizando el equilibrio financiero de la empresa (figura 2).

3. **Desequilibrio financiero a corto plazo.** A veces, las empresas acumulan deudas a corto plazo por encima de lo deseable y comienzan los desequilibrios financieros. Cuando esto sucede, el exigible a corto plazo crece, lo que hace que el fondo de maniobra disminuya hasta transformarse en negativo (FM < 0), tal como se refleja en la figura 3.

   Esta situación puede producirse por distintos motivos. A veces hay coyunturas que impiden pagar a tiempo. Por ejemplo, una disminución de ventas o una crisis económica provocan que no entre liquidez en la empresa y haya que acudir a créditos a corto plazo por encima de lo habitual. En otras ocasiones, el desequilibrio puede darse como consecuencia de una mala planificación financiera o debido a la existencia de dificultades transitorias en el cobro de derechos, etc.

   Si la circunstancia es transitoria y la empresa logra restablecer el equilibrio financiero, no habrá problemas. Por el contrario, si el desequilibrio se mantiene y la empresa prevé que no podrá hacer frente a sus deudas, deberá solicitar al juez la paralización de sus pagos durante un tiempo para tratar de recuperarse. Esta situación requiere la intervención judicial y el sometimiento a un procedimiento establecido (concurso de acreedores).

4. **Desequilibrio total.** En esta situación, reflejada en la figura 4, la empresa carece de fondos propios, es decir, está descapitalizada como consecuencia de pérdidas de ejercicios anteriores que han ido absorbiendo el neto patrimonial. Se trata de una situación conocida como **quiebra técnica**, que solo tiene una salida: la liquidación de la empresa, ya que implica la existencia de unas deudas iguales o superiores a los activos que se poseen.

   Supone, por tanto, la absoluta insolvencia para hacer frente a los pagos que tiene pendientes la empresa.

   Por lo general, antes de llegar a la quiebra, los síntomas de la crisis han tenido que ser evidentes. La contabilidad permite a los administradores conocer el estado de la empresa y adoptar las medidas oportunas en cada momento.

   Además, para prevenir una situación tan extrema, el empresario debe solicitar el concurso de acreedores como medida de emergencia y evitar que el problema vaya a más.

Soluciones a la crisis: el concurso de acreedores

Se trata de un procedimiento que pretende reorganizar la gestión de una empresa insolvente de modo que pueda volver a ser viable y que los acreedores recuperen sus deudas. Es una situación especial que debe solicitarse al juez, quien, a la vista de la documentación presentada, declarará o no el concurso de acreedores.

Si la solicitud la presenta la empresa insolvente, se denomina **concurso voluntario** y debe hacerse en los dos meses siguientes a la fecha en que se detecta el problema. La empresa entrega al juez sus documentos contables, la relación de acreedores, la memoria explicativa de las causas de la insolvencia y la relación de bienes y derechos que posee, junto a una propuesta sobre su viabilidad. Y si la solicitud la presenta un acreedor, se denomina **concurso necesario**; en este caso debe demostrarse el incumplimiento de obligaciones por parte de la empresa.

Una vez declarado el concurso, su principal efecto es que se suspenden todos los pagos y no corren los intereses de las deudas. El juez toma las riendas de la empresa y delega en unos administradores (un abogado, un auditor o economista y un representante de los acreedores), y puede inhabilitar al empresario en el ejercicio de su actividad sustituyéndolo por los administradores (concurso necesario), o simplemente limitar sus facultades, interviniendo y vigilando su actividad a través de los administradores.

Las personas, al igual que las empresas, pueden acogerse a la Ley Concursal cuando atraviesan dificultades financieras. Con la entrada en vigor de esta ley (2003), las antiguas quiebras y suspensiones de pago de las empresas han sido sustituidas por un procedimiento único, el concurso de acreedores, una vía para resolver las situaciones de insolvencia de las empresas. La finalidad principal de esta ley es "la satisfacción de los acreedores", al mismo tiempo que la supervivencia de las empresas, siempre que sea posible.

Las fases del concurso

1. **Evaluación de la situación.** En esta fase, los administradores determinarán, en un plazo de dos meses, el conjunto de bienes y derechos de la empresa (masa activa) destinado a satisfacer a los acreedores (masa pasiva). Finalmente, los administradores emitirán un informe sobre la solución del problema. En cualquier momento de esta fase, la empresa insolvente puede realizar una propuesta anticipada de convenio de acreedores que permite poner fin al concurso y a sus trámites, siempre que sea aceptada por los acreedores y por el juez.
2. La **solución del proceso**, con dos alternativas:
   - **Convenio de acreedores.** Con él se pacta un acuerdo con los acreedores para reducir el importe de la deuda (quita o perdón), y también para aplazar los pagos (espera), de forma que el empresario insolvente tenga más tiempo para recuperarse. Si los administradores acreditan ante el juez que, con el nuevo rumbo, la empresa puede ser viable, lo normal es que continúe su actividad.
   - **La liquidación de la sociedad.** Tiene lugar cuando no es posible llegar a un acuerdo con los acreedores, o no se cumple el convenio pactado, o la empresa quiere la liquidación. Como la liquidación del patrimonio no siempre da para todos los acreedores, la ley establece un orden de preferencia para cobrar, que protege a los acreedores más débiles, los trabajadores, y sitúa en el último lugar a los socios de la empresa y a aquellos que han tenido influencia en su mala gestión.

     En la fase de liquidación, el concurso puede calificarse de fortuito o culpable. Si hay culpabilidad, se derivarán efectos legales para el empresario (inhabilitación para administrar empresas, pago de indemnizaciones, etc.) independientemente de las actuaciones penales que procedan por acciones constitutivas de posibles delitos.

ACTIVIDADES DE APLICACIÓN

1. Explica qué se pretende con el concurso de acreedores, qué efectos tiene sobre el empresario y cómo se resuelve finalmente.
2. ¿Qué significan los términos *masa activa y pasiva del concurso*, *quita* y *espera*?

5 El período de maduración de la empresa (I)

Ejemplos y casos

Lo que se invierte en compras de materias primas, pago de salarios, etc., se recupera cuando se venden y se cobran los productos. El tiempo que tarda una empresa en recuperar sus inversiones, o período de maduración, no es el mismo para todas las empresas. Unas tardan días y otras, muchos meses. Por ejemplo, este período en una empresa fabricante de aviones puede ser de varios meses, en tanto que el de una panadería puede ser de un día. Si se trata de una empresa comercial, al no existir fabricación, el ciclo se inicia con el almacenamiento de productos para la venta. Por otro lado, en bastantes subsectores del sector servicios, al no tener existencias de productos, no se suele utilizar este tipo de análisis.

Si observamos el funcionamiento de cualquier empresa comprobamos que, cíclicamente, se realizan las mismas operaciones: adquisición y pago de materias primas, transformación de estas en productos elaborados y venta y cobro de estos últimos. Se trata de un conjunto de actividades que se repiten periódicamente y que constituyen el **ciclo de explotación** de la empresa.

La duración del ciclo de explotación se denomina período de maduración. El interés financiero de este período es evidente, porque nos indica el tiempo que tarda la empresa en recuperar las inversiones efectuadas en la producción y comercialización de sus productos.

Financieramente, el período de maduración puede representarse como un ciclo dinero - materia prima - transformación en producto - venta - cobro - dinero, es decir, como el período de tiempo que la empresa tarda en recuperar lo invertido en su ciclo de explotación.

Las fases del período de maduración

Durante este período, cada euro empleado en la compra de materias primas estará invertido un cierto tiempo en almacén o **período de almacenamiento**; pasará después por un **período de fabricación** en el que se estará realizando su transformación; más adelante, se detendrá en almacén de productos terminados o **período de venta** y, finalmente, se reflejará como un crédito a los clientes por el aplazamiento del pago correspondiente o **período de cobro**. Una vez que concluye este proceso, comienza de nuevo otro ciclo.

De esta forma, podemos representar este proceso como un itinerario con paradas o lugares a los que llegan los materiales, esperan un tiempo mientras cumplen su misión y continúan su recorrido hasta que salen de la empresa para ser vendidos y cobrados a los clientes.

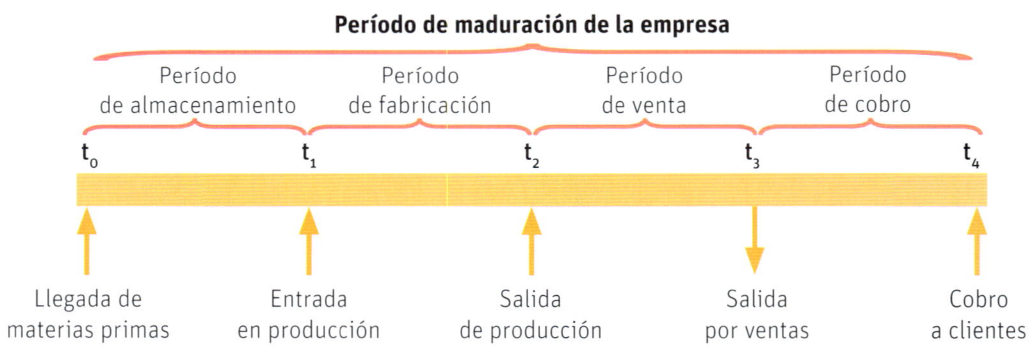

Conviene advertir que en cada una de las fases representadas se van añadiendo costes. En la fase de fabricación, al coste de las materias primas hay que añadir el coste de los trabajadores, la maquinaria, la energía, etc.; cuando ya están terminados los productos y se almacenan para su venta, se añaden los costes relativos a su almacenamiento, comercialización, etc. Por tanto, cuanto más tiempo necesite una empresa para cumplir su ciclo de explotación, más costes se acumularán.

Todos estos costes suponen inversiones para la empresa; es decir, mientras dura el ciclo, la empresa mantiene comprometidos los recursos que emplea para su financiación, por lo que cuanto menos tiempo dure el ciclo, antes recuperará sus inversiones. Para determinar cuánto tiempo se tarda en recorrer este ciclo, como cada vez tendrá una duración distinta, nos interesará conocer cuál es su duración por término medio a lo largo del año; esa duración media se conoce como período medio de maduración.

El **período medio de maduración** es el tiempo que la empresa tarda, por término medio, en recuperar cada euro invertido en su ciclo de explotación.

El período medio de maduración (PMM)

El PMM se calcula analizando cada uno de los subperíodos que lo componen.

1. **El período medio de almacenamiento.** Para calcularlo, llamaremos *A* al coste anual de las compras de materias primas (MP) y *a* al nivel medio de existencias de MP almacenadas en ese año. Dividiendo el coste anual de las compras entre el valor de las existencias medias, se obtiene la siguiente fórmula:

   A / a = na = número de veces que se renueva el almacén de MP a lo largo del año

   Dividiendo los días del año entre *na*, obtendremos el período medio de almacenamiento (PMa) o número de días que, por término medio, permanecen las materias primas almacenadas:

   PMa = 365 / na

2. **El período medio de fabricación.** Si llamamos *F* al coste total de producción anual y *f* al valor de las existencias medias de productos en curso de fabricación en almacén a lo largo del año, dividiendo *F* entre *f* obtendremos:

   F / f = nf = número de veces que se renueva al año el almacén de productos en curso de fabricación

   Dividiendo los días del año entre *nf*, sabremos los días que la empresa tarda en fabricar sus productos, su período medio de fabricación:

   PMf = 365 / nf

3. **El período medio de ventas.** Si llamamos *V* al valor de coste de las ventas anuales y *v* al nivel medio de existencias de productos terminados en el año:

   V / v = nv = número de veces que se renueva al año el almacén de productos terminados

   Por tanto, el período medio de venta o número de días que tarda la empresa en vender su producción será:

   PMv = 365 / nv

4. **El período medio de cobro.** Si la empresa vende a crédito a sus clientes, habrá que calcular cuánto tardan en pagar. Si denominamos *C* al valor de las ventas (pero valoradas a precio de venta, ya que ahora lo que importa es por cuánto se van a cobrar) y *c* al valor medio de los créditos anuales concedidos a los clientes:

   C / c = nc = número de veces que se renueva la deuda con los clientes al cabo del año

   Y el período medio de cobro o número de días que se tarda en cobrar por término medio a los clientes será:

   PMc = 365 / nc

El **período medio de maduración (PMM)** se obtiene por la suma de los cuatro subperíodos analizados, es decir:

PMM = PMa + PMf + PMv + PMc

El valor obtenido nos indica el número de días que la empresa tarda por término medio en recuperar cada euro invertido en su ciclo de explotación. Para facilitar los cálculos, en la práctica suele utilizarse el año comercial o de 360 días.

Ejemplos y casos

El número de veces que cualquier almacén se renueva al año (rotación anual) podemos entenderlo con el ejemplo de un gimnasio o un campo de deportes de un instituto, donde los alumnos entran y salen en cada cambio de grupo. Si durante toda la mañana han pasado por el campo de deportes 240 alumnos (A) y cada grupo tiene de media 30 alumnos (a), el número de veces que se renueva el gimnasio (almacén) será:

na = A / a = 240 / 30 = 8

Es decir, el campo de deportes se renueva 8 veces o, lo que es lo mismo, ha habido 8 cambios de grupo o rotaciones.

5 El período de maduración de la empresa (II)

EN LA PRÁCTICA Cálculo del PMM

El PMM de una empresa comercial

Imaginemos una empresa comercial que paga a sus proveedores al contado, tiene un período medio de cobro a los clientes de 30 días y sus existencias de productos para la venta se renuevan 6 veces al año (tomando un año de 360 días). Si quisiéramos saber cuál es el PMM, al tratarse de una empresa comercial, deberemos considerar que no existen los períodos de almacenamiento y fabricación. Por tanto: **PMM = PMv + PMc**.

En este caso, el PMc viene dado (30 días). Para hallar el PMv, nos dicen que las existencias rotan 6 veces, por tanto, nv = 6.

De donde PMv = 360 / 6 = 60 días.

PMM = 60 + 30 = 90 días, es decir, esta empresa tarda 90 días en recuperar sus inversiones, como se observa en el gráfico.

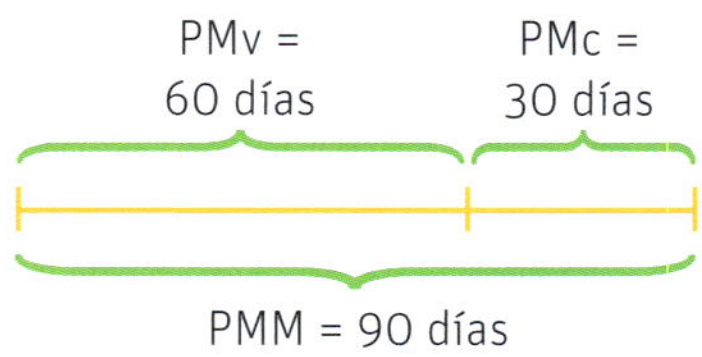

El PMM de una empresa industrial

Supongamos que una empresa compró en el año materias primas por 50 000 euros y que su nivel medio de existencias en almacén fue de 5000 euros. El coste de la producción obtenido por la empresa en ese año fue de 240 000 euros, mientras que el valor medio de productos en curso de fabricación fue de 40 000. Por otro lado, el coste de los productos vendidos ascendió a 360 000 euros, mientras que el nivel medio de existencias en el almacén de productos terminados fue de 90 000. Por último, las ventas realizadas (valoradas a precio de venta) supusieron 480 000 euros y el saldo medio de los créditos a clientes fue de 60 000. ¿Cuál es el PMM de esta empresa?

Primero identificamos los datos, expresados en euros, y después calculamos la dimensión de los cuatro subperíodos.

A = 50 000 a = 5000	F = 240 000 f = 40 000	V =360 000 v = 90 000	C = 480 000 c = 60 000

– **Período de almacenamiento:** na = A / a = 50 000 / 5000 = 10 veces al año se renueva el almacén de materias primas.

PMa = 365 / na = 36,5 días han permanecido por término medio las materias primas almacenadas.

– **Período de fabricación:** nf = F / f = 240 000 / 40 000 = 6 veces al año se renueva el almacén de productos en curso.

PMf = 365 / nf = 365 / 6 = 60,8 días, o período que se emplea, por término medio, en fabricar los productos.

– **Período de venta:** nv = V / v = 360 000 / 90 000 = 4 veces al año se vende el *stock* medio de productos terminados.

PMv = 365 / nv = 365 / 4 = 91,25 días se ha tardado, como media, en vender el *stock* de productos terminados.

– **Período de cobro:** nc = C / c = 480 000 / 60 000 = 8 veces al año se renovó el crédito a los clientes.

PMc = 365 / nc = 365 / 8 = 45,6 días se han necesitado, por término medio, para cobrar la deuda de los clientes.

Período medio de maduración: PMM = PMa + PMf + PMv + PMc = 36,5 + 60,8 + 91,2 + 45,6 = 234 días tarda esta empresa en realizar su ciclo de explotación o, lo que es lo mismo, en recuperar cada euro invertido en dicho ciclo.

ACTIVIDADES DE APLICACIÓN

1. Calcula el PMM de la empresa TRANQUILO, S. A. y explica su significado a partir de los siguientes datos: período medio de aprovisionamiento: 20 días; período medio de fabricación: 30 días; período medio de venta: 21 días; número de veces que, en el año, se renovó la deuda media de los clientes: 10.

6 El período medio de maduración económico y financiero

¿Son realmente 234 días los que tarda la empresa del ejemplo anterior en recuperar cada euro invertido? La respuesta es no, porque desconocemos cuándo sale cada euro de la empresa, es decir, en qué momento se ha invertido.

Hasta ahora hemos supuesto que la empresa paga al contado a sus proveedores, lo que no es habitual. Por ello, para calcular el PMM financiero, habrá que restar al PMM económico los días que tarda la empresa en pagar a sus proveedores.

Si llamamos ***P*** al valor de las compras a crédito realizadas durante un período y *p* al saldo medio de deudas con los proveedores en ese período:

P / p = np = número de veces que se renueva al año la deuda con proveedores

Y el **período medio de pago** o número de días que, por término medio, tarda la empresa en pagar a sus proveedores sería: **PMp = 365 / np**.

Si en el ejemplo anterior se compraron 50 000 euros de materias primas a crédito y la deuda media con proveedores fue de 10 000 euros:

np = 50 000 / 10 000 = 5 veces se ha renovado la deuda con proveedores a lo largo del año, por lo que: PMp = 365 / 5 = 73 días tarda en pagar, de media.

Para calcular el PMM financiero, restamos el PMp al valor obtenido anteriormente:

$PMM_{financiero} = PMM_{económico} - PMp = 234 - 73 = 161$ días.

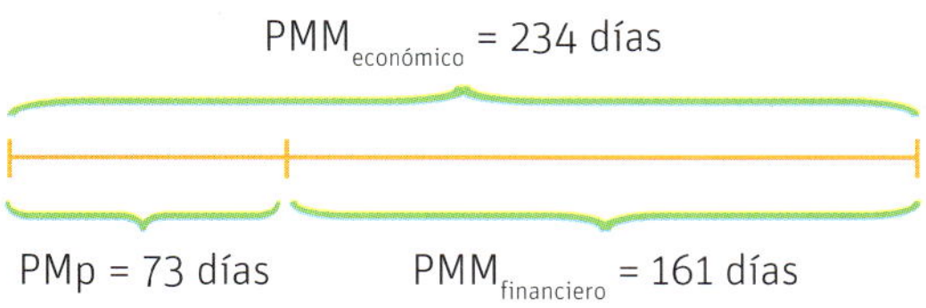

Las **ventajas de reducir la duración del PMM** son claras. Además de tener menos costes, tendrá menos necesidades financieras e incrementará así su rentabilidad. Reduciendo PMa, PMf o PMv (incrementando su productividad y mejorando sus tiempos de ventas), se reduce el dinero invertido en los almacenes de materias primas, de productos semiterminados o terminados. El mismo efecto se consigue reduciendo el PMc (cobrando antes a los clientes) o ampliando el PMp (negociando con los proveedores unos períodos más amplios de pago).

Ejemplos y casos

Hay empresas que consiguen vender y cobrar el producto a sus clientes antes de haberlo pagado a sus proveedores. Por ejemplo, las grandes empresas distribuidoras del sector textil o de la alimentación tienen un gran poder de negociación con sus proveedores, lo que les hace pactar condiciones muy ventajosas. Hasta tal punto que algunas consiguen tener un PMM financiero negativo. Por ejemplo, si tardan en vender sus productos 30 días por término medio, venden al contado y pagan a sus proveedores a 90 días, el PMM financiero es de menos 60 días, es decir, que sus proveedores están financiando a la empresa durante ese tiempo. La clave está en vender rápido, cobrar pronto y pagar tarde.

smSaviadigital.com PRACTICA

Calcula el período medio de maduración de una empresa.

ACTIVIDAD RESUELTA

1. Una empresa comercial paga a sus proveedores a 30 días, cobra sus ventas al contado y las existencias de los productos que vende se renuevan 6 veces al año (año = 360 días): a) Calcula y explica, ayudándote de un gráfico, cuál es su PMM económico y financiero; b) ¿Qué medidas debería tomar esta empresa para reducir su PMM?

SOLUCIÓN

a) Al ser una empresa comercial, no existen los períodos de almacenamiento y fabricación. Para hallar el PMM, solo necesitamos calcular su período medio de venta, porque conocemos su período medio de cobro (cobra al contado, por tanto PMc = 0). Además, se conoce el PMp (30 días).

Sabemos que nv = 6; por tanto: PMv = 360 / 6= 60 días.

Por tanto, $PMM_{económico} = PMv + PMc = 60 + 0 = 60$ días.

$PMM_{financiero} = PMM_{económico} - PMp = 60 - 30 = 30$ días.

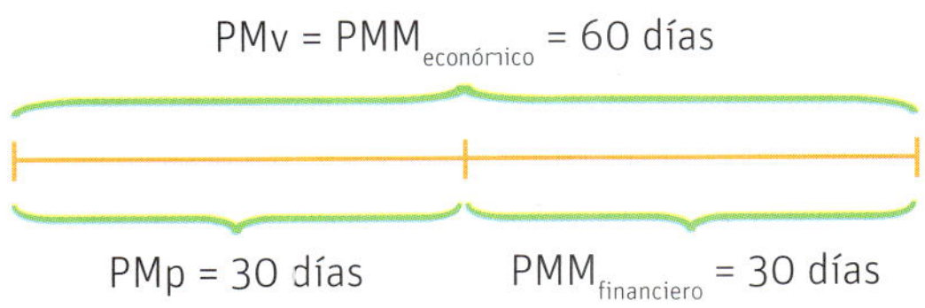

Así, el tiempo que tarda esta empresa desde que invierte un euro en pagar las mercaderías a sus proveedores hasta que lo recupera con su venta y cobro es de 30 días.

b) Como cobra al contado, solo tiene dos modos de acortar su PMM: mejorando la eficiencia en sus ventas, logrando renovar más a menudo sus existencias (si en lugar de renovarlas 6 veces al año, lo hace 8 veces: PMv = 360 / 8 = 45 días), o negociando con sus proveedores períodos de pago más amplios (por ejemplo, a 45 o a 60 días).

ACTIVIDADES

Actividades de síntesis

1. Elabora un mapa conceptual a partir de estas ideas básicas. Incluye en él nuevas ideas que consideres importantes.

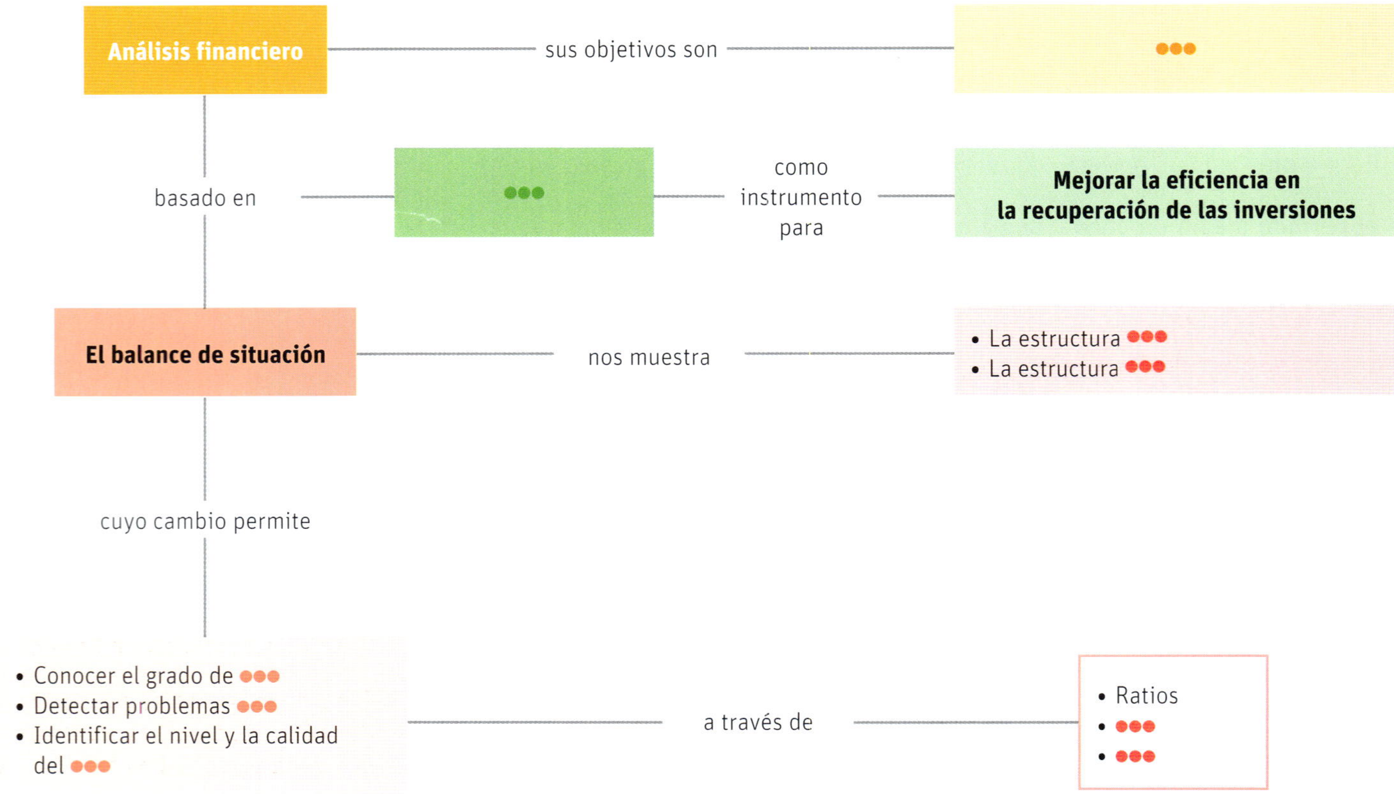

smSaviadigital.com VALORA LO APRENDIDO > Realiza la **autoevaluación.**

Actividades de análisis y problemas

2. Observa el siguiente gráfico y explica brevemente cuál es su significado.

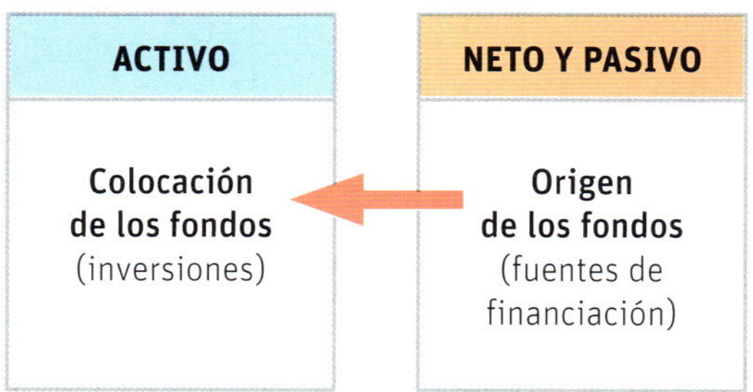

3. Sirviéndote de un gráfico de balance: ¿qué representan los recursos o capitales permanentes? Señala ejemplos. ¿Cuáles son los principios básicos de equilibrio entre las inversiones (activos) y su financiación (neto más pasivo)?

4. Explica el significado financiero del fondo de maniobra. ¿Cuál es su significado si es positivo? ¿Y si es negativo?

5. A partir de las partidas que se presentan de una empresa (en euros):
   a) Elabora el balance correspondiente identificando las masas patrimoniales de activo no corriente y corriente, neto y exigible a largo y a corto plazo.
   b) Calcula el valor del fondo de maniobra y comenta su significado para esta empresa.

Deudas a l. p.: 49 000.	Mobiliario: 17 500.
Terrenos: 5 000.	Edificios: 22 500.
Reservas: 46 100.	Capital: 52 850.
Proveedores: 32 500.	Caja y bancos: 16 850.
Clientes: 41 100.	Existencias: 77 500.

6. Si la empresa A tiene deudas por valor de 100 millones de euros y la empresa B solo debe 1 millón de euros, ¿cuál de las dos empresas está más endeudada? Razona tu respuesta.

7. En relación con las ratios:

a) Define qué son.

b) Explica para qué se utilizan.

8. Imagina que eres contable en una empresa con problemas de liquidez transitoria.

a) ¿Cómo explicas esta situación y en qué datos te apoyas?

b) ¿Cuál es el riesgo en que incurre esta empresa?

c) ¿Qué alternativas propondrías para mejorar la situación de la empresa?

9. En el supuesto de un banco que tenga que decidir si va a prestar dinero a corto plazo a la empresa cuyo balance se presenta a continuación:

ACTIVO	NETO Y PASIVO
– Inmovilizado ....55 %	– Fondos propios ....40 %
– Existencias ....30 %	– Exigible a l. p. ....20 %
– Realizable .... 13 %	– Exigible a c. p. ....40 %
– Disponible .... 2 %	
Total .... 100 %	**Total .... 100 %**

a) Examina el balance y razona cuál puede ser la respuesta del banco.

b) ¿Qué medidas debería adoptar esta empresa para mejorar su situación?

10. A continuación se presenta el balance de dos empresas que compiten dentro del mismo sector (datos en miles de euros):

EMPRESA A	
ACTIVO	**NETO Y PASIVO**
– Inmovilizado 120	– Neto 100
– Existencias 80	– Exigible a l. p. 140
– Realizable 90	– Exigible a c. p. 60
– Disponible 10	
Total 300	**Total 300**

EMPRESA B	
ACTIVO	**NETO Y PASIVO**
– Inmovilizado 160	– Neto 110
– Existencias 45	– Exigible a l. p. 40
– Realizable 30	– Exigible a c. p. 100
– Disponible 15	
Total 250	**Total 250**

a) Calcula el porcentaje de cada masa patrimonial.

b) Representa gráficamente el balance de ambas empresas.

c) Calcula los siguientes indicadores referidos a ambas empresas: fondo de maniobra, liquidez, tesorería, disponibilidad, garantía, endeudamiento, calidad de la deuda y autonomía.

d) Sirviéndote de los datos calculados, valora y compara la situación financiera de estas empresas.

11. La empresa BETA, S. A. presenta al final de un período la siguiente estructura financiera:

Capital social	1 200
Reservas	600
Deudas a l. p.	500
Deudas a c. p.	700
Total neto y pasivo	**3 000**

a) Sirviéndote de la ratio de endeudamiento, ¿es adecuada su proporción de fondos propios y ajenos?

b) Comenta el significado de cada una de las partidas financieras, señalando ejemplos concretos de fuentes utilizadas que han podido originar esas cifras.

12. Los síntomas de la suspensión de pagos y de la quiebra pueden detectarse mediante el análisis financiero del balance.

a) ¿Cuáles son las ratios específicas que los detectan?

b) Ilustra con gráficos de balance y comenta las cuatro situaciones posibles de equilibrio financiero: equilibrio total, estabilidad financiera, suspensión de pagos y quiebra.

13. Una empresa contaba a mediados de su ejercicio con unos activos de 45,2 millones de euros frente a un pasivo exigible de 45 millones. Representa gráficamente esta situación y comenta su significado financiero.

14. ¿Qué circunstancias tienen que darse para que una empresa deba solicitar el concurso de acreedores? ¿Cuáles son las fases del concurso y cuáles son las posibles soluciones?

15. Explica brevemente en qué consiste el PMM. ¿Por qué tiene un significado financiero para la empresa?

16. Ayudándote de un esquema gráfico del ciclo de explotación y de sus distintos subperíodos:

a) Explica las diferencias entre el concepto de PMM de una empresa comercial y de una industrial. ¿Cómo se representan estas diferencias en el gráfico?

b) ¿Cómo se representaría el PMM de una empresa comercial que paga a sus proveedores al contado y que cobra a sus clientes de la misma forma?

c) ¿Cómo se representaría el PMM de una empresa de servicios que suele conceder crédito a sus clientes?

d) ¿Podría suceder que el PMM de una empresa fuera negativo? ¿En qué circunstancias?

17. Una empresa comercial que cobra a sus clientes al contado renueva las existencias de productos para la venta 3 veces al año (año de 360 días). Si sabemos que tarda, de media, 60 días en pagar a sus proveedores, explica cuál es su PMM ayudándote de un gráfico.

18. Reducir el período medio de maduración es un objetivo que tratan de conseguir todas las empresas. ¿Qué ventajas se pretenden conseguir con ello? ¿Qué medidas favorecen que se reduzca?

ACTIVIDADES

19. Lee la siguiente información y responde.

> Las grandes cadenas de distribución alimentaria pagan a sus proveedores a más de cien días, cuando el tiempo medio de rotación de sus productos (tiempo medio de venta) ronda el mes. A su vez, sus proveedores más importantes (la industria agroalimentaria) tardan ochenta días o más en pagar a los agricultores y ganaderos que los abastecen. Estos se encuentran al final de la cadena y deben soportar una situación crediticia impuesta por las grandes superficies y la industria agroalimentaria.

a) Representa mediante un esquema el período de maduración de las grandes superficies de distribución y de la industria agroalimentaria.

b) ¿Qué ventajas se persiguen con estas prácticas? ¿Quiénes se benefician y quiénes salen perjudicados?

20. Sabiendo que una empresa tiene un PMM económico de 77 días y tarda 27 días en pagar a los proveedores, define los conceptos de PMM económico y financiero y calcula el PMM financiero. ¿Será siempre mayor el PMM económico que el financiero? ¿Por qué?

21. Un empresario que dispone de los datos (en euros) reflejados en la tabla desea cambiar su política de cobros y pagos para mejorar su período de maduración. Tomando el año comercial de 360 días, calcula cuántos días tarda en cobrar a los clientes y cuántos en pagar a los proveedores. ¿Qué cambios mejorarían su PMM?

Saldo medio de clientes	1 200
Saldo medio de proveedores	1 500
Ventas a crédito	10 800
Compras a crédito	7 500

22. ¿Cómo se mide la capacidad de endeudamiento de las personas y cuál es el límite razonable? ¿Qué riesgos habría si no existieran límites? Observa la viñeta e imagina que esta persona está solicitando un crédito en un banco. Utilizando los conceptos de riesgo y de capacidad de endeudamiento, desarrolla el diálogo entre ambas partes.

Fuente: Forges. *El País*, 11-V-2007.

ENTRÉNATE

EVALUACIÓN

1. ¿Cómo debe ser financiado el activo no corriente y por qué? ¿Y el activo corriente?

2. ¿Qué puede ocurrir si una empresa tiene un fondo de maniobra o de rotación negativo frecuentemente?

3. A continuación se presenta el balance de dos empresas que compiten dentro del mismo sector (cifras en miles de euros).

EMPRESA A			
ACTIVO		**NETO Y PASIVO**	
– Inmovilizado	210	– Capital	160
– Existencias	30	– Reservas	80
– Realizable	240	– Exigible a l. p.	35
– Disponible	20	– Exigible a c. p.	225
Total	**500**	**Total**	**500**

EMPRESA B			
ACTIVO		**NETO Y PASIVO**	
– Inmovilizado	125	– Capital	60
– Existencias	15	– Reservas	40
– Realizable	45	– Exigible a l. p.	20
– Disponible	15	– Exigible a c. p.	80
Total	**200**	**Total**	**200**

a) Calcule el porcentaje de cada masa patrimonial sobre el total y represente de forma gráfica el balance de ambas empresas.

b) Identifique las posiciones de equilibrio o desequilibrio financiero haciendo referencia expresa a la financiación del activo no corriente y a la composición del neto y pasivo de la empresa.

c) ¿Cuál de las dos empresas considera que se encuentra en una mejor posición desde el punto de vista financiero? ¿Por qué?

4. A partir de los siguientes datos del balance que presenta una empresa y que se reflejan en esta tabla, expresados en euros:

Activo		**Neto y pasivo**	
– Inmovilizado	490 000	– Capital social	100 000
– Amort. acum.	–150 000	– Reservas	100 000
– Existencias	260 000	– Deudas a l. p.	200 000
– Clientes	250 000	– Proveedores.	100 000
– Caja y bancos	10 000	– Acreed. a c. p.	360 000
Total	**860 000**	**Total**	**860 000**

a) Elabore el balance identificando las masas patrimoniales más representativas.

b) Calcule el fondo de maniobra de esta empresa por dos vías distintas y comente su significado.

c) Calcule las ratios de liquidez (solvencia a corto plazo), tesorería, garantía (solvencia total) y endeudamiento, e interprete los resultados.

5. **Explique las principales diferencias entre los conceptos de liquidez y solvencia.**

6. **Partiendo de la estructura financiera del balance:**
   a) Explique qué representan los recursos permanentes.
   b) Señale dos ejemplos de recursos permanentes.

7. **Imagine una panadería y una fábrica de ordenadores. ¿Cuál tendrá un período medio de maduración más largo y por qué?**

8. **En los negocios es muy frecuente que las ventas sean a crédito, es decir, que se conceda a los clientes unos plazos más o menos dilatados para que paguen por los productos recibidos. En la empresa donde usted trabaja se han realizado ventas a crédito por un importe de 288 000 euros durante un año, manteniendo un saldo medio de clientes de 24 000 euros.**
   a) Calcule el período medio de cobro a clientes.
   b) Si las empresas de la competencia cobrasen a sus clientes a los 15 días una vez realizada la venta, ¿deberá su empresa seguir con su política habitual de cobro a clientes? ¿Por qué?

9. **Un comercio de electrodomésticos presenta al finalizar el ejercicio económico la siguiente información:**

Saldo medio de clientes	2400 euros.
Coste de las ventas anuales	15 000 euros.
Compras a crédito	24 000 euros.
Saldo medio de proveedores	3 000 euros.
Ventas a crédito	20 000 euros.
Saldo medio de almacén	1 200 euros.

   Suponiendo un año comercial de 360 días:
   a) Calcule el número de días que se tarda en cobrar a los clientes.
   b) Calcule el número de días que tarda esta empresa en pagar a los proveedores.
   c) Calcule el número de días que permanecen en almacén las existencias.
   d) Defina el concepto de período medio de maduración y obtenga su valor para esta empresa.

10. **La empresa CHIPS, S. A., dedicada a fabricar aperitivos, ha efectuado ventas a crédito por 102 000 euros durante el ejercicio, manteniendo un saldo medio de clientes de 8500 euros. Asimismo, ha realizado compras a crédito a proveedores por 7200 euros, manteniendo un saldo medio de 1200 euros.**
   a) Con los datos anteriores, calcule el período medio de cobro a clientes y de pago a proveedores.
   b) Emita su opinión sobre la política de cobros y pagos que tiene la empresa.

Test de conocimientos básicos

1. **En el balance de una empresa, el pasivo:**
   a) Recoge las fuentes de financiación ajenas.
   b) Relaciona las deudas a largo plazo.
   c) Recoge los fondos propios y los ajenos.

2. **El activo del balance representa:**
   a) Las inversiones permanentes.
   b) La suma de los capitales permanentes y las deudas a l. p.
   c) Las inversiones a corto y largo plazo.

3. **Si el fondo de maniobra es negativo, indica que:**
   a) Los fondos propios son inferiores a los fondos ajenos.
   b) El activo corriente es mayor que el pasivo corriente.
   c) El pasivo corriente es mayor que el activo corriente.

4. **La solvencia es la capacidad que tiene la empresa para:**
   a) Recuperar sus inversiones.
   b) Hacer frente a sus pagos a c. p.
   c) Generar un fondo de maniobra positivo.

5. **El fondo de rotación o de maniobra es:**
   a) La parte del activo circulante financiada con fondos ajenos.
   b) La parte del activo circulante financiada con recursos permanentes.
   c) La diferencia entre el activo fijo y el pasivo circulante.

6. **El período medio de maduración de la empresa es:**
   a) El tiempo que se tarda en recuperar las inversiones permanentes.
   b) El que se tarda en fabricar los productos en la empresa.
   c) El tiempo medio que dura el ciclo de explotación.

7. **A las empresas les interesa que el PMM sea:**
   a) Lo mayor posible para rentabilizar sus inversiones.
   b) Lo menor posible para ahorrar costes.
   c) Estable en el tiempo.

8. **Los capitales permanentes de la empresa se constituyen:**
   a) Por el conjunto de fondos propios y de deudas a largo plazo.
   b) Por las deudas a largo plazo.
   c) Por los fondos propios y las deudas.

9. **Entendemos por liquidez:**
   a) La diferencia entre el disponible y el exigible de la empresa.
   b) La facilidad con que un activo puede convertirse en dinero.
   c) El dinero en caja y bancos.

10. **La quiebra técnica de una empresa se produce cuando:**
    a) El activo es superior al pasivo.
    b) El exigible es superior al activo.
    c) Los fondos propios son inferiores al exigible.

13 Análisis económico y social de la empresa

Los aspectos económicos y financieros están estrechamente relacionados, ya que la salud económica de la empresa se encuentra condicionada por su estabilidad financiera. Pero para tener un diagnóstico global sobre el funcionamiento de la empresa no solo necesitamos analizar sus aspectos económicos y financieros; también es preciso conocer el papel que la empresa cumple en la sociedad y su grado de responsabilidad social.

Los impuestos en el mundo de Gulliver

En *Los viajes de Gulliver* (Jonathan Swift, 1726) encontramos unas curiosas teorías tributarias que propugnaban unos extravagantes sabios del reino de Balnibarbi, situado en una extraordinaria isla voladora.

Allí, Gulliver departió con numerosos sabios que le describieron algunos de los avances e inventos de su civilización. Los aspectos tributarios fueron narrados a Gulliver por dos expertos fiscales que discutían entre sí sobre los métodos más fáciles para recaudar los impuestos.

El primer sabio opinaba que los impuestos debían pagarse en función de la necedad y los vicios de las personas. Por tanto, contribuirían más aquellos ciudadanos que tuvieran una conducta más reprobable dentro de la sociedad. La cuantía sería establecida por un jurado que dictaminaría sobre la maldad de cada contribuyente.

En un sentido opuesto, el segundo sabio afirmaba que los tributos debían distribuirse según el grado de inteligencia y las cualidades corporales de los hombres. La cuota también se incrementaría en función del talento, el valor y la cortesía. Por tanto, el género masculino pagaría los impuestos en función del mayor o menor grado en el que sus miembros disfrutaran de estas virtudes. La tarifa más alta quedaba reservada para los varones que tuvieran un mayor éxito entre las mujeres.

Por lo que se refiere a las mujeres, la cuota del impuesto vendría dada por la ponderación de la belleza de la contribuyente y su elegancia en el vestir.

El sistema de liquidación, que se fundamentaba en la propia declaración de cada persona sobre sus virtudes, belleza y éxitos amorosos, garantizaba la más elevada recaudación.

En opinión del sabio, el carácter fanfarrón de los hombres y la propia estima de las mujeres conseguirían la obtención de grandes sumas de impuestos, sin necesidad de acudir a los engorrosos sistemas de control.

Adaptado de Ossorio Crespo, E.: "Así fueron... los viajes de Gulliver", en **<http://www.e-sm.net/sveco2bachud13_01>**.

ANALIZA LA IMAGEN

1. ¿Qué indicadores sirven para medir cómo le va a una empresa económicamente? ¿Y para medir su responsabilidad social?
2. En el museo Guggenheim de Bilbao de la imagen participan muchas empresas e instituciones, tanto públicas como privadas. ¿Qué les mueve a estas empresas a participar? ¿Qué beneficios recibe la sociedad?

ANALIZA EL TEXTO

- ¿Qué opinas de los sistemas propuestos por estos "sabios"?
- Inventa otro sistema de pagar impuestos que sea original y eficaz al mismo tiempo. Una vez elaborada la propuesta, coméntala con tus compañeros y, entre todas las propuestas, elegid la más justa y equitativa.

1 Análisis económico de la empresa

Ejemplos y casos

¿Cuál es la **relación entre rentabilidad y productividad**? Mientras la productividad relaciona la producción obtenida con los factores utilizados para su obtención, la rentabilidad relaciona los beneficios obtenidos con los capitales que han producido esos beneficios. Ambos conceptos son, por tanto, indicadores del rendimiento o eficiencia de la empresa, pero mientras que la productividad se refiere a la eficiencia técnica en el uso de los factores productivos, la rentabilidad se refiere a la eficiencia económico-financiera en el empleo de los capitales invertidos. Ambos conceptos están estrechamente relacionados, ya que una mejora de la productividad suele traducirse en una reducción de costes o en un incremento de la producción; de ambas formas se mejoran los beneficios y, por tanto, la rentabilidad.

El análisis del balance nos permitió conocer la situación patrimonial de la empresa y su capacidad para afrontar sus obligaciones financieras tanto a corto como a largo plazo. Su vertiente complementaria, el análisis de la cuenta de resultados, nos va a servir para conocer la capacidad de generar beneficio que tiene la empresa, así como los factores que están influyendo en su rentabilidad. De esta manera completaremos el diagnóstico sobre su situación económico-financiera.

Beneficios y rentabilidad

Las cifras de beneficios o de ventas de la empresa en un período determinado son cifras absolutas. Aunque aportan una información valiosa por sí mismas, adquieren un significado más preciso cuando se las relaciona (se relativizan) con otras magnitudes con las que están vinculadas. Decir que el beneficio de la empresa A es de 10 millones, en tanto que el de la B es de 50, no es suficiente para saber cuál de estas empresas es más rentable. Para poder comparar resultados empresariales necesitamos poner en relación esos beneficios con el capital que hay invertido en esas empresas, es decir, necesitamos conocer su rentabilidad.

La **rentabilidad de la empresa** se obtiene mediante la relación por cociente entre los beneficios obtenidos y el capital invertido durante un período de tiempo, normalmente un año. Esta relación se suele expresar en porcentajes.

Rentabilidad = (beneficio / capital invertido) · 100

Una rentabilidad del 10 % en el último año, por ejemplo, significaría que de cada 100 euros invertidos se han obtenido 10 de beneficios en ese año. Es, por tanto, un indicador del rendimiento de los capitales utilizados por la empresa.

Estudio estático y dinámico

El conocimiento de la rentabilidad de una empresa en un momento dado (estudio estático) es de gran utilidad. Pero esa información adquiere un mayor sentido cuando se analizan los resultados a través de una serie de años (estudio dinámico). Ello permite determinar la tendencia con que han evolucionado esos datos y, por tanto, prever cómo se van a desarrollar en el futuro, facilitando, de esta manera, la adopción de medidas correctoras.

Por ejemplo, el que sepamos que las empresas A y B han obtenido en el último ejercicio una rentabilidad del 10 % no nos basta para poder emitir un juicio sobre la marcha de esas empresas, ya que si en el año anterior la rentabilidad de A fue del 30 % y la de B, del 4 %, la valoración en cada caso es completamente distinta. Mientras que la tendencia de A empeora sensiblemente (su rentabilidad desciende del 30 % al 10 %), la tendencia de B es de clara mejoría (del 4 % al 10 %).

EN LA PRÁCTICA **La utilidad de la rentabilidad**

El concepto de rentabilidad permite comparar datos relativos a diversas empresas o a años distintos de una misma empresa. Supongamos dos empresas, A y B. La empresa A obtiene un beneficio anual de 100 unidades monetarias (u. m.) y la empresa B, de 500 u. m. Aunque podría pensarse que B tiene mejores resultados que A, no podremos saberlo hasta conocer cuáles son los capitales invertidos en cada empresa. Si comprobamos que la empresa A tiene invertidos unos capitales por valor de 400 u. m. y B, por valor de 5000 u. m., diremos que la empresa A es más rentable que la B, puesto que su relación beneficio/capital invertido es mayor. Así:

Empresa A: rentabilidad = (100 / 400) · 100 = 25 %. De cada 100 u. m. invertidas, se obtienen 25 de beneficio.

Empresa B: rentabilidad = (500 / 5000) · 100 = 10%. De cada 100 u. m. invertidas, se obtienen 10 de beneficio.

- Si los capitales invertidos fueran de 1000 u. m. en A y de 5000 u. m. en B, ¿cuál habría obtenido mejor rentabilidad?

La cuenta de resultados

Como vimos en la unidad 11, la cuenta de resultados o de pérdidas y ganancias nos informa del origen y composición de los resultados obtenidos por la empresa. Esta cuenta refleja todos los ingresos y gastos del período, clasificados según su naturaleza, y da lugar a distintos tipos de resultados de la empresa:

1. **Resultado de explotación (BAII)** = ingresos de explotación – gastos de explotación. Si este resultado es positivo, es el beneficio antes de intereses e impuestos o BAII.
2. **Beneficios antes de impuestos (BAI)** = BAII – gastos financieros.
3. **Resultado del ejercicio o beneficio neto (BN)** = = BAI – impuestos.

CUENTA DE RESULTADOS EMPRESA BETA AÑO *n*		
Conceptos	**(miles de €)**	**%**
Ingresos de explotación (ingresos por ventas)	**1 500**	**100**
Menos gastos de explotación:		
– Materiales consumidos	–360	24
– Gastos de personal	–450	30
– Otros gastos de explotación	–135	9
– Amortizaciones	–60	4
Resultado de explotación (BAII)	**495**	**33**
Gastos financieros	–75	5
Impuestos	–105	7
Resultado del ejercicio o beneficio neto (BN)	**315**	**21**

Análisis de la cuenta de resultados

Resulta útil disponer la información de la cuenta en forma de listado y calcular el porcentaje que representa cada concepto respecto del total.

Ello nos permite hacer un análisis a partir de los siguientes indicadores:

- **Destino de cada euro que ingresa la empresa**. Así, en la empresa BETA, **de cada 100 euros ingresados** por las ventas del año *n*, 24 se destinan a compras de materias primas y otros materiales; 30, a gastos de personal; 9, a otros gastos de explotación (alquileres, energía, etc.); y 4, a amortizar el activo inmovilizado. Por tanto, quedan 33 euros de beneficios. De ellos, 5 euros sirven para pagar los intereses de las deudas y 7 son para impuestos (25 % del impuesto de sociedades). Finalmente, quedan 21 euros de beneficio neto sobre los que la empresa deberá decidir entre distribuirlos o retenerlos como autofinanciación.
- **Margen económico sobre ventas o margen comercial**. Se obtiene como cociente entre el beneficio y las ventas que se han producido en el período:

  Margen comercial = (BAII / ventas totales) · 100 = (495 / 1500) · 100 = 33 %.

  Esta empresa, de cada 100 euros que ingresa, obtiene 33 de beneficio.
- **Crecimiento de las ventas**. Esta ratio compara las ventas de un año con las del anterior. Si sabemos que el año $n-1$ las ventas fueron de 1200 u. m.:

  Ratio de evolución de ventas = $\text{ventas}_{\text{año } n}$ / $\text{ventas}_{\text{año } n-1}$ = 1500 / 1200 = 1,25.

  Es decir, esta empresa ha incrementado sus ventas un 25 %.

  La evolución de las ventas puede calcularse también por productos o por tipos de clientes.
- La **posición de la empresa en el sector**. Para conocer esta posición se utiliza la cuota de mercado:

  Cuota de mercado = (ventas de la empresa / ventas del sector) · 100.

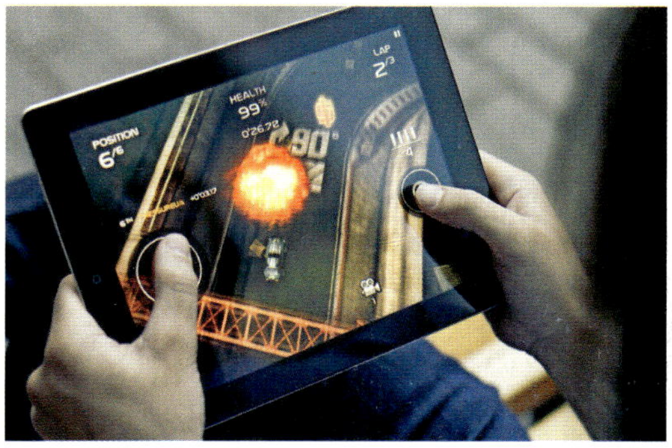

Cuando los ingresos de la empresa se obtienen por la venta de diversos productos, es interesante conocer cuál es la participación de cada uno de ellos en la marcha de la empresa. Por ejemplo, si una empresa de videojuegos tiene tres productos en el mercado (A, B y C), la contribución de cada uno a los ingresos de la empresa se obtendría así:

Cuota producto A = (Ventas producto A / Ventas totales de la empresa) · 100.

ACTIVIDADES DE APLICACIÓN

1. Una empresa ha tenido este año unas ventas de 200 000 euros y sus gastos de explotación son de 150 000 euros. Sus cargas financieras son de 3000 euros y sus impuestos suponen el 25 % de su beneficio. Si las ventas del sector son de 800 000 euros y el año anterior las ventas de la empresa fueron de 180 000 euros, calcula los distintos resultados de esta empresa, su margen comercial, su cuota de mercado y la evolución de sus ventas.

2 La rentabilidad económica y financiera

Ejemplos y casos

Como no siempre el beneficio se distribuye entre los socios, para conocer la rentabilidad de los accionistas habrá que relacionar el beneficio distribuido (dividendos) con el capital que han invertido en la empresa:

RA = (beneficio distr. / capital invertido) · 100.

Así, si un accionista compró acciones por valor de 8000 euros y en el año ha recibido unos dividendos de 400 euros, su rentabilidad ha sido:

RA = (400 / 8000) · 100 = 5 %.

Las empresas tratan de conseguir el máximo rendimiento o rentabilidad de los capitales que emplean. Pero, dado que estos capitales pueden ser propios o ajenos, conviene distinguir entre la rentabilidad del conjunto de los capitales invertidos en la empresa (tanto propios como ajenos), o rentabilidad económica, de la rentabilidad más específica y referida a los capitales propios, o rentabilidad financiera.

- **La rentabilidad económica (RE).** Relaciona los beneficios obtenidos con el total de capitales invertidos, que están representados por el activo total (inversión de capitales) o por el neto + pasivo (capitales propios y ajenos).

  RE = (BAII / activo total) · 100

  Es el beneficio obtenido por cada 100 euros de capital invertido en la empresa. Dado que mide la capacidad de la empresa para remunerar los capitales invertidos, se considera el beneficio antes de deducir impuestos e intereses, puesto que son esos beneficios los que servirán para remunerar al capital propio (dividendos), al capital ajeno (intereses) y para pagar a Hacienda (impuestos).

- **La rentabilidad financiera (RF).** Relaciona los beneficios netos obtenidos con los capitales o recursos propios de la empresa (RP).

  RF = (beneficio neto / recursos propios) · 100 = (BN / RP) · 100

  Indica el rendimiento neto obtenido de los capitales propios de la empresa. Por ello, en el numerador se toma el beneficio después de deducir los impuestos e intereses con los que se ha remunerado el capital ajeno, mientras que en el denominador se incluyen solo los recursos propios (capital + reservas).

Veamos un ejemplo a partir de los datos del balance de una empresa (ver tabla) que en su último ejercicio ha obtenido 50 u. m. de beneficio neto y cuyo beneficio antes de deducir intereses e impuestos fue de 100 u. m.:

ACTIVO	NETO Y PASIVO
Activo no corriente 180	Fondos propios 250
Activo corriente 220	Recursos ajenos 150
Total 400	Total 400

RE = (100 / 400) · 100 = 25 %; de cada 100 u. m. invertidas en los activos de la empresa se obtienen 25 de beneficio antes de deducir intereses e impuestos.

RF = (50 / 250) · 100 = 20 %; de cada 100 u. m. invertidas en fondos propios se obtienen 20 de beneficio neto.

ACTIVIDAD RESUELTA

1. La empresa BROSI, S.A. dispone de unas inversiones materializadas en sus activos por un valor total de 200 000 euros, financiadas el 40 % con recursos propios y el resto, mediante financiación ajena, remunerada a un tipo de interés del 10 %. Sabiendo que el BAII fue de 40 000 euros y su tasa impositiva del 25 %, calcula la RE y la RF y explica qué mide cada una.

SOLUCIÓN

La suma de los recursos propios y ajenos de la empresa debe coincidir con el activo total. Así, el 40 % de 200 000 euros, es decir, 80 000 euros, son los recursos propios; el resto, el 60 %, son recursos ajenos (120 000 euros).

La rentabilidad económica: RE = (40 000 / 200 000) · 100 = 20 %.

Para obtener el beneficio neto, calculamos los gastos financieros: intereses = 10 % de 120 000 = 12 000 euros.

Por tanto: BAI = BAII – resultado financiero = 40 000 – 12 000 = 28 000 euros.

Calculamos los impuestos sobre el BAI: 25 % de 28 000 = 7000 euros.

BN = BAI – impuestos = 28 000 – 7000 = 21 000 euros.

La rentabilidad financiera: RF = (21 000 / 80 000) · 100 = 26,25 %.

Esta empresa obtiene un rendimiento de sus capitales totales del 20 %, es decir, de cada 100 euros invertidos en sus activos totales obtiene 20 de beneficio antes de pagar intereses e impuestos. Y obtiene un rendimiento de sus fondos propios del 26,25 %, es decir, de cada 100 euros de recursos propios invertidos obtiene 26,25 de beneficio neto.

¿De qué depende la rentabilidad económica?

Si en la fórmula de la rentabilidad multiplicamos el numerador y el denominador por las ventas de la empresa, la expresión resultante será:

RE = BAII / activo total = (BAII / ventas) · (ventas / activo total)

La rentabilidad económica queda así descompuesta como un producto de dos factores: uno que relaciona el beneficio obtenido con las ventas (**margen comercial**) y otro que relaciona las ventas con el activo total (**ratio de rotación de ventas**); a mayor rotación de ventas, más se vende a lo largo del año. Por tanto, la empresa puede incrementar su rentabilidad, bien vendiendo la misma cantidad, pero con un margen comercial mayor, bien vendiendo más, aunque mantenga el mismo margen de beneficio, o haciendo ambas cosas. Por ejemplo, si una empresa con un activo de 200 u. m. ha tenido en el año 1 unas ventas de 400 u. m. y un beneficio de 20 u. m., su rentabilidad será:

RE_1 = (20 / 400) · (400 / 200) · 100 = (20 / 200) · 100 = 10 %.

Esa rentabilidad la ha obtenido con un margen comercial de: (20 / 400) · 100 = 5 %.

Si al año siguiente (año 2), la empresa aumenta a un 10 % su margen comercial manteniendo las mismas ventas, sus beneficios aumentarán en la misma proporción (de 20 a 40 u. m.) y, por tanto, su nueva rentabilidad será:

RE_2 = (40 / 400) · (400 / 200) · 100 = (40 / 200) · 100 = 20 %.

También podría mejorar su rentabilidad manteniendo el margen comercial en el 10 %, si consigue aumentar sus ventas hasta, por ejemplo, 500 u. m., y la rentabilidad sería:

RE_2 = (50 / 500) · (500 / 200) · 100 = (50 / 200) · 100 = 25 %.

La rentabilidad económica depende del margen comercial y de la rotación de ventas.

$$RE = \underbrace{\frac{BAII}{ventas}}_{\text{Margen comercial}} \cdot \underbrace{\frac{ventas}{activo\ total}}_{\text{Rotación de ventas}}$$

ACTIVIDAD RESUELTA

1. La empresa MABEL presenta la siguiente información sobre su cuenta de resultados y sobre su balance (en euros):

Gastos e ingresos de la cuenta de resultados. Año x	
Compra de mercaderías	15 200
Suministros de energía	800
Gastos financieros	1 000
Amortización del inmovilizado	1 500
Gastos de personal	8 000
Ventas	30 000

Balance de situación a 31 de diciembre. Año x			
ACTIVO		**NETO Y PASIVO**	
Acivo no corriente	18 250	Fondos propios	20 000
Activo corriente	21 750	Exigible a largo plazo	13 500
		Exigible a corto plazo	6 500
Total	40 000	Total	40 000

Si los impuestos son del 25 %, se pide: a) El resultado de la explotación y el beneficio neto; b) La rentabilidad económica y financiera de la empresa; c) Interpretar y comentar los resultados.

SOLUCIÓN

a) Identificamos los ingresos y los distintos tipos de gastos y elaboramos la cuenta de pérdidas y ganancias para obtener los resultados:
Gastos de explotación = 15 200 + 8000 + 800 + 1500 = 25 500 euros.
BAII = ingresos de explotación − gastos de explotación =
= 30 000 − 25 500 = 4500 euros.
BAI = BAII − gastos financieros = 3500 euros.
Impuesto = 25 % de 3500 = 875 euros.
BN = BAI − impuestos = 3500 − 875 = 2625 euros.

b) RE = (BAII / activo) · 100 = (4500 / 40 000) · 100 = 11,25 %.
RF = (BN / fondos propios) · 100 = (2625 / 20 000) · 100 = 13,12 %.

c) El rendimiento de la totalidad de los capitales invertidos es de un 11,25 %, mientras que el de sus capitales propios es del 13,12 %.

Cuenta de pérdidas y ganancias	
– Ingresos por ventas	30 000
– Compras de mercaderías	−15 200
– Gastos de personal	−8 000
– Suministros	−800
– Amotización del inmovilizado	−1 500
Resultado de explotación (BAII)	**4 500**
– Gastos financieros	−1 000
Resultado antes de impuestos (BAI)	**3 500**
– Impuestos sobre beneficios (25 %)	−875
Resultado del ejercicio (BN)	**2 625**

3 Rentabilidad y estructura financiera de la empresa

Ejemplos y casos

El concepto de **apalancamiento** puede ilustrarse con la inversión especulativa en bolsa. En épocas de fuertes subidas de la bolsa, algunos inversores compran acciones pidiendo el dinero prestado y esperando que se revaloricen para venderlas.

Imaginemos que se adquieren acciones por 200 000 euros, que se pagan con 40 000 euros de dinero propio y con los 160 000 restantes mediante un préstamo al 4 % anual.

Al año, se venden en 300 000 euros y se devuelve el préstamo, pagando de intereses 6400 euros (el 4 % de 160 000).

Si se hubiesen comprado exclusivamente con fondos propios, la rentabilidad habría sido del 50 %, ya que invirtiendo 200 000 euros se obtienen 100 000 euros de beneficio. Pero al aportar solo 40 000 euros de dinero propio y obtener un beneficio de 93 600 euros (300 000 – 160 000 – 6400 – 40 000), la rentabilidad es:

RF = (93 600 / 40 000) · 100 = 234 %.

Aunque podría ocurrir al revés, si las acciones bajan y los beneficios se transforman en pérdidas.

La inversión de una empresa, reflejada en su activo o estructura económica, está financiada, o con recursos propios, o con recursos ajenos, o bien, como es lo más habitual, con una combinación de ambos tipos de recursos.

El que la empresa elija uno u otro tipo de financiación va a influir tanto en la rentabilidad de los recursos propios (RF) como en su estabilidad financiera.

Veamos cómo la RF puede ser distinta según sea la estructura financiera de la empresa. Recordemos que la utilización de recursos ajenos exige, normalmente, una remuneración, es decir, un interés que se ha de pagar por ellos.

Supongamos que una empresa cuenta con unas inversiones totales de 100 u. m. (activo total), financiadas exclusivamente con recursos propios, y obtiene unos beneficios de 10 u. m. Su rentabilidad económica será: RE = (10 / 100) · 100 = 10 %.

Si el año siguiente la empresa amplía sus inversiones en 50 u. m., que financia con recursos ajenos a un tipo de interés del 7 %, ¿cuál será su nueva rentabilidad?

Si suponemos que la empresa sigue obteniendo el mismo rendimiento de sus inversiones (RE = 10 %), ahora obtendrá de beneficio un 10 % sobre 150, es decir, 15 u. m.

Si, para simplificar, prescindimos del influjo de los impuestos, la rentabilidad de los recursos propios (RF) será:

- Beneficio total (BAII) .... 15,0.
- – Intereses (7 % sobre 50) .... 3,5.
- Beneficio neto ....11,5.
- RF = (11,5 / 100) · 100 = 11,5 %.

Si la financiación se hubiera hecho con fondos propios, la rentabilidad sería:

RF = (15 / 150) · 100 = 10 %, que, como se ve, es inferior a la que se consigue en el caso de utilizar recursos ajenos.

Como vemos, el financiar nuevas inversiones con recursos ajenos en lugar de con fondos propios ha producido un incremento de la rentabilidad financiera.

De forma general, interesa endeudarse para financiar nuevas inversiones siempre que se cumplan dos condiciones:

1. RE (rentabilidad económica) > i (tipo de interés).
2. Que la ratio de endeudamiento esté dentro de los límites recomendados para no incrementar el riesgo financiero de la empresa.

Es decir, la empresa debe buscar la rentabilidad máxima de los recursos propios, al mismo tiempo que mantiene su estabilidad y equilibrio financiero.

Efecto apalancamiento

El apalancamiento financiero consiste en utilizar financiación ajena para aumentar la cantidad de recursos que podemos destinar a una inversión, es decir, utilizar la deuda a modo de palanca para aumentar las posibilidades de inversión.

El apalancamiento será positivo si el incremento de la deuda aumenta la rentabilidad financiera de la empresa. La deuda genera un coste, pero si la inversión produce un beneficio superior a ese coste, la diferencia pasa a aumentar el beneficio empresarial.

En consecuencia, en el caso de que la rentabilidad que la empresa esté obteniendo por su activo total (RE) sea superior al interés que haya de pagar por la utilización de recursos ajenos, le convendrá financiarse de esta forma, ya que así se incrementa la remuneración de los recursos propios (RF). En caso contrario, no le interesa la financiación ajena, ya que tendrá que pagar más por los intereses que el rendimiento que obtiene de sus inversiones.

smSaviadigital.com **INVESTIGA**

Descubre **qué papel tuvo el apalancamiento** en la burbuja de 2008 en España, a través de esta actividad guiada en la red.

Análisis económico-financiero

Como vemos, los aspectos económicos y financieros están íntimamente relacionados. Desde el punto de vista económico, interesará seguir endeudándose siempre que la rentabilidad económica sea superior al tipo de interés que hay que pagar por los recursos ajenos. Pero desde el punto de vista financiero, quizás no interese, ya que el incremento de la deuda puede generar riesgos de liquidez o solvencia.

Por ello, habrá que tener en cuenta el peso de la deuda respecto de los fondos propios. La ratio que indica cómo distribuye la empresa su financiación entre recursos propios y ajenos es la **ratio de endeudamiento**, que analiza la proporción de las deudas respecto de los recursos totales: R = pasivo / (neto + pasivo). Valores superiores a 0,5 indican que la deuda supera los fondos propios y que, por tanto, la estructura financiera es arriesgada. Así, al decidir el tipo de financiación habrá que ver la evolución de esta ratio para no sacrificar la estabilidad financiera.

Tampoco es aconsejable el caso opuesto de la empresa que no asume riesgos financieros porque solo emplea recursos propios para financiar sus inversiones, ya que estaría desaprovechando la oportunidad de incrementar su rentabilidad, aunque su seguridad financiera fuera excelente.

El empresario, por tanto, se encuentra ante el dilema de emplear recursos ajenos, que aumentan la rentabilidad de los recursos propios pero disminuyen su estabilidad financiera, o emplear recursos propios, que suelen tener el efecto inverso. Por ello, debe buscarse un **equilibrio** entre ambos tipos de financiación, tratando de maximizar la rentabilidad financiera, pero dentro de unos límites de prudencia financiera.

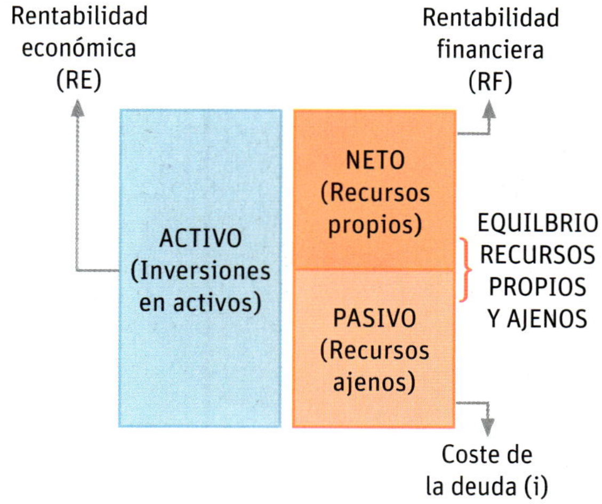

La rentabilidad y el equilibrio financiero son conceptos que están presentes en toda decisión sobre inversión-financiación en la empresa.

EN LA PRÁCTICA **Dos casos opuestos: propensión y aversión al riesgo**

Son frecuentes los casos en que una empresa que es rentable se encuentra en dificultades financieras, o viceversa. Lo primero suele ocurrir en empresas que tienen un fuerte crecimiento. Las buenas perspectivas mueven a estas empresas a realizar inversiones con recursos ajenos, aumentando sus deudas, a las que deberán hacer frente en un futuro más o menos próximo.

Caso 1. Supongamos una empresa cuya situación económico-financiera se refleja en el siguiente balance (en unidades monetarias) y cuyo beneficio neto del último período ha sido de 10 u. m.

ACTIVO		NETO Y PASIVO	
Activo no corriente	50	Fondos propios	40
Existencias	30	Exigible a largo	25
Realizable	15	Exigible a corto	35
Disponible	5		
Total	100	Total	100

La situación económica de esta empresa es excelente. La rentabilidad de los recursos propios (RF) es del 25 % (10 / 40). Sin embargo, desde el punto de vista financiero su situación es preocupante, ya que a corto plazo tiene deudas por importe de 35 u. m., para cuyo pago solo dispone de 5 inmediatamente (disponible), y de 15 que puede conseguir en un plazo breve (realizable). Deberá recurrir a nuevos créditos o negociar con sus proveedores para retrasar los pagos, pero puede llegar a tener dificultades para salir de la situación.

Caso 2. Por el contrario, una empresa puede encontrarse en una situación económica negativa y mantener una situación financiera desahogada. Esto le sucede a la empresa representada en el siguiente balance, que no ha tenido beneficios en el último período.

ACTIVO		NETO Y PASIVO	
Activo no corriente	40	Fondos propios	50
Existencias	30	Exigible a largo	35
Realizable	10	Exigible a corto	15
Disponible	20		
Total	100	Total	100

En este caso, la empresa, a corto plazo, puede hacer frente a sus deudas sobradamente, ya que tiene obligaciones a corto por 15 y dispone de 20 de forma inmediata. Sin embargo, desde el punto de vista económico, su situación es preocupante (rentabilidad = 0). Si las circunstancias no cambian, su desahogada situación financiera no podrá mantenerse por mucho tiempo, ya que la ausencia de beneficios le impide abordar nuevos proyectos de crecimiento.

Resumiendo, la financiación empleada por la empresa será la adecuada si permite mantener la máxima rentabilidad, al mismo tiempo que su capacidad para pagar sus deudas tanto inmediatas como a corto y largo plazo. Esta capacidad se mide a través de las ratios de tesorería, liquidez o solvencia y garantía, que fueron estudiadas en la unidad anterior.

4 La fiscalidad de las empresas

Los impuestos en España y su peso relativo

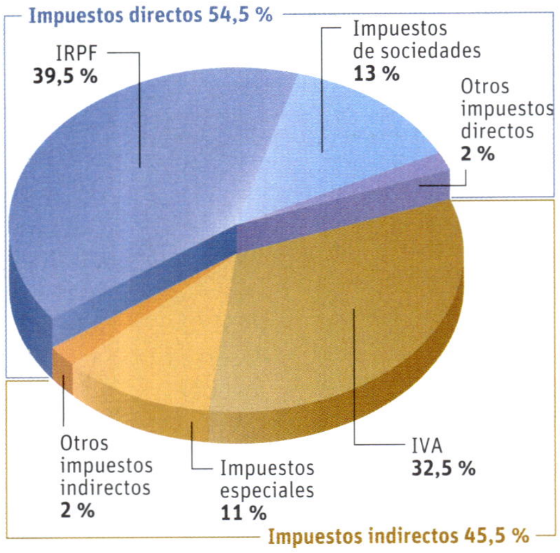

Fuente: PGE y elaboración propia.

Al igual que los ciudadanos, las empresas utilizan los bienes y servicios públicos (infraestructuras de transporte, redes de suministro de agua, energía, saneamiento, etc.), se benefician de la investigación y el desarrollo públicos, utilizan las ayudas y subvenciones del Estado, etc.

Todo ello justifica que las empresas, junto con los ciudadanos, contribuyan a la financiación de esos bienes y servicios mediante el pago de tributos.

Los tributos

Los tributos son pagos obligatorios que hacen los contribuyentes al Estado, a las comunidades autónomas o a los Ayuntamientos, y constituyen la principal fuente de ingresos del sector público.

Los tributos se clasifican en tres grandes apartados: impuestos, tasas y contribuciones especiales.

1. **Los impuestos.** Son pagos que se exigen por ley, sin que el contribuyente reciba un beneficio específico a cambio de forma directa. Los impuestos son cuantitativamente la figura tributaria más importante, ya que representan más de la mitad de los ingresos públicos. Dentro de los impuestos, se distinguen:
   - **Los impuestos directos.** Gravan la renta o la riqueza de las personas y empresas en función de sus circunstancias económicas y familiares; permiten, por tanto, que quienes ganan más dinero paguen más que quienes tienen menos ingresos. Los más importantes son:
     - Impuesto sobre la renta de las personas físicas (IRPF).
     - Impuesto sobre sociedades (IS). Recae sobre el beneficio que obtienen las empresas (sociedades).
     - Impuesto sobre actividades económicas (IAE).
   - **Los impuestos indirectos.** Gravan hechos concretos (el consumo, por ejemplo), independientemente de la identidad y de las circunstancias concretas de la persona que los realiza. Los paga todo el mundo por igual, se gane o se tenga más o menos dinero. El principal es el impuesto sobre el valor añadido (IVA), que pagamos cada vez que compramos un producto o contratamos un servicio. También están los impuestos especiales, que se pagan por consumir determinados productos, como el alcohol, el tabaco o la gasolina.

     Un impuesto indirecto que afecta de manera importante a las empresas es el impuesto sobre transmisiones patrimoniales y actos jurídicos documentados, que se paga, por ejemplo, al utilizar una letra de cambio.
2. **Las tasas**. Son tributos que se pagan por el uso de un bien o servicio ofrecido por la Administración. Se pagan tasas por la recogida de basura, por el alcantarillado, por obtener o renovar el permiso de conducir, por tasas académicas, etc.
3. **Las contribuciones especiales.** Son tributos que pagan quienes se benefician de una obra o servicio público; por ejemplo, la pavimentación o el alumbrado de una calle o la construcción de una acera, que beneficia especialmente a los vecinos que la habitan.

Tanto el IRPF como el IS son impuestos directos y de carácter personal, puesto que sus hechos imponibles están ligados a la persona física o jurídica que obtiene la renta. Son, por tanto, impuestos que afectan directamente a las empresas:

- Al empresario individual, que como persona física que es titular de una empresa obtiene rentas derivadas de la explotación de su negocio y, por ello, está sometido al IRPF.
- A las sociedades, que, como personas jurídicas, son los sujetos pasivos del impuesto de sociedades por los beneficios que estas sociedades obtengan.

*

Impuestos directos

Se aplican sobre una manifestación directa de la capacidad económica de los contribuyentes, como la obtención del salario de un trabajador o el beneficio de una empresa.

Impuestos indirectos

Recaen sobre una manifestación indirecta de la capacidad económica de los contribuyentes, como son sus actos de consumo o de transmisión.

Elementos básicos de los tributos

Los elementos que definen los tributos son básicamente los que se especifican a continuación:

1. **El hecho imponible.** Es la acción que origina el nacimiento de la obligación tributaria. Comprar un producto, ingresar un salario, etc., constituyen ejemplos de hechos imponibles.

   Cuando un empresario individual obtiene rendimientos de la actividad económica que desarrolla, origina un hecho imponible, que es la obtención de rentas del trabajo personal y que da lugar al nacimiento de la obligación de pagar el impuesto sobre la renta de las personas físicas.

   De la misma forma, cuando una sociedad obtiene beneficios, está originando un hecho imponible que la obliga a pagar el impuesto de sociedades.

2. **El sujeto pasivo.** Es la persona física o jurídica que está obligada a pagar el tributo. Puede suceder que sea una persona la que pague el tributo (el contribuyente) y que sea otra persona distinta quien colabore en su recaudación (el sustituto del contribuyente).

   El contribuyente es quien, en último término, paga el tributo, mientras que el sustituto del contribuyente es quien está obligado a retener la cantidad correspondiente al tributo e ingresarlo en Hacienda.

   Por ejemplo, cuando una empresa paga a sus trabajadores tiene la obligación de retener el porcentaje que la Administración indique y que ingresará en Hacienda. De este modo, el sustituto del contribuyente colabora con la Administración en la recaudación de los tributos.

   Estas retenciones que practican las empresas deberá tenerlas en cuenta el contribuyente a la hora de hacer su declaración de la renta, como pagos ya realizados a cuenta.

   Ambas figuras, contribuyente y sustituto del contribuyente, conforman el sujeto pasivo de la obligación tributaria.

3. **La base imponible.** Es la cuantificación económica del hecho imponible según la regulación establecida para cada tributo.

   Por ejemplo, en el impuesto sobre la renta de las personas físicas, la base imponible está constituida por la renta global del contribuyente, que se obtiene sumando los ingresos que recibe por todos los conceptos y restando los gastos necesarios para obtenerlos.

4. **La base liquidable.** Es la cantidad que resulta después de restar a la base imponible las reducciones que estén previstas en la normativa de cada tributo.

5. **El tipo impositivo.** También denominado tipo de gravamen, es un porcentaje que se aplica a la base liquidable para obtener la cuota tributaria.

6. **La cuota íntegra.** Se obtiene como resultado de aplicar el tipo impositivo a la base liquidable.

7. **La cuota líquida o deuda tributaria.** Es la cantidad que se debe pagar a la Administración pública correspondiente; resulta de sumar o restar —según el caso— a la cuota íntegra los recargos y deducciones establecidos por la norma del tributo.

8. **La cuota diferencial.** Por último, en algunos impuestos como el IRPF, a la cuota líquida habrá que restarle las retenciones e ingresos a cuenta para obtener la cuota diferencial, cuyo resultado puede ser positivo (habrá que pagar a Hacienda) o negativo (Hacienda nos hará una devolución).

9. **Período impositivo.** Es el plazo de tiempo que se corresponde con la liquidación del impuesto. En el IRPF o en el IS, este período coincide con el año natural.

5 Los impuestos que pagan las empresas: el IS y el IRPF

Ejemplos y casos

Con más frecuencia de la deseable, aparecen noticias sobre grandes empresas que eluden el pago de sus impuestos con prácticas de "**ingeniería fiscal**".

Son sobre todo empresas multinacionales que buscan resquicios legales para rebajar su factura fiscal, transfiriendo los beneficios a sus filiales en países donde tributen menos y los gastos a aquellos países donde se puedan desgravar más. Una treta contable por la cual una empresa traslada sus gastos o ingresos a una filial u otra en función de su conveniencia fiscal. Las grandes compañías tecnológicas como Google, Microsoft, Apple, Facebook o Amazon, entre otras, tienen sucursales en los llamados "paraísos fiscales" y utilizan estas técnicas.

Aunque, en principio, la elusión fiscal es legal, contradice el espíritu de la ley, ya que supone pagar menos impuestos de los que corresponderían según su capacidad económica.

La empresa se relaciona con la Hacienda Pública por dos conceptos distintos:

- Es **contribuyente directo** en los impuestos que gravan su capacidad contributiva.
- Actúa como **recaudador** forzoso para Hacienda en diversos impuestos. Cuando la empresa paga salarios a sus trabajadores, o cuando cobra el IVA a sus clientes, está obligada a desempeñar la figura de sujeto pasivo sustituto del contribuyente; es decir, no es el titular de la capacidad de contribuir, pero como interviene en su pago o generación, se ve obligada a actuar como recaudador intermediario entre el contribuyente y Hacienda. Esta circunstancia lleva a la empresa a retener pagos en el IRPF, o a cobrar el IVA, y a ingresar después esas cantidades en Hacienda.

A continuación veremos aquellos impuestos que afectan a las empresas de forma más directa, ya sea como contribuyente o como retenedor.

Impuesto sobre sociedades (IS)

Se trata de un impuesto directo y personal que grava la renta obtenida por las sociedades mercantiles y otras entidades colectivas. Es un impuesto proporcional, porque se obtiene aplicando un tanto por ciento fijo sobre la base imponible.

Los **elementos constitutivos** del impuesto son:

- **Sujeto pasivo.** Son las sociedades mercantiles, ya sean anónimas, limitadas, laborales o cooperativas, etc.
- **Hecho imponible.** Es la obtención de beneficios por parte de las sociedades.
- **Base imponible.** La base imponible se deriva de los rendimientos netos obtenidos por la empresa en un determinado período (resultados antes de impuestos o BAI). Estos rendimientos se obtienen de la diferencia entre los ingresos y los gastos del ejercicio económico, a los que habrá que añadir los incrementos o disminuciones patrimoniales del período.

  El gasto computado contablemente como amortización del ejercicio debe ser el admitido fiscalmente. Por ejemplo, si la empresa amortiza unas cantidades de su inmovilizado que la ley estima como excesivas, el resultado contable deberá ser corregido para calcular la base imponible.

  Si la base imponible resulta ser negativa (pérdidas), su importe podrá ser compensado dentro de los cinco ejercicios siguientes, es decir, la empresa podrá descontar sus pérdidas actuales de la base imponible de los próximos ejercicios económicos.
- **Cuota íntegra.** Es la cantidad resultante de aplicar el tipo impositivo a la base imponible. El tipo impositivo es un porcentaje fijo, y es distinto según la forma jurídica de la entidad sujeta al impuesto sobre sociedades. Con carácter general, se aplica el 25 %.
- **Cuota líquida.** De la cuota íntegra se restarán las deducciones y bonificaciones que la normativa establezca cada año para determinar la cuota líquida. Estas deducciones y bonificaciones se establecen con la finalidad de favorecer las inversiones de la empresa en la creación de empleo, las inversiones en el exterior, etc., o para proteger determinadas actividades de interés social o cultural, como la exportación de libros o productos cinematográficos, etc.
- **Cuota diferencial.** Se obtiene como resultado de restar a la cuota líquida positiva las retenciones y pagos a cuenta, y debe ingresarse en Hacienda (si la diferencia es positiva).
- **Período impositivo y liquidación.** Año natural, con pagos a cuenta. Una vez aprobado el balance del ejercicio (dentro de los seis meses siguientes a la finalización del año), la empresa debe presentar la declaración-liquidación en los veinticinco días posteriores a esa aprobación.

El IRPF

El impuesto sobre la renta de las personas físicas es un **impuesto directo, personal y progresivo** que grava la renta que obtienen las personas físicas. Se trata de un impuesto directo, ya que las rentas percibidas por cada persona constituyen una manifestación de su capacidad contributiva. Es progresivo, porque el tipo de gravamen aumenta a medida que aumenta la base liquidable sobre la que se aplica. Y es personal porque tiene en cuenta las circunstancias personales o familiares del contribuyente.

Los **elementos constitutivos** del impuesto son:

- **Sujeto pasivo.** Son las personas físicas que obtienen rentas.
- **Hecho imponible.** Está constituido por la obtención de renta por parte de una persona física durante el período. Estas rentas pueden proceder de:
  - Los rendimientos del trabajo por cuenta ajena (salarios).
  - Los rendimientos del capital inmobiliario (alquileres de inmuebles).
  - Los rendimientos del capital mobiliario (intereses bancarios, dividendos).
  - Los rendimientos de actividades económicas (rendimientos del empresario individual o del ejercicio profesional por cuenta propia).
  - Las pérdidas y ganancias patrimoniales experimentadas en el período.
- **Base imponible.** Es la suma de rendimientos netos, es decir, una vez deducidos de estos rendimientos los gastos necesarios para su obtención.
- **Base liquidable** = base imponible – una serie de reducciones.
- **Cuota íntegra** = base liquidable · tipo de gravamen (tarifa progresiva).
- **Cuota líquida** = cuota íntegra – deducciones (por hijos, compra o rehabilitación de vivienda, etc.).
- **Cuota diferencial** = cuota líquida – retenciones y pagos a cuenta.

  Si la diferencia es positiva, corresponde pagar a Hacienda la diferencia. Si la diferencia es negativa, corresponde que Hacienda devuelva la diferencia.
- **Período impositivo y liquidación.** Año natural, con retenciones y pagos a cuenta. Es el contribuyente quien debe presentar la declaración-liquidación.

Tanto las reducciones aplicadas a la base imponible como las deducciones aplicadas a la cuota íntegra responden a una serie de circunstancias (hijos, ascendientes a su cargo, compra de vivienda, etc.), dando así un tratamiento más personalizado al impuesto.

Para el **cálculo de los rendimientos de las actividades económicas** del empresario individual existen dos sistemas que, de forma resumida, son:

1. **Estimación directa simplificada.** El beneficio o rendimiento de la actividad o negocio se obtiene como diferencia entre sus ingresos y sus gastos anuales. Este sistema obliga a llevar los libros contables correspondientes.
2. **Estimación objetiva.** Es un sistema pensado para simplificar la declaración del impuesto, ya que la determinación de los rendimientos se hace a partir de una serie de signos, índices o módulos que se supone son indicativos del volumen de negocio.

   Si se acoge a este sistema, el empresario no declarará el beneficio realmente obtenido, sino una estimación de ese beneficio a partir de un cálculo basado en unos signos o módulos (número de trabajadores, superficie del local, consumo de energía, etc.), que actúan como indicadores del rendimiento aproximado del negocio. Este sistema no obliga a llevar ningún registro a efectos de IRPF, ya que no tiene en cuenta ni los ingresos ni los gastos producidos.

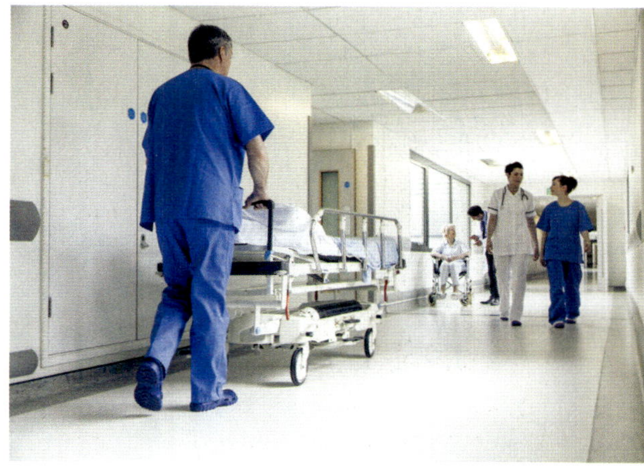

Los impuestos son el "precio" que se paga por tener bienes y servicios públicos. Con el dinero de los impuestos, el sector público proporciona los bienes y servicios más básicos y necesarios para todos los ciudadanos (sanidad, pensiones, becas, etc.), independientemente de que hayan pagado más o menos impuestos. Suponen, por tanto, una transferencia de recursos de los que más capacidad económica tienen a los que menos. Desde este punto de vista, el pago de los impuestos tiene un sentido solidario, mucho más amplio que el simple acatamiento de una obligación legal.

smSaviadigital.com PRACTICA

Repasa los **elementos constitutivos del IS y el IRPF.**

6 Otros impuestos: el IAE y el IVA

La declaración de alta en el IAE es un requisito indispensable para el ejercicio de todo tipo de actividades económicas. Los promotores de la actividad deberán proceder, antes de su inicio, a darse de alta en la matrícula del impuesto en el epígrafe correspondiente a la actividad que van a desarrollar.

Impuesto de actividades económicas (IAE)

El IAE es un impuesto directo cuyo hecho imponible está constituido por el ejercicio de cualquier tipo de actividad empresarial, profesional o artística. No se consideran tales las actividades agrícolas, las ganaderas dependientes, las forestales y las pesqueras.

Es un impuesto de gestión compartida entre Administraciones y que recaudan los Ayuntamientos. Sus **principales elementos** son:

- Son **sujetos pasivos** de IAE las personas físicas o jurídicas que realicen en territorio nacional cualquiera de las actividades que originan el hecho imponible.

  Hay que destacar que no tienen que pagar el impuesto las empresas cuya cifra anual de negocios sea inferior a un millón de euros. También están exentos del pago del impuesto las Administraciones y organismos públicos, las fundaciones benéficas y las asociaciones sin ánimo de lucro, así como las empresas que inicien su actividad en territorio español durante los dos primeros períodos impositivos.

- **Cuota tributaria.** Para calcular la cantidad que se debe pagar existen unas tarifas de cada una de las actividades económicas tipificadas en el impuesto. Estas tarifas contemplan tres tipos de cuotas: municipal, provincial y nacional, dependiendo del ámbito territorial en el que se vaya a desarrollar la actividad.

  Cada actividad tiene asignada una cuota mínima sobre la que los Ayuntamientos aplican unos coeficientes correctores (recargos provinciales) en función de la superficie de los locales, el número de habitantes del municipio, la situación del local, etc., y que suponen incrementos de la cuota.

  A su vez, cada Ayuntamiento puede establecer bonificaciones en el pago del impuesto para aquellas actividades que se quieren favorecer (creación de empleo en la zona, mejora del medio ambiente, etc.).

- **Período impositivo.** Coincide con el año natural.

El impuesto sobre el valor añadido (IVA)

El IVA es un impuesto indirecto que grava el consumo de bienes y servicios.

Sus **principales elementos** son los siguientes:

- **Sujeto pasivo.** Es el consumidor final quien soporta la carga del impuesto. No obstante, se distingue entre quien tiene la obligación formal de pagar el IVA y de ingresarlo en Hacienda y quien tiene finalmente que soportarlo. Si un comerciante adquiere bienes para venderlos, tendrá que pagar el IVA correspondiente; sin embargo, ese importe lo repercutirá a sus clientes cuando venda esos bienes.
- **Hecho imponible.** Este elemento está constituido por el acto de compra de bienes o de prestación de servicios.
- **Base imponible.** Es el valor del bien adquirido o del servicio prestado; es decir, en general, el precio de venta.
- **Tipo impositivo.** No es único. Hay un tipo general del 21 % que se aplica a la mayoría de los productos de consumo (ropa, servicios de telefonía, muebles, etc.). Hay un tipo reducido del 10 % para alimentos en general, vivienda, restaurantes, transporte, etc., y un tipo superreducido del 4 % para los bienes más necesarios (pan, leche, frutas, medicinas, libros, etc.).
- **Cuota tributaria.** Es el producto de la base imponible por el tipo impositivo.

La recaudación del IVA es compleja y grava todas las fases del proceso de producción, desde la adquisición de las materias primas hasta la venta del producto al consumidor final; de ahí el nombre de *impuesto sobre el valor añadido*.

smSaviadigital.com INVESTIGA

Aprende más sobre el IVA con esta actividad guiada en la red.

EN LA PRÁCTICA El mecanismo de recaudación del IVA

Veamos un ejemplo de recaudación del IVA. La producción de un bien como las conservas vegetales consta de varias fases, que resumiremos en dos: la producción agrícola, por un lado, y la transformación en la fábrica de conservas y su distribución y venta al consumidor final. En este proceso participan, por tanto, dos empresas diferentes: el agricultor y el fabricante que produce y comercializa el producto.

Supongamos que el agricultor vende materias primas al fabricante por un valor de 100 000 euros. El fabricante, como adquiere bienes, está sujeto al IVA (tipo, 10 %), por lo que deberá pagar al agricultor 110 000 euros.

El fabricante transforma las materias primas y vende su producción directamente a los consumidores, supongamos que por 150 000 euros. Es decir, añade un valor de 50 000 euros, ya que las materias primas valían 100 000. Los consumidores pagarán al fabricante 150 000 euros, más el 10 % de IVA, es decir, 165 000 euros, de los cuales 150 000 son para el fabricante y 15 000 son para Hacienda.

Pero de los 15 000 euros de IVA que recibe el fabricante, él ya pagó al agricultor 10 000; en efecto, si el valor añadido por el fabricante fue de 50 000 euros, el 10 % de 50 000 son 5000 euros, y los otros 10 000 corresponden al valor que añadió el agricultor.

Las empresas que están en medio de la cadena de valor de un producto soportan el IVA que les cobran sus proveedores y lo repercuten (lo recuperan) cuando venden a sus clientes. Al final de la cadena, el consumidor es quien realmente lo paga.

La **liquidación del impuesto** con Hacienda se realiza trimestralmente (salvo excepciones). En nuestro ejemplo, si suponemos que las operaciones se han realizado en el primer trimestre del año, en abril, cada empresa ajustará sus cuentas con Hacienda. Dicha liquidación se plantea como ajuste o diferencia entre todos los IVA soportados (al comprar) y los repercutidos (al vender) durante el período.

El agricultor tendrá una factura de venta de materias primas por valor de 100 000 euros, por las que repercutió al fabricante un IVA de 10 000 euros, que ahora debe ingresar en Hacienda. A su vez, el fabricante tendrá dos facturas:

1. Venta de 150 000 euros, en la que repercutió a los clientes un IVA de 15 000 euros.
2. Una compra de materias primas por la que soportó un IVA de 10 000 euros.

La diferencia que deberá ingresar en Hacienda es, por tanto, de 5000 euros.

En consecuencia, Hacienda ingresa el IVA que corresponde al valor final del producto, aunque lo recauda a través de dos empresas:

- El agricultor ingresa 10 000 euros.
- El fabricante ingresa 5000 euros.

Total recaudado por Hacienda: 15 000 euros.

El total recaudado por Hacienda coincide con el 10 % sobre los 150 000 euros que constituyen el valor final de la producción. Como vemos, **el IVA es neutral para la empresa**, ya que, en tanto no es consumidora final de los bienes que adquiere, no tiene que soportar el impuesto, y se limita a recaudar para Hacienda, por lo que el único que soporta el impuesto es el consumidor final.

ACTIVIDADES DE APLICACIÓN

1. Una empresa comercial ha emitido las siguientes facturas durante el primer trimestre del año:
   - Cliente A: factura de 200 000 euros más IVA (21 %); total: 242 000 euros.
   - Cliente B: factura de 500 000 euros más IVA (21 %); total: 605 000 euros.

   Del mismo modo, ha recibido durante dicho trimestre las siguientes facturas:
   - Proveedor X: factura de 100 000 euros más IVA (21 %); total: 121 000 euros.
   - Proveedor Y: factura de 300 000 euros más IVA (21 %); total: 363 000 euros.

   Efectúa la liquidación del IVA para dicho trimestre. ¿Qué cantidad ingresará en Hacienda esta empresa?

7 Del balance social al balance ético de las empresas

Muchas empresas comienzan a definir su éxito empresarial en términos de los servicios o los beneficios que aportan. No obstante, los pasos dados solo son el comienzo de una larga y compleja transición hacia empresas más sostenibles.

La empresa recibe de la sociedad unos recursos tanto personales como materiales, culturales, científico-técnicos, etc., y hace un determinado uso de ellos. Gracias al empleo de estos recursos aportados por la sociedad, obtiene sus beneficios y genera rentabilidad para sus socios y propietarios. Pero ¿cuál es su contribución a la sociedad? ¿Cómo devuelve a la sociedad lo que recibe de ella?

Para responder a estas cuestiones, surge en la década de 1970 el concepto de balance social, entendido como un sistema de información acerca de las consecuencias de la actividad empresarial sobre la sociedad. Es decir, un instrumento para comparar lo que debería ser y lo que es.

El contenido del balance social

El **balance social** es un documento que contrapone los efectos positivos (beneficios sociales) a los efectos negativos (costes sociales) que se derivan de la actuación de la empresa y que permite evaluar el cumplimiento de su responsabilidad social durante un período determinado. Si los efectos negativos superan a los positivos, el balance social tendrá un déficit de responsabilidad social.

Como ya vimos, entre los costes y beneficios sociales más frecuentes, están:

Beneficios sociales	Costes sociales
– Generación de riqueza y de los bienes y servicios que necesitamos. – Creación de puestos de trabajo que generan rentas para los ciudadanos. – Aportaciones a la comunidad (donaciones, proyectos culturales y de mejora del entorno), desarrollo económico local, pago de impuestos, etc. – Programas de ecoeficiencia y proyectos de mejora medioambiental. – Contribución a la sociedad: becas y ayudas, investigación y mecenazgo, colaboración con instituciones sociales y culturales. – Política de recursos humanos: jornada de trabajo flexible y de conciliación de la vida laboral y familiar; remuneraciones justas (sin discriminaciones), participación en beneficios, prestaciones sociales, etc.; formación y promoción profesional, etc. – Actitud positiva frente a los grupos e instituciones sociales: sindicatos, medios de comunicación, ONG, etc.	– Contaminación medioambiental (del aire, del agua, etc.). – Agotamiento de los recursos naturales y pérdida de biodiversidad. – Accidentes laborales y enfermedades profesionales. – Ambiente laboral: estrés y problemas psicológicos en el trabajo, deterioro de la calidad de vida de las personas. – Despidos, deslocalizaciones, etc., con costes por desempleo. – Conflictos sociales (huelgas, etc.), que empeoran la convivencia y reducen la producción y los ingresos de los trabajadores. – Dificultades para compaginar la vida laboral con la familiar. – Discriminación laboral e incumplimientos de derechos humanos.

Si bien el balance social fue en su momento un avance, en la actualidad ha quedado superado por las **nuevas circunstancias**:

- La mayor madurez del mercado y de la sociedad civil exige a las empresas planteamientos a largo plazo, orientados por valores, y no solo por intereses a corto plazo. La opinión pública exige a las empresas que asuman su responsabilidad social, y no satisfacer esas exigencias resulta, a medio y largo plazo, perjudicial para la empresa. Hoy, generar simpatía hacia la empresa se convierte en un activo imprescindible para mantenerse en el mercado.
- El crecimiento de la competencia y el proceso de globalización de la economía exigen a las empresas "fidelizar" a la clientela través de actuaciones que generan credibilidad y confianza.
- Cuanto más compleja es la sociedad, más necesario es integrar a los trabajadores para que se sientan identificados con el proyecto de su empresa.

En este nuevo escenario, se hace imprescindible equilibrar los objetivos de rentabilidad a corto plazo de las empresas con la satisfacción de los deseos de los consumidores y la consideración del interés público de la sociedad. De hecho, hay muchas empresas que alcanzan beneficios y, al mismo tiempo, satisfacen a sus consumidores y colaboran con el interés público.

smSaviadigital.com INVESTIGA

En muchas películas y documentales se abordan **casos reales de responsabilidad social y ética empresarial**, como en esta historia.

De la responsabilidad social a la ética empresarial

Las empresas que han entendido los cambios de su entorno están adoptando la ética empresarial como uno de los aspectos básicos de su cultura. Esta nueva ética empresarial parte de un principio básico: la empresa como institución solo podrá considerarse ética cuando encuentre el acuerdo o consenso de todos los grupos afectados por sus consecuencias. Desde este enfoque se recupera la idea de balance social y se profundiza en él a través del denominado **balance ético**, como un sistema de información para registrar el grado de consideración y cumplimiento de todos los intereses afectados.

En la configuración de este balance ético es necesario:

1. **Identificar los diferentes grupos** que convergen en la empresa (*stakeholders*), con sus aportaciones respectivas.
2. **Concretar los diferentes intereses** que definen a cada uno de los grupos implicados. Para definir estos intereses se requiere una organización participativa que permita y potencie el diálogo entre los diferentes grupos.
3. **Traducir estos intereses a indicadores** que permitan medir la distancia entre los compromisos sociales adquiridos por la empresa y lo realizado. Para evitar visiones parciales, deben combinarse dos tipos de indicadores:
   - Objetivos o cuantitativos: miden hechos o condiciones que pueden ser observadas y verificadas (condiciones laborales, programas sociales, etc.).
   - Subjetivos o cualitativos: miden la percepción que tienen los grupos implicados en la empresa a través de entrevistas, encuestas y sondeos de opinión, etc.

El cuadro de abajo nos muestra los grupos que están implicados, lo que aporta cada uno a la empresa y lo que espera recibir de ella. Si existe equilibrio entre lo que se aporta y lo que se espera, los conflictos entre intereses que suelen darse en toda organización social pueden pasar de ser un obstáculo para la rentabilidad empresarial a convertirse en un mecanismo de aprendizaje y en un importante factor de innovación, sustituyendo la cultura del enfrentamiento por una cultura de la cooperación.

Ejemplos y casos

Hay empresas que miden la felicidad de sus empleados con un semáforo: verde, ámbar o rojo, de mayor a menor satisfacción. Por ejemplo, la empresa de publicidad digital Cyberclick pregunta cada semana a sus trabajadores qué color eligen. Además de los colores, deben valorar del uno al cuatro su entusiasmo con el trabajo realizado. Esa nota es lo primero que se trata cada lunes por la mañana: durante diez minutos se analizan por equipos las desavenencias o problemas planteados por la plantilla. "Intentamos solucionar lo que no funciona", cuentan desde la dirección de la empresa.

LA EMPRESA COMO INSTITUCIÓN SOCIAL: GRUPOS DE INTERÉS (*STAKEHOLDERS*)

Grupos de intereses	¿Qué aportan a la empresa?	¿Qué esperan de la empresa?
Socios y accionistas	– Capital, riesgo y dirección.	– Rentabilidad del capital invertido e incremento del valor de la empresa. – Participación y control de la gestión.
Directivos	– Formación, gestión, dedicación y compromiso.	– Poder de decisión, control e influencia, prestigio e ingresos. – Incremento del valor de la empresa.
Trabajadores	– Formación, dedicación, participación y sentido de pertenencia.	– Salario, prestaciones sociales, seguridad y salud laboral. – Promoción profesional y personal. – Participación en las decisiones y buenas relaciones humanas.
Clientes	– Ingresos, fidelidad y sugerencias.	– Calidad, justa relación calidad-precio y buen servicio posventa. – Información veraz y clara sobre los productos. – Garantías de seguridad y salubridad de los productos.
Proveedores	– Suministros, calidad y garantías.	– Puntualidad en los pagos y claridad en las relaciones comerciales. – Respeto de las marcas y de la propiedad industrial.
Estado	– Infraestructuras, marco legal, ayudas y subvenciones.	– Cumplimiento de sus obligaciones fiscales, laborales, medioambientales, etc.
Comunidad local, sociedad y medio ambiente	– Soporte cultural y científico-técnico. – Infraestructuras sociales y de comunicación. – Hábitat y recursos naturales.	– Contribución positiva al desarrollo económico y al empleo. – Colaboración con las instituciones sociales, culturales y científicas. – Respeto y mejora del medioambiente y compromiso con la comunidad local.

ACTIVIDADES

Actividades de síntesis

1. Elabora un mapa conceptual a partir de estas ideas básicas.

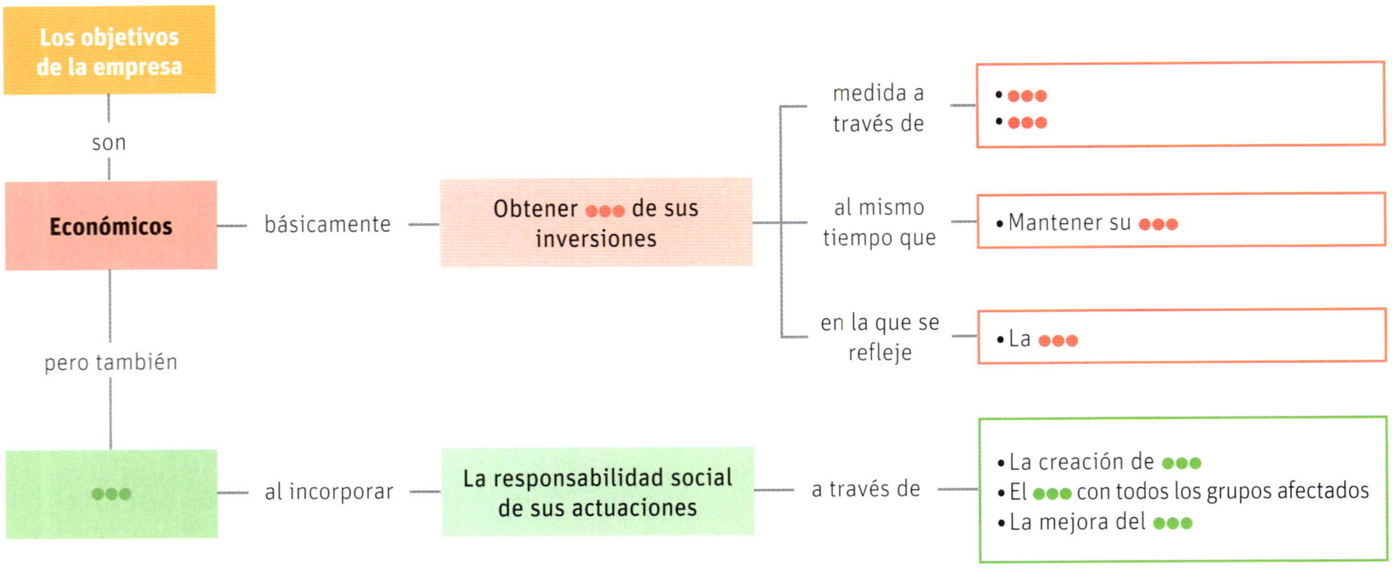

smSaviadigital.com VALORA LO APRENDIDO > Realiza la **autoevaluación.**

Actividades de análisis y problemas

2. Explica cuál es la información básica que proporcionan el balance y la cuenta de pérdidas y ganancias.

3. ¿Cómo podemos saber cuál de estas dos empresas es más rentable, la que obtiene 100 millones de beneficio o la que obtiene 5 millones?

4. Si dos empresas han obtenido este año la misma rentabilidad, ¿cómo podemos saber a cuál le ha ido mejor económicamente en el período?

5. Explica los conceptos de productividad y rentabilidad. ¿En qué se diferencian y cuál es la relación existente entre ambos?

6. Relaciona los siguientes conceptos y explica cómo se obtienen: BAII, BAI y BN.

7. Una gran empresa española tuvo el año pasado un beneficio neto de 740 millones de euros, un 5 % más que en el ejercicio anterior, y sus ventas aumentaron un 4 %, hasta alcanzar los 17 800 millones. A partir de estos datos:
   a) ¿Cuáles son los pasos que ha tenido que dar esta empresa para obtener su beneficio neto?
   b) Si aumentó sus ventas en un 4 %, ¿cuál fue su facturación el año anterior?
   c) ¿Qué dato necesitamos para saber su posición en el sector?

8. Define *rentabilidad económica* y *rentabilidad financiera* e indica las diferencias existentes entre ambas.

9. ¿Qué circunstancias deben darse para que interese financiar nuevas inversiones con recursos ajenos? ¿Qué se entiende por *apalancamiento financiero*?

10. A partir de la cuenta de pérdidas y ganancias de la empresa ZETA, responde a las siguientes cuestiones:
    a) Comenta el destino o aplicación de cada uno de los 100 euros que esta empresa ingresa a través de sus ventas.
    b) Calcula el margen comercial de la empresa y explica su significado.
    c) Sabiendo que las ventas del sector han sido de 15 millones de euros y que en el año *n*–1 las ventas de ZETA fueron de 2 500 000 euros, calcula su cuota de mercado y la evolución de las ventas e interpreta los resultados.

Cuenta de resultados empresa Zeta, año *n*

Conceptos	**(miles de €)**	**%**
Ingresos de explotación (ingresos por ventas)	**3 000**	**100 %**
Menos gastos de explotación:		
– Materiales consumidos	–690	23 %
– Gastos de personal	–870	29 %
– Otros gastos de explotación	–330	11 %
– Amortizaciones	–150	5 %
Resultado de explotación (BAII)	**960**	**32 %**
Gastos financieros	–60	2 %
Impuestos	–270	9 %
Resultado del ejercicio o beneficio neto (BN)	**630**	**21 %**

11. A partir de los datos del balance de una empresa que en su último ejercicio ha obtenido 50 u.m. de beneficio neto, y sabiendo que el beneficio antes de deducir impuestos e intereses fue de 100:

a) Calcula la rentabilidad económica y financiera de esta empresa.

b) Si se conoce que las ventas han sido de 1000 u. m., ¿cuál es el margen comercial de esta empresa?

c) Explica las dos vías que tiene esta empresa para mejorar su rentabilidad económica.

ACTIVO		NETO Y PASIVO	
Activo no corriente	200	Fondos propios	300
Activo corriente	300	Recursos ajenos	200
Total	**500**	**Total**	**500**

12. La empresa GAMA presenta los siguientes gastos e ingresos correspondientes al año (en miles de euros):

- Compra de mercaderías 5 200
- Suministros de energía 800
- Gastos financieros 1 600
- Amortización del inmovilizado 700
- Gastos de personal 2 000
- Ventas: 12 500

La situación patrimonial de la empresa a 31 de diciembre, en miles de euros, es la siguiente:

ACTIVO		NETO Y PASIVO	
Activo no corriente	12 000	Fondos propios	7 150
Activo corriente	11 750	Deudas a l. p.	10 950
		Deudas a c. p.	5 650
Total	**23 750**	**Total**	**23 750**

Suponiendo que el tipo impositivo del impuesto de sociedades es del 25 %, calcula e interpreta:

a) El resultado de explotación y el beneficio neto del período.

b) La rentabilidad económica y la rentabilidad financiera de esta empresa.

13. Una empresa ha obtenido en el último ejercicio unos beneficios antes de intereses e impuestos de 600 u. m. Sus activos totales tienen un valor de 5500 u. m., que han sido financiados al 40 % con capital propio y, el resto, mediante financiación ajena a un tipo de interés del 10 %. A partir de esta información:

a) Calcula la rentabilidad económica y la rentabilidad financiera de la empresa e interpreta los resultados.

b) ¿Qué indica una rentabilidad económica superior al tipo de interés de las deudas?

c) Si esta empresa planea realizar nuevas inversiones por valor de 1000 u. m., y suponiendo que la rentabilidad económica se mantenga para el próximo ejercicio y que los tipos de interés no varíen, ¿debería financiar estas nuevas inversiones con capitales propios o con capitales ajenos? ¿Por qué?

14. La empresa RIASA dispone de un activo total valorado en 1500 millones de euros, financiados en un 30 % con recursos propios y el resto mediante financiación ajena a un tipo de interés del 4 %. Sus beneficios antes de intereses e impuestos han sido de 90 millones de euros y paga el tipo general (25 %) del impuesto de sociedades. Con esta información:

a) ¿Cuál es la rentabilidad o el rendimiento de los capitales propios de la empresa?

b) Con la deuda actual que tiene la empresa (70 %), y ante nuevos proyectos de inversión, aconseja a esta empresa desde un punto de vista económico y financiero sobre cómo debe financiar sus nuevas inversiones.

15. Las empresas A y B compiten en el mismo sector y sus balances se muestran en el cuadro (en miles de euros). A partir de esta información:

a) Calcula su rentabilidad financiera sabiendo que la empresa A obtuvo pérdidas por valor de 50 000 euros y la B, unos beneficios netos de 120 000 euros.

b) Calcula sus ratios de equilibrio financiero (tesorería, liquidez o solvencia y endeudamiento).

c) Analiza y compara la situación económica y financiera de ambas empresas.

EMPRESA A			
ACTIVO		**NETO Y PASIVO**	
Activo no corriente	400	Fondos propios	500
Existencias	250	Exigible a l. p.	300
Realizable	150	Exigible a c. p.	100
Disponible	100		
Total	900	Total	900

EMPRESA B			
ACTIVO		**NETO Y PASIVO**	
Activo no corriente	750	Fondos propios	700
Existencias	320	Exigible a l. p.	230
Realizable	100	Exigible a c. p.	270
Disponible	30		
Total	1 200	Total	1 200

16. Explica a través de un esquema las relaciones entre los distintos elementos que configuran los tributos.

17. ¿Cuáles son el hecho imponible y la base imponible del impuesto de sociedades y del IRPF? ¿Cuál es la diferencia?

18. ¿En qué se diferencian los impuestos directos de los indirectos? Identifica algunos de los impuestos que pagas tú o tu familia y clasifícalos en directos e indirectos.

19. Basándote en ejemplos, explica cuáles son las dos formas en las que la empresa se relaciona con Hacienda.

20. ¿Qué circunstancias diferentes hacen que unas empresas sean sujetos pasivos del IRPF y otras lo sean del IS?

ACTIVIDADES

21. Un distribuidor de equipos informáticos vende uno por un precio de 2350 euros más el 21 % de IVA. Este mismo equipo lo adquirió de un fabricante por 1300 euros, soportando el IVA correspondiente. Suponiendo que únicamente realiza esas dos operaciones:

a) ¿Es este distribuidor sujeto pasivo del IVA?

b) Define el hecho y la base imponible de este impuesto.

c) Haz la declaración del IVA del trimestre de la empresa.

22. Respecto al IRPF, explica con un ejemplo cada paso necesario para calcular la cantidad final resultante (cuota diferencial) de este impuesto.

23. ¿Qué es el balance social de la empresa y qué mide?

24. Describe los grupos afectados por las decisiones de la empresa, y di qué aportan a la empresa y qué esperan de ella. ¿Cómo debe responder la empresa a las demandas de estos grupos y qué gana o pierde con ello?

25. Muchas empresas adoptan prácticas de ecoeficiencia, mejorando sus productos, generando menos residuos y reduciendo el impacto medioambiental. También hay fabricantes que exigen a sus proveedores un código de buenas prácticas (derechos humanos, conservación del medioambiente, etc.). Asimismo, hay empresas que favorecen la reconciliación entre la vida laboral y familiar de sus empleados y que practican políticas de recursos humanos justas e igualitarias, o que están implicadas en proyectos solidarios.

a) ¿Qué tienen en común estas experiencias empresariales?

b) ¿Qué se quiere decir cuando se afirma que actuar éticamente es «un enfoque con el que todos ganan»?

c) ¿Son compatibles la rentabilidad y la ética empresarial?

26. Observa la imagen y comenta qué razones explican la actitud de este empresario. ¿Qué consejos le darías?

Fuente: El Roto. *El País*, 25-X-2008.

EVALUACIÓN

ENTRÉNATE

1. Las empresas A y B, cuyos balances (en miles de euros) se muestran en el cuadro, han tenido ambas un beneficio antes de intereses e impuestos de 200 000 euros. Si los fondos ajenos tienen un tipo de interés del 10 %, sabiendo que el tipo impositivo es del 25 %, calcule la rentabilidad económica y la rentabilidad financiera de ambas empresas e interprete los resultados.

EMPRESA A	
ACTIVO	**NETO Y PASIVO**
– – – – – –	Fondos propios .... 600 Fondo ajenos 200
Total activo 800	**Total neto y pasivo 800**

EMPRESA B	
ACTIVO	**NETO Y PASIVO**
– – – – – –	Fondos propios .... 400 Fondo ajenos 400
Total activo 800	**Total neto y pasivo 800**

2. Una empresa dispone de unos activos por un valor de 400 000 euros, financiados al 50 % mediante recursos propios y, el resto, mediante financiación ajena remunerada a un tipo de interés del 6 %. Sabiendo que la empresa obtuvo unos beneficios antes de intereses e impuestos de 80 000 euros y siendo su tasa impositiva del 25 %, calcule la rentabilidad económica y financiera del negocio. Si este empresario quiere ampliar sus instalaciones por valor de 100 000 euros, y suponiendo que tanto la rentabilidad como los tipos de interés se mantienen, ¿debería utilizar financiación propia o ajena? ¿Por qué?

3. Una empresa comercial presenta la siguiente información (expresada en euros) sobre su cuenta de resultados y sobre su balance:

CUENTA DE RESULTADOS. AÑO X	
Compra de mercaderías	105 000
Suministros diversos	15 000
Gastos financieros	4 000
Amortizaciones	6 000
Sueldos y salarios	44 000
Venta de mercaderías	210 000

BALANCE DE SITUACIÓN A 31 DE DICIEMBRE. AÑO X	
ACTIVO	**NETO Y PASIVO**
Activo no corriente 143 000 Activo corriente 177 000	Fondos propios ..... 180 000 Exigible a largo ....79 000 Exigible a corto 61 000
Total 320 000	Total 320 000

Suponiendo que el tipo impositivo correspondiente al impuesto de sociedades es del 25 %, se pide: a. El resultado de la explotación y el beneficio neto; b. La rentabilidad económica y financiera; c. La interpretación y comentario de los resultados.

4. **Una empresa que está exenta del pago de impuestos tiene un activo total de 600 000 euros, financiado exclusivamente con capitales propios:**

a) Si el pasado ejercicio la empresa obtuvo un beneficio neto de 120 000 euros, calcule la RE y la RF y razone los resultados.

b) ¿Qué indica una rentabilidad económica superior al interés de las deudas o coste del capital ajeno?

5. **El balance de situación de la empresa FRUTASA a final de año es el siguiente (en euros):**

ACTIVO	NETO Y PASIVO
Construcciones 300 000	Capital social 400 000
Maquinaria 210 000	Reservas 120 000
Amort. acum. ...... (300 000)	Préstamos a l. p. 120 000
Existencias 360 000	Proveedores 21 000
Clientes 45 000	Deudas a c. p. 9 000
Bancos c/c 110 000	Hac. públ.
Caja 15 000	acreedora.................70 000
Total activo 740 000	**Total neto y pasivo .. 740 000**

a) Presente el balance de situación agrupado por masas patrimoniales.

b) Calcule el fondo de maniobra y las ratios de liquidez, tesorería y endeudamiento y comente su situación financiera.

c) Determine la rentabilidad económica y financiera sabiendo que el beneficio (antes de intereses e impuestos) fue de 120 000 euros, que el tipo de interés del préstamo a largo plazo es del 5 % y que el impuesto sobre sociedades es del 25 %.

6. **Una persona ha recibido una herencia de 120 000 euros y con este dinero decide comprar en la bolsa acciones de Telefónica y Endesa, a partes iguales, a un precio de 40 euros la acción de Telefónica y a 30 euros la acción de Endesa. Un año después, vende sus acciones por 45 euros la acción de Telefónica y por 32 euros la acción de Endesa. Suponiendo que no existen impuestos, calcule:**

a) Cuánto dinero tiene después de la venta.

b) La rentabilidad (en porcentaje) que ha obtenido en un año.

7. **La empresa ALFA tiene un capital de 300 000 euros y el resto de la financiación se corresponde con fondos ajenos remunerados a un tipo de interés del 10 %. Su activo total asciende a 500 000 euros, el beneficio antes de intereses e impuestos ha sido de 150 000 euros y la tasa impositiva del 25 %. ¿Cómo valoraría usted la gestión de la empresa si los accionistas pueden obtener en el mercado, a igualdad de riesgo, una rentabilidad alternativa del 40 %?**

Test de conocimientos básicos

1. **La relación entre los beneficios y las ventas se denomina:**
   a) Margen sobre ventas.
   b) Rotación de ventas.
   c) Rentabilidad económica.

2. **Los gastos financieros de la empresa repercuten sobre:**
   a) El resultado del ejercicio o BN.
   b) El resultado de explotación o BAII.
   c) Los dos resultados anteriores.

3. **Las ratios de rentabilidad relacionan beneficios y:**
   a) Capitales invertidos.
   b) Ventas realizadas.
   c) Recursos permanentes.

4. **La rentabilidad económica mide:**
   a) El rendimiento de los capitales totales de la empresa.
   b) El rendimiento de los capitales ajenos.
   c) El rendimiento del capital propio.

5. **La rentabilidad financiera relaciona el beneficio neto con:**
   a) Los capitales ajenos a largo plazo.
   b) Los capitales propios y ajenos.
   c) Los capitales propios.

6. **Interesa financiar una inversión con recursos ajenos si:**
   a) El tipo de interés > rentabilidad.
   b) El tipo de interés = rentabilidad.
   c) El tipo de interés < rentabilidad.

7. **La base imponible de un impuesto es:**
   a) La acción que origina la obligación tributaria.
   b) La cuantificación del hecho imponible.
   c) La cantidad que hay que pagar del impuesto.

8. **El empresario individual está obligado a pagar:**
   a) El impuesto de sociedades.
   b) El IRPF.
   c) Puede pagar por cualquiera de los dos impuestos citados.

9. **En el IVA, quien soporta realmente el impuesto es:**
   a) El consumidor final.
   b) Cada empresa por lo que le corresponde.
   c) Las empresas y consumidores finales.

10. **Los grupos de interés o *stakeholders* de la empresa son:**
    a) Los trabajadores, los accionistas y los directivos.
    b) Todos aquellos grupos afectados por las decisiones de la empresa.
    c) Los proveedores, los clientes y los competidores.

14 Dirección y organización de la empresa

1 La dirección de la empresa y sus funciones

2 La función de planificación

La primera función de la dirección es planificar el futuro de la empresa y disponer los medios necesarios para ello. Después, deberá establecer la organización que haga posible que todos los miembros de la empresa actúen de forma conjunta, así como integrar y orientar a los trabajadores. Finalmente, deberá controlar que la empresa no se desvíe del rumbo elegido.

El vuelo de los gansos

El próximo otoño, cuando veas bandadas de gansos dirigiéndose hacia el sur para el invierno, fíjate en que vuelan formando una *V*. Es interesante que sepas lo que la ciencia ha descubierto acerca de por qué algunas aves vuelan de esta forma. Se ha comprobado que cuando cada pájaro bate sus alas produce un movimiento en el aire que ayuda al que va detrás de él.

Volando en *V*, la bandada completa aumenta por lo menos un 71 % su poder, más allá de lo que lograría cada pájaro si volara solo. Es lo mismo que ocurre, y así lo confirman las investigaciones, con las personas que se unen y comparten una dirección común con sentido de comunidad: llegan más rápido y más fácil adonde desean, porque se apoyan y se fortalecen mutuamente.

Cada vez que un ganso se sale de la formación, siente inmediatamente la resistencia del aire, se da cuenta de la dificultad de volar solo y rápidamente regresa a la formación para beneficiarse de la ayuda de los compañeros que van delante.

Cuando el líder de los gansos se cansa, se pasa a uno de los puestos de atrás y otro ganso toma su lugar. Es decir, se turnan para hacer los trabajos más difíciles, en lugar de permitir que el peso lo lleven unos pocos o uno solo.

Los biólogos han observado que los gansos que van detrás producen un sonido propio de ellos para alentar a los que van delante a mantener la velocidad. Algo parecido les ocurre a las personas cuando deben realizar esfuerzos: una palabra de aliento sirve como estímulo motivador.

Finalmente, cuando un ganso enferma o cae herido, otros dos gansos se salen de la formación y lo siguen para ayudarlo y protegerlo. Se quedan acompañándolo hasta que esté nuevamente en condiciones de volar o hasta que muera y, solo entonces, los dos acompañantes vuelven a su bandada o se unen a otro grupo.

Adaptado de <http://www.e-sm.net/sveco2bachud14_01>

ANALIZA LA IMAGEN

1. Observa a través del cristal los distintos departamentos de esta empresa. ¿Qué crees que hacen las personas que se ven en las distintas plantas? ¿Para qué se reúnen?
2. ¿Qué diferencias observas en las plantas de arriba respecto de las inferiores?

ANALIZA EL TEXTO

- Si las personas actuaran en su vida social y laboral con la inteligencia, eficiencia y solidaridad de los gansos, ¿qué cosas cambiarían?
- ¿Qué nos dicen las investigaciones sobre las personas que se unen y comparten una dirección con sentido de comunidad?

1 La dirección de la empresa y sus funciones

La dirección es esencial para toda actividad organizada y que persigue un propósito. Es decir, no solo es necesaria en una empresa que trata de conseguir beneficios, sino en cualquier otro tipo de organización, como pueden ser las Administraciones públicas, una ONG, un equipo deportivo o un museo.

La **dirección** se ocupa de coordinar e integrar el conjunto de recursos materiales y humanos que configuran la empresa. La esencia de la tarea directiva, por tanto, consiste en conseguir una actuación conjunta de las personas y medios que componen la organización, dándoles objetivos y valores comunes. Para ello, la dirección de la empresa ha de llevar a cabo las funciones de planificación, organización, dirección de recursos humanos y control.

Una vez fijadas las metas comunes de la empresa, es preciso planificar los medios disponibles, organizarlos adecuadamente, dirigir y orientar los recursos humanos hacia esas metas y, finalmente, controlar que se vayan cumpliendo.

Además de coordinar los recursos actuales, la dirección debe estimular su mejora continua, de modo que la empresa pueda crecer y ganar en eficiencia. Para ello, son factores clave la formación de sus trabajadores y la mejora tecnológica.

Los niveles de la dirección

Una única persona no puede ocuparse de todas las tareas de dirección que requiere una gran empresa en la actualidad. El trabajo directivo se ha ido especializando con la creación de nuevos puestos intermedios que coordinan el trabajo de un nivel y, a su vez, son coordinados por otros directivos de nivel superior, dando una forma piramidal a la organización.

Esta concepción piramidal hace que existan tareas directivas muy diversas, con contenidos y responsabilidades diferentes. La ingeniera que está al frente de un grupo de obreros, el encargado de una tienda, el enfermero jefe de un hospital, la jefa de sección de un servicio del Ayuntamiento, el gerente de ventas de una empresa o la presidenta de una multinacional ocupan, con distintos grados de responsabilidad, puestos directivos en las instituciones en las que desempeñan su trabajo.

En general, podemos distinguir tres **niveles directivos**:

1. La **alta dirección**. Está integrada por la presidencia y la dirección de más alto nivel de la empresa. Ocupa el nivel superior de la pirámide y es la encargada de pilotar la empresa, fijar sus objetivos y sus grandes líneas estratégicas, así como de asegurar que funcione como un todo cohesionado. Por ello, sus decisiones, tales como establecer la misión o propósito de la empresa, la política de I+D+i y de recursos humanos, los productos que se elaborarán, los mercados en los que entrar o salir y la estrategia o forma de competir en ellos, son, por lo general, a largo plazo.

2. La **dirección operativa** o dirección de primera línea incluye a todos aquellos directivos que están en contacto directo con los trabajadores. Ocupan el nivel más bajo de la pirámide y son los responsables de asignar tareas a los trabajadores y de supervisar sus resultados. Se encargan de llevar a la práctica las decisiones y los planes desarrollados por los directivos de nivel superior. Son ejemplos el jefe de almacén o la jefa de uno de los equipos de ventas. Las decisiones que se toman en este nivel son rutinarias y repetitivas.

3. La **dirección intermedia**. Entre la alta dirección y los directivos de primera línea están los **directivos de nivel medio**, que se encargan de mantenerlos en contacto. Algunos ejemplos son la directora de una fábrica o el jefe de ventas. Su función es traducir y concretar las directrices fijadas por la alta dirección en objetivos y planes específicos para cada uno de los niveles subordinados Además, coordinan y supervisan a la dirección operativa. Se ocupan, por ejemplo, de fijar cómo evaluar la productividad de los empleados, de aumentar el número de trabajadores de un departamento o de decidir cuándo y cómo renovar los equipos y la maquinaria.

Niveles directivos

Las funciones de la dirección

1. **Planificación.** La primera función de la dirección es proyectar el futuro que se quiere para la empresa.

   La **planificación** consiste en determinar por anticipado qué quiere conseguirse en el futuro, cómo se va a lograr y qué recursos se van a utilizar para lograrlo.

   Abarca planes de muy distinto tipo, desde los que tratan de anticipar la situación de la empresa en los próximos cinco años, hasta los que fijan la cantidad exacta de producción del mes siguiente.

2. **Organización.** Hace posible que todos los miembros de la empresa actúen de forma conjunta para conseguir los objetivos fijados en la planificación.

   La **organización** consiste en definir las actividades y tareas que se desarrollarán, dividir y distribuir el trabajo entre las personas que las llevarán a cabo y determinar las relaciones de autoridad que deben existir entre ellas, con la intención de cumplir los objetivos previstos de la forma más eficiente.

   En una organización, los principios de autoridad y jerarquía determinan quién tiene que hacer cada cosa y quién debe resolver un problema o tomar una decisión, lo que simplifica y aclara el trabajo de la empresa.

3. **Dirección o gestión de recursos humanos.** Una vez diseñada la organización más adecuada, hay que integrar dentro de ella a las personas que van a trabajar en la empresa y orientar su comportamiento hacia el logro de los objetivos.

   La **dirección de recursos humanos** se ocupa de la selección, formación y asignación de personas a los distintos puestos de trabajo, así como del diseño de sistemas de recompensas e incentivos que sirvan de motivación a las personas en el ejercicio de sus funciones. Además, para dirigir los recursos humanos es necesario el liderazgo, es decir, el ejercicio de la influencia y el poder para conseguir que las personas se identifiquen con los objetivos del grupo y actúen para lograrlos.

   La capacidad para hacer que las personas traten de alcanzar los objetivos de la organización es tan importante que, para algunos, dirigir es fundamentalmente liderar los recursos humanos.

4. **Control.** Con esta función se pretende verificar en el día a día que la empresa se mantiene en la dirección prevista, así como que, en caso contrario, se adopten medidas correctivas. Es, por tanto, el complemento de la planificación, ya que pretende garantizar que aquello que se quería conseguir realmente se esté cumpliendo y, de no ser así, tomar las medidas correctoras necesarias para hacer que los hechos se adecuen a los planes.

   El **control** consiste en comparar los resultados previstos con los reales, identificar desviaciones si las hubiera y establecer la forma de corregirlas.

La planificación precede y orienta las demás funciones. Mediante la planificación se fijan los objetivos y los medios para alcanzarlos, lo cual es imprescindible a la hora de diseñar la organización más eficaz para conseguir tales objetivos, así como para seleccionar los recursos humanos más adecuados.

Por último, el control verifica el grado de cumplimiento de los planes, de modo que si se detectaran desviaciones significativas, se propondrían acciones correctoras, que sin duda afectarían al resto de funciones.

Una empresa, o cualquier organización no lucrativa, estará bien organizada si cada persona conoce con claridad cuál es su trabajo y si sus unidades o departamentos se complementan para desarrollar con eficiencia las funciones de la empresa y conseguir sus objetivos. Estará mal organizada si sus unidades funcionan con objetivos cruzados, si los distintos departamentos están constantemente enfrentados por sus competencias o si algunas funciones no se realizan porque no están claramente asignadas. En una entidad bien organizada, nadie es imprescindible.

Funciones directivas

2 La función de planificación

Hace casi cien años, los hermanos Disney fundaron lo que después sería The Walt Disney Company, uno de los mayores éxitos en la historia de la animación y el entretenimiento. Y todavía hoy se mantiene la **misión** definida por sus creadores: crear felicidad ofreciendo entretenimiento para personas de todas las edades y lugares.

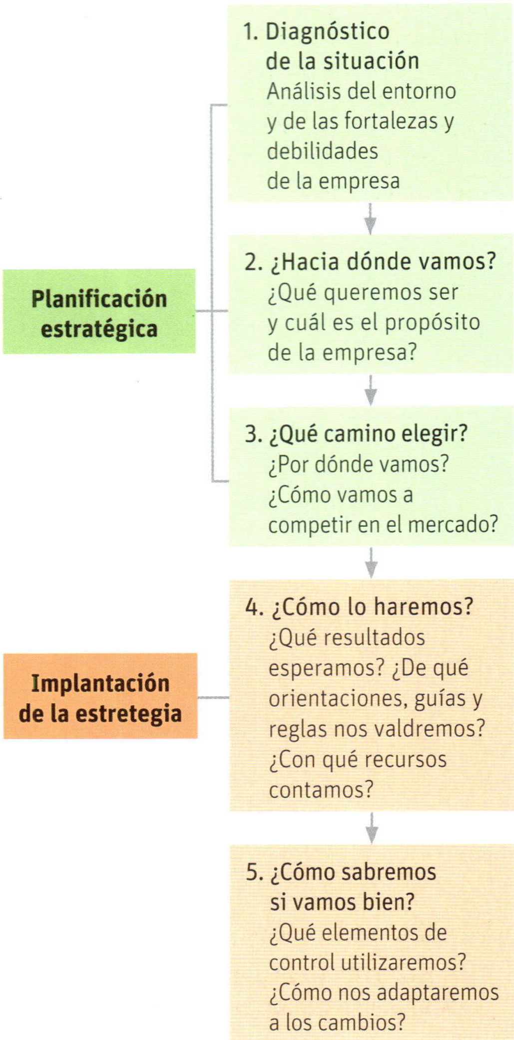

La planificación proyecta el futuro deseado para la empresa (fines) y los recursos necesarios para que se haga efectivo (medios).

Con ella, se trata de definir qué se desea hacer, cómo puede alcanzarse el propósito establecido, cuándo van a ejecutarse las acciones previstas, quién va a desempeñarlas, qué recursos se utilizarán y cómo van a evaluarse los resultados conseguidos.

La planificación precede al resto de funciones directivas; es imposible organizar y dirigir personas o controlar resultados si no hay un propósito y un plan previo. Para planificar unas vacaciones, por ejemplo, primero se debe elegir dónde ir, cómo ir y con qué presupuesto.

En toda planificación se pueden establecer distintos tipos de planes:

1. **Según su horizonte temporal**, los planes pueden ser a largo o corto plazo:
   - Los planes a largo plazo, por lo general, incluyen un período entre tres y cinco años, aunque pueden variar en función del grado de incertidumbre sobre el futuro, el sector de actividad, etc.
   - Los planes a corto plazo suelen abarcar entre uno y dos años.
2. **Según la amplitud del enfoque o nivel**, están los planes estratégicos, que consideran la empresa como un todo y en los que se establecen los grandes objetivos globales, y los planes tácticos y operativos, que desarrollan los planes estratégicos y los concretan para las unidades de negocio, divisiones o departamentos, con objetivos fijados al detalle.

Fases de la planificación estratégica

El proceso de planificación requiere una secuencia de pasos o etapas:

1. **Diagnóstico de la situación.** Supone la definición de los problemas actuales y futuros, sus interrelaciones y el análisis de las oportunidades y amenazas del entorno (análisis externo).

   También abarca el posicionamiento actual de la empresa en el mercado y de los competidores a los que se enfrenta, así como la identificación de los puntos fuertes y débiles de la empresa (análisis interno).

   En este doble análisis, son útiles herramientas como la matriz DAFO o el modelo de Porter, que vimos en la unidad 3.
2. **¿Dónde queremos llegar?** A partir del diagnóstico, hay que establecer:
   - La **visión** o imagen que se tiene **del futuro** que se quiere para la empresa.
   - La **misión o propósito** de la empresa ante el porqué y el para qué de su existencia. Es decir, la misión incluye los valores y convicciones de los promotores y altos directivos sobre el papel de la empresa en la sociedad.
   - Los **objetivos y metas** que concreten la misión de la empresa de una forma más operativa. Algunos ejemplos de objetivos son la fijación de niveles de beneficios y rentabilidad alcanzables, la mejora de la eficiencia y de la productividad que se espera, el grado de innovación deseable, los compromisos de responsabilidad social que se asumen, etc. Estos objetivos fijan una primera aproximación sobre la situación futura deseada que habrá que concretar más en los planes parciales.
3. **¿Por dónde queremos ir?** Al existir distintos caminos o estrategias, hay que **elegir la estrategia competitiva** de la empresa, es decir, la forma en que va a competir con otras empresas para alcanzar, mantener o mejorar una posición en el mercado frente a las distintas fuerzas competitivas del entorno. Entre las estrategias posibles están el liderazgo en costes, la diferenciación y la segmentación.

   En esta fase se investigan y determinan las líneas de acción alternativas y se valoran sus ventajas e inconvenientes (costes, ingresos, rendimientos, riesgos, posibilidades de realización, etc.), de manera que pueda elegirse la mejor alternativa.

La implantación de la estrategia

El paso siguiente es la especificación de objetivos y la formulación de planes parciales (o tácticos) que concreten y desarrollen las directrices del plan estratégico.

4. **¿Cómo llegar, cuándo y con qué recursos?** Una vez definida la estrategia, se implanta mediante **planes parciales** en las áreas de la empresa con el fin de alcanzar los objetivos globales. Estos planes incluyen los objetivos operativos (resultados), las políticas, procedimientos y reglas que los orientan, los recursos que se destinan (presupuestos) y las responsabilidades (quiénes los ejecutan).

   - Los **objetivos operativos** son el resultado que se espera conseguir. Para que sean eficaces, además de constituir un reto, han de ser específicos, medibles, alcanzables, realistas y estar fijados temporalmente (se usa como regla nemotécnica el término inglés *smart*, formado por las iniciales de estos objetivos: *specific*, *measurable*, *attainable*, *relevant*, *time bound*).

     Unos objetivos claros y bien definidos facilitan a los directivos establecer prioridades y disponer de unas referencias estándares con las que luego poder comparar los resultados efectivamente obtenidos.

     Los objetivos permiten **centrar y unificar los esfuerzos** de todos los miembros de la organización. Pero para ello, han de ser apoyados por todos los niveles directivos, deben conocerlos todos los empleados involucrados en su consecución y tienen que ser recordados regularmente en las reuniones de grupo o de departamento.

   - **Las políticas** son orientaciones o guías para la toma de decisiones. Algunos ejemplos son: una política de incentivos en recursos humanos basada en la productividad, una política de producto fundamentada en una calidad apreciable y un precio elevado, etc.

   - **Los procedimientos** detallan la forma exacta en que una actividad ha de realizarse a través de una **secuencia cronológica de acciones**. Por ejemplo, un procedimiento en la selección-contratación de recursos humanos sería: en primer lugar, fijar el perfil del trabajador que se quiere incorporar a la empresa y difundir la información para que llegue al máximo número posible de candidatos; después, seleccionar los currículos que más se acerquen al perfil y realizar unas pruebas selectivas; y, por último, concertar una entrevista personal con los directivos de la empresa.

   - **Las reglas** indican lo que ha de hacerse ante determinadas situaciones, y no admiten interpretación. Ejemplos: requerir siempre la firma del cliente en los albaranes de salida de mercancías, seguir las medidas de seguridad en el trabajo (llevar casco u otras medidas protectoras), etc.

   - **Los presupuestos** expresan en cifras los resultados esperados y, por tanto, representan el mayor grado de concreción de los planes. Pueden elaborarse en términos reales (previsión de unidades producidas) o monetarios (presupuestos de ingresos y gastos).

5. **Controlar cómo vamos.** Finalmente, durante el proceso de implantación de la estrategia, habrá que determinar la forma de evaluación o el control de la ejecución de los planes, de manera que sea posible adaptarlos a los cambios del entorno (retroalimentación o *feedback*).

Planificar implica tener un propósito y comprometer los recursos de la empresa para conseguirlo. Pero ese propósito no puede convertirse en un corsé; es decir, debe ser una ayuda para orientarse en el futuro, no un estorbo que impida la adaptación de esa empresa ante nuevas circunstancias. Para ello, la planificación debe ser flexible con el fin de adaptarse a un mundo que es cada vez más incierto y cambiante.

Ejemplos y casos

Veamos un ejemplo de la **aplicación de la planificación en los estudios**. Si un alumno acaba de terminar la ESO, una meta puede ser hacer Bachillerato y acceder a los estudios universitarios que le interesan, en los que se pide una nota media determinada (plan estratégico a largo plazo). Pero ahora tiene que planificar su primer curso de Bachillerato (plan parcial a corto plazo). En su plan para el curso, deberá definir los objetivos o resultados que espera obtener. Estos objetivos han de constituir un reto, pero ser realistas. Si su nota media en la ESO ha sido un bien, no sería un objetivo realista proponerse obtener un sobresaliente en todas sus asignaturas. Además, los objetivos han de establecerse en términos específicos y cuantificables, es decir, no sería correcto plantearse como objetivo, por ejemplo, "mejorar en sus estudios", porque no sería verificable cuánto debe mejorar. Un objetivo realista, motivador, específico y relacionado con su meta a largo plazo sería obtener de nota media entre un 6 y 7 en este curso.

smSaviadigital.com PRACTICA

Haz un cronograma con las fases de la planificación estratégica.

3 Dirección participativa por objetivos (DPO)

El sistema de dirección por objetivos (DPO) se basó inicialmente en las aportaciones de Peter Drucker en *The Practice of Management* (1954). Drucker pensaba que los administradores de empresas se quedaban atrapados en la **trampa de la actividad**: "se enredan de tal forma en sus tareas cotidianas que se olvidan de las razones por las que están realizándolas". Por ello reclamaba que la atención se dirija a los resultados, no a las actividades. Así, a veces, a la DPO también se le llama gestión por resultados.

La **DPO** es un sistema de dirección en el que los objetivos específicos se planifican de forma conjunta entre trabajadores y directivos, y se revisan periódicamente para observar su progreso. De esta manera, los trabajadores pueden participar en la fijación de sus propios objetivos y conocer los factores que se utilizan para valorar su rendimiento, con el consiguiente efecto motivador.

La DPO comenzó siendo una filosofía de la dirección, después fue un instrumento para evaluar el rendimiento del trabajo y hoy forma parte de la planificación estratégica de muchas empresas. En su implantación se distinguen tres etapas:

1. **Fijación de objetivos.** El superior se reúne con sus subordinados para establecer los objetivos del período (a un año o a seis meses). Ambas partes determinan qué se debe hacer, cómo se van a medir los resultados y en qué fecha, así como la importancia relativa de cada objetivo y sus dificultades.
2. **Aplicación.** El subordinado es el responsable del logro de los objetivos y, por tanto, quien determina el procedimiento, lo que le otorga una gran autonomía para decidir cómo alcanzarlos.
3. **Evaluación.** Al final del período establecido, el superior y los subordinados determinan el grado de cumplimiento de los objetivos y analizan las causas que han impedido su logro con el fin de evitarlas en un futuro; por último, establecen los objetivos para el período siguiente.

La evolución teórica de la DPO ha permitido su integración en el modelo de dirección estratégica. La aportación de la DPO a este modelo está en que la fijación de los objetivos de la planificación estratégica puede modificarse con las aportaciones de los subordinados, por lo que el proceso de fijación no es de una única dirección. Con ello, la visión global de la empresa que tienen los altos cargos se complementa con la de los subordinados, que conocen mejor su trabajo.

Ventajas e inconvenientes de la DPO

Entre las **ventajas** cabe destacar:

1. Favorece la motivación de los trabajadores, al ser ellos mismos los responsables de qué conseguir y de cómo hacerlo.
2. Mejora el compromiso personal, al comprender cómo contribuye su esfuerzo a los objetivos generales de la organización.
3. Clarifica la organización. Las personas saben qué tareas van a desarrollar y con qué objetivos, lo que permite que puedan medir regularmente sus propios progresos.
4. Facilita la dirección. Aumenta la comunicación regular entre subordinados y superiores, lo cual facilita el conocimiento mutuo y las relaciones humanas.
5. Las decisiones sobre remuneración y promoción son más objetivas.

Los **inconvenientes** más significativos son:

1. Dificultad en la fijación de los objetivos para que sean verificables.
2. Centrarse en el corto plazo puede suponer descuidar los objetivos a medio y largo plazo.
3. Desde las concepciones más holísticas o globales de la empresa se critica la DPO por su visión lineal y demasiado alejada del contexto que rodea la empresa, así como por su visión estrecha y resultadista de la naturaleza humana.
4. La DPO no se adapta especialmente bien a esta época de vertiginosos flujos de información en la que el cambio de supuestos y de objetivos puede hacer que los planes de ayer no valgan para hoy.

Ejemplos y casos

En un estudio realizado en la empresa Black and Decker, que estaba aplicando la DPO, los resultados indicaron cuáles eran los factores que contribuían al éxito o fracaso de este enfoque. Entre ellos, se destacaban:

- La importancia del compromiso en todos los niveles directivos.
- La claridad de metas, tiempos y recursos.
- La adaptación a la empresa concreta.
- El proceso de revisión y retroalimentación.
- La creación y el mantenimiento de un clima positivo y de confianza en la empresa.

4 La función de control

Una vez planificado el futuro deseado para la empresa, hay que comprobar que se cumplen los planes y objetivos previstos.

La **función de control** permite regular o ajustar la actividad empresarial. Para ello, se observa y se comprueba, en primer término, cómo responde la empresa a los objetivos planificados; después, se detectan posibles desviaciones respecto de lo planificado y se analizan sus causas; finalmente, se corrigen las desviaciones y se suprimen los factores que obstaculizan el funcionamiento óptimo de la empresa.

El control es inseparable de la planificación, que es su requisito previo. El control comienza con la planificación, cuando se comunican a los empleados los objetivos que se pretenden y las estrategias para conseguirlos. En este sentido, es fundamental que los planes se comuniquen a todas las personas involucradas en el esfuerzo, de tal forma que sepan lo que se espera de ellas y de sus grupos.

Controlar supone **rendir cuentas** ante otras personas. Por ello, la palabra *control* suele ir acompañada de cierto rechazo por parte de los trabajadores, por sus connotaciones de carácter coercitivo. Sin embargo, cuando los controles se establecen preventivamente y el progreso de las actividades se comunica a quienes lo realizan, tal disconformidad se reduce o se elimina.

En ocasiones, el control se ejerce con excesiva presión sobre mandos intermedios, y de estos, a su vez, sobre los empleados, dando lugar a un control poco efectivo. La consecuencia es que se llega a veces a falsear la información para que los datos resulten más favorables de lo que son en realidad, con lo cual el control se desvirtúa

Fases de la función de control

1. **Establecimiento de estándares** de resultados relativos a un período de tiempo. Es necesario que los estándares fijen metas evaluables en términos cuantitativos (unidades de producto, costes, ingresos, salarios, gastos financieros, etc.), y también deben recoger todos los aspectos vitales para la empresa: recursos físicos y financieros, cuota de mercado, innovación, productividad, rentabilidad, motivación de los empleados, responsabilidad social, etc.
2. **Medición de resultados reales.** Para obtener estos datos, existen distintos procedimientos (reuniones, informes, análisis contables, etc.), dependiendo del tipo de información de que se trate. La efectividad del control se reduce si la información llega tarde o no es posible compararla con los estándares fijados.
3. **Comparación de resultados con estándares**, es decir, entre lo que es y lo que debería ser. Estas comparaciones tienen que realizarse con cierta periodicidad para detectar cualquier posible desviación. No obstante, se habla de desviaciones cuando los resultados difieren significativamente de lo planeado.
4. **Análisis de las diferencias.** Los motivos de las desviaciones pueden ser diversos: bien debidos a dificultades de organización, bien porque las decisiones no se han ejecutado como se había previsto, o bien por el propio plan (diseño de objetivos inalcanzables), lo cual obligaría a revisar la planificación. También es frecuente que se detecte la falta de personal o de medios para cumplir las previsiones, etc. En algunos casos, las diferencias se deben a hechos fortuitos y poco frecuentes (mal tiempo, aumento del coste de las materias primas, etc.), en cuyo caso no es preciso tomar ninguna medida.
5. **Corrección de las desviaciones.** No basta con identificarlas si después no se hace nada para corregirlas. Pero no necesariamente todas las desviaciones han de ser negativas; si las diferencias son positivas respecto a lo previsto, se supone que todo va bien. Cuando son negativas y superan los límites admisibles, se deben tomar medidas. Para su corrección, en función de la causa, podrán introducirse medidas como más recursos, cambio de tareas, revisión de planes o de metas, utilización de asesores adicionales o de un plan de formación especial, desarrollo de una mejor dirección o liderazgo, etc.

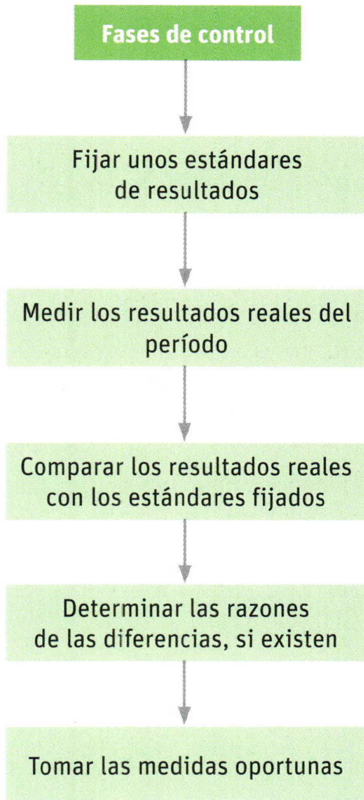

5 La función de organización

Un puesto de trabajo se define por el conjunto de tareas que debe realizar una persona en una empresa. Las tareas ocupan un tiempo de realización, por lo que las empresas deben calcular cuántas tareas puede realizar una persona a lo largo de su horario laboral. Mientras más especializado es un puesto de trabajo, menor es el número de tareas que debe realizar el empleado. Lo opuesto a la especialización es el trabajo ampliado, que se define como aquel puesto de trabajo con un gran número de tareas.

Cualquier actividad en grupo precisa de una organización previa para poder realizarla. La tarea de la organización requiere los siguientes pasos:

- Identificación y clasificación de las actividades y tareas que son precisas para conseguir los objetivos establecidos por la empresa.
- Proceso de división del trabajo, de tal forma que cada persona desarrolle una actividad precisa y necesaria y en la que mejor contribuya a lograr los objetivos.
- Diseño de la estructura de la organización, en la que se clarifique:
  - Quién realiza cada tarea y cuáles son sus responsabilidades.
  - Quiénes son los directivos responsables de los diferentes grupos.
  - Cuáles son las relaciones de coordinación y comunicación entre los distintos puestos e integrantes de la organización.

La **organización** implica definir las tareas que se van a desarrollar, dividir y distribuir el trabajo entre las personas que las van a realizar, determinar las relaciones que deben existir entre ellas y fijar sus responsabilidades, todo ello con la intención de cumplir los objetivos previstos de la forma más eficaz.

Una buena organización elimina la confusión a la hora de asignar trabajos o asumir responsabilidades; cada persona sabe de quién recibe las órdenes y ante quién rinde cuentas.

Principio de división del trabajo y especialización

La división técnica del trabajo es una manera de organizar la producción que consiste en descomponer el trabajo global en distintas actividades, y estas, en tareas en las que los trabajadores se especializan. Una consecuencia de la especialización es la división de la empresa en diferentes departamentos.

Un principio derivado de la especialización es la **necesidad de coordinación**. La especialización, si bien tiene la ventaja de aumentar la productividad, requiere también lograr la coordinación de las tareas de los distintos especialistas.

En la producción de un ordenador, por ejemplo, habrá que asegurar que los diversos componentes y las tareas realizadas por los profesionales sean las adecuadas para que, una vez ensamblados, se obtenga el producto completo y que, además, esté terminado en el tiempo preciso.

EN LA PRÁCTICA Las ventajas de la división del trabajo

Los economistas siempre han resaltado la importancia de la división del trabajo como medio de aumentar la cantidad y calidad de los bienes que una sociedad es capaz de producir. Adam Smith, a finales del siglo XVIII, en su obra *La riqueza de las naciones*, describe una fábrica de alfileres como ejemplo de la división del trabajo. En ella, unos obreros se limitan a estirar el alambre, otros a cortarlo, otros a sacarle punta, y así hasta dieciocho operaciones diferentes; y cada cual se especializa en una, sin que ninguno fabrique por sí solo un alfiler completo. De esta forma, diez obreros podían llegar a fabricar más de cuarenta y ocho mil alfileres en un solo día, mientras que si todos hubieran trabajado independientemente, por separado y sin ser especialistas, quizás ninguno de ellos hubiese podido fabricar ni un solo alfiler.

El mismo Adam Smith ya señaló las **causas** por las que la división del trabajo permite mejorar la productividad:

1. El aumento de la habilidad que supone especializarse en una tarea parcial y realizarla repetidamente.
2. El ahorro de tiempo que se consigue evitando los períodos transitorios que un individuo necesita para pasar de una tarea a otra (que puede ser grande cuando las diferentes tareas se realizan en distintos espacios físicos).
3. La posibilidad de que un especialista, concentrado en la realización de una tarea concreta, incorpore invenciones y procedimientos que faciliten su realización, posibilidad que disminuye si una persona divide su atención entre múltiples tareas.

- ¿Qué inconvenientes puede tener la división del trabajo para el empleado que está continuamente haciendo una tarea repetitiva?

Los principios organizativos

Además del principio de división del trabajo y especialización, existen otros principios o pautas de funcionamiento para incrementar la eficiencia organizativa:

1. **Principio de autoridad y jerarquía.** Autoridad es el poder legítimo que da derecho a dirigir un grupo de personas. En las empresas, este poder deriva de los propietarios del capital y se ejerce a través de los administradores en quienes aquellos delegan.

   Consecuencia directa de la autoridad es el principio de jerarquía, según el cual debe existir una línea clara de autoridad en todos los ámbitos de la empresa que forme una **cadena jerárquica**: alta dirección → dirección intermedia → dirección operativa → empleados. Por ejemplo:

   Directora general → director de *marketing* → jefa de ventas → agente comercial.

   La autoridad va unida a la responsabilidad, dado que quienes la ejercen responden de las consecuencias de sus órdenes frente a sus superiores y, en última instancia, frente a los propietarios del capital o socios de la empresa. A mayor autoridad y poder, mayor responsabilidad.

2. **Principio de unidad de mando.** Es un principio derivado del de autoridad y jerarquía, según el cual cada persona solo debe depender de un solo jefe; esto contribuye a la asignación clara y definida de órdenes y funciones, evitando interferencias y órdenes cruzadas.

3. **Principio de delegación de autoridad.** Consiste en asignar una tarea a un subordinado, dotándole de libertad y autoridad para desempeñarla. Para que haya delegación efectiva, es preciso conferir autoridad. No se puede exigir a alguien que se responsabilice de ciertas actividades que requieren dar órdenes si no se le dota de la autoridad necesaria para ello.

4. **Centralización y descentralización.** Cuando el poder para adoptar decisiones se concentra en un solo punto (o en unos pocos), la estructura es esencialmente centralizada; por el contrario, cuando ese poder se reparte a lo largo de la pirámide jerárquica, la estructura es descentralizada. La descentralización implica la sistemática delegación de autoridad en todos los ámbitos de la organización.

   La descentralización dota a los directivos de los niveles inferiores de más autoridad, crea iniciativa y consigue que los directivos estén mejor preparados para el futuro. Además, descentralizando se consigue que las decisiones se tomen en el nivel en el que han de ejecutarse.

5. **Principio de alcance o ámbito del control.** Hace referencia al número de personas que puede tener un jefe bajo su supervisión para un control eficaz.

6. **Principio de motivación y participación.** La participación de los trabajadores en las decisiones de la empresa, la información y la comunicación, así como la creación de equipos de trabajo, son factores que favorecen su motivación y su compromiso con la empresa.

Ejemplos y casos

La consultora McKinsey ha identificado los principios organizativos que diferencian a las **empresas de éxito**.

1. Tienen mejor identificados los objetivos a largo plazo.
2. Conocen mejor su ventaja competitiva y se centran ella.
3. Tienen estructuras planas, simplifican procesos y reducen departamentos para disminuir costes y dar un servicio más rápido.
4. Mantienen un contacto estrecho entre empleados y clientes.
5. Organizan equipos de trabajo con especialistas para realizar las actividades complejas, con el fin de responder más rápido a los requerimientos de los consumidores.
6. Cambian su organización jerárquica y por departamentos por una centrada en los equipos y los procesos.
7. Otorgan a los empleados que están en contacto con los clientes autoridad, información y medios para atenderlos, de tal forma que puedan tomar decisiones sin la autorización de una instancia superior.
8. Establecen sistemas de remuneración, evaluación y formación de los empleados orientados a la satisfacción del cliente.

Estructura organizativa	Principios básicos	Principios derivados
Diseño vertical	Autoridad y jerarquía	– Unidad de mando – Ámbito de control – Delegación de autoridad y descentralización
Diseño horizontal	División del trabajo y especialización	– Organización funcional – Departamentalización y coordinación
Diseño de equilibrio	Motivación y participación	– Información y comunicación – Dirección por objetivos y trabajo en equipo

6 Antecedentes y evolución del pensamiento organizativo

Los primeros avances en organización y dirección se sentaron a principios de siglo pasado, cuando la expansión y consolidación de las empresas empezó a plantear problemas crecientes de gestión que necesitaban ser resueltos. En la primera época se partía de concepciones mecanicistas del trabajo, las preocupaciones empresariales se basaban en la producción y se ignoraban los aspectos psicológicos. Más adelante, coincidiendo con el desarrollo de la psicología y de la sociología, empezó a destacarse la importancia de la motivación y de los aspectos psicosociales en las organizaciones.

A partir de la revolución industrial, con la concentración de trabajadores en grandes plantas industriales, surgió el interés científico por la organización y por los métodos para mejorar la eficiencia. El estudio sistemático de la organización de las empresas, iniciado a principios del siglo XX, ha evolucionado hacia diversas líneas de pensamiento.

La escuela clásica

Esta corriente empezó con los estudios realizados por el ingeniero norteamericano **Frederick W. Taylor**, que comenzó como obrero y terminó siendo un autor muy influyente después de publicar *Principios de dirección científica* (1911), obra escrita a partir de sus experiencias como directivo empresarial. Su teoría de la organización científica del trabajo supuso un cambio radical de la forma de trabajar hasta entonces, basada en la rutina y en las costumbres de cada individuo.

Los principios más destacados de la **dirección científica del trabajo o taylorismo** son:

- **Aplicación de métodos científicos a la organización.** Tales métodos se basaban en una descomposición y racionalización de las tareas para determinar el modo más eficiente de realizarlas. Para ello, se estudia sistemáticamente el trabajo humano y cada tarea, tiempo y movimiento, de modo que se pueda establecer la forma estándar de realizarlo.
- **Separación radical entre dirección y trabajo.** La dirección se ocupa de dirigir y los operarios, de trabajar.
- **Organización funcional.** Cada obrero recibe órdenes de tantos jefes especialistas como facetas tenga su tarea.
- **Selección del personal más idóneo** para cada tarea y adiestramiento adecuado para hacer el trabajo eficientemente.
- **Remuneración que incentive el esfuerzo.** Hay que proporcionar una remuneración que premie el cumplimiento de la norma establecida por la dirección y penalice a quien se aparte de ella.
- **Control del rendimiento** del trabajador para asegurar que se han seguido los procedimientos adecuados y se han conseguido los resultados establecidos.

El taylorismo, que tuvo una acogida inicial positiva, fue duramente criticado más tarde por trabajadores y sindicatos por su concepción del individuo como una máquina cuya única aspiración es ganar dinero, y por su **excesiva especialización y control de tareas**.

Otro de los precursores del estudio científico de la organización empresarial fue el ingeniero francés **Henri Fayol**, coetáneo de Taylor. Ambos constituyen el núcleo de la escuela clásica y muchas de sus aportaciones están aún vigentes.

Fayol, en su obra *Administración general e industrial* (1916), analiza la empresa en su conjunto y elabora una teoría general de la administración empresarial, al contrario que Taylor, que se centró esencialmente en la organización del trabajo.

La función administrativa (directiva) es la más importante, ya que su misión es prever, organizar, mandar, coordinar y controlar el resto de funciones de la empresa: técnica, comercial, financiera, de seguridad, etc.

Fayol defendió una **organización jerárquica** de la administración basada en los principios de **unidad de dirección y unidad de mando** (cada trabajador tiene que recibir órdenes de un solo jefe). Este principio, que contrasta con la estructura funcional de Taylor, organiza la empresa según una jerarquía piramidal donde la autoridad responsable, el orden y la disciplina son fundamentales. Otros principios de la administración fayolista son la división del trabajo, la subordinación del interés particular al general, una remuneración justa y la equidad y benevolencia en el trato con los trabajadores.

smSaviadigital.com **INVESTIGA**

Profundiza sobre la **aplicación de la teoría de la escuela clásica** en las empresas.

Escuela de relaciones humanas

La aplicación de las teorías de Taylor aumentó la productividad a corto plazo, pero generó fuertes críticas entre trabajadores y sindicatos por su concepción mecanicista de la persona. A estas críticas se sumaban los avances de la psicología, que señalaban que las personas no solo se mueven por factores económicos, sino también por otros estímulos (afectivos, integración en el grupo, autoestima, etc.). Ante la crisis del taylorismo, surgieron en la industria estadounidense una serie de experiencias de cambio en el entorno laboral para hacer el trabajo más humano.

En este contexto, entre 1924 y 1932, **Elton Mayo** realizó diversos experimentos introduciendo en una fábrica música ambiental, cambios de iluminación, descansos en el trabajo, etc. De ellos se dedujeron conclusiones que cambiaron la idea que se tenía de la organización laboral; se empezó a pensar que las relaciones humanas en el trabajo son fundamentales, ya que inciden positivamente en la satisfacción laboral, mejoran la moral de los grupos, reducen la fatiga e incrementan la productividad.

Elton Mayo llegó a la conclusión de que el **espíritu de colaboración** del personal era responsable de tal incremento. Hasta entonces, no se había concedido la debida importancia al **factor humano** en las empresas y se comenzó a ver necesario aplicar los principios de la psicología y la sociología a las relaciones en las empresas. Los continuadores de la obra de Elton Mayo crearon la llamada **escuela de relaciones humanas**, aplicando los conocimientos que ofrecían la psicología y la sociología a la organización empresarial.

Aportaciones de la psicología y la sociología

Las experiencias de Elton Mayo son el origen del enfoque psicológico de la organización, que se basa en factores de satisfacción y de motivación de las personas que integran la empresa. Las aplicaciones de la psicología al ámbito de la producción y del trabajo se conocen como **psicología industrial**, cuyos autores empezaron a preocuparse por el análisis de la **motivación en el trabajo** y los factores que la condicionan, y se centraron posteriormente en el estudio de grupos de trabajo, sentido de pertenencia, liderazgo, etc.

Desde la sociología, también se comenzó a estudiar el mundo del trabajo, dando lugar a la **sociología industrial**, que pone el énfasis en los conflictos de intereses, en la formación de grupos y en el trabajo cooperativo. Conociendo los factores que influyen en los grupos, se pueden comprender sus motivaciones y se puede influir en ellos. Entre sus aportaciones destaca el descubrimiento de la **organización informal** o conjunto de relaciones no previstas por la organización formal de la empresa y que se establecen entre las personas que integran grupos afines. La organización informal influye en el funcionamiento de la empresa, por lo que su estudio es fundamental para conocer lo que ocurre en ella.

Ejemplos y casos

Elton Mayo realizó una serie de experimentos con un grupo de trabajadoras en los talleres de Hawthorne de la compañía Western Electric Co, en los que se alteraron las condiciones de trabajo disminuyendo la jornada laboral, cambiando la iluminación, cambiando las condiciones de los talleres, concediendo descansos, explicando a las operarias la importancia de su trabajo, etc. Cada cambio originaba un aumento de la producción, pero lo curioso del caso es que, volviendo a las condiciones anteriores, la producción siguió aumentando, por lo que no se pudo llegar a conclusiones definitivas, pues quedó de manifiesto que los factores que incidían en la productividad eran tan numerosos y complejos que era muy difícil determinar la influencia de cada uno. No obstante, se comprobó que el factor que siempre estaba presente era la colaboración e implicación de las trabajadoras en el experimento.

smSaviadigital.com PRACTICA

Sintetiza la información sobre la evolución del pensamiento organizativo con esta actividad guiada en la red.

Características de la escuela clásica	Características de la escuela de relaciones humanas
1. Concibe a la persona como una máquina que solo debe cumplir órdenes. 2. Considera a la persona como *homo economicus*, que solo trabaja por incentivos económicos. 3. La organización está basada en el individuo aislado y se resalta la competencia individual. 4. La única autoridad es la establecida por la dirección (autoridad formal). 5. Niega la existencia de conflictos entre el individuo y la empresa. 6. División máxima del trabajo y división radical entre los que piensan y los que ejecutan.	1. Las personas, a diferencia de las máquinas, no son programables. 2. Las motivaciones son complejas. Además de los incentivos económicos, existen otras motivaciones de carácter social. 3. Organización en función del grupo. Se plantea la existencia de grupos informales que se deben tener en cuenta para mejorar la organización. 4. Además de la autoridad formal, existen líderes informales. 5. El conflicto es algo natural y se puede solucionar mediante unas buenas relaciones humanas. 6. La máxima especialización no aumenta la productividad.

7 Criterios de departamentalización

El proceso de división y agrupamiento de actividades y trabajadores en unidades específicas se denomina **departamentalización**, y las divisiones que surgen de ese proceso se conocen como unidades organizativas o departamentos. Al agrupar actividades que están relacionadas entre sí, se favorece la organización y se facilita la coordinación. Los criterios de departamentalización más usados en la práctica son los siguientes:

1. DEPARTAMENTALIZACIÓN FUNCIONAL

La división funcional es la más utilizada. Las actividades se agrupan según las funciones básicas de la empresa. (producción, *marketing*, financiación y RR. HH.). Cada unidad puede subdividirse; por ejemplo, *marketing* puede estar dividido en investigación, publicidad y promoción y ventas.

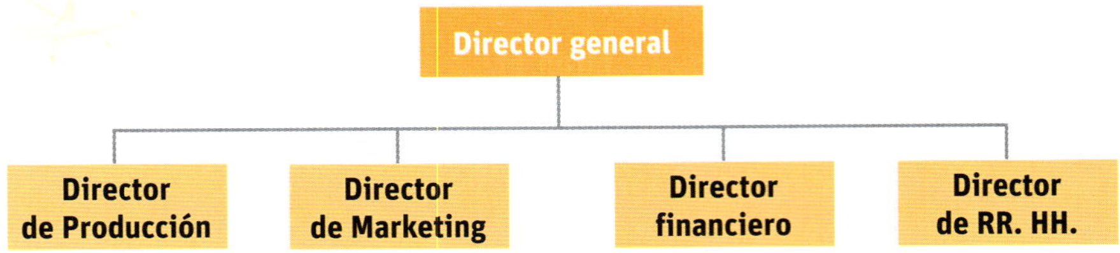

2. DEPARTAMENTALIZACIÓN GEOGRÁFICA

Este criterio conviene en grandes empresas con actividades muy dispersas espacialmente. Suele aplicarse sobre todo en las actividades de producción y *marketing*, cuando la empresa produce o vende en áreas geográficas distantes y es conveniente adaptar la organización a las peculiaridades del territorio.

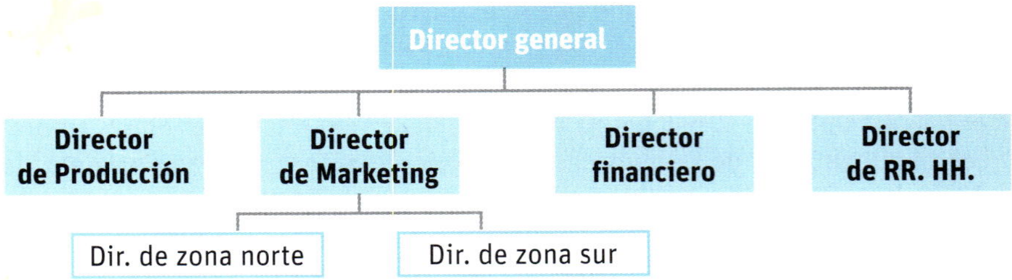

3. DEPARTAMENTALIZACIÓN POR PRODUCTOS O SERVICIOS

Se emplea en empresas que elaboran líneas de productos muy diferentes (por ejemplo, una fábrica de electrodomésticos y productos informáticos). Estas empresas se dividen creando un departamento para cada línea de productos.

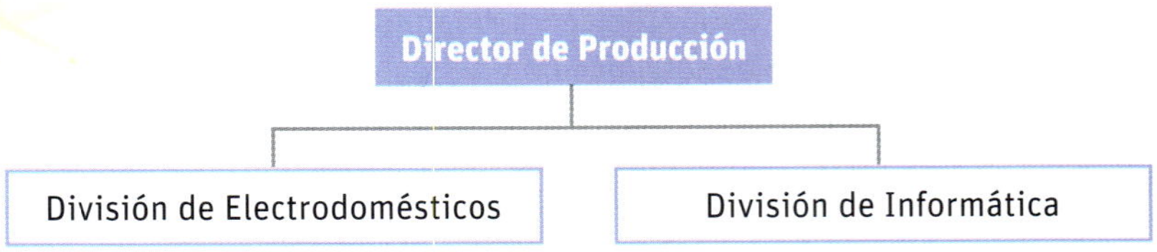

4. DEPARTAMENTALIZACIÓN POR CLIENTES Y CANALES DE DISTRIBUCIÓN

Se da en empresas que tienen clientes muy distintos entre sí (como minoristas, mayoristas y consumidores directos). Por ejemplo, una empresa de cosméticos se podría organizar creando un departamento dedicado a farmacias, otro a perfumerías y otro a hipermercados.

5. DEPARTAMENTALIZACIÓN POR PROCESOS

En el criterio de departamentalización por procesos, las actividades se agrupan en torno a las diferentes etapas del proceso productivo de la empresa. Se utiliza, por ejemplo, en el sector textil o en la industria del automóvil.

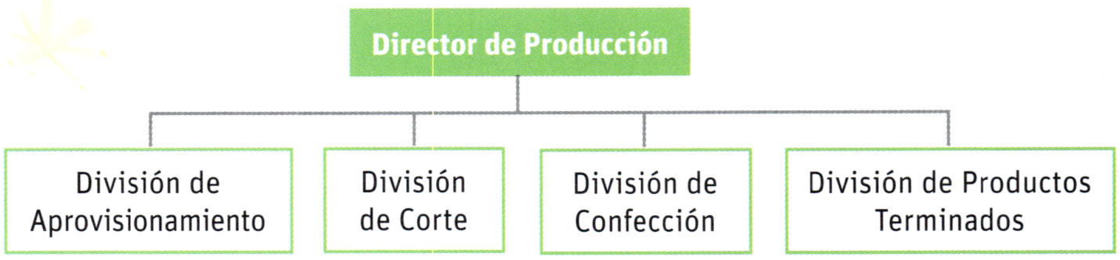

En la práctica, las empresas utilizan una **departamentalización combinada** y en ella se emplean distintos criterios en cada nivel. Por ejemplo, hay empresas en las que la alta dirección se divide por funciones y la dirección intermedia se divide por territorios, en cada uno de los cuales, a su vez, se aplica el criterio de división por productos.

8 La organización formal e informal

La **organización formal** de una empresa es la que está establecida por la dirección y reflejada en su organigrama. En ella están definidas las actividades de las personas (puestos de trabajo), las unidades o departamentos, la autoridad de los distintos responsables, así como las relaciones de coordinación y comunicación entre los miembros y unidades de la organización. Es, por tanto, oficial y conocida por todos sus miembros, que están obligados a aceptarla.

Todas las personas de la empresa deben ajustarse a la organización formal, cumpliendo los cometidos establecidos, obedeciendo órdenes y cooperando con las personas designadas. De hecho, las cuestiones estudiadas hasta este momento se refieren a la organización formal.

Pero junto a la organización formal, los miembros de cualquier grupo humano, con el paso del tiempo, van desarrollando sus propias relaciones informales, que cristalizan en la organización informal de la empresa.

La **organización informal** es una estructura de relaciones de comunicación, liderazgo e influencia que no depende de la dirección y que, por ello, no es oficial. Depende de los miembros que voluntariamente la componen y de los líderes que surgen espontáneamente. Nace como expresión de vínculos personales de amistad, de intereses comunes o de reivindicaciones compartidas que generan relaciones que no tienen por qué coincidir con las establecidas en la organización formal.

La organización informal puede entenderse, por tanto, como una red de relaciones personales y sociales no establecidas por la organización formal, sino que se producen espontáneamente. Como consecuencia, se crean **normas de grupo**, se asumen ciertos roles y se crean canales informales de comunicación.

Por estos **canales de comunicación informales** circula información de todo tipo: comentarios, opiniones, rumores... Y en muchas ocasiones, la información se mueve más rápido por estos canales que por la vía formal. A través de ellos se genera la formación de **líderes informales**, que ejercen una autoridad de hecho en cuanto que consiguen el reconocimiento del grupo e influencia sobre él.

Cuando las redes informales surgen como consecuencia de conflictos en la empresa, vacíos de poder, problemas o reivindicaciones que no se resuelven, la organización informal puede generar problemas e interferencias en la organización formal. Los directivos, por tanto, han de reconocer la existencia de la organización informal procurando armonizar sus objetivos y los de la empresa, anticipándose a los posibles conflictos y tratando de resolverlos.

En definitiva, la dirección debe entender que la **organización real** de la empresa tiene dos caras (formal e informal) y que la organización informal puede ser fuente de aprendizaje para la formal.

La organización informal no puede ser planificada ni estructurada; por tanto, lo único que se puede hacer es conocerla y, en la medida de lo posible, tratar de que funcione a favor de la empresa. Para ello, conviene conocer las normas del grupo y sus líderes, las relaciones que existen entre ellos, los canales de comunicación y las informaciones que circulan por ellos, con objeto de armonizar estas relaciones con la estructura formal de la empresa.

smSaviadigital.com PRACTICA

Compara la organización formal y la informal, ¿qué utilidad tiene conocer la organización informal de una empresa?

ACTIVIDAD RESUELTA

1. ¿En qué se diferencia un directivo de un líder informal?

SOLUCIÓN

El directivo (o el jefe) pertenece a la organización formal de la empresa y su autoridad está establecida por la dirección y reflejada en el organigrama. Su situación en la línea de autoridad es oficial y conocida por todos sus miembros, quienes están obligados a aceptarla.

El líder informal pertenece a la organización informal, en la que ocupa una posición de influencia en relación a sus compañeros. No depende de la dirección y, por ello, no forma parte de la línea oficial de autoridad. Surge espontáneamente y depende de los miembros, que lo eligen voluntariamente como consecuencia de relaciones personales o porque consideran que reúne las características adecuadas para defender sus intereses o reivindicaciones, o simplemente porque genera simpatía y confianza.

9 La representación de la organización: el organigrama

Un organigrama es útil si muestra con claridad a una persona nueva que entra en la empresa dónde está situado, de quién depende y quiénes son sus interlocutores para cada tarea.

Un **organigrama** es una representación gráfica de la estructura organizativa de la empresa que muestra las distintas unidades organizativas y las relaciones que existen entre ellas y permite, por tanto, conocer a simple vista y rápidamente las relaciones y dependencias jerárquicas que existen entre los distintos departamentos y grupos de actividades de la empresa.

El organigrama esquematiza la estructura de la empresa y cumple una función informativa tanto para las personas que trabajan en la organización como para las personas y entidades externas que tienen interés en la empresa. Las **funciones** de los organigramas son dos:

- Sirven para informar a los distintos miembros de la empresa sobre su posición dentro de ella y sobre sus relaciones de dependencia.
- Son útiles como carta de presentación ante el exterior, ya que sirven para que personas y entidades ajenas a la empresa conozcan a los interlocutores válidos para cada tema o situación.

Para cumplir con esas funciones, un organigrama debe reunir una serie de **requisitos**:

- **Exactitud.** Debe reflejar fielmente y sin errores la estructura de la organización que representa.
- **Actualización.** Como las organizaciones cambian, el organigrama debe actualizarse periódicamente para recoger los últimos cambios de la estructura de la empresa.
- **Claridad y sencillez.** Tiene que ser fácilmente comprensible por las personas que lo van a utilizar.

Tipos de relaciones

Desde el punto de vista de la jerarquía, existen dos tipos de relaciones en la organización: **lineales o jerárquicas** y **de *staff* o de asesoramiento**. En el organigrama, las relaciones jerárquicas se representan con una línea continua y las de asesoramiento, con una línea discontinua.

Como se observa en el gráfico de la izquierda, sobre la relación lineal, la línea que los une indica cuál es la relación de dependencia. En el gráfico sobre la relación de *staff*, los asesores o los adjuntos a la dirección están fuera de la línea jerárquica. Su función es de asesoramiento y apoyo a la dirección general o intermedia, pero no tienen poder de decisión o de mando sobre los que están por debajo de la línea.

Relación lineal

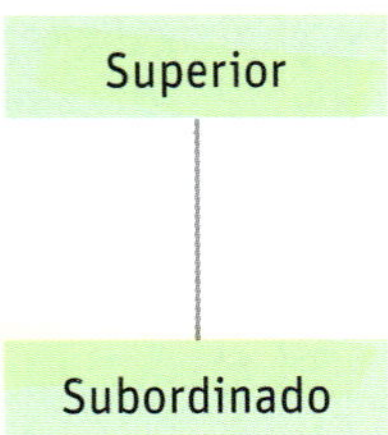

Relación de *staff*

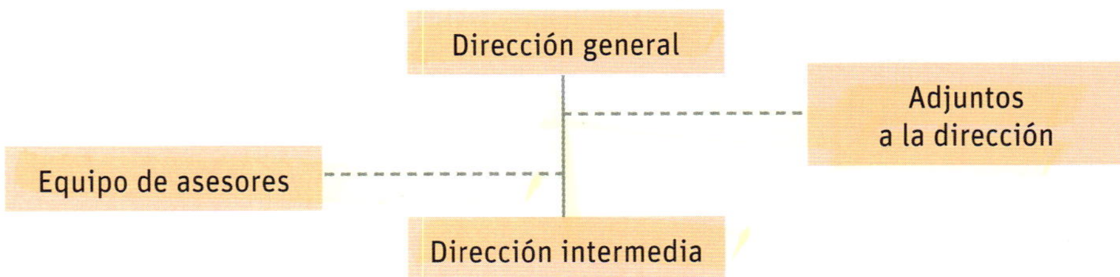

Clases de organigramas

Existen varios criterios sobre la clasificación de los organigramas.

1. Por su finalidad:

- **Organigramas informativos.** Dan una visión general de la estructura de la empresa, por lo que solo presentan las grandes unidades organizativas.
- **Organigramas analíticos.** Presentan la totalidad de la estructura, incluyendo sus unidades de menor nivel y reflejando todas las relaciones existentes. Son más detallados y técnicos.

2. Por la extensión:

- **Organigramas generales.** Representan toda la organización, por lo que reflejan la estructura global de la empresa.
- **Organigramas parciales o departamentales.** Se refieren a un departamento o área de la empresa en concreto.

3. Por el contenido:

- **Estructurales.** Presentan solo las grandes unidades que componen la empresa y sus relaciones mutuas.
- **Funcionales.** Detallan las funciones y el cometido de cada unidad.
- **De personal.** Expresan el nombre de cada persona y su posición dentro de la organización.

4. Por la forma:

- **Organigramas verticales.** La línea jerárquica se representa de arriba abajo. Los ejemplos vistos hasta ahora son organigramas verticales.
- **Organigramas concéntricos o radiales.** La línea jerárquica se representa del centro a la periferia, situando las unidades de mayor jerarquía en el centro y las restantes en torno a ella formando distintas órbitas, cada vez más alejadas del centro a medida que la jerarquía disminuye (véase la figura al margen).
- **Organigramas horizontales.** La línea jerárquica se representa de izquierda a derecha, situando las unidades de mayor autoridad a la izquierda del gráfico y en horizontal y hacia la derecha, las unidades subordinadas.

Organigrama concéntrico

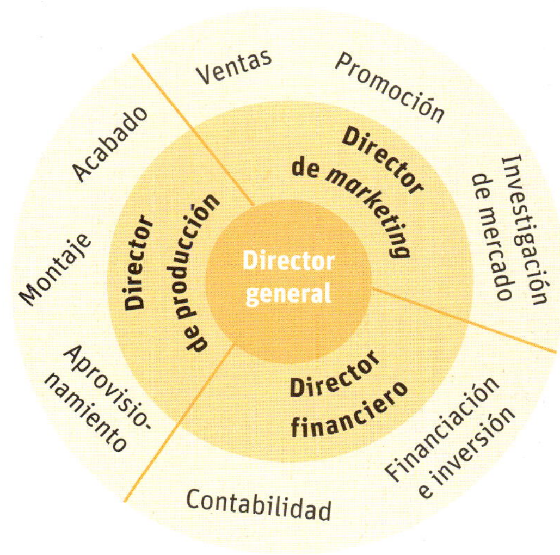

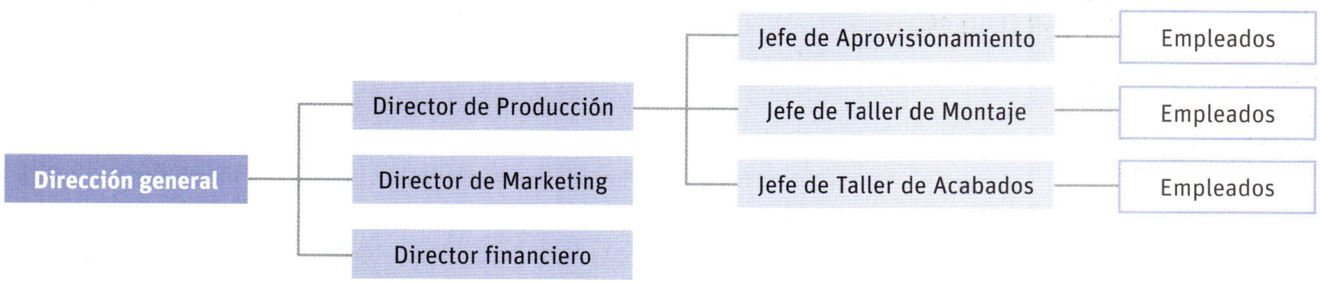

EN LA PRÁCTICA **El organigrama de un centro educativo**

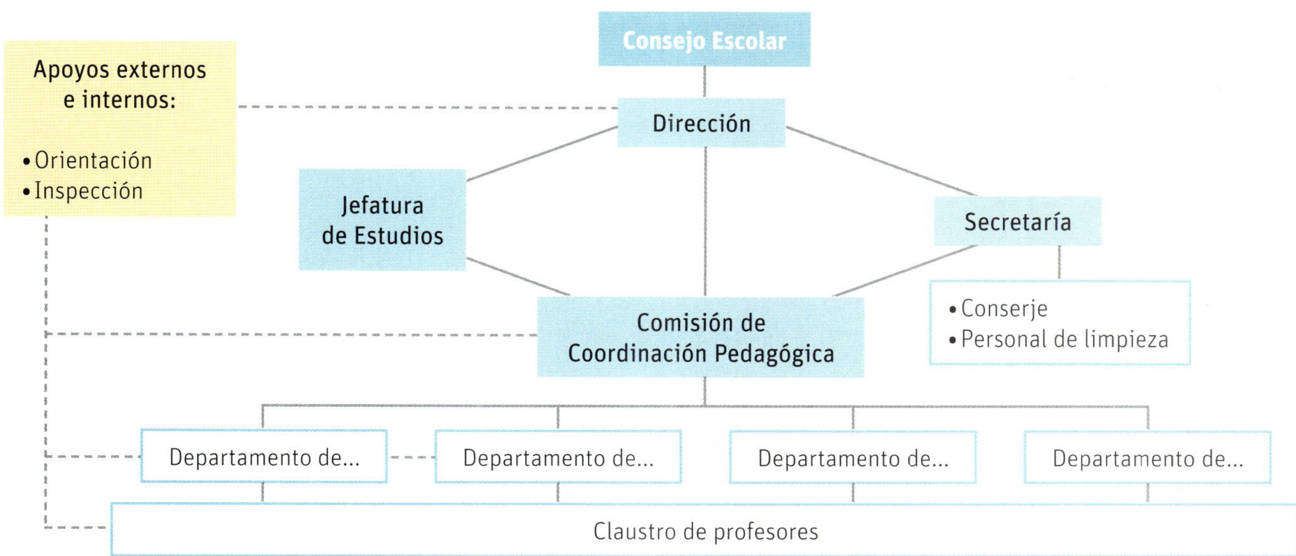

- En el Consejo Escolar participan los alumnos. ¿Cuáles son las principales funciones de ese órgano?
- En la organización de un centro hay órganos colegiados e individuales. Identifica ejemplos de ambos.

10 Tipos de estructura organizativa

Estructura lineal

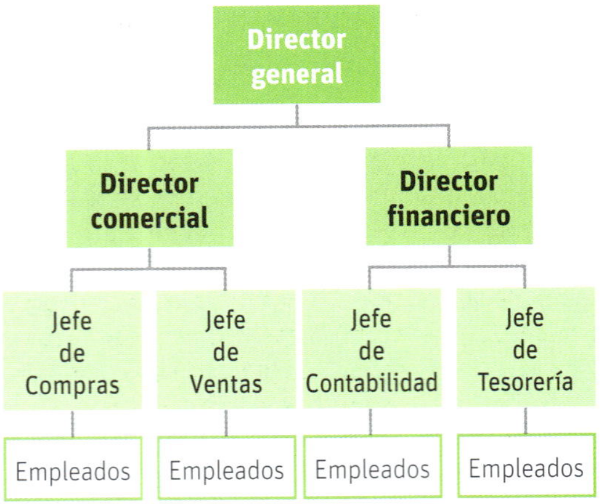

Estructura funcional

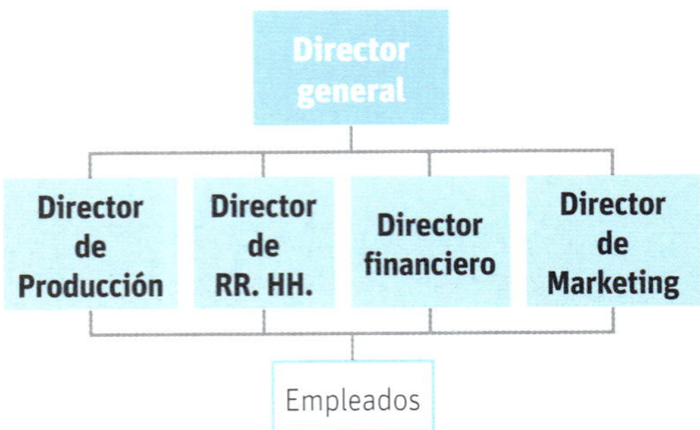

La **estructura organizativa** de la empresa está constituida por estos elementos: los **puestos de trabajo** con las tareas que tienen asignadas; los **departamentos** o agrupaciones de personas y puestos de trabajo; los **niveles de autoridad y jerarquía**; y los **canales de comunicación** entre trabajadores, departamentos y niveles jerárquicos.

Según cómo se ordenen estos elementos y las relaciones de autoridad establecidas, existen diversas formas de estructura organizativa, también llamadas **formas burocráticas**, frente a las carentes de estructura o adhocráticas.

1. **La estructura lineal o jerárquica.** Se basa en la autoridad directa del jefe sobre los subordinados y, por tanto, cada trabajador es responsable ante un solo jefe. Es el tipo de estructura más sencilla y antigua que existe; un ejemplo claro es la estructura militar.

   Entre sus **ventajas** están su claridad en la definición de áreas de autoridad y responsabilidad y que la comunicación y las órdenes son directas.

   Entre sus **inconvenientes** está el que cada directivo es responsable de una gran variedad de actividades y, como es obvio, no puede ser experto en todas ellas. Se trata, además, de una estructura rígida para adaptarse a los cambios en la que las comunicaciones son lentas y existe una excesiva dependencia de los subordinados con respecto a sus superiores. Esta estructura puede ser adecuada en un negocio pequeño, como un taller de reparación, pero no en una gran empresa con varias líneas de productos y que opera en distintos países.

2. **Estructura funcional.** Responde a la necesidad de contar con especialistas en los distintos niveles jerárquicos. Se caracteriza porque los subordinados reciben órdenes, comunicación y asesoramiento de varios jefes diferentes; cada uno de estos jefes es especialista en una función concreta, de la que es el responsable.

   Esta estructura podemos imaginarla fácilmente si utilizamos el ejemplo de los especialistas informáticos que dan instrucciones y asesoran a los empleados de los distintos departamentos.

   Como **ventajas** tiene el que cada supervisor trabaja exclusivamente en su especialidad y que el consejo y asesoramiento del experto está a disposición de cada trabajador.

   Los **inconvenientes** en este tipo de estructura organizativa son principalmente dos: por un lado, que cada trabajador tiene más de un jefe (se elimina la unidad de mando), lo que puede llevar a una menor disciplina y a una posible confusión en la ejecución de tareas; por otro lado, los canales de comunicación son más complejos y se pueden producir problemas de coordinación al definir los límites de autoridad de cada especialista.

3. **Estructura lineal-funcional o línea y *staff*.** Surge para superar los inconvenientes de las dos estructuras anteriores, tratando de combinar las relaciones de autoridad directa (estructura lineal) con relaciones de consulta y asesoramiento de los técnicos especialistas o *staff*.

   Se mantiene la estructura jerárquica de la organización lineal, dado que el personal *staff* solo realiza una labor de asesoramiento y apoyo técnico, y no puede ni dar órdenes ni tomar decisiones. Son ejemplos frecuentes de departamentos *staff* los de I+D+i, de asesoramiento legal, de auditoría interna, de informática, etc.

   La principal **ventaja** es que se mantiene la unidad de mando y permiten el uso de especialistas que asesoran a diversos departamentos.

   Sus **inconvenientes** son que las consultas hacen que las decisiones sean más lentas y que el personal *staff* incrementa los costes.

Ejemplos y casos

Frente a las estructuras burocráticas están las **formas adhocráticas**, que no tienen una estructura predefinida y su diseño se ajusta a las tareas y objetivos de la empresa. Se basan en los principios de motivación, participación y trabajo en equipo.

La adhocracia se da en aquellas organizaciones innovadoras que necesitan combinar equipos interdisciplinares de expertos en proyectos que varían continuamente. Estos equipos de trabajo se forman o se disuelven según sea necesario (equipos *ad hoc*). Son ejemplos las agencias artísticas, las de creación de prototipos de ingeniería, etc.

4. **Estructura en comité.** Supone que las decisiones y la responsabilidad son compartidas conjuntamente por un grupo o comité de personas. Más que un nuevo tipo de estructura, suele utilizarse combinada con la estructura en línea y *staff*, y solo para decisiones concretas. Por ejemplo, para desarrollar un nuevo producto, creando un comité con directivos de diversas áreas (producción, *marketing* y finanzas).

   Sus ventajas son que se toman decisiones considerando todas las perspectivas posibles y que se favorece la coordinación. Su principal inconveniente es la lentitud en la toma de decisiones.

5. **Estructura matricial.** Combina la departamentalización por funciones y por proyectos (o por productos, mercados o clientes) adoptando una estructura de doble entrada o matriz en la que especialistas y expertos de diferentes departamentos funcionales se unen para trabajar en proyectos específicos, sobre todo en las áreas de I+D+i y de nuevos productos o mercados.

   Como se observa en el organigrama, existe una **doble autoridad**: cada miembro de un grupo recibe instrucciones del jefe del proyecto (autoridad horizontal) y del jefe de su departamento funcional (autoridad vertical).

Ejemplos y casos

¿Existe una estructura organizativa óptima?
Depende del tipo de empresa, de su dimensión, del sector de actividad, etc. Así, en una pequeña empresa, la estructura lineal puede ser adecuada, pero a medida que las empresas crecen, sus problemas son más complejos y diversos, se necesita el asesoramiento de especialistas y se crean *staffs*. La estructura en comité se utiliza para cuestiones concretas. La matricial y la multidivisional se emplean cada vez más en grandes fabricantes de diversos productos o en empresas que se implantan en territorios muy diferentes.

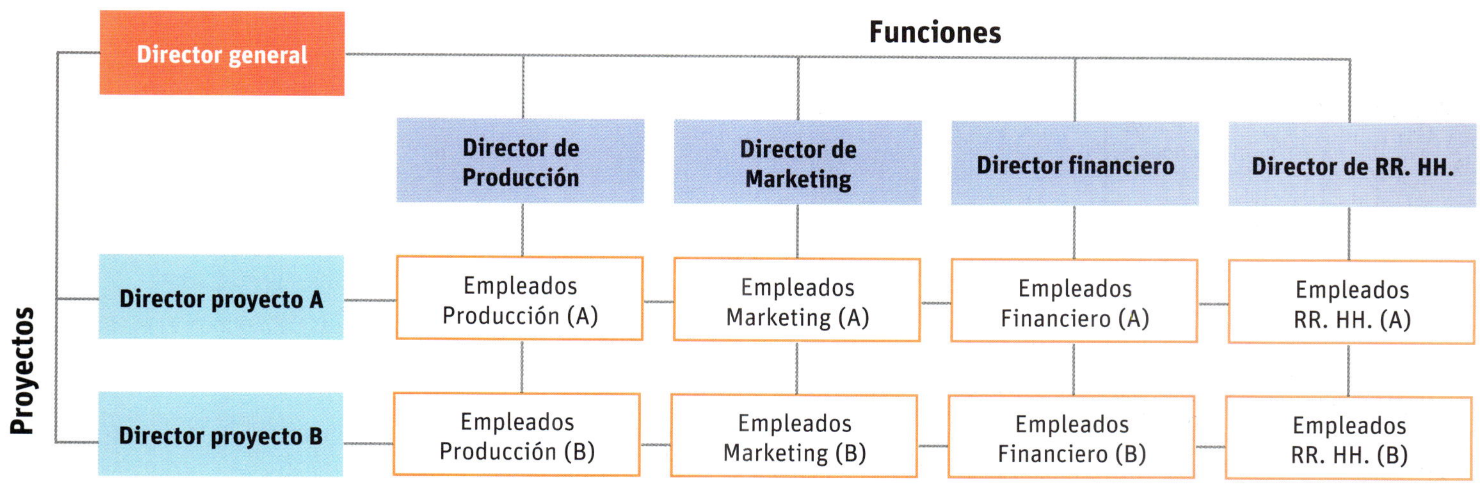

   Su principal ventaja es su flexibilidad para afrontar proyectos que requieren la participación de los distintos departamentos. Su inconveniente son los posibles problemas de coordinación derivados de la doble autoridad.

6. **Estructura multidivisional.** Es propia de las grandes empresas orientadas a multiproductos o multimercados. Esta estructura supone la creación de una serie de unidades organizativas que funcionan de manera autónoma (divisiones), coordinadas por la unidad de decisión o dirección general.

   Las divisiones (también llamadas unidades estratégicas de negocio) son organizaciones muy independientes, dotadas de sus propios recursos, departamentos, objetivos, medios y responsables. El conjunto de las divisiones es coordinado y apoyado (a nivel jurídico, financiero y tecnológico) por la alta dirección.

7. **Nuevos modelos organizativos.** Entre ellos está el **modelo en trébol**, que se da en organizaciones flexibles que tienden a la subcontratación de actividades y a la contratación temporal. Se configura como un trébol, en el que en una de sus hojas se agrupa el núcleo estable y reducido de directivos y trabajadores, en otra se agrupan actividades que se subcontratan a otras empresas y en la última se incorporan aquellos trabajadores con contratación flexible.

   También destaca el **modelo en red**, que responde a una organización muy abierta formada por la unión de grupos industriales, comerciales y financieros interconectados por acuerdos y pactos entre las empresas que lo componen.

Modelo de estructura organizativa en trébol

ACTIVIDADES

Actividades de síntesis

1. Elabora un mapa conceptual a partir de estas ideas básicas. Complétalo con otras ideas que consideres importantes.

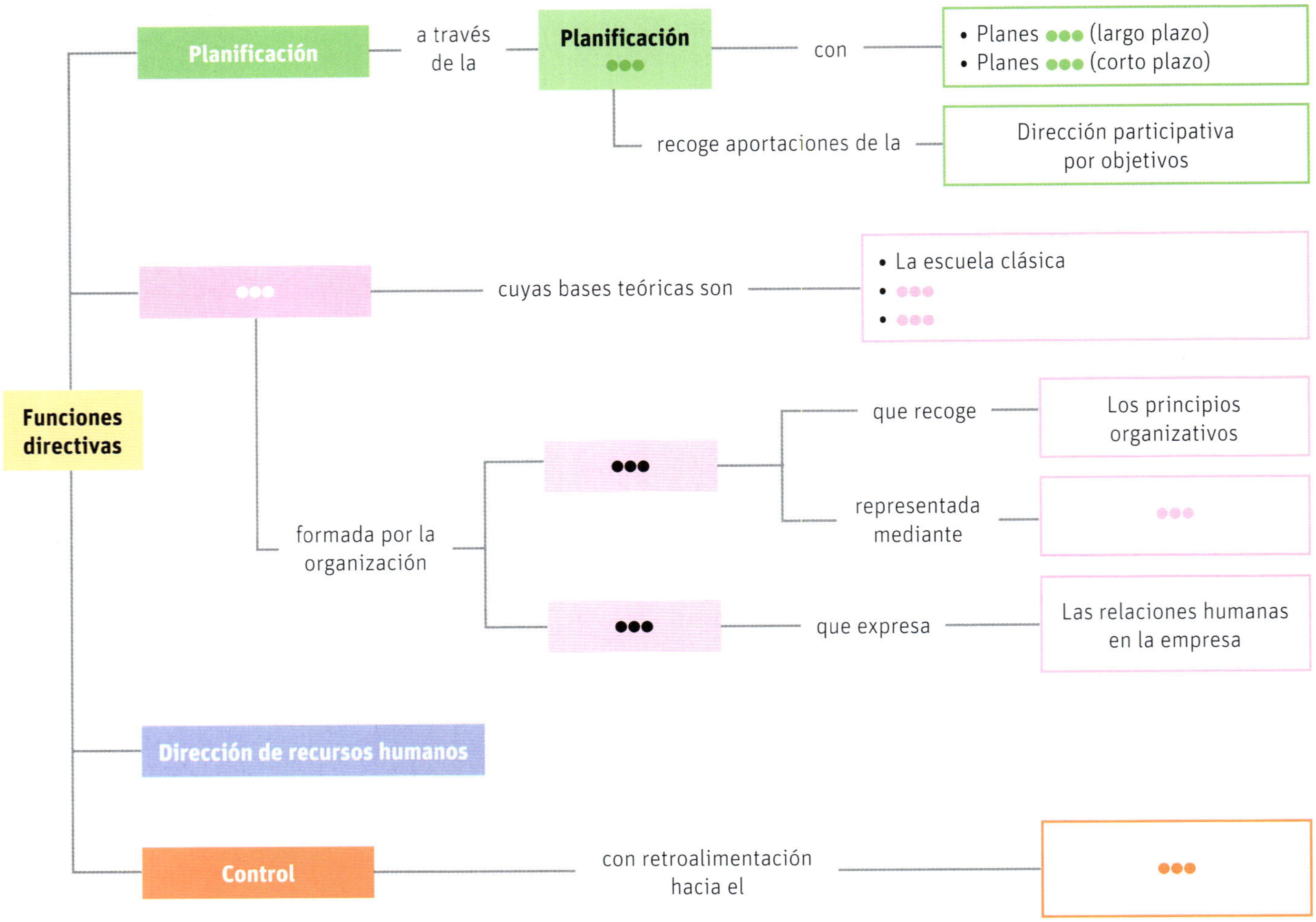

smSaviadigital.com VALORA LO APRENDIDO > Realiza la **autoevaluación.**

Actividades de análisis y problemas

2. En relación con la dirección de una empresa:
   a) ¿Cuál es su tarea esencial?
   b) Define de manera breve las cuatro funciones que caracterizan la dirección.

3. Clasifica estas decisiones o tareas según su nivel directivo (alta dirección, intermedia u operativa).
   a) Lanzar un nuevo producto al mercado.
   b) Supervisar las ventas de la empresa.
   c) Cambiar la estrategia competitiva.
   d) Cambiar de puesto a un trabajador.
   e) Solicitar un nuevo pedido de materias primas.
   f) Cambiar el criterio de productividad.
   g) Adquirir nuevos equipos productivos.
   h) Supervisar las ventas de una sucursal de la empresa.

4. De las cuatro funciones directivas, la planificación ocupa un lugar destacado. Explica las relaciones entre estas funciones ayudándote del ejemplo de un restaurante que acaba de iniciar su actividad.

5. Los planes se distinguen unos de otros. ¿Qué tipos de planes existen y en qué se diferencian en función de su horizonte temporal y del ámbito que abarcan?

6. Elabora un esquema con las distintas fases de la planificación estratégica.

7. ¿Qué requisitos deben reunir los objetivos para que estén bien definidos? Comenta si estos objetivos operativos los cumplen o no y por qué:
   a) Mejorar las ventas del período.
   b) Mejorar la productividad en el próximo año en un 3 %.
   c) Conseguir aumentar la fidelidad de los clientes.

8. **Piensa en el futuro de tu formación a 3 o 5 años: los estudios que te interesan, el proyecto profesional que te motiva o lo que te gustaría hacer. Ahora, piensa en tu plan estratégico para conseguirlo.**

a) Haz un diagnóstico de tu rendimiento en los estudios y reflexiona sobre tus puntos fuertes y débiles, así como sobre las circunstancias externas (amenazas y oportunidades) que te pueden condicionar.

b) A partir de este diagnóstico, reflexiona sobre la idea que tienes de tu futuro (visión), qué propósito te planteas (misión), y concreta este propósito con algunos objetivos generales (metas) que te gustaría conseguir en los próximos años.

c) Comenta cuál debería ser la estrategia (forma de actuar) para conseguir tus metas.

d) Piensa en este curso (plan parcial para este año) y señala cinco objetivos operativos (deben ser muy concretos y verificables, estimulantes pero realistas) que deberás cumplir en este año para poder conseguir tus metas a largo plazo.

9. **¿Qué se entiende por políticas, procedimientos y reglas en el ámbito de una planificación? Señala algunos ejemplos.**

10. **¿Qué es un presupuesto y cuál es el papel que cumple en la planificación?**

11. **La dirección de la empresa VAMOSMAL, ante la falta de compromiso de los trabajadores con la empresa, está decidida a implantar un sistema de dirección participativa por objetivos.**

a) Explica en qué consiste este sistema.

b) ¿Cuáles son las fases para su implantación?

c) Explica sus ventajas e inconvenientes.

d) ¿Qué circunstancias o factores contribuyen al éxito o fracaso de este sistema?

12. **Con relación a la función de control.**

a) Define en qué consiste esta función directiva.

b) Comenta las distintas fases del proceso de control a partir de un ejemplo de una empresa constructora de viviendas.

c) ¿Por qué crees que el control suele generar rechazo en las personas?

d) ¿Qué factores ayudan a evitar este rechazo?

13. **La tarea de organización implica una serie de pasos:**

a) ¿Cuáles son?

b) Define brevemente en qué consiste la organización.

c) Señala tres ejemplos de prácticas que ilustren una mala organización. ¿Qué principio organizativo es el que falla en cada uno?

d) Señala tres ejemplos de prácticas que ilustren una buena organización. ¿Qué principio organizativo es el que funciona en cada ejemplo?

14. **Para financiar un viaje de fin de curso, los treinta alumnos de 2.º de Bachillerato de un instituto han decidido organizar un mercadillo de objetos de artesanía elaborados por ellos mismos, pues cuentan con algunos especialistas, y de otros objetos usados (libros, ropa, etc.). Asimismo, venderán camisetas que compran a un proveedor y que venderán con un margen de beneficio. Para todo ello, deciden organizarse.**

a) Elabora una lista con las distintas actividades y tareas que se deben realizar.

b) Agrupa las distintas tareas en puestos de trabajo y asigna las personas más adecuadas a cada puesto.

c) Agrupa los distintos puestos por su afinidad en unidades o departamentos distintos.

d) Fija los responsables de los grupos o departamentos y establece las relaciones de coordinación entre los responsables y sus departamentos.

e) ¿Qué principios organizativos te parecen importantes para el buen funcionamiento de la actividad?

15. **El director de Fábrica de una empresa importante decide delegar la dirección en el jefe de Producción mientras está fuera por vacaciones. ¿Qué requisitos deberá tener la delegación para que sea efectiva?**

16. **¿Cuáles son las ventajas e inconvenientes de la división del trabajo y la especialización?**

17. **En relación con los puestos de trabajo:**

a) ¿Cómo se define un puesto de trabajo?

b) ¿En qué se diferencian un puesto de trabajo muy especializado y un puesto de trabajo ampliado?

18. **Observa la imagen y comenta qué principios aparecen en esta organización.**

ACTIVIDADES

19. Relee el texto sobre la bandada de los gansos que aparece en la página 263 de esta unidad didáctica. ¿Qué principios organizativos crees que están presentes en él y cuáles no?

20. Explica cuáles son las principales aportaciones de Taylor a la organización del trabajo.

21. ¿Qué han aportado la psicología y la sociología al estudio de la organización empresarial?

22. Elabora un cuadro comparativo con los principios de la escuela clásica y la de relaciones humanas.

	Principales características
Escuela clásica	•••
Escuela de relaciones humanas	•••

23. En relación con la departamentalización:

a) Explica en qué consiste.

b) ¿Qué criterios se utilizan para llevarla a cabo?

24. Representa gráficamente una empresa que, en su nivel más alto, utiliza un criterio funcional de división en departamentos, en el segundo nivel, un criterio geográfico, y en el tercero, por clientes.

25. La organización informal existe en todas las empresas.

a) ¿Qué se entiende por organización informal y en qué se diferencia de la organización formal?

b) ¿Cuál debe ser la política de la dirección frente a la organización informal?

26. Observa la organización de tu centro educativo y contesta a las cuestiones.

a) ¿Cómo surge y se manifiesta la organización informal?

b) Pon ejemplos de relaciones en la organización formal e informal del centro (o de tu propia clase).

c) Las relaciones informales entre profesores y alumnos son habituales. ¿Favorecen o dificultan la organización formal?

27. Con relación a los organigramas:

a) ¿Qué es un organigrama y qué funciones tiene?

b) ¿Cuáles son los requisitos para que un organigrama cumpla sus funciones?

c) Elabora un esquema en el que se recojan los diferentes tipos de organigramas que pueden existir.

28. Explica las diferencias entre una estructura lineal y una estructura funcional. Represéntalas gráficamente.

29. La estructura matricial surge ante determinadas necesidades de las empresas.

a) ¿Cuáles son esas necesidades y qué características tiene esta forma organizativa?

b) ¿Cuáles son sus ventajas e inconvenientes?

30. ¿Qué estructura organizativa te parece más adecuada para los siguientes supuestos?

a) Un gabinete de asesoría jurídico-económica que inician cuatro amigos que acaban de terminar sus estudios.

b) El BBVA.

c) Una multinacional con implantación en varios continentes.

d) Una agencia de investigación aeroespacial.

e) Una fábrica juguetera de Alicante.

31. Observa el siguiente organigrama y explica el tipo de estructura organizativa que representa y sus características principales.

32. Lee el siguiente texto y contesta a las cuestiones que se plantean.

> Dentro de unos años, la gran empresa tendrá menos de la mitad de niveles de dirección que hoy y un tercio de directores, puesto que la empresa del futuro se basará en el saber. Será una organización compuesta de especialistas que encauzarán y sancionarán su propia actuación a tenor de las reacciones de sus compañeros, clientes y oficinas centrales. Por esta razón, será lo que yo denomino una organización basada en la información. Este tipo de organización exige muchos más especialistas que las compañías tradicionales de mando y control. Tiene una estructura plana y está basada únicamente en el saber.
>
> Drudek, P.: *Management Digest*, n.º 1.

a) ¿Qué principios organizativos se mantendrían y cuáles no en esta empresa del futuro?

b) ¿Qué se quiere decir con “una estructura plana”?

c) De las distintas estructuras organizativas estudiadas, ¿a cuál de ellas se parece más la propuesta de Drudek?

ENTRÉNATE

EVALUACIÓN

1. Defina la función de planificación en una empresa. Enumere las etapas del proceso de planificación e ndique un ejemplo de cada una de ellas.
2. Defina qué es un plan estratégico.
3. Defina los conceptos de planificación y control y explique cómo están relacionados.
4. En el ámbito de planificación, indique qué diferencia hay entre los conceptos de procedimientos y reglas.
5. ¿Qué se entiende por tarea? ¿Y por puesto de trabajo?
6. Defina *descentralización*, *especialización* y *alcance de control*. Explique sus efectos en la estructura organizativa.
7. Explique cuáles han sido las principales aportaciones de F. W. Taylor y H. Fayol a la teoría de la organización. ¿Cuál fue el punto de divergencia entre ellos?
8. Explique cuatro criterios aplicables a la división en departamentos de una empresa. Ponga ejemplos.
9. Explique en qué consiste la organización formal y la informal. De los siguientes términos, diga cuál pertenece a la organización formal y cuál a la organización informal: *directivo*, *líder*, *jefe*. Razone la respuesta.
10. La jefa de estudios y la directora de un colegio quedan los fines de semana para ir al cine, e inevitablemente abordan asuntos relacionados con el centro. ¿A qué tipo de organización alude este caso? ¿Por qué?
11. Defina qué es un organigrama y explique cuáles son sus funciones y qué requisitos debe cumplir.
12. ¿Cuál es la diferencia entre organigrama estructural y funcional? Desarrolle un ejemplo de organigrama, del tipo que desee, para una empresa de fabricación.
13. Indique los elementos que constituyen la estructura organizativa de la empresa. Señale las características principales de la estructura organizativa lineal o jerárquica y lineal-*staff*.
14. Una empresa opera en cinco provincias con esta estructura: Huesca: dirección y finanzas (sede central); Zaragoza: investigación y desarrollo de nuevos productos y tecnologías; Teruel: fabricación de televisores; Logroño: fabricación de cámaras digitales; Pamplona: fabricación de cadenas de música y aparatos de radio.
    a) ¿Qué criterio de departamentalización utilizará? Razone su elección explicando las características del mismo.
    b) Diseñe el organigrama más adecuado para esta empresa.

Test de conocimientos básicos

1. En la función de planificación:
    a) Se fijan objetivos y se disponen los medios para ello.
    b) Se diseña la estructura de funcionamiento de la empresa.
    c) Se dividen las actividades en tareas y se asignan a los trabajadores.
2. Los principios básicos que sirven de orientación para tomar decisiones se denominan:
    a) Reglas. b) Procedimientos. c) Políticas.
3. La elaboración de presupuestos pertenece a la función de:
    a) Control. b) Planificación. c) Organización.
4. La dirección participativa por objetivos consiste en:
    a) Una forma de organizar la empresa por objetivos.
    b) Que los accionistas participan en los objetivos de la empresa.
    c) Que los objetivos se establecen y se revisan conjuntamente por trabajadores y directivos.
5. Una de las etapas de control consiste en:
    a) Establecer las decisiones que se han de tomar.
    b) Definir el objetivo que se quiere conseguir.
    c) Corregir las desviaciones observadas.
6. Los principios tayloristas defienden:
    a) La unidad de mando.
    b) La organización funcional.
    c) Las relaciones humanas en el trabajo.
7. El organigrama de una empresa refleja:
    a) Su organización informal.
    b) La estructura formal de la empresa.
    c) Las relaciones de jerarquía formal e informal.
8. Las relaciones personales no prestablecidas por la dirección de la empresa son propias de una organización:
    a) Estructural.
    b) Informal.
    c) Relacional.
9. En un modelo de organización matricial:
    a) Las decisiones se toman en equipo.
    b) Las órdenes vienen siempre del superior jerárquico.
    c) Se combinan dos variables: funciones y proyectos.
10. La estructura basada en la autoridad directa del jefe sobre los subordinados se denomina estructura:
    a) Lineal o jerárquica.
    b) Matricial.
    c) En *staff*.
11. El concepto de ***staff*** se refiere a un órgano:
    a) Constituido temporalmente para un proyecto concreto.
    b) De la estructura de la organización.
    c) De asesoramiento y consulta.

15 La dirección de recursos humanos

1 Las funciones de la dirección de recursos humanos

La dirección de recursos humanos tiene como finalidad integrar a las personas dentro de la organización y orientar su comportamiento hacia el logro de los objetivos de la empresa. Para ello, se ocupa de la selección, formación y asignación de personas a los distintos puestos de trabajo, así como de diseñar incentivos que motiven a las personas en el ejercicio de sus funciones. Además, para dirigir recursos humanos es necesario el liderazgo y la influencia, con el fin de que las personas se identifiquen con los objetivos del grupo y actúen para lograrlos.

Asamblea en la carpintería

Cuentan que un día se convocó en una carpintería una asamblea a la que acudieron todas las herramientas que trabajaban en ella.

El único punto del orden del día de tan peculiar reunión era arreglar las diferencias y constantes desencuentros que, en cada jornada de trabajo, se producían entre ellas.

Nada más comenzar la asamblea, el martillo intentó ejercer de presidente, pero las demás herramientas se negaron en rotundo. ¿Cómo iban a permitir que un individuo tan ruidoso llevara la voz cantante? Además, nadie soportaba los terribles golpes que continuamente propinaba. El martillo, dolido por el rechazo general que suscitaba, pidió que fuera expulsado el tornillo, pues consideraba que había que darle muchas vueltas para que sirviera de algo.

Ante tal ataque, el tornillo reaccionó pidiendo a la asamblea la expulsión de la lija. Con argumentos irrefutables, puso de manifiesto la aspereza de trato de su compañera, que generaba constantes fricciones con las demás herramientas.

Y la lija, a su vez, dijo que se iría con la condición de que fuera expulsado también el metro, que siempre estaba midiendo a los demás según su medida, como si fuera el único perfecto.

En esas estaban, cuando entró el carpintero al taller y se puso a trabajar. Necesitó el martillo, la lija, el metro y el tornillo para convertir la tosca madera inicial en uno de los elegantes muebles tan admirados por sus clientes.

Transcurrida la jornada laboral, la asamblea de herramientas volvió a convorcarse. Pidió la palabra el serrucho, que no había intervenido hasta entonces, y dijo:

– "Hoy, como cada día, hemos mostrado nuestras diferencias y nuestros defectos; pero el carpintero no trabaja con ellos, sino con nuestras cualidades. Eso es lo que nos hace valiosas. Así que en vez de recriminarnos nuestras debilidades, centrémonos en la utilidad de nuestras fortalezas. Yo digo que el martillo es ruidoso, pero fuerte; que el tornillo es lento, pero nos une con fuerza; que la lija es áspera al principio, pero es experta en afinar; y que el metro es preciso y exacto".

Se sintieron entonces como un gran un equipo orgulloso de su trabajo y pleno de fortalezas.

ANALIZA LA IMAGEN

1. Hay empresas donde los trabajadores disfrutan de espacios de ocio, como el de la imagen (Google), en los que relajarse y relacionarse con sus compañeros. ¿Qué buscan las empresas con ello?
2. Describe cómo sería la empresa ideal en la que te gustaría trabajar.

ANALIZA EL TEXTO

- ¿Qué ventajas tiene trabajar en equipo? ¿Por qué crees que en ocasiones a las personas nos cuesta cooperar con otros compañeros?
- Respecto a las actividades de clase que haces en equipo, ¿qué enseñanzas extraes del cuento?

1 Las funciones de la dirección de recursos humanos

Ejemplos y casos

En la sociedad del conocimiento, solo las organizaciones que se adaptan con rapidez a los cambios del entorno consiguen ser competitivas.

Para hacer frente a los constantes cambios a los que se enfrentan las empresas es necesario establecer **organizaciones inteligentes** u organizaciones que aprenden. Una organización inteligente es aquella que, de manera continua y sistemática, trata de obtener el máximo provecho de sus experiencias y aprender de ellas.

Este enfoque considera que todos los miembros de la organización son valiosos y capaces de aportar mucho más de lo que comúnmente se cree, que son capaces de comprometerse con la visión de la empresa y enriquecerla con sus aportaciones.

En resumen, una organización inteligente aprovecha el entusiasmo y la capacidad de aprendizaje de sus empleados, promueve la iniciativa, la aportación de ideas, el trabajo en equipo y la comunicación abierta.

smSaviadigital.com **PRACTICA**

Identifica las distintas funciones en la dirección de recursos humanos.

Las personas son el componente clave en el funcionamiento de la empresa y, por ello, la dirección de los recursos humanos adquiere una importancia estratégica para el logro de sus objetivos.

En el pasado, la dirección de personal se limitaba a la gestión básica de las relaciones laborales, como los contratos de trabajo, las nóminas o las vacaciones. Pero hoy, la dirección de recursos humanos ha ganado una gran autonomía en las organizaciones, como consecuencia de los cambios que se han ido produciendo en el entorno.

No es suficiente captar a las personas adecuadas. El capital humano de una organización ya no se considera una suma simple de perfiles profesionales cualificados a los que hay que dirigir y controlar. Hoy, más allá de los costes y de la gestión de la producción, las organizaciones se enfrentan a problemas de ventas, de productividad, de búsqueda de calidad y de gestión de la innovación.

En un entorno complejo e inestable, las **organizaciones competitivas** son aquellas capaces de crear, mantener y desarrollar equipos humanos motivados, flexibles y aptos para aprender y adaptarse a los cambios.

Las funciones de la dirección de recursos humanos

El principal problema que se plantea en la gestión de los recursos humanos es la necesidad de integrar los intereses individuales en el marco de los objetivos comunes de una organización como es la empresa. En este proceso de integración, hay cinco factores clave:

1. Dado que la motivación de los individuos juega un papel fundamental en las organizaciones, es imprescindible analizar cómo motivar a las personas. El esfuerzo para alcanzar las metas no es algo puntual, sino continuado; para lograrlo, las empresas necesitan diseñar **sistemas de evaluación**, **de recompensas e incentivos** que motiven, de forma permanente, a los individuos. Sistemas que deben ser adaptables tanto a las circunstancias internas y externas de la propia empresa como a la evolución de las personas y grupos que participan en ella.

2. El problema de la motivación humana supone el estudio del **liderazgo** en el seno de la empresa, tanto a nivel formal como informal, y el desarrollo de procesos de **comunicación** adecuados que permitan la necesaria transmisión de información entre las diferentes partes de la organización. No todas las situaciones requieren el mismo **estilo de liderazgo**. Influir en personas diferentes y actuar ante situaciones distintas requiere directivos que tengan la capacidad de comprender cada circunstancia y de adaptarse a los equipos con los que cuentan.

3. Pero además de un buen liderazgo y de una comunicación eficiente en la empresa, es necesario utilizar a las personas adecuadas para cada puesto de trabajo. Ello exige procesos de **reclutamiento y selección** del personal más apropiado, así como la **formación** posterior para su adaptación a los continuos cambios del entorno de la empresa.

4. Una vez seleccionadas las personas más capaces, es preciso elegir el tipo de **contratación** más conveniente para las características del puesto de trabajo, así como establecer los oportunos sistemas de control para que los **derechos y deberes** de los trabajadores derivados del contrato se cumplan en la empresa.

5. Finalmente, en toda organización se producen **conflictos de intereses**, individuales o colectivos, de los que la dirección de recursos humanos habrá de ocuparse, tratando de solucionarlos de forma pacífica e intentando que, más que problemas, supongan una fuente de aprendizaje.

El capital humano como fuente de ventaja competitiva

Además de los activos tangibles que aparecen en el balance, la empresa dispone de unos activos intangibles, en forma de conocimientos y habilidades de los miembros de la organización, y de los activos en forma de propiedad intelectual (como las patentes y el *know-how*), que son los que aportan verdadero valor a las organizaciones.

Desde este enfoque, la búsqueda de una posición competitiva en el mercado debe partir de una posición fuerte en el interior de la empresa, basada en los recursos y las capacidades con los que cuenta y, en especial, de su capital humano y sus competencias esenciales.

Las **competencias esenciales** son el conjunto de aptitudes (conocimientos y habilidades) y actitudes (motivación para aportar esos conocimientos y habilidades) que tienen las personas y que las predisponen a realizar sus actividades con el mejor nivel de desempeño.

Los **componentes de estas competencias** son: **saber** (conocimientos), **saber hacer** (habilidades y destrezas), **saber estar** (actitudes e intereses), **querer hacer** (motivación) y **poder hacer** (disposición de medios y recursos).

Este enfoque pone de manifiesto que el capital humano así considerado es una fuente de ventajas competitivas, porque las personas:

1. Hacen diferentes a las organizaciones. Sus recursos y capacidades no están disponibles para todas las empresas en las mismas condiciones.
2. Añaden valor a la empresa y explican sus diferencias de rentabilidad.
3. Son escasas; hay pocas personas que garanticen altos niveles de rendimiento.
4. Son inimitables, lo que dificulta su sustitución.

Por tanto, la clave del éxito empresarial se encuentra en el interior de la empresa, en su potencial para crear recursos y capacidades y en saber mantenerlos y desarrollarlos. Así, el objetivo de la dirección de recursos humanos es la adquisición de aptitudes y competencias tecnológicas y de destrezas de sus trabajadores, técnicos y directivos, con la finalidad de que la organización cuente con las herramientas necesarias para generar y mantener ventajas competitivas en su mercado.

Ejemplos y casos

Ser competente en alguna faceta profesional, por ejemplo, en el diseño de páginas web, implica algo más que tener conocimientos teóricos o habilidades en informática. Significa, además, tener una actitud positiva para seguir aprendiendo y actualizándonos con las últimas innovaciones. También supone estar motivado para ir superando los problemas y las dificultades que se presentan. Finalmente, se necesitan medios y recursos con los que abordar y poder realizar las tareas.

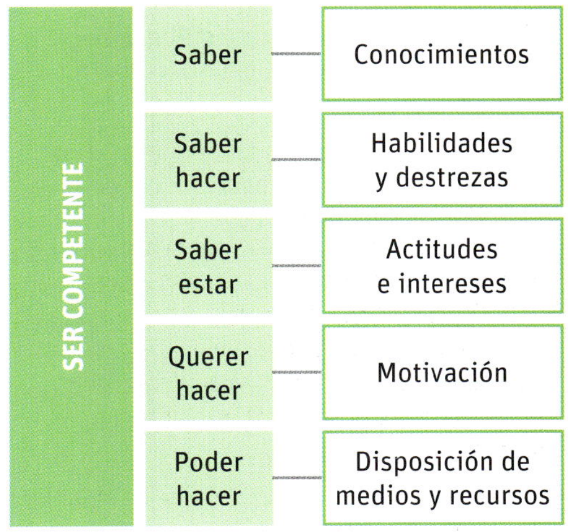

EN LA PRÁCTICA La gestión de recursos humanos por competencias

Según el enfoque de competencias esenciales de Hamel y Prahalad, podemos ver la empresa como un árbol. Las raíces son las competencias esenciales, una serie de destrezas que surgen del aprendizaje colectivo de la empresa, basado en los trabajadores y directivos que son capaces de reconocer las mejores oportunidades. En una empresa hotelera, estas competencias esenciales pueden ser la atención al cliente, la empatía, el amor al trabajo bien hecho, el servicio, etc.

El tronco está formado por los productos o servicios esenciales o básicos que son la encarnación física de una o más competencias esenciales. Son productos y servicios directamente enraizados en las destrezas tecnológicas y humanas de la organización. En una empresa hotelera, serían la capacidad de los empleados de atender con empatía y simpatía a los clientes y el dominio de varios idiomas. El desarrollo de estos productos y servicios esenciales derivados de las competencias esenciales es el factor clave del éxito de la organización.

Las ramas son las unidades empresariales dedicadas a cada uno de los negocios en los que está presente la organización (el servicio de restaurante, de bar, de recepción, de mantenimiento, de animación, etc.). Las hojas y las flores son los productos y servicios finales, como un plato bien servido, una habitación limpia o una camisa correctamente planchada y perfumada según el gusto del cliente.

Adaptado de García del Junco, J., y Casanueva, Y.: *Fundamentos de gestión empresarial*. Pirámide, 2002.

- Utilizando el mismo ejemplo, ¿cuáles serían las raíces, el tronco, las ramas y las hojas de un centro educativo?

2 La motivación humana

Ejemplos y casos

El 71 % de los jóvenes españoles que se examinan para acceder a la universidad no tienen claro qué estudiarán.

Para tomar esta decisión tan importante, **si Maslow fuera nuestro *coach*** nos preguntaría: ¿qué profesiones podrían cubrir tus necesidades básicas? ¿Cuáles de ellas te hacen sentirte más seguro? ¿Qué tipo de trabajo hace que te sientas realizado? La sociedad, tus amigos, tu familia, etc., ¿valoran ese trabajo? ¿Qué tareas te permiten expresarte con libertad? ¿En qué tipo de empresa crees que tendrás espacio para desarrollar tu creatividad?

Los estudios sobre motivación intentan explicar por qué las personas se comportan de determinada manera y de dónde provienen los impulsos que las llevan a actuar así. Dentro de estos estudios aplicados a la empresa hay diferentes formas de comprender la motivación y, por tanto, existen distintas propuestas sobre cómo motivar a las personas en el trabajo.

Para los autores clásicos, el comportamiento humano en las organizaciones está motivado casi exclusivamente por la búsqueda de incentivos económicos y materiales. Como reacción a esta simplificación del comportamiento humano aparecen las teorías de carácter psicosociológico (escuela de relaciones humanas), que plantean que todo comportamiento humano viene motivado por la búsqueda de la satisfacción de las diversas necesidades que tienen los individuos.

Una persona se encuentra motivada para hacer algo cuando ese acto satisface sus necesidades y, por tanto, se mueve (está motivada) para conseguirlo.

La teoría de Maslow sobre la motivación

Para Maslow (1943), la motivación depende de cómo estén satisfechos los cinco tipos de necesidades que tienen las personas. Estas necesidades están jerarquizadas en función de su capacidad para motivar y se pueden representar en forma de pirámide. Solo cuando se satisfacen las necesidades inferiores (parte inferior de la pirámide) surgen gradualmente las necesidades más elevadas (parte superior) como factor de motivación. En otras palabras, los niveles más altos de necesidades solo actúan como factor de motivación cuando los niveles inferiores de necesidades están cubiertos.

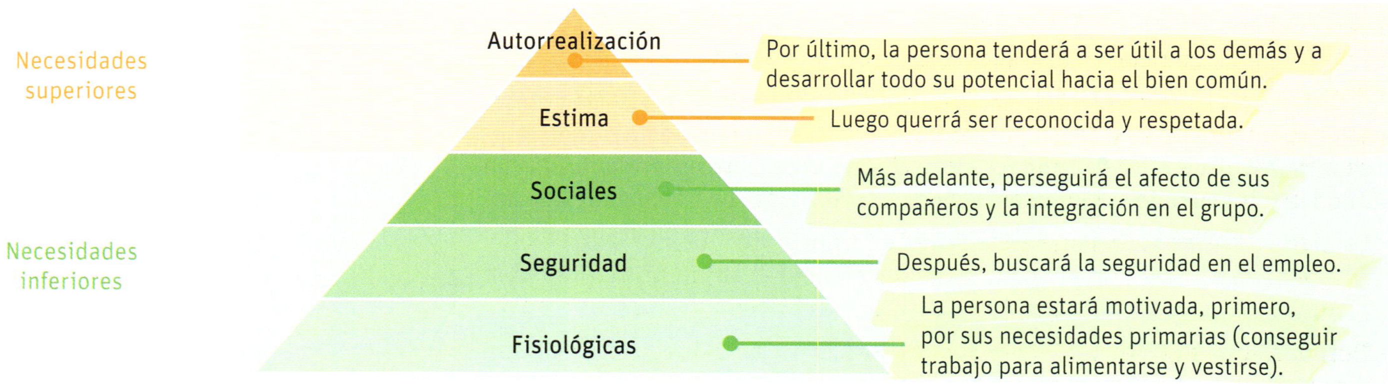

La teoría de Herzberg sobre la motivación

La principal aportación de Herzberg (1959) es la identificación de dos grandes grupos de factores que influyen en la motivación:

1. **Factores que pueden generar insatisfacción.** Algunas características de un puesto de trabajo son necesarias para que se mantenga un cierto nivel de satisfacción. Estos factores, también llamados insatisfactores o factores de higiene, son el salario, la seguridad en el puesto de trabajo, las condiciones de trabajo, los procedimientos de la empresa, la calidad de la supervisión técnica y la calidad de las relaciones interpersonales (ya sea entre colegas, con los superiores o con los subordinados). Estos factores suponen los requisitos mínimos para que no se produzca insatisfacción en los trabajadores y representan, por tanto, las exigencias mínimas que debe cumplir la empresa.
2. **Factores motivadores**. Incluyen el logro, el reconocimiento, el contenido del propio trabajo, la responsabilidad, el progreso y el crecimiento personal.

La conclusión de Herzberg es que los factores mínimos deben estar garantizados para que no exista insatisfacción, y que, una vez cubiertos, la motivación debe centrarse en factores de niveles más elevados.

Las teorías X e Y sobre el comportamiento humano

Douglas McGregor (1975) plantea dos concepciones extremas de las personas:

Según la teoría X, en general, las personas:	Según la teoría Y, en general, las personas:
• Consideran el trabajo como algo impuesto, que evitan si pueden. • Solo se consigue su esfuerzo en el trabajo si se las controla y amenaza. • En general, prefieren ser dirigidas a dirigir. • Tratan de eludir las responsabilidades. • Tienen poca ambición. • Se resisten a los cambios y buscan, sobre todo, su propio interés.	• Consideran que el trabajo puede ser fuente de satisfacción. • Pueden autocontrolarse para conseguir los objetivos que se les confían. • Asumen compromisos si reciben compensaciones por lograrlos. • Pueden aprender a asumir responsabilidades. • Tienen capacidad de imaginación, creatividad e ingenio. • Desean perfeccionarse y se motivan para desarrollar su potencial.

A partir de ellas, McGregor plantea que los líderes se comportan con sus empleados según la imagen que tengan de ellos y que esa imagen, al final, afecta a los empleados y termina cumpliéndose. Si un líder piensa que sus subordinados son como los describe la teoría X (aunque esté equivocado), utilizará un estilo autoritario de recompensas y amenazas, no les dará responsabilidades y no confiará en su colaboración. Como respuesta, tras un tiempo, sus empleados evitarán responsabilidades y trabajarán lo menos posible. Por el contrario, si el líder tiene la imagen de sus subordinados de la teoría Y, tendrá un estilo participativo, tratará de motivarlos, les dará responsabilidades, confiará en su colaboración, etc. Tras un período de tiempo, ellos responderán con responsabilidad e interés por el trabajo.

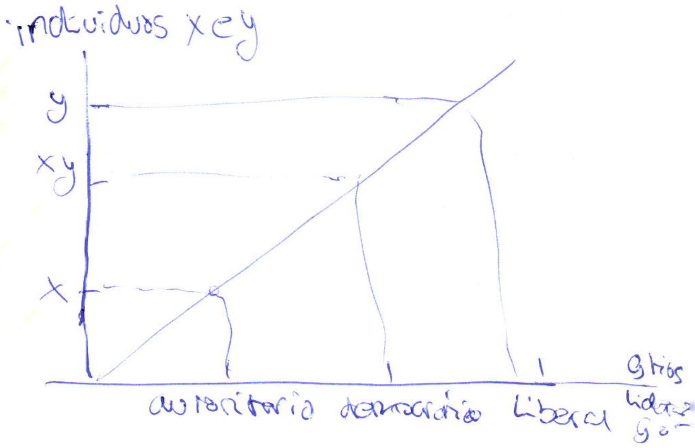

La teoría Z

Su autor, William Ouchi (1982), plantea cómo debe ser una organización para que los participantes se sientan motivados. Esta teoría proviene de la cultura japonesa y tuvo una gran difusión a finales del siglo pasado. Sus principios son:

- **Espíritu de consenso y de grupo.** Los objetivos de la empresa deben coordinarse con los objetivos de los grupos y de los individuos. El individuo que se siente parte de un grupo, se compromete y mejora su esfuerzo.
- **Lealtad y confianza.** Debe existir una relación armónica entre los empleados y la dirección. La empresa debe cuidar a sus empleados en todos sus aspectos (contrato de por vida, financiación de vacaciones, vivienda, transporte, etc.).
- **Responsabilidad colectiva.** Todos son responsables (tanto directivos como empleados) del éxito o el fracaso de la organización.
- **Aprender de la experiencia.** Es imprescindible saber reconocer los errores, para corregirlos, y los aciertos, para potenciarlos.

ESTUDIO DE CASOS **La profecía que se cumple**

Rosenthal (1978) realizó un test de inteligencia a sus alumnos y, sin llegar a corregirlo, seleccionó a un 20 % de cada clase para formar un grupo con los mejores. Es decir, los alumnos se eligieron al azar, pero tanto a profesores como a alumnos se les dijo que habían sido elegidos según los resultados del test. A final de curso, el grupo seleccionado había mejorado respecto a sus compañeros en cuatro puntos su coeficiente intelectual. Esta influencia de las expectativas de unas personas sobre otras recibe el nombre de efecto Pigmalión o profecía autocumplida. Cuando se tienen creencias y expectativas favorables sobre una persona, se produce un clima de confianza que provoca una respuesta de mayor exigencia y esfuerzo para confirmar esas expectativas.

La profecía se da en ambos sentidos. Desde el alumnado, cuando se dice: "Es imposible aprobar con el profesor de tal asignatura"; o a la inversa: "Con ese curso es imposible dar clases". Hecha la profecía, tanto el estudio y el esfuerzo por parte del alumnado como la motivación e implicación de los profesores tienden a resentirse. Sin duda, porque se percibe que la probabilidad de aprender o enseñar es mínima.

- Piensa en tus experiencias. ¿Crees que se cumplen estas profecías? ¿Qué se puede hacer para cambiarlas?

3 Factores de motivación

Ejemplos y casos

La motivación nos impulsa a actuar; es un mecanismo generador que orienta el pensamiento, la imaginación y la creatividad para trabajar y lograr las metas que nos proponemos, venciendo las dificultades que se presentan.

Pero **¿dónde reside la motivación?**; ¿cuál es el secreto? El mejor motivador que existe está en ti, en el impulso derivado de tener propósitos en la vida, de hacer cosas interesantes, absorbentes y que suponen un reto, ya sea programar un sofisticado *software* o convertirte en un experto en tu afición favorita. El secreto está en que, si estamos comprometidos, activaremos el deseo de mejorar lo que nos gusta hacer y, de este modo, nos pondremos retos para seguir mejorando.

smSaviadigital.com PRACTICA

Analiza estos textos sobre la motivación, ¿qué conclusiones puedes extraer?

Una vez que la empresa dispone de un capital humano, es importante que se lleve a cabo una adecuada política de compensación (monetaria y no monetaria) que motive y genere vínculos de compromiso entre los empleados y la organización.

De las teorías expuestas sobre los factores de motivación de las personas se desprenden algunas líneas de actuación que contribuyen en la motivación de los trabajadores y que deben ser tenidas en cuenta por la dirección de recursos humanos.

Los incentivos económicos

Los elementos de la compensación monetaria (directa o en especie) son los que se mencionan a continuación:

- **Salario base.** Es la parte de la retribución monetaria que viene fijada en función de la categoría profesional de cada empleado y que está sujeta a los convenios colectivos.
- **Complementos salariales.** Son incrementos del salario base que se conceden a los trabajadores en función de sus circunstancias personales, las funciones que desempeñan y la evolución de los resultados de la organización. Algunos ejemplos son los complementos de peligrosidad, así como los que se dan por la productividad.
- **Retribuciones en especie.** Consisten en la puesta a disposición de los empleados de ciertos bienes o servicios a precios inferiores a los de mercado o gratis. Algunos ejemplos son el coche de empresa, los vales de comida, los seguros de vida, los préstamos a bajo interés, los planes de pensiones de la empresa o la participación en acciones, etc.

El dinero y la motivación

Las teorías sobre motivación atribuyen distinto peso al valor del dinero como factor de motivación de las personas. Según la teoría de las necesidades de **Maslow**, a las necesidades fisiológicas le siguen otras como las de seguridad, socialización, autoestima y autorrealización del empleado con las tareas que desempeña en la organización. Mientras que el dinero actúa como factor motivador cuando las necesidades inferiores no están cubiertas, su efecto disminuye cuando sí lo están y aparecen otras necesidades superiores.

La teoría de **Herzberg** añade que los factores responsables de la motivación (factores motivadores) son distintos de los que provocan la insatisfacción laboral. Los salarios monetarios entrarían dentro de la categoría de insatisfactores, es decir, aquellos que no actúan directamente sobre la motivación, pero que cuando no existen o son insuficientes provocan insatisfacción en el trabajador.

Sin embargo, otras teorías atribuyen al dinero un peso mucho mayor en la motivación. Según la **teoría de las expectativas de Lawler III**, el dinero permite satisfacer múltiples necesidades. No solo las fisiológicas (comida, vestido, comodidad, etc.) y las de seguridad (estabilidad y seguridad financiera), sino que también permite satisfacer las necesidades sociales (relaciones, amistades, participación en grupos sociales), de estima (estatus, prestigio) y de autorrealización (desarrollo del potencial y del talento personal). Para Lawler III, cuando la persona cree que la mejora de su rendimiento conduce a una mejor remuneración (salario), esta expectativa se convierte en el factor motivador por excelencia.

En resumen, el dinero permite cubrir las necesidades fisiológicas y las de seguridad. Sin embargo, su papel motivador parece reducirse a medida que las remuneraciones se van elevando. Además, no todas las personas son iguales ni reaccionan de la misma forma ante situaciones distintas.

Otros factores de motivación

1. **El enriquecimiento del puesto de trabajo.** Un trabajo es menos motivador cuanto más monótono y rutinario resulta. Por tanto, el enriquecimiento del puesto de trabajo pretende modificar el contenido de las tareas, de forma que cubra necesidades de nivel más elevado.

   Un puesto de trabajo se enriquece:

   - Ampliando la variedad de las tareas.
   - Dándole un sentido global o de identidad a la tarea que permita que el trabajador pueda identificar el resultado global de su esfuerzo.
   - Confiriendo importancia a la tarea, de forma que el trabajador perciba que su aportación tiene un valor que es apreciado.
   - Dotando de autonomía al trabajador, otorgándole responsabilidades en su planificación, realización y control del resultado obtenido.
   - Favoreciendo la creatividad, las propuestas innovadoras y la integración en equipos de trabajo.
2. **Política de incentivos y de promoción basada en méritos.** Los incentivos y la promoción deben ser utilizados para mantener a las personas motivadas. Esto se consigue si los mejores trabajadores son los mejor remunerados y los distintos puestos están ocupados por las personas más capacitadas para ello.
3. **Delegar autoridad y responsabilidad.** Cuando se confía en alguien para que asuma mayores responsabilidades, se le hace partícipe de los objetivos de la empresa, y esto tiene un claro efecto motivador.
4. **Comunicar a los trabajadores lo que se espera de ellos.** Para que las personas se sientan identificadas con el proyecto empresarial y se encuentren motivadas, es preciso que conozcan cuál es su papel y que comprendan cómo contribuye su esfuerzo a los objetivos generales de la organización.
5. **Reconocer sus méritos.** Además de hacer bien su trabajo, las personas también se motivan cuando se reconoce y aprecia lo que hacen.
6. **Facilitar la participación del trabajador.** Cuando las personas participan en las decisiones que afectan a su trabajo, su motivación aumenta, al ser ellas mismas las responsables de qué conseguir y cómo hacerlo.
7. **Favorecer la formación y el desarrollo profesional de las personas.** Mientras que la formación mejora las capacidades de las personas para llevar a cabo con eficiencia sus funciones, el desarrollo actúa enriqueciendo al profesional, preparándolo para futuras actividades que van más allá de las tareas propias del puesto que ocupa hoy. Si la empresa se preocupa de ambos aspectos, los trabajadores comprueban que el factor humano es importante para la empresa y aumentan su motivación y su compromiso.
8. **La flexibilidad de horarios y la conciliación familiar.** Es un procedimiento en el que cada trabajador establece sus horarios de entrada y de salida, aunque dentro de unos límites establecidos. Por tanto, es un instrumento que beneficia tanto al trabajador como a las empresas. Los horarios flexibles permiten al trabajador organizar su jornada con libertad, reducen su estrés y mejoran su productividad, favoreciendo su motivación a la vez que la empresa se beneficia.

Factores de motivación	
Monetarios	• **Directos:** salario base y complementos. • **Indirectos:** retribuciones en especie.
No monetarios	• Enriquecer el puesto de trabajo. • Reconocer e incentivar los méritos. • Delegar autoridad y responsabilidad. • Comunicar expectativas. • Potenciar la participación. • Favorecer la formación y el desarrollo profesional. • Crear un buen clima laboral con flexibilidad de horarios.

Ejemplos y casos

¿De qué dependen el grado de compromiso y la felicidad en el empleo? Un estudio de la empresa de investigación Gallup concluye que dependen de doce variables. Entre ellas, destacan: que el trabajador sienta que está utilizando sus capacidades o aquello que sabe hacer mejor; que tenga oportunidades para aprender y crecer; que le importe a alguien como persona y que tenga quien lo motive continuamente; que sus opiniones sean tomadas en cuenta; que se sienta identificado con el propósito u objetivo de la organización; y que tenga, al menos, un gran amigo entre sus compañeros.

ACTIVIDADES DE APLICACIÓN

1. Analiza los ocho factores de motivación desde el punto de vista de tus tareas escolares y ordénalos según la importancia que tienen en ellas. En función de tu experiencia, ¿crees que falta alguno?

4 Dirección y liderazgo

Ejemplos y casos

Daniel Goleman, autor de la teoría sobre la inteligencia emocional, propone seis **estilos de liderazgo**:

- **Coercitivo.** Exige un cumplimiento inmediato y su lema es "Haz lo que digo". Sirve para lidiar con empleados problemáticos, pero suele crear un clima negativo.
- **Orientativo.** Moviliza a las personas hacia una visión, confía en sí mismo y genera empatía. "Vamos juntos" es su lema. Actúa como catalizador del cambio.
- **Afiliativo.** Crea armonía y construye lazos emocionales. Ideal para mejorar desavenencias o motivar en situaciones estresantes. Su lema es "Las personas son lo primero".
- **Democrático.** Construye consenso mediante la participación. Garantiza las aportaciones de los empleados valiosos. Suele decir: "¿Qué crees tú?".
- **Ejemplar.** Fija altos objetivos y quiere que las cosas se hagan siempre a su manera. No genera buen clima. Solo apto para equipos muy motivados.
- **Formativo.** O "jefe-papá". Ideal para desarrollar las fortalezas a largo plazo de los miembros de su equipo.

Según Goleman, cuando se convive con equipos con personalidades diferentes, los buenos líderes aplican un estilo de liderazgo distinto para cada situación.

El **liderazgo** es una forma especial de poder y de influencia en el comportamiento de los otros. El origen de este **poder** tiene **cinco fuentes** posibles:

- Poder de **recompensa**, basado en la capacidad para premiar.
- Poder de **coerción** o capacidad para imponer castigos.
- Poder **legítimo**, basado en el reconocimiento de las personas a quien detenta el poder (aceptan su influencia y acatan sus órdenes).
- Poder de **referencia**, que surge de la identificación de las personas con el líder, al que tratan de imitar.
- Poder **experto**, basado en los conocimientos especiales que las personas le atribuyen.

Las fuentes del poder del directivo (autoridad formal) son las tres primeras (recompensa, coerción y legitimidad), mientras que el líder (autoridad informal) se apoya en las tres últimas (legitimidad, referencia y condición de experto). Es decir, los conceptos de dirección y liderazgo en la empresa no deben confundirse. Si los directivos son, además, líderes, serán más eficientes, pero también existirán líderes en la empresa que no son directivos.

Por tanto, si se quiere mejorar la eficiencia de la empresa, la dirección tiene que ejercer el liderazgo para influir sobre otras personas en la consecución de unos determinados objetivos mediante la comunicación. Ello requiere comprender las necesidades humanas y los medios para satisfacerlas. Así, liderazgo, comunicación y motivación están íntimamente relacionados.

Estilos y teorías sobre el liderazgo

El estilo de liderazgo es la forma en la que se comporta el líder en su relación con sus seguidores. Hay tres **estilos clásicos de liderazgo**:

- Los **líderes autocráticos** establecen tanto los objetivos como los procedimientos, son dogmáticos y esperan obediencia. Centralizan la autoridad y toman las decisiones sin la participación de los subordinados.
- Los **líderes democráticos** alientan la participación de los subordinados en la toma de decisiones sobre métodos y objetivos del trabajo, son abiertos y favorecen la cooperación y el apoyo entre los miembros del grupo.
- Los **líderes liberales** (*laissez faire*) apenas intervienen, y sus orientaciones son mínimas. Dan gran libertad de actuación a los integrantes del grupo.

Las primeras teorías asociaban liderazgo con personalidad, es decir, con ciertas cualidades personales, como inteligencia, iniciativa, creatividad, etc. Pero los enfoques más actuales señalan que las diferentes situaciones precisan estilos de liderazgo diferentes: cada situación determina cómo debe ser un líder. Así, para dirigir a obreros que realizan tareas rutinarias puede ser efectivo un liderazgo autocrático, mientras que para dirigir un grupo muy cualificado y que desarrolla tareas complejas será preferible un estilo democrático o liberal. La capacidad de adaptarse a cada situación (flexibilidad) es, por tanto, una cualidad importante en los buenos líderes.

Las **últimas teorías** tienen en cuenta la personalidad del líder, las distintas situaciones (tipo de trabajo), las características de los empleados y su relación socioemocional con el líder. De esta manera, las **capacidades de un buen líder** serían las siguientes:

- Utilizar el poder con efectividad y de manera responsable.
- Comprender a las personas y sus diversas motivaciones.
- Inspirar ideas, sentimientos y acciones a otros individuos.
- Generar un clima favorable para responder a las motivaciones y fomentarlas.

smSaviadigital.com PRACTICA

Analiza las capacidades de un buen líder a partir de la película *Invictus*.

5 La comunicación interna en la empresa

Tanto la motivación como el liderazgo son, en el fondo, problemas de comunicación. Por tanto, es preciso analizar cuáles son las formas y los sistemas más adecuados para que la comunicación sea eficaz.

Los elementos o **componentes** básicos de todo proceso de comunicación son:

- El **emisor** o persona que envía información.
- El **mensaje** o corriente de información que se transmite.
- El **código** o medios de transmisión: orales, escritos, electrónicos, etc.
- El **canal de comunicación** (formal o informal), a través del cual circula la información; a nivel formal, viene determinado por la estructura organizativa.
- El **receptor** o persona que recibe la información.

Los elementos de la comunicación y sus interferencias

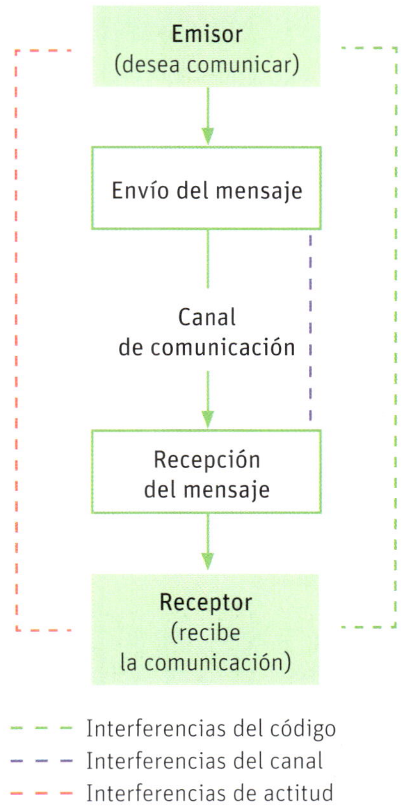

Eficiencia de las comunicaciones

Una comunicación es eficaz si el receptor actúa en el sentido previsto por el emisor. Para ello, la comunicación debe ser **pertinente** (importante) para el receptor, **coherente** con las comunicaciones anteriores, expuesta con **claridad** y **admitida** por el receptor. Para comprobar que reúne estas características, es necesario que el receptor pueda responder al mensaje indicando que se ha entendido su contenido y finalidad.

En la eficiencia de la comunicación conviene considerar las posibles **interferencias o ruidos** (ver esquema) que pueden surgir:

- Del canal: se generan por la longitud del canal empleado o número de puntos intermedios por los que pasa la comunicación entre emisor y receptor.
- Del código utilizado: proceden de los sistemas de cifrado o descifrado del mensaje. Cualquier diferencia o incompatibilidad entre los códigos del emisor y del receptor dará lugar a distorsiones en la información.
- De actitud y comportamiento entre el emisor y el receptor: surgen, bien por discrepancias entre las personas, bien por desconocimiento del tipo de relación (dependencia, cooperación o coordinación).

Los tipos de comunicación interna

1. **Comunicación descendente.** Fluye desde niveles jerárquicos superiores a niveles inferiores a través de comunicados, órdenes, instrucciones, etc. Es importante disponer de algún sistema de retroalimentación para que el superior sepa si su mensaje ha llegado a su destino y ha cumplido su fin.
2. **Comunicación ascendente.** La transmisión de información va desde los niveles jerárquicos inferiores hacia los niveles superiores. Adquiere importancia en la empresa fundamentalmente con fines de control, ya que la dirección debe tener información sobre los niveles de producción, ventas, costes financieros, etc. Suele darse en organizaciones descentralizadas, participativas y democráticas, donde los subordinados tienen más libertad para expresarse.
3. **Comunicación cruzada.** Incluye tanto comunicaciones horizontales, entre personas del mismo nivel jerárquico, como diagonales, entre personas de distinto nivel sin relación de dependencia directa. La comunicación **horizontal** no se contempla en la organización formal, por lo que, normalmente, no existen los canales para su funcionamiento. Sin embargo, este tipo de comunicación es importante para la coordinación de determinadas actividades, ya que acorta el canal de comunicación que se utilizaría de seguir estrictamente el camino jerárquico con comunicaciones ascendentes y descendentes. La comunicación **diagonal** suele ser de carácter informal y tiene como finalidad disponer de más información, al margen de los canales jerárquicos formales.

Tipos de comunicación interna

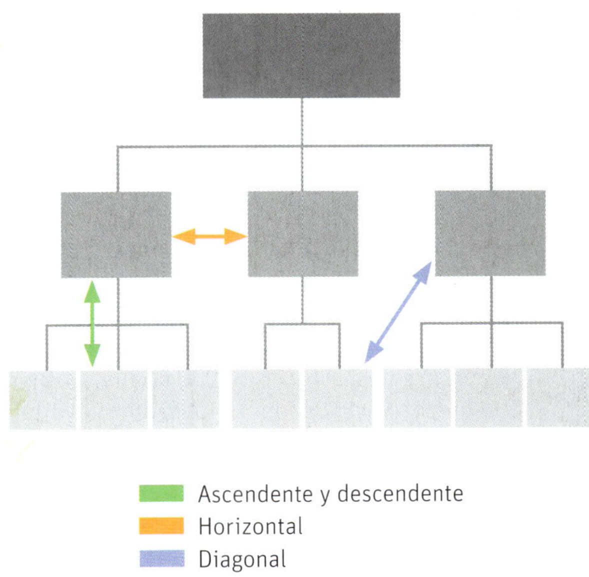

6 Reclutamiento, selección y formación de personal

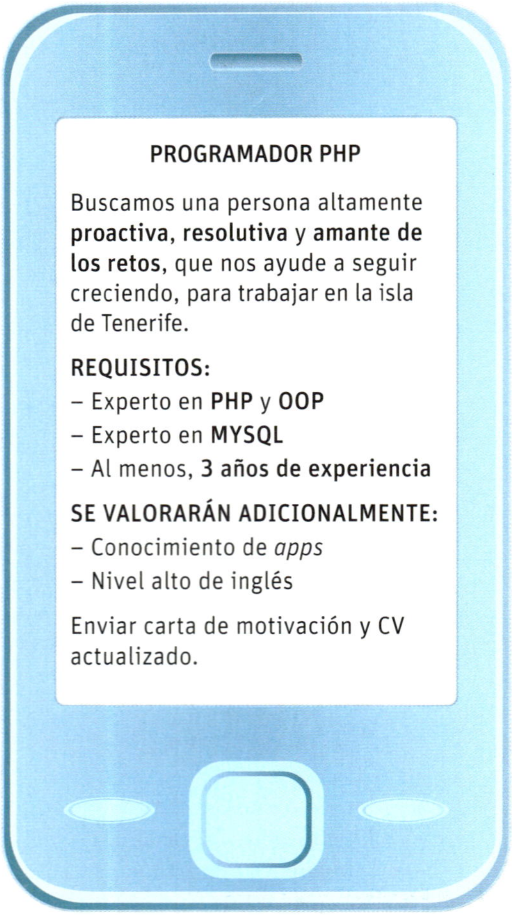

La descripción de un puesto de trabajo en una oferta de empleo debe contemplar su definición, el análisis de las tareas encomendadas, el nivel de dificultad de las competencias asignadas, los recursos y los conocimientos requeridos, así como reflejar la retribución económica y las posibilidades de promoción.

Análisis de puestos de trabajo

Las empresas renuevan o amplían sus plantillas con frecuencia. Para saber la cantidad y el perfil de los nuevos trabajadores es necesario planificar las necesidades de recursos humanos de la empresa, lo que implica analizar los recursos actuales y prever las futuras necesidades de personal. Este análisis de los puestos de trabajo (presentes y futuros) consiste en delimitar las funciones y tareas de cada empleado.

Las **tareas** son acciones concretas e independientes entre sí que realiza una persona en el ejercicio de su actividad profesional, mientras que el **puesto de trabajo** es el conjunto de tareas que realiza un empleado en su trabajo diario.

Las tareas ocupan un tiempo de realización, por lo que las empresas deben calcular cuántas tareas puede realizar una persona en su horario laboral. Cuanto más especializado es un puesto de trabajo, menor es el número de tareas que se deben realizar. Lo opuesto a la especialización es el trabajo ampliado, que se define como aquel puesto de trabajo con un gran número de tareas.

En un análisis de **puestos de trabajo**, se distinguen:

- La **descripción del puesto**, con su nombre (por ejemplo, "oficial de taller de montaje"), su posición en la organización (departamento al que pertenece y nivel jerárquico), así como las tareas y las relaciones entre ellas.
- La **especificación del puesto** indica las condiciones de trabajo y las responsabilidades inherentes. De ella se deducen los requisitos (físicos, intelectuales y emocionales) que debe reunir la persona para ocuparlo.
- El análisis de puestos de trabajo permite la **elaboración de un inventario o catálogo de puestos** de la empresa como instrumento fundamental para las funciones del reclutamiento, selección y formación de recursos humanos.

El reclutamiento

El proceso de reclutamiento consiste en identificar empleados potenciales que cumplan los requisitos que la empresa necesita y atraerlos en número suficiente para que sea posible una selección de aquellos que se adapten mejor a las exigencias del trabajo.

Las fuentes de reclutamiento pueden hallarse dentro de la empresa (promoción interna) o buscarse fuera a través de anuncios en los medios de comunicación, bolsas de empleo, bases de datos de la empresa, ETT, SEPE, asociaciones profesionales, redes sociales, aplicaciones y webs de búsqueda de empleo, etc.

EN LA PRÁCTICA El principio de Peter

El principio de Peter (1969) –"En una jerarquía, todo empleado tiende a ascender hasta su nivel de incompetencia"– señala que en una empresa u organización, las personas que realizan bien su trabajo son promocionadas a puestos de mayor responsabilidad una y otra vez, hasta que alcanzan su nivel de incompetencia. Este principio ha sido comprobado infinidad de veces en puestos directivos ocupados por profesionales que no tenían la suficiente cualificación. Existe una lógica en este proceso, ya que los responsables de la selección se fijan, en primer lugar, en la propia organización. Si un empleado cumple bien su actual cometido, deducen equivocadamente que será igualmente eficaz en el nuevo puesto. El principio de Peter es, pues, una advertencia en un proceso de selección. Al analizar la idoneidad de los candidatos, los de promoción interna deben valorarse del mismo modo que se evalúa a los nuevos, prescindiendo de la eficacia con la que desarrollan su actual función.

- Existen excelentes profesores que son nefastos como directores de centro, o extraordinarios cirujanos que fracasan como gerentes de hospital. Analiza estos casos desde el punto de vista del principio de Peter.

La selección de personal

Consiste en elegir aquellos candidatos que mejor cumplen los requisitos del trabajo para el que están siendo valorados. Por tanto, las tareas de este proceso tratan de predecir el comportamiento del candidato para un determinado puesto de trabajo.

Para este diagnóstico se analizan las exigencias que conlleva el puesto (tareas y responsabilidades) y las condiciones personales del candidato (conocimientos, aptitudes, experiencia, intereses, personalidad, etc.). De este análisis surge el **perfil ideal** del futuro empleado. Después, hay que seleccionar al candidato cuyo perfil se acerque más al ideal. Por tanto, no se trata de elegir a la persona con mejores cualidades, sino a aquellas que tengan las cualidades exigidas por el perfil del puesto.

Para predecir el rendimiento del candidato se observan dos variables:

- Su formación y habilidades (aptitudes, conocimientos y experiencia).
- Su grado de motivación e interés por el trabajo, su personalidad, actitudes etc.

Para esta valoración se utilizan una serie de técnicas de selección, entre las que destacan las entrevistas y las pruebas de conocimiento, psicotécnicas y prácticas.

La formación de personal

Una vez seleccionados los candidatos, estos necesitan integrarse y orientarse en la empresa. Cuando se es nuevo en una organización, difícilmente se conoce el funcionamiento concreto de la empresa, su cultura y sus procedimientos, por lo que será necesaria una etapa de **formación inicial** y de adaptación.

Desde otro punto de vista, el permanente cambio del entorno hace que los conocimientos, las tecnologías y sus aplicaciones estén en constante desarrollo, lo que implica la necesidad de **formación continua** en los diversos puestos de trabajo.

Al igual que en el caso de la selección, el tema de la formación se especializa cada vez más, y la tendencia generalizada es utilizar los servicios de empresas dedicadas a impartir cursos de reciclaje, formación, etc.

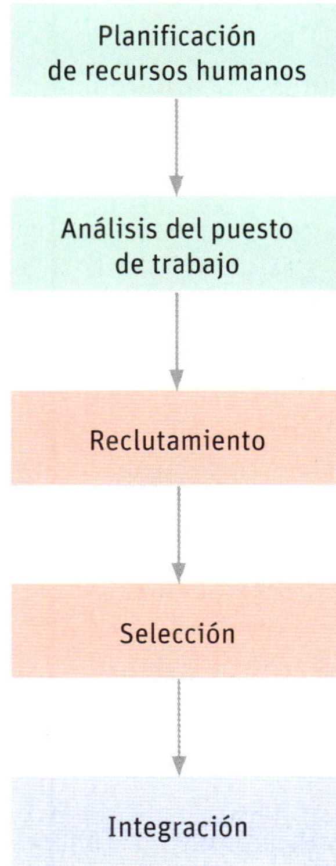

smSaviadigital.com **PRACTICA**

Elabora tu perfil laboral en una web o red social de búsqueda de empleo y aprende a afrontar una entrevista de trabajo.

EN LA PRÁCTICA **Las pruebas de selección**

La decisión sobre qué tipo de pruebas utilizar en un proceso de selección depende mucho del puesto y del coste que se esté dispuesto a asumir. Los distintos tipos de pruebas no son excluyentes; más bien, son complementarios, si se quiere tomar una decisión fundamentada. No obstante, cuanto mayor sea el número de pruebas, mayor será el tiempo y el coste del proceso. Entre las más utilizadas por las empresas están:

- **Psicológicas.** Intentan evaluar la inteligencia, las aptitudes, los rasgos de la personalidad, los intereses y las motivaciones del candidato. Miden, sobre todo, el rendimiento potencial de la persona.
- **De conocimientos.** Evalúan competencias teóricas.
- **Prácticas o situacionales.** En ellas se trata de simular una situación en la que los candidatos tienen que demostrar que poseen las competencias necesarias para el puesto.
- **Profesionales.** Son pruebas prácticas donde se simulan las condiciones del trabajo y se evalúan las competencias técnicas.
- **Grupos de discusión.** Valoran las competencias sociales de los candidatos y el grado de interacción entre iguales.
- **La entrevista.** Es el instrumento más utilizado, a pesar de las críticas por la subjetividad que conlleva cuando no se aplica correctamente. Por ello, es necesario que la persona que las conduce esté sólidamente formada, como garantía de fiabilidad de los resultados.

- Busca en internet consejos sobre cómo prepararte para una entrevista de trabajo.

7 Contrato de trabajo y relaciones laborales

*****

Capacidad legal para trabajar

Es el requisito legal para poder firmar un contrato de trabajo. En España, la tienen los mayores de edad (18 años), aunque, los menores de 18 años y mayores de 16 pueden firmar el contrato si cuentan con la autorización de sus padres o tutores. Esta autorización no es necesaria si el menor está legalmente emancipado.

Aunque se puede trabajar a partir de los 16 años, hasta alcanzar la mayoría de edad existen algunas prohibiciones, como realizar horas extraordinarias, trabajos nocturnos y trabajos declarados insalubres, penosos, nocivos o peligrosos tanto para la salud del trabajador como para su formación profesional y humana.

El **contrato de trabajo** es un acuerdo de voluntades mediante el cual una persona con capacidad legal para trabajar (trabajador) se obliga a realizar personal y voluntariamente un trabajo por cuenta ajena, bajo la organización y dirección de otra (empresario), a cambio de una remuneración.

Tipos de contrato de trabajo

1. **Contratos indefinidos.** Son contratos sin límite de duración. El más frecuente es el **contrato de trabajo común u ordinario**. Desde el Estado, se ofrecen incentivos a las empresas para potenciar estos contratos, y también para contratar personas con dificultades de acceso al mercado laboral (por ejemplo, jóvenes, parados de larga duración, mayores de 45 años, personas discapacitadas, etc.).
2. **Contratos de duración determinada (temporal).** Este grupo de contratos se caracteriza por que su duración está limitada por diversas circunstancias, como la sustitución de un trabajador hasta que se incorpore de una excedencia o de una baja temporal (**contrato de interinidad**), el tiempo que dura una obra o servicio (**contrato por obra o servicio**) o el aumento transitorio de la producción de una empresa (**contrato eventual por circunstancias de la producción**).
3. **Contratos a tiempo parcial.** En ellos, el trabajador se compromete a realizar un número de horas inferior al habitual. Pueden ser temporales o de duración indefinida. Cuando alguien se jubila parcialmente y pasa a trabajar menos horas, existe la modalidad de **contrato por jubilación parcial**, y para quien sustituye a la persona que se jubila parcialmente está establecido el **contrato de relevo**.
4. **Contratos formativos.** Están pensados para adquirir experiencia y formación:
   - El **contrato en prácticas**. Su finalidad es formar a la persona que ya posee los conocimientos teóricos necesarios pero carece de experiencia laboral (titulados universitarios o de formación profesional). Solo se pueden realizar durante los cuatro años siguientes a la terminación de los estudios y el puesto de trabajo debe estar relacionado con esos estudios cursados. Su duración máxima es de dos años y nunca inferior a seis meses.
   - El **contrato para la formación**. Pensado para personas de entre 16 y 21 años que carecen de estudios y de experiencia laboral. Su duración mínima es de seis meses y la máxima, de dos años. La empresa se obliga a facilitar formación teórica y práctica, y al menos un 15 % de la jornada debe dedicarse a la formación.

Derechos y obligaciones de los trabajadores

Según el Estatuto de los Trabajadores, entre los **derechos** están:

- **Los derechos de contenido profesional.** Son: el derecho a la ocupación del puesto de trabajo, a una jornada laboral cuyo tope máximo es de 40 horas semanales, a la promoción y formación profesional, a la percepción puntual de la remuneración y a unas **vacaciones anuales** retribuidas (30 días naturales).
- **Los derechos de acción colectiva.** Permiten a los trabajadores unirse para defender sus intereses conjuntamente. Entre ellos están el derecho a la libre sindicación, a la negociación colectiva, a la adopción de medidas de conflicto colectivo, a la huelga, a la reunión y a la participación en la empresa.
- **Los derechos personales.** Son los referidos a la integridad física (seguridad e higiene), a la no discriminación por motivo de sexo, raza, etc., al respeto de su intimidad y a la consideración debida a su dignidad.

Entre las **obligaciones** del trabajador, están cumplir las obligaciones concretas de su puesto de trabajo, observar las medidas de seguridad e higiene que se adopten y contribuir a la mejora de la productividad.

smSaviadigital.com **PRACTICA**

Realiza un mapa conceptual de los **tipos de contrato, derechos y obligaciones de los trabajadores** con estas herramientas.

Si un trabajador pierde su empleo, tiene derecho a la **prestación por desempleo** si cumple unos requisitos: estar dado de alta en la Seguridad Social, acreditar que busca empleo y haber cotizado un período mínimo de tiempo. La duración de la prestación está en función del tiempo cotizado. Su cuantía durante los seis primeros meses es del 70 % del salario base que tenía, y del 60 % a partir del sexto mes.

Los salarios y la nómina

El **sueldo o salario** es el dinero que recibe el trabajador por cuenta ajena como compensación por el trabajo realizado durante un período de tiempo. La **nómina** es el justificante del pago del salario en el que se detallan los distintos conceptos de ingresos (devengos), así como las deducciones realizadas a esos ingresos.

El sueldo, que suele cobrarse en pagas mensuales (doce, más las extras), está integrado por una parte fija, o **salario base** (que depende de la categoría profesional del trabajador), más los **complementos salariales** y el **salario en especie** (si lo hay).

La suma del salario base más los complementos nos da el **salario bruto**. Pero de esta cantidad hay que quitar una serie de **deducciones**, destinadas a la Seguridad Social y a Hacienda, fundamentalmente, para obtener la cantidad que efectivamente recibirá el trabajador y que es el **salario neto** o líquido total a percibir.

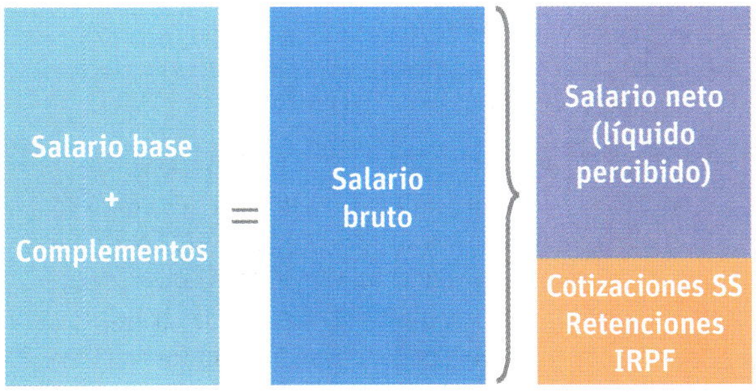

El origen de la palabra *salario* viene de que la primera moneda que se empleó para pagar el trabajo fue la sal. Hoy, el término *salario* tiene distintos apellidos que conviene distinguir: salario base, salario bruto y salario neto.

RECIBO INDIVIDUAL JUSTIFICATIVO DEL PAGO DE SALARIOS

Nombre de la empresa	Nombre del trabajador
Domicilio	N.º afiliación Seguridad Social
CIF	Categoría o grupo profesional
Código cotización Seguridad Social	Grupo de cotización

Período de liquidación: del 1 de diciembre al 31 de diciembre

I. DEVENGOS	
– Salario base	€
– Complementos (productividad, antigüedad, etc.)	€
– Horas extraordinarias	€
– Salario en especie (coche de empresa, tiques de restaurante)	€
– Percepciones no salariales (gastos de viaje, dietas, etc.)	€
A. TOTAL DEVENGADO	€
II. DEDUCCIONES	
– Cotización a la Seguridad Social	€
– Retención a cuenta del IRPF	€
– Anticipos	€
– Otras deducciones	€
B. TOTAL A DEDUCIR	€
TOTAL LÍQUIDO A PERCIBIR (A – B)	€

Salario base. Es la parte fija del sueldo y depende de la categoría profesional del trabajador.

Complementos salariales. Es la parte variable del sueldo. Existen complementos de antigüedad, productividad o comisiones, así como pluses por trabajos peligrosos o por trabajar horas extraordinarias, etc.

Cotización a la Seguridad Social. Es lo que el trabajador paga para tener derecho a determinadas protecciones: enfermedad, maternidad, jubilación, invalidez, prestación por desempleo, etc.

Retención a cuenta del IRPF. Es lo que el trabajador va pagando mes a mes del impuesto, de forma que al hacer la declaración (al año siguiente) no tenga que pagar todo de golpe. La cantidad retenida depende del salario (es un impuesto progresivo).

Salario en especie. Son percepciones no monetarias, como la utilización de un coche de la empresa o los tiques para restaurantes.

Percepciones no salariales. Incluyen otros tipos de compensaciones, como gastos de viaje, dietas, indemnizaciones por traslado o por despido, etc.

Salario bruto. Es la suma del salario base y los complementos (suma de devengos).

Salario neto o líquido. Es el que resulta al restar las diferentes **deducciones** al salario bruto. Es, por tanto, el sueldo real que recibe el trabajador.

ACTIVIDAD RESUELTA

1. Ana lleva nueve años en una empresa. Tiene un sueldo base mensual de 1500 euros y cobra un complemento de productividad de 180 euros y un complemento de antigüedad de 40 euros por cada trienio trabajado. Su cotización a la Seguridad Social es de 110 euros y la retención del IRPF es del 20 % sobre todos sus ingresos. Con estos datos, ¿qué salario mensual percibe?

SOLUCIÓN

Si lleva nueve años en la empresa, cuenta con tres trienios, y el complemento de antigüedad será de 120 euros (3 · 40).

Salario bruto mensual = 1500 + 180 + 120 = 1800 euros.

Retención IRPF = 20 % de 1800 = 360 euros.

Salario neto o líquido a percibir = 1800 – (110 + 360) =
= 1330 euros.

8 Conflictos de intereses y vías de negociación

Ejemplos y casos

LA GRÈVE DES MINEURS DU PAS-DE-CALAIS

Los **orígenes de la negociación colectiva** se remontan a la Revolución Industrial de los países occidentales, en la que los trabajadores trataron de protegerse de las duras condiciones laborales de la época asociándose para defender colectivamente sus intereses frente a los empresarios.

Estos movimientos fueron transformándose a finales del siglo XIX y principios del XX en los grandes sindicatos actuales. Por su parte, las empresas crearon sus propias organizaciones para contrarrestar el creciente peso sindical, dando lugar a un período de fuerte hostilidad entre sindicatos y organizaciones empresariales.

El miedo a la propagación de revoluciones obreras, como la Revolución Rusa de 1917, y la crisis económica que culminó en la Gran Depresión de los años treinta abrieron las puertas a una creciente regulación estatal en los países de Europa occidental para mejorar las condiciones de trabajo y reconocer la negociación colectiva.

Salario mínimo interprofesional

El Gobierno fija un salario mínimo interprofesional (previa consulta a los sindicatos y a la patronal) como la mínima cantidad que un trabajador debe percibir, cualquiera que sea su trabajo o sector de actividad (por eso se llama interprofesional). Se revisa anualmente teniendo en cuenta la subida de los precios, la coyuntura económica, etc.

smSaviadigital.com INVESTIGA

Busca más información sobre los sindicatos en España.

Los intereses de trabajadores y empresarios son diversos y, por tanto, pueden conllevar un cierto grado de conflictividad. Por ello, existen canales que posibilitan la existencia de negociaciones y acuerdos. Así, el artículo 37 de la Constitución española señala que "la Ley garantizará el derecho a la negociación colectiva laboral entre los representantes de los trabajadores y los empresarios, así como la fuerza vinculante de los convenios".

La representación de trabajadores y empresarios

Según el tamaño de la empresa y el carácter de la representación, se pueden distinguir los siguientes colectivos:

- **Los delegados de personal.** Son los representantes de los trabajadores en las empresas o centros de trabajo que tienen entre 10 y 50 trabajadores. También puede haber un delegado de personal en aquellas empresas o centros de trabajo que empleen entre 6 y 10 trabajadores, si así lo deciden. El número de delegados puede ser uno (en centros de hasta 30 trabajadores) o tres (en empresas de entre 31 y 49 empleados).
- **El comité de empresa.** Es el órgano colegiado representativo del conjunto de trabajadores de aquellas empresas que tienen 50 o más trabajadores. El número de sus componentes depende del número de trabajadores de la empresa, y va desde 5 en empresas de entre 50 y 100 trabajadores, hasta un máximo de 75 en las mayores empresas.
- **Los sindicatos.** Son organizaciones de trabajadores que tratan de defender sus intereses y de mejorar sus condiciones laborales. Actúan de portavoces y negociadores de los trabajadores en relación con la patronal y con el Gobierno.
- **La patronal.** Es un colectivo de empresarios que se organizan para defender los intereses del grupo. En España, la Confederación Española de Organizaciones Empresariales (CEOE) actúa de portavoz y negociador de la patronal en relación con los sindicatos y con el Gobierno.

La negociación colectiva

Las organizaciones que representan a los trabajadores (sindicatos) y las que representan a los empresarios (patronales) se reúnen periódicamente para llegar a acuerdos, denominados **convenios colectivos**, que regulan las condiciones de trabajo en una empresa o en un grupo de ellas (por ejemplo, todas las empresas del sector del metal).

- Si el convenio afecta a una única empresa, se reúnen el empresario o sus representantes con los delegados de personal o con el comité de empresa.
- Si afecta a varias empresas, se reúnen los sindicatos más representativos (o los que representen al menos a un 10 % de los miembros de los comités de empresa implicados en la negociación) con las asociaciones empresariales que representen al menos al 10 % de los empresarios implicados.

La negociación colectiva comenzará con la comunicación a la otra parte de la intención de negociar un convenio. Se hará por escrito, señalando la representación que ostenta, el ámbito geográfico y personal al que se va a extender el convenio y las materias sobre las que se desea negociar. De este escrito se enviará copia a la Administración laboral. La parte receptora deberá aceptar la propuesta.

En el plazo de un mes se creará una **comisión negociadora** formada por 12 miembros por cada parte, aunque en convenios de ámbito superior a la empresa puede alcanzar los 15 miembros. Los acuerdos de la comisión requerirán la aprobación del 60 % de cada una de las dos representaciones. Finalizada la negociación, se fijan los acuerdos por escrito y las partes los firman.

¿Qué es un convenio colectivo?

El **convenio colectivo** es un acuerdo entre los representantes de los trabajadores y de los empresarios para fijar las condiciones de trabajo en un ámbito laboral determinado, y su cumplimiento es obligatorio para ambas partes.

En un convenio colectivo se regulan, entre otros:

- **Aspectos económicos:** salario, complementos de productividad, antigüedad, peligrosidad, horas extraordinarias, etc.
- **Aspectos laborales:** jornada de trabajo, descansos semanales, vacaciones, seguridad laboral, categorías profesionales y contratación laboral, las faltas y sus sanciones, medidas sociales o de promoción profesional, etc.

El convenio colectivo debe incluir a qué empresas y trabajadores afecta y durante cuánto tiempo. También debe designar una comisión paritaria (en la que estén representadas las dos partes) para resolver las posibles discrepancias.

El conflicto colectivo y sus medidas

El conflicto colectivo se da cuando empresarios y trabajadores discrepan en la interpretación de una norma (el convenio, por ejemplo) o cuando surgen conflictos de intereses (como un cambio en la duración de la jornada de trabajo).

La manera pacífica más habitual de solucionar los conflictos derivados de la interpretación de una norma es a través de las comisiones paritarias. En los conflictos de intereses se puede demandar, además, la intervención externa (por ejemplo, del Estado), que puede adoptar diferentes formas: **mediación** (el intermediario propone una solución), **arbitraje** (el intermediario impone una solución) o **conciliación** (el intermediario trata de aproximar a las partes creando un clima de entendimiento).

Cuando no se alcanza una solución, el trabajador puede ejercer su **derecho a la huelga** (artículo 28 de la Constitución) como medida de presión. Durante la huelga, el contrato de trabajo sigue vigente, pero se suspenden las obligaciones básicas del empresario (remunerar el trabajo) y del trabajador (trabajar), y en la empresa han de mantenerse unos servicios mínimos establecidos por la autoridad laboral.

Por su parte, el empresario podrá adoptar el **cierre patronal** cuando considere que sus instalaciones corren el riesgo de dañarse como consecuencia de revueltas y manifestaciones poco pacíficas de los trabajadores. Durante el tiempo que dure el cierre de la empresa, el contrato se suspende y, por tanto, ni los trabajadores irán a trabajar ni el empresario los remunerará.

Las empresas pueden presentar un **expediente de regulación de empleo (ERE)** para solicitar la suspensión o extinción de las relaciones de trabajo o la reducción de la jornada por causas económicas, técnicas, organizativas, de producción o de fuerza mayor, o por extinción de la personalidad jurídica del contratante. Las indemnizaciones para las personas despedidas están previstas en el Estatuto de los Trabajadores y se justifican como una medida para mitigar las consecuencias sufridas por los trabajadores por la pérdida involuntaria de su empleo. Su presentación suele provocar protestas sociales.

EN LA PRÁCTICA **Las reducciones de plantilla**

La reducción de plantillas es uno de los motivos más graves de conflicto colectivo. Esta reducción puede adoptar la forma de expedientes de regulación de empleo (ERE), de despido colectivo o de prejubilaciones. Sin embargo, existen fórmulas que suponen una mayor **responsabilidad social de la empresa** y que suelen conseguir un buen clima de negociación para los despidos sin minar el clima laboral, por ejemplo:

- La reconversión pactada de los empleados en autónomos o subcontratistas de la empresa.
- La contratación de una empresa especializada en la readaptación y recolocación del personal despedido.
- La realización de ajustes en el tiempo de trabajo, siempre que los empleados estén de acuerdo (trabajo a tiempo parcial, trabajo a tiempo compartido o incluso cambios a puestos inferiores).

- Busca en la prensa o en internet algún caso reciente de reducción de plantilla.

ACTIVIDADES

Actividades de síntesis

1. Completa este mapa conceptual.

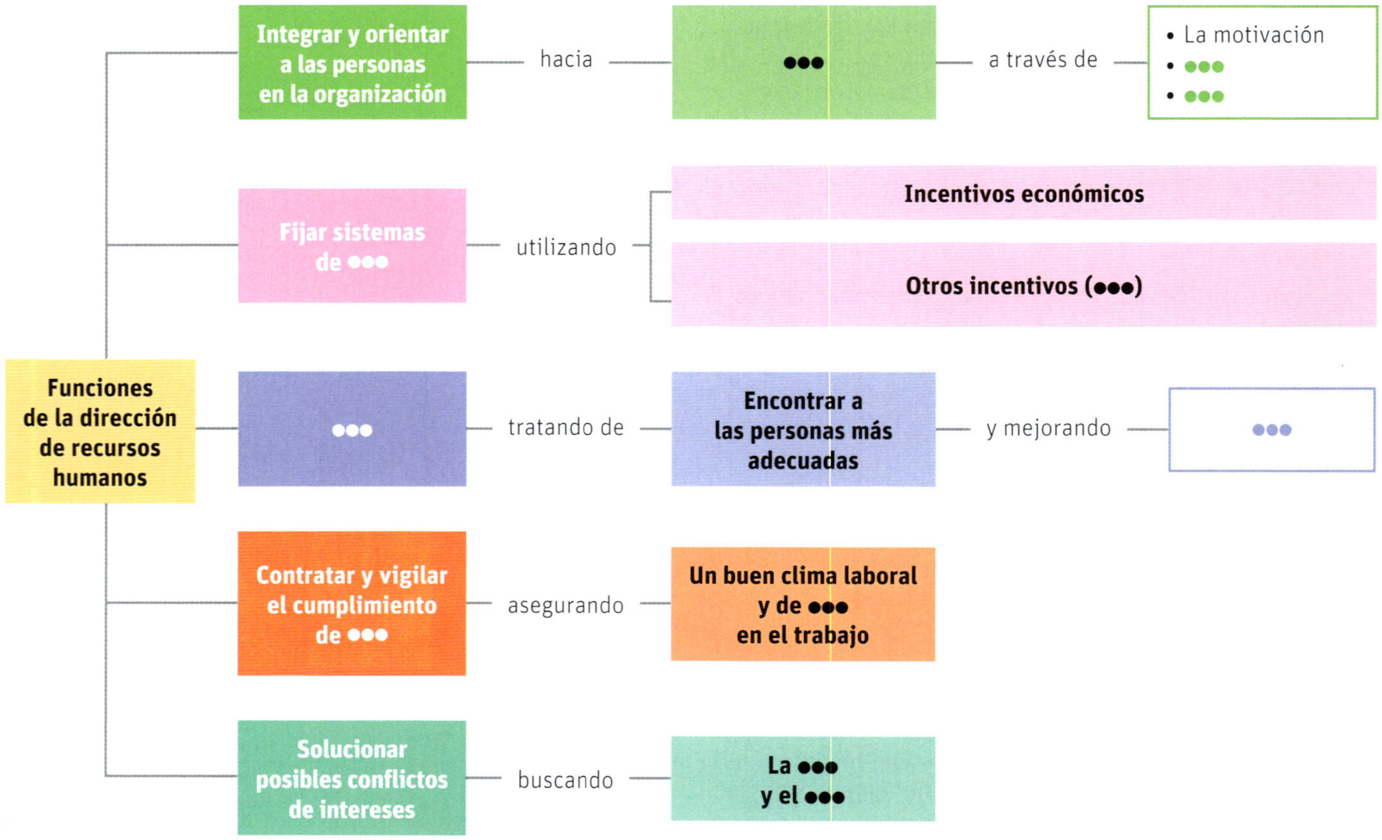

smSaviadigital.com **VALORA LO APRENDIDO** > Realiza la **autoevaluación.**

Actividades de análisis y problemas

2. Describe las distintas actividades que lleva a cabo la dirección de recursos humanos.

3. Explica por qué el capital humano puede ser una fuente de ventaja competitiva para la empresa.

4. ¿Qué son las competencias esenciales de una persona y cuáles son sus componentes?

5. Según Maslow:

a) ¿Qué relación existe entre necesidades y motivación?

b) ¿Qué factores de motivación tendría un desempleado?

c) ¿Qué factores motivarían al alto ejecutivo de una empresa?

6. En relación con la teoría de Herzberg sobre la motivación:

a) ¿Qué aspectos del trabajo deben garantizarse para que no se produzca insatisfacción?

b) ¿Cuáles son los factores realmente motivadores?

7. Explica las distintas teorías sobre el papel del dinero en la motivación de las personas.

8. Partiendo del análisis de las teorías X, Y y Z, elabora una nueva teoría sobre cómo son las personas en relación al trabajo. Para ello, puedes utilizar el ámbito de trabajo que conoces: tus compañeros de clase y tus profesores.

9. Además de los incentivos económicos, existen otros factores de motivación en el trabajo. Explica en qué consisten esos factores y por qué tienen un efecto motivador sobre las personas.

10. Carlos es agente comercial y lleva varios años consiguiendo las mayores ventas de la empresa. Cada año recibe una felicitación personal del director de Ventas y una recompensa económica. Sin embargo, Carlos ha abandonado la empresa para trabajar en la competencia.

a) Analiza las posibles causas de su decisión.

b) ¿Qué sistema de motivación crees que debería haberse utilizado para que Carlos no abandonara?

11. ¿Cuál es la diferencia entre un directivo y un líder?

12. Desde hace tres meses, María José es la directora de Producción de la empresa en la que trabaja. Antes fue jefa de taller. Su trato con el personal de Producción es bueno y está muy bien considerada por los trabajadores; delega responsabilidades y solicita participación; incluso interviene directamente ayudando en las tareas y echando una mano para arreglar problemas con los equipos y la maquinaria. A pesar de ello, el director general de la empresa no entiende que esa sea la forma de dirigir la producción, y se está planteando su sustitución porque observa demasiada informalidad en el trato.

a) ¿Qué tipo de dirección-liderazgo representan ambos directivos?

b) ¿Qué ventajas e inconvenientes tienen ambos estilos de liderazgo?

c) ¿Cuáles son los rasgos o componentes de un buen liderazgo empresarial?

13. Piensa a quién elegirías de tus compañeros de clase para:

a) Dirigir y organizar una fiesta de la clase.

b) Representarte como delegado de curso.

c) Dirigir un trabajo académico en grupo.

d) Dirigir y organizar una excursión por la montaña con un recorrido peligroso.

e) A partir de las respuestas anteriores, ¿qué conclusiones extraes sobre el liderazgo ideal?

14. Con relación a la comunicación interna en la empresa.

a) Describe cuáles son sus elementos.

b) Sirviéndote de un gráfico, señala las posibles interferencias o ruidos que pueden producirse en la comunicación.

15. En una empresa han surgido problemas porque los trabajadores temen un expediente de regulación de empleo ante la crisis del sector. Por ello, la dirección general ha comunicado a los empleados, por medio de un escrito a través de los canales jerárquicos, cuál es la situación económico-financiera de la empresa, explicando que es coyuntural y que la empresa saldrá adelante. No obstante, la comunicación parece que no ha tenido efecto, porque la tensión entre los trabajadores ha aumentado.

a) ¿Por qué crees que la comunicación no ha sido eficiente? ¿Qué tipo de interferencias crees que se han producido?

b) Razona cómo debería haberse planteado la comunicación para evitar esta situación.

16. La planificación de recursos humanos parte del análisis de puestos de trabajo:

a) ¿En qué consiste este análisis y cómo se define un puesto de trabajo?

b) ¿En qué se diferencia un puesto de trabajo muy especializado de uno ampliado o enriquecido?

17. Piensa en los distintos tipos de comunicación en tu centro educativo.

a) Señala ejemplos de estos tipos de comunicación:
- Comunicación descendente.
- Comunicación ascendente.
- Comunicación horizontal.

b) ¿Qué interferencias pueden surgir en la comunicación entre profesores y alumnos?

c) Imagina que el jefe de estudios tiene que comunicar una nueva norma a todos los miembros del centro (profesorado, alumnado, y padres y madres o tutores). Propón tres formas de hacerlo y elige la que creas que mejor garantiza que todo el mundo recibirá la información.

18. En un proceso de selección de personal:

a) ¿En qué consiste la fase de reclutamiento y cuáles son las fuentes más utilizadas en ella?

b) ¿Qué aspectos tienen en cuenta las empresas para la selección de personal?

c) Describe las pruebas e instrumentos más utilizados para seleccionar a los candidatos.

19. En relación con la promoción interna de los empleados para ocupar puestos superiores.

a) ¿Qué ventajas e inconvenientes tiene?

b) ¿Qué enseñanza se deduce del principio de Peter?

20. En unos grandes almacenes con 5 jefes de sección y 60 empleados, se detecta un creciente número de quejas de los clientes por la tardanza en el servicio, la poca atención y una cierta dejadez por parte de los empleados. Ante esta situación, y dada la reducción de ventas, la dirección te ha encargado un informe que deberás elaborar contestando a estas dos cuestiones.

a) ¿Qué factores crees que han podido provocar esa situación? Responde a partir de una hipótesis en la que analices el tipo de liderazgo existente, los factores de motivación utilizados, la forma de comunicación, la selección de los empleados actuales, la formación, los posibles conflictos de intereses, etc.

b) ¿Qué medidas e incentivos deberían adoptarse para cambiar la situación de la empresa?

21. Comenta el siguiente proverbio chino relacionándolo con la formación del factor humano de la empresa.

> "Si tus necesidades son para un año, siembra grano. Si son para diez años, planta árboles. Si son para cien años, forma personas".

22. ¿Qué es un contrato de trabajo y cuáles son los principales tipos de contratación?

23. ¿Puede un joven empezar a trabajar con 17 años? ¿Con qué requisitos y en qué condiciones?

ACTIVIDADES

24. Observa la imagen y contesta a las cuestiones.

Fuente: FORGES. *El País*, 8-X-2008.

a) ¿Qué datos se dan en una oferta de empleo?

b) Expresa con otras palabras la oferta que aparece en la imagen y ponle un titular.

c) ¿Qué nos pretende decir Forges con su viñeta?

25. Responde a estas cuestiones sobre los contratos laborales.

a) ¿Cuál es la finalidad de los contratos formativos?

b) ¿En qué se diferencian el contrato en prácticas y el contrato para la formación?

26. Comenta si las personas de estos ejemplos pueden tener un contrato formativo y señala de qué tipo sería.

a) Antonio, de 16 años, ha abandonado la ESO sin terminar porque desea trabajar en un taller y aprender el oficio.

b) Silvia ha acabado Derecho y quiere empezar a trabajar. Como es bilingüe, ha recibido una oferta para dar clases de inglés en una academia de idiomas.

27. Una empresaria necesita contratar a una persona a media jornada para su tienda. ¿Qué contrato debería utilizar?

28. En el sector de hostelería hay plena ocupación en verano y por ello se necesitan más trabajadores. ¿Qué clase de contrato pueden utilizar los empresarios en este caso?

29. ¿Cuáles son los elementos que deben reflejarse en la nómina de un trabajador y cómo se obtiene el salario neto?

30. La responsabilidad de la empresa es hacer cumplir la normativa fijada por el Gobierno sobre seguridad e higiene en los centros de trabajo. A su vez, los trabajadores deben respetar estas medidas. Sin embargo, son frecuentes los accidentes laborales en nuestro país. ¿Qué deben hacer mejor las empresas para que disminuyan los accidentes? ¿Y los trabajadores?

EVALUACIÓN

ENTRÉNATE

1. Explique los cinco niveles de necesidades que se recogen en la teoría de la jerarquía de las necesidades de Maslow.

2. Cuando decimos que una persona se ajusta a las características de la teoría X, ¿a qué nos estamos refiriendo?

3. J. P. es un estudiante recién licenciado que ha encontrado un empleo en una empresa situada en un parque empresarial. En su cometido, tendrá que dirigir a un grupo de 20 trabajadores de muy diversa índole.

a) ¿Qué se entiende por estilo de dirección? Ponga dos ejemplos de estilos de dirección.

b) Enumere y explique la clasificación que realizó McGregor.

4. Cite tres incentivos que incidan en la motivación laboral.

5. ¿Por qué puede surgir la falta de motivación en un equipo de trabajo? Proponga dos iniciativas para superarla y conseguir un mayor nivel de eficiencia laboral.

6. La motivación constituye uno de los principales factores que inciden en la productividad. Explique cuáles son los criterios en que se basan los distintos métodos de motivación de los trabajadores para conseguir incrementar su nivel de productividad e indique dos ejemplos.

7. Una ingeniera de caminos española ha sido contratada por una empresa kuwaití para que se incorpore rápidamente a un proyecto de construcción de un aeropuerto en Kuwait. Con anterioridad, esta señora había estado trabajando para una empresa finlandesa. Puesta en contacto con colegas del gremio, estos le indican que en la empresa kuwaití tendrá un jefe con un estilo de dirección autoritario. Su anterior jefa tenía un estilo de dirección muy participativo. Razone las principales diferencias entre un estilo de dirección y el otro.

8. Explique los tipos de comunicación interna que pueden existir en la empresa.

9. Sonia, Jorge y Carlos trabajan en la empresa TREK, S. A. Jorge es el director del departamento de Producción, Sonia es la directora del departamento comercial y Carlos es un empleado de este último departamento. Explique los distintos tipos de comunicación interna que se pueden establecer entre estos tres trabajadores.

10. ¿Qué se entiende por tarea? ¿Qué se entiende por puesto de trabajo?

11. Una empresa grande va a abrir una nueva sucursal y necesita personal. Enumere los pasos que debe seguir el departamento de Recursos Humanos para realizar una correcta selección de personal.

12. ¿Qué es un comité de empresa y a quién representa? ¿Cuáles son sus principales funciones?

13. Explique el concepto de huelga y su finalidad.

14. ¿Quién tiene derecho a la prestación por desempleo?

15. Manuela, una mujer de 45 años, ha decidido ponerse a trabajar. Convencida de poder reorientar su vida, acaba de matricularse de asignaturas pendientes que le quedaban para acabar su licenciatura en Derecho. Mientras tanto, por ir sacando un dinerillo, ha mandado su currículo a algunos bufetes de abogados para ver si puede comenzar ya a trabajar.

a) ¿Es posible que la puedan contratar con un contrato de formación?

b) ¿Y con un contrato en prácticas?

16. La familia Ramos posee una fábrica de helados en Marbella. Con la llegada de la temporada estival se alterará su escenario habitual; por un lado, una de las trabajadoras de la empresa está embarazada y a punto de dar a luz. Por ello, habrá que contratar a alguna persona que la sustituya.

a) ¿Qué tipo de contrato se aplicará a esta nueva persona? Razone la respuesta.

b) Por otro lado, la empresa se encuentra con un exceso de pedidos, al ser verano, y necesita contratar a cuatro empleados durante la temporada estival. ¿Qué tipo de contrato les hará? Razone la respuesta.

17. Para una empresa, determine qué diferencia fundamental existe entre negociación colectiva y convenio colectivo.

18. Responda a las cuestiones que se plantean en relación con la representación de los trabajadores y de los empresarios en los convenios colectivos.

a) ¿Qué son los delegados de personal?

b) ¿Qué es el comité de empresa?

c) ¿Cuáles son las principales organizaciones que representan a los trabajadores en España?

d) ¿Y las que representan a los empresarios?

e) ¿Cuáles son los objetivos de estas organizaciones?

19. En el supuesto de que, en la negociación de un convenio, las partes no se pongan de acuerdo o incumplan los acuerdos tomados:

a) ¿Qué vías pacíficas existen para la solución del conflicto?

b) ¿Qué derechos tienen ambas partes y qué medidas de presión pueden tomar?

c) ¿Qué circunstancias deben concurrir para que pueda darse el cierre patronal?

20. Explique el significado del salario mínimo interprofesional, así como la función que cumple en la fijación de los salarios del país.

Test de conocimientos básicos

1. En la escala de necesidades humanas de Maslow, en el nivel más alto estarían las necesidades de:

a) Seguridad.

b) Sociales.

c) Autorrealización.

2. La Teoría X de McGregor establece que las personas:

a) Tienen ambición, imaginación y creatividad.

b) Prefieren que alguien mande sobre ellas.

c) Quieren cambios y responsabilidades.

3. El enriquecimiento del puesto de trabajo como factor de motivación consiste en:

a) Pagar más al empleado que lo ocupa.

b) Conseguir que en los mejores puestos estén los mejores empleados.

c) Diversificar sus tareas, dando a cada una de ellas sentido e importancia.

4. En la actualidad, los líderes ideales son:

a) Los que destacan por su personalidad.

b) Los mejor formados y con mejores cualidades.

c) Los que son flexibles para adaptarse a cada situación.

5. Los líderes autocráticos toman las decisiones:

a) Sin consultar a sus subordinados.

b) Consultando a sus subordinados.

c) Por consenso.

6. La comunicación interna en la empresa puede ser:

a) Pública y privada.

b) Funcional o departamental.

c) Formal e informal.

d) Todas las respuestas anteriores son correctas.

7. El reclutamiento de recursos humanos consiste en:

a) Seleccionar a los mejores candidatos para los puestos que necesita la empresa.

b) Captar el mayor número posible de candidatos para los puestos que necesita la empresa.

c) Prever las futuras necesidades de recursos humanos.

8. Un convenio colectivo es:

a) Un documento que recoge las peticiones de los trabajadores a la empresa.

b) Un acuerdo sobre normas que deben cumplir los trabajadores para reunirse en la empresa.

c) Un acuerdo entre representantes de los trabajadores y de la empresa.

9. El cierre patronal se produce como consecuencia de:

a) Vacaciones. b) Quiebra. c) Conflicto colectivo.

El libro **Economía de la empresa para 2.º de Bachillerato** forma parte del Proyecto Editorial de Secundaria de SM. En su realización ha participado el siguiente equipo:

Autoría
Andrés Cabrera Bautista

Edición
Sara Navas, Ana Marta Pereda, María José Rodríguez Barea / Ana Marta Pereda (edición digital)

Corrección
Jaime Garcimartín

Ilustración
Jacinto Rodriguez Montoro; Fran; 5W INFOGRAPHIC; ARCHIVO SM; 123RF

Fotografía
Sonsoles Prada, Javier Calbet / ARCHIVO SM; Peter Menzel / ASA; Ilyan Rozhdestvensky; Lawrence Lawry / PHOTODISC; COMSTOCK IMAGES / GETTY IMAGES; CONTACTO; EFE; ORONOZ; G TRES ONLINE; INGIMAGE; THINKSTOCK; Orangestock; Itstockphoto; CORDON PRESS; ABLESTOCK; 123RF; SHUTTERSTOCK; JOHN FOXX IMAGES; ISTOCK; CITROEN HISPANIA; AGE FOTOSTOCK; ALBUM; Apple Computer Inc.®; Microsoft®; Facebook®, Amazon.es®; Alphabet Inc®; El Roto / elpais.com; Ayuda en Acción; Greenpeace; Fundación Eroski.

Edición gráfica
Verónica Matilla

Diseño de cubierta e interiores
Estudio SM

Responsable del proyecto
Sara Navas

Coordinación de contenidos digitales
Mara Mañas

Coordinación editorial de Economía
Belén Carneros

Dirección de Arte del proyecto
Mario Dequel

Dirección editorial
Aída Moya

Todas las actividades contenidas en este libro han de ser realizadas en un cuaderno aparte, nunca en el propio libro.
Los espacios incluidos son meramente indicativos y su finalidad es puramente didáctica.

Gestión de las direcciones electrónicas
Debido a la naturaleza dinámica de internet, Ediciones SM no puede responsabilizarse de los cambios o las modificaciones en las direcciones y los contenidos de los sitios web a los que remite en este libro.

Con el objeto de garantizar la adecuación de las direcciones electrónicas de esta publicación, SM emplea un sistema de gestión que redirecciona las URL que con fines educativos aparecen en la misma hacia diversas páginas web; entre otras de uso frecuente: http://es.wikipedia.org, www.youtube.es. SM declina cualquier responsabilidad por los contenidos o la información que pudieran albergar, sin perjuicio de adoptar de forma inmediata las medidas necesarias para evitar el acceso desde las URL de esta publicación a dichas páginas web en cuanto tenga constancia de que pudieran alojar contenidos ilícitos o inapropiados. Para garantizar este sistema de control es recomendable que el profesorado compruebe con antelación las direcciones relacionadas y que comunique a la editorial cualquier incidencia a través del correo electrónico ediciones@grupo-sm.com.

ISBN: 978-84-675-8712-8
Depósito legal: M-03714-2016
Impreso en la UE / *Printed in EU*

Este libro está impreso en papel procedente de bosques gestionados de manera sostenible.